JUS PRIVATUM

Beiträge zum Privatrecht

Band 13

Außervertragliche Haftung für fehlerhafte Computerprogramme

von

Jürgen Taeger

J. C. B. Mohr (Paul Siebeck) Tübingen

Die Deutsche Bibliothek – CIP-Einheitsaufnahme

Taeger, Jürgen:
Außervertragliche Haftung für fehlerhafte Computerprogramme /
Jürgen Taeger. – Tübingen: Mohr, 1995
(Jus privatum; Bd. 13)
ISBN 3-16-146493-1
NE: Ius privatum

Das Buch wurde von Gulde-Druck in Tübingen aus der Times Antiqua belichtet, auf alterungsbeständiges Werkdruckpapier der Papierfabrik Niefern gedruckt und von der Großbuchbinderei Heinr. Koch in Tübingen gebunden.

ISSN 0940-9610

Vorwort

Mit der zunehmenden Verbreitung softwaregestützter Systeme steigen auch die Gefahren für geschützte Rechtsgüter. Die Steuerung komplexer elektronischer Prozesse in Produktionsanlagen, Verkehrsmitteln, Waffensystemen, Medizingeräten und zahlreichen anderen Maschinen durch Computerprogramme birgt deswegen ein erhebliches Schadensrisiko, weil eine *fehlerfreie* Software nach den anerkannten Lehrsätzen des Software Engineering nicht programmierbar ist und schadenstiftende Ereignisse damit als unvermeidbar gelten. Die Verletzlichkeit komplexer technischer Systeme durch fehlerhafte Software hat sich bereits häufig gezeigt: Flugzeugabstürze, Verkehrsunfälle und Produktionsstillstände sind ebenso auf Softwarefehler zurückzuführen, wie falsche Berechnungen von Renten, Steuern und Kursentwicklungen. Die daraus resultierenden Personen-, Sach- und Vermögensschäden sind erheblich.

Weitgehend ungeklärt ist allerdings die Frage, wer die auf Softwarefehler zurückzuführenden Schäden zu tragen hat. Vertragliche Ansprüche scheiden häufig schon deswegen aus, weil die Geschädigten in keiner vertraglichen Beziehung zu dem Hersteller der schadenstiftenden Software stehen. Eine Schadensabnahme erfolgt in diesem Fall nur, wenn eine außervertragliche Haftungsnorm die Zurechnung zum Hersteller vorsieht.

Einen *sondergesetzlichen* Schutz vor den Risiken fehlerhafter Software gibt es nicht, sieht man von der bislang kaum beachteten Gefährdungshaftung in den Datenschutzgesetzen des Bundes und der Länder ab, nach der personenbezogene Daten verarbeitende *öffentliche Stellen* für die Schäden einzustehen haben, die auf – auch technisch bedingte – Verarbeitungsfehler zurückzuführen sind. Eine *deliktische Haftung* kann bereits daran scheitern, daß die an Hersteller zu stellenden Sorgfaltsanforderungen nicht hinreichend präzis definiert sind und eine absolute Fehlerfreiheit bei der ›Produktion‹ von Computerprogrammen auch bei größter Sorgfalt technisch als nicht realisierbar gilt. Aus dem arbeitsteiligen Produktionsprozeß komplexer technischer Systeme, in die Software integriert ist, resultieren für die Geschädigten zudem schwierige Beweislagen.

Heftig umstritten ist, ob die auf eine EG-Richtlinie zurückgehende *verschuldensunabhängige Produkthaftung* auf ›isolierte‹ oder ›integrierte‹ Computerprogramme anwendbar ist. Bei der Auslegung des Rechtsbegriffs ›Produkt‹, den §2 ProdHaftG im Kern als ›bewegliche Sache‹ definiert, ist eine dogmatische Streitfrage relevant, die auch bei der vertragstypologischen Einordnung von Softwareerstellungs- und überlassungsverträgen eine entscheidende Rolle spielte, nämlich die nach der Materialität bzw. der Sacheigenschaft von Computerprogrammen.

Während die vertragsrechtlichen und urheberrechtlichen Probleme, die sich aus der Vermarktung der in das Privatrechtssystem nur schwer einzuordnenden Computerprogramme ergeben, als weitgehend geklärt angesehen werden können, hat die außervertragliche Risikoverteilung bislang wenig Beachtung gefunden. Gerichtsentscheidungen über die Zurechnung von Schäden durch fehlerhafte Software liegen in Deutschland noch nicht vor. Eine Analyse der wissenschaftlichen Literatur zeigt, daß zahlreiche rechtliche Einzelfragen sowie die Versicherbarkeit des Risikos höchst umstritten sind. Daraus resultiert eine von Herstellern, Anwendern und Dritten beklagte Rechtsunsicherheit.

Die vorliegende Untersuchung widmet sich den ungeklärten Rechtsfragen der außervertraglichen Haftung für fehlerhafte Computerprogramme. Sie analysiert die bestehenden Risiken haftungsrechtlich und unterbreitet Vorschläge zur Risikoverteilung. Ein Schwerpunkt liegt bei dem Produkthaftungsgesetz, da mit der EG-Produkthaftungsrichtlinie und ihrer Umsetzung in das sondergesetzliche Produkthaftungsgesetz eine neue Rechtslage entstanden ist, die es unter Berücksichtigung der europäischen Dimension auszuloten gilt. Daneben werden die deliktische Haftung und die sondergesetzliche Haftung für unzulässige (fehlerhafte) Verarbeitung personenbezogener Daten nach § 7 BDSG und nach den entsprechenden Vorschriften der Landesdatenschutzgesetze mit in die Untersuchung einbezogen.

Die Arbeit hat im Wintersemester 1994/95 dem Fachbereich Rechtswissenschaften der Universität Hannover als Habilitationsschrift vorgelegen. Sie wurde von Herrn Prof. Dr. Wolfgang Kilian betreut, dem ich für seine wertvollen Anregungen und Hinweise bei der Entstehung dieser Arbeit ebenso danke, wie für die mir während meiner Tätigkeit an seinem Institut für Rechtsinformatik gewährten Freiräume. Herr Prof. Dr. Dr. Peter Salje hat sich nicht nur der Mühe der Zweitbegutachtung unterzogen, sondern die Arbeit in der Endphase mit fruchtbarer Kritik gefördert. Den Gutachtern sowie dem Dekan, Herrn Prof. Dr. Hinrich Rüping, ist für eine schnelle Durchführung des Habilitationsverfahrens zu danken.

Zu danken habe ich auch dem Verlag J.C.B. Mohr, der das alsbaldige Erscheinen der Arbeit in dieser Schriftenreihe ermöglichte.

Gewidmet ist diese Schrift meiner Frau Freia.

Hannover, im April 1995 Jürgen Taeger

Inhaltsübersicht

Inhaltsverzeichnis

Fünfter Teil
Die Haftung für fehlerhafte Computerprogramme nach dem Datenschutzrecht

Sechster Teil
Allgemeine Rechtsdurchsetzungsfragen und Versicherbarkeit des Haftungsrisikos

Abkürzungsverzeichnis

Gebräuchliche Abkürzungen werden nicht aufgeführt.

a.A.	anderer Ansicht
ABl. EG	Amtsblatt der Europäischen Gemeinschaften
AbzG	Abzahlungsgesetz
ACM	Association for Computing Machinery (USA)
AcP	Archiv für die civilistische Praxis (Zeitschrift)
a.F.	alte Fassung
AfP	Archiv für Presserecht (Zeitschrift)
AG	Die Aktiengesellschaft (Zeitschrift)
AGB	Allgemeine Geschäftsbedingungen
AKI	Arbeitsgemeinschaft der deutschen KI-Institute
AMG	Arzneimittelgesetz
Anm.	Anmerkung
AnwBl.	Anwaltsblatt (Zeitschrift)
ANSI	American National Standards Institute
ASCII	American Standard Code of Information Interchange
Aufl.	Auflage
BAG	Bundesarbeitsgericht
BAnz.	Bundesanzeiger
BayVGH	Bayerischer Verfassungsgerichtshof
BB	Betriebs-Berater (Zeitschrift)
BDSG	Bundesdatenschutzgesetz
BFH	Bundesfinanzhof
BGB	Bürgerliches Gesetzbuch
BGB-RGRK	Bürgerliches Gesetzbuch, Kommentar mit besonderer Berücksichtigung der Rechtsprechung des Reichsgerichts und des Bundesgerichtshofs
BGBl.	Bundesgesetzblatt
BGH	Bundesgerichtshof
BGHZ	Entscheidungen des Bundesgerichtshofs in Zivilsachen
BIFOA	Betriebswirtschaftliches Institut für Organisation und Automation an der Universität zu Köln
BMI	Bundesministerium des Innern
BRAK	Bundesrechtsanwaltskammer
BR-Drs.	Bundesrats-Drucksache
BT-Drs.	Bundestags-Drucksache
BVerfGE	Entscheidungen des Bundesverfassungsgerichts
BW	Burgerlijk Wetboek (Bürgerliches Gesetzbuch)
CISG	Convention on Contracts for the International Sale of Goods – Wiener Kaufrecht (WKR)

ComHdB-*Verf.*	Computerrechtshandbuch, hrsg. von *Wolfgang Kilian/Benno Heussen*
CPU	Central Processing Unit
CR; CuR	Computer und Recht (Zeitschrift)
CZ	Computer-Zeitung
DAR	Deutsches Autorecht (Zeitschrift)
DAV	Deutscher Anwaltsverein
DB	Der Betrieb (Zeitschrift)
DFG	Deutsche Forschungsgemeinschaft
DFKI	Deutsches Forschungszentrum für Künstliche Intelligenz
ders.	derselbe
DFÜ	Datenfernübertragung
dies.	dieselbe
DIN	Deutsches Institut für Normung
Diss.	Dissertation
DJ	Deutsche Justiz (Zeitschrift)
DJT	Deutscher Juristentag
DÖV	Die Öffentliche Verwaltung (Zeitschrift)
DOS	Digital Operating System
DSB	Der Datenschutzbeauftragte (Zeitschrift)
DSG	Datenschutzgesetz
DStR	Deutsches Steuerrecht (Zeitschrift)
DSWR	Datenverarbeitung in Steuer, Wirtschaft und Recht (Zeitschrift)
DuD	Datenschutz und Datensicherung (Zeitschrift)
DVBl.	Deutsches Verwaltungsblatt (Zeitschrift)
DVR	Datenverarbeitung im Recht (Zeitschrift)
ECR	European Court Reports
ECU	European Currency Unit
EDV	Elekronische Datenverarbeitung
EG	Europäische Gemeinschaft
EKG	Einheitliches Gesetz über den internationalen Kauf beweglicher Sachen vom 17.7.1973 (BGBl. I S.856)
EPA	Europäisches Patentamt
Erl.	Erläuterungen
EU	Europäische Union
EuZW	Europäische Zeitschrift für Wirtschaftsrecht
EWG	Europäische Wirtschaftsgemeinschaften
EWiR	Entscheidungen zum Wirtschaftsrecht
EWR	Europäischer Wirtschaftsraum
EWS	Europäisches Wirtschafts- & Steuerrecht (Zeitschrift)
FAZ	Frankfurter Allgemeine Zeitung
FIFF	Forum Informatiker für Frieden und gesellschaftliche Verantwortung
FN; Fn	Fußnote
GBl.	Gesetzblatt
GentG	Gentechnikgesetz
GI	Gesellschaft für Informatik e.V.
GMD	Gesellschaft für Mathematik und Datenverarbeitung

GRUR	Gewerblicher Rechtsschutz und Urheberrecht (Zeitschrift)
GRUR Int.	Gewerblicher Rechtsschutz und Urheberrecht. Internationaler Teil (Zeitschrift)
GRVI	Gesellschaft für Rechts- und Verwaltungsinformatik e.V.
GVBl.	Gesetz- und Verordnungsblatt
HAZ	Hannoversche Allgemeine Zeitung
HMD	Handbuch der modernen Datenverarbeitung (Zeitschrift)
HRR	Höchstrichterliche Rechtsprechung
Hrsg.	Herausgeber
IAO	Fraunhofer-Institut für Arbeitswissenschaft und Organisation
IBM	International Business Machines
IEEE	Institute of Electrical and Electronical Engineers
ISO	International Standard Organisation
IuR	Informatik und Recht (Zeitschrift)
JA	Juristische Ausbildung (Zeitschrift)
JBl	Juristische Blätter (Zeitschrift)
JuS	Juristische Schulung (Zeitschrift)
JT	Juridisk Tidskrift/VID Stockholms Universiteit (Zeitschrift)
JZ	Juristenzeitung (Zeitschrift)
Kap.	Kapitel
KI	Künstliche Intelligenz
KJ	Kritische Justiz (Zeitschrift)
KritV	Kritische Vierteljahresschrift (Zeitschrift)
Kz.	Kennziffer
LB	Landesbeauftragte/r
LDSG	Landesdatenschutzgesetz
LG	Landgericht
LM	Nachschlagewerk des Bundesgerichtshofs, hrsg. von Lindenmeyer und Möhring
MDR	Monatsschrift des Deutschen Rechts (Zeitschrift)
Mitt.	Mitteilungen der deutschen Patentanwälte (Zeitschrift)
MünchKomm	Münchener Kommentar zum BGB
MS.	Maschinenschrift
m.w.N.	mit weiteren Nachweisen
Nachr. Dok.	Nachrichten für Dokumentation (Zeitschrift)
n.F.	neue Fassung
NfD	Nachrichten für Dokumentation (Zeitschrift)
NJB	Nederlands Juristenblad (Zeitschrift)
NJW	Neue Juristische Wochenschrift (Zeitschrift)
NJW-RR	Neue JuristischeWochenschrift – Rechtsprechungsreport (Zeitschrift)
NL	Niederlande
NuR	Natur und Recht (Zeitschrift)
NVwZ	Neue Zeitschrift für Verwaltungsrecht
NWB	Neue Wirtschaftsbriefe

OCR	Optical Character Recognition
OEM	Original Equipment Manufacturer
ÖVD	Öffentliche Verwaltung und Datenverarbeitung (Zeitschrift)
OLG	Oberlandesgericht
PatG	Patentgesetz
PHI	Produkthaftpflicht International (Zeitschrift)
PHRl	EG-Produkthaftungsrichtlinie
PLI	Product Liability International (Zeitschrift)
ProdHaftG	Produkthaftungsgesetz
PROM	Programmable Read Only Memory (Halbleiterspeicher)
RAL	Reichsausschuß für Lieferbedingungen und Gütesicherung
RdA	Recht der Arbeit (Zeitschrift)
Rdnr.; RdNr.; Rn.	Randnummer
RDV	Recht der Datenverarbeitung (Zeitschrift)
RegE	Regierungsentwurf
RG	Reichsgericht
RGBl.	Reichsgesetzblatt
RGRK	Das Bürgerliche Gesetzbuch, hrsg. von Mitgliedern des Bundesgerichtshofs (ehedem von Reichsgerichtsräten)
RGZ	Entscheidungen des Reichsgerichts in Zivilsachen
RIW	Recht der Internationalen Wirtschaft (Zeitschrift)
Rz.	Randziffer
SavZ	Zeitschrift der Savigny-Stiftung für Rechtsgeschichte
Schufa	Schutzgemeinschaft für Allgemeine Kreditsicherung
SDI	Strategic Defense Initiative
Sten. Ber.	Stenographische Berichte
SW	Software
TB	Tätigkeitsbericht
TK	Tweede Kamer der Staten Generaal
UCC	Uniform Commercial Code (USA)
UFITA	Archiv für Urheber-, Film-, Funk- und Theaterrecht (Zeitschrift)
UNCITRAL	United Nations Commission on International Trade Law
UrhG	Urheberrechtsgesetz
UPR	Umwelt und Planungsrecht (Zeitschrift)
UWF	Umweltwirtschaftsforum (Zeitschrift)
v.	versus
VersR	Versicherungsrecht (Zeitschrift)
VerwA	Verwaltungsarchiv (Zeitschrift)
VG	Verwaltungsgericht
vgl.	vergleiche
VP	Die Versicherungspraxis (Zeitschrift)
WiKG	Gesetz zur Bekämpfung der Wirtschaftskriminalität
WIPO	World Intellectual Property Organization
Wistra	Zeitschrift für Steuer, Wirtschaft, Strafrecht

WKR	Wiener Kaufrecht(sübereinkommen) – Übereinkommen der Vereinten Nationen vom 11.4. 1980 über Verträge über den internationalen Warenkauf (CISG)
WM	Wertpapier-Mitteilungen (Zeitschrift)
WzS	Wege zur Sozialversicherung (Zeitschrift)
ZAU	Zeitschrift für angewandte Umweltforschung
ZEuP	Zeitschrift für Europäisches Privatrecht
ZfSH/SGB	Zeitschrift für Sozialhilfe und Sozialgesetzbuch
ZHR	Zeitschrift für das gesamte Handelsrecht und Wirtschaftsrecht
ZIP	Zeitschrift für Wirtschaftsrecht, vormals: Zeitschrift für Insolvenz-Praxis
ZRP	Zeitschrift für Rechtspolitik
ZUM	Zeitschrift für Urheber- und Medienrecht
ZSR	Zeitschrift für Schweizerisches Recht
ZStW	Zeitschrift für die gesamte Strafrechtswissenschaft
ZVglRWiss	Zeitschrift für vergleichende Rechtswissenschaft
ZZP	Zeitschrift für Zivilprozeßrecht

Gegenstand, Ziel und Methode der Untersuchung

1. Gegenstand der Untersuchung

Die elektronische Datenverarbeitung hat sich in nahezu allen gesellschaftlichen Bereichen von der Produktion, dem Handel, den Dienstleistungen, der Verwaltung bis hin zum Freizeitbereich etabliert und einen weltweiten Prozeß der Digitalisierung von Informationen angestoßen. Informationen werden als Daten in bislang unvorstellbarem Umfang gespeichert, verarbeitet, verknüpft und mit Hilfe leistungsstarker Telekommunikationsnetze übertragen. Mit der Elektronischen Datenverarbeitung sind zahlreiche innovative Industrien und Dienstleistungen neu entstanden. Die Informationsverarbeitungs-und Übermittlungstechnik kann trotz ihrer verhältnismäßig kurzen Technikgeschichte inzwischen wegen ihrer vorteilhaften, häufig auch lebenserhaltenden Einsatzmöglichkeiten beispielsweise in der Medizin, aber auch wegen ihres wirtschaftlich bedeutenden, wertschöpfenden Charakters nicht mehr weggedacht werden. Mehr noch: Computer erobern immer mehr Bereiche des Lebens und beginnen, sich auch im Freizeitbereich sowie in Kunst und Kultur zu etablieren und herkömmliche kommunikative Verhaltens- und Darstellungsformen zu verdrängen. Die Elektronische Datenverarbeitung beeinflußt seit etwa 20 Jahren wie kaum ein anderer äußerer Faktor unsere Kulturgeschichte ganz wesentlich.

Der Prozeß der Durchdringung unserer Lebensumwelt durch die Elektronische Datenverarbeitung hat sich seit der Vorstellung des ersten Elektronenrechners in rasanter Geschwindigkeit vollzogen und steht doch erst am Anfang der Entwicklung, die *Steinmüller* einmal als die ›Zweite industrielle Revolution‹ bezeichnete.[1] Betriebliche, öffentliche und private Aufgaben werden zunehmend automatisiert und mit Hilfe von Elektronischen Datenverarbeitungsanlagen bearbeitet. In immer mehr technischen Geräten werden programmgesteuerte elektronische Bauteile verwendet. EDV-Systeme werden eingesetzt, um zu steuern und zu regeln, Zustände zu messen und zu bewerten und maschinelle Handlungen zu veranlassen.

Kaum ein Bereich der betrieblichen Produktentwicklung, der Produktionsplanung und -steuerung, der betrieblichen und öffentlichen Administration,

---

[1] *Steinmüller*, Kursbuch 66 (1981), S. 152.

der politischen Entscheidungsvorbereitung und -durchsetzung, des Dienstleistungssektors, des privaten Haushalts und der Freizeitgestaltung ist mehr ohne Anwendung von elektronischen Datenverarbeitungssystemen denkbar. Die elektronische Datenverarbeitung unterstützt die Wirtschaft bei Rationalisierungsmaßnahmen und bei der Qualitätssteigerung im Produktions- und Beratungsbereich. Sie hilft der Medizin und anderen Bereichen der Wissenschaft bei der Erforschung komplexer Zusammenhänge und damit auch in vieler Hinsicht zur Verbesserung der Lebensqualität. Die Qualität vieler elektronischer Produkte wird durch programmgesteuerte Bauteile erheblich verbessert. Neuartige Produkte entstehen, die ohne programmgesteuerte Prozessoren nicht denkbar wären. Überwachungssysteme aller Art im Verkehr, in Maschinen und in riskanten Anlagen, im Gesundheitswesen und allen sicherheitsempfindlichen Bereichen machen den Einsatz riskanter Systeme sicherer. Die EDV hat schließlich auch im Freizeitbereich Einzug gehalten und bietet neue, teilweise auch umstrittene Möglichkeiten der Freizeitgestaltung. Die Abhängigkeit von funktionsgerechter Software steigt beständig in allen gesellschaftlichen Bereichen.

Der Softwaremarkt hatte 1990 in Europa ein Volumen in Höhe von 75 Milliarden DM, wovon auf (West-)Deutschland allein 21% entfielen. Es wird erwartet, daß der Anteil durch die Herstellung der Einheit Deutschlands bis 1995 auf 25 Prozent wachsen wird, wodurch Deutschland dann den mit Abstand größten Einzelmarkt in Europa darstellen würde[2]. Nach anderen Angaben werden die Umsätze in Westeuropa für die Überlassung von Softwareprodukten für 1994 auf ca. 35 Mrd. US-$ geschätzt[3]. Die Zahlen verdeutlichen, daß Software ein Wirtschaftsgut von erheblicher und noch weiter steigender Bedeutung ist[4]. Bereits jetzt zeichnet sich ab, daß, unabhängig von den durch Begleitforschung noch unzureichend untersuchten *sozialen* Auswirkungen, Wirtschaft und Verwaltung in eine kritische Abhängigkeit vom einwandfreien Funktionieren und der uneingeschränkten Verfügbarkeit der Informationstechnologie- Systeme geraten sind, als deren ›Herz‹ die ›Software‹ angesehen wird[5].

Mit der intensiven Nutzung der Computertechnik sind für die Anwender und für Dritte neuartige Risiken verbunden. Das früh erkannte Risikopotential veranlaßte *Kilian* schon 1972, im Hinblick auf die Unzulänglichkeiten des gel-

---

[2] Vgl. *Neugebauer*, online 1992/7, S.46(46).

[3] *Moritz*, CR 1993, S.257(259).

[4] *J. Schneider*, Recht und Informations- und Kommunikationstechnik, in: *Bullinger* (Hrsg.), Handbuch des Informationsmanagements im Unternehmen, 1991, S.1271; *Stürmer*, CR 1986, S.754.

[5] Siehe dazu unter Sicherheitsaspekten nur *Brunnstein*, CR 1993, S.456; *Kilian/Wiebe* (Hrsg.), Data Security in Computer Networks and Legal Problems, 1992; *Amann/Atzmüller*, DuD 1992, S.286; *Sobirey*, DuD 1992, S.338; *Kersten*, DuD 1992, S.293. Ein typisches Beispiel für die Alltagsprobleme mit der EDV ist die ›Zahlungsfristüberschreitung wegen Ausfalls des Bankcomputers‹: *Juristische Beschwerdekammer des EPA*, CR 1987, 169 m. Anm. *H. Redeker*.

tenden Haftungsrechts eine auch präventiv wirkende Gefährdungshaftung für die elektronische Datenverarbeitung zu erwägen[6]. Wegen der als sehr komplex und schwierig eingeschätzten Haftungsfragen, die allgemein als noch nicht hinreichend geklärt angesehen werden[7], hatte 1987 auch das *Fraunhofer-Institut für Arbeitswissenschaft und Organisation (IAO)* in einem Gutachten zur Expertensystemtechnik ergänzende gesetzliche Regelungen zur Haftung für elektronische Expertensysteme gefordert[8]. Da die technische Entwicklung der Informationsverarbeitung in alle Lebensbereiche eingreift und das erhebliche Risikopotential von Computerprogrammen damit verstärkt, sind die haftungsrechtlichen Fragen tatsächlich von praktischer Relevanz und außerordentlich zukunftsträchtig[9]. Die Anfälligkeit von Informationsverarbeitungs- und übermittlungssystemen u.a. wegen unzuverlässiger und fehlerhafter Computerprogramme ist in Wirtschaftsunternehmen und in der modernen öffentlichen Verwaltung ein Thema für das Risikomanagement, das sich um eine Begrenzung der neuen Risiken der Informationstechnik durch ein kontinuierliches und differenziertes ›IV-Sicherheitscontrolling‹ bemüht[10].

Die vorliegende Arbeit beschäftigt sich mit den *haftungsrechtlichen Fragen* der Risiken, die sich aus fehlerhaften Computerprogrammen ergeben. Während die vertragliche Mängelhaftung für fehlerhafte Computerprogramme in Rechtsprechung und Literatur bereits intensiv behandelt worden ist, wurde die außervertragliche Haftung für Schäden durch fehlerhafte Computerprogramme noch nicht grundlegend erörtert. Noch immer wird die Software auch haftungsrechtlich als ›terra incognita‹, als weißer Fleck auf der Landkarte der Haftung für gefährliche Güter bezeichnet[11].

2. Das Ziel der Untersuchung

Das Ziel der Arbeit liegt daher zunächst darin, die mit dem Einsatz von Computerprogrammen verbundenen Risiken für Anwender und für Dritte zu beschreiben, um diese neu entstandenen *Risiken haftungsrechtlich analysieren* und unterschiedlichen Risikotypen zuordnen zu können. Hier liegt der Schwerpunkt der Untersuchung. Dabei sollen *Risikoverteilungsüberlegungen* klären, wem

[6] *Kilian*, Gefährdungshaftung, in: *Görlitz* (Hrsg.), Handlexikon zur Rechtswissenschaft, 1972, S. 110(114).

[7] So das *Fraunhofer-Institut für Arbeitswissenschaft und Organisation (IAO)*, in: *IAO* (Hrsg.), Abschätzung möglicher Anwendungen und Auswirkungen von Expertensystemen im Produktionsbereich, 1987, S. 113.

[8] *IAO*, ebenda, S. 170.

[9] *Junker*, WM 1988, S. 1217 und 1249(1253). Ebenso MünchKomm-*Mertens*, § 823 RdNr. 321.

[10] Siehe dazu *Büllesbach*, RDV 1995, S. 1 ff.

[11] So *Lehmann*, BB 1993, S. 1603(1604).

das Risiko der Verwirklichung einer Gefahr, also der Schaden, haftungsrechtlich auferlegt werden sollte. Es wird im Anschluß daran untersucht, welche Möglichkeiten der Absicherung gegen die mit dem Einsatz von Computerprogrammen bestehenden Haftungsrisiken für den *Hersteller* von Computerprogrammen durch *Versicherungsschutz* bestehen. Ein weiteres Ziel liegt schließlich darin, den Einfluß der außervertraglichen Haftung für Computerprogramme auf die Verbesserung der Qualitätssicherung bei der Software-Entwicklung festzustellen, die entscheidenden Einfluß auf die Vorsorge gegen die Verwirklichung von Risiken hat.

Die Untersuchung befaßt sich nicht mit der Haftung für die vom Anbieter oder einem Anwender in ein Informations- oder Expertensystem eingegebenen und darin abrufbar gehaltenen fehlerhaften oder unvollständigen *Informationen*, deren Nutzung zu einem Schadensereignis führt. Daß auch die unter Verwendung eines Computerprogramms gespeicherten Daten aufgrund einer intellektuellen Fehlleistung[12], wegen einer Verwechslung[13] oder wegen eines Übermittlungsfehlers[14] zu einer Fehlinformation führen und dadurch ein gefährliches Gut sein können, ist ein bekanntes Problem[15], das durch die schnelle Verfügbarkeit über EDV noch virulenter wird[16]. Diese Frage berührt aber nicht die hier behandelte fehlerhafte Entwicklung oder Programmierung des Computerprogramms selbst. Es wird jedoch nicht verkannt, daß die Unterscheidung zwischen fehlerhaften Computerprogrammen und fehlerhaften, vom Computerprogramm ausgegebenen Informationen teilweise schwierig und problematisch ist. So wird beispielsweise die Frage zu stellen sein, ob die fehlerhafte Koordinaten- und Höhenberechnung eines Computerprogramms, die einen Piloten unmittelbar zu einem zum Absturz führenden Flugfehler veranlaßte, haftungsrechtlich anders zu behandeln ist, als die zum Tode des Patienten führende Therapieempfehlung eines medizinischen Expertensystems.

---

[12] *BGH* NJW 1973, 843 (Nottestament); *BGHZ* 70, 356 (Börsendienst) mit Anm. *Köndgen*, JZ 1978, S. 389; *OLG Karlsruhe* GRUR 1979, 267 (Doppelparker) zur fehlerhaften Patentanwaltsauskunft.

[13] Vgl. dazu die falsche Entscheidung *BGH* NJW 1978, 2152 (Schufa) mit kritischer Anm. von *J. Simon*. Zum Entscheidungszeitpunkt war das BDSG als Schutzgesetz i.S. § 823 Abs. 2 BGB noch nicht in Kraft. Siehe zum Organisationsverschulden *J. Schneider*, Projektverantwortung und Systemgestaltung, in: *Bullinger* (Hrsg.), Handbuch des Informationsmanagements im Unternehmen, 1991, S. 1315(1367).

[14] *BGH* NJW 1970, 1963 (Druckfehler); dazu kritisch *Brüggemeier*, WM 1982, S. 1294(1307).

[15] Vgl. hierzu die Untersuchungen von *Heesch*, Privatrechtliche Haftung für fehlerhafte Information, Münster 1982; *Müssig*, NJW 1989, S. 1697; *Ricker/Müller-Malm*, AfP 1989, S. 505; *Damm*, JZ 1991, S. 373; *Jost*, Vertragslose Auskunfts-und Beratungshaftung, 1991.

[16] Siehe *Tellis*, CR 1989, S. 290; *Hackemann*, CR 1987, S. 660; *ders.*, NfD 1988, S. 297; *J. Schneider*, Zulässigkeit, Verträglichkeit, Verletzlichkeit, Haftung, in: *Bullinger* (Hrsg.), Handbuch des Informationsmanagements im Unternehmen, 1991, S. 1375 (1398f.); *Sieber*, CR 1992, S. 518.

3. Die Methode und der Gang der Untersuchung

In methodischer Hinsicht ist zunächst die Beschreibung einiger technischen Zusammenhänge erforderlich, da interdisziplinäre Aspekte unter Einschluß der Informatik zu berücksichtigen sind. Die rechtlichen Erörterungen basieren weitgehend auf Literaturanalysen, da bislang – zumindest in der Europäischen Union – keine einschlägige Rechtsprechung zur außervertraglichen Haftung für Computerprogramme vorliegt. Sie behandeln im Kern die Frage, ob für Schäden, die durch fehlerhafte Computerprogramme entstehen, Ersatz aufgrund

- der von der Rechtswissenschaft[17] und von der Rechtsprechung[18] aus den §§ 823ff. BGB entwickelte Produzentenhaftung als der deliktischen Haftung mit Beweislasterleichterungen zugunsten des Geschädigten und
- der Produkthaftung nach der EG-Richtlinie zur Angleichung der Rechts- und Verwaltungsvorschriften der Mitgliedsstaaten über die Haftung für fehlerhafte Produkte (PHRl)[19] und des auf dieser Richtlinie beruhenden Produkthaftungsgesetzes (ProdHaftG), das eine verschuldensunabhängige Haftung für Schäden aufgrund von Produktfehlern vorsieht,

verlangt werden kann.

Behandelt wird hier auch der in § 7 BDSG und in den Landesdatenschutzgesetzen geregelte Sonderfall der Haftung *öffentlicher* Stellen für Schäden, die aufgrund fehlerhafter Computerprogramme bei der Verarbeitung personenbezogener Daten entstehen. In den Datenschutzgesetzen sind zwar keine (primären) Produkt- oder Produzentenhaftungsregelungen enthalten; sie sehen aber doch eine außervertragliche, verschuldensunabhängige Haftung *auch* in den Fällen, in denen der Schaden auf einem Fehlversagen des Computerprogramms beruht, mit dem personenbezogene Daten verarbeitet wurden. Haftungsadressat der Datenschutzgesetze ist allerdings nicht der Hersteller des Computerprogramms, sondern die datenverarbeitende Stelle. Diese in die Datenschutzgesetze aufgenommenen Vorschriften über die Haftung bislang nur der öffentlichen Stellen auch für die *unrichtige* Verarbeitung personenbezogener Daten könnten Vorbild für die verschiedentlich geforderte allgemeine Gefährdungshaftung für Automatisierungsrisiken bei der Datenverarbeitung durch *nicht-öffentliche Stellen* sein[20].

---

[17] Siehe besonders *Simitis*, Grundfragen der Produzentenhaftung, 1965, und *ders.*, Soll die Haftung des Produzenten gegenüber dem Verbraucher durch Gesetz, kann sie durch richterliche Fortbildung geordnet werden? In welchem Sinne?, Gutachten C zum 47. Deutschen Juristentag, 1968.

[18] Grundlegend war die Entscheidung des 6. Senats des *BGH* vom 26. 11. 1968 *BGHZ* 51, 91 (Hühnerpest) = JZ 1969, 397 m. Anm. *Deutsch* = NJW 1969, 269 m. Anm. *Diederichsen*.

[19] Vom 25. 7. 1985 – 85/374/EWG (ABl. EG L 210/29 vom 7. 8. 1985 = VersR 1985, S. 922ff.).

[20] § 7 BDSG enthält eine Anspruchsgrundlage gegenüber öffentlichen Stellen. Demgegenüber regelt § 8 BDSG, der sich auf die nicht-öffentlichen Stellen bezieht, nur die Beweislastver-

Die besondere Erörterung der außervertraglichen Haftung für Schäden durch Computerprogramme ist schon deswegen geboten, weil zwischen den Geschädigten einerseits und dem Hersteller oder dem Vertreiber von Computerprogrammen andererseits häufig keine vertraglichen Beziehungen bestehen. Fehlerhafte Computerprogramme in Verkehrssteuerungssystemen, in Flugzeugen und anderen hochtechnisierten, EDV-gesteuerten Verkehrsmitteln, in lebenserhaltenden medizinischen Diagnose-und Therapiegeräten oder in Produktionsanlagen und Robotern können Sach- und Körperschäden bei Dritten verursachen. Der Ersatz des Schadens kann in diesen Fällen nicht auf vertraglicher oder auf quasi-vertraglicher Grundlage, etwa aufgrund positiver Vertragsverletzung, erfolgen. Zunehmend finden sich in der Rechtsprechung aber auch Fälle, in denen der Schadenersatz einem geschädigten Vertragspartner aufgrund einer deliktischen Anspruchsgrundlage zugestanden wird. Auf diese Konstellation des Rückgriffs auf deliktische Ansprüche gegenüber einem Vertragspartner wird einzugehen sein.

Ob bei der außervertraglichen Haftung aus Produzenten- oder Produkthaftung angeknüpft werden kann, hängt davon ab, wie das dogmatische Problem gelöst wird, das daraus resultiert, daß sich das schädigende Wirtschaftsgut ›Software‹ in einem wesentlichen Punkt von anderen Wirtschaftsgütern unterscheidet: ›Software‹ ist nach der DIN 44300 eine »zur Lösung einer Aufgabe vollständige Anweisung zusammen mit allen erforderlichen Vereinbarungen«[21]. Der eigentlich interessante Kern der Software, das Computerprogramm, stellt das Ergebnis einer geistigen Leistung dar, deren Einordnung als Sache im Sinne des §90 BGB oder als Produkt im Sinne des §2 ProdHaftG umstritten ist.[22] Nach der bislang herrschenden Meinung hat ein Computerprogramm einen rein immateriellen Charakter, der es fraglich erscheinen läßt, ob die auf einen Fehler des Computerprogramms zurückgehende fehlerhafte Datenausgabe oder die fehlerhaften Anweisungen an eine Maschine oder an eine Person unmittelbarer Anknüpfungspunkt für deliktische Haftungsregeln oder für die Haftung nach dem Produkthaftungsgesetz sein kann.

Die Ergebnisse der Diskussion um den Rechtscharakter von Computerprogrammen sind nicht nur für die vertragstypologische Einordnung der Software-

---

teilung bei einem Schadensersatzanspruch aus einem anderen Gesetz. Daher kann §8 BDSG nicht die erwähnte Vorbildfunktion haben.

[21] DIN 44300 Nr. 40; dokumentiert bei *F.A. Koch*, Computer-Vertragsrecht, 1995, Gruppe 5, S. 35.

[22] Vgl. aus der inzwischen umfangreichen Literatur nur *König*, Das Computerprogramm im Recht, 1991, S. 71ff., *Marly*, Softwareüberlassungsverträge, 1991, S. 32ff., *Hoeren*, Softwareüberlassung als Sachkauf, 1989, Rdnr. 74ff., einerseits und andererseits *Habel*, CR 1991, S. 257(260), sowie – besonders pointiert – *H. Redeker*, NJW 1992, S. 1739 (Der Aufsatztitel ist eine Anspielung auf das Fall-Beispiel des von *Redeker* insofern nicht zitierten *Bartsch*, CR 1992, S. 393[394], und wird auch von *Junker*, JZ 1993, S. 344 und 447 (448f.), wieder aufgegriffen.).

Überlassungsverträge entscheidend. Die dabei erörterten Rechtsfragen stehen auch bei der Haftung für solche Schäden, die durch Computerprogramme verursacht werden, im Vordergrund. Den Stellenwert dieses Themas, des Rechtscharakters von Computerprogrammen, hat *Stuurman* klar formuliert: »It is one of the examples of the struggle with the classic legal concepts in the transience of our society into the information age«[23].

Eine andere Schwierigkeit bei der haftungsrechtlichen Beurteilung resultiert aus dem Fehlerbegriff, der in der Informatik und im Recht sehr unterschiedlich definiert wird. Es ist fraglich, ob man überhaupt juristisch von einem Fehler eines Computerprogramms sprechen kann, da komplexe Computerprogramme nach Ansicht von Informatikern nie fehlerfrei produziert werden können[24] und sich damit bei den Nutzern möglicherweise auch keine Sicherheitserwartungen herausbilden dürften. Das aber ist konstitutiv für den juristischen Fehlerbegriff nach dem Produkthaftungsgesetz.

Schließlich kommt es im Rahmen der deliktischen Produzentenhaftung bei der Feststellung von Sorgfaltspflichten des Software-Herstellers entscheidend darauf an, den Stand von Wissenschaft und Technik bei der Programmierung und etwaige Qualitätsanforderungen zum Zeitpunkt des Inverkehrbringens eines Computerprogramms festzustellen, weil sich daraus Verkehrspflichten für den Software-Hersteller ergeben können. Auch bei der Produkthaftung wird nach dem Stand von Wissenschaft und Technik bei der Programmierung von Computerprogrammen gefragt, weil dem Haftungsanspruch der Einwand entgegengehalten werden kann, daß es für Entwicklungsrisiken keine Haftung gibt.

Die besonderen, aus dem elektronischen Medium resultierenden Eigenschaften eines Computerprogramms machen eine nähere Betrachtung der für ganz andere Gegenstände entwickelten Haftungsregeln und die Überprüfung ihrer Adaption erforderlich. Auf Rechtsprechung kann dabei kaum zurückgegriffen werden. Soweit ersichtlich, gibt es noch keine gerichtliche Entscheidung, die einen Anspruch auf Ersatz der durch fehlerhafte Computerprogramme entstandenen Schäden aus einer außervertraglichen Haftungsgrundlage behandelte und Kriterien herausarbeitete, nach welchen juristischen Grundsätzen die Schadensverteilung vorzunehmen ist. Auch die wissenschaftliche Erörterung der sich aus den besonderen Eigenschaften der Computerprogramme ergebenden Rechtsfragen konzentrierte sich bislang eher auf die für die Software-Industrie wirtschaftlich relevante Frage des Rechtsschutzes für Computerprogramme sowie – im Zusammenhang mit fehlerhaften Computerprogrammen – auf die gewährleistungsrechtlichen Fragen und auf Schadensersatzansprüche aus Ver-

---

23 *Stuurman*, Product Liability for Software in Europe. in: *Vandenberghe* (Hrsg.), Advanced Topics of Law and Information Technology, 1989, S. 127(128).

24 *Abbott*, Product Liability International (1986)3, S.38(38); ComHdB-*Heussen* Kap. 12 RdNrn. 79ff.

trag. Die durch die Einführung der verschuldensunabhängigen Produkthaftung stimulierte Literatur steht erst am Anfang einer Diskussion haftungsrechtlicher Fragen im Zusammenhang mit fehlerhaften Computerprogrammen[25], obwohl die Behandlung etwaiger Produkthaftungsfolgen von erheblichem Gewicht ist[26]. Einige deutschsprachige Zeitschriftenbeiträge haben sich mit dem Thema beschäftigt, ohne die Rechtsfragen umfassend zu klären[27]. Die vorliegende Arbeit soll mit einer systematischen juristischen Auslegung der vorhandenen Haftungsregelungen dazu beitragen, dieses Defizit abzubauen.

---

[25] Frühe Arbeiten stammen insbesondere aus dem angloamerikanischen Rechtskreis, vgl. z.B. *Freed*, Jurimetrics Journal 1977, S. 270; *Prince*, Oklahoma Law Review 33(1980), S. 848; *Gemignani*, Rutgers Computer and Technology Law Journal, 8/1981, S. 173; *Hall*, Computer/Law Journal 1983, S. 373; *Lanoue*, San Diego Law Review 20(1983)2, S. 439; *Gregg/Folk*, Computer law reporter 1986, S. 18; *Bown*, Software Protection, Juni 1986, S. 12; *Birnbaum*, Computer/Law Journal 1988, S. 135; *Turley*, Computer/Law Journal 1988, S. 455; *Desilets*, Computer/Law Journal 1989, S. 509. Grundlegend auch *Stuurman*, Product Liability for Software in Europe, in: *Vandenberghe* (Hrsg.), Advanced Topics of Law and Information Technology, 1989, S. 127ff.

[26] Siehe *Joyce*, Software Bugs: A Matter of Life and Liability, Datamation vom 15. Mai 1987, S. 88. Auf diesen Titel anspielend und das Thema aufnehmend *Vandenberghe*, Software Bugs: A Matter of Life and Liability – Computer Software and the European Directive on Product Liability: The first Generation Question, in: *Computer/Law Institute* (Hrsg.), Produktenaansprakelijkheid voor Software en Informatie: een Bedreiging ?, 1988, S. 61, und *Stuurman/Vandenberghe*, Softwarefouten: een »Zaak« van Leven of Dood ?, NJB 1988, S. 1667, mit einer ›Naschrift‹ in NJB 1989, S. 608.

[27] Vgl. *Hackemann*, Die Produzentenhaftung des Software-Herstellers, in: *Gorny/Kilian* (Hrsg.), Computer- Software und Sachmängelhaftung, 1985, S. 191; *Astheimer*, PHI 1986, S. 56; *Engel*, CuR 1986, S. 702; *Bauer*, PHI 1989, S. 38 und 98; *Hoeren*, PHI 1989, S. 138; ComHdB-*Heussen* Kap. 48 (Produkthaftung); *F.A. Koch*, Informatik-Spektrum 1989, S. 337; *Kilian*, Liability for Deficient Medical Expert Systems, in: *Savory* (Hrsg.), Expertensysteme, 1989, S. 393; *ders.*, EEC Products Liability Directive and Medical Expert Systems, in: *Kaspersen/Oskamp* (Hrsg.), Amongst Friends in Computers and Law, 1990, S. 93; *Meier/Wehlau*, CR 1990, S. 95; *Kort*, CR 1990, S. 171; *ders.*, Recht, CR 1990, S. 251; *Lehmann*, NJW 1992, S. 1721; *Graf von Westphalen*, NJW-CoR 6/1993, S. 22. Siehe auch *Musulas*, Die Haftung des Softwareherstellers im Hinblick auf das ProdHaftG, 1993.

Erster Teil

Die Fehleranfälligkeit von Computerprogrammen

Erstes Kapitel

Die technischen Voraussetzungen

Ein großer Teil der juristischen Probleme der Einordnung von Computerprogrammen resultiert daraus, daß diese ›elektronische Ware‹ in anderer Weise als herkömmliche Güter entwickelt, produziert und vermarktet wird. Die Struktur und Funktion von Computerprogrammen muß deshalb von herkömmlichen Waren abgegrenzt werden.

Für die zentralen Begriffe des ›Computerprogrammes‹ oder der ›Software‹ gibt es keine einheitliche und in Wissenschaft und Technik einheitlich verwendete Definition[1]. Auch wenn von ›Fehlern‹ der Computerprogramme gesprochen wird, bleibt häufig unklar, was gemeint ist. Juristen und Informatiker verstehen darunter aus der Sicht ihres Faches Unterschiedliches. Für Juristen ist ein von den Informatikern identifizierter Fehler eines Datenverarbeitungsprogramms noch nicht zwingend auch ein rechtlich relevanter Fehler.

Es ist deshalb erforderlich, einige zentrale Begriffe der Elektronischen Datenverarbeitung so weit, wie es für das juristische Verständnis des technischen Sachverhalts erforderlich ist, zu erläutern. Dabei ist allerdings zu berücksichtigen, daß eine Definition auf einem im Wandel und in der Entwicklung befindlichen Gebiet wie der elektronischen Datenverarbeitung immer unter dem Vorbehalt einer Augenblicksaufnahme steht[2], weil die Methoden der Software-Entwicklung permanent weiterentwickelt werden[3].

---

[1] Zum Fehlen einer einheitlichen Fachterminologie *BGHZ* 112, 264(268) – (Nixdorf-Betriebssystem); *Jörg Schneider*, Softwarenutzungsverträge im Spannungsfeld von Urheber- und Kartellrecht, 1988, S. 3.

[2] Siehe auch ComHdB-*Harte-Bavendamm* Kap. 54 RdNr. 6.

[3] Ebenso *Balzert*, Die Entwicklung von Software-Systemen, 1982, S. 276; *Gewald/Haake/Pfadler*, Software-Engineering, 1985, S. 76; *Ilzhöfer*, CR 1988, S. 332, 423(339).

1. Elektronische Datenverarbeitung

Unter der Elektronischen Datenverarbeitung ist das Erfassen, Speichern, Übermitteln, Ordnen und Umformen von Daten mit Hilfe von Computern zu verstehen[4]. In einer anderen Definition wird die Datenverarbeitung als Umgestaltung von Eingangsinformationen (Dateneingabe, Input) nach bestimmten Verarbeitungsvorschriften (Anweisungen) mit Hilfe technischer Einrichtungen zu Ausgangsinformationen (Datenausgabe, Output) beschrieben[5]. Diese Definition ist deswegen genauer, weil unter Elektronischer Datenverarbeitung auch die Aufnahme von Befehlen, die Verarbeitung dieser Befehle und die ›Ausgabe‹ der Verarbeitungsergebnisse in Form der Maschinensteuerung verstanden werden soll, bei der die ›Informationsausgabe‹ also nicht in der Form der Bekanntgabe von Informationen an den Menschen gemeint ist. Selbststeuernde Elektronische Datenverarbeitungsanlagen sind aufgrund ihrer hardware- und softwaretechnischen Konstruktion beispielsweise in der Lage, zu messen, zu registrieren, Ist-Werte mit vorgegebenen Soll-Werten zu vergleichen und unter programmierten Bedingungen bestimmte Reaktionen zu zeigen und Maschinenhandlungen auszuführen. Zu derartigen EDV-Systemen gehören etwa die Industrieroboter, Produktionssteuerungsanlagen, Flugleitsysteme, medizinische Geräte und Überwachungs- und Kontrollsysteme.

2. Hardware

Als Hardware werden alle mechanischen und elektronischen Baugruppen einer Datenverarbeitungsanlage, alles das, »was man anfassen kann«, bezeichnet[6]. Unterschieden wird bei der Hardware das Kernstück der Anlage, die auch Central Processing Unit (CPU) genannte Zentraleinheit[7] mit dem Prozessor, der Hauptspeicher und die Peripherie mit Eingabe- und Ausgabegeräten. ›Hardware‹ sind die gegenständlich realisierten Bestandteile, die physischen Komponenten der Elektronischen Datenverarbeitungsanlage[8]. Die Hardware

---

[4] Vgl. *Schulze*, Das rororo Computer Lexikon, 1987, S. 105. »Information« ist somit der dritte Bestandteil einer Elektronischen Datenverarbeitungsanlage neben der Hardware und der Software. Siehe auch *Prince*, Oklahoma Law Review 1980, S. 848 (848).

[5] *Hans-Jochen Schneider* (Hrsg.), Lexikon der Informatik und Datenverarbeitung, 1986, S. 161.

[6] Vgl. *Schneider* (Hrsg.), Lexikon, 1986, Stichwort »Hardware«; *F.A. Koch*, Computer-Vertragsrecht, 1995, Gruppe 6, S. 2; *zur Megede*, Rechtsschutz von Software, 1989, Rn. 3; *ders.*, NJW 1989, S. 2580; *Moritz/Tybusseck*, Computersoftware, 1992, Rn. 6; *Pötzsch*, Die rechtliche Einheit von Hardware und Software, 1991, S. 23ff.

[7] Näheres bei *Giloi/Mueller-Stoy*, Zentraleinheit, in: *Schneider* (Hrsg.), Lexikon, 1986, S. 665.

[8] Vgl. *Pierson*, Der Schutz der Programme für die Datenverarbeitung im System des Immaterialgüterrechts, 1991, S. 7ff.

kann als »nicht zu Ende konstruierte Universalmaschine« bezeichnet werden, die durch das Laden der Computerprogramme zu einem Spezialautomaten wird[9]. Unter Hardware sind demnach nicht nur die Datenverarbeitungsanlagen im engeren Sinn, also Personal Computer oder Großrechenanlagen, zu verstehen, sondern alle technischen Apparaturen, die Funktionen mit Hilfe von Computerprogrammen ausführen. Unter Hardware fallen daher auch Antiblockiersysteme bei Kraftfahrzeugen[10], Geräte zur Steuerung und Regelung der Treibstoffzufuhr in Flugzeugen (Flugkostenminimierungssystem)[11], Taucheruhren, die die Dekompressionszeiten mit Hilfe eines Computerprogramms berechnen[12], und viele weitere technische Einrichtungen für gewerbliche, soziale und private Zwecke.

3. Computerprogramme

Das ›Computerprogramm‹, auch ›Programm der elektronischen Datenverarbeitung‹, ›Datenverarbeitungsprogramm‹ oder ›Software im engeren Sinn‹ genannt, das »Kernstück der Software«[13], wird von der Weltorganisation für geistiges Eigentum[14] als »eine Folge von Befehlen« definiert, »die nach Aufnahme in einen maschinenlesbaren Träger fähig sind zu bewirken, daß eine Maschine mit informationsverarbeitenden Fähigkeiten eine bestimmte Funktion oder Aufgabe oder ein bestimmtes Ergebnis anzeigt, ausführt oder erzielt«[15]. Ganz entsprechend lautet § 101 des amerikanischen Urheberrechtsgesetzes, der das Computerprogramm als »eine Folge von Anweisungen oder Befehlen (definiert), die zur unmittelbaren oder mittelbaren Benutzung in einem Computer bestimmt sind, um ein bestimmtes Ergebnis zu erzielen«[16].

Sehr ähnlich beschreibt die DIN 44300 aus dem Jahre 1972, auf die Rechtsprechung und Literatur zur Beschreibung von Programmen für die Elektronische Datenverarbeitung regelmäßig Bezug nehmen[17], ein Datenverarbeitungsprogramm als »eine zur Lösung einer Aufgabe vollständige Anweisung zusammen

---

[9] *F.A. Koch*, Computer-Vertragsrecht, 1995, Gruppe 6, S. 33.
[10] Beschrieben in *BGH* GRUR 1980, 849 = LM § 1 PatG Nr. 55 (Antiblockiersystem).
[11] Siehe dazu *BGH* NJW 1986, 994 (Flugkostenminimierung).
[12] Vgl. *BGH* CR 1992, 600 m. Anm. *Betten* (Tauchcomputer).
[13] *Pötzsch*, Die rechtliche Einheit von Hardware und Software, 1991, S. 27.
[14] World Intellectual Property Organisation = WIPO.
[15] § 1 (i) der Mustervorschriften für den Schutz von Computersoftware aus dem Jahr 1977 der WIPO, dokumentiert in GRUR Int. 1978, S. 286(290) und GRUR 1979, S. 306f.; bezugnehmend auf diese Definition *BAG* GRUR 1984, 429(430).
[16] Copyright Law 17 U.S.C. § 101 (1982).
[17] Vgl. *BGHZ* 94, 276 = BB 1985, 1747(1749); *BGH* GRUR 1985, 1055. Aus der Literatur: *Haberstumpf*, GRUR 1982, S. 142(144); *Betten*, Mitt. 1983, S. 62(64).

mit allen erforderlichen Vereinbarungen«[18]. Diese Definition ist allerdings unvollkommen und trifft nicht den Kern des komplexen Gegenstands ›Computerprogramm‹[19], bei dem weitere Differenzierungen etwa nach der Entwicklungsstufe des Programms, nach Quellcode und Objektcode oder nach der Funktion des Quellcodes erforderlich sind, um beispielsweise zu verhindern, daß unter ›Programm‹ lediglich eine Entwicklungsleistung, nicht aber auch die Herstellung eines auf einer Datenverarbeitungsanlage beliebiger Art lauffähigen Programms, das beispielsweise auf einem Datenträger verkörpert vorliegt, verstanden wird[20].

Ähnlich allgemein wie die Definition des Computerprogramms nach der DIN 44300 und häufig auch identisch[21] ist die übliche Begriffserläuterung von ›Algorithmus‹[22]. Immer noch verbreitet ist die an den ISO-Standard 2382/1[23] angelehnte Definition, wonach ein Algorithmus ein Verfahren darstellt, mit dessen Hilfe in endlich vielen Schritten eine bestimmte Aufgabe gelöst wird[24]. Auf die Unterscheidung von ›Computerprogramm‹ und ›Algorithmus‹ gehen Untersuchungen[25] und Gerichtsentscheidungen zum Rechtsschutz von Computerprogrammen immer wieder ein, weil der Algorithmus zu den nicht schutzfähigen Ideen und Grundsätzen gehört[26]. Die Diskussion hierüber muß an dieser Stelle nicht aufgegriffen werden. Der Hinweis, daß ein Computerprogramm mehr ist, als ein in der Verwendung freier Algorithmus und immaterialgüter-

---

[18] DIN 44300 ist auszugsweise dokumentiert bei *F.A. Koch,* Computer-Vertragsrecht, 1995, Gruppe 5, S. 34ff.

[19] Zur Kritik an der unzulänglichen Definition auch *König*, Computerprogramm, 1991, S. 42 mit Fn. 119f.; *Zahrnt,* DV-Verträge: Rechtsfragen und Rechtsprechung, 1987, S. 28; *Kienzle,* Die Patentierbarkeit von Computerprogrammen, 1975, S. 25f.

[20] So aber wohl *Heymann,* Anm. zu *BGH* DB 1989, 2596, CR 1990, S. 112.

[21] Das veranlaßte einige Autoren zu dem Fehlschluß, ›Computerprogramm‹ und ›Algorithmus‹ seien identisch und damit auch rechtlich gleich zu behandeln. Vgl. *Kienzle*, Die Patentierbarkeit von Computerprogrammen, 1975, S. 41f.; *Wittmer*, Der Schutz von Computersoftware – Urheberrecht oder Sonderrecht ?, 1981, S. 43; *Bornmüller*, Rechtsschutz für DV-Programme, 1986, S. 44f.; *Preuß*, Der Rechtsschutz von Computerprogrammen nach dem Urteil des BGH vom 9. Mai 1985, 1987, S. 21ff.

[22] In dem von *H.-J. Schneider* herausgegebenen Lexikon der Datenverarbeitung, 1986, S. 21, wird der Algorithmus definiert als ein »allgemeines Verfahren zur Lösung einer Klasse gleichwertiger Probleme, gegeben aus durch einen aus elementaren Anweisungen an einen ... Rechner bestehenden Text«.

[23] ISO-Standard 2381/1 (1974) S. 12. Inzwischen ist dieser ISO-Standard aktualisiert worden durch ISO 2382/1 (1984), Data processing-Vocabulary-Part 01: Fundamental terms.

[24] *Kindermann,* ZUM 1985, S. 2(5); *Haberstumpf,* GRUR 1986, S. 222(224); *Schricker* (Hrsg.), Urheberrecht, 1987; *König*, Das Computerprogramm im Recht, 1991, S. 45; ComHdB-*Harte-Bavendamm* Kap. 54 RdNr. 18; ähnlich bereits *Kolle,* GRUR 1977, S. 58(66).

[25] Vgl. etwa *Marly*, Softwareüberlassungsverträge, 1991, S. 10ff.; *König*, Das Computerprogramm im Recht, 1991, S. 45ff.

[26] Vgl. ComHdB-*von Gravenreuth* Kap. 51 RdNr. 16, und *Kilian,* Rechtsschutz für Software, in: *Gorny/Kilian* (Hrsg.), Schutz von Computer-Software, 1987, S. 11 (12f.).

rechtliche Verfügungsrechte an ihm begründet werden können, ist ausreichend[27].

Weitergehender als die DIN 44300 ist die urheberrechtlich relevante Definition aus der EG-Richtlinie zum urheberrechtlichen Schutz von Computerprogrammen[28]. Die Richtlinie bezeichnet Computerprogramme als »Programme in jedweder Ausdrucksform, auch solche, die in Hardware integriert sind, sowie das Entwurfsmaterial zu ihrer Entwicklung«. Auch eine festverdrahtete Steuerung, bisweilen als *Firmware* bezeichnet, ist ein Computerprogramm[29]. Damit sind auch die sogenannten Maschinenprogramme, die als fest strukturierte Teile des Hauptspeichers eingebaut sind (ROM, EPROM), urheberrechtlich gesehen Computerprogramme. Sie sind aber deshalb eine Ausnahme, weil sie fest integrierter Bestandteil des Computersystems und damit eben nicht ›Software‹, allenfalls »Software im Gehäuse«[30] sind. Bei derartigen Maschinenprogrammen[31] liegt die Parallele zu einem Produkt im juristischen Sinn nahe; eine rechtliche Einordnung derartiger Computerprogramme als Sache oder Produkt bereitet keine Schwierigkeit. Auf die in materielle Form gebrachte Firmware sind die für ›Sachen‹ und ›Produkte‹ geltenden Rechtsvorschriften unmittelbar anwendbar. Auf ›Firmware‹ braucht hier deswegen nicht weiter eingegangen zu werden.

Es ist nachvollziehbar, daß aus Gründen des urheberrechtlichen Schutzes der Personen, die Computer-Programme schreiben und ihre geistige Leistung

---

[27] Grundsätzlich dazu ComHdB-*Harte-Bavendamm* Kap. 54 RdNr. 18, und *Kilian*, Rechtsschutz für Software, in: *Kilian/Gorny* (Hrsg.), Schutz von Computer-Software, 1987, S. 11(12f.). Vgl. zur Bedeutung und zu den grundlegenden Eigenschaften der Algorithmen anhand von Beispielen aus der Rechtsinformatik die sehr ausführliche Darstellung bei *Bund*, Einführung in die Rechtsinformatik, 1991, S. 21ff. Siehe schließlich ›zur Algorithmierbarkeit des Rechts‹ auch *Koitz/Kemper*, Rechtsinformatik, 1989, S. 215ff.

[28] Richtlinie des Rates vom 14. Mai 1991 über den Rechtsschutz von Computerprogrammen (91/250/EWG, ABl. EG Nr. L 122/42), abgedruckt auch in GRUR Int. 1991, 545, und jur-pc-aktuell 1991/10, S. i ff. Die entsprechende Definition im deutschen Transformationsgesetz enthält § 69 a Abs. 1 und 2 UrhG.

[29] Vgl. dazu *König*, Das Computerprogramm im Recht, 1991, S. 44, Rdnrn. 124ff., 218ff.; 243ff., 290; *ders.*, NJW 1992, S. 1731(1731); *Ellenberger*/Müller, Zweckmäßige Gestaltung von Hardware-, Software- und Projektverträgen, 1984, S. 7; *Moritz/Tybussek*, Computersoftware, 1992, Rn. 350f.; *Jörg Schneider*, Softwarenutzungsverträge, 1988, S. 4; *Dworatschek*, Grundlagen der Datenverarbeitung, 1989, S. 246, 405. Dem entspricht, wenn auch vom Wortlaut her nicht so eindeutig wie die EG-Richtlinie (siehe Fn. 28), die Definition des durch das Gesetz zur Änderung des Urheberrechtsgesetzes vom 9. Juni 1993 (BGBl. I S. 910) und auf die EG-Richtlinie vom 14. Mai 1991 über den Rechtsschutz von Computerprogrammen (ABl. EG Nr. L 122/42) eingeführten § 69a UrhG (Gegenstand des Schutzes): (1) Computerprogramme im Sinne dieses Gesetzes sind Programme in jeder Gestalt, einschließlich des Entwurfsmaterials. (2) Der gewährte Schutz gilt für alle Ausdrucksformen eines Computerprogramms. ...«

[30] *Kindermann*, GRUR 1983, S. 150(153).

[31] Um Mißverständnisse zu vermeiden ist darauf hinzuweisen, daß als ›Maschinenprogramm‹ auch die in einer Maschinensprache geschriebenen Computerprogramme bezeichnet werden, die nicht in einem ROM gespeichert sein müssen.

zu einem möglichst frühen Zeitpunkt, also schon bei frühen Entwürfen, die als Kontroll- oder Datenflußdiagramm grafisch aufgezeichnet werden[32], auch das Entwurfsmaterial mit in den Werkbegriff einzubeziehen ist, wenn es nicht lediglich nur eine banale Problemlösungsidee dokumentiert. Aus der Sicht der Informatik ist zwischen dem Entwicklungsprozeß und den dabei entstehenden Vorarbeiten oder genutzten Tools und Makros einerseits und dem maschinell in Maschinencode umformbaren Ergebnis andererseits zu differenzieren[33]. Um letzteres soll es hier gehen.

Da im vorliegenden Zusammenhang nicht der Urheberrechtsschutz von Computer-Programmen behandelt wird, sondern die rechtliche Verantwortung, das Einstehen für *einsatzfähige* oder *eingesetzte* Computerprogramme, soll hier die auch vom Arbeitskreis ›Software-Schutz‹ der Gesellschaft für Informatik bevorzugte Definition verwendet werden, wonach ein Computer-Programm im engeren Sinn eine Folge von Anweisungen und Vereinbarungen darstellt, die, gemäß den Regeln einer Programmiersprache gebildet, als vollständig und ausführbar anzusehen sind, um die Lösung einer bestimmten Aufgabe auf einem Rechner zu steuern[34]. Diese Definition kommt der Definition der WIPO[35] sehr nahe.

Das auf dem Rechner ausführbare Programm ist in der Regel ein mit Hilfe eines Übersetzungsprogramms (Interpreter oder Compiler) in ein Objektprogramm[36] übertragenes Quellprogramm, das auch als Source-Code oder Quellcode bezeichnet wird und mit Hilfe einer Programmiersprache als strukturierte Liste von Anweisungen geschrieben wurde[37]. Auch das Quellprogramm oder – in anderer Terminologie – der Quellcode sind danach ›Programme‹, selbst

---

[32] Es wird hier nicht verkannt, daß bei der Entwicklung von Computerprogrammen eine Vielzahl von Personen eingesetzt werden, deren unterschiedlich ausgeprägten schöpferischen Gestaltungsakte in dem Entwicklungsprozeß in einer Weise zusammenfließen, daß Probleme der Feststellung einer Miturheberschaft virulent werden. Die Probleme werden mit der Entwicklung hin zu einer objektorientierten Programmentwicklung noch zunehmen. Die auf die EG-Richtlinie über den Rechtsschutz von Computerprogrammen zurückgehende Novellierung des Urheberrechtsgesetzes bringt nun überdies zum Ausdruck, daß das Urheberrecht an Computerprogrammen weniger auf den Schutz der Urheberpersönlichkeit, als auf den wirtschaftlichen Schutz des Unternehmens, in dem das Computerprogramm entwickelt wird, abzielt, da die Verwertungsrechte mit dem Entstehen des Urheberrechts automatisch auf den Arbeitgeber übergehen, wenn vertraglich nichts anderes vereinbart wurde (§ 67 b UrhG).

[33] Siehe auch *Arbeitskreis ›Software-Schutz‹ der Gesellschaft für Informatik e.V.*, Informatik-Spektrum 1992, S. 89(90).

[34] *GI-Arbeitskreis Software-Schutz*, Informatik-Spektrum 1992, S. 89(90). Ähnlich auch *Lesshaft/Ulmer*, CR 1993, S. 607(608), und *Wittmer*, Computersoftware, 1981, S. 23: Software stellt eine »konkrete Darstellung der Steuerungsanweisung für einen maschinellen Problemlösungsprozeß« dar.

[35] Siehe oben, Fn. 15.

[36] Das Objektprogramm wird auch als Objekt Code, Maschinenprogramm oder Maschinencode bezeichnet; vgl. *F.A. Koch*, Computer-Vertragsrecht, 1995, Gruppe 6, S. 34.

[37] Näher zur Programmbeschreibung und zum Begleitmaterial *Pötzsch*, Die rechtliche Einheit von Hardware und Software, 1991, S. 28ff.

wenn sie nur mit Hilfe eines anderen Programms, eines Interpreters oder Compilers, ablauffähig sind und Funktionen auf dem Rechner oder der Anlage, der Hardware, ausführen[38].

Die in manchen Computerzeitschriften abgedruckten ›Programm-Listings‹ für die in der Regel nicht professionellen Nutzer sind (noch) keine Computerprogramme. Sie stellen vielmehr nur einen Entwurf eines Computerprogramms in der Form einer schriftlichen Darstellung eines Codes dar, der erst nach einer maschinellen Eingabe mittels eines OCR-Scanners[39] oder nach der manuellen Eingabe in einen Rechner und durch die dabei erfolgende Magnetisierung eines Speichers, des Hauptspeichers, einer Festplatte oder einer Diskette, verkörpert und damit zu einem Computerprogramm wird[40]. Erweist sich das in dieser Weise in einem Rechner eingelesene Computerprogramm als fehlerhaft, und führt der Fehler zu einem Mangelfolgeschaden, so werden außervertragliche Ansprüche gegenüber dem Zeitschriftenverlag als Produkthersteller und gegenüber dem Autor des Programms zu prüfen sein. Die Rechtsprechung zu Fehlern in Druckwerken[41] kann hierbei herangezogen werden.

4. Software

›Software‹ wird im Unterschied zum ›Computerprogramm‹ als *dokumentierte* Lösung einer geistigen Aufgabe bzw. als dokumentiertes geistiges Gut bezeichnet. Sie besteht aus der Benutzungsdokumentation und gegebenenfalls aus einer Entwicklungsdokumentation für den Menschen sowie aus den Computerprogrammen, die maschinell interpretierbare oder compilierbare Anweisungen an eine Maschine enthalten.[42] So lautet die Definition von Software, wie sie der IEEE Standard 729 enthält: »Software umfaßt Computerprogramme, Prozeduren und gegebenenfalls Dokumentation und Daten, wie sie für den Betrieb eines Rechners benötigt werden«[43]. Ähnlich lautet die Definition der DIN-/ISO-Norm 9000, Teil 3[44]:

---

[38] Ebenso *König*, Das Computerprogramm im Recht, 1991, S. 43, und *ders.*, NJW 1989, S. 2604(2604).

[39] OCR = Optical Character Recognition; Schrifterkennung.

[40] Ebenso *König*, Das Computerprogramm im Recht, 1991, Rdnrn. 159ff.

[41] Siehe zur deliktsrechtlichen Haftung für Fehler in Druckwerken *BGH* NJW 1970, 1963 = JZ 1971, 63 m. Anm. *Deutsch* (Druckfehler); *BGH* NJW 1973, 843 (Nottestament); *Röhl*, JZ 1979, S. 369; *Lang*, Die Haftung für Fehler in Druckwerken, 1982; *Neumann*, Haftungsprobleme infolge unzutreffender Inhalte entgeltlich erworbener Druckwerke, 1984.

[42] Vgl. *Wittmer*, Der Schutz der Computersoftware – Urheberrecht oder Sonderrecht?, 1981, S. 30; *Kolle*, GRUR 1982, S. 443(444); *Junker*, Computerrecht, 1988, S. 49.

[43] IEEE Software Engineering Standard 729, Catalog Nr. 1001. IEEE Computer Society Press 1989.

[44] *DIN Deutsches Institut für Normung e.V.* (Hrsg.), DIN ISO 9000 Teil 3: Leitfaden für die Anwendung von ISO 9001 auf die Entwicklung, Lieferung und Wartung von Software, 1992.

»Software: Geistiges Produkt, das aus Programmen, Verfahren und allen dazugehörigen Beschreibungen besteht, die zur Arbeit mit einem Datenverarbeitungsprogramm gehören (Nr. 3.109).

Softwareprodukt: Vollständiger Satz von Computerprogrammen, Verfahren und dazugehörigen Beschreibungen und Daten, der zur Lieferung an den Anwender bestimmt ist (Nr. 3.20018).«

Hat der *Bundesgerichtshof* die Dokumentation der Hardware, »das verkörperte ›Nutzungswissen‹«[45], als Bestandteil dieser Hardware bezeichnet, deren Nichtlieferung selbst dann, wenn sie im Vertragstext nicht besonders erwähnt wird, eine Nichterfüllung und nicht lediglich ein Mangel wegen des Fehlens eines Zubehörs angenommen[46], so gilt das erst recht für die wesentlich erklärungsbedürftigere Software[47]. Daran wird deutlich, daß der gegenüber ›Programm der elektronischen Datenverarbeitung‹ weitergehende Begriff ›Software‹ eine entscheidend andere Bedeutung hat, was bei der Frage nach den Leistungspflichten und der Feststellung der Erfüllung wesentlich ist. Software ist damit der weitergehende Begriff und schließt das um die Dokumentation ergänzte Computerprogramm ein[48].

Die bereits zitierte WIPO sieht in der Software schlicht »Computer-Programme und/oder Programmbeschreibungen und/oder Begleitmaterial«[49]. Auch wenn einige Autoren die ›Programmbeschreibung‹ und das ›Begleitmaterial‹ terminologisch vereinfachend zur ›Dokumentation‹[50] oder zur ›Programmdokumentation‹[51] zusammenfassen, so wird gleichwohl deutlich, daß Software der weitere Begriff ist, der außer dem Computer-Programm in der Regel auch eine Programmbeschreibung und weiteres Begleitmaterial mit umfaßt[52].

Die *Programmbeschreibung* ist nach § 1 ii der WIPO-Mustervorschrift »eine vollständige prozedurale Darstellung in sprachlicher, schematischer oder anderer Form, deren Angaben ausreichend sind, um eine Folge von Befehlen festzu-

---

[45] *BGH* NJW 1989, 3222(3223) – (Benutzerhandbuch).

[46] *BGH* NJW 1989, 3222 (Benutzerhandbuch).

[47] Ebenso jetzt *BGH* CR 1993, 203 (EDV-Handbücher). Siehe auch *Jochen Schneider*, Projektverantwortung und Systemgestaltung, in: *Bullinger* (Hrsg.), Handbuch des Informationsmanagements im Unternehmen, Bd. II, 1991, S. 1315(1352); a.A. *Bartsch*, Anmerkung zu *BGH* CR 1993, 203, CR 1993, S. 422.

[48] Vgl. auch ComHdB-*Harte-Bavendamm* Kap. 54 RdNr. 8.

[49] § 1 Abs. 1 Mustervorschriften für den Schutz von Computersoftware aus dem Jahr 1977 der WIPO, Weltorganisation für Geistiges Eigentum, abgedruckt in GRUR 1979, S. 306, und GRUR Int. 1978, S. 286.

[50] So *Mehrings*, Computersoftware und Mängelhaftung, GRUR 1985, S. 189 (191).

[51] So *Engel*, BB 1985, S. 1159(1160).

[52] Vgl. *BGH* CR 1993, 203 (EDV-Handbücher); *Kolle*, GRUR 1982, S. 443 (444f.); *ders.*, GRUR Int. 1985, S. 29; *Kindermann*, GRUR 1983, S. 150; *ders.*, ZUM 1987, S. 219; *Nordemann*, ZUM 1985, S. 10; *Buchmüller*, Urheberrecht und Computersoftware, 1986, S. 2ff.; ComHdB-*Harte-Bavendamm* Kap. 54 RdNr. 7f.; *Widmer*, Risikofolgeverteilung bei Informatikprojekten: Haftung für Softwaremängel bei Planung und Realisierung von Informationssystemen, 1990, S. 13.

legen, die ein ihr entsprechendes Computerprogramm darstellen«. Will man deutlicher formulieren, so sind die Programmbeschreibungen die wesentlichen Vorarbeiten im Zuge der Programmentwicklung, die die Struktur des Programms, der Programmfunktion und der zur Anwendung kommenden Verfahren schriftlich oder in graphischer Form beschreiben[53].

Das *Begleitmaterial* umfaßt nach § 1 iii der WIPO-Mustervorschrift alle Unterlagen, »die nicht ein Computerprogramm oder eine Programmbeschreibung darstellen und dazu bestimmt und geeignet sind, das Verständnis oder die Anwendung eines Computerprogramms zu fördern; z.B. Problembeschreibungen und Benutzungsanweisungen«. Die Benutzungshandbücher und das Bedienerhandbuch gehören in diese Kategorie.

Als *Entwicklungsdokumentation* bezeichnet man im Unterschied zur ›Benutzungsdokumentation‹, die alle an die Benutzer gerichteten Anweisungen enthält, die Anweisungen an die Entwickler und sonstigen mit der Pflege und der Wartung eines Programms befaßten Personen: das Pflichtenheft und den Anwendungsentwurf, das Lösungskonzept, die Programmdokumentation und die Testdokumentation.[54] Ob die Entwicklungsdokumentation und gegebenenfalls auch der Quellcode und detaillierte Wartungsanleitungen zur Software gehören, ist umstritten. *Sommerville* versteht unter Software das Computerprogramm und sämtliche zu ihrer Installation, Benutzung und Weiterentwicklung und Wartung benötigten Informationen[55]. Diese Ansicht wird von *Mills* geteilt, der Software als die Summe der Anweisungen sowohl an die Maschine als auch an den Menschen definiert: »Software consists of operational requirements for a system, its specifications, design and programs, all its user manuals and guides, and its maintenance documentation«[56].

Ein origineller Hinweis stammt von *Sneed*, nach dessen Ansicht auch das ›Know-how‹ in den Köpfen der »Problemlöser« eine Art Software darstellt. Da es aber nur personenabhängig existiert, kann man es nicht als Software bezeichnen; denn als Software kann nur ein Wirtschaftsgut verstanden werden. Ein Wirtschaftsgut ist aber nur ein solches geistiges Gut, das personenunabhängig, reproduzierbar, übertragbar und meßbar ist[57].

Nach *Belli* und *Bonin*[58] ist ein Software-Produkt zu definieren als »ein oder mehrere logisch zusammenhängende Programme und Daten sowie Dokumente und Informationen, die für die Entwicklung, Anwendung und den Umgang mit Programmen und Daten notwendig (oder hilfreich) sind«. Dieser Defini-

---

53 *Pierson*, Der Schutz der Programme für die Datenverarbeitung im System des Immaterialgüterrechts, 1991, S. 19.

54 Vgl. *Sneed*, Software Qualitätssicherung, 1988, S. 22ff.

55 Vgl. etwa *Sommerville*, Software Engineering, 1987.

56 *Mills*, IBM System Journal, 19(1980)4, S. 415.

57 *Sneed*, Software Qualitätssicherung, 1988, S. 22.

58 *Belli/Bonin*, CR 1987, S. 46ff.

tionsansatz ist insofern weitergehender, als er sich auch auf die für einen Programmablauf erforderlichen ›Daten‹, die mit der Programmsteuerung eine notwendige Einheit bilden (Lernprogramme, Informationssysteme, Expertensysteme), oder auch auf die nützlichen ›Daten‹ bezieht, die den Programmeinsatz optimieren können.

Von einem Computerprogramm *isolierte* ›Daten‹, also alphanumerische Zeichen, Grafiken und andere aussagekräftige Codes, werden dagegen selbst dann nicht als ›Software‹ bezeichnet werden können, wenn sie auf einem Datenträger in strukturierter oder unstruktierter Form gespeichert sind und von einem Programm bearbeitet wurden oder durch ein Dokumentenretrieval wieder zur Verfügung gestellt werden. ›Isolierte Daten‹ und ›gespeicherte Informationen‹ sind streng vom ›Computerprogramm‹ zu unterscheiden und dürfen im Interesse einer exakten Analyse des rechtlich zu beurteilenden Sachverhalts nicht gleichgesetzt werden. In der Literatur wird diese notwendige Trennung häufig nicht beachtet, wenn etwa übersehen wird, daß bei einer ›*Daten*fernübertragung‹ in der Regel keine Computerprogramme übermittelt werden, oder daß bei einer Software unterschieden werden muß, ob darin Betriebs- und Geschäftsgeheimnisse in Form des Programmier-Know-how des Software-Herstellers oder in Form der gespeicherten Informationen des Anwenders enthalten sind.

Allerdings wird in großem Umfang ›Software‹ angeboten, deren Bestandteil ›Informationen‹ sind und die für die Nutzer selektiert, aufbereitet und ausgegeben werden (Informationssysteme, Dialogsysteme), die auf Eingabe und nach Analyse bestimmter Sachverhalte mit Hilfe von Regeln als aufbereitetes Wissen präsentiert werden (Expertensysteme) oder die Grafiken zur Einbindung in andere Anwendungen bereithalten (Grafiksysteme). Derartige Systeme wird man ebenfalls als Software bezeichnen können[59]. Diese ›Daten‹ und ›Informationen‹ sind aber in der Regel technisch gesehen selbst dann kein Bestandteil des den Prozeßablauf steuernden Computerprogramms, wenn sie mit dem Computerprogramm als Einheit vermarktet werden und unter vertragsrechtlichen Gesichtspunkten mit dem Programm als einheitliche Sache anzusehen sind.

Zusammengefaßt: Da ohne Dokumentation ein kompliziertes technisches System wie ein Computerprogramm also nicht sachgemäß genutzt werden

[59] Wohl anderer Ansicht *Mackaay*, Contracting for software in Canada, in: *Weyers* (Hrsg.), Datenverarbeitungsprogramme als Gegenstand des Rechtsverkehrs, 1992, S. 9(11), der meint, daß nach aktuellem Sprachgebrauch weder die in Hardware integrierten Programme oder Daten noch Expertensysteme Software sein könnten.

kann, besteht Software nach einer unter Informatikern[60] und Juristen[61] ganz verbreiteten Ansicht neben dem Datenverarbeitungsprogramm zusätzlich aus der Programmdokumentation, die sich wiederum in die Programmbeschreibung[62] und die Betriebsdokumentation, das Benutzungs- und Bedienerhandbuch sowie ggf. die Wartungsdokumentation unterteilen läßt[63]. Diese in der Regel schriftlichen Unterlagen stellen für den Anwender eine wesentliche Information dar, aus der sich ergibt, was das Programm leistet und wie es arbeitet, wie es zu bedienen und wie es gegebenenfalls zu warten ist. Ohne diese Informationen ist das Programm regelmäßig nur unter erheblichen Anstrengungen, nur eingeschränkt und vielfach auch gar nicht zu nutzen.

Im allgemeinen Sprachgebrauch werden ›Computerprogramm‹ und ›Software‹ häufig synonym verwendet. Auch in dieser Arbeit werden, wenn nicht ausdrücklich etwas anderes erwähnt wird, der Begriff ›Software‹ bisweilen aus sprachlichen Gründen synonym für ›Computerprogramm‹ verwendet.

5. Kategorien von Software

a) Systemsoftware und Anwendungssoftware

Software läßt sich nach verschiedenen Kriterien differenzieren. So wird die (Betriebs-)Systemsoftware[64], die den Rechner steuert und die Programmanwen-

---

[60] *Lesshaft*, CR 1989, S. 146 und 246(147); *Bellin/Bonin*, CR 1987, S. 46; a.A. *GI-Arbeitskreis Software-Schutz*, Informatik-Spektrum 1992, S. 89(90f.), der zur Untermauerung der im Widerspruch zu den Definitionen von internationalen Fach- und Standardisierungsorganisationen stehenden eigenen Position unterstellt, daß die begleitende Dokumentation selbst als Software bezeichnet worden sei.

[61] Vgl. nur *Kilian*, Rechtsschutz für Software, in: *Kilian/Gorny* (Hrsg.), Schutz von Computer-Software, 1987, S. 11(12); *Jochen Schneider*, Projektverantwortung und Systemgestaltung, in: *Bullinger* (Hrsg.), Handbuch des Informationsmanagements im Unternehmen, 1991, S. 1315(1352ff.); *Widmer*, Risikofolgeverteilung bei Informatikprojekten, 1990, S. 13; *F.A. Koch*, Computer-Vertragsrecht, 1995, Gruppe 6, S. 35. Siehe auch *Curth*, Dokumentation, in: *Mertens* (Hrsg.), Lexikon der Wirtschaftsinformatik, 1987, S. 132. Anders *König*, Das Computerprogramm im Recht, 1991, S. 61f., der dafür plädiert, unter Software ausschließlich Computerprogramme zu verstehen.

[62] Auch Entwicklungsdokumentation genannt, die sich wiederum unterteilt in die phasenabschließenden Dokumente und alle sonstigen Dokumente, die Vereinbarungen, Verträge, Richtlinien, Begriffe und ähnliches für ein Projekt enthalten; vgl. dazu *Wallmüller*, Software-Qualitätssicherung, 1990, S. 1.

[63] Vgl. *Lesshaft*, CR 1989, S. 146 und 246(246ff.); *Engel*, BB 1985, S. 1159 (1160); *Junker*, Computerrecht, 1988, Rdnr. 28; *Kilian*, Rechtsschutz für Software, in: *Kilian/Gorny* (Hrsg.), Schutz von Computersoftware, 1987, S. 11(12); *Gorny*, Schutz von Software – Aspekte der Informatik, in: *Kilian/Gorny* (Hrsg.), Schutz von Computer-Software, 1987, S. 25(26); *ders.*, CR 1986, S. 673; ComHdB-*Harte-Bavendamm* Kap. 54 RdNr. 8.

[64] Vgl. *König*, Das Computerprogramm im Recht, 1991, S. 53ff., und ausführlich *Bund*, Einführung in die Rechtsinformatik, 1991, S. 178ff.

dungen und die Peripherienutzung koordiniert, von der Anwendungssoftware[65], die zum Lösen bestimmter Aufgaben eingesetzt wird, unterschieden. Auch die System-Software wird heute, wenn sie nicht im ROM oder im ›partial ROM‹ auf einer magnetooptischen Speicherplatte[66] fest gespeichert ist, nicht mehr als Teil der Hardware betrachtet, da es für einen bestimmten Prozessortyp unterschiedliche Betriebssysteme gibt, die juristisch gesehen eine Vertrags- und Sacheinheit bilden, aber auch getrennt voneinander vermarktet werden.

Die Systemsoftware ist für die interne Steuerung der Zentraleinheit und der Peripherie erforderlich. Zu der Systemsoftware zählen das Betriebssystem und die sogenannte systemnahe Software. Nach der DIN 44300 gehören zum Betriebssystem »die Programme eines digitalen Rechensystems, die zusammen mit den Eigenschaften der Rechenanlage die Grundlage der möglichen Betriebsarten des digitalen Rechensystems bilden und insbesondere die Abwicklung von Programmen steuern und überwachen«[67]. Ohne ein Betriebssystem ist ein Rechner nicht einsatzfähig.

Zu der sogenannten systemnahen Software werden zusätzliche Programme gezählt, die für die Funktionsfähigkeit des Rechners nicht zwingend erforderlich sind, seine Leistungsfähigkeit und Nutzungsmöglichkeiten aber optimieren. Eine Abgrenzung der systemnahen Software von den Anwendungsprogrammen ist bisweilen schwierig, und die Grenzen zwischen diesen beiden Softwarearten sind fließend[68].

b) Standard- und Individualanwendungsprogramme

Die Anwendungssoftware – und nur im Ausnahmefall auch die Betriebssystemsoftware – wird weiterhin danach unterschieden, ob sie für die Aufgabenlösung einer Vielzahl von möglichen Anwendern entworfen wurde, dann wird sie als Standard(anwendungs)software bezeichnet, oder ob sie als Individual(anwendungs)software (zunächst) der Lösung einer speziellen Aufgabe eines einzelnen Anwenders zu dienen bestimmt ist[69]. Die Standardanwendungssoftware ist

---

[65] Dazu *Bund*, Einführung in die Rechtsinformatik, 1991, S. 217ff.

[66] Vgl. zu dieser technischen Weiterentwicklung von magnetooptischen Speicherplatten, auf denen bestimmte Bereiche für die System-Software reserviert sind, die nicht verändert und auch nicht mehr zufällig gelöscht werden können, ›Blick durch die Wirtschaft‹ vom 29.6. 1992.

[67] DIN 44300 Nr. 59, dokumentiert bei *F.A. Koch*, Computer-Vertragsrecht, 1995, Gruppe 5 S. 34(36).

[68] Vgl. *Pötzsch*, Die rechtliche Einheit von Hardware und Software, 1991, S. 31.

[69] Vgl. *Kilian*, CR 1986, S. 187; ComHdB-*Harte-Bavendamm* Kap. 54 RdNr. 10; *Köhler*, CR 1987, S. 827 (828); *Salje*, JZ 1987, S. 342(343); *Schack*, UFITA 105(1987), S. 282(284f.); *BGHZ* 102, 135 (Basic-Übersetzungsprogramm).

die ›konfektionierte‹ Software, die Individualsoftware ist die maßgeschneiderte Software, die individuelle Bedürfnisse des Nutzers abdeckt[70].

Die wohl verbreitetsten, zu Recht aber auch häufig kritisierten[71] Begriffe für die ›konfektionierte‹ Software sind ›Standardsoftware‹[72] und ›Standardanwendersoftware‹. Auch wenn der Begriff ›Standardsoftware‹ dies suggeriert, ist die Bezeichnung nicht etwa deswegen gewählt worden, weil die Software bei der Programmierung, bei der Wahl der Schnittstellen, bei der Darstellung auf einem Bildschirm (Look and Feel) oder in anderer Weise einem genormten oder üblichen ›*Standard*‹ entspricht. Gemeint ist, daß die Anwendungsmöglichkeit nicht nur speziell für einen Anwenderzweck entwickelt wurde, sondern daß die Anwendung so konzipiert wurde, daß sie von einer unbestimmten Vielzahl von Nutzern für allgemein verbreitete, eben standardmäßige Nutzungen Verwendung finden kann.

Von anderen wird daher der Begriff ›Standard*anwender*software‹ verwendet, was sprachlich aber deshalb unglücklich ist, weil nicht die *Anwender* einen Charakter haben, der weitgehend einheitlich ist, sondern deren *Anwendungen* typisch und verallgemeinerungsfähig sind: *die* Textverarbeitung, *die* Tabellenkalkulation, *das* Personalinformationssystem, *das* CAD-Programm, *das* Flugleitsystem. Empfehlenswert ist es daher, von einem ›Standardanwendungsprogramm‹ oder von ›Standardanwendungssoftware‹ zu sprechen.

c) *Quellprogramm und Maschinenprogramm*

Computerprogramme wurden bisher zumeist in einer höheren Programmiersprache geschrieben[73]. Sie liegen zunächst in einem Quellcode oder Quellprogramm vor, der von einem Übersetzungsprogramm (Compiler) oder einem Interpretierprogramm (Interpreter) in einem Stück oder zeilenweise in ein ausführbares Programm, das Objektprogramm, umgewandelt werden muß, um das Programm ausführen zu können[74].

Üblicherweise werden Standardanwendungsprogramme als lauffähige Objektprogramme überlassen, weil das Benutzerinteresse dahin geht, mit dem Programm Aufgaben unmittelbar lösen zu können; an dem Quellprogramm

---

[70] Vgl. *Kilian*, Haftung für Softwaremängel, in: *Gorny/Kilian*, Computer-Software und Sachmängelhaftung, 1985, S. 19(23); *Köhler/Fritzsche*, Die Herstellung und Überlassung von Software im bürgerlichen Recht, in: *Lehmann* (Hrsg.), Rechtsschutz und Verwertung von Computerprogrammen, 1993, S. 513(584f.), XIII., Rz. 135.

[71] Siehe etwa *Bartsch*, CR 1992, S. 393, der kritisiert, daß der Begriff einen von der Software berücksichtigten Standard suggeriere. *Bartsch* selbst schlägt daher den Begriff »Konfektionssoftware« vor, der weder sonst üblich noch sinnvoll ist.

[72] Vgl. *Bund*, Einführung in die Rechtsinformatik, 1991, S. 176.

[73] Andere Programmierverfahren und Programmabläufe werden in Zukunft an Bedeutung erheblich zunehmen (z.B. die objektorientierte Programmierung).

[74] Näher dazu *Bund*, Einführung in die Rechtsinformatik, 1991, S. 198ff.

wird ein Nutzer schon deswegen in der Regel kein Interesse haben, weil er es nicht verstehen oder interpretieren kann. Das trifft sich mit dem Interesse des Überlassers, der das Programm nur in der lauffähigen Fassung abgeben möchte, um das Programmier-Know-how und gegebenenfalls Programmschnittstellen vor den Nutzern und den Wettbewerbern geheimzuhalten[75]. Ein weiteres Interesse des Herstellers, Programme nur als Objektprogramme auszuliefern, resultiert aus Sicherheitserwägungen: Eine nicht gewünschte und daher häufig auch vertraglich ausgeschlossene Programmänderung, die zu einem fehlerhaften Verhalten führen kann, ist an einem im Objektcode vorliegenden Programm nur nach Überwindung erheblicher technischer Schwierigkeiten und dementsprechend mit erheblichen Kosten verbunden.

In einigen Beiträgen hat *König*[76] aus vertragsrechtlichen Gründen für eine weitergehende Differenzierung von Maschinenprogrammen und Quellprogrammen plädiert, bei deren Überlassung unterschiedliche Vertragstypen zu berücksichtigen seien. Nach der Definition von *König* sind Maschinenprogramme solche, die einen Rechner unmittelbar steuern, sei es, daß sie als ROM oder EPROM bereits fest im Rechner installiert sind oder daß sie durch Laden in den Hauptspeicher des Rechners »unmittelbares Steuerungsmittel des Rechners« werden und daher nach Ansicht von *König* immer in irgendeiner körperlichen Form existieren[77]. Bei den Quellprogrammen unterscheidet *König* solche, die maschinenlesbar, in der Regel als ASCII-Datei[78], vorliegen, also zur Erfüllung ihrer Funktion zwingend in körperlicher Form existieren müssen, und vom Compiler- oder Assemblerprogramm in ein Maschinenprogramm umgewandelt werden.

Daneben existieren nach *König* solche Quellprogramme, die mit Hilfe von ›Interpreter‹-Programmen intern zeilenweise Maschinencodes erzeugen. Ein ›gesamtes Programm‹ in Maschinenprogrammform wird dabei nicht erzeugt, weshalb diese mit einem Interpreter zu verwendenden Quellprogramme den Maschinenprogrammen nur gleichzusetzen sind[79]. Schließlich gibt es solche Quellprogramme, die nicht in elektronischer Form, sondern nur als schriftli-

---

[75] Vgl. dazu *Taeger*, CR 1991, S. 449; Zur Zulässigkeit des Reverse Engineering zur Analyse des Quellcode außerdem *Wiebe*, CR 1992, S. 134, und im Zusammenhang mit der das Reverse Engineering begrenzt zulassenden EG-Richtlinie über den Rechtsschutz von Computerprogrammen (jetzt: § 69e UrhG) *Lehmann*, CR 1992, S. 324.

[76] *König*, Das Computerprogramm im Recht, 1991; *ders.*, NJW 1992, 1731.

[77] *König*, NJW 1992, S. 1731(1731); *ders.*, Das Computerprogramm im Recht, 1991, Rdnrn. 269ff.

[78] ASCII = American Standard Code of Information Interchange, ein verbreiteter Maschinencode, bei dem alphanumerische und grafische Zeichen (und Steuerbefehle) einem bestimmten Maschinenwert zugewiesen werden. Der Buchstabe ›A‹ beispielsweise hat nach der ASCII-Tabelle den Wert ›65‹, der in der 8-Bit-Codierung als ›11001‹ dargestellt wird. Der auf den ASCII-Zeichensatz aufbauende deutsche Maschinencode, der auch Umlaute enthält, ist als DIN 66203 definiert.

[79] *König*, NJW 1992, S. 1731(1731).

ches Listing bestehen und ausschließlich der Informationsvermittlung dienten. Weil es Zweck der Computerprogramme sei, einen Computerprozessor zur Datenverarbeitung aktiv und unmittelbar zu steuern, könnten sowohl das Listing als auch das mit einem Interpreter zu verwendende Quellprogramm nicht als Computerprogramm, sondern lediglich als ›Quellcode‹ bezeichnet werden.[80]

Die detaillierte und differenzierende Betrachtung, die *König* vornimmt, mag erforderlich sein, wenn dadurch herausgearbeitet wird, daß die Überlassung von Maschinenprogrammen oder mit Maschinenprogrammen gleichzusetzenden Programmen nach den Regeln des Sachkaufs zu beurteilen sei und nicht nach den Vorschriften des für Know-how-Verträge heranzuziehenden Rechtskaufs oder der Rechtspacht. Verwirrend ist die von *König* versuchte Definition von Computerprogrammen aber dann, wenn er die mit einem Interpreter zu verwendenden Programme aus dem Kreis der ›Computerprogramme‹ herausnimmt. Für den Anwender ist es gleichgültig, in welcher Weise ein ihm überlassenes Programm intern arbeitet, wenn es den erwarteten Zweck erfüllt. Der Aufruf des Programms im Rechner bewirkt technische Vorgänge, die die meisten Anwender nicht nachvollziehen können. Sie interessiert allein der funktionsgerechte Ablauf des Programms, die nutzerfreundliche und damit regelmäßig auch von den technischen Abläufen weitestgehend auf Bildsymbole abstrahierte Darstellung der für sie wesentlichen Vorgänge auf dem Bildschirm oder ein sonstiger Output. Zu Recht wird jeder Anwender daher auch in einem Quellprogramm, das mittels Interpreter arbeitet, ein volltaugliches Computerprogramm sehen. Auch die mit einem Interpreter zu übersetzenden Computerprogramme werden hier daher als Computerprogramm berücksichtigt.

6. Gleichsetzung von ›Computerprogramm‹ mit ›Information‹

In der Literatur wird ein Computerprogramm bisweilen als eine »Menge von Informationen« bezeichnet, und *›Computerprogramm‹* und *›Informationen‹* werden ohne nähere Erläuterung wie Synonyme gebraucht. So wird beispielsweise in einem führenden Kommentar zum Produkthaftungsgesetz und zur EG-Produkthaftungsrichtlinie die Auffassung geäußert, daß ein Computerprogramm »Information (ist), damit wie ein Druckerzeugnis geistiger Inhalt«[81].

---

[80] *König*, NJW 1992, 1731(1731); *ders.*, Das Computerprogramm im Recht, 1991, Rdnrn. 159ff.

[81] *Taschner*, in: *Taschner/Frietsch*, Produkthaftungsgesetz und EG-Produkthaftungsrichtlinie, 1990, Art. 6 Richtl. RN 28. Diese Ansicht vertreten auch das britische Department on Trade and Industry, in: Implementation of EEC Directive on Product Liability. An explanatory and consultative note, November 1985, und *Bothe/Kilian*, Rechtsfragen grenzüberschreitender Datenflüsse, 1992, S. 372. Anderer Ansicht *Trialle*, The computer law and security report 1993, S. 214(220).

Daraus wird dann vorschnell der folgenschwere juristische Schluß gezogen, daß Computerprogramme im rechtlichen Sinn keine Sachen sind. Wenn an anderer Stelle formuliert wird, daß schon bald nach Verabschiedung der Produkthaftungsrichtlinie unter Computerrechts-Fachleuten eine Diskussion darüber begann, ob »Informationen, *insbesondere* Computerprogramme« Produkte im Sinne der Richtlinie darstellen[82], müßte begründet werden, weshalb denn Computerprogramme nicht Informationen *enthalten*, sondern »Informationen« *sind*.

Bei genauerer Betrachtung erweist sich nämlich, daß zwar in die Entwicklung eines Computerprogramms naturgemäß Wissen und damit auch ›Information‹ eingeflossen ist, das Ergebnis des Entwicklungs-und Programmierprozesses, das auf einem Datenträger aufgebrachte und ablaufende Computerprogramm jedoch nicht als ›Information‹ für den Nutzer als informationsverarbeitendes geistiges *Individuum* zur Verfügung steht, sondern als Werkzeug, das Anweisungen an die Impulse oder Signale verarbeitende *Maschine* enthält. Es kann daher nicht als *›Information‹* bezeichnet werden. Das Computerprogramm vermag Informationen als Daten zu speichern und in gleicher oder veränderter Form wieder zur Verfügung zu stellen. Insoweit ist das Computerprogramm elementarer Teil des »informationsverarbeitenden Systems«.

Ein Ansatz in der Informationstheorie bezeichnet als ›Information‹ die »handlungsbestimmende Kenntnis über historische, gegenwärtige und zukünftige Zustände der und Vorgänge in der Realität«[83]. In einer anderen Definition wird unter *Information* »jedes zweckorientierte Wissen verstanden«[84]. Information läßt sich pragmatisch als eine Nachricht ansehen, »die für den Empfänger eine Bedeutung hat«, durch deren Aufnahme er verändert wird[85]. Information ist treffend beschrieben worden als »die von Menschen in eine Form gebrachte allgemeine Natur der Wirklichkeit, die die *menschliche* Praxis leitet und die Bestimmungen der abgebildeten Gegenstände realisiert«[86]. Umgangssprachlich wird Information als »Kenntnis über Sachverhalte und Vorgänge« bezeichnet[87]. *Egloff* faßt diese Einordnung von Information in dem Satz zusammen: »Durch Informationen eignen sich die *Menschen* die Welt geistig an, um sie sich auch real anzueignen«[88].

---

[82] *Bothe/Kilian*, Rechtsfragen grenzüberschreitender Datenflüsse, 1992, S. 372.

[83] *Heinrich/Lehner/Roithmayr*, Informations- und Kommunikationstechnik, 1988, S. 5, 130 und 137.

[84] *Bleimann/Dippel/Turetschek/Wente*, Betriebsinformatik, 1989, S. 17, im Anschluß an *Wittmann*, Unternehmung und unvollkommene Information, 1959.

[85] *Haefner*, Der große Bruder, 1980, S. 15.

[86] *Egloff*, DVR 1978, S. 115(116).

[87] Siehe *Hansen*, Wirtschaftsinformatik I, 1987, S. 63.

[88] *Egloff*, DVR 1978, S. 115(116), Hervorhebungen vom *Verf.* Ausführlich zu der Definition und Einordnung von ›Information‹ *Wersig*, Informationssoziologie, 1973, sowie, im Zusammenhang mit der Datenverarbeitung, *Wiebe*, GRUR 1994, S. 233.

Rechnergestützte Informationssysteme, wie elektronische Datenverarbeitungsanlagen und Computer auch bezeichnet werden, sind demnach Systeme, die Informationen speichern, benutzen und bereitstellen. Derartige Informationssysteme sind, wenn sich die in ihnen enthaltenen Informationen als fehlerhaft erweisen, haftungsrechtlich nicht anders als Druckwerke zu behandeln, da sie als das moderne, elektronische Medium mit mit seinen Vorteilen der mengenmäßg praktisch unbegrenzten Speicherkapazität, der elektronischen Verknüpfbarkeit von Informationen, des schnellen ›information retrieval‹ und bei online zugänglichen Systemen des weltweiten Zugangs Bücher oder andere Druckwerke als Informationsspeicher substituieren[89].

Informationen aufgrund eigener ›künstlicher Intelligenz‹ *erzeugen* können Computersysteme nicht. Die Informationssysteme steuernden Computerprogramme sind selbst als Bestandteil des Informationssystem nicht ›Information‹, da das in das Computerprogramm bei der Programmierung eingegangene Wissen der Programmierer zur Steuerung des Systems abgearbeitet wird, ohne daß es den Nutzern des Informationssystems unmittelbar zur Kenntnis gebracht wird. Das Computerprogramm ist für das Informationssystem ebenso erforderlich wie die Hardware einschließlich der Ein-und Ausgabegeräte und wie die Datenübertragungseinrichtungen. In allen Bestandteilen des Informationssystems findet sich das Wissen von Ingenieuren und Technikern wieder, die über Generationen hinweg ihre technischen Informationen weitergegeben haben. In die Entwicklung von Software ist wie in jedes von Menschenhand geschaffene Produkt auch *Wissen* eingeflossen. Für den Nutzer der Software bleibt dieses Wissen, bleiben die in ihr steckenden Entwicklungsinformationen aber (in aller Regel) verborgen. Der Nutzer interessiert sich nicht für dieses Wissen, sondern für die Datenverarbeitungsleistung der Maschine.

Auch unabhängig davon, daß Informationen in Form von Ingenieurswissen in die Entwicklung eines Computerprogramms eingeflossen ist, enthält die Algorithmus-Folge eines Programms keine für das Programm bestimmte und von ihm interpretierbare, bewertbare und aufgrund eigener ›künstlicher Intelligenz‹ veränderbare Information. Als Informationssystem hat das Computerprogramm als Werkzeug die Aufgabe, eingegebene und gespeicherte Daten zu verarbeiten und maschinelle Handlungen vorzunehmen oder andere Verarbeitungsergebnisse einschließlich der Daten zu liefern, die sich für die Nutzer als

89 Zur Produkthaftung bei Druckwerken *Fischer*, Börsenblatt für den deutschen Buchhandel 1988, S. 3219; *Ricker/Müller-Malm*, AfP 1988/89, S. 505(506); *Hoeren*, PHI 1989, S. 138 (139); *Berger-Delhey*, BB 1990, S. 1501 (1503); Produkthaftungshandbuch/*Graf von Westphalen*, §61 Rdn. 14; MünchKomm-*Mertens/Cahn*, §2 ProdHaftG Rdn. 6; *Frietsch*, in: *Taschner/Frietsch*, Produkthaftung, 1990, §2 ProdHaftG RN 20; *Rolland*, Produkthaftungsrecht, 1990, Rdnrn. 16, 20; *Meyer*, ZIP 1991, S. 1402; *Pott/Frieling*, Gesetz über die Haftung für fehlerhafte Produkte, 1992, S. 117f. Die Anwendbarkeit des Produkthaftungsgesetzes auf Druckwerke verneinen *Foerste*, NJW 1991, S. 1433; *Kullmann*, in: *Kullmann/Pfister*, Produzentenhaftung, Stand: 1993, Kza. 3603 S. 4, sowie die Nachweise oben in Fn. 41.

Informationen darstellen[90]. Daß die Computerprogramme dazu bestimmt sind, Informationen des Anwenders, des Nutzers oder von Dritten zu speichern, zu erfassen, zu verarbeiten und (als Information) bereitzustellen, ist ein vollkommen anderer Gesichtspunkt, der von der Rechtsqualität der Software als solcher getrennt werden muß.

7. Besonderheiten von Expertensystemen

Expertensysteme und Expertensystem-Shells sind Computerprogramme. Die für konkrete Anwendungen konzipierten und spezialisierten Expertensysteme enthalten als Besonderheit gegenüber sonstigen Computerprogrammen auch eine Wissensbasis, in der Expertenwissen enthalten ist. Dieses Wissen wird mit Hilfe der Eingabekomponente mit neuem Wissen ergänzt und von der Inferenzmaschine ausgewertet. Über die Ausgabekomponente werden die Ergebnisse des Rechenvorgangs entweder dem Anwender auf dem Bildschirm, in gedruckter oder anderer Form ausgegeben, oder das System veranlaßt ohne weitere Entscheidungen des menschlichen Experten selbständig weitere maschinelle Maßnahmen. Auch Expertensysteme müssen angesichts der beschriebenen Anwendungsbereiche als besonders riskante Systeme in die Untersuchung einbezogen werden. Bei Expertensystemen ist es schwierig, eine generelle Abgrenzung zu formulieren, wann und unter welchen Voraussetzungen fehlerhaft ausgegebene Informationen als Fehler des Computerprogramms anzusehen sind und damit haftungsrechtlich das Computerprogramm als fehlerhaft programmiertes Wirtschaftsgut zu betrachten ist, und wann allein die im System gespeicherte Information fehlerhaft war, so daß die haftungsrechtliche Betrachtung sich zunächst – wie bei fehlerhaften Druckwerken – auf die Verantwortlichkeit für die zu einem Schaden führende fehlerhafte Information konzentrieren kann.

Die Fehlerhaftigkeit und Beschränktheit von Expertensystemen[91] behin-

---

[90] Anderer Ansicht offenbar *Steinmüller*, NfD 1993, S. 215, insb. S. 220f. Auch in der Informatik, insbesondere in der sich mit Künstlicher Intelligenz beschäftigenden Forschungsrichtung bemühte sich der ›simulation approach‹ mit kognitionswissenschaftlichen Methoden um das Simulieren der menschlichen Denkvorgänge. Zu den Vertretern dieser Richtung dürfte auch der KI-Wissenschaftler *Hofstadter* gehören, der in seinem populären Buch »Gödel, Escher, Bach – ein Endloses Geflochtenes Band«, 1985, sogar so weit geht, an die Verwirklichung von Maschinen zu glauben, die dem Menschen ähnlich bis hin zu der Fähigkeit sind, ›Gefühle‹ zu haben. Dagegen begnügt sich der ›engineering approach‹ mit dem Entwurf und der Entwicklung von informatischen Systemen zur Lösung eng begrenzter Problemfelder, bei denen intelligentes Vorgehen erforderlich ist. Diese Beschränkung auf spezifische Aufgabengebiete, die menschliche Intelligenz erfordern, ist bereits ein Schritt auf dem Wege, die KI-Vision auf den Boden der Realität zu holen.

[91] Vgl. zu den Expertensystementwicklungen neben anderen *Altenkrüger*, Wissensdarstellung für Expertensysteme, 1987; *Barth*, Computer Magazin 17(1988)9, S. 44; *Barth et al.*, Infor-

dern ihre Verbreitung erheblich und machen ihren Einsatz sehr riskant[92]. Es sind keine Anwendungsgebiete bekannt, in denen Entscheidungen allein auf Expertensysteme gestützt werden. Das gilt insbesondere für die Bereiche, in denen erhebliche Rechtsgüter wie Leben und Gesundheit durch medizinische Expertensysteme[93] oder das Vermögen durch Expertensysteme für Kapitalanlagen[94] gefährdet sind.

Inzwischen sind einige empirische Untersuchungen über den Entwicklungsstand der Expertensystemforschung veröffentlicht worden. Die Veröffentlichungen suggerieren das Vorhandensein einer großen Zahl einsatzfähiger Expertensysteme[95]. Danach scheint bereits eine Vielzahl von Expertensystemen in der Praxis zu existieren. Softwarehäuser, Anwenderunternehmen, aber auch Forschungseinrichtungen erwecken darüber hinaus durch einschlägige Publikationen und Werbemaßnahmen über Prototypentwicklungen den Anschein, als ob die Expertensystemtechnologie ausgereift und praxistauglich sei.

Genauere Analysen der Entwicklungen relativieren den behaupteten Ein-

---

matik Spektrum 14(1991)4, S. 201; *Coy/Bonsiepen*, Erfahrung und Berechnung – Kritik der Expertensystemtechnik, 1989; *Fischer*, PC-Expertensysteme, 1989; *Frey/Ebert*, Entwicklung eines Expertensystems für Umweltrecht, in: *Hälker/Jaeschke* (Hrsg.), Informatik für den Umweltschutz, 1991, S. 606; *Harmon/King*, Expertensysteme in der Praxis, 1986; *K. Kornwachs et al.*, Abschätzung möglicher Anwendungen und Auswirkungen von Expertensystemen in Produktionsbetrieben, 1989; *Kowalski*, Lösungsansätze für juristische Expertensysteme, Tübingen 1987; *Krems* (Hrsg.), Expertensysteme im Einsatz – Erfahrungsberichte der 1. Generation, 1989; *Kurbel*, Entwicklung und Einsatz von Expertensystemen, 1992; *Kurbel/Pietsch*, Informatik-Spektrum 12(1989)3, S. 133; *Meyer*, Computer Magazin (1988)9, S. 37; *Pfaff*, Einsatzmöglichkeiten und Grenzen intelligenter, wissensbasierter Simulationsmodelle im Grundwasserschutz, in: *Hälker/Jaeschke* (Hrsg.), Informatik für den Umweltschutz, 1991, S. 618; *Puppe*, Einführung in Expertensysteme, al. 1988; *Roesner*, Expertensysteme für den kommerziellen Einsatz, *Savory* (Hrsg.), Künstliche Intelligenz und Expertensysteme, 1985, S. 35; *Schefe*, Künstliche Intelligenz, 1986; *Schnupp/Leibrandt*, Expertensysteme, 1988.

[92] *Cannataci*, AI & Society 1989/3, S. 169; *Gorny*, Anwendungssysteme und Risiken von Expertensystemen, in: *GRVI* (Hrsg.): Riskante Systeme – Bewertung, Verifikation und Beherrschung der Informationstechnik, 1991, S. 73.

[93] Siehe zur Produkthaftung bei fehlerhaften medizinischen Expertensystemen *Kilian*, Liability for Deficient Medical Expert Systems, in: *Savory* (Hrsg.), Expertensysteme, 1989, S. 393 (399); *ders.*, EEC Products Liability Directive and Medical Expert Systems, in: *Oskamp* (Hrsg.), Gedächtnisschrift *Vandenberghe*, 1990, S. 93.

[94] Zur Haftung aus Vertrag in derartigen Fällen *Assmann*, Der Inhalt des Schadensersatzanspruchs fehlerhaft informierter Kapitalanleger, in: *Medicus/Mertens* (Hrsg.), Festschrift für *Lange*, 1992, S. 345; *von Hertzberg*, Die Haftung von Börseninformationsdiensten, 1987. Zu vertragsloser Auskunfts- und Beratungshaftung *Damm*, JZ 1991, S. 373; *Jost*, Vertragslose Auskunfts- und Beratungshaftung, 1992; *Strauch*, JuS 1992, S. 897; *Sieber*, CR 1992, S. 518.

[95] Nach *Kurbel*, Entwicklung und Einsatz von Expertensystemen, 1992, S. 13f., läßt sich seit 1986 ein explosionsartiges Anwachsen der Zahl der Expertensysteme beobachten. Beispielsweise enthielt 1986 eine Datenbank von *Mertens* an der Universität Erlangen-Nürnberg 275 verzeichnete Expertensysteme, im September 1988 war die Zahl der erfaßten Systeme bereits auf ca. 1150 angewachsen. Eine rein quantitative Betrachtung hat allerdings nur eine geringe Aussagekraft im Hinblick auf den wirklichen Einsatzstand.

satzstand und bringen Ernüchterung[96]. Fast ausnahmslos handelt es sich bei den vorgestellten Expertensystemen um nicht oder nur bedingt einsatzfähige Prototypen mit wenigen Regeln, einer unzulänglichen Wissensbasis und unbefriedigenden Erklärungskomponenten, die den Bereich des Trivialen nicht verlassen. Häufig sind es Forschungs- und Diplomarbeiten, die zwar oft in Kooperation zwischen einer Universität oder einer sonstigen Forschungseinrichtung mit einem Wirtschaftsunternehmen entwickelt wurden, die trotz einer universellen Einsatzplanung aber außer versuchsweise in dem beteiligten Wirtschaftsunternehmen nicht zum Einsatz kommen. Trotz aller Skepsis[97] ist aber absehbar, daß Expertensysteme in unterschiedlichen Anwendungsbereichen in der Zukunft verstärkt eingesetzt werden. Trotz, oder möglicherweise auch gerade wegen der Ernüchterung nach dem euphorischen Start der KI-Forschung zu Expertensystemen, konzentrieren sich die Forschungsarbeiten in den Großforschungseinrichtungen und den Universitätsinstituten sowie die Entwicklungsaufträge aus den gewerblichen Unternehmen der Industrie und dem Dienstleistungssektor auf klar definierte, endlich beschreibbare und abbildbare Aufgaben. Die Tendenz geht zu weniger spektakulären, dafür aber zahlreichen kleinen Anwendungen, die zumeist mit Hilfe der angebotenen Expertensystem-Shells erstellt werden.

Expertensysteme sind nicht zuletzt wegen ihres hybriden Charakters – Rechenregel (Software) und Wissenbasis (Daten) bilden erst gemeinsam das Expertensystem – eine besondere Spezies von Computerprogrammen mit großem Risikopotential. Die Konstruktion und Funktionsweise von Expertensystemen machen eine haftungsrechtliche Beurteilung zusätzlich unsicher. Eine nähere Betrachtung der Expertensystemtechnik und ihres Einsatzes und später die haftungsrechtlichen Beurteilung sind daher angezeigt.

Bei dem, was derzeit als ›Expertensystem‹ bezeichnet wird, sind Mißverständnisse vorprogrammiert, weil bereits Datenbanken mit gespeichertem Expertenwissen häufig unter die Kategorie ›Expertensystem‹ subsumiert werden, ohne eine regelverarbeitende Inferenzmaschine zu haben[98]. In derartigen Informationssystemen gespeichertes, inhaltlich fehlerhaftes Expertenwissen, das

---

[96] *Coy/Bonsiepen*, Erfahrung und Berechnung – Kritik der Expertensystemtechnik, 1989, insbes. S. 90ff.; *Jandach*, Juristische Expertensysteme, 1993; *Ring*, Computergestützte Rechtsfindungssysteme, 1994, S. 171ff.; *Kilian*, Juristische Expertensysteme mit Entscheidungshilfecharakter und die Evolution des Rechts, in: *Nickel/Roßnagel/Schlink* (Hrsg.), Festschrift für *Podlech*, 1994, S. 201(202).

[97] Vgl. etwa *Roland Schneider*, CR 1991, S. 238(239), und *Coy/Bonsiepen*, Erfahrung und Berechnung – Kritik der Expertensystemtechnik, 1989, S. 78, die sich auch auf eine Studie der Enquête-Kommission »Technikfolgenabschätzung und Bewertung« über die Abschätzung möglicher Anwendungen und Auswirkungen von Expertensystemen in Produktionsbetrieben berufen. Die in Bonn 1987 von der Enquête-Kommission herausgegebene Studie wurde auch veröffentlicht von *Kornwachs et al.*, Expertensysteme, 1989.

[98] Siehe auch *Kurbel*, Entwicklung und Einsatz von Expertensystemen, 1992, S. 197.

für Beratungssysteme genutzt wir und zu falschen Handlungen oder Auskünften führt, können zu Haftungsansprüchen aus Vertrag[99], aber auch aufgrund vertragsloser Auskunfts- und Beratungshaftung führen[100]. Insofern ist die Heranziehung von Expertensystemen mit fehlerhaft ausgegebenen Informationen fehlerhaften Druckwerken vergleichbar[101], die auch dem Produkthaftungsgesetz unterliegen[102].

Tatsächlich müssen Expertensysteme zur Bewältigung ihrer komplexen Aufgaben verschiedene Funktionseinheiten aufweisen. Zu den sogenannten Expertensystem-Komponenten zählen die Wissensbasis, die Inferenzmaschine oder, wie sie auch bezeichnet wird, die Problemlösungskomponente, und verschiedene Dialog- und Erklärungskomponenten. Die Problemlösungskomponente ermöglicht die Auswertung des in der Wissensbasis gespeicherten Wissens nach vorgegebenen Regeln. Die Inferenzmaschine beinhaltet das Regelwerk, mit dessen Hilfe aus dem im System bereits gespeicherten ›Wissen‹ Ableitungen vorgenommen, ›Schlüsse‹ im technischen Sinn gezogen werden, bei interaktiven Systemen auch im Dialog mit dem Nutzer[103].

Die beiden charakterisierenden Komponenten eines Expertensystems sind demnach die Wissensbasis und die Problemlösungskomponente. Zum state of the art eines Expertensystems gehört die Berücksichtigung einer Erklärungskomponente, die den Nutzern nicht nur die gefundenen Ergebnisse begründet, sondern auch die im Dialog an den Nutzer gerichteten Fragen erläutert und den Lösungsweg darzustellen vermag. Zur Unterstützung bei der Eingabe des Wissens durch den Experten oder den knowledge engineer bei der Entwicklung und Pflege des Systems ist die sogenannte Wissenserwerbskomponente erforderlich.

---

[99] Siehe hierzu *Assmann*, Der Inhalt des Schadensersatzanspruchs fehlerhaft informierter Kapitalanleger, in: *Medicus/Mertens* (Hrsg.), Festschrift für *Lange*, 1992, S. 345; *von Hertzberg*, Die Haftung von Börseninformationsdiensten, 1987.

[100] Vgl. dazu etwa *Damm*, JZ 1991, S. 373; *Jost*, Vertragslose Auskunfts-und Beratungshaftung, 1992; *Strauch*, JuS 1992, S. 897; *Sieber*, CR 1992, S. 518.

[101] Zur deliktischen Haftung für Fehler in Druckwerken *BGH* NJW 1970, 1963 = JZ 1971, 63 m. Anm. *Deutsch* (Druckfehler); *BGH* NJW 1973, 843 = (Nottestament); *Röhl*, JZ 1979, S. 369; *Lang*, Die Haftung für Fehler in Druckwerken, 1982; *Neumann*, Haftungsprobleme infolge unzutreffender Inhalte entgeltlich erworbener Druckwerke, 1984. Die Erkenntnisse übertragend auf elektronische Systeme *Kilian*, Liability for Deficient Medical Expert Systems, in: *Savory* (Hrsg.), Expertensysteme, 1989, S. 393(399); *ders.*, EEC Products Liability Directive and Medical Expert Systems, in: *Oskamp* (Hrsg.), Gedächtnisschrift *Vandenberghe*, 1990, S. 93.

[102] Siehe dazu die Nachweise oben in Fn. 89 sowie *Westerdijk*, Produktenaansprakelijkheid voor Software, 1995, der in seine Untersuchung auch die Haftung für fehlerhafte ›Information‹ der Software einbezieht, und *Cole*, Computer/Law Journal 1990, S. 127.

[103] Vgl. *Kurbel/Pietsch*, Informatik-Spektrum 12(1989)3, S. 133; *Schnupp/Leibrandt*, Expertensysteme, 1988, S. 11 ff.; *Puppe*, Einführung in Expertensysteme, 1988, passim; *Schefe*, Künstliche Intelligenz, 1986, passim; *Fischer*, PC-Expertensysteme, 1989, passim; *Roesner*, Expertensysteme für den kommerziellen Einsatz, 1985, S. 35(35).

Hochentwickelte Expertensysteme können ohne Kommunikation mit den Anwendern und ohne ergänzende Dateneingaben durch die Nutzer Daten erfassen, nach vorgegebenen Regeln auswerten und die für die gefundenen Werte vorgesehenen Ergebnisse präsentieren oder bei Vorliegen definierter Rechenergebnisse auch automatisch Maßnahmen ergreifen oder veranlassen. Ein theoretisches Beispiel hierfür liefert das SDI-Programm der USA[104]. Es sollten militärische Expertensysteme entwickelt werden, die auf erkannte ballistische Angriffe unmittelbar durch selbstveranlassende Aktionen ohne menschliche Einflußnahme auf den Geschehensablauf reagieren. Vor den Risiken derartiger selbstreagierender, fehleranfälliger Waffensysteme wurde gewarnt[105].

Als Expertensysteme gelten aber auch solche Computerprogramme, die mit Hilfe der programmierten Regeln und einer bereits vorhandenen Wissensbasis komplexe Sachverhalte beurteilen und einen Lösungsvorschlag unterbreiten können[106]. Diese Systeme stellen Informationen zur Verfügung, führen aber nicht selbst maschinelle Handlungen aus.

Diese ebenfalls als Expertensysteme bezeichneten Computerprogramme sind als ›expertenunterstützende Systeme‹ einzuordnen, die gewissermaßen Beratungsleistungen anbieten, denen der Nutzer folgen *kann*. Auch dadurch kann durch ein vom System mittelbar beeinflußter Schaden eintreten, wenn sich das Beratungsergebnis als unzutreffend erweist, ihm aber dennoch gefolgt wird. Der wesentliche Unterschied zwischen den Systemen liegt darin, daß im zweiten Entscheidungen nur mittelbar über den eingeschalteten Nutzer getroffen werden. Im konkreten Einzelfall kann es schwierig sein, selbständig Aktio-

---

[104] SDI = Strategic Defense Initiative, 1983 in den USA initiierte Strategische Verteidigungsinitiative zur Errichtung eines weltraumgestützten Abwehrsystems gegen ballistische Atomraketen, von der bereits 1986 besonders wegen technologischer Probleme erhebliche Abstriche gemacht wurden. Siehe zur SDI etwa *H. Rühle/M. Rühle*, SDI. Chance, Wunschtraum, Gefahr?, 1990. Ziel der SDI-Forschung war die Entwicklung eines Computersystems, das in der Lage ist, anfliegende Raketen als feindliche zu erkennen und selbsttätig zu zerstören, weil die Vorwarnzeit sich soweit reduziert hat, daß eine Information der militärischen Leitung über die Gefahrensituation und die Herbeiführung einer politischen und militärischen Entscheidung über Gegenmaßnahmen nicht mehr möglich ist. Es ist das Computerprogramm, das aufgrund der programmierten Vorgaben selbst über Maßnahmen entscheidet und diese selbständig ausführt.

[105] Ein derartiges System von verhältnismäßig kleiner Dimension führte im Krieg zwischen Großbritannien und Argentinien um die Falkland-Inseln zum Untergang des Zerstörers ›Sheffield‹, weil eine anfliegende Rakete, deren Typ auch von der britischen Marine genutzt wird, nicht als feindlich erkannt wurde; Vgl. DER SPIEGEL 1990, Heft 44, S. 88; *Sprague*, IuR 1986, S. 248; *Junker*, Computerrecht, 1988; S. 205; *Engel*, CR 1986, S. 702(704).

[106] Grundlegend hierzu *Krems* (Hrsg.), Expertensysteme im Einsatz, 1989, S. 67; *Kurbel*, Entwicklung und Einsatz von Expertensystemen, 1992, S. 22; *Kornwachs u.a.*, Abschätzung möglicher Anwendungen und Auswirkungen von Expertensystemen in Produktionsbetrieben, 1989; *Bund*, Einführung in die Rechtsinformatik, 1991, S. 285ff., und *Fiedler/Haft/Traunmüller* (Hrsg.), Expert-Systems in Law – Impacts on Legal Theory and Computer Law, 1988. Zur Expertensystem- und KI-Forschung in Deutschland *Barth u.a.*, Informatik-Spektrum 14(1991)4, S. 201.

nen auslösende ›Expertensysteme im engeren Sinn‹ von ›Experten unterstützenden Systemen‹ zu unterscheiden und Haftungsfolgen in Schadensfällen zuzuordnen.

Zweites Kapitel

Das Risikopotential von Computerprogrammen

1. Einstufung von Computern und Computerprogrammen als ›riskante Systeme‹

Mit Hilfe von Computerprogrammen lassen sich Informationen über Personen und Sachen speichern, die nach beliebigen Kriterien geordnet, sortiert und zum Gewinnen neuer Erkenntnisse verknüpft und zu jeder Zeit und mit Hilfe der entwickelten Telekommunikationstechnik an jedem Ort wieder zugänglich gemacht werden können[107]. Die programmgesteuerte elektronische Datenverarbeitung wird außerdem in noch erheblich zunehmendem Maß zur Steuerung technischer Prozesse eingesetzt. Daß die elektronischen Informations- und Kommunikationssysteme absolut sicher seien, also sich durch fortwährende Betriebsbereitschaft auszeichneten (Verfügbarkeit), die erwarteten Funktionen planmäßig erfüllten (Integrität) und vor Vertraulichkeitsbruch und Mißbrauch durch Dritte geschützt seien, wird als ein in der Praxis schwerlich eintretender Idealfall bezeichnet[108].

So entstehen für die Anwender EDV-spezifische Risiken, wenn das angewandte Programm in einer Datenverarbeitungsanlage oder in einem sonstigen programmgesteuerten technischen System fehlerhaft arbeitet. Fehler in der Programmierung von Software haben in der Vergangenheit bereits zu erheblichen Personen- und Sachschäden geführt[109]. In weiten Bereichen der Industrie

---

[107] Diese hier angesprochenen Gefährdungen sind an anderer Stelle erörtert worden, grundlegend etwa von *Simitis*, Reicht unser Datenschutzrecht angesichts der technischen Revolution?, in: Informationsgesellschaft oder Überwachungsstaat, 1984, S. 27. Die Datenschutzbeauftragten des Bundes und der Länder veröffentlichen in ihren Tätigkeitsberichten anschauliche Praxisbeispiele, siehe beispielsweise den XI. Tätigkeitsbericht des Nds. Datenschutzbeauftragten, 1993, S. 23ff. (LT-Drs. 12/4400).

[108] Vgl. *Kuhn*, Rechtshandlungen mittels EDV und Telekommunikation, 1991, S. 30, unter Bezugnahme auf *Scherff*, Systemsicherheit – eine einführende Übersicht, HMD 125, September 1985, S. 3, und *Frießem*, Gesicherte Datenverarbeitung – Eigeninteresse oder BDSG-Auflage?, in: *Heimann/Reusch* (Hrsg.), Datensicherheit und Datenschutz, 1984, S. 85(87). Vgl. auch die Beiträge über Rechtsfragen der Datensicherheit in Computernetzen in: *Kilian/Wiebe* (Hrsg.), Data Security in Computer Networks and Legal Problems, 1992.

[109] Haftungsansprüche aus der Produzenten- oder Produkthaftung sind bislang in Deutschland nicht gerichtlich dokumentiert, was seine Ursache auch darin haben kann, daß vertragli-

besteht eine vollkommene Abhängigkeit von einer funktionstüchtigen Informationstechnologie; ein Zusammenbruch der elektronischen Systeme kann von vielen Unternehmen wirtschaftlich nicht verkraftet werden.

Computerfehler können also dramatische Folgen haben. Angesichts der Komplexität der Systeme, der weltweiten Vernetzung und der Einbindung der Elektronischen Datenverarbeitung in Hochtechnologien wie Flugzeuge, Atomkraftwerke, ›intelligente‹ Roboter und Waffensysteme können durch Programmfehler Rechtsgüter verletzt und Schäden erheblichen Ausmaßes herbeigeführt werden. In vernetzten Datenverarbeitungsanlagen kommt hinzu, »daß ein Fehler massenhaft, besonders schnell und auf fernliegende Bereiche infizierend durchschlägt, (wobei) seine Wirkungen bedeutend potenziert und chaotische, meist nicht mehr beherrschbare Lagen geschaffen werden«[110].

Selbst ein zunächst ›mangelfrei‹ arbeitendes Computerprogramm kann sich in bestimmten, nicht vorhersehbaren technischen und sozialen Systemumgebungen als Schaden verursachendes Risikosystem erweisen. Die Sicherheitslage wird bei dem Einsatz computergesteuerter technischer Systeme gefährdet. Computerprogramme, deren Fehlerhaftigkeit einen Schaden verursachen kann, erweisen sich somit als moderne Wirtschaftsgüter mit einem erheblichen Gefahrenpotential[111]. Wegen der bei der Programmentwicklung und -erstellung nicht vermiedenen und der bei Qualitätsprüfungen nicht erkannten fatalen Software-Fehler in sicherheitsrelevanten Systemen, die in der Vergangenheit nachweislich zu erheblichen Schäden führten, wird die Beherrschbarkeit dieses neuen Risikofaktors ›Software‹ in Frage gestellt. Die Enquête-Kommission ›Gestaltung der technischen Entwicklung; Technikfolgen-Abschätzung und -Bewertung‹ hat sich in ihrem Bericht mit »Chancen und Risiken des Einsatzes von Expertensystemen in Produktion und Medizin« befaßt[112] und die Möglichkeit unterstellt, daß Computerprogramme versagen und dadurch beim Anwender Schaden verursachen, woraufhin die ›Anwender‹ Schadensersatzansprüche aus Vertrag und – bei schuldhaftem Verhalten – Anwender und Dritte aus Deliktsrecht geltend machen könnten[113].

Unter Umständen kann ein Programmfehler auch zu Drittschäden führen, wenn beispielsweise durch einen Unfall Dritte verletzt oder Sachen von Dritten beschädigt werden[114]. Von der Fehlerhaftigkeit eines Computerpro-

---

che Ansprüche bestanden oder außergerichtlich Kompensation erfolgte, um Präzedenzentscheidungen zu vermeiden; vgl. ComHdB-*Heussen* Kap. 38 Rdnr. 2; *Engel*, CuR 1986, S. 702. Aus Sicht der Versicherer sind Haftungsfälle leicht denkbar, siehe dazu ComHdB-*Schmidt-Salzer/Otto* Kap. 110ff.

[110] ComHdB-*Heussen* Kap. 10 RdNr. 15. Vgl. auch *Kilian*, CR 1991, S. 73.

[111] Ebenso *Lehmann*, NJW 1992, S. 1721 (1721). Siehe auch ComHdB-*Heussen* Kap. 48 RdNr. 2.

[112] BT-Drs. 11/7990 vom 10.08. 1990.

[113] BT-Drs. 11/7990 vom 10.08. 1990, S. 71.

[114] Siehe dazu den typischen Fall der Schädigung eines ›Bystanders‹ (hier: ein Partygast),

gramms können also nicht nur die unmittelbaren Anwender von fehlerhaften Computerprogrammen betroffen sein, sondern auch die sogenannten ›bystander‹, die einen Schaden erleiden und mit dem Hersteller oder dem Händler des Computerprogramms oder des Systems, in das ein Computerprogramm integriert ist, in keiner vertraglichen Beziehung stehen oder gestanden haben. Zu denken ist dabei an Patienten, die mit einer softwaregesteuerten Medizintechnik behandelt und wegen des fehlerhaften integrierten Programms geschädigt werden, an Passagiere und Passanten, die durch den Absturz eines Flugzeugs zu Schaden kommen, oder an die Nachbarn eines Wirtschaftsunternehmens, aus dessen computergesteuerten und wegen eines Programmfehlers nicht ordnungsgemäß betriebenen Produktionsanlagen giftige Emissionen austreten.

Ein Risiko besteht auch in der weitgehenden Abhängigkeit von der Funktionstüchtigkeit elektronischer Datenverarbeitungssysteme. Eine Verletzung der Integrität eines Systems kann den Stillstand der Produktion bedeuten. Die Verwundbarkeit von Wirtschaftsunternehmen ist mit dem Einsatz Elektronischer Datenverarbeitungssysteme stark gestiegen[115]. Die zunehmende Abhängigkeit von der EDV wird durch die ›Just-in-time‹-Produktion besonders deutlich. Das neue Logistik- und Produktionskonzept ist auf eine EDV-gestützte Kommunikation, Lagerhaltung, Fertigung und Anlieferung angewiesen. Ein Ausfall eines Rechnersystems hätte katastrophale Folgen für die Unternehmen, die daher immer mehr dazu übergehen, die Datenverarbeitung sicherheitshalber auch parallel auf einem Ausweich-Rechner zu fahren[116].

Eine Befragung von 490 Unternehmen innerhalb der Europäischen Wirtschaftsunion ergab, daß mehr als die Hälfte der Unternehmen davon überzeugt ist, einen Totalausfall des Rechners nur wenige Tage wirtschaftlich verkraften zu können[117]. Einen Totalausfall des Rechenzentrums eines Unternehmens sollen nach bisherigen Erkenntnissen etwa 60 Prozent der betroffenen Unternehmen wirtschaftlich nicht überlebt haben[118]. Bei der Schadensberechnung zeigt sich, daß die Betriebsunterbrechungsschäden in der Regel ein Mehrfaches der Sachschäden ausmachen[119].

---

der zum entscheidungserheblichen Zeitpunkt Schadenersatz nach der deliktischen Produzentenhaftung beanspruchen konnte: *OLG Celle* VersR 1978, 258 (Klappstuhl).

115 *Smith*, Willamette Law Review 1988, S. 743; *Brunnstein*, CR 1993, S. 456; *Kilian/Wiebe* (Hrsg.), Data Security, 1992, dort insbesondere *Kaspersen*, How to advance computer security by legal instruments?, S. 85; *Amann/Atzmüller*, DuD 1992, S. 286; *Sobirey*, DuD 1992, S. 338; *Kersten*, DuD 1992, S. 293; *Lindsay/Price* (Hrsg.), Information Security, 1991; *Lehmann*, BB 1993, S. 1603(1604).

116 *Winkler*, Versicherungsbetriebe, Heft 6, Dezember 1985, S. 16ff.

117 Siehe *Arthur Young [Unternehmensberatung] (Hrsg.)*, The Manager's Handbook on Computer Risks, 1987; vgl. auch *Schreck*, CR 1991, S. 500.

118 Frankfurter Allgemeine Zeitung (FAZ) vom 20.11. 1993, S. 18.

119 *Schreck*, CR 1991, S. 500(501). In einer für den Kongreß der USA erstellten Studie über die Gefahren fehlerhafter Computerprogramme wurde der durch Software-Fehler entstehen-

In der Vergangenheit lagen die Ursachen für Schäden, die aus dem Einsatz von Datenverarbeitungsanlagen resultierten, nicht in der Fehlerhaftigkeit von Computerprogrammen. Bislang entstand der mit 25% größte Schadensaufwand für die Versicherungen und damit das größte Risiko aus Bedienungsfehlern des Personals und aus fahrlässigem Umgang mit den hochempfindlichen Systemen. Die Schäden aus einer Überspannung und aus indirektem Blitzeinschlag folgten mit 14,4% und 11,7% der Schadenssumme.[120] Ein weiteres von den Versicherungen abgedecktes Risiko besteht in der Anfälligkeit der Computersysteme für kriminelle Handlungen. Nach einer Einschätzung von Versicherern werden Schadensfälle, die aus der Computerkriminalität resultieren, aus vorrangigen Gründen des Vertrauensschutzes häufig gar nicht gemeldet. Die Dunkelziffer wird dementsprechend als sehr hoch eingeschätzt[121]. In der polizeilichen Kriminalstatistik wurden 1989 für die erfaßten Fälle der Computerspionage (§ 202a StGB), der Computersabotage (§ 303b StGB) und des Computerbetrugs (§ 263a StGB) 5.025 Einträge notiert[122].

Es ist aber erkannt worden, daß ein erhebliches Risikopotential von Computersystemen und programmgesteuerten Systemen darin liegt, daß Computerprogramme ab einer bestimmten Größe und Komplexität[123] nicht fehlerfrei programmiert werden können und Fehlfunktionen der EDV-Systeme nicht auszuschließen sind[124]. Komplexe Computerprogramme sind keine vertrauenswür-

de Schaden für die Wirtschaft der USA auf jährlich 2 Milliarden DM geschätzt; vgl. *Müller-Scholz/Schönbeck*, Capital 6/1990, S. 207(208).

[120] *Schreck*, CR 1991, S. 500(501) mit Abb. 1.

[121] *Schreck*, CR 1991, S. 500(501).

[122] Vgl. zur Computerkriminalität *Lenckner/Winkelbauer*, CR 1986, S. 483, 654 und 824; *Möhrenschlager*, Wistra 1986, S. 128; *Leicht*, IuR 1987, S. 45; *Zielinski*, Der strafrechtliche Schutz von Software, in: *Kilian/Gorny* (Hrsg.), Schutz von Computer-Software, 1987, S. 115.

[123] Von *Yourdon*, Managing the system life cycle. A software development methodology overview, 1982, S. 3, stammt die folgende Klassifizierung der Komplexität eines Computerprogramms:

size of project:	*level of complexity:*
up to 1.000 lines of code	trivial
1.001 to 10.000 loc	simple
10.001 to 100.000 loc	difficult
100.001 to 1.000.000 loc	complex
1.000.001 to 10.000.000 loc	nearly impossible
more than 10.000.000 loc	utterly absurd

Siehe auch *Fevzi Belli/Hinrich Bonin*, Qualitätsvorgaben im Hinblick auf Softwarefehler, in: *Bartsch/Hildebrand* (Hrsg.), Der EDV-Sachverständige, 1987, S. 172(176).

[124] *Bläsius/Siekmann*, Informatik-Spektrum 1987, S. 24(31); *Bömer*, CR 1989, S. 361; *Bons*, Fehler und Fehlervoraussetzungen, in: *Gorny/Kilian* (Hrsg.), Computersoftware und Sachmängelhaftung, 1985, S. 35(36); *Engel*, BB 1985, S. 1159(1165); *Krückeberg*, CR 1985, S. 47, 113 und 175(47f.); *Lesshaft/Ulmer*, CR 1988, S. 813; *Lutz*, GRUR 1976, S. 331(335); *Mehrings*, GRUR 1985, S. 189(192f.); *ders.*, NJW 1986, S. 1904; *Müller-Hengstenberg*, CR 1986, S. 441(442); *Sprague*, IuR 1986, S. 248; *Valk*, Informatik-Spektrum 1987/10, S. 59; *Gorny*, CR 1986, S. 675; *ders.*, Fehlerbehaftete Software, in: *Gorny/Kilian* (Hrsg.), Computer-Software und Sachmängelhaftung, 1985, S. 7(15); *Floyd*, Informatik-Spektrum 1985/8, S. 3; *Sneed*, Infor-

digen Systeme, da es nach dem Stand von Wissenschaft und Technik ausgeschlossen ist, die Korrektheit und Fehlerfreiheit von Computerprogrammen abschließend zu testen oder gar zu garantieren[125]. Umfangreiche Computerprogramme sind so komplex, daß einzelne Komponenten des Programms nur von Spezialisten unter den Programmierern verstanden werden können. Änderungen an einzelnen Komponenten können ›Seiteneffekte‹ zur Folge haben. Damit sind ungewollte Auswirkungen bereits von scheinbar marginalen Erweiterungen oder Korrekturen in einem Programmteil auf das Programmverhalten insgesamt gemeint, die möglicherweise erst unter bestimmten, aber nur selten und auch nicht vorhersagbaren Umständen auftreten können[126]. Derartige Fernwirkungen können zum Fehlverhalten des Programms führen, das mit modernen Verfahren in der Softwaretechnik häufig vermieden oder erkannt, aber nicht gänzlich ausgeschlossen werden kann.

Auch von Informatikern wird eingeräumt, daß keine komplexere Software ohne Fehler sein kann[127]. Es ist allgemein anerkannt, daß die hohe Leistungsfähigkeit moderner Computertechnologie neue Fehlerrisiken erzeugt, die sie aufgrund ihrer Eigenart noch verstärkt[128]. Es ist daher nachvollziehbar, wenn elektronische Datenverarbeitungssysteme als ›riskante Systeme‹ bezeichnet werden, die sogar ähnliche Risiken bergen wie großtechnologische Systeme der Atomenergieanlagen oder der Gentechnologie[129]. Von kritischen Informatikern wurde sogar vor der grundsätzlichen Unbeherrschbarkeit der Computertechnologie gewarnt, die sich zu einem zentralen gesellschaftlichen Problem des nächsten Jahrhunderts ausweiten kann[130].

Hersteller von EDV-Systemen und Computerprogrammen gehen selbst da-

---

matik-Spektrum 1988/6, S. 303; *Kuhn*, Rechtshandlungen mittels EDV und Telekommunikation, 1991, S. 32; *Abbott*, PLI 1986/4, S. 38; ComHdB-*Heussen* Kap. 12 RdNrn. 79ff. Auch die Rechtsprechung hat dies zur Kenntnis genommen: *OLG Hamburg* CR 1986, 83(84); *OLG Koblenz*, in: *Zahrnt*, DV-Rechtsprechung, Bd. 1, S. 159(160); *LG Trier* BB 1980, 755(756); *LG Heidelberg* CR 1989, 197.

[125] Überzeugend wird dies in einem profunden Aufsatz von *Parnas*, American Scientist 1985, S. 432, begründet. Der Beitrag von *Parnas*, Professor für Computerwissenschaft und US-Regierungsberater, hat die weltweite Debatte über die Vertrauenswürdigkeit von Computersystemen maßgeblich beeinflußt. Anderer Ansicht: *Heisel/Weber-Wulff*, Informatik – Forschung und Entwicklung 1994, S. 192ff.

[126] *Lesshaft/Ulmer*, CR 1993, S. 607(610).

[127] Vgl. *Bons*, Fehler und Fehlervoraussetzungen, in: *Gorny/Kilian* (Hrsg.), Computer-Software und Sachmängelhaftung, 1985, S. 35(36); *Gorny*, Fehlerbehaftete Software, ebenda, S. 7(15); *Lesshaft/Ulmer*, CR 1988, S. 813; *Sprague*, IuR 1986, S. 248; *Schmitz*, Softwarequalität, in: *Mertens (Hrsg.)*, Lexikon der Wirtschaftsinformatik, 1987, S. 309(311); *Menth*, Testen großer Software-Systeme: Systematisches Testen, in: *Kölsch/Schmid/Schweiggert* (Hrsg.), Wirtschaftsgut Software, 1985, S. 141. Siehe auch *Kilian*, Liability for Deficient Medical Expert Systems, 1989, S. 393(395).

[128] Vgl. nur ComHdb-*Heussen* Kap. 10 RdNr. 20.

[129] Vgl. *Hirsch/Schmidt-Didczuhn*, VersR 1990, S. 1193ff.

[130] *Floyd*, Informatik-Spektrum 1985/8, S. 3–6; *Parnas*, American Scientist 1985, S. 432.

von aus, daß ihr Produkt ein ›riskantes System‹ ist, dessen Einsatz mit besonderen Risiken verbunden ist, die sich aus der Anfälligkeit und Fehlerhaftigkeit der Hardware, in größerem Maße aufgrund von Fehlern der Software ergeben können. Die Softwarehäuser und -hersteller räumen diesen Umstand spätestens bei Vertragsschluß unumwunden ein, wie ein Blick in Softwareverträge zeigt. In zahlreichen Allgemeinen Geschäftsbedingungen der Softwarebranche finden sich Hinweise, wonach »es nach dem Stand der Technik nicht möglich ist, Fehler in Datenverarbeitungsprogrammen unter allen Anwendungsbedingungen auszuschließen«[131], oder daß »nach dem Stand der Technik Fehler in der Software nicht ausgeschlossen werden« können, obwohl »bei der Erstellung der Software die gebotene Sorgfalt« angewendet wird[132], oder daß »die Vertragsparteien darin über(einstimmen), daß nach dem Stand der Technik in Programmen auch bei Anwendung größter Sorgfalt (Fehler) nicht ausgeschlossen werden können«[133].

In Verträgen von Systemanbietern mit Wiederverkäufern finden sich Hinweise auf das Risikopotential der Anlagen. So heißt es beispielsweise in dem »Rahmenvertrag für von Sun autorisierte Wiederverkäufer (Sun Authorized Reseller = SAR)« in Klausel 2.5:

> »Der SAR (Wiederverkäufer) wird strenge Maßstäbe an die Ausfallsicherheit der Sun Produkte im konkreten Einsatz legen. Das gilt insbesondere für Anwendungen im Bereich der Steuerung von Kernkraftwerken, des Luftverkehrs und seiner Sprechverbindungen sowie der Flugsicherung und der lebenserhaltenden Gerätemedizin. Er wird auch seine Kunden in ausreichender Weise darauf hinweisen. Sollte er dies nicht beachten und Sun oder ihre Mitarbeiter deshalb in Anspruch genommen werden, können Sun und ihre Mitarbeiter vom SAR vollen Ersatz fordern.«

Unternehmensintern gibt es bei der Firma Sun Microsystems GmbH nach einer Mitarbeiterauskunft die Richtlinie, keine Computersysteme an Kunden zu verkaufen, wenn die Geräte in den in der Klausel 2.5 genannten Risikobereichen eingesetzt werden sollen[134]. Die Wiederverkäufer sollen mit der Klausel verpflichtet werden, sich eigenen Vertriebsrestriktionen aufzuerlegen bzw. den Hersteller (hier: Sun) von Haftungsansprüchen freizustellen. Derartige Klauseln dürften in der Computerindustrie verbreitet sein.

In der Softwarebranche herrscht weltweit ein starker Verdrängungswettbe-

---

[131] So Ziffer 1 des Lizenzvertrags für IBM-Programme. Ähnlich Ziffer 9.1 der »Bedingungen für Überlassung von Standardanwendersoftware« oder Ziffer 7.1 der »Bedingungen für Überlassung von Systemsoftware« der Nixdorf AG. Vgl. die Nachweise bei *Bömer*, CR 1989, S. 361 (363).

[132] Ziffer VIII Nr. 2 der Allgemeinen Geschäftsbedingungen der Digital Equipment GmbH für Standardsoftware.

[133] Ziffer 6.1 des Anhangs eines Softwarevertrags des Betriebswirtschaftlichen Instituts für Organisation und Automation an der Universität Köln (BIFOA).

[134] *Siewertsen*, Betriebswirtschaftliche und rechtliche Aspekte beim Vertrieb von EDV-Systemen im Europäischen Binnenmarkt, 1992, S. 56.

werb[135], der angesichts des zu beobachtenden Preisverfalls bei Computerprogrammen die Gefahr in sich birgt, daß unausgereifte, unzureichend getestete und damit in hohem Maß riskante Computerprogramme auch in sicherheitsempfindlichen Bereichen wie der Luft- und Raumfahrt, der Verkehrslenkung oder der Medizintechnik auf den Markt gebracht werden[136]. Andererseits läßt sich feststellen, daß die Ausbildung der jüngeren Programmierergenerationen wesentlich besser als noch vor wenigen Jahren ist, verbesserte Programmiermethoden und -werkzeuge zur Verfügung stehen und die Testverfahren und Qualitätssicherungsmaßnahmen ebenso auf einem höheren Niveau stehen wie das Qualitätsbewußtsein in der Softwareindustrie. Insbesondere die verbesserten Programmiermethoden und neue Testverfahren können potentiell Fehler verringern.

Nach wie vor können aber Fehler bei Computerprogrammen nicht ausgeschlossen werden. Das kann zu Rechtsgutverletzungen auch Dritter führen, bei denen sich die Frage nach dem haftungsrechtlichen Ausgleich des Schadens stellt. Die nachfolgenden Beispiele, die zu einem großen Teil aus den auch von Sun Microsystems GmbH in seinem »Rahmenvertrag für von Sun autorisierte Wiederverkäufer«[137] aufgeführten besonderen Risikobereichen Flugsicherung, Kraftwerkssteuerung und Gerätemedizin kommen, belegen die Fehleranfälligkeit von Computerprogrammen.

2. Fehler in Computerprogrammen

Nicht zu Unrecht ist die Software als die Achillesferse der gesamten EDV-Technik bezeichnet worden, von deren Zuverlässigkeit die Sicherheit komplexer Systeme in hohem Maße abhängt[138]. Selbst ein »gutes« Programm enthält statistisch gesehen etwa 8 bis 10 Fehler pro tausend Programmzeilen[139], die auch als ›Lines of Code‹ bezeichnet werden[140]. Nach einer anderen Expertenmeinung

---

135 Siehe die Meldung in der Frankfurter Allgemeinen Zeitung (FAZ) vom 19.7. 1993, S. 16: »Auch für Softwareanbieter wird das Geschäft härter«.

136 So auch *Abbott*, PLI (1986)3, S. 38(38f.) m.w.N. Unentschlossen dagegen *Redeker*, Der EDV-Prozeß, 1992, S. 217: »Auf den ersten Blick erscheint im Bereich der Datenverarbeitungsanlagen die Anwendung dieser Produkthaftungsregeln deswegen unwahrscheinlich, weil die Verletzung von Gesundheit oder Sachen durch Datenverarbeitungsanlagen nur schwer vorstellbar ist. (...) Dennoch sind solche (Produkthaftungs-)Fälle vorstellbar.«

137 Darin in der Klausel 2.5; näher dazu *Siewertsen*, Vertrieb von EDV-Systemen, 1992, S. 56.

138 *Wiegand*, Kleine Fehler machen oft große Probleme, Frankfurter Allgemeine Zeitung (FAZ) vom 21. 10. 1991, S. B 6.

139 Zur Verdeutlichung: ein einfaches Textverarbeitungsprogramm enthält 50.000 Zeilen, Geldautomatensoftware 780.000 Zeilen und die Steuerungssoftware des Space Shuttle 25 Mio. Programmzeilen.

140 *Wiegand*, FAZ 21. 10. 1991, S. B 6. Andere, vergleichbare Erfahrungen berichten von 1,5

enthält ein komplexes Programm durchschnittlich 1,5 Fehler in 100 Programmzeilen[141]. Beim space shuttle wird davon ausgegangen, daß das Steuerungsprogramm noch 1 bis 3 Restfehler in 1000 Lines of Code enthält[142].

Auch verschiedene andere Untersuchungen in den USA und in Deutschland kommen zu ähnlichen Ergebnissen. Danach sollen ca. 1,5% aller in einer höheren Programmiersprache geschriebenen Programmieranweisungen fehlerhaft sein. In einer Assemblersprache geschriebene Programmanweisungen sollen danach sogar einen Fehleranteil von 2,5% enthalten, von denen ein Drittel nicht vom Hersteller entdeckt, sondern mit dem Programm ausgeliefert werden. Angenommen, ein in COBOL[143] geschriebenes Programm enthielte 100.000 Anweisungen, so wären darin ca. 200 Codierfehler, 150 Entwurfsfehler und 150 Spezifikationsfehler enthalten, die ohne Qualitätssicherungsmaßnahmen unentdeckt mit dem Programm ausgeliefert werden[144]. Tatsächlich enthalten zahlreiche Programme aber inzwischen nicht nur 100.000, sondern mehrere Millionen Programmanweisungen.

Ein Fehler kann fatale Auswirkungen haben. Einige Software-Fehler sind in die Geschichte der Informatik eingegangen. Dazu gehört beispielsweise das fehlende Komma in einem Steuerungs-Programm der Mariner-Sonde der USA, die auf dem Weg zur Venus war, wegen des Programmfehlers aber aufgegeben werden mußte.[145] In eine ›DO‹-Schleife eines FORTRAN-Programmes[146] hatte der Programmierer anstelle eines Kommas fälschlicherweise und

---

Fehlern auf 100 Zeilen, von denen etwa die Hälfte bei Testläufen noch entdeckt und beseitigt werden; vgl. *Sneed*, ÖVD/Online 1984/5, S. 28. *Bömer*, CR 1989, S. 361(361) spricht von ca. 7 Fehlern pro 1000 Zeilen im Programm, die beim Anwender zum Tragen kommen. Nach *Longbottom*, Computer system reliability, 1980, S. 72, kommen in einem neuentwickelten durchschnittlichen Programm auf 500.000 Programmbefehle 125–500 fehlerhafte Instruktionen.

[141] Siehe etwa *Sneed*, ÖVD/Online 1984/5, S. 28.

[142] Vgl. dazu *Myers*, Software Pivotal to Strategic Defense, in: IEEE Computer Society, 1989 (zitiert bei *Thaller*, Software-Qualität, 1990, S. 224). Einer der Fehler im Space Shuttle-Programm führte Ende 1990 dazu, daß das von dem Space Shuttle Discovery ausgesetzte Weltraumteleskop Hubble sich immer dann nach rechts ausrichtete, wenn es nach links blicken sollte [siehe DER SPIEGEL 1990, Heft 40, S. 80 (91)].

[143] COBOL ist ein Akronym für *CO*mmon *B*usiness *O*riented *L*anguage, eine verbreitete höhere Programmiersprache.

[144] *Sneed*, Software Qualitätssicherung, 1988, S. 48.

[145] Inzwischen hat sich zu diesem häufig kolportierten Beispiel allerdings herausgestellt, daß der geschilderten Fehler tatsächlich in einem FORTRAN-Bahnberechnungsprogramm für das Mercury-Raumfahrtprogramm befunden hatte, vor dem Start jedoch bemerkt wurde (vgl. *Neumann*, Risks to the public in computer systems, ACM Software Engineering Notes 17(1986)11, S. 5). Dieser Fehler war in der Software zur Bahnberechnung der Sonde *Mariner I* nicht enthalten (vgl. *Ceruzzi*, Beyond the Limits – Flight Enters the Computer Age, 1989, S. 202f.), wohl aber ein anderer folgenschwerer Fehler (dazu *Klaeren*, Informatik-Spektrum 1994, S. 21[24]).

[146] FORTRAN steht für *FOR*mular *TRAN*slator; sie ist wohl die älteste höhere Programmiersprache, die besonders in technisch-naturwissenschaftlichen Programmen mit zahlreichen mathematischen Funktionen Verwendung fand.

unentdeckt einen Punkt geschrieben, so daß die Programmschleife jedenfalls nicht dreimal durchlaufen wurde:

Anstelle von

```
DO 3 I=1,3
....
3 CONTINUE
```

stand in dem Programm:

```
DO 3 I=1.3
...
3 CONTINUE
```

Für die Raumfahrtbehörde entstand 1962 durch diesen syntaktischen Fehler ein Schaden in Höhe von 18,5 Mio. Dollar[147]. Noch höher war mit etwa 80 Mio. Dollar der Schaden für die US-amerikanische Raumfahrtbehörde, als in einem Steuerungsprogramm einer Mars-Sonde ein Semikolon vergessen wurde, was die Sonde veranlaßte, statt zum Mars in Richtung auf die Sonne zu fliegen[148]. Das Ende 1990 von der Space Shuttle *Discovery* ausgesetzte und in die Erdumlaufbahn gebrachte Weltraum-Teleskop *Hubble* richtete sich regelmäßig nach rechts aus, wenn es eigentlich nach links blicken sollte. Grund dafür war ein falsch eingegebenes Steuerkommando[149].

Aber auch die sowjetische Raumfahrt hatte folgenreiche Erfahrungen mit Softwarefehlern machen müssen. Die sowjetische Raumsonde *Phobos I* mußte 1988 auf dem Weg zum Mars verloren gegeben und damit 300 Mio. Rubel als Verlust abgeschrieben werden. Als Grund wurde ein Fehler in einer Programmzeile angegeben, die nicht ordnungsgemäß mit dem Buchstaben »B« abgeschlossen wurde[150].

Jagdbomber vom Typ F18 drehten sich 1983 bei ersten Testflügen plötzlich auf den Kopf, als sie den Äquator überflogen. Ursache für dieses Fehlverhalten war ein Vorzeichenfehler in einem das Flugzeug steuernden Programm[151].

Im Krieg Großbritanniens gegen Argentinien um die Falkland-Inseln erkannte das Raketen-Abwehrsystem der britischen Marine nicht die anfliegenden argentinischen Raketen, weil das Computersystem nicht die Möglichkeit berücksichtigte, daß auch ein Gegner mit den Exocet-Raketen die gleichen Waffensysteme wie die eigene Marine einsetzt. Dieser Fehler führte zum Untergang des britischen Zerstörers *Sheffield*[152].

---

[147] Siehe *Thaller*, Software-Qualität, 1990, S. 19; *Wallmüller*, Software-Qualitätssicherung, 1990, S. 1; ComHdB-*Heussen* Kap. 10 RdNr. 16; *Gorny*, Schutz von Software, in: *Kilian/Gorny* (Hrsg.), Schutz von Computer-Software, 1985, S. 7(12).

[148] Siehe zu diesen Fehlern *Thaller*, Software-Qualität, 1990, S. 19.

[149] Dazu *o. Verf.*, Die programmierte Katastrophe, DER SPIEGEL 1990, Heft 44, S. 80ff.

[150] Siehe DER SPIEGEL 1990, Heft 44, S. 80–93.

[151] Vgl. *Wallmüller*, Software-Qualitätssicherung, 1990, S. 1.

[152] Siehe *Sprague*, IuR 1986, S. 248. Vgl. auch *Junker*, Computerrecht, 1988, S. 205; *Engel*, CR 1986, S. 702(704); DER SPIEGEL 1990, Heft 44, S. 80(88).

Das computergestützte Radarsystem einer amerikanischen Fregatte meldete den Anflug eines Flugzeuges, das es nicht identifizieren konnte und daher systemgerecht den ›worst case‹, den Anflug eines Kampfflugzeuges. Da das Radarsystem ebenfalls nicht erkennen konnte, ob sich das anfliegende Flugzeug im Sink- oder Steigflug oder im Geradeausflug befand, wurde ebenfalls der worst case angenommen, der Angriffsflug. Der daraufhin vom Computersystem über den Angriff eines Kampfflugzeugs informierte Kapitän der Fregatte ließ darauf das Flugzeug, eine iranische zivile Maschine vom Typ Airbus, abschießen. Trotz langjähriger Tests außerhalb eines Ernstfalls ist dieser Programmierfehler des Knowledge-Engineer nicht bemerkt worden[153].

Fehler von Computerprogrammen haben nicht nur im militärischen Sektor zu erheblichen Schäden und fatalen Risiken geführt. Auch im Zivilbereich sind große Katastrophen, individuelle Schicksalsschläge und Schäden für Wirtschaftsunternehmen wie für Menschen durch Fehler in Computerprogrammen an der Tagesordnung. Einige beispielhafte Fälle sollen das belegen.

Das Giftgas-Unglück in Bhopal/Indien im Jahre 1984 war darauf zurückzuführen, daß in dem Überwachungssystem der chemischen Fabrik ein computergestütztes System ausströmende Giftgase überprüfen sollte. Aufgrund eines Programmfehlers konnte das ausströmende Gas aber nicht als giftig identifiziert werden[154]. Auch das Entweichen von Giftgas aus einem Tank des Chemiewerks *Union Carbide* in Westvirginia, USA, hatte deswegen katastrophale Folgen, weil das Computerprogramm fälschlicherweise berechnete, die giftigen Dämpfe würden über die Grenze des Werkgeländes nicht hinaustreiben[155].

Am 26. Mai 1991 stürzte ein Flugzeug der Lauda Air mit 223 Menschen an Bord über Thailand ab. Nach Untersuchungen ist der Absturz auf einen Computerfehler zurückzuführen, der veranlaßte, daß eines der beiden Flügeltriebwerke auf Schubumkehr schaltete, die im Normalfall nur zum Verzögern des Flugzeugs bei der Landung benutzt wird[156]. Auch andere Abstürze in der Zivilluftfahrt werden mit der neuen sogenannten ›fly by wire‹-Technik und den Bordcomputern in Verbindung gesetzt[157]. Am Boden hat der Ausfall des Flugdatencomputers des Frankfurter Flughafens dazu geführt, daß Kontrollstreifen

---

[153] Siehe dazu *Gorny*, in: Protokoll der öffentlichen Anhörung zur »Verantwortung und Haftung beim Einsatz von Expertensystemen« der 13. Sitzung der Enquête-Kommission »Technikfolgen-Abschätzung und -Bewertung« vom 3.11.1988, S.6f. Gemeint ist das Radarsystem »*Aegis*« der Fregatte »*Vincennes*«, die im Persischen Golf eingesetzt war. Dazu auch *Schuberth*, bei derselben Anhörung, Protokoll S.13f.

[154] So *Schmid*, in: Protokoll der öffentlichen Anhörung zum Thema »Verantwortung und Haftung beim Einsatz von Expertensystemen« der 13. Sitzung der Enquête-Kommission »Technikfolgen-Abschätzung und -Bewertung« vom 3.11.1988, S.12.

[155] Computerwoche vom 30.8.1985, S.14.

[156] Die Welt, verschiedene Ausgaben vom 27. Mai bis 8. Juni 1991; DER SPIEGEL vom 7.10.1991.

[157] *Hildebrand*, CZ vom 22.10.1992, S.29. Darin wird *Peter Hamel*, der Direktor des Instituts für Flugmechanik bei der Deutschen Forschungsanstalt für Luft-und Raumfahrt e.V. in

mit der Hand ausgefüllt und telefonisch übermittelt werden mußten, was zu Flugverspätungen und erheblichen, kostenträchtigen Behinderungen des internationalen Flugverkehrs führte[158].

Seit 1978 hat es in Japan mindestens zehn tödliche Unfälle in Fertigungsanlagen gegeben, die von computergesteuerten Industrierobotern verursacht wurden[159]. Aus Schweden, dem Land mit der größten ›Roboterdichte‹[160], werden zahlreiche Unfälle gemeldet, bei denen Roboter Fabrikarbeitern schwere Verletzungen beibrachten[161]. Der Einsatz von NC-gesteuerten Werkzeugmaschinen, Schweiß- und Bohrautomaten und Robotern in der Fertigungstechnik birgt die große Gefahr, daß softwarebedingte Fehlsteuerungen unkontrollierte Maschinenbewegungen auslösen, die das Bedienungspersonal erheblich verletzen[162]. In einem Wildwest-Freizeitpark in den USA geriet ein »Cowboy-Roboter« außer Kontrolle und erschoß einen Besucher[163].

Die Software der Großcomputer der Vermittlungsstellen des Marktführers für Telekommunikationsdienstleistungen in den USA, AT & T, war fehlerhaft. Das Zusammentreffen ungewöhnlicher und unvorhergesehener Umstände löste einen nicht vorhergesehenes fehlerhaftes Programmverhalten aus: Bei einer hohen Netzbeanspruchung brach im Januar 1990 das Telefonnetz zusammen[164]. Die Computerprogramme konnten statt der üblichen 85 Millionen Ferngespräche täglich nur noch ca. 25% vermitteln. Neun Stunden lang war das Geschäftsleben in den USA weitgehend zusammengebrochen. Nur wenige Unternehmen wie die Pazifische Börse in San Francisco hatten einen größeren Schaden dadurch abwenden können, daß sie zuvor für derartige Fälle ein Notnetz angemietet hatten[165].

Der aufgrund eines Softwarefehlers 104 Mal an einem Tag im Juli 1989 erfolgte Zusammenbruch des zur Verkehrsregelung eingesetzten Computers führte zu einem unbeschreiblichen Verkehrschaos in Los Angeles[166].

Braunschweig, mit der Einschätzung zitiert, daß »die im Cockpit eingesetzte Software offensichtlich nicht genügend ausgetestet« wird.

[158] Siehe Hannoversche Allgemeine Zeitung (HAZ) und Hamburger Abendblatt vom 13.9. 1990.

[159] Nach einer Meldung der Frankfurter Rundschau (FR) vom 22.5. 1987. Auch die Software Engineering Notes melden in der ständigen Rubrik von *Neumann* ›Risks to the public ...‹ zahlreiche Roboter-Opfer: SEN 17 (1992)1, S.26.

[160] *Junker*, WM 1988, S.1217 und 1249(1252).

[161] Siehe *Bermes*, DIE ZEIT 33/1987, S.20.

[162] *Junker*, Computerrecht, 1988, S.211; *Engel*, CuR 1986, S.702(704).

[163] *Smith*, Willamette Law Review 1988, S.743.

[164] *Davies*, industry, Computer Law & Practice 1993, S.99.

[165] Hannoversche Allgemeine Zeitung vom 18.1. 1990; siehe auch *Müller-Scholz/Schönbeck*, Capital 1990/6, S.207(208). Probleme mit fehlerhafter Software hatte eine Telefongesellschaft, die aufgrund des Fehlers in ihrem Abrechnungsprogramm einem Kunden die Kosten in Höhe von 17.000 US-Dollar für die Auslandsgespräche fünf Jahre lang nicht berechnete, siehe *Thaller*, Software-Qualität, 1990, S.19.

[166] Dressler, highTech, 1990/12, S.96.

Im automatisch betriebenen Sperrwerk an der französischen Tarn bei Réquista meldete das Steuerungsprogramm eine real nicht vorhandene Überlaufgefahr und öffnete zwei Schleusentore. Im gesamten Tarntal hatte dieser Programmfehler eine katastrophale Überschwemmung zur Folge[167]. Im Juni 1988 ertranken sieben Menschen im Colorado River (USA), weil das Computerprogramm zur Steuerung der Stauwerke einem ungewöhnlichen Wetterwechsel nicht gewachsen war. Ein Schneesturm gefolgt von einer plötzlichen Wärmeperiode ließ Tauwassermassen, die in der Software für diese Jahreszeit nicht mehr vorgesehen waren, in die bereits randvollen Stauseen des Flusses drängen. Zur Katastrophe kam es, als die Schleusen geöffnet werden mußten, weil die Dämme zu bersten drohten[168].

Genau wie Stauwerke sind auch Kernkraftwerke auf komplizierte Meß- und Steuerungstechnik angewiesen. Softwarefehler verursachten hier ebenfalls gewaltige Schäden. Als sich am 23. Januar 1990 im Reaktor 4 des »*Bruce*«-Kraftwerkkomplexes im kanadischen Kincardine ein von der Atomaufsicht als »sehr ungewöhnlich und schwerwiegend« eingestufter Störfall ereignete, liefen 12.000 Liter hochradioaktives Wasser aus. Beim routinemäßigen Austausch eines Brennelements führte eine seltene Kombination von Schaltzuständen in der Anlage zum Versagen des Systems. Ein einziger falscher Befehl im Code des Computer, der die Umlademaschine kontrollierte, hatte zugleich alle vier Bremsen des Hebezeugs gelöst. Die schwere Maschine fiel auf die Schachtabdeckung, und das radioaktive Wasser konnte auslaufen[169]. Im britischen Atomzentrum von Sellafield wurden wegen eines Softwarefehlers Türen automatisch geöffnet, die zum Schutz vor radioaktiver Strahlung geschlossen bleiben mußten. Die hinteren Räume wurden dadurch einer erheblichen Strahlung ausgesetzt[170].

Die Bundesversicherungsanstalt für Angestellte stellte wegen eines Softwarefehlers falsche Rentenberechnungen aus, was zur Folge hatte, daß an 180.000 Versicherte erneut ein berichtigter Bescheid gesandt werden mußte[171]. Ein Computerprogramm führte beim Verband der Deutschen Rentenversicherungsträger die Konten von Trägern gleichen Vor- und Nachnamens zusammen[172].

Im medizinischen Bereich werden Computer und Software unter anderem für die Verwaltung von Patientendaten (Sammeln und Abrufen individueller Patientendaten) und als Instrument zur Krankheitsdiagnose und – behandlung

---

[167] Vgl. *Wallmüller*, Software-Qualitätssicherung, 1990, S. 1.

[168] DER SPIEGEL 1990, Heft 44, S. 80(88).

[169] DER SPIEGEL 1990, Heft 44, S. 80.

[170] Siehe Software Engineering Notes 17(1992)1, S. 16.

[171] Vgl. *Mehrings*, GRUR 1985, S. 189(190) in Fn. 13.

[172] Siehe dazu den 3. Tätigkeitsbericht des Bundesbeauftragten für den Datenschutz 1981, S. 58f.

verwendet.[173] Im Rahmen von Diagnose und Therapie werden automatisierte klinische Labortests und computergesteuerte Elektrokardiogramme und Tomographien durchgeführt. Weitgehend softwaregestützt arbeiten Herz- und Lungenmaschinen, Anästhesie- und Bestrahlungsgeräte. Softwarefehler können erhebliche Schäden an Leib und Leben nach sich ziehen, wie ein Fall aus dem Krebszentrum von Tyler (USA) zeigt. 1986 führte ein Programmfehler im Therapiegerät Therac 25, das zur Bestrahlung von Krebspatienten eingesetzt wird, zum Tod von zwei Menschen und zu mehreren Verletzten in anderen Kliniken. Die Benutzung einer bestimmten Pfeiltaste bei der Angabe der Parameter bei der Bestrahlung führte zur ›Fehlfunktion 54‹ (Bildschirmmeldung). Dieser Fehler war in der Dokumentation nicht beschrieben; die Patienten wurden weiterhin der überhöhten Strahlendosis ausgesetzt[174]. Auch in einer deutschen Radiologenpraxis erlitten mehr als 150 Patienten aufgrund einer fehlerhaften Programmierung dieses Bestrahlungsgeräts schwere Verbrennungen[175].

Ein fehlerhaftes Programm in einem PROM[176], das zu Störungen in der Brennstoffzufuhr bei Chevrolet Pick-up-Fahrzeugen führte, verursachte in den USA zahlreiche Unfälle mit Todesfolgen[177]. Wegen eines Softwarefehler wurden in den USA zahlreiche Pendler schwer verletzt, weil das fehlerhaft gesteuerte elektronische Zugsystem zwei entgegenkommende Reisezüge auf das gleiche Gleis leitete[178]. Weitere Computerfehler führten zu

- Beinahe-Zusammenstößen von Passagierflugzeugen[179],
- dem »closing of nuclear plants«[180],
- dem Fehlen von Treibstoff im *Skylab*-Raumfahrzeug, der im Fall eines unvorhergesehenen Flugabbruchs das Raumschiff bei einem Kollisionskurs auf stark bewohnte Gebiete auf einen anderen Kurs bringen sollte[181],
- einem militärischen Fehlalarm wegen eines Programmfehlers, der beinahe zu einem Gegenschlag mit unabsehbaren Folgen geführt hätte[182].

---

173 Siehe zur Haftung für fehlerhafte medizinische Expertensysteme auch *Kilian*, Liability for Deficient Medical Expert Systems, in: *Savory* (Hrsg.), Expertensysteme, 1989, S. 393. Die Diskussion über Haftungsfragen begann in den USA schon sehr frühzeitig: *Freed*, Law & Contemporary Problems 32(1967), S. 674; *Petras/Scarpelli*, Journal of Computers and Law 5(1975), S. 16; *Brannigan/Dayhoff*, American Journal of Law & Medicine 1981, S. 123.

174 Zuerst beschrieben von *Joyce*, Datamation (1987)5, S. 87. Siehe auch DER SPIEGEL 1990, Heft 44, S. 80(88); *Dressler*, highTech 1990/12, S. 96; *Kort*, CR 1990, S. 251; *ders.*, CR 1990, S. 171; *Engel*, CuR 1986, S. 702; ausführlich dokumentiert von *Leveson/Turner*, Computer, Juli 1993, S. 18.

175 *Müller-Scholz/Schönbeck*, Capital 1990/6, S. 207(208).

176 Programmable Read Only Memory = PROM.

177 Vgl. nur General Motors Corp. v. Johnston, 592 So.2d 104 (1992).

178 *Nycum*, Rutgers Journal of Computers, Technology and Law 1979, S. 7.

179 CPU Fails, Two Jets Nearly Collide, Computerworld vom 12. 11. 1979, S. 1.

180 Computer Error Closes Nuke Plants, Indianapolis Star, 16. 3. 1979, S. 1.

181 NASA Jumbles Skylab Flight Data, Computerworld vom 9. 7. 1979, S. 1.

182 Siehe NORAD System Goofs, Calls Missile Alert, Computerworld vom 19. 11. 1979,

Ein spektakuläres Ereignis war 1994 die Entdeckung fehlerhafter Gleitkomma-Rechenoperationen in dem mehr als 6 Millionen mal verkauften ›Pentium‹-Mikroprozessor des Marktführers INTEL, der sich als wesentlich schwerwiegender als andere bislang bekannt gewordene Rechenfehler in Prozessoren oder Anwendungsprogrammen erwies[183]. Der Fehler in der ›Floating Point Unit‹ (FPU) läßt sich von jedem Anwender mit Standardanwendungsprogrammen wie dem Tabellenkalkulationsprogramm ›MS Excel‹ oder dem ›Taschenrechner‹ von ›MS WINDOWS‹ nachweisen: Mit der Formel

›z=x–(x/y)*y‹

mit x=4195835 und y=3145727 errechnet der fehlerhafte ›Pentium 90‹-Chip für ›z‹ den Wert ›256‹. Richtig wäre ›0‹. In einer ausführlichen Stellungnahme[184] erläuterte der Halbleiterproduzent INTEL den Fehler in dem verwendeten Divisionsalgorithmus (SFT) sowie den Fehler beim Einbrennen einer ›Lookup‹-Tabelle in die Hardware. Der fehlerhafte Divisionsalgorithmus tritt danach nicht nur bei Divisionen, sondern auch bei Tangens- und Arcustangensberechnungen auf, weil hierbei ebenfalls auf den fehlerhaften Divisionsalgorithmus zurückgegriffen wird. Aber erst, nachdem IBM öffentlich mitteilte, keine Personal Computer mit dem fehlerhafte Pentium-Chip mehr auszuliefern[185], und weltweit in einer publizistischen Kampagne auf den gravierenden Fehler aufmerksam gemacht wurde, erklärte sich INTEL auch zur Gewährleistung und zur Garantiehaftung während des Lebenszyklus' des Prozessors bereit. Einen Rückruf des Prozessors durch INTEL gab es nicht. Andererseits sind bis heute aber auch keine Schadensfälle bekannt geworden, die auf der eklatanten Rechenungenauigkeit beruhen.

3. Fehlerkategorien

Eine nähere Analyse der Fallbeispiele zeigt, daß sich die Softwarefehler in Kategorien unterschiedlicher Fehlerursachen einteilen lassen[186].

S. 1. Vgl. auch U.S.Aides Recount Moments of False Missile Alert, N.Y. Times vom 16.12. 1979, S. 25.

[183] Bei MS WINDOWS ergibt die einfache Subtraktion ›2 minus 2,01‹ den Wert ›0‹; auch die Systemsoftware 7.5 der Apple-Computer subtrahiert falsch. Beispiele dafür, wie sich kleinere Rechenungenauigkeiten bei bestimmten Rechenoperationen zu schwerwiegenden Rechenfehlern entwickeln können, finden sich bei *Stiller*, c't 1995/1, S. 20f., *dems.*, c't 1995/2, S. 172ff. und bei *Walden/Reiter*, c't 1995/2, S. 166ff.

[184] INTEL (Hrsg.), Statistical Analysis Floating Point Flaw in the Pentium Processor, 1994.

[185] ›IBM legt PCs mit Pentium auf Eis‹, CZ vom 22. Dezember 1994, S. 1f.

[186] Siehe dazu auch ComHdB-*Heussen* Kap. 12.

a) Spezifikationsfehler

In der ersten Kategorie finden sich die *Spezifikationsfehler*. Sie beruhen darauf, daß sich die Auftraggeber und Entwickler der Software ein unzureichendes Modell von der Wirklichkeit machen. Sie antizipieren bei ihren Vorüberlegungen nicht alle eintretbaren Ereignisse. Dazu gehören die Fälle, in denen die Systementwickler nicht berücksichtigten,

- daß der militärische Gegner, dessen Raketen automatisch erkannt und zerstört werden sollen, die gleichen Waffensysteme einsetzt und daß deshalb das eigene Raketenabwehrsystem die anfliegenden feindlichen, aber als selbstgenutzte identifizierte Raketen durchaus funktionsgerecht nicht abwehrte,
- daß nicht daran gedacht wurde, im Schaltjahr 1988 den 29. Februar zu berücksichtigen, weshalb alle termingesteuerten Mail-Systeme ausfielen[187] oder
- daß öffentliche Toilettenhäuser, die nach dem Verlassen der Kundschaft automatisch gereinigt werden, auch dann in Funktion gesetzt werden, wenn beispielsweise Kinder die Toilettenbrille besteigen und dadurch den Fußboden entlasten, was von den im Boden angebrachten Sensoren registriert und vom Programm als Verlassen der Toilettenkabine interpretiert wurde[188].

Das Problem der Vollständigkeit einer Spezifikation gilt als prinzipiell nicht lösbar[189].

b) Fehler im Programmentwurf

Zu der zweiten Kategorie von Fehlern zählen diejenigen Fehler, die bei dem *Programmentwurf* entstehen. Beim Programmentwurf werden anhand der Spezifikation die Systemstruktur entwickelt und den Teilsystemen Aufgaben zugewiesen. Dabei können Wechselwirkungen zwischen verschiedenen Programmkomponenten übersehen oder falsch interpretiert werden, was zu einem Fehlverhalten des Systems führen kann.

c) Fehler bei der Implementierung

Fehler können auch bei der *Implementierung* des Programms nicht ausgeschlossen werden. Diese Fehler bestehen aus dem falschen oder unvollständi-

[187] Siehe die Meldung in der Computerwoche vom 8.4. 1988, S. 12f.

[188] Das hatte in Frankreich zum Tod eines Kindes geführt, weil ein Sensor kein Gewicht auf dem Fußboden mehr feststellte und deshalb das System die vollautomatische Reinigung in Betrieb setzte, die Toilettenschüssel umdrehte und die Spülung betätigte, bei der das Kind Wasser in die Lungen bekam. Das Beispiel findet sich bei *Roßnagel/Wedde/Hammer/Pordesch*, Die Verletzlichkeit der ›Informationsgesellschaft‹, 1989, S. 113f.

[189] Siehe dazu näher *Bläsius/Siekmann*, Informatik-Spektrum 1987/10, S. 31.

gen Umsetzen des Programmentwurfs in die konkreten Programmanweisungen, bei denen Befehle oder Programmteile nicht korrekt formuliert, abgeschlossen oder verbunden werden. Schließlich sind Fehler bei der Produktion, der Vervielfältigung des Programms auf Datenträgern, bei der elektronischen Übermittlung des Programms über Datennetze in einen Zielrechner oder bei der Implementierung des Computerprogramms in ein technisches Gerät in der Weise denkbar, daß die Installation nicht korrekt oder unvollständig war, die Anpassung des Programms an seine Hardware fehlerhaft war oder daß in dem Computerprogramm Viren oder vergleichbare programmfremde Module enthalten sind.

Die eingangs beispielhaft aufgezählten Ereignisse sind zumeist spektakulär und stoßen wegen der zahlreichen Todesfälle und der enormen materiellen Verluste oder wegen des militärischen und technologischen Hintergrunds auf öffentliches Interesse. Die Fälle sind daher überwiegend gut dokumentiert.

d) Andere Fehler

Es ereigneten sich aber ebenfalls zahlreiche andere Fehler, die in ihrer Mehrzahl nicht justizförmig behandelt und, da sie auch nicht als Katastrophen empfunden werden, nur selten öffentlich bekannt wurden, bei denen Defekte an technischen Geräten zu Mangelfolgeschäden auch bei Dritten führten. Bei dem in ihrer Folge häufig außergerichtlich vorgenommenen und in der Regel durch Versicherungen abgedeckten Schadensausgleich kam es auf die Frage, ob der Defekt auf einen Fehler in einem Gerät oder auf einem einzelne Gerätefunktionen steuernden Programm beruhte, nicht an. In diesen Fällen, wie auch in den meisten oben genannten spektakulären Ereignissen, waren die zum Schaden führenden fehlerhaften Computerprogramme in ein technisches System integriert und können damit als wesentlicher Bestandteil einer Sache (§ 93 BGB) angesehen werden. Etwaige Schadensersatzforderungen Dritter richteten sich gegen die Hersteller der das Computerprogramm integrierenden Sache: den Flugzeughersteller, den Hersteller des medizinischen Bestrahlungsgeräts und anderer Geräte[190]. Es ist auch nicht bekannt geworden, ob es dann, wenn das Programm von einem dritten Unternehmen zugeliefert oder erstellt wurde, im Innenverhältnis zwischen dem des in Anspruch genommenen und zum Schadensersatz verpflichteten Hersteller des fehlerhaften Geräts

---

[190] Neben den Herstellern können jeweils auch andere Personen in Anspruch genommen werden, der Luftfahrtunternehmer als Halter des Luftfahrzeugs nach §§ 33 Abs. 1, 44ff. LuftVG oder der Arzt, der auch zu richtigen Reaktionen bei einem Defekt des Bestrahlungsgeräts in der Lage sein muß, wegen der Verletzung seiner Verpflichtung zum sachgemäßen Umgang mit dem medizinischen Geräten aus Vertrag, aus § 823 Abs. 1 BGB und aus § 823 Abs. 2 i.V.m. dem Gerätesicherheitsgesetz; siehe zur deliktischen Haftung des Arztes bei defekten medizinischen Geräten MünchKomm-*Mertens*, § 823 RdNr. 402.

einerseits und dem Hersteller des zu dem Defekt führenden Programms andererseits einen Ausgleich wegen einer gesamtschuldnerischen Haftung gegeben hat.

Es ist schließlich bekannt, daß auch isolierte Computerprogramme, die in Datenverarbeitungsanlagen eingesetzt werden, zu Schäden an anderen, auf einem Datenträger gespeicherten Programmen, an gespeicherten Daten oder an der Hardware führen. So waren Programmierfehler die Ursache für die Löschung von Programmen und gespeicherten Daten in anderen Verzeichnissen auf Computerfestplatten, wenn die Programme nicht in der im Handbuch beschriebenen Weise, sondern von einer grafischen Benutzungsoberfläche wie beispielsweise MS Windows aus installiert wurden, was bei der Installation anderer Programme üblich und von anderen Programmherstellern auch beabsichtigt ist.

Angesichts zunehmender Einbindung von sog. ›stand alone‹-Geräten in inhouse- oder LAN[191]-Netzen und in weltweiten Netzen verstärkt sich auch das Risiko der Infizierung von Datenverarbeitungsanlagen eines Anwenders und aller mit diesem über Datennetze verbundenen Kommunikationspartner mit sog. Viren oder ›trojanischen Pferden‹, die mit einem neuen Computerprogramm eingeschleppt wurden. Die Praxis zeigt, daß es Straftätern immer wieder gelingt, die häufig zu geringen Datensicherungsmaßnahmen von Softwarehäusern zu überwinden und auch in ›fabrikneue‹ Standard-und Individualanwendungsprogrammen Viren einzuschleusen, die zu einem fehlerhaften Verhalten des Computerprogramms führten.

Diese Beispiele von Fehlern in Computerprogrammen, die zu gefährlichen Situationen, zu erheblichen Schäden bis hin zu Katastrophen geführt haben, ist lang; sie ließen sich aber erheblich erweitern[192]. Die Zeitschrift ›Software Engineering Notes (SEN)‹ der ACM[193] enthält regelmäßig eine umfangreiche Rubrik »Risks to the public and related systems«, in der folgenreiche und wissenschaftlich aufschlußreiche Softwarefehler gemeldet und kommentiert werden. Im wahllos herausgegriffenen Heft 4 des Jahrgangs 1991 werden allein mehr als 50 Beispiele für Fehler in Computerprogrammen aufgelistet. Die Beispiele in diesem renommierten amerikanischen Fachblatt sind als konstruktive Kritik gegenüber dem Einsatz von Software-Systemen zu verstehen, die auf Lerneffekte aus fehlgeschlagenen EDV-Projekten abzielen.

---

[191] LAN = Local Area Network.

[192] Weitere Beispiele bei *Freed*, Legal questions in a computer society, in: *Freed* (Hrsg.), Computers and Law, Boston 1976, S. 32(32f.); *ders.*, Jurimetrics Journal 1977, S. 270; *Mehrings*, GRUR 1985, S. 189(190); *Abel*, RDV 1987, S. 212; *Stürmer*, CuR 1986, S. 754; *Piel*, iur 1988, S. 347; *Moritz/Tybussek*, Computer-Software, 1992, Rdnr. 814; *F.A. Koch*, Computer-Vertragsrecht, 1995, Teil 7, S. 119; ComHdB-*Schmidt-Salzer/Otto* Kap. 110–112 mit zahlreichen Beispielen aus der Versicherungswirtschaft, die Schadensfälle aufgrund von Softwarefehlern betreffen.

[193] ACM = Association for Computing Machinery.

4. Der Fehlerbegriff und die Qualitätsanforderungen der Informatik

a) Der Fehlerbegriff der Informatik

Wann aus der Sicht der Informatik ein Fehler bei einem Computerprogramm vorliegt, ist sehr umstritten. Die Spannbreite der Auffassungen, nach denen ein Fehler vorliegt, ist äußerst weit. Im technischen Bereich wird ein ›Fehler‹ nach der DIN 40 041 und 40 042 definiert als »unzulässige Abweichung einer oder mehrerer Eigenschaften, die die Unterscheidung und Beurteilung von betrachteten Einheiten ermöglichen«[194]. In der Wissenschaft des Software Engineering wird von einem Fehler dann gesprochen, »wenn die Computerleistung insgesamt oder eine ihrer Teilleistungen anhand der ermittelten, beobachteten und gemessenen Tatsachen von den konkreten technischen Anforderungen oder den allgemeingültigen Standards abweicht«[195].

Während in der deutschen Sprache für Fehlfunktionen eines Programms nur der Begriff ›Fehler‹ verwendet wird, differenziert die englische Sprache wesentlich genauer. So wird als ›error‹ ganz allgemein der in einem Programm potentiell vorhandene Fehler bezeichnet. Dazu gehört auch der Fehler, der gar nicht auftritt, solange die Programmschleife, in der er sich befindet, nicht durchlaufen wird, oder ganz bestimmte Eingabedaten, die ihn aktivieren würden, nicht eingegeben werden. Programme können daher jahrelang ohne Beanstandungen laufen und erst bei der erstmaligen Eingabe einer bestimmten Datenkombination zu einer fatalen Fehlfunktion des gesamten Systems führen[196]. Das Wort ›error‹ wird also allgemein für alle Arten menschlicher Fehler in allen Phasen der Programmentwicklung verwendet, beispielsweise auch für einen Entwurfsfehler, der auf einen Denkfehler des Entwicklers zurückgeht. Die englischen Begriffe ›fault‹, ›defect‹ oder ›bug‹ stehen dagegen für einen konkreten fehlerbehafteten Zustand des Computerprogramms, das die erwartete Funktion nicht erfüllt[197].

Man kann davon ausgehen, daß zahlreiche Computerprogramme erfolgreich und ohne Beanstandungen der Anwender im Einsatz sind, obwohl der Stand der Technik und die Regeln der Technik bei der Programmierung nicht beachtet wurden[198]. Entscheidend in der Diskussion über den Fehlerbegriff der Informatik ist die Aussage, wonach kein komplexes Computerprogramm fehlerfrei programmiert werden kann. Programmfehler können in allen Phasen

---

[194] Vgl. dazu auch *Bömer*, CR 1989, S. 361(361).

[195] *Heussen*, CR 1988, S. 894 und 986; dazu auch *Bons*, Fehler und Fehlervoraussetzungen, 1985, S. 35(35ff.).

[196] Vgl. etwa *Sprague*, IuR 1986, S. 248.

[197] Siehe dazu auch *Thaller*, Software-Qualität, 1990, S. 77.

[198] Siehe dazu *Lesshaft*, CR 1989, S. 146 und 246(248): »Hält man sich strikt an die DIN-Normen 66 230 bis 66 232, dann werden die Programme schlechter.« Ähnlich auch *Bartsch*, CR 1993, S. 422.

der Softwareplanung und -erstellung entstehen. Nach dem Phasenkonzept, das den Besonderen Vertragsbedingungen für die Planung von DV-gestützten Verfahren (BVB-Planung) zugrundliegt und über den öffentlichen Bereich hinaus zur vertraglichen Grundlage von Datenverarbeitungsprojekten auch nicht-öffentlicher Auftraggeber ist, werden zunächst die Verfahrensplanung und die Verfahrensrealisierung unterschieden[199]. Zu Beginn der Verfahrensplanung steht die Konkretisierung der Verfahrensidee, die Durchführung einer Ist-Analyse und die Formulierung des sich daraus ergebenden Forderungskatalogs. In der Anforderungsphase werden die Programmanforderungen und damit die Aufgaben und Ziele der Entwicklung der Software sowie die Verfahrenstest-Spezifikationen festgelegt.

Auf der Grundlage des Anforderungsprofils entsteht das Pflichtenheft. Werden hier die Anforderungen des Anwenders ungenau oder unvollständig festgelegt, kommt es zu Definitionsfehlern, die eine präzise Erfüllung aller Anforderungen unmöglich machen[200]. Daran schließt sich die Entwurfsphase an, die üblicherweise in die beiden Teilphasen des Grobentwurfs und des Feinentwurfs unterschieden wird. Zunächst wird eine Grobstruktur des Programms entworfen. Dann werden die auszuführenden Funktionen in Teilfunktionen gegliedert und Module zusammengefaßt, die weitgehend unabhängig voneinander sind und nur über Schnittstellen miteinander in Verbindung stehen. In dieser Entwurfsphase, die sich an die Definitionsphase anschließt, werden die Entscheidungen getroffen, wie die im Pflichtenheft angegebenen Funktionen im einzelnen erfüllt werden sollen.

Auf der Grundlage dieser Vorarbeiten wird dann der Feinentwurf mit der Implementierung der Funktionen erstellt. Das Ergebnis des Feinentwurfs ist die Programmbeschreibung (Dokumentation), die als Vorlage für die Erstellung des Quellprogramms dient. Diese Phase, in der das Quellprogramm erstellt wird, wird als Codierungsphase bezeichnet[201].

In der Realisierungsphase können Spezifikations-, Programmentwurfs- und Codierfehler auftreten, die häufig dem auf dem Software-Entwickler lastenden Zeit- und Kostendruck geschuldet sind und in späteren Testphasen nicht eliminiert werden. Als Fehler der Software kommen zunächst Entwurfs- und Codierungsfehler in Betracht. Weitere Fehler können Fehler des Testverfahrens und Instruktionsfehler sein. Programmfehler können also in allen Entwicklungsstufen der Programmierung entstehen, bei der Spezifikation, bei dem Entwurf und bei der Codierung. Nach einer Untersuchung des amerikanischen Verteidigungsministeriums und von Software-Herstellern verteilt sich die durchschnitt-

---

[199] Siehe zu der BVB-Planung und ihren Phasen ComHdB-*Heussen* Kap. 403.

[200] Vgl. *Bömer*, Die Pflichten im Computer-Software-Vertrag, 1988, S. 151; *Kindermann*, ZUM 1985, S. 2(6); *Heussen*, CR 1988, S. 894 und 986(895).

[201] *Kindermann*, ZUM 1985, S. 2(7); *Bömer*, Die Pflichten im Computer-Software-Vertrag, 1988, S. 153f.; *Heussen*, CR 1988, S. 894 und 986(897).

liche Fehlerquote eines Programms auf 30% Spezifikationsfehler, 30% Entwurfsfehler und 40% Codierfehler[202].

Das korrekte Funktionieren eines Programms kann mit Hilfe eines allgemeinen Verfahrens nicht ermittelt werden[203]. Mit dem Testen von Software, insbesondere mit neueren und zuverlässigeren Methode zum Aufdecken von Fehlern in Softwareprodukten, lassen sich zwar Programmierfehler entdecken[204]; aber auch mit den ausgereiftetsten Testmethoden läßt sich nicht die Fehlerfreiheit eines komplexeren Programms nachweisen, weil die denkbaren Einsatzmöglichkeiten, Eingabekombinationen und die Umgebungen der Software nicht abschließend vorhergesagt werden können. Bei komplexen Programmen kann nicht jede beliebige Kombination von Daten ausgetestet werden. Das Programm kann in Systemwelten integriert sein, wobei nicht vorhersagbar ist, wie es auf andere Umgebungen reagieren wird. Durch intensives Testen kann es demnach nur gelingen, die Fehlerwahrscheinlichkeit zu reduzieren, aber geringste Veränderungen im Programmcode können an völlig unerwarteten Stellen unvorhergesehene Effekte und Fehlverhalten verursachen[205]. Es gilt daher als unmöglich, zu testen, wie ein komplexes System sich bei jeder denkbaren Ereigniskonstellation verhält[206]. Ab einem gewissen Komplexitätsgrad sind die verschiedenartigen Software-Einsatzmöglichkeiten für den Software-Entwickler nicht mehr überschaubar, nicht mehr nachvollziehbar und damit auch in jeder Hinsicht nicht mehr testbar[207]. Im übrigen geht die Informatik davon aus, daß die Fehlerrate eines Programms mit jeder neuen Korrektur oder Ergänzung des Programms sogar noch zunimmt[208].

Durch Testmethoden läßt sich daher nur nachweisen, daß ein Fehler vorliegt, nicht aber, daß kein Fehler vorliegt. Die Abwesenheit eines Fehlers läßt sich nicht beweisen. Die Methoden zur Entdeckung von Softwarefehlern durch Testverfahren sind in den letzten Jahren ständig verbessert worden[209]. Neueste Methoden des Software Engineering und objektorientierte Programmierung, automatische Unterstützung des Entwurfs, neue Programmierwerkzeuge und -umgebungen, fortgeschrittene Testverfahren und künftige Deduktionssysteme können dazu führen, daß Fehler zwar weitgehend vermieden werden. Die

---

202 Siehe *Sneed*, Qualitätssicherung, 1988, S. 47.

203 *Lesshaft/Ulmer*, CR 1988, S. 813(813).

204 *Schmitz/Bons/van Megen*, Software-Qualitätssicherung -Testen im Software-Lebenszyklus, 1983, S. 6. Siehe auch *Belli*, Modellierung von Software-Fehlern zur Bestimmung und Optimierung der Zuverlässigkeit, in: *Gorny/Kilian* (Hrsg.), Computer-Software und Sachmängelhaftung, 1985, S. 68(75ff.).

205 *Lesshaft/Ulmer*, CR 1988, S. 813(814).

206 *Klusmeier*, Ohne Fehl und Tadel, FAZ vom 21. 10. 1991, S. B 8.

207 Vgl. *Bömer*, CR 1989, S. 361(361).

208 *Roßnagel/Wedde/Hammer/Pordesch*, Informationsgesellschaft, 1989, S. 116 m. w.N.

209 Vgl. *Sprague*, IuR 1986, S. 248(249ff.); *Thaller*, Software-Qualität, 1990, S. 225; *Tiling*, CR 1987, S. 80; *Tobergte*, CR 1987, S. 638; *Krückeberg*, CuR 1985, S. 47, 113 und 175.

Sicherheit des Ausschlusses von Fehlern kann aber auch dadurch nicht gewährleistet sein. Durch die neuen Methoden lassen sich, wie Forschungsergebnisse zeigen, Fehler reduzieren, aber nicht gänzlich ausschließen bzw. eliminieren[210].

Es ist allerdings auch zu beachten, daß Softwarehäuser häufig aus Kostengründen nicht die Programmier- und Testverfahren wählen, die nach dem Stand der Technik ein Maximum an Sicherheit bieten; denn die Vermeidung und die Beseitigung von Fehlern ist mit erheblichen Kosten für den Software-Hersteller und, da die Kosten über den Preis weitergegeben werden, für Kunden[211] verbunden. Es ist daher bei Erstellern von Computerprogrammen immer noch verbreitet, ihre Produkte nur soweit zu testen, um mit einem vertretbaren und dem Zweck der Software angepaßten Test ein Maximum der in den Programmen vorhandenen Fehler zu finden[212]. Ein Beseitigen aller vorhandenen Fehler wird danach aus Wirtschaftlichkeitsgründen nicht angestrebt und technisch bei komplexen Programmen auch nicht als möglich angesehen[213]. Dabei könnte schon in der Vorbereitungsphase und bei der Auswahl der Programmiermethoden bedacht werden, daß die Fehlerbeseitigung bei einem Spezifikationsfehler zwanzig mal teurer als bei einem Codierfehler ist[214]. Dennoch sind nach Berechnungen von *Sneed*[215] ergänzende maschinelle Software-Qualitätssicherungsmaßnahmen, die ca. 5% der Entwicklungskosten ausmachen, als wirtschaftlich anzusehen, da dadurch 30% der Life-Cycle-Kosten eingespart werden können. Die möglichen Kosten, die auf den Software-Hersteller aus Schadensersatzansprüchen aufgrund fehlerhafter Programme erwachsen können, sind dabei nicht einmal berücksichtigt.

b) Qualitätsanforderungen an Computerprogramme

Man kann die Annahme formulieren, daß ein komplexes Computerprogramm, das die nach dem Stand von Wissenschaft und Technik formulierten Qualitätsanforderungen berücksichtigt, zwar nicht fehlerfrei sein kann, aber die Fehler-

---

[210] Siehe zum Software Cost Reduction Project *Parnas*, FIFF-Rundbrief 4/1985, S. 8(9).

[211] Die Bank of America stellte 1988 die Benutzung eines für 20 Millionen $ erworbenen Computersystems ein, weil die Behebung der Softwarefehler seit 1983 60 Millionen $ gekostet hatte und ein Ende der Softwareprobleme nicht in Sicht war; vgl. *Dressler*, highTech, 1990/12, S. 96(97).

[212] *Thaller*, Software-Qualität, 1990, S. 223.

[213] »It might be that any computer program can be made as safe as any particular standard might require, but such safeguards could be assured only at the cost of significantly higher development and maintenance costs and by the inclusion of redundancies that could slow the program from accomplishing its purpose. Even then the probability of error would simply be reduced, not eliminated.« *Gemignani*, Rutgers Computer and Technology Law Journal 1981/8, S. 173(203) in Fn. 100.

[214] Ausführlich dazu *Sneed*, Software Qualitätssicherung, 1988, S. 46ff.

[215] *Sneed*, Software Qualitätssicherung, 1988, S. 46ff., 57; siehe auch die Berechnungen bei *M. Deutsch*, Software Verification and Validation, 1984.

quote minimiert[216]. Es geht also darum zu bestimmen, ob allgemein anerkannte Maßstäbe für die Qualität von Software vorhanden und möglicherweise technische Regeln oder Normen entstanden sind, aus denen sich die Anforderungen an zu beachtende Sorgfaltspflichten der Programmierer abzuleiten wären. Es ist demnach nach den Qualitätsvorgaben für die Softwareentwicklung und nach dem Vorhandensein von Methoden der Qualitätsprüfung zu fragen sein. Unter einer Qualitätsprüfung wird nach der DIN 55300 die Feststellung verstanden, »inwieweit Produkte oder Tätigkeiten die an sie gestellten Qualitätsanforderungen erfüllen«. Auf Software übertragen, kann die Qualitätsprüfung als Feststellung bezeichnet werden, »ob die Programme die durch ihre Spezifikation definierten Funktionen erfüllen und dabei gegebenenfalls (als) das Aufdekken von Softwarefehlern sowie deren Ursachen«[217].

Die Deutsche Industrie-Norm DIN 55350, Teil 11, beschreibt Qualität ganz allgemein als »die Gesamtheit von Eigenschaften und Merkmalen eines Produkts oder einer Tätigkeit, die sich auf deren Eignung zur Erfüllung gegebener Erfordernisse bezieht«. Ähnlich wie diese DIN-Norm wird Qualität in der ANSI-Norm[218] (ANSI/ASQC A3–1978) definiert:

»Quality is the totality of features and characteristics of a product or a service that bear on its ability to satisfy given needs.«

Ergänzt wird diese Norm im Hinblick auf den Erwartungshorizont der Kunden von der IEEE- Norm[219] (IEEE Std 729–1983) für Software-Qualität. Danach bemißt sich die Software-Qualität wie folgt:

(1) The totality of features and characteristics of a software product that bear on its ability to satisfy given needs; for example, conform to specifications.
(2) The degree to which software possesses a desired combination of attributes.
(3) The degree to which a customer or user perceives that software meets his or her composite expectations.
(4) The composite characteristics of software that determine the degree to which the software in use will meet the expectations of the customer.

Auch andere frühe Definitionen von Software-Qualität bleiben nebulös und sind für die Festlegung der haftungsrechtlichen Anforderungen an die Software-Entwicklung nicht operabel[220]. Die Anforderungen an die Qualitätsmerkma-

---

[216] Vgl. ComHdB-*Heussen* Kap. 12 RdNr. 22.

[217] Vgl. dazu *Belli*, Modellierung von Software-Fehlern zur Bestimmung und Optimierung der Zuverlässigkeit, in: *Gorny/Kilian* (Hrsg.), Computer-Software und Sachmängelhaftung,, 1985, S. 68(75).

[218] American National Standards Institute (ANSI), 1430 Broadway St., New York, NY 118.

[219] Institute of Electrical & Electronics Engineer (IEEE), 1730 Massachusetts Ave. NW, Washington, DC 236–1903.

[220] Als Beispiele hierfür seien die Qualitätsdefinition des Verteidigungsministeriums (Department of Defense = DoD) der USA, das für seine hohen Anforderungen an Software-Qualität bekannt ist, und die der NASA genannt. DoD-StD-2168, Draft Military Standard, Software Quality Evaluation: »Der Grad, mit dem die Software dauerhaft ihre beabsichtigten Funk-

le von Software, die sich anerkanntermaßen sowohl auf alle Komponenten der Software, also auf die Benutzungs- und die Entwicklungsdokumentation, als auch auf das Programm, die Software im engeren Sinn beziehen, werden von den Autoren, die sich mit Qualitätsanforderungen befaßten, unterschiedlich formuliert[221]. Als wesentliche Qualitätsmerkmale werden bei allen Autoren aber immer wieder die folgenden Attribute genannt, die wiederum teilweise nach Qualitätsmerkmalen für die Programme und solchen für die Dokumentation differenziert angegeben und teilweise jeweils weiter spezifiziert werden:

- Korrektheit,
- Integrität/Zuverlässigkeit,
- Portabilität,
- Leistungsfähigkeit und Effizienz,
- Bedienbarkeit,
- Wartbarkeit.

In Zusammenhang mit der außervertraglichen Haftung sind die Qualitätsmerkmale ›Zuverlässigkeit‹ und ›Sicherheit‹ von besonderer Bedeutung und deshalb eingehender darzustellen. Als *Zuverlässigkeit* wird der Grad angesehen, in dem das Software-System fehlerfrei arbeitet. An der Zuverlässigkeit des Programms fehlt es, wenn eine Abweichung zwischen einem berechneten, beobachteten, gemessenen Wert oder einer Bedingung und dem wahren, festgeschriebenen, spezifizierten oder theoretisch korrekten Wert oder der Bedingung festgestellt wird[222]. Differenziert wird dabei nach Korrektheit und Robustheit. *Sneed* bezeichnet die Korrektheit als die Relation korrekter bzw. fehlerfreier Transaktionen zur Summe aller normalen Transaktionen, wobei eine korrekte Transaktion eine solche ist, die wie erwartet abläuft und ein korrektes Ergebnis liefert[223]. Dagegen wird Robustheit als »die Relation der korrekt behandelten Transaktionen zur Summe aller abnormalen (d.h. Transaktionen mit unkorrekten Eingaben bzw. Ausnahme-Fälle) Transaktionen« bezeichnet[224]. Nach der Definition von *Sneed*[225] ist die »Integrität eines Systems ... die Wahrscheinlichkeit, daß ungültige Argumente (sprich) Eingabedaten und ungültige

---

tionen erfüllt.« Glossary of Software Engineering Laboratory Terms (SEL-82–5) NASA: »Die Wahrscheinlichkeit, daß Software fehlerlos funktioniert.«

[221] Vgl. etwa *Sneed*, Software Qualitätssicherung, 1988, S. 28ff.; *Boehm et al.*, Characteristics of Software Quality, 1978; *Gilb*, Software Metrics, 1976; *McCall*, zitiert bei *Chow*, Software Quality Assurance, 1985; *Thaller*, Software-Qualität, 1990, S. 76ff.; *Schmitz/Bons/van Megen*, Software-Qualitätssicherung, 1983; *Deutsche Gesellschaft für Qualitätssicherung* (Hrsg.), Software-Qualitätssicherung, 1986; *Asam/Drenkard/Maier,* Qualitätsprüfung von Software-Produkten, 1986.

[222] So die »Fehler«-Definition nach dem IEEE-Standard 729–1983 im Glossary of Software Engineering Technology.

[223] *Sneed*, Software Qualitätssicherung, 1988, S. 38.

[224] *Sneed*, Software Qualitätssicherung, 1988, S. 38

[225] *Sneed*, Software Qualitätssicherung, 1988, S. 139.

Ergebnisse (sprich Ausgabedaten) durch Plausibilitätsprüfungen abgefangen werden«.

Angesichts der Entwicklung von neuen Methoden der Softwareentwicklung, mit denen versucht wird, auch Computerprogramme nach industriellen Kriterien zu entwickeln (Software Engineering), ist es konsequent, über Kriterien der Qualitätssicherung bei der industriellen ›Produktion‹ von Computerprogrammen stärker als bisher nachzudenken und auch auf diese Weise das Qualitätsdenken der Verantwortlichen in den Softwarehäusern zu verstärken; denn bislang hat sich trotz des Übergangs zu industriellen Verfahren bei den Software-Entwicklern noch nicht das notwendige Qualitätsbewußtsein herausgebildet[226]. Die seit 1990 gelten Qualitätssicherungssysteme nach DIN/ISO 9000 bis 9004[227] zielen darauf ab, Maßstäbe für Qualitätsanforderungen im Produktions*verfahren* zu liefern, die auch bei der Erstellung von Computerprogrammen Bedeutung haben. Immer mehr Softwarehäuser verfahren nach den von den DIN/ISO-Normen und der DIN 66285[228] aufgestellten Qualitätssicherungskriterien, um Forderungen ihrer Vertragspartner nachzukommen. Auf vertraglicher Ebene wird von den Auftraggebern und Abnehmern von Software in immer stärkerem Maß erwartet, daß Software nach diesen Qualitätssicherungskriterien entwickelt werden. Diese Erwartung spiegelt sich auch darin wieder, daß viele Hersteller von Computerprogrammen ihre Produkte von einer Zertifizierungsorganisation für Qualitätsmanagementsysteme wie der Deutschen Gesellschaft für Qualitätssicherung (DQS), der DEKRA oder dem TÜV[229] zertifizieren lassen.

Trotz der Übereinstimmungen über die Qualitätsmerkmale gibt es noch keine Vereinheitlichung der Standards, nach denen die Qualitätsmerkmale optimal erreicht und bei der Programmierung auch konkret verwirklicht werden können[230]. Auch die Qualitätssicherungssysteme nach den DIN/ISO-Normen, insbesondere der auf Software besonders abgestimmte Leitfaden der DIN/ISO 9000 – Teil 3 für die Qualitätssicherung bei der Entwicklung, Lieferung und Wartung von Software, enthalten nicht etwa einen vollständigen Satz an Vorschriften für die Einrichtung eines konkreten Qualitätssicherungssystems für

---

[226] Siehe auch *F.A. Koch*, Computer-Vertragsrecht, 1995, S. 315, Teil 5, Rdn. 76.

[227] Siehe *DIN e.V.* (Hrsg), Leitfaden für die Anwendung von ISO 9001 auf die Entwicklung, Lieferung und Wartung von Software, 1992, sowie die Zusammenfassung der Normen im DIN-Taschenbuch 226, Qualitätssicherung und angewandte Statistik – Verfahren 3: Qualitätssicherungssysteme. DIN/ISO 9000 – 9004 entsprechen der Europäischen Norm EN 29000 – 29004.

[228] DIN 66285: Anwendersoftware – Gütebedingungen und Prüfbestimmungen, 1990.

[229] Beispielsweise vom Institut für Informationstechnik des Rheinisch-Westfälischen TÜV oder dem Institut für Qualität und Sicherheit in der Elektronik des TÜV Bayern; vgl. *Lindermeier*, TÜV Bayern Approach, in: *Hausen/Rae/Robert*, Software Assessment for Certification, 1992, S. 111.

[230] Vgl. *Stuurman*, Product Liability for Softare in Europe, in: *Vandenberghe* (Hrsg.), Advanced Topics of Law and Information Technology, 1989, S. 127(127).

Software, sondern lediglich Beschreibungen des Rahmens, innerhalb dessen die Qualitätssicherung[231] vorgenommen werden muß[232]. Bei aller Übereinstimmung im Grundsätzlichen bleiben die Qualitätsbeschreibungen zu unbestimmt, als daß sich daraus klare Anweisungen für den fehlerfreien Entwicklungsprozeß von Software ergeben würden. Fraglich ist, ob und wie genau es überhaupt möglich ist, meßbare Eigenschaften und Merkmale einer Software zu formulieren[233]. Damit ist das Problem der Eindeutigkeit und Relevanz von Qualitätsmerkmalen angesprochen, die sehr unterschiedlich interpretiert werden. Eine eindeutige Begriffsklärung durch Normierung ist von den Normierungsgremien noch nicht erfolgt[234]. Eine Normung der Anforderungsprofile in Bezug auf die Qualität von Software gibt es in ersten Ansätzen. Sowohl die amerikanische IEEE[235] als auch die deutsche Gütegemeinschaft Software[236] und auf europäischer Ebene die Europäische Union im Rahmen des ESPRIT-Programms[237] arbeiten an Standards für die Qualitätssicherung von Software[238].

Mit dem Ziel, die Einhaltung der vorhandenen Standards bei der Softwareentwicklung festzustellen, wurden 1988 in den USA 800 Unternehmen befragt[239]. Die Unternehmen wurden in fünf Gruppen eingeteilt, die einen bestimmten Entwicklungs-Standard entsprechen. In den Unternehmen der ersten Stufe (Level 1) erfolgt die Entwicklung ohne vom Unternehmen festgelegte Regeln und ohne statistische Kontrolle. Die Software-Entwickler werden als ›Künstler‹ bezeichnet, deren Arbeit ausschließlich von persönlichen Erfahrungen bestimmt und keinen Reglementierungen unterworfen ist.

In den nächsten Stufen (Level 2 und 3) wurden die Unternehmen eingruppiert, die Software-Projekte mit statistischer Kontrolle begleiten und einem rigorosen Projektmanagement unterwerfen, so daß Kosten, Pläne, Änderungen und Zusagen kontrollierbar bleiben. Dieses Vorgehen gewährleistet eine kon-

[231] Als ›Qualitätssicherung‹ versteht die DIN/ISO-Norm 9000, Nr. 3.5, auch nur »alle geplanten Tätigkeiten, die notwendig sind, um ein angemessenes Vertrauen zu schaffen, daß ein Produkt oder eine Dienstleistung die gegebenen Qualitätsanforderungen erfüllen wird«.

[232] *F.A. Koch*, Computer-Vertragsrecht, 1995, Teil 5, Rdn. 93, S. 320. ISO 9000-Teil 3 konstatiert unter Punkt 6.4.1 ernüchternd: »Es gibt derzeit keine allgemein anerkannten Meßmethoden für die Softwarequalität.«.

[233] *Boehm et al.*, Characteristics of Software Quality, 1978.

[234] An einer Vornorm für Qualitätssicherung (N33, Quality Systems – Guidelines for Software Quality Assurance) wird bei der International Standards Organization (ISO), 1 rue de Varembé, CH-1211 Genève 20, in der Gruppe ISO/TC176/SC2/WG5 auf der Grundlage der Normen ISO 9000 bis ISO 9004 gearbeitet.

[235] Vgl. *Branstadt/Powell*, IEEE Trans. on Software Engineering, 10(1984)1, S. 73.

[236] DIN 66285: Anwendersoftware – Gütebedingungen und Prüfbestimmungen, 1990.

[237] Vgl. ESPRIT: Request Coquamo, Request Report Nr. 1, EG-Kommission, 1986; *Hausen*, Europa, GMD-Spiegel 1990/3, S. 48; *Hausen/Rae/Robert* (Hrsg.), Software Assessment for Certification, 1992.

[238] Siehe zu den erheblichen Problemen bei der ingenieursmäßigen Softwareentwicklung der Qualitätssicherung *Rombach*, Informatik-Spektrum 1993, S. 267.

[239] Siehe *fms*, UNIX 1990, S. 103.

trollierte Entwicklung und Beobachtung der durchgeführten Projekte. Auf den obersten Stufen (Level 4 und 5) befinden sich die Unternehmen, die die Software-Produktion durch ständige Selbstkontrolle optimieren und Prozeßverbesserungen durch Feedback erreichen. Die Projekterfahrungen lassen sich auf neue Projekte standardisiert übertragen.

Die Befragung zeigte, daß 75% aller Unternehmen in die erste Gruppe eingestuft werden mußten, 21% in die zweite Stufe und eine sehr kleine Zahl von Unternehmen konnte das höchste Level erreichen. Die überwiegende Mehrzahl der Softwareunternehmen arbeitete danach also nicht nach dem ›Stand der Technik‹[240].

Während die Industrie von den Zulieferern weiterzuverarbeitender Maschinenteile in der Regel einen Nachweis eines Qualitätssicherungs-Systems verlangt, das durch unabhängige Zertifizierungsgesellschaften oder Audit-Teams geprüft wird, blieben Lieferanten der Computerprogramme von derartigen Anforderungen weitgehend verschont. Es mehren sich aber die Stimmen, die angesichts der Software-Anfälligkeit und der erheblichen Schadensrisiken auch von den Entwicklern der Computerprogramme den Nachweis der Berücksichtigung von Software-Qualitätssicherungssystemen verlangen.

Es werden inzwischen Qualitätssicherungssysteme angeboten, die nicht nur zu einer Qualitätssteigerung führen, sondern auch den Erstellungsprozeß aus Kosten- und Termingründen zu optimieren helfen. Bei der Software-Entwicklung wird dabei auf Phasenkonzepte abgestellt, die sinnvollerweise nach den folgenden Phasen unterteilt werden[241]:

- Anforderungsphase,
- Festlegungsphase,
- Implementierungsphase,
- Testphase,
- Integrationsphase,
- Nutzungsphase.

Die von mehreren Personen durchzuführende Qualitätssicherung setzt am Ende einer jeden Phase an und beurteilt die Ergebnisse anhand der gestellten Anforderungen. Ohne erfolgreichen Abschluß eines solchen ›review‹ wird die nächste Phase des Projekts nicht freigegeben. Der gesamte Vorgang der Qualitätssicherung ist auch in einem Qualitätssicherungshandbuch zu dokumentieren[242].

In der Software-Entwicklung kommen zunehmend neue Methoden der Qualitätssicherung zum Einsatz, die helfen sollen, die Fehler zu erkennen und zu beseitigen. Zu den neuen Methoden gehört, die klassischen Software-Entwicklungstechniken mit denen der formalen mathematischen Logik zu verbinden;

---

[240] Vgl. auch *Praetorius/Siegel*, CR 1991, S. 496ff.

[241] Siehe dazu auch das Phasenkonzept der BVB-Planung, ComHdB-*Heussen* Kap. 403.

[242] *Wiegand*, FAZ vom 21.10. 1991, S. B 6.

daher werden die neuen Methoden auch »Formal Software Engineering« oder »Formal Methods« genannt.

Diese neuen Methoden sind zumindest bei sicherheitskritischen Projekten zu berücksichtigen. Das Bundesministerium für Forschung und Technologie hat bei der Gesellschaft für Mathematik und Datenverarbeitung (GMD), einer Großforschungseinrichtung des Bundes, und bei der Universität Karlsruhe das Projekt ›Korso‹ in Auftrag gegeben, das die Optimierung des ›Formal Software Engineering‹ zum Inhalt hat. Bei der Europäischen Union werden in den Richtlinien für EU-Hochtechnologieprojekte der Einsatz von formalen Methoden verlangt und spezifiziert. In dem Unternehmen ›DST Deutsche System-Technik‹ werden mit formalen Methoden bereits Computerprogramme für den Airbus entwickelt.

Bei der formalen Methode wird in der ersten Phase unabhängig von zukünftigen Software- und Hardware-Umgebungen vom Anwender des Individualanwendungsprogramms und dem Entwickler gemeinsam festgelegt, was das System leisten soll. Dieses Anforderungsprofil wird sodann aus der natürlichen Sprache in die mathematische Logik ›übersetzt‹, wodurch die logische Konsistenz des Profils geprüft wird. In dieser ersten Phase werden bereits Doppel- und Mehrdeutigkeiten, Unverträglichkeiten und ungewollte Nebeneffekte der Vorgaben aufgedeckt und behoben[243]. Das Produkt dieser ersten Phase, die Grundlage der folgenden Systementwicklung, gilt als semantisch eindeutig und als frei von Widersprüchen.

Während der schrittweisen Verfeinerung und der als widerspruchsfrei erwiesenen abstrakten Spezifikation und der Konkretisierung zum Programmcode wird nur der mathematisch-logisch formulierte Schritt auf seine Korrektheit hin überprüft, nicht aber das Gesamtsystem getestet. Die Phase der Korrektheitsbeweise ist zeitaufwendig und damit kostenintensiv; durch das Einsparen von Wartungskosten im Hinblick auf die ›life-cycle-costs‹ aber Kosten eingespart[244].

Nicht nur an diesem Beispiel zeigt sich, daß die Informatik bemüht ist, die Programmiermethoden zu verbessern. Auf dem Gebiet des Software Engineering gibt es Anstrengungen, die Programmiermethodik und den Softwareentwurf so zu verändern, daß die Fehleranfälligkeit weiter reduziert wird. Dabei ergaben sich zwei Hauptforschungsrichtungen:

1) Strukturierte Programmierung und die Verwendung formaler Programmsemantik.

2) Verwendung formal spezifizierter abstrakter Schnittstellen zur Verbergung von Information über ein Modul (Teilaufgabe) vor den Programmierern, die an anderen Teilen des Programms arbeiten.

---

[243] *Klusmeier*, FAZ vom 21.10. 1991, S. B 8.
[244] *Klusmeier*, FAZ vom 21. 10.1991, S. B 8.

Ebenso bedeutend wie diese beiden Forschungsgebiete ist ein noch wenig verbreiteter, aber gleichwohl bedeutender Ansatz: »Die Verwendung kooperierender sequentieller Prozesse als Hilfsmittel zur Bewältigung der sich aus Concurrency und Multiprogrammierung ergebenden Komplexitäten«[245].

Die Entwicklung und Erstellung von Computerprogrammen berücksichtigt in der Unternehmenspraxis aber in den überwiegenden Fällen nicht einmal den jeweiligen erreichten Stand der Technik. Bei der Erstellung von Software bleibt die Produktionstechnik anders als in anderen Bereichen des Ingenieurwesens hinter den technischen Möglichkeiten zurück. Die grundlegenden Erkenntnisse des wissenschaftlichen Software Engineering mit der Forderung nach strukturierten Vorgehensweisen finden nur unzureichend in der Programmierpraxis Eingang. Während man in den meisten Ingenieurzweigen nach der Fertigstellung und nach dem Qualitätstest davon ausgehen kann, daß der Produktentwurf fehlerfrei ist und – von Ausreißern abgesehen – die Produkte fehlerfrei die in sie gesetzten Erwartungen erfüllen werden, ist es bei der Herstellung von Computerprogrammen nicht auszuschließen, daß das ›Produkt‹ schwerwiegende Fehler aufweist und nicht zuverlässig arbeitet[246]. Bei der Verwendung von Computerprogrammen zur Entwicklung und Realisierung von Großprojekten und bei einem Einsatz von Computerprogrammen in riskanten Systemen werden auch zukünftig Schadensereignisse wegen des Versagens oder fehlerhaften Verhaltens von Computerprogrammen nicht auszuschließen sein[247]. Es wird durch fehlerhafte Computerprogramme zu Rechtsgutverletzungen und infolge dessen zu Schäden kommen, für die Ersatz vom Hersteller auch der Computerprogramme verlangt werden wird, die in elektronische Geräte, Maschinen und Anlagen anderer Hersteller integriert sind.

---

[245] *Sneed*, Software Qualitätssicherung, 1988.

[246] *Parnas*, FIFF-Rundbrief 4/1985, S. 8(9).

[247] *Preiskel*, The Computer Law and Security Report 1993, S. 183(183).

Zweiter Teil

Die außervertragliche Haftung für Schäden durch fehlerhafte Computerprogramme

Erstes Kapitel

Das Recht in der Risikogesellschaft

Die Entwicklung der Technik verändert die Lebensbedingungen nachhaltig. Neue Technologien steigern die Produktivität in Wirtschaft und Verwaltung, helfen der Medizin, Leben zu retten und verbessern ganz allgemein die Lebensqualität. Häufig wird als Ziel der Technikentwicklung daher die *Optimierung der Lebensbedingungen* genannt, unter denen sich der Mensch in seiner Persönlichkeit verwirklicht[1]. Derartige, von den uneingeschränkt positiven Wirkungen der Technikentwicklung überzeugte Erwartungen stoßen auf Skepsis, Kritik und auch Ablehnung. Zu einschneidend sind die wirtschaftlichen und sozialen Veränderungen in Folge des technischen Fortschritts. Schon *Horkheimer* schalt die Technik in einer positiven Kulturkritik: »In unserer Zeit betet der objektive Geist Industrie, Technik und Nationalität an, ohne ein Prinzip aufzuweisen, das diesen Kategorien einen Sinn verleihen könnte; er spiegelt den Druck eines Wirtschaftssystems, das keine Atempause und kein Entrinnen zuläßt«[2]. Auch *Max Weber* wandte sich gegen den naiven Optimismus, der die Wissenschaft und die auf sie gegründete Technik der Beherrschung des Lebens als Weg zum Glück feiert[3].

Kritisch wird darauf hingewiesen, daß mit der Technikentwicklung bisweilen ungewollte Wirkungen auftreten[4]. In den Industrienationen werden mit dem Wohlstand unerwünschte Nebenfolgen erzeugt, die häufig als Katastrophen wahrgenommen werden[5], zum Teil erst lange Zeit nach der Verursachung als

---

[1] Vgl. für das Gebiet der Elektronischen Datenverarbeitung die optimistische und zu stark vereinfachende Darstellung von *Steinbuch*, DSWR 1986, S. 23.

[2] *Horkheimer*, Zur Kritik der instrumentellen Vernunft (1947), 1985, S. 146.

[3] *Weber*, Soziologie – Weltgeschichtliche Analysen – Politik, 1964, S. 322ff.

[4] *Renn/Kals*, Technische Risikoanalyse und unternehmerisches Handeln, in: *Schüz* (Hrsg.), Risiko und Wagnis. Die Herausforderung der industriellen Welt, Band 1, 1990, S. 60; grundlegend am Beispiel der Gentechnologie *Damm/Hart*, KritV 1987, S. 183. Unrealistisch ist die Auffassung von *Greve*, Haftung für Datenverarbeitung: Ansprüche des Betroffenen, 1988, S. 58, daß sich mit einem relativ geringen Aufwand ein hohes Maß an Sicherheit (insbesondere auch für den Persönlichkeitsschutz bei der Datenverarbeitung) erzielen ließe.

[5] Erinnert sei nur an die Reaktorkatastrophe von Tschernobyl oder das Giftgasunglück in Bhopal/Indien in den 80er Jahren.

Schäden erkannt werden, weil das Wissen, die Erkenntnisfähigkeit und Erkenntnisbereitschaft vorher noch nicht weit genug entwickelt waren[6]. Die Entwicklung eines neuen technischen Systems führt stets zu einer Ungewißheit über die – möglicherweise auch negativen – Folgen, die sich dadurch als Risiko erweisen[7]. Angesichts der Gefährdungslagen ist nachvollziehbar, daß das ›Risiko‹ fester Bestandteil unserer Lebensbedingungen geworden ist[8]: eine Gefährdung oder, allgemeiner, der Eintritt eines nicht erwünschten Ereignisses ist denkbar, die Eintrittswahrscheinlichkeit aber nur schwer abschätzbar und liegt jedenfalls unterhalb der ›Gefahrenschwelle‹[9].

In der ›fortgeschrittenen Moderne‹ geht die gesellschaftliche Produktion von *Reichtum* mit der gesellschaftlichen Produktion von *Risiken* zwangsläufig einher[10]. Die Grenzen der Technikentwicklung scheinen erkannt zu sein: »Die Grenzen sind dadurch bedingt, daß die Technik als Umgestaltung der materiellen Welt bei unbeschränkter Ausdehnung die Welt für uns unbewohnbar macht«[11]. Diese Erkenntnis hat nach Ansicht von *Beck* immerhin zur Folge, daß wir es nicht mehr mit der Logik der Reichtumsverteilung zu tun haben, sondern, nach dem Übergang von der Mangelgesellschaft zur entwickelten Moderne, nunmehr mit der »Logik der Risikoverteilung«.

Über die Versicherungswirtschaft hinaus, deren Domäne es lange Zeit allein war, sich mit dem Risiko-Begriff auseinanderzusetzen, befassen sich nun alle Wissenschaften einschließlich der Rechtswissenschaft[12] mit dem, was als ›Risiko‹ bezeichnet wird. Die Philosophie wird danach befragt, ob die Ent-

---

[6] Zum letztgenannten Aspekt des Vorstoßens der Technik in die Bereiche des Ungewissen *Nicklisch*, VersR 1991, S. 1093(1095), und *Köck/Meier*, JZ 1992, S. 548 (548f.).

[7] Zu Recht weisen *Damm/Hart*, KritV 1987, S. 183(187), darauf hin, daß die Debatte über Regulierung und Technikfolgenabschätzung neuer Technologien nicht auf den Sicherheitsaspekt reduziert werden darf, sondern außer an Sicherheit auch eine Orientierung an »Sozialverträglichkeit, (gesellschaftlicher) Nützlichkeit und Notwendigkeit neuer Technologien« erfolgen muß.

[8] Siehe zur Risikoabschätzung im Alltag *Wilson/Crouch*, Risiko-Abschätzung und -Vergleiche, in: *Schüz* (Hrsg.), Risiko und Wagnis, 1990, S. 42; *Köck*, KJ 1993, S. 125(126).

[9] Näher hierzu *Di Fabio*, NuR 1991, S. 353; *Cansier*, NVwZ 1994, S. 642(642) m.w.N.; im Zusammenhang mit Computerprogrammen *Widmer*, Risikofolgeverteilung bei Informatikprojekten, 1990, S. 15ff. Für eine Neudefinition des auf den polizeirechtlichen Gefahrenbegriff rekurrierenden Risikobegriffs, der eine Gefahreneinschätzung mit dem Wahrscheinlichkeitskalkül der Alltagserfahrung leistet, zum Zweck der Strukturierung des Umgangs mit dem Ungewissen *Scherzberg*, VerwA 1993, S. 484.

[10] So *Beck*, Risikogesellschaft – Auf dem Weg in eine andere Moderne, 1986, S. 25; vgl. auch *Evers/Nowatny*, Über den Umgang mit Unsicherheit, 1987, insbes. S. 190ff.; *Bechmann*, KritV 1991, S. 212; *Luhmann*, Soziologie des Risikos, 1991.

[11] *Rapp*, Die moderne Technik im Konflikt zwischen Entfaltung und Beschränkung, in: *Lenk/Maring* (Hrsg), Technikverantwortung – Güterabwägung-Risikobewertung-Verhaltenskodizes, 1991, S. 22(30).

[12] Siehe zuletzt im Öffentlichen Recht *Di Fabio*, Risikoentscheidungen im Rechtsstaat, 1994, und *ders.*, NuR 1991, S. 353, zum Wandel der Dogmatik im öffentlichen Recht, der mit der Risikoentscheidung einen neuen staatlichen Entscheidungstyp hervorgebracht ha-

wicklungen mit der sittlichen Verantwortung, mit unseren ebenfalls durchaus wandelbaren Vorstellungen von Ethik und Moral vereinbar sind[13]. Sie hat daher den »Versuch einer Ethik für die technologische Zivilisation«[14] unternommen. Die Techniker sind gefordert, an risikoärmeren Alternativen zu forschen.

Juristisch läßt sich ›Risiko‹ als die Möglichkeit eines schädigenden Kausalverlaufs für absolute Rechte und rechtlich geschützte Interessen verstehen[15]. Das Recht hat in diesem Kontext die Funktion, allgemeine Prinzipien der Risikoverteilung zu entwickeln und ein gerechtes System von Allokationsregeln aufzustellen, das sich mit den Veränderungen unterworfenen Risikolagen weiterentwickelt. Neue Technologien bergen neue Risiken für das Leben, die Gesundheit, das Eigentum und andere absolute Rechtsgüter[16], die nicht immer gänzlich ausgeschlossen werden können. Das Risiko kann technisch (noch) nicht beherrschbar sein, die Kosten für die Risikoreduktion erscheinen dem Verursacher als zu hoch oder die Kriterien der Risikoverteilung sind nicht geklärt.

Gerade in jüngerer Zeit hat sich eine differenzierende Ausgestaltung des Haftungsrechts in zahlreichen Sondertatbeständen außerhalb des Bürgerlichen Gesetzbuchs als erforderlich erwiesen, was damit erklärbar ist, daß die technischen Veränderungen der jüngsten Zeit von einer neuen Risiko-Qualität sind: Zwar hatte auch die Erfindung der Dampfkesseltechnologie neue Risiken zur Folge, auf die das Recht beispielsweise in Form des Preußischen Eisenbahngesetzes von 1838[17] und des Reichshaftpflichtgesetzes[18] reagierte. Es bedarf nicht allzu großer Phantasie, um sich vorzustellen, daß das Risiko der Atom-

---

be, und im Bürgerlichen Recht *Meder*, Schuld, Zufall, Risiko, 1993, und *ders.*, JZ 1993, S. 539.

[13] Vgl. dazu aus jüngerer Zeit speziell zur Informatik etwa *Capurro*, Informatik-Spektrum 1990, S. 311; *ders.*, Zur Computerethik: ethische Fragen der Informationsgesellschaft, in: *Lenk/Ropohl* (Hrsg.), Technik und Ethik, 1987, S. 259; *Burkert*, Ethik der Informationsverarbeitung, in: *A. Schulz* (Hrsg.), Die Zukunft der Informationssysteme – Lehren der 80er Jahre, 1986, S. 654; *Floyd*, Informatik-Spektrum 8/1985, S. 3; *Lenk*, Informatik-Spektrum 1989, S. 248 (mit einer pointierten Stellungnahme von *Langer*, Informatik-Spektrum 1990, S. 341); *Winograd/Flores*, Erkenntnis Maschinen Verstehen, 1989. Allgemeiner zu den Folgen der Technik *Hörz*, Philosophische Aspekte der Entwicklung von Technik und Technologie, 1986; *Huning*, Der Mensch ist seine Technik – Technik ist menschlich, in: *Huning/Mitcham* (Hrsg.), Technikphilosophie im Zeitalter der Informationstechnik, 1986, S. 35; *Lenk/Maring* (Hrsg), Technikverantwortung – Güterabwägung-Risikobewertung-Verhaltenskodizes, 1991.

[14] *Jonas*, Das Prinzip Verantwortung, 1979, S. 70ff.

[15] Vgl. für das Vertragsrecht *Schmidt*, KritV 1991, S. 344(344).

[16] Vgl. dazu *Damm/Hart*, KritV 1987, S. 183(188ff.).

[17] Gesetz über die Eisenbahn-Unternehmungen vom 3. 11. 1838, Preußische Gesetzessammlung 505.

[18] Reichs-Haftpflichtgesetz vom 7. 6. 1871, RGBl. S. 207.

energie[19], der Gentechnologie[20], aber auch der Informationstechnologie ganz andere Risiko-Dimensionen als ein Dampfkessel zu Beginn der industriellen Revolution hatte.

Während sich das (öffentliche) Recht der Sicherheitstechnik um eine Antwort auf die Frage zu bemühen hat, ob und in welchen Grenzen ein Risiko von der Rechtsordnung als vertretbar angesehen werden kann und welche Maßnahmen zur Prävention möglich und erforderlich sind[21], regelt das Haftungsrecht, ob und in welcher Weise ein Ausgleich für den Fall der Risikoverwirklichung für die Geschädigten vorzusehen ist. Implizit ist damit anerkannt, daß Risiken nicht nur bei verbotenem Tun, sondern insbesondere auch bei erlaubten Handlungen bestehen und, wenn sie sich verwirklichen und Rechtsgüter verletzt werden, Schäden kompensiert werden müssen. Die staatliche Verantwortung für technische Risiken begründet Schutzpflichten des Staates gegenüber Gefährdungen von Individualrechtsgütern und Gemeinschaftsgütern[22]. Juristen tragen ihren Teil zu der Entscheidung bei, ob die technisch grundsätzlich machbare und mit Risiken verbundene Aktionsmöglichkeit zugelassen werden soll oder nicht. Es sind häufig die Auswirkungen juristischer Entscheidungen, die bewußt oder unbewußt ethische, moralische und insbesondere ökonomische Kriterien zu einer Techniksituation beitragen, in der wir mehr können als wir dürfen. Die technischen Entwicklungen haben damit »auch im Recht tiefe Spuren hinterlassen«[23], das auf die veränderte Konfliktsituation und die neuen Ge-

---

[19] Vgl. zu den Risikopotentialen der Atomenergie und zum »Risiko«-Begriff im Atomrecht *Breuer*, DVBl. 1978, S. 829; *Hofmann*, Rechtsfragen der atomaren Entsorgung, 1981; *Nolte*, Rechtliche Anforderungen an die technische Sicherheit von Kernanlagen, 1984, S. 62ff.; *Murswiek*, Die staatliche Verantwortung für die Risiken der Technik, 1985; *Greipl*, DVBl. 1992, S. 598; zu den Sekundärrisiken der Sozialverträglichkeit (und der problematischen Theorie von der ›Verfassungsverträglichkeit‹) der Atomenergie *Roßnagel*, Bedroht die Kernenergie unsere Freiheit?, 1983.

[20] Siehe insbesondere *Damm/Hart*, KritV 1987, S. 183. Zu den Risiken der Gentechnik schon früh *Herbig*, Die Gen-Ingenieure – Der Weg in die künstliche Natur, 1978; siehe jetzt neben anderen etwa *Damm*, Gentechnikhaftungsrecht – Das Haftungskonzept des Gentechnikgesetzes, in: *J. Simon* (Hrsg.), Recht der Biotechnologie, 1992, Loseblatt – A2-Haftung, und *Deutsch*, PHI 1991, S. 75.

[21] Vgl. *BVerfGE* 49, 89 (Kalkar); siehe auch den Bericht der Enquête-Kommission »Einschätzung und Bewertung von Technikfolgen; Gestaltung von Rahmenbedingungen der technischen Entwicklung, BT-Drs. 10/5844; *Murswiek*, Risiken der Technik, 1985, insbes. S. 127ff.; *ders.*, Technische Risiken als verfassungsrechtliches Problem, in: *R. Graf von Westphalen* (Hrsg.), Technikfolgenabschätzung – als politische Aufgabe, 1988, S. 309.

[22] *Damm/Hart*, KritV 1987, S. 183(195).

[23] *Nicklisch*, Das Recht im Umgang mit dem Ungewissen am Beispiel der Regelungen zur Produkt-, Gentechnik- und Umwelthaftung, in: *Lenk/Maring* (Hrsg), Technikverantwortung – Güterabwägung-Risikobewertung-Verhaltenskodizes, 1991, S. 161 (161), mit dem Titel ›Die Haftung für Risiken des Ungewissen in der jüngsten Gesetzgebung zur Produkt-, Gentechnik- und Umwelthaftung‹ auch abgedruckt in: *Jayme et al.* (Hrsg.), Festschrift für *Niederländer*, 1991, S. 341.

fährdungslagen reagieren[24] und die entstehenden Risiken gegebenenfalls neu verteilen muß.

Dem Gesetzgeber obliegt es, nach einer wegen der regelmäßig unsicheren Informationslage häufig sehr schwierigen und als unsicher empfundenen Risikoabschätzung im Rahmen des grundgesetzlich vorgegebenen Wertungsrahmens eine Entscheidung darüber zu treffen, welches Sicherheitsniveau erreicht werden muß und ob das Risiko (noch) sozialverträglich oder sozialadäquat, also aus verfassungsrechtlicher Sicht noch akzeptabel ist oder ob es auf ein hinnehmbares Maß mit einem ›erlaubten Risiko‹ reduziert werden muß[25]. Ein vom Gesetzgeber als vertretbar angesehenes Risiko darf nicht so groß sein, daß bereits von einer ›Gefahr‹ etwa im polizeirechtlichen Sinn gesprochen werden kann, von einer Situation, in der mit einem gewissen Grad an Wahrscheinlichkeit mit dem Eintritt eines schädigenden Ereignissen gerechnet werden muß. In diesem Fall wäre auch dem Gesetzgeber die grundgesetzliche Pflicht zur Abwehr dieser Gefahr auferlegt. Aus dem Grundgesetz kann aber kein generelles ›Technologieentwicklungs- und Risikosteuerungsprogramm‹ abgeleitet werden. Eine Vorsorge gegen Risiken unterhalb der Gefahrenschwelle gebietet das Grundgesetz nicht. Maßnahmen, die der Gesetzgeber aufgrund eines unterhalb der Gefahrenschwelle liegenden Risikos ergriffe, wären vielmehr an den Grundrechten der Risikoverursacher zu messen, die für sich den verfassungsrechtlichen Verhältnismäßigkeitsgrundsatz reklamieren und auf die Eigentumsgarantie, die allgemeine Handlungsfreiheit und Berufsfreiheit verweisen würden, wenn ihre wirtschaftliche Betätigungsfreiheit und wirtschaftliche Verwertung technologischer Innovationen beeinträchtigt wäre[26].

Definiert man mit *Badura* das Risiko als ein Ereignis, das, »wenn auch im Einzelfall oft vermeidbar, so doch in seiner Auftretenswahrscheinlichkeit innerhalb einer gegebenen Population als zur tolerierbaren Normalität zugehörig angesehen wird«[27], so geht mit dem von der Rechtsordnung *erlaubten* Risiko zwangsläufig eine Relativierung absolut geschützter Rechte durch diese Rechtsordnung einher. Das ist schon rechtsethisch nur zu vertreten, wenn mit dem erlaubten Risiko eine Verschärfung der Einstandspflichten untrennbar verbunden ist[28]. Die öffentlich-rechtliche Risikoregulierung muß in einer prinzipiell marktwirtschaftlichen Ordnung durch zivilrechtliche Haftungsregeln er-

---

[24] Vgl. den Bericht der Enquête-Kommission »Einschätzung und Bewertung von Technikfolgen; Gestaltung von Rahmenbedingungen der technischen Entwicklung«, BT-Drs. 10/5844 und BT-Drs. 11/7990 (Chancen und Risiken des Einsatzes von Expertensystemen in Produktion und Medizin); *Nicklisch*, Umgang mit dem Ungewissen, 1991, S. 161.

[25] Vgl. *Nicklisch*, BB 1989, S. 1(1).

[26] Vgl. *Murswiek*, Die staatliche Verantwortung für die Risiken der Technik, 1985, insbes. S. 150.

[27] *Badura*, Soziale Risiken und Techniken ihrer Absicherung, in: *Deutscher Sozialrechtsverband* (Hrsg.), Übergreifende soziale Risiken – übergreifender sozialer Schutz, 1990, S. 11.

[28] Ebenso *Meder*, JZ 1993, S. 539(545).

gänzt werden, die die trotz staatlicher Gebote und Kontrollen eingetretenen Schäden auszugleichen haben und zudem präventive Anreize zur Risikobegrenzung und damit zur Schadenverhütung liefern[29]. Kurzum: »Es gilt nicht nur das Risiko zu verteilen und den Schaden zu kompensieren, sondern auch alles zu tun, um Gefahren zu vermeiden. Die Produzentenhaftung ist daher nicht mehr und nicht weniger als Baustein einer Regelung, die Prävention und Ausgleich umfassen muß«[30].

Tatsächlich ist zu beobachten, daß die stürmische Entwicklung von Wissenschaft und Technik zweifellos eine nicht minder stürmische Entwicklung auch des Haftungsrechts nach sich zieht. Die zivilrechtlichen Regelungen des Vertrags- und Haftungsrechts vermögen nicht nur reaktiv und punktuell[31], sondern, wenn das Haftungsrisiko nicht auf einen Versicherer übertragen und dadurch eine partielle ›Sozialisierung‹ des Risikos erreicht wird[32], in unterschiedlicher Weise und Effizienz präventiv und generell auf die Risikolage einzuwirken[33]. Daher kommt dem Haftungsrecht die Aufgabe zu, Risiken und damit Kosten außerhalb vertraglicher Beziehungen haftungsrechtlich zu verteilen[34]. Das

---

[29] So auch *Köck*, KJ 1993, S.125(142); *Nicklisch* , Haftpflichtprobleme der Bio- und Gentechnologie, in: *Honsell/Rey* (Hrsg.), Neuere Entwicklungen im Haftpflichtrecht, Symposium *Stark*, 1991, S.117(130f.). Dagegen sieht *Marburger*, AcP 192 (1992), S.1(3), in der stärkeren Betonung des Präventionszwecks die »Gefahr einer Instrumentalisierung des Haftungsrechts für außerzivilrechtliche Aufgaben«.

[30] *Simitis*, Produzentenhaftung: Von der strikten Haftung zur Schadensprävention, in: *Pawlowski/Wiese/Wüst* (Hrsg.), Festschrift für *Duden*, 1977, S.605(639).

[31] Vgl. die kritische Haltung von *Damm/Hart*, KritV 1987, S.183(203f.).

[32] Zur eingeschränkten Präventivwirkung von Haftungsnormen durch Versicherung *Landsberg/Lülling*, DB 1990, S.2205(2205); *Diederichsen*, Verhandlungen des 56. DJT, Band II, 1986, S. L 50f.

[33] Vgl. dazu *BVerfG* NJW 1979, 305(306), noch zurückhaltend in der Wiedergabe des Vorbringens der Verfassungsbeschwerde; *Schmidt*, KritV 1986, S.83; *ders.*, KritV 1991, S.344(349f.); *Grimm*, KritV 1986, S.38. Grundsätzlich zum Problem der Schadensprävention durch Haftungsrecht auch *Kötz/Schäfer*, AcP 189 (1989), S.501 m. w. N.; *Kötz*, Deliktsrecht, 1994, S.49ff. (Rn.119ff.); *Adams*, Ökonomische Analyse der Gefährdungs- und Verschuldenshaftung, 1985; *Endres*, Jahrbuch für Sozialwissenschaften 40(1989), S.115; *Brand/Woltz*, Wirtschaftsrecht 4/1989, S. I-IV(I); *Steffen*, NJW 1990, S.1817(1818); *Hart*, KritV 1991, S.363(369ff.); *Assmann*, Rechtsfragen des prognostischen und nachträglichen Kausalitätsnachweises bei Prävention und Geltendmachung gen- und biotechnologisch verursachter Schäden, in: *Nicklisch/Schettler* (Hrsg.), Regelungsprobleme der Gen- und Biotechnologie sowie der Humangenetik, 1990, S.49; *ders.*, Rechtsfragen des Kausalitätsnachweises für Umweltschäden, in: *Nicklisch* (Hrsg.), Prävention im Umweltrecht, 1988, S.155; *Damm*, JZ 1989, S.561; *Damm/Hart*, KritV 1987, S.183(203ff.); *Nicklisch*, BB 1989, S.1(2ff.); *Finsinger/Simon*, Eine ökonomische Betrachtung der EG-Produkthaftungsrichtlinie, des Produkthaftungsgesetzes und der Umwelthaftung, 1989; *Klein*, BB 1991, S.917(917); speziell zum Umwelthaftungsgesetz die Begründung in BT-Drs. 11/7104, S.14; *Vetter*, Erweiterung des Umwelthaftungsrechts, in: *Nicklisch*, Prävention im Umweltrecht, 1988, S.133(135ff.); *Nicklisch*, Umweltschutz durch privatrechtliche Haftung – Umwelthaftung, Gentechnikhaftung, Abfallhaftung, in: *Lendi* (Hrsg.), Umweltpolitik. Strukturelemente in einem dynamischen Prozeß, 1991, S.105.

[34] *Kilian*, CR 1991, S.73(78).

primäre Ziel des Haftungsrechts liegt im Ausgleich des zurechenbar verursachten Schadens (Schadensausgleichsfunktion). Der aus der Interessenlage des Geschädigten formulierte Ausgleichsgedanken, wie er als Prinzip auch in § 249 Satz 1 BGB zum Ausdruck kommt, steht im Vordergrund des Haftungsrechts und ist über alle Haftungsformen hinweg Hauptzweck der Haftung. Im gerechten Interesse des Geschädigten ist dieser so zu stellen, wie er ohne das die Ersatzpflicht des Schädigers begründende Ereignis jetzt stehen würde (status quo sine iniuria)[35].

Die Rechtsordnung, die die wirtschaftliche Verwertung technischer Innovationen durch den Schutz des geistigen Eigentums ermöglicht und die die mit der Entwicklung und Nutzung neuer Technologien verbundenen Risiken gesetzlich auf ein sozialadäquates Maß reduziert, aber nicht durch Techniknutzungsverbote ausschließt, muß die bei der Entwicklung und Nutzung der letztlich noch risikobehafteten Technik auftretenden Schäden haftungsrechtlich dem Verursacher zuweisen (Schadensanlastungsfunktion). Das Schadensrisiko ist auf den Schädiger zu überwälzen, der eine Freiheit zu persönlichem oder wirtschaftlichem Handeln in Anspruch nimmt, durch das Dritte geschädigt werden[36]. Verfassungsrechtlich erweist sich Haftungsrecht insofern auch als »Korrelat der Handlungsfreiheit«[37]. Verbraucher und Allgemeinheit sollen zumindest nicht allein mit einem Schadensrisiko belastet werden.

Ein Schadensersatzrecht, das den Geschädigten aber die Beweislast für eine verschuldete Schadenszufügung aufbürdet, muß angesichts der für Dritte im Hinblick auf die Beurteilung der Gefahrenquelle und der Verhaltenspflichten des Schädigers bestehenden Informationsdefizite scheitern. Die Umkehrung der Beweislast durch die Hühnerpest-Entscheidung des *Bundesgerichtshofs*[38] war daher ein notwendiger erster Schritt, den Primärzielen des Haftungsrechts überhaupt noch dienen zu können.

Die Belastung mit neuen Haftungsrisiken durch die öffentlich- rechtliche Genehmigung gefahrenträchtiger Anlagen und durch das Inverkehrbringen potentiell besonders schadenstiftender Produkte machte die Gefährdungshaftung für Teilbereiche unumgänglich, wenn die als sozial nützlich angesehene, aber mit dem Betrieb einer Gefahrenquelle verbundene Tätigkeit nicht von vornherein verboten werden sollte[39]. Die Haftung ohne Verschulden gilt als Kompensation für die Erlaubnis des Betriebs einer Gefahrenquelle. Nur mit

---

[35] *Larenz*, Schuldrecht – AT, 1987, S. 424.

[36] *Nicklisch*, BB 1989, S. 1(1); *Deutsch*, Haftungsrecht I, 1976, S. 365; *Larenz*, Schuldrecht I – AT, 1987, S. 424; *Lange*, Schadensersatz, Handbuch des Schuldrechts, Bd. 1, 1979, S. 6; *Bullinger*, Verfassungsrechtliche Aspekte der Haftung, in: *Ficker u.a.* (Hrsg.), Festschrift *von Caemmerer*, 1978, S. 297(301).

[37] *Bullinger*, Verfassungsrechtliche Aspekte der Haftung, in: *Ficker et al.*, Festschrift *von Caemmerer*, 978, S. 297(302).

[38] *BGHZ* 51, 91(102ff.) = NJW 1969, 269 (Hühnerpest).

[39] *Hager*, JZ 1990, S. 397(398) m.w.N. in Fn. 5.

der Gefährdungshaftung als dem »repräsentativen Haftpflichtrecht der ›Risikogesellschaft‹«[40] kann am Ziel der Allokation des Schadens auf den Verursacher festgehalten werden[41]. Man kann deshalb zu Recht feststellen, daß die Verschuldenshaftung das Grundprinzip der Haftung darstellt, während die Gefährdungshaftung stets auf besonderen gesetzlichen Regelungen beruht, die aufgrund der Zunahme der technischen Risiken beständig ausgeweitet werden[42]. Auch die verschuldensunabhängige Haftung und die Gefährdungshaftung beruhen damit auf Zurechnungsprinzipien, die inzwischen allgemein gebilligt werden[43]. Die Grenzen zwischen den beiden Zurechnungsprinzipien ›Verschuldens-‹ und ›Gefährdungshaftung‹ sind inzwischen bereits fließend. Die Verschuldenshaftung ist von der Rechtsprechung durch den ›objektiven Fahrlässigkeitsbegriff‹, durch die Erleichterung bis hin zur Umkehrung der Beweislast zugunsten des Geschädigten und durch die Verschuldensvermutung so weit aufgelöst worden, daß kritische Stimmen von einer »Grauzone« zwischen Gefährdungs- und Verschuldenshaftung sprechen[44], die *Esser* als »bedenkliche Entstellung unseres Verschuldensprinzips und seiner Maßstäbe« bezeichnete[45].

Auch wenn im Vordergrund der Haftungsregeln die Kompensation des Geschädigten steht, so kann doch kein Zweifel daran bestehen, daß den Haftungsregelungen auch eine Schadensprävention zukommt[46]. Jeder Haftungsregelung fällt auch die Aufgabe (mit) zu, einen finanziellen Anreiz für denjenigen zu schaffen, der ein Risiko setzt, das Risiko zu minimieren und Schäden zu vermeiden (Präventivfunktion).

Insofern dienen die zivilrechtlichen Haftungsregeln auch der Risikobegrenzung. Diesem Aspekt kommt sogar zunehmende Bedeutung zu, wie man etwa an dem neuen Umwelthaftungsgesetz erkennt[47]. Tatsächlich wird »das Scha-

---

[40] *Brüggemeier*, ZHR 152(1988), S. 511(512).

[41] Ausführlich zum wichtigen verteilungspolitischen Ziel der Gefährdungshaftung *Kötz*, Ziele des Haftungsrechts, in: *Baur/Hopt/Mailänder* (Hrsg.), Festschrift für *Steindorff*, 1990, S. 643(660).

[42] *Hager*, JZ 1990, S. 397(398). Der *BGH* NJW 1960, 1345(1346), spricht von dem das Bürgerliche Recht beherrschenden Verschuldensprinzip. Siehe dazu auch *Kreuzer*, Prinzipien des deutschen außervertraglichen Haftungsrechts, in: *Pfister/Will* (Hrsg.), Festschrift für *Lorenz*, 1971, S. 123(124ff.). *Laufs*, Deliktische Haftung ohne Verschulden? – eine Skizze, in: *Lange/Nörr/Westermann* (Hrsg.), Festschrift für *Gernhuber*, 1993, S. 245.

[43] Die Grundsätze der beiden Zurechnungsprinzipien wurden zuerst 1941 von *Esser*, Grundlagen und Entwicklung der Gefährdungshaftung, 2. Aufl., 1969, herausgearbeitet; die sich abzeichnende Entwicklung von ihm allerdings kritisch kommentiert.

[44] So *Dürr/Schubert*, ZRP 1975, S. 225(226).

[45] *Esser*, JZ 1953, S. 129.

[46] Grundlegend zum Verhältnis von zivilrechtlicher Haftung und öffentlichem Produktsicherheitsrecht und der präventiven Funktion des Haftungsrechts *Ladeur*, BB 1993, S. 1303.

[47] *Hager*, NJW 1991, S. 134, hat zutreffend darauf hingewiesen, daß sich die Verschärfung des Umwelthaftungsrechts in die allgemeine zu beobachtende Tendenz einfügt, den Schutz der Umwelt nicht allein dem Ordnungsrecht zu überlassen, sondern hierzu auch marktwirtschaftliche Instrumente einzusetzen (S. 135).

densersatzrecht als Bestandteil marktlicher Allokationsprinzipien genutzt und als Substitut hoheitlicher Regulierung ausgebaut«[48]. Die Rechtsordnung strebt danach, nicht nur über das Technikrecht mit den Mitteln des Ordnungsrechts über Ge- und Verbote Gefahren vorzubeugen und Risiken zu minimieren. Sie setzt auch effiziente Haftungsregelungen ein, mit denen über Marktmechanismen sowohl ein möglichst umfassender Schadensausgleich vorgenommen werden, als auch eine Schadensprävention gelingen soll[49].

Zu den Zielen des Haftungsrechts wird also auch die Prävention zumindest als ein in vielen Fällen erwünschtes Nebenprodukt der Schadensersatzpflicht gezählt[50], das bei der Schaffung von Gefährdungshaftungsregelungen in der jüngeren Vergangenheit zunehmend an Bedeutung gewonnen hat und wesentliches Gesetzgebungsmotiv war[51]. Trotz erheblichen Widerspruchs[52] wird darin die Tendenz entdeckt, daß der Schutz der gefährdeten Kreise nicht allein dem Ordnungsrecht überlassen bleibt, sondern auch marktwirtschaftliche Instrumente eingesetzt werden[53].

Haftungsregeln haben zweifelsohne Einfluß auf das Verhalten der wirtschaftlichen Akteure[54]. Ob der verschuldensunabhängigen Haftung und insbesondere der Gefährdungshaftung ein größerer Präventiveffekt gegenüber der traditionellen deliktischen Haftung zugeschrieben werden kann, ist aber umstritten[55]. Bei beiden Haftungsprinzipien kann zunächst davon ausgegangen werden, daß grundsätzlich für haftungsvermeidende Maßnahmen dann keine zusätzlichen Mittel mehr aufgebracht werden, wenn eine weitere Risikoverminderung nur noch zu Kosten möglich ist, die weit über dem damit verfolgten Nutzen liegen, das Risikovermeidungsverhalten also als unverhältnismäßig und unökonomisch angesehen wird.

Teilweise, insbesondere von *Kötz*[56], wird die Ansicht vertreten, daß allein die Gefährdungshaftung das Verhalten der Akteure so zu beeinflussen vermag,

---

48 *Assmann*, Der Inhalt des Schadensersatzanspruchs fehlerhaft informierter Kapitalanleger, 1992, S. 345(348).

49 *Nicklisch*, VersR 1991, S. 1093; *Brüggemeier*, ZHR 152(1988), S. 511 (514ff.).

50 *Larenz*, Schuldrecht – AT, 1987, S. 423.

51 Siehe nur die Begründung zum Entwurf des Umwelthaftungsgesetzes, BT-Drs. 11/7104, S. 14, und die Gründe zum Entwurf einer Abfallrichtlinie, BR-Drs. 528/89, S. 2.

52 So sieht etwa *Mayer*, MDR 1991, S. 813(813), in der Gefährdungshaftung einen »Schritt zur Abkehr vom Prinzip der Verschuldenshaftung« und reklamiert, daß es ein Grundprinzip bleiben muß, »daß Schadensersatzansprüche nur dort zugesprochen werden können, wo durch zurechenbares Verhalten eines Dritten ein Schaden angerichtet worden ist«; das Umwelthaftungsrecht »widerspräche dem Wesensgehalt des Zivilrechts, wollte man dieses als Druckmittel für ein umweltbewußtes Verhalten zum Einsatz bringen«.

53 So *Hager*, NJW 1991, S. 134(134f.).

54 Siehe zur Wirkung von Haftungsregeln auf die Parteien im Vertragsrecht *J. Simon*, Wirtschaftsverträge und Geschäftsgrundlage, unver. Hannoveraner Habil.-Schrift 1988, insbes. S. 36ff.

55 Vgl. zum Meinungsstand *Wagner*, VersR 1991, S. 249(250 mit Fn. 9ff.).

56 Kötz, Deliktsrecht, 1994, S. 139, Rn. 349.

daß sie optimal Vorsorge gegen Schäden treffen und durch deren Vermeidung zur gesamtgesellschaftlichen Wohlfahrt beitrügen[57]. Der Vorzug sei der Gefährdungshaftung zu geben, weil sie im Vergleich zur Verschuldenshaftung stärkere Anreize biete, risikoträchtige Aktivitäten einzuschränken, weil mit dem steigenden Aktivitätsniveau auch die Schadenswahrscheinlichkeit wachse[58]. Bei der Verschuldenshaftung dagegen würde das Aktivitätsniveau und damit die Schadenseintrittswahrscheinlichkeit nicht gesenkt, da auf *jedem* Niveau derjenige Sicherheitsaufwand betrieben würde, der zur Befreiung vom Verschuldensvorwurf führe[59].

An diesen Erwägungen sind Zweifel geäußert worden, weil sie einen »homo oeconomicus« voraussetzten, den es so nicht gebe. Außerdem führe der Verzicht auf die Anknüpfung an bestimmten einzelnen Verkehrs(sicherungs-)pflichten bei dem potentiellen Schädiger zu einem Verlust an schadensvermeidender Orientierung. Es würde eine fatalistische Sichtweise dadurch gefördert, daß selbst die Anwendung größter Sorgfalt eine Haftung nicht abzuwenden vermöge. Die teilweise mit der Gefährdungshaftung zwingend verknüpften Haftpflichtversicherungen[60] würden ein übriges tun, die gesteigerte Präventivwirkung der Gefährdungshaftung in Zweifel zu ziehen[61]. Daher wird die These, daß die Gefährdungshaftung grundsätzlich eine deutlich verbesserte Schadensprävention im Vergleich zur deliktischen Verschuldenshaftung nach sich ziehe, abgelehnt[62] und dem Präventionsgedanken abgesprochen, daß er ein *tragendes* Prinzip des Schadensersatzrechts sei[63].

Gleichwohl: Unbestritten ist jedenfalls, daß die Schadensersatzregelungen neben dem Schadensausgleich immer auch das Ziel der Schadensprävention (mit) verfolgen[64]. Mangels empirischen Materials wird offen bleiben müssen, »ob dem Haftungsrecht gegenüber den Risiken der Großtechnik definitiv weniger Präventions- als Opferschutzfunktion zukommt«[65].

Auf der anderen Seite muß man aber konstatieren, daß mit der »Entscheidung des Gesetzgebers, in den Tatbeständen der Gefährdungshaftung ein Verhalten für zulässig zu erklären, das nicht vollkommen beherrscht werden und das mit statistischer Wahrscheinlichkeit unbeteiligte Dritte verletzen kann«,

---

[57] Ähnlich auch *Hager*, JZ 1990, S. 397(400f.).

[58] Siehe neben *Kötz*, Deliktsrecht, 1994, Rdn. 343ff., auch *Salje*, Umwelthaftungsgesetz – Kommentar, 1993, §§ 1, 3 Rn. 8.

[59] *Kötz*, Deliktsrecht, 1994, Rdn. 343ff.

[60] §§ 19, 20 UmwHaftG; § 36 GenTG.

[61] Vgl. etwa *Larenz*, Schuldrecht – AT, 1987, S. 423.

[62] *Cosack*, VersR 1992, S. 1439(1441). Siehe auch *Deutsch*, Haftungsrecht I, 1976, S. 77f.

[63] *Larenz*, Schuldrecht – AT, 1987, S. 424.

[64] Siehe ausdrücklich die Begründung zum Entwurf eines Umwelthaftungsgesetzes, BT-Drs. 11/6454, S. 13.

[65] So *Damm*, JZ 1989, S. 561, für die Gentechnik. Ähnlich *Däubler*, Haftung für gefährliche Technologien. Das Beispiel Atomrecht, 1988, S. 2.

eine Relativierung ehemals absolut geschützter Rechtsgüter verbunden ist[66]. Schon *Josef Esser* hatte die Gefährdungshaftung charakterisiert als »Ausgleich eines legalisierten Betriebsrisikos, also einer vom Verantwortlichen mit Billigung der Gesellschaft geschaffenen oder unterhaltenen Gefahrenquelle, die ihrer Art nach auch bei völlig pflichtgemäßer Kontrolle nicht in jeder Hinsicht beherrscht werden kann – sei es selbst unter normalen Betriebsbedingungen nicht oder sei es nur infolge der Unerkennbarkeit von Material- und Funktionsfehlern«[67]. Es ist daher konsequent, wenn daran gedacht wird, die potentiell Einstandspflichtigen durch Abschaffung des Verschuldensprinzips und durch Beseitigung des Rechtswidrigkeitsmerkmals in moralischer Hinsicht zu entlasten, wenn im Falle eines Schadenseintritts für die Opfer gesorgt ist[68].

Der Präventionsgedanke des Haftungsrechts ist dabei noch wirksam, weil der Anspruch des Geschädigten nicht an unüberwindlichen Beweisschwierigkeiten scheitert[69], und die Abwälzung der Kosten über die Preise an die Allgemeinheit oder die Versicherbarkeit nicht zu einer vollständigen Haftungsfreistellung des Schädigers führt[70].

Hat der Verursacher den durch eine Risikoverwirklichung eintretenden Schaden zu tragen, wird er sich aus ökonomischen Erwägungen um eine Verringerung des Risikos und damit seines eigenen Haftungsrisikos bemühen. Diese haftungsrechtliche Risikoverteilung hat demzufolge eine präventive und selbststeuernde Wirkung. Auf dem Wege der Internalisierung negativer externer Effekte durch Haftungszuweisung kommt dem Haftungsrecht eine präventive Wirkung deshalb zu, wenn es für denjenigen, der ein Risiko schafft, wirtschaftlicher ist, das Risiko zu vermeiden, statt Schäden zu ersetzen. Ist kein Verursacher auszumachen oder das Schadensrisiko für einen Haftpflichtigen unangemessen hoch, kann die Rechtsordnung zum Schutz der Geschädigten kollektive Haftungssysteme mit Haftpflichtversicherungssystemen oder schadensregulierende Fonds[71] bereitstellen. Dem Haftungsrecht, mit dem die Rechtsordnung Mängel und Schäden, die bei der Entwicklung und bei der Nutzung einer Technologie auftreten, haftungsrechtlich dem Verursacher oder dem Geschädigten zuordnet, kommt auch aus Präventionsgesichtspunkten Bedeutung zu. Mit dem Präventionsgedanken ist auch die Zunahme von Gefährdungshaf-

---

66 *Meder*, JZ 1993, S. 539(544).

67 *Esser*, Grundlagen und Entwicklung der Gefährdungshaftung, 1969, S. VI.

68 So der Gedanke von *Meder*, JZ 1993, S. 539(544).

69 Vgl. *Nicklisch*, VersR 1991, S. 1093(1094).

70 *Nicklisch*, VersR 1991, S. 1093(1094).

71 Vgl. zum Ausgleich von Umweltschäden, die vom Umwelthaftungsgesetz nicht erfaßt werden, *Salje*, KritV 1991, S. 324 m.w.N. Siehe zu den Fondslösungen im Umweltbereich auch *Winter*, Fondslösungen im Umweltrecht, 1993, und *Köck*, Finanzierungsprobleme eines staatlichen Umweltschadenshaftungssystems, in: *Donner et al.* (Hrsg.), Umweltschutz zwischen Staat und Markt, 1989, S. 337ff.

tungstatbeständen in letzter Zeit mit zu erklären[72]. Mit der Zunahme der Risikobereiche weitet sich die Gefährdungshaftung in einem Umfang aus, daß zumindest in relevanten Teilbereichen der Abschied vom Deliktsrecht zugunsten der Wiedereinführung einer modifizierten Kausalhaftung in Form der risikospezifischen oder allgemeinen Gefährdungshaftung prophezeit[73] und die Erkenntnis gewonnen wird, daß die im 19. Jahrhundert eingeführte Culpa-Doktrin nicht mehr das vorherrschende Haftungsprinzip ist, sondern vielmehr »als kennzeichnendes Attribut des Deliktsrechts ... das Verschuldensprinzip seinen Sinn eingebüßt« hat[74].

Im Technikrecht, im Umweltschutzrecht und im Gentechnikrecht, um nur einige Bereiche zu nennen, wird die Nutzung der Technik nicht unterbunden, sondern innerhalb gesetzlicher Grenzen erlaubt. Es wird ein Sicherheitsstandard erwartet oder vorgeschrieben, bei dessen Einhaltung immer noch Risiken verbleiben. Quasi als Korrelat für das im ›Normalbetrieb‹ verbleibende und hinzunehmende Risiko werden Gefährdungshaftungstatbestände eingeführt[75]. Mit der Zulassung der Nutzung riskanter Technologien verknüpft die Rechtsordnung die Einführung einer Gefährdungshaftung. *Nicklisch* hat zutreffend auf die nach wie vor seit dem Reichshaftpflichtgesetz anerkannte Regel hingewiesen, daß »die Gefährdungshaftung den Ausgleich dafür (bildet), daß die Rechtsordnung die Techniknutzung in den verschiedenen Bereichen trotz ihrer auch bei Berücksichtigung aller Sicherheitsmaßnahmen verbleibenden Risiken zuläßt, d.h. ein an sich wegen ihrer Gefährlichkeit an sich nicht erlaubtes Tun ausnahmsweise erlaubt«[76]. Der *Bundesgerichtshof* sieht hier den gesetzgeberischen Gedanken, daß derjenige, der im eigenen Interesse eine Gefahrenquelle schafft, für die damit notwendig zusammenhängenden, bei aller Sorgfalt nicht zu vermeidenden Schäden einzustehen hat[77]. Die Gefährdungshaftung in ihren unterschiedlichen Ausprägungen[78] »erweist sich damit als haftungsrechtliches

---

[72] Siehe auch *Nicklisch*, BB 1989, S. 1(1); *Lange/Hagen,* Wandlungen des Schadensersatzrechts, 1987, S. 22f.; *Müller-Graff,* AcP 191, S. 475.

[73] Vgl. *Kötz,* Deliktsrecht, 1994, S. 17, Rn. 35; *Deutsch*, VersR 1990, S. 1041 (1041): »Die Gefährdungshaftung ist auf dem Vormarsch«.

[74] *Laufs*, Deliktische Haftung ohne Verschulden?, in: *Lange/Nörr/Westermann* (Hrsg.), Festschrift für *Gernhuber*, 1993, S. 245(258), der in seinem Beitrag daran erinnert, daß im älteren deutschen Recht das Verschuldensprinzip keineswegs das prägenden Grundelement des Deliktsrechts war. Von einer mehr als »tausendjährigen Tradition« aus dem Bericht zur Anhörung zum Gentechnikgesetz, BT-Drs. 11/6778, S. 27) zu sprechen, ist historisch zweifelhaft. Siehe auch *Brüggemeier*, ZHR 152 (1988), S. 511(513): »Heute kann die Gefährdungshaftung als das repräsentative Haftpflichtrecht der ›Risikogesellschaft‹ (Beck) gelten.«.

[75] Vgl. *Nicklisch*, VersR 1991, S. 1093(1095).

[76] *Nicklisch*, VersR 1991, S. 1093(1095).

[77] *BGH* VersR 1974, 356(357) = NJW 1974, 234(235); vgl. dazu auch *Nicklisch*, VersR 1991, S. 1093(1095).

[78] Vgl. die jüngeren Einordnungsbemühungen von *Marburger*, AcP 192 (1992), S. 1; *Deutsch*, VersR 1992, S. 521; *Kötz*, Ist die Produkthaftung eine vom Verschulden unabhängige Haftung?, in: *Pfister/Will* (Hrsg.), Festschrift für *Lorenz*, 1991, S. 109; *Häsemeyer*, Das Produkt-

Korrelat des erlaubten Risikos« und als »Preis für die rechtliche Zulassung seines technischen Systems«[79]. Der Gefährdungshaftung kommt kein Sonder- oder Ausnahmecharakter mehr zu[80]. Allerdings ist die Prognose verfrüht, daß im außervertraglichen Haftungsrecht zukünftig alle wichtigen Schadensbereiche durch Gefährdungshaftung abgedeckt werden[81].

Zu den Technologien und Produkten, deren rechtmäßige Nutzung bzw. deren rechtmäßiges Inverkehrbringen mit einem besonderen Risiko verbunden ist und für die eine Gefährdungshaftung – mit unterschiedlichen Ausprägungen – eingeführt wurde[82], gehören außer den soeben genannten die Haftung für Kraftfahrzeuge[83], für Luftfahrzeuge[84], für Kernenergieanlagen[85], für Arzneimittel[86], für gentechnische Anlagen[87], für die elektronische Verarbeitung personenbezogener Daten[88] und für umweltgefährdende Anlagen[89]. Das Schadensersatzrecht spiegelt die Technisierung und die mit ihr einhergehende Bedrohung für absolut geschützte Rechtsgüter wider. Es wird offenkundig, daß die Risiken innerhalb des Privatrechts in Gestalt einer drastischen Vermehrung der Schadensersatzpflichten einhergehen und im Recht der außervertraglichen Haftung das Primat der verschuldensabhängigen Haftung, des Deliktsrechts, gebrochen worden zu sein scheint. Die verschuldensunabhängige Haftung und die Gefährdungshaftung sind gleichberechtigt neben das Deliktsrecht getreten[90]. Da auch Computerprogramme zu den besonders riskanten neuen Tech-

---

haftungsgesetz im System des Haftungsrechts, in: *Jayme et al.* (Hrsg.), Festschrift für *Niederländer*, 1991, S. 251.

[79] *Nicklisch*, Das Recht im Umgang mit dem Ungewissen, in: *Lenk/Maring* (Hrsg.), 1991, S. 161 (166); siehe auch *Kötz*, Deliktsrecht, 1994, S. 134, Rn. 333; MünchKomm-*Mertens*, 1986, Rz. 19ff. vor § 823 BGB. Kritisch zu dieser Entwicklung *Schmidt-Salzer*, NJW 1994, S. 1305ff. m.w.N.

[80] *Kötz*, VersR 1982, S. 624 (625); *Cosack*, VersR 1992, S. 1439 (1439). Vgl. auch *Salje*, Transport und Umwelthaftung, in: *Pfohl* (Hrsg.), Ökologische Herausforderungen an die Logistik in den 90er Jahren, 1993, S. 57 (99): »Das Verschuldensprinzip des allgemeinen Haftungsrechts erscheint angesichts der modernen technischen Risiken als antiquiert. ... Grundlage des Haftungsrechts sollte daher realisiertes Risiko, nicht vorwerfbares menschliches Verhalten sein.«

[81] Ähnlich auch *Marburger*, AcP 192 (1992), S. 1 (28).

[82] Näher dazu *Will*, Quellen erhöhter Gefahr, 1980.

[83] § 7 Gesetz über den Verkehr mit Kraftfahrzeugen vom 3.5. 1909, RGBl. S. 437.

[84] §§ 19ff. Luftverkehrsgesetz vom 1.8. 1922, RGBl. I, S. 681.

[85] §§ 25ff. Gesetz über die friedliche Verwendung der Kernenergie und den Schutz gegen ihre Gefahren (Atomgesetz) vom 23.12. 1959, BGBl. I, S. 814.

[86] § 84 Gesetz über den Verkehr mit Arzneimittel – Arzneimittelgesetz vom 24.8. 1976, BGBl. I, S. 2445.

[87] §§ 32ff. Gesetz zur Regelung von Fragen der Gentechnik – GentG vom 20.6. 1990 (BGBl. I, S. 1080).

[88] § 7 BDSG vom 20.12. 1990 (BGBl. I S. 2954).

[89] Gesetz über die Umwelthaftung vom 10.12. 1990 (BGBl. I S. 2634).

[90] *Von Bar*, Neues Haftungsrecht durch Europäisches Gemeinschaftsrecht, in: *Medicus/Mertens* (Hrsg.), Festschrift für *Lange*, 1992, S. 373 (386): Die Gefährdungshaftung wurde »zu einer eigenständigen, der Verschuldenshaftung gleichwertig an die Seite gestellten zweiten Säule des deutschen Haftungsrechts«. Für *Meder*, JZ 1993, S. 539 (540), sind »Produkt-, Pro-

nologien zu zählen sind, für die es – zumindest als isoliertes, nicht in ein Produkt integriertes Wirtschaftsgut kein spezielles Haftungsrecht gibt, ist zu untersuchen, in welcher Weise das allgemeine Haftungsrecht und das besondere Haftungsrecht, hier das Produkthaftungsgesetz und die Datenschutzgesetze, bei von ihnen verursachten Rechtsgutverletzungen Anwendungen finden.

spekt-, Berufs- und Expertenhaftung sowie die Einordnungen von Vorgängen, welche über den engen semantischen Rahmen der klassischen Schuld- und Unrechtsbegriffe hinausgehen, Beispiele für das Unvermögen der herkömmlichen Dogmatik, den neuen Herausforderungen gerecht zu werden«.

Zweites Kapitel

Die zu untersuchenden Haftungsregelungen

1. Einleitung

Sobald aufgrund des Fehlers eines Computerprogramms ein Schaden in der Sphäre des Programmanwenders oder bei Dritten eingetreten ist, stellt sich die Frage, wer den Schaden aufgrund der rechtlichen Schadenverteilungsregeln zu tragen hat: verbleibt der Schaden bei dem Geschädigten oder wird er von dem Hersteller des Computerprogramms bzw. von dem Hersteller eines Produkts, dessen Bestandteil das Computerprogramm ist, ersetzt? Wenn festgestellt ist, wer das Schadensrisiko zu tragen hat, ist die Folgefrage zu beantworten, ob das Schadensrisiko versichert oder versicherbar ist und ob der Versicherer die Schadensregulierung übernehmen kann. Die Antwort auf die erste Frage gibt das Haftungsrecht. Danach kommen
- die Produkthaftung,
- die Produzentenhaftung,
- die datenschutzrechtliche Haftung und
- möglicherweise auch eine Dienstleistungshaftung[91]

in Betracht.

Neben der Produkt- und der Produzentenhaftung spielt die vertragliche Haftung für fehlerhafte Produkte – anders als in anderen Staaten der Europäischen Union, wie etwa Frankreich[92] – allenfalls eine Nebenrolle[93]. Die vertragli-

[91] Die EG-Kommission hat den Entwurf einer Richtlinie über die Haftung für Dienstleistungen vorgelegt, die bislang aber von der EG-Kommission nicht verabschiedet worden ist; Entwurf vom 9.11.1990, ABlEG vom 18.1.1991, C 12/8, und BR-Drs. 63/91 vom 28.1.1991, S.1ff. Zum Entwurf *Deutsch*, ZRP 1990, S.454, und *ders.*, VersR 1992, S.521(526); *Heinemann*, ZIP 1991, S.1193; *Skaupy*, BB 1991, S.2021; *Giesen*, JR 1991, S.485; *Kretschmer*, PHI 1991, S.64; *Geisendörfer*, VersR 1991, S.1317; *Frietsch*, DB 1992, S.929; *Baumgärtel*, JZ 1992, S.321; *Fahrenhorst*, ZRP 1992, S.60; *Brüggemeier*, ZSR 1993, S.419.

[92] In Frankreich beruhte die Herstellerhaftung im wesentlichen auf vertraglicher Grundlage, indem entweder bei mehrstufigem Vertrieb der Erstkäufer Gewährleistungsansprüche des geschädigten Vertragspartners (also nicht gegenüber dem bystander/étranger) gegen den Hersteller abtritt oder die Inanspruchnahme des Herstellers direkt als »action directe« zugelassen wird. Siehe dazu näher *H. Koch*, ZHR 152(1988), S.537ff., und *Sack*, VersR 1988, S.439(442).

[93] *Taschner/Frietsch*, Produkthaftung, 1990, Einführung, RN 13 und 29; a.A. wohl Produkthaftungshandbuch/*Foerste*, §20 RN 1.

che Haftung für fehlerhafte Produkte beschränkt sich grundsätzlich auf Ersatz des Äquivalenzinteresses des geschädigten Vertragspartners im Rahmen vertraglicher Gewährleistungsansprüche. In der Rechtswissenschaft sind vereinzelt auch Überlegungen verfolgt worden, wonach der geschädigte Letztverbraucher oder ein Dritter auf *vertragsrechtlicher* Basis – Haftung für Mangelfolgeschaden aus positiver Vertragsverletzung[94] oder aus Vertrag mit Schutzwirkung zugunsten Dritter[95] – oder auf *quasi-vertraglicher* Basis – aus einem Schutzpflichtverhältnis mit Schutzwirkung für Dritte[96], aus »Selbstbindung ohne Vertrag«[97] oder aus einem vor- und außervertraglichen Schutzpflichtverhältnis ohne primären Leistungsinhalt[98] – beanspruchen könnte[99].

Ansprüche auf der Grundlage des Vertrags mit Schutzwirkung zugunsten Dritter oder aufgrund anderer vertragsrechtlicher Konstruktionen werden aber kaum erfolgreich geltend gemacht werden können. Der *Bundesgerichtshof* hat in der Prüfzeichen-Entscheidung von 1974[100] klargestellt, daß Ansprüche aus Vertrag mit Schutzwirkung für Dritte nicht in Betracht kommen, wenn der Abnehmer einer Ware nicht an den Lieferbeziehungen zwischen dem Produzenten und dem Händler teilnimmt[101]. In ständiger Rechtsprechung geht der *Bundesgerichtshof* davon aus, daß ein Dritter in einen Vertrag nur dann einbezogen werden könne, wenn der Dritte mit der Leistung des Schuldners in Berührung kommt und durch eine Vertragsverletzung des Schuldners ebenso wie der Gläubiger gefährdet sein kann, der Gläubiger ein besonderes Interesse am Schutz des Dritten hat und diese Voraussetzungen dem Schuldner bei Vertragsschluß zumindest erkennbar waren[102].

Abgelehnt hat der *Bundesgerichtshof* in der Prüfzeichen-Entscheidung auch einen Anspruch aus dem Grundsatz der Drittschadensliquidation, weil es in Produkthaftungsfällen an der hierfür erforderlichen Schadensverlagerung

---

[94] *RGZ* 66, 289 (Rizinussamen).

[95] Anders als in Österreich, wo Produkthaftungsfälle über dieses Rechtsinsitut geregelt werden, spielt der Vertrag mit Schutzwirkung für Dritte in Deutschland trotz *BGH* NJW 1959, 1679 (Capuzol) so gut wie keine Rolle; näher dazu *Assmann*, JuS 1986, S. 885; *Nadler/Müsgen*, WBl. 1989, S. 232 (232f.) m.w.N.

[96] Siehe *BGHZ* 66, 51 (Gemüseblatt).

[97] *Köndgen*, Selbstbindung ohne Vertrag, 1981.

[98] Hierzu *Canaris*, Schutzgesetze – Verkehrspflichten – Schutzpflichten, in: *Canaris/Diederichsen* (Hrsg.), Feschrift für *Larenz*, 1983, S. 27(84ff.). Siehe auch die frühe grundlegende Kritik an vertraglichen oder vertragsähnlichen Lösungen der Produzentenhaftung *Simitis*, Grundfragen der Produzentenhaftung, 1965.

[99] Siehe zu den vertragsrechtlichen Lösungsansätzen *H. Simon*, Verhandlungen des 47. DJT 1968, Bd. II, Teil M, S. 11–34(S. 17ff.); *Canaris*, JZ 1968, 494(498); *Baumgärtel*, JA 1984, S. 660(661f.).

[100] *BGH* NJW 1974, 1503 (DVGW-Prüfzeichen).

[101] Siehe zu den von der Rechtsprechung für solche Fälle geforderten personenrechtlichen Einschlag *BGHZ* 61, 227(234) = NJW 1973, 2059 (Propangas).

[102] *BGH* NJW 1993, 655 (Handbremse); *BGH* WM 1993, 857; *BGH* NJW 1984, 355 (Sachverständiger); *BGHZ* 56, 269(273) – (Laufsteg).

fehlt. Der ›soziale Kontakt‹ zwischen dem Hersteller und dem Geschädigten genügt nicht den Anforderungen, die an eine Haftung aus culpa in contrahendo zu stellen wären[103]. Mit diesem Urteil ist deutlich geworden, daß immer dann, wenn der Vertriebsweg vom Hersteller zum Verbraucher oder Anwender durch die Einschaltung von Zwischenhändlern unterbrochen wird und eine Garantieverpflichtung des Herstellers unmittelbar gegenüber dem Endabnehmer nicht eingegangen wird[104], der Geschädigte auf die Produzentenhaftung (§ 823 Abs. 1 BGB), die Produkthaftung und – in selteneren Fällen – auf die Haftung wegen Verletzung eines Schutzgesetzes (§ 823 Abs. 2 BGB in Verbindung mit einem Schutzgesetz) zu verweisen ist.

Der *Bundesgerichtshof* hat sich damit seit der Hühnerpest-Entscheidung[105] für die Lösung von Produzentenhaftpflichtfällen auf deliktsrechtlichem Wege und gegen vertragliche oder quasivertragliche Ansprüche zwischen dem Endabnehmer einer Absatzkette gegenüber dem Hersteller entschieden[106]. Das trifft auch in den Fällen zu, in denen der Hersteller in Garantieerklärungen oder Gebrauchsanweisungen sich direkt an den Endabnehmer wendet[107]. Auch die folgende Untersuchung prüft bei der Verletzung des Integritätsinteresses, ob und unter welchen Voraussetzungen Anwender von fehlerhaften Computerprogrammen und Drittbetroffene gegenüber dem Produzenten des schadenverursachenden Programms deliktische Ansprüche aus § 823 Abs. 1 BGB geltend machen können.

2. Die Produkthaftung

Nach Inkrafttreten des Produkthaftungsgesetzes[108] am 1.1. 1990 hat ein Geschädigter Anspruch auf Ersatz des eingetretenen Schadens gegenüber dem Hersteller eines schadenstiftenden fehlerhaften Produkts. Der Hersteller haftet nach dem Produkthaftungsgesetz auch ohne schuldhafte Verletzung von Sicherungs- und Gefahrenabwendungspflichten für die mangelnde Sicherheit seines Erzeugnisses und für eine dadurch bedingte Gefährdung der durch das Gesetz

---

[103] *BGH* NJW 1974, 1503(1504) – (DVGW-Prüfzeichen).

[104] Auch mit der Mitlieferung einer Gebrauchsanweisung mit dem Produkt bringt der Hersteller nicht gegenüber dem Endabnehmer zum Ausdruck, daß er mit dem ihm unbekannten Endabnehmer einen Auskunftsvertrag schließen wolle: *BGH* NJW 1989, 1029 (Fugendichtmasse).

[105] *BGHZ* 51, 91 (Hühnerpest).

[106] Vgl. zur Konsolidierung der Rechtsprechung des VI. Senats in dieser Hinsicht *Kullmann*, PHI 1989, S. 110.

[107] Vgl. *BGHZ* 80, 199 (Benomyl) = VersR 1981, 636(637).

[108] Gesetz über die Haftung für fehlerhafte Produkte (Produkthaftungsgesetz -ProdHaftG) vom 15. Dezember 1989 (BGBl. I S. 2198), zuletzt geändert durch Artikel 39 des EWR-Ausführungsgesetzes vom 27. April 1993 (BGBl. I S. 512).

geschützten Rechtsgüter Leben, Körper, Gesundheit und privat genutzte Sachen.

Das Produkthaftungsgesetz setzt die EG-Produkthaftungsrichtlinie[109] in nationales Recht um. Die EG-Richtlinie zur Produkthaftung zielt darauf ab, innerhalb der Europäischen Gemeinschaft den unterschiedlichen Schutz der Verbraucher vor Schädigung seiner Gesundheit und seines Eigentums durch ein fehlerhaftes Produkt zu vereinheitlichen und dadurch auch den freien Warenverkehr innerhalb des gemeinsamen Marktes zu fördern[110].

Weder schafft das Produkthaftungsgesetz bisherige Haftungsgrundlagen ab, noch ändert es die bestehenden vertraglichen und deliktischen nationalen Haftungsregelungen (§ 15 Abs. 2 ProdHaftG). Das Produkthaftungsgesetz ersetzt nicht die bisherige Produzentenhaftung, sondern tritt neben sie[111]. Es ergänzt die Produzentenhaftung dadurch, daß den Verbrauchern unter bestimmten Voraussetzungen eine weitere und leichter durchsetzbare Anspruchsgrundlage gegenüber den Warenproduzenten oder anderen Produktverantwortlichen im Sinne von § 4 ProdHaftG zur Verfügung gestellt wird. Die leichtere Durchsetzbarkeit des Anspruchs folgt aus dem nunmehr allgemein für Produkte eingeführten Prinzip der verschuldensunabhängigen Haftung, die in ähnlicher Weise bislang nur in bestimmten Risikobereichen wie dem Arzneimittelmarkt, dem Straßen-, Eisenbahn-und Luftverkehr sowie bei der Nutzung der Kernenergie und der Gentechnik gesetzlich normiert war.

Damit trägt nun auch das Gesetz dem Umstand Rechnung, daß der Verschuldensnachweis, der von dem Geschädigten nach der Produzentenhaftung (§ 823 Abs. 1 BGB) im Prinzip zusätzlich zum Nachweis des Schadens und der Kausalität des Verhaltens des Schädigers für die Rechtsgutverletzung und dieser für den Schadenseintritt erbracht werden muß, zumeist daran scheitert, daß der Geschädigte regelmäßig keinen Einblick in die Entwicklung und Produktion des schadenverursachenden Gutes hat und über die Einhaltung der im Verkehr erforderlichen Sorgfalt dementsprechend kaum eine Beurteilung vornehmen kann[112].

---

[109] Richtlinie des Rates 85/374/EWG vom 25. Juli 1985 über die Angleichung der Rechts- und Verwaltungsvorschriften der Mitgliedstaaten über die Haftung für fehlerhafte Produkte (ABl. EG vom 7. 8. 1985 Nr. L 210/29–33), angepaßt durch Artikel 23 Buchstabe c in Verbindung mit Anhang III des Abkommens über den Europäischen Wirtschaftsraum (ABl. EG vom 3.1. 1994 Nr. L 1/1).

[110] Siehe BT-Drs. 11/2447, S. 1.

[111] *Schmidt-Salzer*, DB 1987, S. 1404; *Frietsch*, DIN-Mitteilungen 1987, S. 135; *Buchner*, DB 1988, S. 32; *Eberstein/Braunewell*, Einführung in die Grundlagen der Produkthaftung, 1991, S. 18.

[112] Vgl. *BGHZ* 51, 91(104) – (Hühnerpest).

3. Die Produzentenhaftung

Auch nach Verabschiedung des Produkthaftungsgesetzes hat die von der Wissenschaft[113] und der Rechtsprechung[114] aus der deliktischen Haftung nach §§ 823ff. BGB entwickelte deliktische Produzentenhaftung trotz häufig auftretender Beweisschwierigkeiten für den Betroffenen weiterhin eine eigenständige Bedeutung. Danach haften der Hersteller oder haftungsrechtlich Gleichgestellte[115], die für den gefahrlosen Ge- oder Verbrauch des Produkts haftungsrechtlich Verantwortung tragen, für Schäden aus rechtswidrig und schuldhaft verursachter Rechtsgutverletzung, wobei die geschädigte Person nach der von der Rechtsprechung zugunsten der Geschädigten vorgenommenen Beweiserleichterung nur den Produktfehler und den Schaden sowie die Kausalität zwischen Produkt(fehler) und Rechtsgutverletzung zu beweisen hat. Die Produzentenhaftung ist also eine Haftung für sorgfaltswidriges Verhalten mit Beweislastumkehr zu Lasten des Produzenten, der zu beweisen hat, daß er die ihm obliegenden Sorgfalts- bzw. Verkehrspflichten beachtet hat.

Der Begriff ›Produzentenhaftung‹ wurde von der Rechtsprechung für die deliktische Haftung nach § 823 Abs. 1 BGB für Schäden aufgrund fehlerhafter Produkte verwendet. Diese Bezeichnung ist vom Produkthaftungsgesetz bewußt nicht übernommen worden. Statt dessen wurde der Begriff ›Produkthaftung‹ eingeführt, weil der Begriff ›Produzentenhaftung‹ auf die Person des Herstellers und die Verletzung seiner *Verhaltenspflichten* bezogen ist und damit primär für das deliktische Haftungsrecht paßt und weniger für das am *Produktfehler* anknüpfende Produkthaftungsgesetz[116]. Zwar hat *Diederichsen* darauf aufmerksam gemacht, daß man auch bei der deliktischen Haftung faktisch »den dogmatischen Ansatzpunkt vom Subjektiven aufs Objektive, nämlich von den

---

[113] *Von Caemmerer*, ZHR 127 (1964/65), S. 241; *Simitis*, Grundfragen der Produzentenhaftung, 1965; *Rehbinder*, BB 1965, S. 439; *Diederichsen*, Die Haftung des Warenherstellers, 1967; *ders.*, NJW 1978, S. 1281; *Weimar*, Untersuchungen zum Problem der Produktenhaftung, Basel 1967; *Schmidt-Salzer*, Produkthaftung, 1973; *ders.*, BB 1980, S. 1; *Canaris*, JZ 1968, S. 494; *Giesen*, NJW 1968, S. 1401.

[114] Grundlegend *BGHZ* 51, 91 (Hühnerpest). Weitere Entscheidungen zur Produzentenhaftung: *BGH* NJW 1968, 247 (Schubstrebe); *BGHZ* 59, 172 (Estil); *BGH* NJW 1973, 1602 (Feuerwerkskörper); *BGHZ* 67, 359 (Schwimmerschalter); *BGHZ* 80, 186 (Derosal-Apfelschorf I); *BGHZ* 80, 199 (Benomyl-Apfelschorf II); *BGHZ* 86, 256 (Gaszug); *BGH* NJW 1983, 812 (Kfz-Hebebühne); *BGH* NJW 1985, 2420 (Kompressor); *BGH* NJW 1987, 372 (Verzinkungs-Spray); *BGHZ* 99, 167 (Honda); *BGHZ* 101, 337 (Flaschenkorken); *BGHZ* 104, 323 (Limonadenflasche) m. Anm. *Foerste* VersR 1988, 958; *BGH* NJW-RR 1990, 406 (Expander); *BGHZ* 105, 346 (Fischfutter); *BGH* NJW 1990, 906 (Pferdebox); *BGHZ* 116, 60 (Milupa); *BGH* NJW 1992, 2016 (Sattelauflieger). Siehe auch *Kullmann*, NJW 1991, S. 675; *ders.*, NJW 1992, S. 2669, und die Übersicht über die Rechtsprechung im Anschluß an die Hühnerpest-Entscheidung bei *Taschner/Frietsch*, Produkthaftung, 1990, Einführung, RN 45.

[115] Dazu können beispielsweise die Importeure gehören; vgl. *BGHZ* 99, 167 (Honda).

[116] *Rolland*, Produkthaftungsrecht, München 1990, § 1 Rdnr. 3. Siehe auch *Brüggemeier*, WM 1982, S. 1294(1294).

Anforderungen an das Verhalten des Herstellers auf die Ausgestaltung der Ware selbst verlagert« habe, es also nicht mehr um fehlerhaftes Verhalten, sondern um die Fehlerhaftigkeit der Produkte gehe[117]. Dennoch bleibt es im deutschen Recht trotz der durch Verschuldensvermutung und der Beweislastumkehr zur Unrechtshaftung weiterentwickelten Haftung aus § 823 Abs. 1 BGB[118] bei dem Haftungsprinzip, wonach grundsätzlich ein Verschulden des Ersatzpflichtigen vorliegen muß[119]. ›Produzentenhaftung‹ knüpft an der Verletzung von Verkehrspflichten bei der Konstruktion, bei der Fertigung und bei der Qualitätskontrolle von Produkten an[120]. An dem dogmatischen Ansatz, nach dem die in Anspruchskonkurrenz zum Produkthaftungsgesetz stehende ›Produzentenhaftung‹ trotz der vom *Bundesgerichtshof* vorgenommenen, vom Produzenten selten zu entkräftenden Verschuldensvermutung von der Verantwortlichkeit des Produzenten ausgeht und deshalb dessen Haftung als ›Produzentenhaftung‹ bezeichnet wird, und die Haftung nach dem Produkthaftungsgesetz nach einem fehlerhaften Produkt fragt und deshalb als »Produkthaftung« bezeichnet wird, sollte daher angesichts der unter dem Strich doch erheblich unterschiedlichen Tatbestandsvoraussetzungen und möglicherweise unterschiedlicher Rechtsfolgen festgehalten werden[121].

4. Die datenschutzrechtliche Haftung

Im Gesetzgebungsverfahren zum novellierten Bundesdatenschutzgesetz vom 20. Dezember 1990[122] war zunächst die Einführung einer den öffentlichen und nicht-öffentlichen Bereich umfassenden Gefährdungshaftung auch für *unrichtige* automatisierte Verarbeitung personenbezogener Daten mit der Begrün-

[117] *Diederichsen*, NJW 1978, S. 1281(1284).

[118] Siehe dazu *Laufs*, Deliktische Haftung, 1993, S. 245 m.w.N. (»gegenläufigen Entwicklungstendenzen im Deliktsrecht«).

[119] An einem »Fehler des Produkts« und nicht an einem »vorwerfbaren Verhalten des Herstellers« anzuknüpfen, fällt schon gedanklich insbesondere bei den Instruktions- und Warnpflichten sowie bei der Produktbeobachtungspflicht schwer. Siehe auch *Schlechtriem*, Dogma und Sachfrage – Überlegungen zum Fehlerbegriff des Produkthaftungsgesetzes, in: *Löwisch et al.* (Hrsg.), Festschrift für *Rittner*, 1991, S. 545 (552 zu Anm. 32).

[120] *Schlechtriem*, Dogma und Sachfrage, 1991, S. 545(546). Auch wenn unter besonderen Umständen auch der Importeur und der Händler wegen der Verletzung eigener Verkehrspflichten nach der »Produzentenhaftung« Ersatz zu leisten hat, sollte der Begriff der ›Produzentenhaftung‹ nicht aufgegeben werden; siehe auch *Brüggemeier*, WM 1982, 1294, Fn. 1. Siehe zu den händlerspezifischen Verkehrspflichten auch *Fuchs*, JZ 1994, S. 533ff.

[121] Anders ComHdB-*Heussen* Kap. 48 Rdnr. 1, der den Begriff »Produkthaftung« auch im Zusammenhang mit der deliktischen Haftung mit der nicht überzeugenden Begründung vorzieht, »weil in ihm besser zum Ausdruck kommt, daß die Risikozurechnung am Produkt ansetzt und erst danach an der Person desjenigen, der es herstellt, vertreibt etc.«.

[122] BGBl. I S. 2954 (Artikel 1 und 6 des Gesetzes zur Fortentwicklung des Datenschutzes), geändert durch Art. 6 Ziff. 23 des Gesetzes vom 27. Dezember 1993 (BGBl. I S. 2378).

dung vorgesehen, daß »die normale Verschuldenshaftung mit der uneingeschränkten Beweispflicht des Geschädigten diesen Besonderheiten (der modernen Datenverarbeitung) nicht gerecht« wird[123]. Im Verlauf des weiteren Verfahrens trennte der Innenausschuß dann aber die Regelungen über Schadensersatzansprüche gegen nicht-öffentliche Stellen und öffentliche Stellen des Bundes[124]. Für den nicht-öffentlichen Bereich enthält §8 BDSG nun nur noch eine Beweislastumkehr[125].

Einen eigenständigen Anspruch enthalten aber §7 BDSG für die öffentlichen Stellen des Bundes sowie die entsprechenden Vorschriften der Landesdatenschutzgesetze[126]. §7 BDSG, für den es im Bundesdatenschutzgesetz von 1977 noch kein Vorbild gab, schafft nun einen verschuldensunabhängigen, auf 250.000 DM begrenzten Schadensersatzanspruch gegen öffentliche Stellen im Sinne von §2 BDSG, wenn es durch eine unzulässige oder *unrichtige* automatisierte Datenverarbeitung zu einem mit der Verarbeitung personenbezogener Daten im Zusammenhang stehenden Schaden kommt, wobei der Schaden auch mittelbar, jedoch in adäquatem Zusammenhang mit ihr verursacht worden sein kann[127].

Danach haftet die öffentliche Stelle auch für solche materiellen und immateriellen Schäden aufgrund von Persönlichkeitsrechtsverletzungen, die durch den Einsatz eines fehlerhaften Computerprogramms eingetreten sind.

Das Datenschutzrecht enthält also eine sondergesetzliche Staatshaftung für die Schäden, die bei einer fehlerhaften Verarbeitung personenbezogener Daten entstehen. Haftungsgrund kann dabei sowohl die – verschuldensunabhängige – fehlerhafte Eingabe oder Verarbeitung durch Personen sein, die bei der

---

[123] Entwurf zum BDSG, BR-Drs. 618/88, S. 108.

[124] Siehe zum Sinneswandel, BT-Drs. 11/7235, S. 15 und S. 102. Zur Entstehungsgeschichte des BDSG 1990 ausführlich *Simitis*, in: *Simitis et al.*, Kommentar zum Bundesdatenschutzgesetz, Stand: 1994, §1 Rdnrn. 38ff.

[125] §8 BDSG (Schadensersatz durch nicht-öffentliche Stellen) lautet: »Macht ein Betroffener gegenüber einer nicht-öffentlichen Stelle einen Anspruch auf Schadenersatz wegen einer nach diesem Gesetz oder anderen Vorschriften über den Datenschutz unzulässigen oder unrichtigen automatisierten Datenverarbeitung geltend und ist streitig, ob der Schaden die Folge eines von der speichernden Stelle zu vertretenden Umstandes ist, so trifft die Beweislast die speichernde Stelle.«

[126] Schadensersatzregelungen enthalten die Landesdatenschutzgesetze aller Bundesländer mit Ausnahme derjenigen Bremens und des Saarlandes.

[127] Siehe die Begründung in BT-Drs. 11/7235. §7 Abs. 1 und 2 BDSG (Schadensersatz durch öffentliche Stellen) lautet:

»(1) Fügt eine öffentliche Stelle dem Betroffenen durch eine nach den Vorschriften dieses Gesetzes oder nach anderen Vorschriften über den Datenschutz unzulässige oder unrichtige automatisierte Verarbeitung seiner personenbezogenen Daten einen Schaden zu, ist sie dem Betroffenen unabhängig von einem Verschulden zum Ersatz des daraus entstehenden Schadens verpflichtet.

(2) Bei einer schweren Verletzung des Persönlichkeitsrechts ist dem Betroffenen der Schaden, der nicht Vermögensschaden ist, angemessen in Geld zu ersetzen.«

oder für die speichernde Stelle tätig sind, als auch die fehlerhafte Datenverbeitung, die auf einen Softarefehler zurückzuführen ist. Es haftet danach also nicht ein (Quais-)Hersteller, sondern der Anwender der Software, wenn durch die fehlerhafte Anwendung bei Dritten ein Schaden entsteht. Da auch die datenschutzrechtliche Haftung als eine außervertragliche, verschuldensunabhängige Haftung ausgestaltet ist und zum Ersatz der durch die Verwendung eines fehlerhaften Computerprogramms entstandenen Schadens führt, ist die datenschutzrechtliche Haftung in der Untersuchung zu berücksichtigen.

Dritter Teil

Die Produkthaftung für fehlerhafte Computerprogramme

Erstes Kapitel

Das Produkthaftungsgesetz und die EG-Produkthaftungsrichtlinie

Zum 1. Januar 1990 trat das Produkthaftungsgesetz (ProdHaftG) in Kraft[1]. Nach §1 Abs.1 S.1 ProdHaftG besteht eine Schadensersatzpflicht, wenn durch einen Fehler eines hergestellten oder in den Verkehr gebrachten Produkts ein Mensch getötet oder an seiner Gesundheit verletzt oder eine Sache beschädigt wurde. Mit dem Produkthaftungsgesetz wurde die EG-Richtlinie über die Haftung für fehlerhafte Produkte[2] in nationales Recht transformiert.

Die Kommission der Europäischen Gemeinschaften hatte bereits am 23. Juli 1976[3] einen »Vorschlag einer Richtlinie über die Haftung für fehlerhafte Produkte« vorgelegt, der rechtspolitisch auf eine Vereinheitlichung des Haftungsrechts für fehlerhafte Produkte innerhalb der Europäischen Gemeinschaften abzielte und sich dementsprechend auf Art. 100 EWGV stützt. Nach kontroversen Diskussionen der Stellungnahmen des EG-Wirtschafts- und Sozialaus-

---

[1] Gesetz über die Haftung für fehlerhafte Produkte (Produkthaftungsgesetz -ProdHaftG) vom 15. Dezember 1989 (BGBl. I S. 2198), zuletzt geändert durch Artikel 39 des EWR-Ausführungsgesetzes vom 27. April 1993 (BGBl. I S. 512) und durch das MarkenrechtsreformG vom 25. Oktober 1994 (BGBl. I S. 3081). In den neuen Bundesländern trat das ProdHaftG gemäß Art. 8 i.V.m. Art. 1 Abs. 1 S. 1 und i.V.m. Anlage I, Kap. III, Sachgebiet B, Abschnitt III Nr. 8 Einigungsvertrag (BGBl. II 1990, S. 885) am 3.10. 1990 mit der Maßgabe in Kraft, daß es nur auf Produkte, die seit dem 3.10. 1990 in Verkehr gebracht wurden, anwendbar ist.

[2] Richtlinie des Rates 85/374/EWG vom 25. Juli 1985 über die Angleichung der Rechts- und Verwaltungsvorschriften der Mitgliedstaaten über die Haftung für fehlerhafte Produkte (ABl. EG vom 7.8. 1985 Nr. L 210/29–33), angepaßt durch Artikel 23 Buchstabe c in Verbindung mit Anhang III des Abkommens über den Europäischen Wirtschaftsraum (ABl. EG vom 3.1. 1994 Nr. L 1/1). Die Richtlinie ist nicht zuletzt im Hinblick auf den EWR-Vertrag Vorbild für Produkthaftungsgesetze in den EWR-Staaten Finnland, Island, Liechtenstein, Norwegen, Österreich und Schweden gewesen. Auch in der Schweiz ist das am 18. Juni 1993 beschlossene Produkthaftungsgesetz in Kraft getreten. Dokumentiert sind europäischen Produkthaftungsgesetze bei *Fellmann/von Büren-von Moos*, Grundriss der Produktehaftpflicht, 1993, S. 181ff. Siehe zum internationalen Produkthaftungsrecht jetzt *Wandt*, Internationale Produkthaftung, 1995.

[3] Amtsbl. EG Nr. C 241/9 vom 14.10. 1976; abgedruckt auch in BB 1978, S. 721.

[4] Vom 7. Mai 1979 (ABl. EG Nr. C 114).

schusses[4] und des Europäischen Parlaments[5] beschloß der Rat der Europäischen Gemeinschaften am 25. Juli 1985 die »Richtlinie zur Angleichung der Rechts- und Verwaltungsvorschriften der Mitgliedstaaten über die Haftung für fehlerhafte Produkte« (PHRl)[6], deren Harmonisierungserfolg aber bescheiden blieb[7]. Diese Richtlinie verpflichtete die Mitgliedstaaten in Art. 19 PHRl, bis zum 1. August 1988 eine verschuldensunabhängige Haftung für fehlerhafte Produkte einzuführen.

Die Bundesregierung legte am 18. März 1988 dem Bundesrat einen ersten Referentenentwurf eines Produkthaftungsgesetzes vor[8], der in der Literatur kritisch besprochen wurde[9]. Unter Berücksichtigung der Vorschläge des Bundesrats wurde im Bundestag dann am 9. Juni 1988 der Gesetzentwurf der Bundesregierung eingebracht[10]. Erst am 22. Dezember 1989, also mehr als 16 Monate nach der von der EG-Richtlinie gesetzten Frist, und nach der Einleitung eines Verfahrens der EG-Kommission gegen die Bundesrepublik Deutschland wegen Verletzung des EWG-Vertrags[11], wurde das Gesetz nach einigen redaktionellen Änderungen im Gesetzgebungsverfahren[12] verabschiedet, ohne die abweichenden Vorschläge der SPD-Fraktion[13] oder der Fraktion DIE GRÜNEN[14] zu berücksichtigen.

Nach § 1 Abs. 1 ProdHaftG haften der Hersteller oder der diesem Gleichgestellte (§ 4 ProdHaftG) für den Schaden, wenn durch einen Fehler seines Produkts ein Mensch getötet, verletzt oder eine privaten Zwecken dienende Sache

---

[4] Vom 7. Mai 1979 (ABl. EG Nr. C 114).

[5] Vom 21. Mai 1979 (ABl. EG Nr. C 127).

[6] ABl. EG vom 7. 8. 1985 Nr. L 210; abgedruckt auch in NJW 1988, S. 1433, und VersR 1985, S. 922.

[7] Siehe dazu *H. Koch*, ZHR 152(1988), S. 537(563); *Sack*, VersR 1988, S. 439; *Zekoll*, The American Journal of Comperative Law 1989, S. 809(815f.); *Mayer*, VersR 1990, S. 691(692f.); *Hommelhoff*, Teilkodifikationen im Privatrecht – Bemerkungen zum Produkthaftungsgesetz, in: *Löwisch/Schmidt-Leithoff/Schmiedel* (Hrsg.), Festschrift für *Rittner*, 1991, S. 165(167ff.); *Nater*, SJZ 1989, S. 389(389); MünchKomm-*Mertens/Cahn*, ProdHaftG, Einl. RdNr. 3f., § 1 RdNr. 11; *Stuurman*, The EC Directive on Product Liability and its Application to Information Technologie, in: *Meijboom/Prins* (Hrsg.), The law of information technology in Europe 1992 – A comparison with the USA, 1991, S. 191(191).

[8] BRat-Drs. 101/88.

[9] Vgl. nur *Hollmann*, DB 1985, S. 2389 und 2439; *ders.*, RIW 1988, S. 81; *Schlechtriem*, VersR 1986, S. 1033; *Brüggemeier/Reich*, WM 1986, S. 149; *Schmidt-Räntsch*, ZRP 1987, S. 437; *Schmidt-Salzer*, BB 1986, S. 1103; *ders.*, BB 1987, S. 1404; *ders.*, BB 1988, S. 349; *Pauli*, PHI 1987, S. 138; *Buchner*, DB 1988, S. 32; *Hübner*, NJW 1988, S. 441(448); *Taschner*, NJW 1988, S. 1432(1433); *Sack*, DAR 1988, S. 109ff.; *ders.*, VersR 1988, S. 439; *Deutsch*, VersR 1988, S. 1197; *Kullmann/Pfister*, Produzentenhaftung, Loseblattsammlung, Stand: 1994, Kz. 3601/3ff.

[10] BT-Drs. 11/2447.

[11] Nach einer Meldung der FAZ vom 23.11. 1988, S. 11.

[12] Vgl. dazu die Beschlußempfehlung und den Bericht des Rechtsausschusses, BT-Drs. 11/5520.

[13] Vgl. BT-Drs. 11/5594.

[14] Vgl. BT-Drs. 11/3718.

beschädigt wird. Die Haftung setzt voraus, daß das Produkt mit dem Willen des Herstellers entgeltlich, also in Verfolgung eines wirtschaftliches Zwecks (§ 1 Abs. 2 Nr. 3 ProdHaftG) in den Verkehr gebracht wurde (§ 1 Abs. 2 Nr. 1 ProdHaftG). Dabei ist es gleichgültig, in welcher Weise dies geschah, ob durch Kaufvertrag, Werkvertrag, Werklieferungsvertrag, Leasing oder Mietvertrag[15].

Es geht beim Produkthaftungsgesetz nicht um den Ausgleich für einen Schaden, der am Produkt selbst vorhanden oder aufgrund eines Fehlers an ihm entstanden ist (§ 1 Abs. 1 S. 2 ProdHaftG). Die Gebrauchs- und Funktionsfähigkeit einer Sache wird durch die vertragsrechtlichen Gewährleistungsansprüche sichergestellt, die das wirtschaftliche Nutzungs- und Äquivalenzinteresse schützen. Das Produkthaftungsgesetz zielt auf das Integritätsinteresse aller Personen – der Erwerber wie auch aller Dritten[16] –, die erwarten können, daß jedes Produkt die Sicherheit für Leben, Gesundheit und Sachwerte bietet, die allgemein berechtigterweise erwartet werden darf[17]. Bei Sachschäden sieht das Gesetz also nur dann eine Haftung vor, wenn eine andere als die schädigende Sache beschädigt wird, wobei allerdings die von der Rechtsprechung zur deliktischen Haftung nach § 823 Abs. 1 BGB (Produzentenhaftung) entwickelten Grundsätze für die Haftung für ›weiterfressende‹ Schäden zu berücksichtigen sind. Diese beschädigte Sache muß gewöhnlich und hauptsächlich für den privaten Ge- bzw. Verbrauch bestimmt sein. Keine Anwendung findet das Produkthaftungsgesetz demnach bei solchen Schäden, die durch eine gewerbliche Nutzung des fehlerhaften Produkts entstanden. Es muß sich also um einen ›Verbraucherdrittsachschaden‹ handeln. Während die körperliche Integrität umfassend geschützt wird, erhält das Eigentum nur im privaten Umfeld Schutz.

Von dem Produkthaftungsgesetz nicht erfaßt werden die durch Eingriffe in das Persönlichkeitsrecht[18] verursachten Schäden, wie sie beispielsweise durch eine fehlerhafte Berichterstattung in den Medien entstehen[19]. Das Produkthaftungsgesetz sieht auch keinen Ersatz für immaterielle Schäden als Schadensersatz bei Körperverletzungen vor[20], so daß ein Schmerzensgeldanspruch wegen § 253 BGB jedenfalls nicht auf das Produkthaftungsgesetz gestützt werden

---

[15] Vgl. *Mayer*, VersR 1990, S. 691(693).

[16] Das Produkthaftungsgesetz beschränkt sich nicht auf den Schutz lediglich der Konsumenten, wie es *Canaris*, JZ 1968, S. 494(504), vorgeschlagen hatte. In der Begründung zum Regierungsentwurf des ProdHaftG vom 9. 6. 1988 heißt es klar, daß es keine Rolle spielen (könne), ob ein Konsument oder ein unbeteiligter Dritter geschädigt werde (BT-Drs. 11/2447, S. 13).

[17] Palandt-*Thomas*, § 1 ProdHaftG Rn. 1, § 3 ProdHaftG Rn. 8; vgl. auch BT-Drs. 11/2447, S. 18.

[18] Siehe hierzu grundlegend *J. Simon*, Das allgemeine Persönlichkeitsrecht und seine gewerblichen Erscheinungsformen, 1981.

[19] Siehe *Ricker/Müller-Malm*, AfP 1989, S. 505(506).

[20] Nach Artikel 9 ProdHRl. ist es den Mitgliedstaaten freigestellt, in dem Transformationsgesetz einen Schadensersatzanspruch für immaterielle Schäden vorzusehen. In dem Vorschlag einer EG-Richtlinie über die Haftung bei Dienstleistungen (ABl. EG vom 18. 1. 1991 Nr. C 12/8) ist dagegen ein Schmerzensgeld bei Personenschäden von vornherein nicht vorgesehen.

kann. Ferner wird nach dem Produkthaftungsgesetz nicht für die reinen Vermögensschäden gehaftet.

Nach § 1 ProdHaftG ist der Hersteller eines fehlerhaften Produkts verpflichtet, dem Anspruchsberechtigten den durch das fehlerhafte Produkt entstandenen Schaden zu ersetzen. Haftgrund der Produkthaftung ist die Inverkehrgabe eines mit einem Fehler behafteten Produkts. Ein *fehlerfreies* Produkt kann ebensowenig eine Haftung auslösen wie ein Fehler an einem Wirtschaftsgut, das *kein Produkt* im Sinne des Produkthaftungsrechts ist.

Den Begriffen ›Produkt‹ und ›Fehler‹ kommt folglich eine entscheidende Bedeutung für die Anwendbarkeit der Produkthaftung zu. Sowohl die Produkteigenschaft von Computerprogrammen als auch die Frage, wann von einem Fehler des Computerprogramms im juristischen Sinn gesprochen werden kann, ist in der Wissenschaft und in der Rechtsprechung aber noch ungeklärt. Deshalb befinden sich Hersteller und Anwender von Computerprogrammen sowie Geschädigte angesichts fehlender höchstrichterlicher Rechtsprechung noch immer im Ungewissen darüber, ob die Grundsätze der Produkthaftung anzuwenden sind. Die folgenden Kapitel befassen sich daher näher mit der Frage, unter welchen Voraussetzungen ein Computerprogramm ein Produkt ist und wann von einem Fehler des Programms im Sinne des Produkthaftungsgesetzes vorliegt. Zuvor ist jedoch der umstrittenen, für die Beurteilung der Voraussetzungen und der Reichweite des Gesetzes so wesentlichen Einordnung des Produkthaftungsgesetzes in das System des Haftungsrechts nachzugehen.

Zweites Kapitel

Die Einordnung des Produkthaftungsgesetzes in das System des Haftungsrechts

1. Produkthaftung: Risikohaftung oder Unrechtshaftung

Der Anspruch auf Schadensersatz nach dem Produkthaftungsgesetz setzt voraus, daß der Schaden durch den »Fehler eines Produkts« entstanden ist. Nach § 3 Abs. 1 ProdHaftG ist ein Produkt dann fehlerhaft, »wenn es nicht die Sicherheit bietet, die ... berechtigterweise erwartet werden kann«. Bei der Frage danach, was berechtigterweise erwartet werden kann, soll es auf die »Berücksichtigung aller Umstände« ankommen, von denen das Gesetz exemplarisch einige Umstände aufzählt. Bei der Bestimmung der Fehlerhaftigkeit eines Produkts ist nicht auf dessen mangelhafte Gebrauchsfähigkeit, sondern auf den Mangel an Sicherheit abzustellen, die von der Allgemeinheit berechtigterweise erwartet werden darf.

Die Fehlerbestimmung danach, ob nach objektiven Kriterien zu bestimmende berechtigte Sicherheitserwartungen verletzt wurden, läuft darauf hinaus, Sorgfaltsgesichtspunkte auf Seiten des Herstellers zu prüfen. Mit diesem Einfallstor für Sorgfaltsmaßstäbe ist aber verbunden, daß mit dem Produkthaftungsgesetz doch wieder Verschuldenskriterien im Sinne von § 276 Abs. 1 S. 2 BGB in das zu Unrecht als ›System strikter Haftung‹ bezeichnete europäische Produkthaftungsrecht eindringen[21] und ›Fahrlässigkeitskriterien‹ wiederbelebt werden könnten[22]. Die Beschränkung der Haftung nur auf solche Fehler, die bei der Entwicklung und Produktion von Computerprogrammen bei Beachtung der im Verkehr erforderlichen Sorgfalt vermeidbar sind, führt zur Prüfung von Sorgfaltsgesichtspunkten; denn auch bei der Frage nach der Erkennbarkeit eines Fehlers zum Zeitpunkt des Inverkehrbringens des schadenverursachenden Produkts kommt es auf die wertende Beurteilung an, ob dem Hersteller der Stand von Wissenschaft und Technik hätte bekannt sein müssen.

Diese Wertung führt zu der für die Konzeption der Produkthaftung grundle-

---

[21] *Giesen*, JZ 1989, S. 517(523f.).

[22] Vgl. etwa *Buchner*, DB 1988, S. 32(33f.); *Cahn*, ZIP 1990, S. 482(483); *Stapleton*, Oxford Journal of Legal Studies 1986, S. 392.

genden Frage, ob die Produkthaftung eine Produkt-*Gefährdungshaftung* darstellt, also eine Risikozuordnung an den Hersteller auch bei rechtmäßigem Verhalten, oder eine *verschuldensunabhängige Unrechtshaftung*, die ein rechtswidriges Handeln voraussetzt. Die Einordnung in das System des Haftungsrechts ist heftig umstritten. Die Gesetzesmaterialien und die Literatur zum Produkthaftungsrecht zeugen von erheblich kontroversen Standpunkten. In der Literatur wird die Produkthaftung nach dem Produkthaftungsgesetz als schlichte »Kausalhaftung«[23] oder als »modifizierte Form der Kausalhaftung«[24], als »Gefährdungshaftung«[25], vorsichtiger auch als »Quasi-Gefährdungshaftung«[26], als »Gefährdungshaftung neuen Typs«[27], als »neuartiger Typ der Gefährdungs-

---

[23] *Diederichsen*, NJW 1978, S. 1281(1291); *Schlechtriem*, VersR 1986, S. 1033 (1033).

[24] *Lukes*, Reform der Produkthaftung, 1979, S. 92; *Brüggemeier*, WM 1982, S. 1294(1297); *Deutsch*, JZ 1989, S. 465(470); *Kullmann*, in: *Kullmann/Pfister*, Produzentenhaftung, Stand: 1994, Kz. 3600/3.

[25] Amtliche Begründung zum Gesetzentwurf der Bundesregierung, BT-Drs. 11/2447, S. 8 und 11; *Lorenz*, RabelsZ 34(1970), S. 14(50,53); *Ficker*, Produktenhaftung als Gefährdungshaftung?, in: *Ficker et al.* (Hrsg.), Festschrift für *von Caemmerer*, 1978, S. 343(343); *Hollmann*, DB 1985, S. 2389 und 2439; *Taschner*, NJW 1986, S. 611(611); *ders.*, in: *Taschner/Frietsch*, Produkthaftung, 1990, Art. 1 Richtl. RN 2; *Diederichsen*, Zur Dogmatik der Produkthaftung nach Inkrafttreten des Produkthaftungsgesetzes, in: *AG der Verkehrsrechtsanwälte des DAV* (Hrsg.), Probleme der Produzentenhaftung unter besonderer Berücksichtigung des Straßenverkehrs, 1988, S. 9 (10ff.); *ders.*, NJW 1978, S. 1281(1289); *Mayer*, BB 1984, S. 568(573); *Schlechtriem*, VersR 1986, S. 1033 (1034); *Merkel*, NJW 1987, S. 358(361); *Schmidt-Räntsch*, ZRP 1987, S. 437(437f.); *Ricker/Müller-Malm*, AfP 1988/89, S. 505; *Hübner*, NJW 1988, S. 441(445); *Geis*, online 1990, S. 60; *Berger-Delhey*, BB 1990, S. 1501(1502); *Freiherr von Marschall*, PHI 1991, S. 166(172); ComHdB-*Heussen* Kap. 48 RdNr. 4; *Pott/Frieling*, ProdHaftG-Komm., 1992, S. 114; *H. Redeker*, EDV-Prozeß, 1992, Rn. 454, 460; *Cosack*, VersR 1992, S. 1439(1439); *Jäschke*, Wirtschaftsrecht 1993, S. 53 (53); *Hoppmann*, RDV 1992, S. 209(213); *Rolland*, Produkthaftungsrecht, 1990, § 1 Rdnr. 4 und 7; *Brüggemeier/Reich*, WM 1986, S. 149(154); *Krämer*, Verbraucherschutz, in: Hdb. EG-WirtschaftsR, H. V, Rdnr. 62; *Lehmann*, Produzenten- und Produkthaftung für Soft- und Hardware, in: *ders.* (Hrsg.), Rechtsschutz und Verwertung von Computerprogrammen, 1993, S. 999(1000); MünchKomm-*Mertens*, § 823 Rdn. 319 m.w.N.; *Palandt-Thomas*, § 1 ProdHaftG Rn. 1 und Einf. ProdHaftG Rn. 5; *Lammerich*, Die Rechtsnatur der neuen Produkthaftung und ihr Verhältnis zur richterrechtlichen Exkulpationshaftung nach § 823 Abs. 1 BGB, 1994, S. 42ff.; wohl auch *Arens*, ZZP 1991, S. 123(127); *Eberstein/Braunewell*, Produkthaftung, 1991, S. 17; *Dörner*, Jura 1993, S. 578(580). *Nicklisch*, Umweltschutz durch privatrechtliche Haftung, 1991, S. 105(106), führt die Produkthaftung in einer Reihe mit den Gesetzes der ›klassischen‹ Gefährdungshaftung auf, die als Preis für die rechtliche Zulassung eines technischen Systems den »Techniknutzer« für die von seinem System geschaffenen Gefahren einstehen lassen; eingeschränkt aber *ders.*, Haftung für Risiken des Ungewissen in der jüngsten Rechtsprechung zur Produkt-, Gentechnik- und Umwelthaftung, in: *Jayme et al.* (Hrsg.), Festschrift für *Niederländer*, 1991, S. 341. Zu Unrecht meint *Hager*, JZ 1990, S. 397(398 mit FN 8) unter Hinweis auf *Hübner*, NJW 1988, S. 441 (445), daß zwischen Gefährdungshaftung und Unrechtshaftung nur ein terminologischer Unterschied bestünde. Von einer Gefährdungshaftung spricht *Lorenz*, CR 1987, S. 564(570), jetzt nur bei Fabrikationsfehlern, weil es schwer vorstellbar sei, daß sie nach dem Stand der Technik nicht erkennbar seien.

[26] *Lüderitz*, Gefährdung und Schuld im Produkthaftpflichtrecht – Versuch einer Synthese, in: *Eyrich/Odersky/Säcker* (Hrsg.), Festschrift für *Rebmann*, 1989, S. 755 (755).

[27] *Deutsch*, VersR 1992, S. 521(523).

haftung«[28], als »der Gefährdungshaftung nahekommend«[29], als »in der Mitte zwischen *Vermögens*- und Gefährdungshaftung« stehend[30], als »erweiterte«[31], »verhaltensbezogene«[32] oder nicht »klassische Gefährdungshaftung«[33] und in Anknüpfung an den anglo-amerikanischen Rechtsbegriff »strict liability« auch als »strikte Haftung«[34] bezeichnet. Bisweilen wird die Produkthaftung auch terminologisch sehr deutlich von der »reinen Gefährdungshaftung«[35] abgegrenzt und als »verschuldensunabhängige Haftung«[36] oder als »Unrechtshaftung«[37], als »Verschuldenshaftung«[38] oder »Schuldhaftung« gekennzeichnet[39]. Mitun-

[28] So *Canaris*, JBl 1995, S. 2(9) in einem erhellenden Beitrag.

[29] *Reichardt/Kiehl*, AnwBl. 1991, S. 637(637).

[30] *Oehler*, ZIP 1990, S. 1445(1446). ›Vermögenshaftung‹ dürfte ein Schreibfehler und durch ›Verschuldenshaftung‹ zu ersetzen sein.

[31] *Deutsch*, NJW 1992, S. 73(76).

[32] *Von Bar*, Neues Haftungsrecht durch Europäisches Gemeinschaftsrecht, in: *Medicus/Mertens* (Hrsg.), Festschrift für *Lange*, 1992, S. 373(390).

[33] *Frietsch*, in: *Taschner/Frietsch*, Produkthaftung, 1990, § 1 ProdHaftG RN 19. Siehe auch *Nicklisch*, Zur Grundkonzeption der Technik- und Umweltgefährdungshaftung, in: *Huber* (Hrsg.), Festschrift für *Serick*, 1992, S. 297(303).

[34] Aus der Zeit vor Verabschiedung der EG-Produkthaftungsrichtlinie *Simitis*, Produzentenhaftung, 1977, S. 605(626); *Lorenz*, RabelsZ 34(1970), S. 14(50); *von Caemmerer*, Reform der Gefährdungshaftung, 1971, S. 25; Ebenso aber auch im Zusammenhang mit der EG-Richtlinie noch *Stuurman*, Product Liability for Software in Europe, 1989, S. 127(129): »The plaintiff must prove damage, the existence of a defect and a causal relationship between defect and damage (article 4). He does not have to prove negligence/fault. Strict liability for defective products is hence introduced by the Directive.«

[35] So *von Bar*, Neues Haftungsrecht durch Europäisches Gemeinschaftsrecht, in: *Medicus/Mertens* (Hrsg.), Festschrift für *Lange*, 1992, S. 373(387), eine Formulierung des *Bundesgerichtshofs* in BGHZ 79, 259(263) – (Gebäudeschaden), aufgreifend.

[36] So mit der überwiegenden Meinung *Schmidt-Salzer*, Kommentar EG-Richtlinie Produkthaftung, 1986, Art. 1, Rdnr. 12ff.; *Lorenz*, CR 1987, S. 564; *Deutsch*, VersR 1988, S. 1197 (1197); *Klinkhammer*, VP 1990, S. 6(8); *Mayer*, VersR 1990, S. 691 (691f.); *Landscheidt*, Das neue Produkthaftungsrecht, 1990, S. 51; *Hellmann*, Produkthaftung und Schutzzwecklehre, 1993, S. 50.

[37] *Schmidt-Salzer*, BB 1986, S. 1103(1107f.); *ders.*, VersR 1991, S. 9(10); *ders.*, Kommentar EG-Richtlinie Produkthaftung, Bd. 1, 1988, Rdnr. 5ff. zu Art. 1; *Landscheidt*, NWB 1989, Fach 19, S. 1605(1607); *ders.*, Das neue Produkthaftungsrecht, 1990, S. 51f.; *Ann*, Die Produkthaftung des Lizenzgebers, 1991, S. 96 in Fn. 94; *Hoppmann*, Neues Produkthaftungsgesetz und herkömmliche Produzentenhaftung, in: Rechts- und Wirtschaftspraxis SG 33.1., 1990, S. 427(431); *Büchner*, Archiv für Post und Telekommunikation 1992, S. 103(108); *Schlegelmilch*, in: *Geigel*, Der Haftpflichtprozeß, 1993, 14. Kap., Rdn. 297 (S. 460). *Deutsch*, JZ 1989, S. 465(470), spricht von einer »von der objektiv-typischen Verschuldenshaftung weiterentwickelten objektiven Haftung«. *Häsemeyer*, Produkthaftungsgesetz, 1991, S. 251(260), widerspricht *Deutsch*: »In Wirklichkeit begründet das Produkthaftungsgesetz dieselbe Unrechts- und Verschuldenshaftung, wie sie bisher schon auf deliktischer Grundlage besteht.«

[38] *Lorenz*, ZHR 151(1987), S. 1(14); *Deutsch*, VersR 1988, S. 1197(1200); differenzierend *Lüderitz*, Gefährdung und Schuld im Produkthaftpflichtrecht, in: *Eyrich/Odersky/Säcker* (Hrsg.), Festschrift für *Rebmann*, 1989, S. 755(766).

[39] Diese Bezeichnung wird von *Deutsch*, VersR 1992, S. 521, *Kötz* (Ist die Produkthaftung eine vom Verschulden unabhängige Haftung?, in: *Pfister/Will* (Hrsg.), Festschrift für *Lorenz*, 1991, S. 109) zugesprochen, was hier nicht bestätigt werden kann.

ter werden die Begriffe ›Gefährdungshaftung‹ und ›verschuldensunabhängige Haftung‹ allerdings differenzierungslos nebeneinander verwendet[40].

Es ist richtig, daß die Haftung nach dem Produkthaftungsgesetz anders als die Produzentenhaftung nach §823 Abs. 1 BGB kein *vorwerfbares* Fehlverhalten im Sinne eines Verschuldens des Herstellers voraussetzt. Auf die Wahrung der inneren Sorgfalt kommt es nicht an. Wohl aber ist die äußere Sorgfalt Gegenstand der Beurteilung auf der Ebene der Rechtswidrigkeit sein und ein verhaltensbezogenes Rechtswidrigkeitsurteil abzugeben sein, weil die deliktischen Verkehrspflichten den Maßstab für die Fehlerbestimmung bilden[41]. Zunächst erscheint die Gefährdungshaftung als Haftungstyp, bei dem es sich um eine objektive Zurechnung für einen *nachgewiesenen Fehler* handelt, der zu einer *nachgewiesenen Verletzung* und einem *nachgewiesenen Schaden* geführt hat[42]. Von der ›reinen‹ Gefährdungshaftung unterscheidet sie sich aber dadurch, daß ihr Haftungsgrund nicht in der um den Preis einer Schadensausgleichspflicht erlaubten Herstellung von gefahrenträchtigen Produkten liegt[43]. Voraussetzung für eine Haftung nach dem Produkthaftungsgesetz ist, daß ein Schaden durch ein solches Produkt verursacht wurde, das nach objektiven Kriterien fehlerhaft ist. Das verleitet zu dem Schluß, die Produkthaftung sei deshalb als Kausal- oder als objektive Fehlerhaftung zu bezeichnen[44].

Taschner spricht sich für die Bezeichnung der Produkthaftung als eine Gefährdungshaftung – die »an sich« rechtswidrigkeitslos ist – aus, weil nur dadurch die Rechtswidrigkeit als haftungsbegründender Umstand auszuschließen sei. Dieser Ansicht zufolge ist der Ausschluß der Rechtswidrigkeit als haftungsbegründender Umstand erforderlich, weil man das »Konstruieren von Produkten, die den Sicherheitserwartungen der Allgemeinheit nicht entsprechen und aus diesem Grund als fehlerhaft bewertet werden, nicht von vornherein dem Makel rechtswidrigen Tuns aussetzen« solle und der Schritt von der Rechtswidrigkeit zum Schuldvorwurf klein sei[45].

---

[40] So beispielsweise von *Lehmann*, NJW 1992, S. 1721(1721); *ders.*, BB 1993, S. 1603(1605); *Hollmann*, DB 1985, S. 2389 und 2439(2389). Auch der Regierungsentwurf zum Produkthaftungsgesetz sprach schließlich, anders als noch der Referentenentwurf, von der ›verschuldensunabhängigen Haftung‹ als dem Haftungsprinzip des neuen Gesetzes, ergänzte aber: »Dieses Haftungssystem ist weitgehend identisch mit der Gefährdungshaftung, die im deutschen Recht z.B. bereits in §833 Satz 1 BGB, im Haftpflichtgesetz, im Straßenverkehrsgesetz, im Luftverkehrsgesetz, im Wasserhaushaltsgesetz und im Arzneimittelgesetz gilt.« (BT-Drs. 11/2447 vom 9.6. 1988, S. 11).

[41] So auch *Hager*, PHI 1991, S. 2(2).

[42] *Deutsch*, VersR 1992, S. 521(523).

[43] Siehe dazu *Oehler*, ZIP 1990, S. 1445(1446).

[44] Siehe auch *Schmidt-Salzer*, Kommentar EG-Richtline Produkthaftung, 1988, Art. 1 Rdnr. 5.

[45] *Taschner*, Produkthaftung, 1986, Art. 1, Rdz. 1, mit ausdrücklicher Verteidigung der hier geäußerten und angegriffenen Auffassung in der Nachauflage: *Taschner/Frietsch*, Produkthaftung, 1990, Art. 1 Richtl. RN 2.

Auch *Rolland* bezeichnet, ähnlich wie *Brüggemeier* und *Reich*[46], die Produkthaftung als eine Gefährdungshaftung. *Rolland* wählt diesen Begriff aber nicht deswegen, weil kein Verschulden vorliege und auch nicht jede Haftung ohne Verschulden Gefährdungshaftung sei[47], sondern weil mit der Gefährdungshaftung nur eine bestimmte Form der Abgrenzung von Schadensrisiken mit einer objektiven Zuordnung bezeichnet werde[48].

Dieser Auffassung wird hier entgegengetreten. Die Produkthaftung muß bei einer Einordnung des auf autonom auszulegendem europäischem Haftungsrecht beruhenden Produkthaftungsgesetzes in das deutsche System des Haftungsrechts als ein Rechtsinstitut der ›verschuldensunabhängigen Haftung‹ von der ›Gefährdungshaftung‹ unterschieden werden, weil die Gefährdungshaftung – anders als die Produkthaftung – keine Unrechtshaftung ist. Sie ist vielmehr als eine Haftung für bestimmte Folgen von rechtmäßigem Verhalten anzusehen, das bei Dritten zu Schäden geführt hat[49]. Der tiefere Grund für die Haftungsverschärfung der Gefährdungshaftung gegenüber der Verschuldenshaftung ist darin zu sehen, daß bei nicht voll beherrschbaren, aber in Kauf zu nehmenden technischen Gefahren derjenige das Risiko auch bei unverschuldeten Schadensereignissen zu tragen hat, der die Gefahrenquelle nutzt und am besten beherrscht. Die Gefährdungshaftung ist Haftung für die Wagnisübernahme[50]. Die Gefährdungshaftung beruht auf der Überlegung, »daß derjenige, der zur Erreichung eigener Zwecke eine mit besonderen Gefahren verbundene Anlage betreibt oder auf andere Weise eine Quelle besonderer Gefahr geschaffen hat, für die Schäden einstehen muß, die – sie seien im Einzelfall von ihm verschuldet oder nicht – auf einer Verwirklichung jener spezifischen Gefahren beruhen«[51]. Der Gefährdungshaftung kommt demnach die Aufgabe zu, Schäden nicht dem zufällig Betroffenen schicksalhaft aufzubürden, sondern die nicht steuerbaren Risiken gerecht zu verteilen[52]. Die Rechtsordnung duldet einerseits in den Grenzen ständig erweiterter Sicherheitsstandards und Grenzwerte gewisse mit neuen Techniken einhergehende Risiken, da sie mit dem Instrument der Gefährdungshaftung demjenigen, der das Schadensrisiko setzt, auch das Haftungsrisiko auferlegt. Die Entwicklung

---

[46] *Brüggemeier/Reich*, WM 1986, S. 149(154).

[47] Insoweit beruft sich *Rolland*, Produkthaftungsrecht, 1990, § 1 Rdnr. 7, auf *Larenz*, VersR 1963, S. 593(596).

[48] *Rolland*, Produkthaftungsrecht, 1990, § 1 Rdnr. 7 mit Hinweis auf *Deutsch*, Zurechnung und Haftung im zivilen Deliktsrecht, in: Festschrift für *Honig*, 1970, S. 33 (44), und auf »*Larenz*, Zurechnung, S. 103ff.« (gemeint wohl: *Karl Larenz*, Hegels Zurechnungslehre und der Begriff der objektiven Zurechnung, Leipzig 1927).

[49] So neben vielen *Schmidt-Salzer*, Kommentar EG-Richtlinie Produkthaftung, 1988, Art. 1 Rdnr. 9ff.

[50] Grundlegend bereits *von Caemmerer*, Reform der Gefährdungshaftung, 1971.

[51] *Kötz*, VersR 1982, S. 624 (625). Man kann nicht davon ausgehen, daß die Herstellung oder das Inverkehrbringen eines jeden Produkts eine »Quelle *besonderer* Gefahr« darstellt.

[52] *Kilian*, Gefährdungshaftung, in: *Görlitz* (Hrsg.), Handlexikon zur Rechtswissenschaft, 1972, S. 110(110).

der modernen Technik wird begleitet von Gefährdungshaftungsregelungen, die in dieser Form im Bürgerlichen Gesetzbuch – mit Ausnahme der ›systemwidrigen‹ und daher unter der irreführenden Titelüberschrift (Unerlaubte Handlungen) geführten Luxustierhalterhaftung in § 833 BGB[53] – nicht vorhanden waren.

Die außervertragliche schuldunabhängige Haftung wurde zuerst von *Friedrich Carl von Savigny* als Mitglied des Staatsrats bei den Beratungen über ein Preußisches Eisenbahngesetz entwickelt[54]. Seinen Vorschlägen entsprechend wurde sie im Eisenbahngesetz von 1838 normiert[55]. Es folgten der Gefährdungshaftungstatbestand im Reichshaftpflichtgesetz von 1871[56], 1909 die Halterhaftung für Kraftfahrzeuge[57] und schließlich 1922 die Haftung für Luftfahrzeuge[58]. In jüngerer Zeit kamen die Haftung für Kernenergieanlagen[59], für Schäden aus einem Bergbaubetrieb[60] und für Arzneimittel[61] hinzu[62]. Auch die

---

[53] Siehe zum Festhalten des BGB-Gesetzgebers am Verschuldensprinzip *Voegeli*, KJ 1980, S. 135(138f.).

[54] Auch wenn es dashalb zweifelhaft ist, ob *Savigny* die Gefährdungshaftung als selbständiges Zurechnungsprinzip anerkannte,weil er sie nicht in sein System des Obligationenrechts integrierte, so weisen die Gesetzesmaterialien zum Eisenbahngesetz *Savigny* doch als denjenigen aus, der eine Gefährdungshaftung forderte. In einem Votum zum Gesetzentwurf führte er aus: Es scheinen »folgende Erörterungen für die im § 19 ausgesprochenen Entschädigungsverpflichtungen notwendig: ... 3. Ferner müßte auch die Gesellschaft haften für den Schaden, welcher entsteht a) aus der fehlerhaften Beschaffenheit der Bahn ...; b) oder auch aus der vielleicht ganz unabwendbaren Natur der Unternehmung selbst. So z. B. scheint es bis jetzt nicht gelungen, die Feuergefahr bei den schnell bewegten Dampfmaschinen ganz abzuwenden, und in England ist auf diese Weise mehrmals großer Schaden entstanden. In einem solchen Falle nun kann keiner Person irgend eine Schuld beigemessen weden. Allein es ist doch auch nicht den benachbarten Grundbesitzern oder den Reisenden zuzumuten, sich auf diese Weise beschädigen zu lassen; vielmehr scheint es gerecht, daß die Gesellschaft den Schaden trage, welcher aus der unvermeidlichen Gefährlichkeit ihres Gewerbes hervorgeht« (aus: Staatsrat, Acta wegen Concessionen zur Anlegung von Eisenbahnen, 1838, Vol. II, Staatsarchiv Merseburg Rep. 80 I fol. 184, 198r, zitiert bei *Baums*, SavZ/Germ. Abt. 104(1987), S. 277ff.).

[55] Gesetz über die Eisenbahn-Unternehmungen vom 3.11. 1838, Preußische Gesetzessammlung 505, 510. Die Existenz eines Gefährdungshaftungstatbestands wurde in der Literatur des 19. Jh. »gleichsam entschuldigend am Rande erwähnt« (*Voegeli*, KJ 1980, S. 135[138]), und selbst die Verschuldensvermutung des Geschäftsherrn und die Beweislast bei der Gebäudehaftung erschienen vielen als unvereinbar mit dem Verschuldensprinzip, so daß sie in den BGB-Entwürfen auch noch nicht enthalten waren, siehe dazu *Voegeli*, ebenda.

[56] § 1 Reichs-Haftpflichtgesetz vom 7.6. 1871, RGBl. I, S. 207.

[57] Gesetz über den Verkehr mit Kraftfahrzeugen vom 3.5. 1909, RGBl. I, S. 437; siehe heute §§ 7ff. Straßenverkehrsgesetz (StVG) i.d.F. der Bekanntmachung vom 19.12. 1952 (BGBl. I S. 837), zuletzt geändert durch Gesetz vom 30.4. 1990 (BGBl. I S. 826).

[58] Luftverkehrsgesetz vom 1.8. 1922 (RGBl. I, S. 681); heute § 33 Luftverkehrsgesetz (LuftVG) i.d.F. der Bekanntmachung vom 14.1. 1981 (BGBl. I S. 61).

[59] § 25 Abs. 1 Gesetz über die friedliche Verwendung der Kernenergie und den Schutz gegen ihre Gefahren (AtomG) vom 23.12. 1959 (BGBl. I, S. 814), i.V.m. Artt. 3ff. des Pariser Übereinkommens vom 5.2. 1976.

[60] § 114 Bundesberggesetz (BBergG) vom 13.8. 1980 (BGBl. I S. 1310).

[61] § 84 Gesetz über den Verkehr mit Arzneimitteln (Arzneimittelgesetz-AMG) vom 24.8. 1976 (BGBl. I, S. 2445).

[62] Vgl. *Will*, Quellen erhöhter Gefahr, 1980, S. 2ff.

neuen Haftungsregeln aus dem Gentechnikgesetz[63] und dem Umwelthaftungsgesetz[64] reihen sich in die erforderlich gewordene Neuverteilung der Haftungsrisiken mit Gefährdungshaftungstatbeständen ein[65].

Bislang hat es der Gesetzgeber trotz entsprechender Vorschläge[66] nicht für erforderlich gehalten, einen allgemeinen[67] Gefährdungshaftungstatbestand für die aus der Elektronischen Datenverarbeitung erwachsenden Gefahren einzuführen oder gar das bei der Gefährdungshaftung vorherrschende Enumerationsprinzip zugunsten eines generalklauselartigen Gefährdungshaftungstatbestands aufzugeben[68].

Ein Handlungs- oder Unterlassensunwert wird dem Umstand, daß ein Hersteller ein Produkt in Verkehr brachte, das zu einem Schaden führte, oder daß eine Anlage betrieben wird, die einen Schaden herbeiführte, bei der Gefährdungshaftung nicht beigemessen. Der Schädiger wird nicht wegen einer bestimmten persönlichen Handlung oder Unterlassung haftbar gemacht, sondern wegen des Umstands, daß er einen verursachten Schaden aufgrund der gesetzlichen Risikozuweisung auch zu verantworten hat[69]. Dieser Schaden wird bei der Gefährdungshaftung durch »Sachen, Geräte, Anlagen«[70] verursacht. Im Wortlaut der Gefährdungshaftungsvorschriften heißt das beispielsweise: »bei dem Betrieb des Kraftfahrzeugs« (§ 7 StVG), »bei dem Betrieb einer Schienenbahn« (§ 1 HaftPflG), »durch ein Tier« (§ 833 BGB), durch ein »von einer Kernanlage ausgehendes nukleares Ereignis« (§ 25 AtomG), »durch eine Umwelteinwirkung, die von einer ... Anlage ausgeht« (§ 1 UmwHaftG) oder auch »infolge von Eigenschaften eines Organismus, die auf gentechnischen Arbeiten beruhen« (§ 32 GenTG). Diese Haftung knüpft nicht am Verhalten einer Person (»*wer* rechtswidrig und schuldhaft ...«) an.

---

[63] §§ 32 ff. Gesetz zur Regelung von Fragen der Gentechnik (Gentechnikgesetz – GenTG) vom 20. Juni 1990 (BGBl. I S. 1080), zuletzt geändert am 27.4. 1993 (BGBl. I S. 512).

[64] Gesetz über die Umwelthaftung (UmweltHG) vom 10. Dezember 1990 (BGBl. I S. 2634).

[65] Dazu *Nicklisch*, Die Haftung für Risiken des Ungewissen, in: *Jayme et al.* (Hrsg.), Festschrift für *Niederländer*, 1991, S. 341 ff.; *Wagner*, JZ 1991, S. 175 (176 f.).

[66] Siehe *Kilian*, Gefährdungshaftung, in: *Görlitz* (Hrsg.), Handlexikon zur Rechtswissenschaft, 1972, S. 110 (114). Vgl. auch *Kötz*, AcP 170 (1970), S. 1 ff.

[67] Nur für die aus der unzulässigen und unrichtigen Verarbeitung von Daten natürlicher Personen resultierenden Schäden sieht § 7 BDSG eine Gefährdungshaftung lediglich der öffentlichen Stellen vor.

[68] Vgl. zu dieser Diskussion über eine Generalklausel im Gefährdungshaftungsrecht *Ogorek*, Untersuchungen zur Entwicklung der Gefährdungshaftung im 19. Jahrhundert, 1975, S. 102 ff.; *Will*, Quellen erhöhter Gefahr, 1980, S. 243 ff.; *Kötz*, AcP 170 (1970), S. 1; *ders.*, Gefährdungshaftung, in: *Bundesminister der Justiz* (Hrsg.), Gutachten und Vorschläge zur Überarbeitung des Schuldrechts, Bd. II, 1981, S. 1779 (Plädoyer für einen allgemein gefaßten Tatbestand der Gefährdungshaftung, nun aber beschränkt auf die Verwirklichung der besonderen Gefahr des Betriebs technischer Beförderungsmittel); *Cosack*, VersR 1992, S. 1439.

[69] *Rolland*, Produkthaftungsrecht, 1990, Art. 1 Rdnr. 7.

[70] *Larenz*, VersR 1963, S. 593 (598).

Gefährdungshaftung ist demnach eine (rechtswidrigkeitsunabhängige) Haftung für die Schäden aus erlaubter Verwendung oder Inverkehrgabe riskanter Systeme und – trotz mancher ethischer, politischer und ökonomischer Bedenken gegen die haftungsrechtlich begleitete Einführung einer neuen Technologie – wegen der vom Gesetzgeber herbeigeführten Grundsatzentscheidung auch Haftung aus sozial erwünschten Verhaltensweisen[71]. Der Gesetzgeber von Gefährdungshaftungsregeln ordnet an, daß diejenigen, die neue, als gefährlich erachtete Techniken einsetzen, etwaige Risiken zu tragen und für entstehende Schäden selbst dann zu haften haben, wenn ihnen kein fehlerhaftes Verhalten vorgeworfen werden kann und der Stand von Wissenschaft und Technik beachtet wurde. Damit gehen bei der Gefährdungshaftung selbst die Entwicklungsrisiken zu Lasten desjenigen, der das Risiko geschaffen hat. Dadurch wird auch die präventive Wirkung der Haftungsregelung gestärkt, weil dem Entwickler Anreize zur Intensivierung seiner Sicherungsmaßnahmen gegeben werden[72]. Außerdem zieht der Entwickler materielle Vorteile aus den neuen zugelassenen Technologien, so daß die Nachteile bei einer etwaigen Rechtsgutverletzung nicht dem Geschädigten aufgebürdet werden dürfen. Die Gefährdungshaftung bringt dadurch eine Zuweisung der mit der modernen wissenschaftlich-technischen Entwicklung verbundenen Risiken in sachgerechter Weise dadurch, daß bei einem erlaubten, aber riskanten Handeln das Deliktsrecht nun – wie es *Deutsch*[73] betonte – seinen Akzent von der Gefahrvermeidung auf die Gefahrkontrolle verlagerte[74]. Das entspricht nicht nur allgemeinen Gerechtigkeitserwägungen, nach denen es als ungerecht empfunden wird, die Opfer einer zum Vorteil eines anderen geschaffenen Gefahrenquelle auf ihrem Schaden »sitzen zu lassen«[75], sondern auch wohlfahrtsökonomischen Zielen. Neben den Aspekt der Verteilungsgerechtigkeit tritt zunehmend das Ziel, durch Haftungsregeln Anreize zu einem umsichtigen, schadenvermeidenden und damit wirtschaftlich effizienten Verhalten zu geben, das die Differenz zwischen Nutzen und Kosten des in Anspruch Genommenen und des Geschädigten maximiert.[76] Ob dieses Ziel bei allen Gefährdungshaftungsregelungen in gleichem Maße von Bedeutung ist, bleibt mangels empirischer Nachweise noch zweifel-

---

[71] *Kilian*, Gefährdungshaftung, in: *Görlitz* (Hrsg.), Handlexikon zur Rechtswissenschaft, 1972, S. 110(111).

[72] So auch *Hager*, JZ 1990, S. 397(399). Das französische, aus dem Vertragsrecht (action directe) entwickelte Haftungsrecht kennt ebenfalls die Haftung für Entwicklungsrisiken, siehe dazu *Ficker*, Die Schadenersatzpflicht des Verkäufers und seiner Vormänner bei Sachmängeln in der französischen Rechtsprechung, 1962.

[73] *Deutsch*, Haftungsrecht I, 1976, S. 365. Ähnlich zuvor bereits *Kilian*, Gefährdungshaftung, in: *Görlitz* (Hrsg.), Handlexikon zur Rechtswissenschaft, 1972, S. 110 (113).

[74] Begründung EG-Richtlinie ABl. EG Nr. L 210/29 vom 7. 8. 1985.

[75] *Wagner*, JZ 1991, S. 175(176).

[76] *Wagner*, JZ 1991, S. 175(176). Siehe dazu auch grundlegend *Adams*, Ökonomische Analyse der Gefährdungs- und Verschuldenshaftung, 1985.

haft. Anerkannt ist aber, daß neben der Ausgleichsfunktion der Gefährdungshaftung durch die Allokationswirkung auch eine Präventionsfunktion zukommt: Die strenge Haftung führt zu einem bewußten, schadensvermeidenden Umgang mit dem Risiko und damit zwangsläufig zu einer Verteuerung des Produkts oder der Dienstleistung. Damit werden über den Preis entweder die gefährlichen Produkte vom Markt gedrängt oder die Produkte sind trotz des höheren Preises unentbehrlich.

Anders ausgedrückt: Gefährdungshaftung ist Anerkennung der Lückenhaftigkeit des menschlichen Wissens über Entwicklungs-, Produkt-, Anlagen- und Vermarktungsrisiken sowie über künftige Kausalverläufe beispielsweise bei der Produktnutzung in Umgebungen außerhalb des Labors. Die Rechtsordnung läßt die Nutzung riskanter Systeme zu, weil sie erkennt, daß die technische Entwicklung trotz eines hohen Sicherheitsstandards dazu führt, daß Risiken bestehen bleiben, da das menschliche Wissen über Kausalverläufe lückenhaft ist. Die Gefährdungshaftung, die sich als haftungsrechtliches Korrelat des erlaubten Risikos erweist[77], ist dann Haftung für rechtmäßige Nutzung der Technik. Derjenige, der die neuen risikobehafteten Techniken nutzt, hat als Preis für die rechtliche Zulassung seines technischen Systems für die auch bei rechtmäßiger Nutzung geschaffenen und verwirklichten Gefahren zu haften[78]. Gefährdungshaftung ist Haftung ohne Rechtswidrigkeit[79].

2. ›Produktfehler‹ durch unzureichendes Gefahrvermeidungsverhalten

Im Produkthaftungsgesetz heißt es demgegenüber aber nicht, daß der Hersteller für Schäden Ersatz zu leisten hat, die »durch ein Produkt« verursacht wurden. Vielmehr haftet der Hersteller für die Schäden, die »durch *einen Fehler* des Produkts« entstanden (§ 1 Abs. 1 S. 1 ProdHaftG).

Ist ein Produkt Ursache eines Schadenseintritts, tritt die Rechtsfolge der Haftung nicht automatisch ein, sondern erst, wenn unter Zugrundelegung von Sorgfaltsgesichtspunkten die Fehlerhaftigkeit des Produkts festgestellt wurde. Die Erfüllung des Tatbestandsmerkmals ›Fehler‹ ist eine Frage der objektiven Vorwerfbarkeit eines unzureichenden Gefahrvermeidungsverhaltens.

---

[77] *Nicklisch*, Die Haftung für Risiken des Ungewissen, in: *Jayme et al.* (Hrsg.), Festschrift für *Niederländer*, 1991, S. 341(342). Ähnlich 1972 schon *Kilian*, Gefährdungshaftung, in: *Görlitz* (Hrsg.), Handlexikon zur Rechtswissenschaft, 1972, S. 110(111 f.).

[78] *Nicklisch*, Die Haftung für Risiken des Ungewissen, in: *Jayme et al.* (Hrsg.), Festschrift für *Niederländer*, 1991, S. 341(343); vgl. auch *Kötz*, Deliktsrecht, 1994, S. 134, Rn. 333; MünchKomm-*Mertens*, 1986, Rn. 19ff. vor § 823 BGB.

[79] *BGHZ* 79, 259(262) – (Gebäudeschaden). Siehe auch *von Bar*, Neues Haftungsrecht durch Europäisches Gemeinschaftsrecht, in: *Medicus/Mertens* (Hrsg.), Festschrift für *Lange*, 1992, S. 373(385); *Deutsch*, JZ 1989, S. 465(466).

Entgegen der Auffassung von *Rolland*[80] kommt im Wortlaut des Produkthaftungsgesetzes, nach dem der haftungsbegründende Umstand »durch den Fehler eines Produkts« eingetreten sein muß, der Gefährdungshaftungscharakter der Norm gerade nicht zum Ausdruck, im Gegenteil. Die nähere Qualifizierung des schadenverursachenden Produkts als »fehlerhaft« dient nicht nur der Verdeutlichung des objektivierbaren Umstands, daß das in einem Produkt verkörperte Risiko sich aufgrund eines Fehlers konkretisiert hat. Der »objektive« Produktfehler des in den Verkehr gebrachten Produkts ist nicht allein der tragende Grund der Haftung, sondern die Feststellung eines Produktfehlers nach objektiven Kriterien bezieht die Prüfung von objektiven Sorgfaltspflichtverletzungen mit ein[81]. *Von Bar* kennzeichnet es zutreffend als »eine façon de parler, ob man sagt, das Produkt hat einen Fehler gehabt, oder ob man sagt, der Hersteller habe das Produkt fehlerhaft produziert«[82]. Die Produkthaftung ist demnach keine reine »pflichtunabhängige« Gefährdungshaftung. Abgesehen davon, daß der Fehler nur in der Mißachtung von »berechtigten Sicherheitserwartungen« gesehen wird, haftet der Hersteller eines Produkts, dessen Fehlerhaftigkeit in diesem Sinn festgestellt werden muß, für Personenverletzungen und Sachbeschädigungen dann nicht, wenn ihm der Beweis gelingt, daß »der Fehler auf der Einhaltung zwingender Rechtsvorschriften beruht oder nach dem ›Stand der Wissenschaft und Technik‹ beim Inverkehrbringen des Produkts nicht erkannt werden konnte« (§ 1 Abs. 2, Ziff. 4, 5, Abs. 4 ProdHaftG).

Schon um der irrigen Vorstellung vorzubeugen, der Produzent hafte auch für die Schäden, die durch in jeder Hinsicht fehlerfreie Produkte herbeigeführt wurden, sollte die Produkthaftung deshalb nicht als Gefährdungshaftung bezeichnet werden[83]. Sie ist es nicht, da zum einen nach dem Produkthaftungsgesetz nicht für jeden Fehler gehaftet wird und zum anderen einer Gefährdungshaftung keine Verhaltenspflichtverletzungen zugrunde liegen[84]. Produkthaftung im hier verstandenen Sinne ist zwar eine verschuldensunabhängige Haftung, aber umfaßt doch das Einstehen für ein unrechtmäßiges Handeln. Die Produkthaftung setzt ein im Inverkehrbringen eines fehlerhaften Produkts liegendes rechtswidriges Verhalten, aber kein Verschulden voraus. Zuzustimmen

---

80 *Rolland*, Produkthaftungsrecht, 1990, § 1 Rdnr. 7.

81 Vgl. auch *Schubert*, PHI 1989, S. 74(82).

82 *Von Bar*, Neues Haftungsrecht durch Europäisches Gemeinschaftsrecht, in: *Medicus/Mertens* (Hrsg.), Festschrift für *Lange*, 1992, S. 373(389), unter Hinweis auf *Kötz*, Deliktsrecht, 1984, Rdnr. 461 f. Vgl. auch *Brüggemeier* in: *Joerges/Brüggemeier*, Europäisierung des Vertragsrechts und Haftungsrechts, in: *Müller-Graff* (Hrsg.), Gemeinsames Privatrecht in der Europäischen Gemeinschaft, 1993, S. 233(264): »Fahrlässigkeitshaftung und strict liability gehen ineinander über.«.

83 Im Ergebnis ebenso *Mayer*, VersR 1990, S. 691(692). Siehe auch *von Bar*, Neues Haftungsrecht durch Europäisches Gemeinschaftsrecht, in: *Medicus/Mertens* (Hrsg.), Festschrift für *Lange*, 1992, S. 373(384 ff.).

84 Siehe auch *BGHZ* 79, 259(262) – (Gebäudeschaden).

ist *Schmidt-Salzer* darin, daß die Produkthaftung keine Produktgefährdungshaftung, sondern eine (verschuldensunabhängige) Unrechtshaftung begründet[85]. Insofern ist die Produkthaftung als eine Haftung für die auch ohne Verschulden vorgenommene rechtswidrige Verletzung von Verhaltenspflichten[86], konkreter: als eine auf den Hersteller beziehbare handlungsbezogene Unrechtshaftung zu bezeichnen. Der nicht objektive, sondern Wertungen unterliegende Fehlerbegriff des Produkthaftungsbegriffs dient objektiv der Haftungsbegrenzung.

3. Ausschluß von Entwicklungsrisiken

Die Produkthaftung ist aus einem weiteren Grund keine echte ›Gefährdungshaftung‹. Die Gefährdungshaftung umfaßt nach ihrem konzeptionellen Ansatz selbst die Entwicklungsrisiken, die auch bei der Erstellung von Computerprogrammen bestehen. Dazu ist *Nicklisch* zu zitieren, der den Gedanken besonders pointiert formuliert:

> »Die grundsätzliche Einbeziehung des Entwicklungsrisikos folgt aus ihrem Charakter als verschuldensunabhängige Kausalhaftung. Ein Entwicklungsrisiko realisiert sich, wenn Schäden eintreten, die zum Zeitpunkt der Vornahme der schädigenden Handlung, d.h. ex ante, nach dem Stand von Wissenschaft und Technik nicht vorhersehbar waren. Die Vorhersehbarkeit des Schadens ist ein typisches Verschuldensmerkmal, das sowohl bei Vorsatz als auch bei vorwerfbarer Fahrlässigkeit gegeben sein muß. Da im Rahmen einer Gefährdungshaftung unabhängig von einem Verschulden gehaftet wird, spielt die Vorhersehbarkeit des Schadens keine Rolle mehr.«[87]

Wenn man die Gefährdungshaftung als den Preis für die Erlaubnis zur Nutzung riskanter wissenschaftlich-technischer Systeme bezeichnet, so ist es konsequent, eine Haftung für Schäden zu bejahen, die sich auch aus der erlaubten Nutzung bei der Verwirklichung eines Risikos ergeben. Umfaßt sind auch solche Risiken, die trotz Beachtung aller Sicherheitsvorkehrungen nach dem

---

[85] *Schmidt-Salzer*, DB 1987, S. 1285(1286): »Ein Fehler i.S. der Haftung ist immer die Nichterfüllung eines vorgegebenen Soll-Maßstabs. Ist der Soll-Maßstab erfüllt, dann hat sich der Hersteller rechtmäßig verhalten. Bleibt er dagegen hinter dem Soll-Maßstab zurück, hat er rechtswidrig gehandelt. Also ist die EG-Produkthaftung eine sog. *Unrechtshaftung*, die ein rechtswidriges Verhalten voraussetzt, nämlich die Verursachung eines Produktfehlers durch den Hersteller.« Siehe auch *ders.*, Komm. EG-Richtlinie Produkthaftung, 1988, Art. 1 Rdnrn. 5ff., und *ders.*, NJW 1994, S. 1305(1308). Ebenso *Schlegelmilch*, in: *Geigel*, Haftpflichtprozeß, 1993, 14. Kap., Rdn. 297(S. 460) Zur objektiven Pflichtwidrigkeit anderer Auffassung *Marburger*, AcP 192(1992), S. 1(5).

[86] *Von Bar*, Neues Haftungsrecht durch Europäisches Gemeinschaftsrecht, in: *Medicus/ Mertens* (Hrsg.), Festschrift für *Lange*, 1992, S. 373(389f.).

[87] *Nicklisch*, Zur Grundkonzeption der Technik- und Umweltgefährdungshaftung, in: *Huber* (Hrsg.), Festschrift für *Serick*, 1992, S. 297(306).

Stand von Wissenschaft und Technik nicht vorhersehbar und insofern auch nicht abwendbar sind[88].

Nach § 1 Abs. 2 Ziff. 5 ProdHaftG haftet der Hersteller aber ausdrücklich nicht, wenn der Fehler nach dem ›Stand der Wissenschaft und Technik‹ beim Inverkehrbringen des Produkts nicht erkannt werden *konnte*. Nach der derzeitigen Gesetzeslage bestehen damit Berührungspunkte zu dem bei der deliktischen Haftung möglichen Entlastungsbeweis in Form des Haftungsausschlusses für Entwicklungsschäden[89]. Der Gesetzesentwurf begründet den Haftungsausschluß damit, daß die Haftung für nicht voraussehbare Entwicklungsfehler in der Praxis sehr selten sei und daß es deshalb nicht geboten gewesen wäre, sie in das harmonisierte Recht einzubeziehen[90]. Die EG-Richtlinie stellt es den Mitgliedstaaten in Art. 15 Abs. 1 Buchstabe b) dagegen frei, auch die Haftung für Entwicklungsrisiken vorzusehen[91].

Die Möglichkeit zum Einwand des Entwicklungsrisikos kommt allein bei einer Unrechtshaftung zum Tragen[92]. Der Einwand des Entwicklungsrisikos bezieht sich nämlich auf die Tatbestandsvoraussetzung des rechtswidrigen Handelns. Ein Entwicklungsfehler ist aber nicht die Folge eines sorgfaltswidrigen Handelns[93]. Die Rechtswidrigkeit ist wie die Schuld bei der Gefährdungshaftung aber ohne Bedeutung. Es liegt in der Konzeption der Gefährdungshaftung, daß sie gerade auch die Entwicklungsrisiken mit umfaßt[94]. Betrachtet

---

[88] *Nicklisch*, Das Recht im Umgang mit dem Ungewissen, in: *Lenk/Maring* (Hrsg.), Technikverantwortung, 1991, S. 161(169), und *ders.*, Die Haftung für Risiken des Ungewissen, in: *Jayme et al.* (Hrsg.), Festschrift für *Niederländer*, 1991, S. 341; *Deutsch*, Produkt- und Arzneimittelhaftung im Gentechnikrecht, in: *Pfister/Will* (Hrsg.), Festschrift für *Lorenz*, 1991, S. 65(69).

[89] *Häsemeyer*, Das Produkthaftungsgesetz im System des Haftungsrechts, in: *Jayme et al.* (Hrsg.), Festschrift für *Niederländer*, 1991, S. 251(253).

[90] Siehe die Begründung zum Entwurf des ProdHaftG, BT-Drs. 11/2447, abgedruckt auch in PHI 1987, S. 85(100).

[91] Über die Erfahrungen mit dem Haftungsausschlußgrund »Entwicklungsrisiko« ist dem Rat zu berichten, um die ProdHRl ggf. zu revidieren; siehe dazu ausführlich *Taschner*, in: *Taschner/Frietsch*, Produkthaftung, 1990, Art. 7 Richtl. RN 34ff. und Art. 15 Richtl. RN 3ff. Von anderer Seite wird allerdings darauf hingeweisen, daß die auf die Hersteller zukommenden »Mehrkosten« ohne den Haftungsausschluß der Entwicklungsrisiken um 50% höher liegen würden, vgl. *Zinkann*, Die Reduzierung der Produkthaftungsrisiken, 1989, S. 164.

[92] *Nicklisch*, Die Haftung für Risiken des Ungewissen, in: *Jayme et al.* (Hrsg.), Festschrift für *Niederländer*, 1991, S. 341(344); *Ficker*, Produktenhaftung als Gefährdungshaftung?, in: *Ficker et al* (Hrsg.), Festschrift für *von Caemmerer*, 1978, S. 343ff. Dies macht auch *Sack*, VersR 1988, S. 439 (448), deutlich, wenn er, die Produkthaftung als Gefährdungshaftung bezeichnend, hierin eine »Ausnahme von der Gefährdungshaftung« sieht. Siehe jetzt auch *Canaris*, JBl 1995, S. 2(4f.).

[93] Siehe schon *Simitis*, Produzentenhaftung: Von der strikten Haftung zur Schadensprävention, in: *Pawlowski/Wiese/Wüst* (Hrsg.), Festschrift für *Duden*, 1977, S. 605; *Brüggemeier*, ZHR 152(1988), S. 511(517).

[94] *Nicklisch*, Die Haftung für Risiken des Ungewissen, in: *Jayme et al.* (Hrsg.), Festschrift für *Niederländer*, 1991, S. 341(344). Auch *Schubert*, PHI 1989, S. 74(75, 82), wendet sich zu Recht dagegen, daß die Begründung zum ProdHaftGE das ProdHaftG als »weitgehend iden-

man die Gefährdungshaftung als den Preis für die Erlaubnis zur Nutzung wissenschaftlich-technischer Systeme trotz verbleibender Risiken, dann muß sie die Haftung für solche Schäden mit erfassen, die aufgrund dieser verbleibenden Risiken eintreten[95]. Hierunter fallen aber insbesondere diejenigen Risiken, die bei Beachtung aller denkbaren Sicherheitsvorkehrungen nach dem Stand von Wissenschaft und Technik nicht vorhergesehen werden und denen somit auch nicht präventiv begegnet werden konnte.

Bei der Produkthaftung enthält die Straßburger Konvention des Europarats zur Produkthaftung[96] noch eine die Entwicklungsrisiken einschließende Gefährdungshaftung[97]. Auch im Kommissionsentwurf waren die Entwicklungsrisiken noch von der Haftungsregel umfaßt[98]. Erst in Art. 7 e PHRl wurde dann als Kompromiß gegenüber den Einwänden von Seiten der Industrie[99] aufgenommen, daß der Hersteller für Entwicklungsrisiken nicht haften soll, es aber den Mitgliedstaaten überlassen bleibt, diesen Haftungsausschlußgrund zu übernehmen oder abzuändern. Von dieser rechtspolitisch verfehlten und daher zu Recht kritisierten[100] Möglichkeit des Abweichens von der Richtlinie, die dem Gedanken der Rechtsvereinheitlichung zuwider läuft, machte der deutsche Gesetzgeber des Produkthaftungsgesetzes keinen Gebrauch. Er hat sich gegen eine wirksame konsumentenschützende Gefährdungshaftung und mit § 1 Abs. 2 Nr. 5 ProdHaftG für den Ausschluß der Haftung für Entwicklungsrisiken entschieden, womit der Rückgriff auf Kriterien der Verschuldenshaftung verbunden ist[101]. 1995 will die Europäische Union auf der Grundlage der bis dahin gemachten Erfahrungen gem. Art. 15 Abs. 3 PHRl erneut über die Einbezie-

tisch mit der Gefährdungshaftung« bezeichnet, inkonsequenterweise aber ohne Rechtfertigung Haftungsprivilegien einführt.

[95] *Nicklisch*, Die Haftung für Risiken des Ungewissen, in: *Jayme et al.* (Hrsg.), Festschrift für *Niederländer*, 1991, S. 341(344f.).

[96] Nicht-amtliche Übersetzung bei *Kullmann/Pfister*, Handbuch Produzentenhaftung, 1993, Ziff. 1100, S. 1ff.

[97] Siehe auch *Lorenz*, ZHR 151(1987), S. 1.

[98] Siehe den Vorschlag einer Richtlinie des Rates zur Angleichung der Rechts- und Verwaltungsvorschriften der Mitgliedstaaten über die Haftung für fehlerhafte Produkte, ABl. EG vom 14. 10. 1976, Nr. C 241/9, Art. 1 Abs. 2.

[99] Insbesondere die deutsche Industrie hatte sich mit Nachdruck gegen die Einbeziehung von Entwicklungsrisiken in die Haftungsregelung gewehrt; siehe auch *Hollmann*, DB 1985, S. 2389 und 2439(2395), der eine »erhebliche Innovationsbehinderung und Verschlechterung der wettbewerblichen Rahmenbedingungen« befürchtet hatte. Die Bedenken sind auch deshalb unverständlich, weil bis dato in Deutschland mit § 84 AMG eine langjährige Erfahrung mit der Haftung für Entwicklungsrisiken bestand, die die Pharmaindustrie in keiner erkennbaren Weise beeinträchtigte; vgl. dazu auch *von Marschall*, PHI 1991, S. 166, und *Taschner*, in: *Taschner/Frietsch*, Produkthaftung, 1990, Art. 7 Richtl. RN 49.

[100] Vgl. *Taschner*, NJW 1986, S. 611(615); *Böhmeke-Tillmann*, Konstruktions- und Instruktionsfehler – Haftung für Entwicklungsrisiken?, 1992, der sich für die Haftung auch für Entwicklungsrisiken entsprechend § 84 AMG ausspricht und eine entsprechende Änderung der EG-Richtlinie empfiehlt.

[101] So auch *Giesen*, JZ 1989, S. 517(524).

hung der Entwicklungsrisiken in die Haftung beraten. Art. 15 Abs. 3 PHRl vermittelt den Eindruck, daß den Rat der Europäischen Gemeinschaften offenbar selbst Zweifel plagten, ob dieser systemwidrige Haftungsausschluß rechtssystematisch und rechtspolitisch unangreifbar ist[102]. Es wäre wünschenswert, wenn auch das deutsche Produkthaftungsgesetz auf die Möglichkeit des Haftungsausschlusses bei Entwicklungsrisiken deswegen verzichtet, weil gerade die Einbeziehung der Entwicklungsrisiken dem Produzenten den erforderlichen Anreiz bietet, die Sicherheitsforschung zu intensivieren[103], was nicht zuletzt auch einen Anreiz durch dann mögliche niedrigere Versicherungsbeiträge zur Folge hätte. Der Ausschluß des Entwicklungsrisikos führt dagegen dazu, daß nur der jeweilige Standard der bekannten Risiken beachtet wird und das jeweilige Haftungsniveau stabil bleibt. Die Präventionswirkung des Produkthaftungsgesetzes beschränkt sich damit darauf, die bekannten Risikofaktoren eines Produkts zur Risikoabschätzung zu ermitteln und Maßnahmen ausschließlich zu deren Vermeidung zu ergreifen. Mit den Folgekosten des mangelnden Gefahrwissens werden die handelnden Wirtschaftssubjekte nicht belastet, so daß auch kein Anreiz besteht, das Gefahrwissen zu optimieren, durch Forschungsanstrengungen das Haftungsrisiko weiter zu verringern und dadurch das Pareto-Optimum anzustreben[104]. Die gegenteilige Auffassung, daß die Hersteller und die bei ihnen beschäftigten Arbeitnehmer dann, wenn das Unternehmen auch bei sorgfältigster Entwicklung und Produktion für nicht erkenn- und vermeidbare Entwicklungsfehler einzustehen habe, zur Sorglosigkeit verleitet würden, wird durch die Erfahrungen mit den bestehenden, das Entwicklungsrisiko einschließenden Gefährdungshaftungsregelungen und durch die Erfahrungen aus der Praxis in anderen EU- Staaten, die das Entwicklungsrisiko von der Produkthaftung nicht ausgenommen haben, widerlegt[105].

---

[102] Siehe dazu *Lorenz*, CR 1987, S. 564(566), der Art. 15 Abs. 3 als Absichtserklärung betrachtet, die Haftung für Entwicklungsrisiken 1995 auch in das Produkthaftungsrecht einzuführen.

[103] Siehe auch *Hager*, JZ 1990, S. 397(399). *Hager*, PHI 1991, S. 2(8ff.), plädiert auch dafür, das Entwicklungsrisiko (bei unerkennbaren Konstruktionsfehlern) jedenfalls dann dem Hersteller aufzuerlegen, wenn das Produkt unverhältnismäßig große Schäden verursachen kann (S. 11f.).

[104] Diese Erwägungen läßt *Brüggemeier* unberücksichtigt, der die Möglichkeit des Anreizes zur »Produktwirkungsforschung« lediglich erwähnt, aber der Ansicht ist, daß das Haftungsrecht dann keine Verhaltensanreize zur Schadensprävention und/oder zur Anpassung des Aktivitätsniveaus setzt, wenn die Risiken nicht erkennbar sind und daher eine absolute Haftung negative Auswirkungen auf die Innovationstätigkeit der Unternehmen und »gesellschaftlichen Immobilismus« zur Folge habe; vgl. *Joerges/Brüggemeier*, Europäisierung des Vertragsrechts und Haftungsrechts, in: *Müller-Graff* (Hrsg.), Gemeinsames Privatrecht in der Europäischen Gemeinschaft, 1993, S. 233 (264f.).

[105] Vgl. *Sack*, VersR 1988, S. 439(448). Siehe auch *Müller*, Haftpflichtrisiken in Unternehmen, 1989, S. 53. Die Sorge, daß die Ausdehnung der Gefährdungshaftung mit dem Einschluß der Haftung für Entwicklungsrisiken zu einer Unterdrückung technischer Innovation führt, teilt auch *Ladeur*, BB 1993, S. 1303(1310), der daher – in einer ersten Skizze der Überlegungen

Dieser auch psychologisch nicht zu unterschätzende Aspekt des Forschungs- und Sorgfaltsanreizes durch Haftung für Entwicklungsrisiken könnte insbesondere bei der Softwareentwicklung ein in der Praxis noch zu beobachtendes unterentwickeltes Qualitätsdenken positiv beeinflussen und Qualitätsmanagementmethoden schneller zur Durchsetzung verhelfen.

Derzeit sieht das Produkthaftungsgesetz in § 1 Abs. 2 Nr. 5 ProdHaftG vor, daß die Ersatzpflicht in den vom Hersteller zu beweisenden Fällen ausgeschlossen ist, in denen der Fehler nach dem Stand der Wissenschaft und Technik zu dem Zeitpunkt, zu dem das Produkt in den Verkehr gebracht wurde, nicht erkannt werden konnte[106]. Entscheidend ist also, ob es zum Zeitpunkt des Inverkehrbringens objektiv möglich war, den Fehler und damit die Gefährlichkeit des Produkts zu erkennen. Nicht entscheidend ist, ob der Hersteller die Fehlerhaftigkeit hätte erkennen können[107].

Es kann daher erwartet werden, daß der § 1 Abs. 2 Nr. 5 ProdHaftG vom nationalen Gesetzgeber oder aufgrund einer EU-Initiative wieder zurückgenommen werden wird[108]. Die Vorschrift ist in der Praxis weitgehend bedeutungslos, in der Wissenschaft Anlaß für Fehlinterpretationen und damit überflüssig und verzichtbar[109].

– für eine »auf Lernfähigkeit angelegte Rationalität des Handelns unter Ungewißheitsbedingungen« plädiert, die, gepaart mit Anreizen zur partiellen Offenlegung von Risikowissen, in »prozedurale Anforderungen an eine Selbstkontrolle« und zu Risikowissen als öffentlichem Gut münden soll.

[106] Zu den Anforderungen an den »Stand von Wissenschaft und Technik« *Marburger*, Die Regeln der Technik im Recht, 1979; *Nicklisch*, BB 1983, S. 261; *Asbeck-Schröder*, DÖV 1992, S. 252; im Zusammenhang mit Anforderungen an Software *Lesshaft*, CR 1989, S. 146 und 246(147 ff.).

[107] Siehe zu dieser Fehlauslegung auch *Taschner*, in: *Taschner/Frietsch*, Produkthaftung, 1990, Art. 7 Richtl. RN 49.

[108] Die Bundestagsfraktionen von SPD und DIE GRÜNEN hatten von vornherein beantragt, auf diesen Haftungsausschlußgrund zu verzichten; siehe BT-Drs. 11/3718, S. 3f., und BT-Drs. 11/5594.

[109] Ebenso *von Marschall*, PHI 1991, S. 166(169), und *Taschner*, in: *Taschner/Frietsch*, Produkthaftung, 19902, Art. 7 Richtl. RN 49. Trotz Bedenken im Ergebnis auch *Böhmeke-Tillmann*, Konstruktions- und Instruktionsfehler – Haftung für Entwicklungsrisiken?, 1992, S. 96 ff. In dem ersten BGH-Urteil zum Produkthaftungsgesetz (BGH BB 1995, 1431 – Mehrwegflasche) ging es allerdings gerade um den Haftungsausschlußgrund des § 1 Abs. 2 ProdHaftG. Zutreffend entschied der BGH, daß die Voraussetzungen des § 1 Abs. 2 Nr. 5 ProdHaftg bei Fabrikationsfehlern – anders als bei Konstruktionsfehlern – nicht erfüllt sein können. Ebenso OLG Frankfurt 1 U 31/94 (Schmandkuchen) – unveröffentlicht.

Drittes Kapitel

Das Computerprogramm als ›Produkt‹ im Sinne des Produkthaftungsgesetzes und der EG-Produkthaftungsrichtlinie

1. Einleitung

Das Produkthaftungsgesetz kommt nur zur Anwendung, wenn ein Schaden »durch den Fehler eines *Produkts*« entstanden ist. Nach § 2 ProdHaftG ist ›Produkt‹ im Sinne des Gesetzes jede bewegliche Sache, auch wenn sie einen Teil einer *anderen* beweglichen Sache oder einer unbeweglichen Sache bildet.

Computerprogramme sind regelmäßig auf einem Datenträger gespeichert. Das kann der Massenspeicher innerhalb eines Rechners sein, ein Datenträger wie die Diskette, aber auch ein Programmspeicher in einem computergestützten Gerät, einer Maschine oder Anlage sein. Der Datenträger und die das Computerprogramm integrierenden Bauteile selbst sind unbestreitbar körperliche Gegenstände im Sinne von § 90 BGB und damit Sachen auch im Sinne von § 2 ProdHaftG. Auch die Produkte, in denen Software eingebracht wurde, also die medizinischen Geräte, das Flugzeug oder der sonstige, mit Hilfe des Computerprogramms funktionierende Gegenstand, sind eine Sache und werden damit vom Produkthaftungsgesetz zweifellos erfaßt.

a) *Integrierte Computerprogramme*

Ein Computerprogramm, das als integrierter Bestandteil eines Produkts an einen Abnehmer geliefert wird, wurde in der Literatur als ›produktbezogene‹ oder als ›integrierte Software‹ bezeichnet und von der ›isolierten Software‹ unterschieden[110]. Danach ist isolierte Software eine solche, die für sich allein in den Verkehr gebracht werden kann und anwendungsbezogen ist, wohingegen die integrierte Software von vornherein produktbezogen der Steuerung einer Maschine dient, in die sie vom Hersteller integriert wurde. Als integriertes

[110] Vgl. *Bauer*, PHI 1989, S. 38 und 98(41); *Junker*, WM 1988, S. 1217 und 1249 (1253); *Ehrikke*, CR 1990, S. 451(454); *Posch*, Comparative aspects of products liability in Europe and the United States, in: *Hulsenbek/Campbell* (Hrsg.), Product liability: prevention, practice and process in Europe and the United States, 1989, S. 123 (135).

System wird eine Komplettanlage mit einem integrierten elektronischen Datenverarbeitungsprogramm, beispielsweise ein Industrieroboter, bezeichnet, bei dem das elektronische Datenverarbeitungsprogramm nicht unabhängig von der Hardware existiert. Das Datenverarbeitungsprogramm ist danach mit der Folge ein unselbständiger Bestandteil der Sache geworden, daß für jeden Fehler der Komplettanlage gehaftet wird und damit eine Feststellung des fehlerhaften Teils obsolet ist[111]. Die Frage, ob das integrierte, möglicherweise von einem Dritten als Teilehersteller gelieferte Datenverarbeitungsprogramm ein Produkt im Sinne von § 2 ProdHaftG ist, brauche, so heißt es in der Literatur, dann nicht gestellt zu werden[112].

Ein zu einem Verbraucher- oder Drittbetroffenenschaden führender Fehler des integrierten Computerprogramms unterliegt im Ergebnis nach insoweit ganz unbestrittener Auffassung der Haftung nach dem Produkthaftungsgesetz, weil es an dem Schicksal der Maschine teilnimmt, in die sie integriert ist[113]. Als ›Teil eines in den Verkehr gebrachten Erzeugnisses‹ kann ein fehlerhaftes Computerprogramm danach eine Haftung auslösen, weil das ein Datenverarbeitungsprogramm integrierende Produkt ein Produkt im Sinne des Produkthaftungsgesetzes sei[114].

Die in der genannten Literatur vorgestellten Überlegungen zu der Frage, wer für einen Schaden aufzukommen hat, der von einem Computerprogramm verursacht wurde, das als Bestandteil einer technischen Einrichtung mit dem Endprodukt zusammen vermarktet wurde, behandeln das Problem nicht erschöpfend. Die Schwäche dieser Erwägungen beruht zum einen darauf, daß der Inhalt des Begriffs der ›integrierten Software‹ nicht präzise bestimmbar ist. Der Begriff ›integrierte Software‹ wird nicht nur für die Programme verwendet, die mit der Anlage im technischen Sinn fest verbunden sind. Hierfür steht der eingeführte Begriff der ›Firmware‹ zur Verfügung. Er wird für alle Datenverarbeitungsprogramme verwendet, die typischerweise allein für die technische Einrichtung erstellt wird, mit der es zusammen vermarktet wird. Über die Austauschbarkeit oder Ersetzbarkeit des Programms und über die haftungsrechtliche Verantwortlichkeit desjenigen, der das Computerprogramm erstellt hat und nicht mit dem Produzenten des übrigen Teils der technischen Einrichtung oder des Endprodukts identisch ist, wird damit noch keine Aussage getroffen. Eine Antwort auf die Frage nach der Haftung des mit dem Hersteller der in-

---

[111] Siehe dazu *Engel*, CR 1986, S. 702(706); *Hackemann*, Die Produzentenhaftung des Software-Herstellers, in: *Gorny/Kilian* (Hrsg.), Computer-Software und Sachmängelhaftung, 1985, S. 191(195).

[112] *Junker*, WM 1988, S. 1217 und 1249(1253).

[113] Vgl. *Bauer*, PHI 1989, S. 38 und 98(41); *Junker*, WM 1988, S. 1217 und 1249(1253); *Taschner*, in: *Taschner/Frietsch*, Produkthaftung, 1990, Art. 6 Richtl. RN 28; *Posch*, Comparative aspects of products liability in Europe and the United States, in: *Hulsenbek/Campbell* (Hrsg.), Product liability, 1989, S. 123(135).

[114] *Mayer*, VersR 1990, S. 691(695).

tegrierenden Sache möglicherweise nicht identischen Programmerstellers wird aber für die Geschädigten wichtig sein, deren Schaden vom Hersteller des Endprodukts beispielsweise wegen der Zahlungsunfähigkeit und wegen Nichteintritts einer Versicherung nicht ersetzt worden ist. Man begnügt sich mit der zutreffenden, aber weitergehende Fragen offen lassenden Feststellung der Haftung des Produzenten des Endprodukts.

Der Versuch, sich mit dieser scheinbar eleganten Lösung der Beurteilung der Produkteigenschaft von Computerprogrammen als solcher zu entziehen, muß also scheitern. Spätestens dann, wenn der Hersteller die Software von dritter Seite bezogen hat oder das Computerprogramm ausgetauscht werden kann, stellt sich die Haftungsfrage, ob nicht dieser Softwarelieferant als Teilehersteller neben dem Maschinenhersteller zur Haftung herangezogen werden kann. Darüber, ob diese Möglichkeit gegeben ist, besteht Streit.

Während nach der Auffassung etwa von *Bauer*[115], *Mayer*[116] und *Posch*[117] nur der Hersteller des Endprodukts haftet, weil das integrierte Computerprogramm für sich allein kein Produkt im Sinne des Produkthaftungsgesetzes sei und sich der Zulieferer des Computerprogramms somit außerhalb des Anwendungsbereichs des Produkthaftungsgesetzes bewege, kommt *Taschner*[118] zur gegenteiligen Auffassung:

> »Bei Computer-Programmen (Software) ist zu unterscheiden: Ist ein Computerprogramm in ein industrielles Erzeugnis eingebaut, um hier Steuerungsfunktionen zu erfüllen, wie dies bei Maschinen, Kraftfahrzeugen und medizinischen Geräten der Fall ist, ist es Teilprodukt. Ist es fehlerhaft, haftet sowohl derjenige, der das Computer-Programm hergestellt hat als auch der Endhersteller, der es in das Endprodukt eingebaut hat. Die Sache liegt nicht anders als bei jedem anderen Teilprodukt.«

b) Isolierte Computerprogramme

Aber nicht nur die Haftung des ›Teileherstellers‹ bei integrierten Computerprogrammen ist im Streit, sondern auch die haftungsrechtliche Behandlung der sogenannten ›isolierten‹ Software ist ungeklärt, weil die Produkteigenschaft des Computerprogramms heftig umstritten ist. Eine Entscheidung über die Produkteigenschaft im Sinne des Produkthaftungsgesetzes auch ›isolierter‹ Software ist also unumgänglich.

---

[115] *Bauer*, PHI 1989, S. 38 und 98(41).

[116] *Mayer*, VersR 1990, S. 691(695ff.).

[117] *Posch*, Comparative aspects of products liability in Europe and the United States, in: *Hulsenbek/Campbell* (Hrsg.), Product liability, 1989, S. 123(135).

[118] In: *Taschner/Frietsch*, Produkthaftung, 1990, Art. 6 Richtl. RN 28.

c) Der Wortlaut von §2 Abs. 1 ProdHaftG

Mit den beweglichen Sachen stellt §2 Abs. 1 Satz 1 ProdHaftG die Elektrizität angesichts der in den Rechtsordnungen der EG-Mitgliedstaaten divergierenden Einordnung von Elektrizität als ›bewegliche Sache‹[119] zur Klarstellung ausdrücklich gleich. Dagegen werden mit §2 Abs. 1 Satz 2 ProdHaftG Jagderzeugnisse und landwirtschaftliche Erzeugnisse, die nicht einer ersten Verarbeitung unterzogen wurden, aus dem Produktbegriff des Produkthaftungsgesetzes ausgeschlossen.

›Software‹ oder ›Computerprogramme‹ werden im Wortlaut der Legaldefinition von §2 ProdHaftG nicht erwähnt. Der Gesetzestext gibt für sich genommen somit keine Auskunft darüber, ob Computerprogramme unter das Produkthaftungsgesetz fallen und sich damit die Produkthaftung auch auf fehlerhafte Software erstreckt. Ergibt der Wortlaut von §2 ProdHaftG über die Einbeziehung von Software oder Computerprogrammen in den *Produkt*-Begriff unmittelbar noch nichts, so ist die Vorschrift auszulegen. Die Auslegung ist angesichts der besonderen Eigenschaften von Computerprogrammen schwierig und hat in der Vergangenheit zu unterschiedlichen Ergebnissen geführt. Es ist nach wie vor heftig umstritten ist, ob ein Computerprogramm ein ›Produkt‹ im Sinne des Produkthaftungsgesetzes darstellt[120]. Weder ist die Frage höchstrichterlich geklärt, noch hat sich in der Wissenschaft eine herrschende Meinung herausgebildet. Im Gegenteil: Es werden zahlreiche, im Hinblick auf Ergebnis und Begründung unterschiedliche Auffassungen zur Produktqualität von Computerprogrammen vertreten. Selbst unter denjenigen, die die Produkteigenschaft von Computerprogrammen generell oder in Einzelfällen für möglich halten, werden dafür unterschiedliche Voraussetzungen, Bedingungen und Einschränkungen formuliert, was die Rechtsunsicherheit noch verstärkt.

---

[119] Siehe dazu *Bothe/Kilian*, Rechtsfragen grenzüberschreitender Datenflüsse, 1992, S. 371.

[120] Dafür *Junker*, WM 1988, S. 1217 und 1249; *Heymann*, CR 1990, S. 24; *Rolland*, Produkthaftungsrecht, 1990, Teil I, §2 Rdnrn. 18f.; *F. A. Koch*, CR 1989, S. 955; *König*, NJW 1989, S. 2604; *ders.*, Das Computerprogramm im Recht, 1991, S. 71ff.; *Kort*, CR 1990, S. 171; *Meier/Wehlau*, CR 1990, S. 95 (99); *Nauroth*, Computerrecht für die Praxis, 1990, S. 181ff.; *Gaul*, RDV 1991, S. 213; *Marly*, BB 1991, S. 432; *Lehmann*, NJW 1992, S. 1721(1724); dagegen *Bauer*, PHI 1989, S. 38 und 98; *Breidenbach*, CR 1989, S. 873, 971 und 1074(876); *Mayer*, VersR 1990, S. 691; *Taschner*, in: *Taschner/Frietsch*, Produkthaftung, 1990, Art. 6 Richtl. RN 28; *Pott/Frieling*, ProdHaftG-Kommentar, 1992, S. 115; *Moritz/Tybusseck*, Computersoftware, 1992, Rdn. 920; differenzierend nach Standard- und Individualanwendungsprogrammen *Engel*, CuR 1986, S. 702; *Hoeren*, PHI 1989, S. 138(142); *Kort*, CR 1990, S. 171(175); *F. Graf von Westphalen*, NJW 1990, S. 83(87); *Honsell*, JuS 1995, S. 211(212).

2. Die Orientierung am Gemeinschaftsrecht

Die Auslegung des Produkt-Begriffs in dem auf die EG-Produkthaftungsrichtlinie zurückgehenden §2 ProdHaftG kann wegen des von Artt. 100ff. EG-Vertrag mit dem Gemeinschaftsrecht verfolgten Harmonisierungszwecks nicht primär nach deutschem Recht erfolgen[121]. Es handelt sich um einen Rechtsbegriff, der dem Umsetzungsermessen der Mitgliedstaaten entzogen und übernational zu bestimmen ist[122]. Der Rechtsbegriff ›Produkt‹ des Produkthaftungsgesetzes kann nicht anders als der Ursprungsbegriff in Art. 2 der EG-Richtlinie zur Angleichung der Rechts-und Verwaltungsvorschriften der Mitgliedstaaten über die Haftung für fehlerhafte Produkte (PHRl) als dem »Quellrecht« ausgelegt werden, das in dieser Hinsicht keine nationale Abweichung erlaubt[123]. Es ist daher eine autonome, weitestgehend in Harmonie mit dem Gemeinschaftsrecht stehende Auslegung nicht nur des Art. 2 PHRl, sondern auch der harmonisierten nationalen Regelung, hier des §2 ProdHaftG, anzustreben[124]. Den Mitgliedstaaten wird bei der Umsetzung der EG-Richtlinie von der Richtlinie selbst kein Spielraum zu divergierenden nationalen Auslegungen des Produktbegriffs eingeräumt, der ausgeschöpft werden[125] und einer vornehmlich national

---

[121] Vgl. dazu auch *Sack*, VersR 1988, S. 439(439f.); *H. Koch*, ZHR 152(1988), S. 537(547), *Ekker*, Stellungnahme, *Computer/Law Institute* (Hrsg.), Produktenaansprakelijkheid voor Software en Informatie: een Bedreiging?, 1988, S. 31(34); *Westerdijk*, Produktenaansprakelijkheid voor Software, 1995, S. 148.

[122] Ebenso *Moritz/Tybusseck*, Computersoftware, 1992, Rdn. 919; *Meier/Wehlau*, CR 1990, S. 95(98). Siehe zur gemeinschaftsrechtskonformen Auslegung des nationalen Rechts die EuGH-Entscheidungen 79/83 ECR I-3941 (Dekker), und C-106/89, ECR I-4135 (Marleasing); *Meijboom/Westerdijk*, The International Computer Lawyer 1993, S. 2(4). Zu den Methoden der Auslegung des Gemeinschaftsrechts allgemein *Beutler et al.*, Die Europäische Union, 1993, S. 245ff., und *Bleckmann*, in: Hdb. EG-WirtschaftsR, B. I. Rdnr. 5ff.

[123] Vgl. auch *H. Koch*, ZHR 152(1988), S. 537(540ff.); *Sack*, VersR 1988, S. 439 (440); Produkthaftungshandbuch/*Graf von Westphalen*, §58 Rz. 4.

[124] So – im Hinblick auf die Auslegung von §1 Abs. 1 ProdHaftG – auch *F. Graf von Westphalen*, Jura 1992, S. 511(513). Vgl. auch *Katzenmeier*, Vertragliche und deliktische Haftung in ihrem Zusammenspiel – dargestellt am Problem der »weiterfressenden Mängel«, 1994, S. 274, der allerdings darauf hinweist, daß bei einem autonomen, EG-einheitlichen Begriffsverständnis ein Konkretisierungsdefizit besteht und eine vollständig autonome Begriffsinterpretation nicht praktikabel ist. Ähnlich auch MünchKomm-*Mertens/Cahn*, ProdHaftG, Einl. Rdnr. 3, und *H. Koch*, ZHR 152(1988), S. 537(548). Siehe schließlich auch *Dommering-van Rongen*, Produktenaansprakelijkheid – Een nieuwe Europese privaatrechtelijke regeling vergeleken met de produktenaansprakelijkheid in de Verenigde Staten, 1991, S. 64ff.; *Westerdijk*, Produktenaansprakelijkheid voor Software, 1995, S. 63ff.

[125] Anders verhält es sich mit dem von Art. 9 PHRl verwendeten Begriff des Schadens. Ausweislich der Begründung der Richtlinie hat der Ministerrat anerkannt, daß in den Rechtsordnungen der Mitgliedstaaten unterschiedliche Definitionen des Schadens bestehen, die durch die Richtlinie nicht harmonisiert werden können oder sollen. Ausdrückliche Verweisungen auf das Recht der Mitgliedstaaten enthalten auch Art. 5 PHRl (Gesamtschuldnerausgleich) und Art. 10 Abs. 2 PHRl (Verjährung).

geprägten Rechtstradition zur Durchsetzung verhelfen könnte[126]. Vielmehr gebietet der Harmonisierungszweck i. S. von Art. 100 EGV eine einheitliche Auslegung jedenfalls des Produkt-Begriffs der Richtlinie und eine EG-einheitliche Umsetzung der Richtlinie in nationales, harmonisiertes Recht, wobei sich die Auslegung dieses nationalen Rechts wiederum an EG-Einheitsrecht zu orientierten hat.

Es ist dementsprechend zunächst danach zu fragen, ob sich aus der EG- Produkthaftungsrichtlinie Hinweise darauf ergeben, daß Computerprogramme in den Anwendungsbereich der Produkthaftungsgesetze einzubeziehen oder aus ihm auszuschließen sind.

Nur dann, wenn die Produkthaftungsrichtlinie selbst *keine* oder *keine ausreichende* Definition des fraglichen Rechtsbegriffs enthält, wie beispielsweise zu dem Rechtsbegriff ›Schaden‹ in Art. 1 PHRl, zu dem Art. 9 Abs. 2 PHRl überdies eine Rückverweisung auf Rechtsvorschriften der Mitgliedstaaten vorsieht, und sich aus den Materialien keine weiterführenden Hinweise ergeben, dann ist bei der Auslegung die nationale Rechtsauffassung und Rechtstradition mit heranzuziehen[127].

3. Der Produktbegriff der EG-Produkthaftungsrichtlinie

Nach Art. 1 PHRl haftet der Hersteller eines *Produkts* für den Schaden, der durch einen Fehler dieses Produkts verursacht worden ist. In Art. 2 Satz 1 PHRl, der die gemeinschaftsrechtliche Legaldefinition von ›Produkt‹ enthält, heißt es, daß als Produkt »jede bewegliche Sache, ausgenommen landwirtschaftliche Naturprodukte und Jagderzeugnisse (gilt), auch wenn sie einen Teil einer anderen beweglichen Sache oder unbeweglichen Sache bildet«. Nach Art. 2 Satz 3 PHRl ist unter ›Produkt‹ auch die Elektrizität zu verstehen.

Die Legaldefinition der EG-Produkthaftungsrichtlinie gibt für die Beantwortung der Frage, ob Software oder Computerprogramme ›Produkt‹ ist, erkennbar nicht mehr her als die entsprechende Legaldefinition in § 2 ProdHaftG. Die Meinungen darüber, ob das Computerprogramm ein Produkt im Sinne der Richtlinie ist, gehen denn auch in der Literatur zur EG-Richtlinie

[126] Siehe dazu grundlegend *H. Koch*, ZHR 152(1988), S. 537. Vgl. auch *Bleckmann*, Europarecht, 1990, Rdnr. 264 m.N., und *ders.*, in: Hdb. EG-WirtschaftsR, B. I. Rdnr. 53f., jeweils mit Hinweisen auf die einschlägige EuGH-Rechtsprechung. Anders *Mayer*, VersR 1990, S. 691(692): »Die Auslegung der Bestimmungen des ProdHaftG hat grundsätzlich deutscher Rechtstradition entsprechend zu erfolgen, wobei allerdings dem Harmonisierungszweck der EG-Richtlinie ... Rechnung zu tragen ist.«

[127] Ähnlich auch *Katzenmeier*, Vertragliche und deliktische Haftung in ihrem Zusammenspiel, 1994, S. 274ff.; MünchKomm-*Mertens/Cahn*, ProdHaftG, Einl. Rdnr. 3; *H. Koch*, ZHR 152(1988), S. 537 (548), jeweils m.w.N.

deutlich auseinander[128]. Da Software weder wie die Elektrizität[129] den beweglichen Sachen gleichgestellt, noch aus dem Bereich der beweglichen Sachen wie die Jagderzeugnisse oder die landwirtschaftlichen Erzeugnisse herausgenommen wird, besteht die Notwendigkeit, den Begriff der *›beweglichen Sachen‹* auszulegen und zu sehen, ob Software bzw. das Computerprogramm als oder wie eine bewegliche Sache angesehen werden kann.

In den der Richtlinie vorangestellten Erwägungsgründen[130] wird lediglich erwähnt, daß sich ›die Haftung nur auf bewegliche Sachen erstrecken darf, die industriell hergestellt werden. Weiter heißt es in den Erwägungsgründen: »Folglich sind landwirtschaftliche Produkte und Jagderzeugnisse von der Haftung auszuschließen, außer wenn sie einer industriellen Verarbeitung unterzogen worden sind, die Ursache eines Fehlers dieser Erzeugnisse sein kann. Die in dieser Richtlinie vorzusehende Haftung muß auch für bewegliche Sachen gelten, die bei der Errichtung von Bauwerken verwendet oder in Bauwerke eingebaut werden.«

Diese Hinweise lassen sich nur bei der Frage nach der Einbeziehung von landwirtschaftlichen Erzeugnissen und von Sachen, die mit unbeweglichen Sachen verbundenen sind, gewinnbringend heranziehen. Für die hier interessierende Fragestellung enthalten die Erwägungsgründe keine weiterführenden Hinweise. Auch in der Begründung zum Richtlinienvorschlag von 1976 heißt es nur: »Die Haftung erstreckt sich nur auf bewegliche Sachen. Für fehlerhaft errichtete unbewegliche Sachen wie Bauwerke bestehen in allen Mitgliedstaaten Sonderregelungen«[131].

Eine hierüber hinausgehende offizielle Begründung der Richtlinie oder andere Dokumente, aus der sich die offiziellen Motive der EG-Kommission oder des Rates der Europäischen Gemeinschaften ergeben könnten, liegen nicht vor. Die Kommissionsberatungen und die Erörterungen im Rat mit den Delegationen der Mitgliedstaaten sind, wie üblich, nicht publik geworden[132].

Für *Taschner,* der als Abteilungsleiter bei der EG-Kommission maßgeblich an der Produkthaftungsrichtlinie mitarbeitete, »ist das Computer-Programm Information, damit wie ein Druckerzeugnis geistiger Inhalt, nicht Sache«, wes-

---

128 Siehe auch *Mac Lean,* Account (NL) 5/1988, S. 47(51), und die Nachweise dort in Fn. 2.

129 Der Vorschlag von *Kilian,* Das Unternehmen und die Herausforderungen des Rechts der Informationstechnologie, in: *Coing u.a.* (Hrsg.), Staat und Unternehmen aus der Sicht des Rechts, 1994, S. 349(369), bei den vom ProdHaftG nicht erwähnten Computerprogrammen eine Analogie zur Elektrizität zu erwägen, ist, soweit erkennbar, nicht aufgegriffen worden.

130 Richtlinie des Rates vom 25. Juli 1985 zur Angleichung der Rechts- und Verwaltungsvorschriften der Mitgliedstaaten über die Haftung für fehlerhafte Produkte (85/374/ EWG), ABl. Nr. L 210/29–33, Erwägungsgrund Nr. 3; dokumentiert auch bei *Rolland,* Produkthaftungsrecht, 1990, Anlage 4.

131 BT-Drs. 7/5812, S. 6.

132 Vgl. dazu *Schermers/Waelbroeck,* Judicial Protection in the European Communities, 1992, S. 15 § 25.

halb die Haftung für ein fehlerhaftes isoliertes Computer-Programm nicht unter die Produkthaftung aus der EG-Richtlinie falle[133]. *Taschner* will diese Auffassung allerdings auch nur als seine persönliche und nicht als die offizielle Rechtsansicht der Kommission verstanden wissen[134].

Die Kommission der Europäischen Gemeinschaft hat im Europäischen Parlament auf eine schriftliche Anfrage zur Produkthaftung für Computerprogramme[135] offiziell mitgeteilt[136], daß die Richtlinie über die Haftung für fehlerhafte Produkte auf Computerprogramme Anwendung findet und es sich deshalb erübrige, einen Gesetzgebungsvorschlag zur Haftung für fehlerhafte Software zu unterbreiten. Eine die Antwort tragende Begründung für diese Ansicht wird von der Kommission jedoch nicht gegeben. Es wird lediglich der Wortlaut von Art. 2 PHRl wiedergegeben, wonach als Produkt »jede bewegliche Sache (gilt), ausgenommen landwirtschaftliche Naturprodukte (die nicht einer ersten Verarbeitung unterzogen wurden) und Jagderzeugnisse«. Daraus wurde in der Antwort dann der Schluß gezogen, daß *somit* die Haftungs-Richtlinie auch auf Computerprogramme Anwendung finde. Die Kommission betrachtet demnach ein Computerprogramm erkennbar als eine »bewegliche Sache« im Sinne der EG-Produkthaftungsrichtlinie. Die Begründung bleibt trotz der verbreiteten und der Kommission bekannten Auffassung, wonach der immaterielle Charakter von Computerprogrammen die Einordnung als ›bewegliche Sache‹ im Sinne der Produkthaftungsrichtlinie nicht zulasse, weiter offen.

Es ist anzunehmen, daß die EG-Kommission den Produkt-Begriff im Hinblick auf Computerprogramme angesichts der in der Rechtswissenschaft und in der Rechtsprechung bestehenden Differenzen über die juristische Einordnung des Wirtschaftsgutes ›Software‹ nicht näher definieren konnte und keine Klarheit über die Reichweite des Produktbegriffs schaffen wollte. Es ist daher auch fraglich, welchen Stellenwert man der eindeutigen, aber nicht näher begründeten Antwort der Kommission zumißt. Bei der Auslegung der unklaren Norm wird man die Motive heranziehen können. Zu den Motiven, eine Norm in einer bestimmten Weise und in einem bestimmten Umfang ausgestaltet zu haben, gehört im Allgemeinen aber nicht nur die Festlegung des Norminhalts und die Definition der Normweite, sondern im Interesse der Rechtssicherheit und Rechtsklarheit auch die Begründung, weshalb die Norm gerade in der er-

---

133 *Taschner*, in: *Taschner/Frietsch*, Produkthaftung, 1990, Art. 6 Richtl. RN 28. Im Ergebnis ebenso *Borking*, Produktenaansprakelijkheid voor Software, in: *Computer/Law Institute* (Hrsg.), Produktenaansprakelijkheid voor Software en Informatie: een Bedreiging?, 1988, S. 9, der aber anregt, die Haftung für Software in einem besonderen Gesetz nach Vorbild des kalifornischen Molina-Gesetzesentwurfs zu regeln.

134 Das berichtet nach einem mit *Taschner* geführten Gespräch *Ekker*, Stellungnahme, in: *Computer/Law Institute* (Hrsg.), Produktenaansprakelijkheid voor Software en Informatie: een Bedreiging?, 1988, S. 31(35).

135 89/C 114/76.

136 89/C 114/42 vom 8.5. 1989.

folgten Weise ausgestaltet und weshalb der Norminhalt in der definierten Weite auszulegen ist. Da diese Begründung sowohl in den mit der Richtlinie vorgelegten Gründen als auch in der Antwort der Kommission auf die parlamentarische Anfrage nicht gegeben worden ist, läßt sich nicht mehr feststellen, als daß der Richtliniengeber die Produkthaftungsrichtlinie auf Computerprogramme angewendet wissen will, die rechtsdogmatische Begründung dafür aber nicht zu liefern im Stande ist.

Da die EG-Kommission trotz der im Ergebnis eindeutigen Antwort vor dem Europäischen Parlament ganz offenbar nicht erklären konnte, warum ›Software‹ als Produkt im Sinne der Produkthaftungsrichtlinie anzusehen ist, erweist sich auch die von *Lehmann* angebotene Begründung dafür, daß Computerprogramme vom Produkt-Begriff der EG-Produkthaftungsrichtlinie umfaßt werden, als nicht befriedigend. Ähnlich wie die Kommission meint *Lehmann*, Software falle deswegen unter den Produkt-Begriff der Richtlinie, weil anderenfalls eine ausdrückliche Ausnahmeregelung wie für Jagderzeugnisse und landwirtschaftliche Erzeugnisse hätte aufgenommen werden müssen, wenn die EG-Richtlinie Software nicht als Produkt hätte einstufen wollen[137]. Das begegnet nach dem zuvor Gesagten aber Zweifeln, weil dieser Gedanke von der Annahme ausgehen muß, daß zumindest bei der EG-Kommission oder im Rat Rechtsklarheit darüber besteht, daß und warum Computerprogramme grundsätzlich als Produkt einzuordnen sind. Das aber ist gerade nicht der Fall, sondern der umstrittene Kern des Problems, bei dessen Lösung die Richtlinie mit ihren Materialien nicht behilflich ist. Die im Wortlaut von Art. 2 PHRl fehlende Ausklammerung der Computerprogramme sagt entgegen *Lehmann* demnach noch nichts darüber aus, daß Software als bewegliche Sache anzusehen und somit von dem Produkt-Begriff erfaßt wird.

Aber auch die gegenteilige Meinung[138], daß ein Computerprogramm *kein* Produkt ist, läßt sich aus der fehlenden Erwähnung von Software als dem neben der Elektrizität einzubeziehenden Gut nicht herauslesen. Es kann *Taschner* methodisch daher nicht gefolgt werden, wenn er darauf verweist, daß die EG-Produkthaftungsrichtlinie den Begriff des Produkts (»bewegliche Sache«) nur um Elektrizität erweitert habe und *daher* nach dem Grundsatz »expressio unius est exclusio alterius« eine Einbeziehung anderer unkörperlicher Gegenstände unzulässig sei[139]. Angesichts des Meinungsstreits hätte die fehlende Kör-

---

[137] Siehe etwa *Lehmann*, NJW 1992, S. 1721(1724), und *dens.* zuletzt wieder in: BB 1993, S. 1603(1605). Tatsächlich hatte nach Auskunft des bei der Kommission zuständigen Abteilungsleiters *Taschner* bei Entwurf und Beratung der Richtlinie aber niemand an Software gedacht; siehe *Westerdijk*, Produktenaansprakelijkheid voor Software, 1995, S. 80, Fn. 26.

[138] Vgl. *Moritz/Tybussek*, Computersoftware, 1992, Rdn. 919f.; *Moritz*, CR 1994, S. 257 (263). *Taschner*, NJW 1986, S. 611(613).

[139] So *Taschner*, NJW 1986, S. 611(613). Wie hier dagegen *Kleve/de Mulder*, NJB 1989, S. 1342(1344).

perlichkeit begründet und, im Fall einer Verneinung der Körperlichkeit, auch noch der weiteren Frage nachgegangen werden müssen, ob der Richtlinien-Begriff »bewegliche Sachen« denn überhaupt nur körperliche Gegenstände umfaßt.

Da sich aus dem Wortlaut und den Materialien keine Hinweise auf die Einbeziehbarkeit von Computerprogrammen in den Produktbegriff der EG-Produkthaftungsrichtlinie ergeben, muß der in der Legaldefinition des Art. 2 PHRl verwendete Begriff der ›*beweglichen Sache*‹ ausgelegt werden. Dabei erweist sich ein am Gemeinschaftsrecht orientierter Auslegungsversuch des Art. 2 PHRl als wenig hilfreich. Denn in den Mitgliedstaaten der Europäischen Gemeinschaften bestehen entsprechend der jeweiligen Rechtstradition unterschiedliche Auffassungen darüber, was als ›bewegliche Sache‹ anzusehen ist[140]. Deutlich wird die unterschiedliche und damit das Harmonisierungsziel der Richtlinie gefährdende Auslegung des Rechtsbegriffs ›*bewegliche Sache*‹ schon durch den Wortlaut des Art. 2 PHRl selbst. Die Richtlinie geht von Unterschieden in den nationalen Rechtsordnungen bei der Auslegung dessen, was unter ›beweglichen Sachen‹ verstanden wird aus und zählt deshalb die Elektrizität nicht im Sinne einer *Ausnahme* zu den beweglichen Sachen hinzu, sondern zur *Klarstellung* des Begriffsinhalts im harmonisierten Gemeinschaftsrecht, weil in den Rechtsordnungen einiger Mitgliedstaaten die Elektrizität bereits unter ›bewegliche Sache‹ subsumiert wird[141].

Daß die Auslegung des Begriffs ›*bewegliche Sachen*‹ im Sinne einer Harmonisierung des Gemeinschaftsrechts über die Einbeziehung der Elektrizität hinaus schwierig ist, zeigt ein erster Blick in einige der Gesetze, mit denen die Mitgliedstaaten die EG-Richtlinie in nationales Recht transformierten.

In der englischen Fassung der Richtlinie, die die gleiche Verbindlichkeit wie die anderen amtlichen Übersetzungen hat, wird nicht der Begriff ›good‹ benutzt, sondern ›all movables‹, während es im Umsetzungsgesetz[142] ›goods‹ statt ›movables‹ heißt[143]. In Frankreich wird der in der Übersetzung der EG-Richt-

---

[140] Ebenso *Moritz/Tybusseck*, Computersoftware, 1992, Rdn. 919.

[141] Vgl. *Taschner*, in: *Taschner/Frietsch*, Produkthaftung, 1990, Art. 2 Richtl. RN 3, und *Vandenberghe*, Software Bugs: A Matter of Life and Liability –Computer Software and the European Directive on Product Liability: The first Generation Question, in: *Computer/Law Institute* (Hrsg.), Produktenaansprakelijkheid voor Software en Informatie: een Bedreiging?, 1988, S. 61(66).

[142] Art. 1 sub 2 Consumer Protection Act 1987.

[143] Vgl. hierzu *Smith/Hamill*, PHI 1988, S. 82, und *Ehricke*, CR 1990, S. 451(454), der zwar meint, daß der »Wirkungsbereich des Produkthaftpflichtgesetzes (!) nicht nur auf eine Ware zu beschränken« ist und deshalb ›product‹ i.S. des Consumer Protection Act weit auslegen will, dann aber nur zu dem eher kargen Ergebnis kommt, daß ein Computerprogramm dann vom Consumer Protection Act erfaßt wird, wenn es als »component« zu einem Gegenstand in den Verkehr gebracht wird. Damit kommt auch *Ehricke* wie *Taschner*, *Bauer* und *Moritz/Tybusseck* (siehe die Nachweise in Fn. 120) zu dem Ergebnis, daß ›isolierte‹ Software kein Produkt i.S. des Produkthaftungsrechts ist.

linie verwendete Begriff ›produit‹ so verstanden, daß er weiter als der Fachterminus des code civil ›meuble‹ auszulegen sei. ›Produit‹ entspreche, so *Fagnart*[144], eher dem Inhalt des Wortes ›marchandises‹ und schlösse vornehmlich die Dienstleistungen und natürliche Personen aus.

In den Niederlanden wurde in der Übersetzung der EG-Richtlinie ›Produkt‹ als ›roerend goed‹, also als ›bewegliches Gut‹, beschrieben[145]. In Art. 6:187 Abs. 2 des niederländischen Bürgerlichen Gesetzbuchs (BW), in das die EG-Produkthaftungsrichtlinie integriert wurde[146], wird ›produkt‹ dagegen als ›roerend zaak‹ definiert. Nach Art. 3:1 BW umfaßt der Begriff ›goed‹ sowohl Sachen als auch Vermögensrechte. ›Sachen‹ im Sinne des Art. 3:2 BW sind ›die für menschliche Beherrschung faßbaren stoffliche Objekte‹[147]. Es sind Zweifel laut geworden, ob damit die Übersetzung der Produkthaftungsrichtlinie zutreffend erfolgte[148]. Jedenfalls wird in den Niederlanden die Auffassung vertreten, daß das Gut ›Software‹ als eine ›stoffelike zaak‹ i.S. des (neuen) Bürgerlichen Gesetzbuches anzusehen sei, die vom Produktbegriff des europäischen Produkthaftungsrechts umfaßt ist[149]. Diese Auffassung ist allerdings umstritten[150]. Auch der niederländische Justizminister hat sich bei der Einbringung des Geset-

---

144 *Fagnart*, Cahiers de droit Européen 1987, S. 1(18f.).

145 Richtlijn van de Raad van de Europese Gemeenschappen van 25 juli 1985 betreffende de onderlinge aanpassing van de wettelijke en bestuursrechtelijke bepalingen der Lid-Staten inzake de aansprakelijkheid voor produkten met gebreken (85/374/ EEG), Pb. EG 7 augustus 1985, L. 210/28, art. 2.

146 Die EG-Produkthaftungsrichtlinie wurde in den Niederlanden durch Integration in das Bürgerliche Gesetzbuch (Art. 1407a – 1407j BW) umgesetzt; Im *neuen* Bürgerlichen Gesetzbuch ist das Produkthaftungsgesetz in den Artt. 185–193 des 6. Buchs BW enthalten. Siehe dazu allgemein *Vranken*, AcP 191(1991), S. 411ff., und bezogen auf die Haftung für fehlerhafte Computerprogramme *Westerdijk*, Produktenaansprakelijkheid voor software, 1995, S. 41ff.; *van der Klaauw-Koops*, Aansprakelijkheid en verzekering, in: *Franken/Kaspersen/de Wild* (Hrsg.), Recht en Computer, 1992, S. 80(87f.).

147 Nach Art. 3:2 NWB ist unter »zaak« ›de voor menselijke beheersing vatbaare stoffelijke objecten‹ zu verstehen. Siehe dazu ausführlich *Dommering-van Rongen*, Produktenaansprakelijkheid – Een nieuwe Europese privaatrechtelijke regeling vergeleken met de produktenaansprakelijkheid in de Verenigde Staten, 1991, S. 81f., und *Westerdijk*, Produktenaansprakelijkheid voor software, 1995, S. 74ff. In diesem Zusammenhang ist darauf hinzuweisen, daß sich die niederländische Rechtsterminologie im Hinblick auf den Begriff ›zaak‹ gewandelt hat; während im alten Bürgerlichen Gesetzbuch ›zaak‹ sowohl das (körperliche) ›goed‹ als auch das ›recht‹ umfaßte, ist der neue Oberbegriff in art. 3:1 und 2 BW nun ›goed‹, der sowohl Sachen als auch Rechte einschließt.

148 Siehe dazu näher *Westerdijk*, Computerrecht 1992, S. 145(145). Vgl. auch *Vandenberghe*, Software Bugs: A Matter of Life and Liability, in: *Computer/Law Institute* (Hrsg.), Produktenaansprakelijkheid voor Software en Informatie: een Bedreiging?, 1988, S. 61(66), und *Stuurman/Vandenberghe*, NJB 1988, S. 1667(1669f.).

149 *Kleve/de Mulder*, NJB 1989, S. 1342. Im Ergebnis aber auch *Westerdijk*, Produktenaansprakelijkheid voor software, 1995, S. 274.

150 Siehe dazu die zahlreichen kritischen Reaktionen von *Groenhuijsen/Wiemans*, *van der Klaauw* und *Paquay* in NJB 1990, S. 279ff., mit einer abschließenden Stellungnahme von *Kleve/de Mulder*, NJB 1990, S. 283ff.

zesentwurfs des (neuen) Bürgerlichen Gesetzbuchs nicht darauf festlegen wollen, ob sich die Produkthaftung auch auf die fehlerhafte (isolierte) Software bezieht[151]. Zutreffend wurde von *Stuurman/Vandenberghe*[152] darauf hingewiesen, daß die Stofflichkeit eines Gutes nur eines der Kritierien sei, um die Produkteigenschaft festzustellen; daneben könne auch ein nicht-stoffliches Gut unter den Produktbegriff fallen, wenn es, wie die Software, menschlich beherrschbar sei.

Auch ein Blick in die die Produkthaftungsrichtlinie transformierenden Produkthaftungsgesetze einiger Mitgliedstaaten gibt daher noch keine Auskunft über eine einheitliche Auslegung des Produktbegriffs. Damit ist nicht der Weg zu einer Auslegung nach kollisionsrechtlichen Grundsätzen eröffnet; vielmehr ist die Auslegungsfrage dem Europäischen Gerichtshof im Vorabentscheidungsverfahren nach Art. 177 EGV von einem nationalen Gericht vorzulegen[153]. Es ist daher schon jetzt abzusehen, daß der Europäische Gerichtshof gefordert sein wird, eine gemeinschaftskonforme harmonisierte Auslegung des Produktbegriffs vorzunehmen[154], ganz unabhängig von der besonderen Auslegungsschwierigkeit bei der juristischen Einordnung speziell von Computerprogrammen.

Dieser Umstand verdeutlicht im übrigen, daß unabhängig von der Weitergeltung nationalen Haftungsrechts[155] aufgrund Art. 13 PHRl bzw. § 15 Abs. 2 ProdHaftG die Mitgliedstaaten versuchen werden, zunächst eine besondere nationale Komponente entsprechend ihrer jeweiligen Rechtstraditionen in das Gemeinschaftsrecht einzubringen[156]. Zulässig ist nach der EG-Produkthaftungsrichtlinie eine nationale Abweichung von den grundsätzlichen Regelungen der Richtlinie aber nur in drei Bereichen:

---

[151] TK 1988–1989, 19 636, S. 5f.

[152] *Stuurmann/Vandenberghe*, NJB 1988, S. 1667(1671).

[153] Art. 177 des Vertrages zur Gründung der Europäischen Wirtschaftsgemeinschaft vom 25. 3. 1957 sowie Art. 1 des Protokolls vom 3. 6. 1971 betr. die Auslegung des EuGVÜ (BGBl. II 1972, 846). Zum Vorabentscheidungsverfahren *Dauses*, Das Vorabentscheidungsverfahren nach Artikel 177 EG-Vertrag, München 1995; *ders.*, in: Hdb. EG-WirtschaftsrechR, P. II.; *Beutler et al.*, Europäische Union, 1993, S. 251 ff., und *Schaub*, NJW 1994, S. 81.

[154] Siehe auch *Stuurman/Vandenberghe*, NJB 1988, S. 1667, und *Stuurman*, EC Directive on Product Liability and its Application to Information Technologie, in: *Meijboom/Prins* (Hrsg.), The law of information technology in Europe 1992 – A comparison with the USA, 1991, S. 191(195); *ders.*, Informatica en aansprakelijkheid, in: *de Graaf/A. Berkvens* (Hrsg.), Hoofdstukken informaticarecht, 1991, S. 83(104); *Taschner/Frietsch*, Produkthaftung, 1990, Einführung, RN 10, und § 2 ProdHaftG RN 9; *Bothe/Kilian*, Rechtsfragen grenzüberschreitender Datenflüsse, 1992, S. 372 m.w.N.

[155] Dazu *Havemann*, The EC Directive on product liability: its background, aims and system, in: *Hulsebek/Campbell* (Hrsg.), Product liability: prevention, practice and process in Europe and the United States, 1989, S. 18.

[156] Siehe auch *Stuurman*, EC Directive on Product Liability and its Application to Information Technologie, in: *Meijboom/Prins* (Hrsg.), The law of information technology in Europe 1992, 1991, S. 191(191).

- die Einbeziehung der Entwicklungsrisiken in die verschuldensunabhängige Haftung aufgrund von Art. 1 und Art. 15 Abs. 1b) PHRl,
- die Einführung einer Haftungsbeschränkung, die bei mindestens 70 Millionen ECU liegen muß, nach Art. 16 Abs. 1 PHRl und
- die durch Art. 15 Abs. 1 a) PHRl gegebene Möglichkeit der Einbeziehung landwirtschaftlicher Erzeugnisse und der Jagderzeugnisse in das Haftungssystem[157].

Solange Zweifel an der gemeinschaftsrechtlichen Bedeutung des Begriffs *›Produkt‹* bestehen, ist zum deutschen Produkthaftungsgesetz zurückzukommen und eine Auslegung des Begriffs ›Produkt‹ auf der Basis der nationalen Rechtsordnung vorzunehmen, die – soweit dies angesichts der beschriebenen Schwierigkeiten möglich ist – dem Harmonisierungsgedanken der EG-Richtlinie entspricht und sich um eine am Wortlaut und Normzweck orientierte, richtlinienkonforme, gemeinschaftsfreundliche Auslegung von § 2 ProdHaftG zu bemühen hat[158].

4. Der Produktbegriff des Produkthaftungsgesetzes

Soweit § 2 S. 1 ProdHaftG von einem Produkt als einer »beweglichen Sache« spricht, liegt es nahe, zum näheren Verständnis den Sachen-Begriff aus § 90 BGB heranzuziehen und ›Produkt‹ folglich mit ›körperlicher Gegenstand‹ gleichzusetzen[159]. Es ist zwar dogmatisch nicht zwingend, bei der Untersuchung der Weite des Rechtsbegriffs des auf die EG-Richtlinie zurückgehenden Produkthaftungsgesetzes auf den Sachen-Begriff des § 90 BGB abzustellen[160];

---

[157] Bekanntlich hat das deutsche Produkthaftungsgesetz von den Möglichkeiten der Abweichung teilweise Gebrauch gemacht. U.a. schließt es die Haftung für Entwicklungsrisiken gem. § 2 Abs. 2 Ziff. 5 ProdHaftG aus und sieht in § 10 ProdHaftG eine Haftungsbeschränkung auf den Höchstbetrag von 160 Millionen DM vor.

[158] Zu den Grundsätzen und Problemen der Auslegung transformierter Richtlinien *Reich*, Förderung und Schutz diffuser Interessen durch die Europäischen Gemeinschaften, 1992, S. 216; *Sack*, VersR 1988, S. 439 (440); *H. Koch*, ZHR 152(1988), S. 537 (543); *Brechmann*, Die richtlinienkonforme Auslegung, 1994.

[159] So insbesondere auch *Bartl*, Produkthaftung nach neuem EG-Recht, 1989, § 2 IV 1, Rdn. 8f.; Palandt-*Thomas*, § 2 ProdHaftG, Rdn. 1; *Moritz/Tybusseck*, Computersoftware, 1992, Rdn. 919; *König*, NJW 1989, S. 2604; Produkthaftungshandbuch/*Graf von Westphalen*, § 61 Rz. 37; *Meier/Wehlau*, CR 1990, S. 95(98). § 4 österreich. PHG definiert ›Produkt‹ als »jede bewegliche *körperliche* Sache«.

[160] Siehe auch die Begründung zum Regierungsentwurf des ProdHaftG in BT-Drs. 11/2447, S. 16. Wie hier auch *Kort*, CR 1990, S. 171(174). Vgl. zur Auslegung des Begriffs der *unbeweglichen* Sache *Frietsch*, in: *Taschner/Frietsch*, Produkthaftung, 1990, § 2 ProdHaftG RN 43: »Der Begriff der unbeweglichen Sachen ist ... keine sachenrechtliche Einordnung, sondern eine haftungsrechtliche Terminologie«. An anderer Stelle, § 2 ProdHaftG RN 8, heißt es: »Der Hinweis des § 2 auf die *›bewegliche Sache‹* stellt keine abschließende Legaldefinition des Produktbegriffs dar.« Siehe auch *Kilian*, Datenverarbeitungsprogramme als Gegenstand des Rechtsverkehrs, in: *Weyers* (Hrsg.), Datenverarbeitungsprogramme als Gegenstand des Rechtsverkehrs, 1992, S. 77(105).

denn aus dem Wortlaut des § 90 BGB folgt zunächst, daß sich die Legaldefinition nur auf das BGB selbst und nicht auch auf andere Gesetze bezieht[161]. Kommt man aber zu dem Ergebnis, daß ›Software‹ selbst eine Sache im Sinne des § 90 BGB ist, so wird es keine Einwände geben, Computerprogramme auch als Produkt im produkthaftungsrechtlichen Sinn einzuordnen. Immerhin spricht auch die Begründung des Produkthaftungsgesetzes davon, daß ›Produkt‹ die körperlichen Gegenstände umfasse, aber weiter auszulegen sei, als der Sachen-Begriff in § 90 BGB[162]. Wenn es also so ist, daß Computerprogramme – oder nur bestimmte Computerprogramme wie etwa Standardanwendungsprogramme – als körperliche Gegenstände angesehen werden können, so ist zumindest ein industriell hergestelltes Computerprogramm auch ein Produkt im Sinne des Produkthaftungsgesetzes.

Andererseits ist die Identität von ›Produkt‹ i.S. des Produkthaftungsgesetzes und ›körperlicher Gegenstand‹ i.S. von § 90 BGB keine conditio sine qua non für die Anwendung des Produkthaftungsrechts für Computerprogramme. Kommt man zu dem Ergebnis, daß Computerprogramme keine Sachen i.S. von § 90 BGB sind, so bleibt der Begriff ›Produkt‹ des § 2 ProdHaftG als eigenständiger Rechtsbegriff in der Hinsicht auslegungsfähig, daß Computerprogramme auch dann ›Produkt‹ sein können, wenn sie nicht ›Sache‹ im Sinne von § 90 BGB sind. Diesen Fragen ist weiter nachzugehen.

a) Das Meinungsspektrum zur Produkteigenschaft von Computerprogrammen

Zwar ist es aus den vorgenannten Gründen nicht unbedenklich, die Legaldefinition in § 2 ProdHaftG mit Hinweis auf die Wortidentität (›Sache‹) mit § 90 BGB zu vergleichen und dadurch ›Produkte‹ mit körperlichen Gegenständen i.S. von § 90 BGB gleichzusetzen. In der Literatur wird dieser Weg allerdings häufig gegangen, um dann kurzerhand festzustellen, daß ein Computerprogramm nur aus elektronisch gespeicherten Zeichen, nämlich den elektrischen Zuständen auf einem elektromagnetischen Träger, bestünde und ansonsten ein geistiges Gut und damit kein körperlicher Gegenstand im Sinne von § 90 BGB sei[163]. Folglich könne, so wird daraus weiter abgeleitet, ein Computerprogramm auch nicht als Produkt i.S. des Produkthaftungsgesetzes angesehen werden[164]. Die Anwendbarkeit des Produkthaftungsgesetzes auf fehlerhafte Computerprogramme wird damit schon an dieser Stelle wegen fehlender Produkt-

---

[161] Siehe auch RGRK-*Kregel*, S. 8.

[162] BT-Drs. 11/2447, S. 16f.

[163] Vehement vertreten von *H. Redeker*, NJW 1992, S. 1739. *Honsell*, JuS 1995, S. 211(212), setzt einen Programmierfehler pauschal mit einer fehlerhaften Information in einem Druckwerk gleich.

[164] Vgl. *Graf von Westphalen*, NJW 1990, S. 83(87); *Moritz/Tybusseck*, Computersoftware, 1992, Rdn. 920.

qualität von Computerprogrammen verneint[165]. Diesem Weg der Auslegung des Produktbegriffs und der im Ergebnis zum Ausdruck gebrachten Auffassung wird von der Mehrheit der veröffentlichten Meinungen zu Recht widersprochen.

Das Meinungsspektrum in dieser Kernfrage des EDV-Rechts ist allerdings sehr breit. Insgesamt betrachtet lassen sich im wesentlichen fünf Positionen herausarbeiten. So werden die Auffassungen vertreten, daß

- Computerprogramme als solche *gänzlich* aus dem Anwendungsbereich des Produkthaftungsgesetzes auszuschließen seien[166],
- die Haftung nach dem Produkthaftungsgesetz bei fehlerhaften Computerprogrammen nur dann zu prüfen sei, wenn die Software nicht ›isoliert‹ angeboten wird, sondern in eine (im übrigen fehlerfreie) Maschine integriert wurde, deren Produktqualität unbestritten ist und die mit dem fehlerhaften Computerprogramm das haftungsrechtliche Schicksal teilt[167],
- die Standardanwendungsprogramme, nicht aber die Individualanwendungsprogramme haftungsrechtlich als Produkt zu betrachten seien, weil letztere nicht *industriell*, wie es das Produkthaftungsgesetz verlange, hergestellt würden[168],
- nur ein auf einem Datenträger gespeichertes und mittels Datenträger überlassenes Computerprogramm als Produkt anzusehen sei, nicht aber die auf elektronischem Wege online übermittelten Computerprogramme[169], und schließlich, daß

---

[165] *Taschner*, in: *Taschner/Frietsch*, Produkthaftung, 1990, Art. 6 Richtl. RN 28; *Bauer*, PHI 1989, S. 38 und 98(102); *Graf von Westphalen*, NJW 1990, S. 83(87); *Moritz/Tybusseck*, Computersoftware, 1992, Rdn. 920; *Andréewitch*, EDV & Recht 1990, S. 50.

[166] *Mayer*, VersR 1990, S. 691(695, 697), der »Produkt« kurzerhand mit »Sache« gleichsetzt; *Taschner*, NJW 1986, S. 611(613); *Moritz/Tybusseck*, Computersoftware, 1992, Rdn. 920; *Moritz*, CR 1994, S. 257 (268); *Borking*, Informatie 1987, S. 928, der Softwareherstellung als ›Dienst‹ ansieht.

[167] *Bauer*, PHI 1989, S. 38 und 98; *Clarke*, The computer law and security report 1989/90(5/6), S. 28(29), für die Haftung für Fehler in ›intrinsic/extrinsic software‹ nach australischem Recht. Die Anwendung des Produkthaftungsgesetzes ist für *Junker*, WM 1988, S. 1217 und 1249(1253), bei integrierter Software immer gegeben, da es lebensfremd sei, »ein *integriertes System* gedanklich zu zerlegen und z.B. danach zu unterscheiden, ob Materialermüdung oder ein Programmierfehler die Ursache für den fatalen Vorfall war«. Die Anwendung der Produkthaftung ist nach *Junker* nicht ausgeschlossen, wenn es gelingt, bei Individualanwendungsprogrammen eine tragfähige Differenzierung zwischen »Ware« und »Dienstleistung« zu finden.

[168] *Engel*, CuR 1986, S. 702; *Hoeren*, PHI 1989, S. 138(142); *Kort*, CR 1990, S. 171(175); *Meier/Wehlau*, CR 1990, S. 95(99); *von Ohnesorge*, Versicherungsschutz bei den riskanten Systemen EDV-/Elektronik- und Datenträgeranlagen, in: *GRVI* (Hrsg.), Riskante Systeme – Bewertung, Verifikation und Beherrschung der Informationstechnik, 1991, S. 49, und wohl auch ComHdB-*Heussen* Kap 48 RdNr. 8, und Fitz/Purtscheller/Reindl, Produkthaftung, 1988, Rz. 13 zu § 4 PHG.

[169] *Frietsch*, in: *Taschner/Frietsch*, Produkthaftung, 1990, § 2 ProdHaftG RN 22; *Dommering-van Rongen*, Computerrecht 1988, S. 227; *Schlutz*, DStR 1994, S. 791.

– ein Computerprogramm zumindest »wie ein Produkt« zu behandeln sei und bei schadenverursachender Fehlerhaftigkeit Produkthaftungsansprüche möglich seien[170].

Soweit Computerprogramme aus dem Produktbegriff des Produkthaftungsgesetzes ausgeklammert werden, geschieht dies, wie bei *Bauer*[171] und *Taschner*[172], häufig mit der Begründung, daß ein Computerprogramm als solches keine bewegliche Sache, sondern ›Information‹ bzw. eine ›Folge von Informationen‹ sei. *Mayer*,[173] *Graf von Westphalen*[174], *Moritz/Tybusseck*[175] und *Musulas*[176] argumentieren ähnlich und halten ein Computerprogramm für kein Produkt, weil es sich bei ihm nicht um einen körperlichen Gegenstand, sondern allenfalls um die Verkörperung geistiger Leistung handele. Selbst bei einer Verkörperung auf einem Datenträger würde »der immaterielle Wert, das Know-how im Vordergrund« stehen[177]. Daher sei das Computerprogramm etwas »Geistiges«, in jedem Fall »Unkörperliches«, das im Verhältnis zum Datenträger den überragenden wirtschaftlichen Wert darstelle[178].

b) Zur Einordnung von Computerprogrammen als ›Sache‹ oder ›immaterielles Wirtschaftsgut‹

Diese Argumente zum Rechtscharakter von Computerprogrammen, wie sie zur Feststellung der Produkteigenschaft von Computerprogrammen vorgetragen werden, sind nicht neu. Sie wurden in dieser oder in ähnlicher Weise bereits in der Diskussion über die Einordnung von Software-Überlassungs- und Erstellungsverträgen in die Vertragstypologie des Bürgerlichen Gesetzbuchs vorgetragen. Auch bei der schuldrechtlichen Bewertung von Software-Verträgen kam es darauf an, über den körperlichen oder unkörperlichen Charakter bzw.

---

[170] *Rolland*, Produkthaftungsrecht, 1990, Teil I, § 2 Rdnrn. 17ff.; *Landscheidt*, Das neue Produkthaftungsrecht, 1990, S. 53; *Nauroth*, Computerrecht für die Praxis, 1990, S. 181ff.; *König*, Das Computerprogramm im Recht, 1991, S. 71ff.; *ders.*, NJW 1989, S. 2604; *Koch/Schnupp*, Software-Recht, Band 1, 1991, S. 162; *dies.*, CR 1989, S. 766, 893 und 975(898f.); *F. A. Koch*, Informatik-Spektrum 1989, S. 337(338); *ders.*, CR 1989, S. 955; *Junker*, WM 1988, S. 1217 und 1249, der die Anwendbarkeit des ProdHafG auf Software grunsätzlich bejaht (S. 1253), letztlich aber offenläßt, wie weit der Produktbegriff bei Software zu fassen ist und ob er jede Individualsoftware umfaßt; *Hoeren*, PHI 1989, S. 138; *Heymann*, CR 1990, S. 179(177); *Kort*, CR 1990, S. 171; *Meier/Wehlau*, CR 1990, S. 95 (98); *Gaul*, RDV 1991, S. 213; *Marly*, BB 1991, S. 432; *Lehmann*, NJW 1992, S. 1721(1724).

[171] *Bauer*, PHI 1989, 38 und 98(41).

[172] *Taschner*, in: *Taschner/Frietsch*, Produkthaftung, 1990, Art. 6 Richtl. RN 28.

[173] *Mayer*, VersR 1990, S. 691(695).

[174] *F. Graf von Westphalen*, NJW 1990, S. 83(87).

[175] *Moritz/Tybusseck*, Computersoftware, 1992, Rdn. 751 und 920.

[176] *Musulas*, Die Haftung des Softwareherstellers im Hinblick auf das ProdHaftG, 1993, S. 14.

[177] *Moritz/Tybusseck*, Computersoftware, 1992, Rdn. 920.

[178] *Moritz/Tybusseck*, Computersoftware, 1992, Rdn. 751.

die Materialität oder Immaterialität von Software zu entscheiden. Dabei verneinte die überwiegende Mehrheit in der Literatur die Sacheigenschaft von Computerprogrammen[179]. Ganz ähnlich wie in der Diskussion über den Produktcharakter der Software nach dem Produkthaftungsgesetz wird bei der schuldrechtlichen Einordnung von Software-Überlassungsverträgen die Ablehnung der Sacheigenschaft von Computerprogrammen mit dem Hinweis darauf begründet, daß der wirtschaftliche Wert der Datenverarbeitungsprogramme in der geistigen Leistung bestehe, die in Form von Algorithmen auf Datenträgern gespeichert und nur auf diesem Wege verkörpert sei. Computerprogramme seien »verkörperte Informationen«[180]. Das eigentliche Computerprogramm als die im Vordergrund stehende geistige Leistung[181] sei ein immaterielles[182] oder, wie *Kilian*[183] es prägend formulierte, ein informationelles Wirtschaftsgut und von dem Datenträger, einer Sache im Sinne von § 90 BGB, strikt zu trennen[184], weil der wirtschaftliche Wert des Datenträgers gegenüber dem Wert des auf dem Datenträger verkörperten Programmes zu vernachlässigen

[179] Vgl. *Mehrings*, NJW 1986, S. 1904(1905); *Zahrnt*, IuR 1986, S. 252(253); *Kilian*, Haftung für Mängel der Computer-Software, 1986, S. 15; *Engel*, BB 1985, S. 1159(1160); *Jörg Schneider*, Softwarenutzungsverträge im Spannungsfeld von Urheber- und Kartellrecht, 1988, S. 67; *Jochen Schneider*, Praxis des EDV-Rechts, 1990, D 86; *Ruppelt*, CR 1989, S. 107(109); *H. Redeker*, NJW 1992, S. 1739ff.; *Junker*, WM 1988, S. 1217 und 1249(1251); *dens.*, NJW 1992, S. 1733; *dens.*, NJW 1993, S. 824 (S. 824: »die Lehre der ›Qualifizierung von Computerprogrammen als Sache nach § 90 BGB‹ ist eine Theorie in Liquidation«); *dens.*, JZ 1993, S. 344 und 447(448f.). Keine Sache i.S. des § 90 BGB ist das Computerprogramm nach *Kort*, DB 1994, S. 1505(1506f.), nach dessen Ansicht die Einordnung als ›Sache‹ die Differenzierung zwischen »Standard- und Individual-Software« nivelliere. Interessant ist die Überlegung von *Kort*, daß zwar eine Subsumtion unter den Sachenbegriff des § 90 BGB nicht möglich sei, ein Computerprogramm dennoch kaufrechtlich eine Sache i.S. des § 433 BGB sein kann, die auch sachenrechtlich gem. § 929 BGB übereignet werden kann (S. 1507).

[180] *Breidenbach*, CR 1989, S. 873, 971 und 1074(873, 875, 880).

[181] *BFH* CR 1987, 576 m. Anm. *Hauter*; vgl. auch *Ruppelt*, Die Überlassung von Computerprogrammen, 1990, S. 11; *Bömer*, Die Pflichten im Computer-Software-Vertrag: Darstellung der Besonderheiten im Verhältnis zu den Vertragstypen des allgemeinen Zivilrechts, 1988, S. 37; *Moritz/Tybusseck*, Computersoftware, 1992, Rdn. 751.

[182] Vgl. neben vielen nur *Engel*, BB 1985, S. 1159(1160); *Mehrings*, NJW 1986, 1904(1905); *Moritz*, CR 1989, S. 1049(1054); *Moritz/Tybusseck*, Computersoftware, 1992, Rdn. 742; *Breidenbach*, CR 1989, S. 873, 971 und 1074 (875); *Gesper*, CR 1989, S. 8(9).

[183] *Kilian*, CR 1986, S. 187; *ders.*, Haftung für Mängel der Computersoftware, 1986, S. 15, 35 und 42; *ders.*, Rechtsschutz für Software, in: *Kilian/Gorny* (Hrsg.), Schutz von Computer-Software, 1987, S. 11(11); *ders.*, Liability for Deficient Medical Expert Systems, in: *Savory* (Hrsg.), Expertensysteme: Nutzen für Ihr Unternehmen, 1989, S. 393(400). *Kilian* sieht in dem ›informationellen Gut‹ eine vierte Kategorie neben beweglichen Sachen, Immobilien und Rechten, die von der Gesetzgebung bislang noch nicht berücksichtigt sei. Der Begriff ist von der Literatur angenommen worden; vgl. neben vielen *Emmerich*, Rechtsschutz für Standardsoftware, 1991, S. 152, *Mackaay*, Contracting for software in Canada, in: *Weyers* (Hrsg.), Datenverarbeitungsprogramme als Gegenstand des Rechtsverkehrs, 1992, S. 9(14); *Paulus*, Die Software in der Vollstreckung, in: *Lehmann* (Hrsg.), Rechtsschutz und Verwertung von Computerprogrammen, 1993, S. 831(835).

[184] Vgl. *Kilian*, Haftung für Mängel der Computersoftware, 1986, S. 15.

sei[185]. Und schließlich, so wird von anderer Seite im »Labyrinth«[186] der Einordnungsversuche geltend gemacht[187], müsse das Computerprogramm auch deswegen unabhängig von der Eigenschaft des Datenträgers betrachtet werden, weil das Computerprogramm häufig über Datenleitungen ohne Verwendung eines Datenträgers beim Kunden installiert oder vom Ersteller oder Lieferanten direkt auf der Anlage des Kunden ohne Überlassung eines Datenträgers installiert werde.

In der Mehrzahl der jüngeren Literatur wird dagegen mit unterschiedlichen Gewichtungen und Begründungen die Auffassung vertreten, daß Computerprogramme Sachen i. S. von § 90 BGB sind und damit bei einer entgeltlichen dinglichen Übertragung eine Übereignung aufgrund eines (Sach-)Kaufvertrags stattfindet[188].

Teilweise wird schließlich die Sacheigenschaft von Computerprogrammen zwar mit beachtlichen Argumenten bestritten[189], die unmittelbare Anwendung der Vorschriften des Sachkaufs aber deswegen bejaht, weil es sich bei einem Computerprogramm zwar nicht um einen körperlichen, so aber doch um einen verkehrsfähigen Gegenstand handele, wenn er zur ausschließlichen und unbeschränkten Nutzung auf Dauer überlassen wird. Der vertragstypologischen Einordnung als (Sach-)Kaufvertrag analog stehe demnach nichts im Wege.

---

[185] Vgl. *Mehrings*, NJW 1986, 1904(1905); *Zahrnt*, IuR 1986, S. 252; *König*, Das Computerprogramm im Recht, 1991, S. 258 m.w.N. in Fn. 17.

[186] *Hoeren*, Softwareüberlassung als Sachkauf, 1989, S. 8.

[187] So etwa von *Zahrnt*, IuR 1986, S. 252(253); *Jochen Schneider*, Praxis des EDV-Rechts, 1990, D 87.

[188] Vgl. nur Soergel-*Huber*, Rz 27 vor § 433: Computerprogramme »sind, da sie auf Trägern gespeichert sind, Sachen, und die entgeltliche Veräußerung ist, je nach Sachlage, Kauf- oder Werklieferungsvertrag«. Siehe auch *Hoeren*, Softwareüberlassung als Sachkauf, 1989, S. 57; *ders.*, CR 1988, S. 908; *ders.*, GRUR 1988, S. 137; *ders.*, RDV 1988, S. 115; *Koutses/Lutterbach*, RDV 1989, S. 5(8); *Marly*, Softwareüberlassungsverträge, 1991, S. 60f.; *ders.*, BB 1991, S. 432; *von Ohlen*, Die rechtliche Einordnung des Softwareüberlassungsvertrages, 1990, S. 127–131; *Emmerich*, Rechtsschutz für Standardsoftware, 1991, S. 156; *Bartsch*, CR 1992, S. 393; *Malzer*, Der Softwarevertrag, 1991, S. 93; *Loewenheim*, Allgemeine Geschäftsbedingungen bei Verträgen über die Überlassung von Standard-Anwendersoftware, in: *Leser/Isomura* (Hrsg.), Festschrift für *Kitagawa*, 1992, S. 949(959f.); *Endler/Daub*, CR 1993, S. 601 (603); *König*, Das Computerprogramm im Recht, 1991, S. 108; *ders.*, NJW 1993, S. 3121; *Knops*, JuS 1994, S. 106(107); tendenziell auch *F.A. Koch*, Computer-Vertragsrecht, 1995, Teil 6, S. 161, und *Koch/Schnupp*, CR 1989, S. 776(782) bei ›Standard-Expertensystemen‹; eindeutiger dagegen in *Koch/Schnupp*, Software-Recht, 1991, S. 250f.; wohl ebenfalls *F. Graf von Westphalen/Seidel*, Aktuelle Rechtsfragen der Software-Vertrags- und Rechtspraxis, 1992, S. 11.

[189] Siehe insbesondere die grundlegenden Beiträge von *Junker*, NJW 1993, S. 824, und *ders.*, JZ 1993, S. 344 und 447, sowie *H. Redeker*, Der EDV-Prozeß, 1992, Rn. 267ff. Keine weiterführende neuen Argumente zu dieser Diskussion finden sich im Beitrag von *Moritz*, CR 1994, S. 257 (263): »Ein Computerprogramm ist keine Sache, sondern Know-how; Kopien von Standardprogrammen sind verpacktes konfektioniertes Know-how«. Kritische Anmerkung zu den herstellernahen Positionen von *Moritz* finden sich insbesondere bei *Zahrnt*, CR 1994, S. 455 (passim).

c) Die Bedeutung der Immaterialgüterrechte an Computerprogrammen für die Vertragstypenzuordnung

Die nach wie vor als offen und umstritten zu bezeichnende Diskussion[190] über den einer Programmüberlassung oder -erstellung zugrundeliegenden Vertrag leidet darunter, daß sie mit der juristischen Herausarbeitung eines Immaterialgüterschutzes für Software zu eng verknüpft wird. Der wegen der erheblichen Herstellungskosten für das Softwarehaus hohe wirtschaftliche Wert von Computerprogrammen hat die Verortung von Verfügungsrechten (property rights) an Computerprogrammen in den Vordergrund gerückt; denn für viele Softwarehäuser ist es wegen der technischen Möglichkeit, Computerprogramme problemlos und ohne Substanzverlust beliebig oft zu kopieren, eine existentielle Frage, mit welchem rechtlichen Instrumentarium sich die in die Programmierung geflossenen Investitionen sichern lassen.

Das Problem, daß ein wirkungsvoller Immaterialgüterschutz erst mit der EG-Richtlinie des Rates über den Rechtsschutz von Computerprogrammen[191] und der darauf beruhenden Novellierung des Urheberrechtsgesetzes[192] nach langjährigen kontroversen Erörterungen[193] und umstrittener Rechtsprechung[194] sichtbar wird und dementsprechend die Überlassungsverträge umfangreiche Verwendungsbeschränkungen enthalten, hat die schuldrechtliche Einordnung der Software-Verträge derart dominiert, daß die Berücksichtigung der Funktionalität und Operationalität von Computerprogrammen weitgehend außer Betracht blieb. Nur so läßt sich die weitverbreitete Ansicht erklären, daß sich die »notwendige bürgerlich-rechtliche *Einordnung* der Überlassungsgeschäfte vor allem danach (richte), welche gesetzlichen Schutzrechte die Programmschöp-

---

[190] So auch das Resumé in der 2. Auflage von *Moritz/Tybusseck*, Computersoftware, 1992, S. 209, Rdn. 711, und bei *Michalski/Bösert*, Vertrags- und schutzrechtliche Behandlung von Computerprogrammen, 1992, S. 5f.

[191] Vom 14. Mai 1991 (91/250/EWG), ABl. Nr. L 122/42; dokumentiert auch bei *Moritz/Tybusseck*, Computersoftware, 1992, S. 290.

[192] Zweites Gesetz zur Änderung des Urheberrechtsgesetzes vom 9. Juni 1993 (BGBl. I S. 910).

[193] Vgl. nur die das Thema (mit-)behandelnden Dissertationen von *Habel*, Nutzungsrechte an Standardanwenderprogrammen, 1989; *Hoeren*, Softwareüberlassung als Sachkauf, 1989; *Ruppelt*, Die Überlassung von Computerprogrammen, 1990; *Emmerich*, Rechtsschutz für Standardsoftware, 1990; *von Ohlen*, Die rechtliche Einordnung des Softwareüberlassungsvertrages, 1990; *König*, Das Computerprogramm im Recht, 1991; *Malzer*, Der Softwarevertrag, 1991; *Marly*, Softwareüberlassungsverträge, 1991, sowie die jüngeren Monographien und Sammelwerke von *Michael Lehmann* (Hrsg.), Rechtsschutz und Verwertung von Computerprogrammen, 1993; *Jochen Schneider*, Die Praxis des EDV-Rechts, 1990; *Moritz/Tybusseck*, Computersoftware, 1992; *H. Redeker*, Der EDV-Prozeß, 1992; *Kilian/Heussen* (Hrsg.), Computerrechtshandbuch, Stand: 1994, jeweils mit zahlreichen Nachweisen zum Meinungsstand.

[194] Vgl. insbesondere die prägenden *BGH*-Entscheidungen *BGHZ* 94, 276 = BB 1985, 1747 m. Anm. *Freiherr von Gravenreuth*, S. 2002 (Inkasso-Programm), und *BGHZ* 112, 264 = BB-Beilage 18/1991 m. Anm. *Zahrnt*, S. 6 (Nixdorf-Betriebssystem).

fer beanspruchen können und welche Art von Berechtigungen sie den Benutzern einräumen«[195]. Anderslautende Meinungen, nach denen es »für die vertragstypologische Beurteilung der Softwareüberlassung ... ohne Bedeutung (ist), ob es sich um ein materielles oder ein immaterielles Wirtschaftsgut handelt«[196], blieben dagegen weitgehend ohne Resonanz.

Die Debatte litt und leidet trotz der inzwischen als gefestigt zu bezeichnenden richtungweisenden Rechtsprechung des *Bundesgerichtshofs*[197] zur vertragstypologischen Einordnung von Software-Überlassungsverträgen noch immer unter dem besonders von Branchenvertretern unternommenen Versuch[198], die Sicherung der Verfügungsrechte von »Programmschöpfern« zum Kern der schuldrechtlichen Verträge und nicht, wie bereits früher argumentiert wurde[199], zu einem für die weiteren Nutzungsrechte zwar bedeutsamen, für die Qualifizierung des Rechtsgeschäfts aber nachrangigen Aspekt zu machen. Die vertragstypologische Einordnung der Software-Überlassungsverträge ist grundsätzlich unabhängig von der Frage zu beurteilen, ob und wodurch die Software rechtlich geschützt ist. Der Rechtsschutz wirkt sich nur auf den Inhalt und den Umfang der vertraglichen Nebenpflichten aus[200].

d) Die vertragstypologische Zuordnung der Software-Verträge

An der Notwendigkeit, eine Einordnung der Softwareverträge in das System der bürgerlich-rechtlichen Schuldverhältnisse vorzunehmen, führt trotz Anerkennung des Grundsatzes der Vertragsautonomie (§305 BGB) kein Weg vorbei[201]. Selbst bei einer Formulierung atypischer vertraglicher Vereinbarungen, wie sie auch bei Software-Verträgen zulässig und gängige Praxis sind, kann nicht darauf verzichtet werden, den Vertrag einem BGB-Vertragstyp zuzuordnen. Bei aller privatautonomen Gestaltungsfreiheit vertraglicher Beziehungen ist der Rückgriff auf gesetzliche Bestimmungen erforderlich, um beispielsweise

[195] *Jörg Schneider*, Softwarenutzungsverträge im Spannungsfeld von Urheber- und Kartellrecht, 1989, S.88 (Hervorhebung vom Verfasser). Ähnlich auch die Auffassung von *Ruppelt*, Die Überlassung von Computerprogrammen, 1990, S.11, daß es bei der Beantwortung der Frage, ob Computerprogramme als körperliche oder unkörperliche Gegenstände zu bewerten sind, eine Rolle spiele, »ob Computerprogramme urheberrechtliche Relevanz besitzen können«.

[196] *Jochen Schneider*, Praxis des EDV-Rechts, 1990, A Rn 175.

[197] *BGH* NJW 1990, 3011 (Geräteverwaltung).

[198] Siehe dazu auch *Bartsch*, CR 1992, S.393(396), und *Junker*, NJW 1992, S.1733(1736); *Betten*, GRUR 1991, 453(454).

[199] Vgl. etwa *Dörner/Jersch*, IuR 1988, S.137(140).

[200] So jetzt auch die dezidierte und zu einer klaren Trennung bei der Behandlung der zwei Problemkreise führende Feststellung von *Michalski/Bösert*, Vertrags- und schutzrechtliche Behandlung von Computerprogrammen, 1992, S.7f. Vgl. auch *Emmerich*, Rechtsschutz für Standardsoftware, 1991, S.147f., und *Bartl*, BB 1988, S.2122(2123, 2125).

[201] Siehe auch *König*, Das Computerprogramm im Recht, 1991, S.71.

vertragliche »Lücken« zu schließen, dem Vertragsverhältnis zugrundeliegende Mindestrechte oder -pflichten aufgrund unabdingbarer Vorschriften festzustellen oder die Wirksamkeit Allgemeiner Geschäftsbedingungen prüfen und eine sachgerechte Inhaltskontrolle nach den Vorschriften des AGB-Gesetzes vornehmen zu können[202].

e) Zur Rechtsprechung des Bundesgerichtshofs

In einem vielzitierten Urteil vom 3. Juni 1981[203] stufte der *Bundesgerichtshof* Softwareüberlassungsverträge noch als Lizenzvertrag oder Know-how-Vertrag ein[204]. Der *Bundesgerichtshof* stellte in seiner Entscheidung fest, daß Computerprogramme »eine geistige Leistung darstellen, die, wie eine Erfindung, einem Dritten zur Ausnutzung überlassen werden kann«. Der *Bundesgerichtshof* fuhr fort:

> »Mehr als einem Patent, das herkömmlich Gegenstand von Lizenzverträgen ist, gleicht das Computerprogramm einem Fertigungsverfahren. Deshalb kommt in Betracht, die Vereinbarung ... als einen Know-how-Vertrag zu werten. Die entgeltliche Gebrauchsüberlassung des Know-how wird grundsätzlich als Pacht angesehen.«[205]

Da der von den Parteien gewählte Vertrag also dem Leitbild eines Pachtverhältnisses sehr angenähert sei, kam der *Bundesgerichtshof* zur Anwendung mietrechtlicher Kündigungsvorschriften (§§ 581 Abs. 2, 542 BGB).

In einem Urteil aus dem gleichen Jahr wandte der *Bundesgerichtshof* bei der vereinbarten, auf drei Jahre begrenzten Überlassung von mangelhafter Software, die als Bestandteil einer Datenverarbeitungsanlage mitgeliefert worden war, in Übereinstimmung mit den Streitparteien mietvertragliche Gewährleistungsvorschriften an[206]. In seiner Rechtsprechung ab 1984 zog der *Bundesgerichtshof* bei der Überlassung von konfektionierter Software zur freien Verfügung gegen einmalige Zahlung eines Entgelts dann kontinuierlich und mit zunehmender Klarheit kaufrechtliche Vorschriften entsprechend heran[207] und

---

[202] Vgl. auch *Jörg Schneider*, Softwarenutzungsverträge im Spannungsfeld von Urheber- und Kartellrecht, 1989, S. 65; *Michalski/Bösert*, Vertrags- und schutzrechtliche Behandlung von Computerprogrammen, 1992, S. 4f.

[203] *BGH* NJW 1981, 2684 = ZIP 1981, 868 m. Anm. *Ellenberger* (Programmierte Sperre).

[204] Auf diese frühe *BGH*-Entscheidung beruft sich auch *Heussen* noch in der 3. Ergänzungslieferung des ComHdB von 1992, Kap 44 Rdnr. 39, zur Begründung seiner Auffassung, daß »die Überlassung von Software grundsätzlich auf der Basis eines Lizenzvertrages (geschieht), und zwar auch dann, wenn ein »‹Kaufpreis‹ vereinbar(t) ist und keine weitere Nutzungseinschränkungen auferlegt werden«.

[205] *BGH* NJW 1981, 2684(2684) – (Programmierte Sperre).

[206] *BGH* NJW 1982, 696 (Arzt-Computer).

[207] Siehe *BGH* NJW 1984, 2938 (EDV-Leasing) = CR 1986, 79(80): »Daß Software ... ebenso Gegenstand eines Miet-/Leasing- wie eines Kaufvertrages sein kann, unterliegt keinem Zweifel.« Vgl. auch *BGHZ* 102, 135(144) – (Basic-Übersetzungsprogramm). Zustimmend *Bartsch*, Weitergabeverbote in AGB-Verträgen zur Überlassung von Standard-Software, in:

sah in den Datenverarbeitungsprogrammen nunmehr »Verkörperungen der geistigen Leistungen, damit aber körperliche Sachen ..., die – etwa in vervielfältigter Form – Gegenstand des Handelsverkehrs sein können und auf deren unmittelbaren körperlichen Besitz es dem Erwerber auch ... für die Benutzung ankommt«[208]. Er korrigierte damit die frühere Ansicht, nach der bei derartigen Schuldverhältnissen lizenzvertragliche Grundsätze maßgeblich seien und bei zeitlich unbegrenzter Überlassung nur »kaufrechtsähnliche« Verträge vorlägen. Das Gericht sprach sich zugleich auch gegen die Auffassung aus, daß es sich bei der Überlassung auf Dauer um einen als Rechtskauf[209] zu qualifizierenden Vorgang handele.

In einer späteren Entscheidung von 1987 sprach der *Bundesgerichtshof* einerseits ganz ähnlich wie in der Entscheidung von Mai 1985[210] von einem ›Datenträger mit dem darin verkörperten Programm, insofern also eine körperliche Sache‹[211]. Das Gericht hob besonders hervor, daß sich der wirtschaftliche Wert des Computerprogramms aus den gespeicherten Befehlsfolgen ergebe, die als solche eine geistige Leistung, ein immaterielles Gut, darstellten[212]. Das Urteil wurde von einem Teil der Literatur etwas voreilig dahingehend interpretiert, der *Bundesgerichtshof* habe nunmehr elektronische Datenverarbeitungsprogramme nicht ›wie‹ eine Sache, sondern ›als‹ eine Sache angesehen[213]. Diese Interpretation der *BGH*-Auffassung war noch etwas verfrüht; denn der *Bundesgerichtshof* entsprach mit der Pointierung in diesem Urteil noch einer nur wenig jüngeren Entscheidung vom März 1987, in der er einen Vertrag zur Überlassung von Standard-Software als einen Vertrag »im wesentlichen über ein geistiges Werk« ansah[214]. Es blieb also auch nach der Entscheidung des *Bundesgerichtshofs* vom 4. November 1987 zunächst weiter offen, ob bei der Überlassung von Software die Grundsätze des Sachkaufs angewendet werden, weil Computerprogramme eine Sache *sind* oder weil sie kaufvertragsrechtlich *wie*

Kilian/Gorny (Hrsg.), Schutz von Computer-Software, 1987, S. 97ff. = *ders.*, CR 1987, 8(8); *ders.*, CR 1989, S. 692(694); *König*, NJW 1989, S. 2604(2605).

[208] *BGH* GRUR 1985, 1055(1056) – (Lignamat).

[209] Erwogen worden war das in einem frühen Stadium der Diskussion von *Kilian*, Haftung für Mängel der Computersoftware, 1986, S. 24; *ders.*, CR 1986, S. 187(193); *ders.*, Rechtsschutz für Software, in: *Kilian/Gorny* (Hrsg.), Schutz von Computer-Software, 1987, S. 11(24); *zur Megede*, Rechtsschutz von Software, Urheber-und Vertragsrecht, 1989, S. 72, mit analoger Anwendung der Gewährleistungsansprüche des Sachkaufs. Siehe auch *OLG Frankfurt* 26.4. 1989, BB-Beilage 24/1990, 8 (Systemsoftware) mit krit. Anm. von *Zahrnt*, S. 10.

[210] *BGH* GRUR 1985, 1055(1056) – (Lignamat).

[211] *BGHZ* 102, 135(144) – (Basic-Übersetzungsprogramm); siehe auch *BGHZ* 109, 97 = NJW 1990, 320(321) – (Teilzahlung).

[212] *BGHZ* 102, 135(144) (Basic-Übersetzungsprogramm).

[213] Vgl. etwa *Dörner/Jersch*, IuR 1988, S. 137(141f.); *Hoeren*, Softwareüberlassung als Sachkauf, 1989, Rn. 71ff.; *ders.*, CR 1988, S. 908(911); *König*, NJW 1989, S. 2604; *ders.*, NJW 1990, S. 1584; *Emmerich*, Rechtsschutz für Standardsoftware, 1991, S. 150f. Wie hier, jedenfalls in dieser Frage, *Bormann/Bormann*, DB 1991, S. 26441(2643).

[214] *BGH* DB 1987, 1290 (1291) = NJW 1987, 2004 (Architekturprogramm).

eine Sache behandelt werden. Immerhin war vom *Bundesgerichtshof* der später noch mehrfach bestätigte Schritt getan, bei der Überlassung von einer auf einem Datenträger gespeicherter Standardsoftware gegen einmaliges Entgelt Kaufrecht *zumindest entsprechend* anzuwenden.

Bei seinen vertragstypologischen Erwägungen knüpfte der *Bundesgerichtshof* aber noch sehr stark an der Körperlichkeit eines mit dem Programm überlassenen Datenträgers an[215]. Dennoch rief der *Bundesgerichtshof* mit seiner Spruchpraxis bereits die Kritik derjenigen hervor, die der Theorie von der Sach-Qualität von Computerprogrammen ablehnend gegenüberstehen. Die Kritiker wiesen auf die technische Möglichkeit einer datenträgerlosen Überlassung durch online-Überspielung hin, auf die die Theorie von der Verkörperung des Computerprogramms nicht passe und daher die Sachkauf-Theorie insgesamt abzulehnen sei. Diese Kritiker betonen zu Recht, daß die Verkörperung eines Computerprogramms auf einem Datenträger nicht zwingend für den Transport notwendig ist. Daher könne eine Überlassung über das »Transportmedium Datenträger« oder, so ist hinzuzufügen, die Speicherung auf einem Datenträger zu Programmsicherungszwecken allein keine Sacheigenschaft begründen[216]. Übersehen wird dabei aber, daß die Datenträgerüberlassung in aller Regel nicht der eigentliche Vertragszweck der Softwareverträge ist.

Zwar ist es richtig, daß Computerprogramme dem Anwender auf geeigneten Datenträgern wie Disketten, Magnetbändern, portablen Festplatten oder auf einem in eine Maschine integrierten Speicher zur Verfügung gestellt oder vom Anwender von einem Gerät auf ein anderes Gerät kopiert werden. Insofern dienen Datenträger als ›Transportmedium‹. Andererseits ist es auch bei einer datenträgerlosen Überlassung schlechterdings undenkbar, daß ein ablauffähiges Computerprogramm nicht zu jedem beliebigen Zeitpunkt auf zumindest einem Datenträger gespeichert ist. Die Magnetisierung mindestens eines Datenträgers mit den Programm-Algorithmen muß unterbrechungslos vorliegen, um überhaupt von der Existenz eines Computerprogramms sprechen zu können[217]. Das Ausdrucken des Codes für die Weitergabe und spätere Wiedergabe wäre eine ganz und gar unübliche, wenn nicht gar technisch unmögliche Form, die dem Wesen des Computerprogramms nicht entspräche.

Der »Transport-Charakter« des Speichermediums wird dadurch unterstri-

[215] Kritisch hierzu *Kilian*, Liability for Deficient Medical Expert Systems, in: *Savory* (Hrsg.), Expertensysteme: Nutzen für Ihr Unternehmen, 1989, S. 393(401): »To take the physical status of the carrier as connecting factor for the legal classification of software would stress an economically inferior aspect.«

[216] Vgl. etwa *Knepper*, Software in der Handels- und Steuerbilanz, in: *Knobbe-Keuk et al.* (Hrsg.), Festschrift für *Döllerer*, 1988, S. 299(310); *Ruppelt*, CR 1989, S. 107(108); *Jörg Schneider*, Softwarenutzungsverträge im Spannungsfeld von Urheber- und Kartellrecht, 1989, S. 66f.

[217] Darauf wurde bereits 1986 von *Kilian* (Haftung für Mängel der Computer-Software, 1986, S. 13) hingewiesen; siehe auch *Marly*, BB 1991, S. 432(433); *Roy/Palm*, NJW 1995, S. 690(691).

chen, daß ein komplexeres Programm selbst dann nicht auf einer Diskette als Datenträger Platz findet, wenn der Speicherbedarf des Programms mit Hilfe von Komprimiersoftware erheblich reduziert wird. Es sind regelmäßig mehrere Disketten erforderlich, um ein Computerprogramm von einer Stelle zu einer anderen zu ›transportieren‹. Als Alternative zu den Programmen auf Disketten wird daher selbst im PC-Bereich immer mehr Software auf einer CD-ROM angeboten. Bei den Workstations mit UNIX-Betriebssystem ist dies insbesondere für die Installation der Betriebssysteme längst gängige Praxis, wenn nicht sogar wie bei den Großrechnern die Installation über ›Tapes‹ erfolgt. Installationsprogramme, die bei Standardanwendungsprogrammen regelmäßig Bestandteil des Computerprogramms sind, unterstützen den Anwender bei der Installation auf seinem Rechner und bei einer Zusammenstellung der Programm-Module nach seinen Bedürfnissen.

Andererseits verdeutlicht aber auch dieses Beispiel, daß eine ›Verkörperung‹ des Computerprogramms bei dem ›Lieferanten‹ oder dem ›Empfänger‹ zu jeder Zeit vorhanden sein muß. So zeigt die Praxis denn auch, daß Computerprogramme einem Anwender immer häufiger nicht durch das Überlassen von Datenträgern (Disketten, CD-ROM, Tape) zur Verfügung gestellt, sondern direkt vom Rechner des ›Absenders‹ auf den Rechner des ›Empfängers‹ auf elektronischem Wege über Datennetze übermittelt werden[218]. Das können Computerprogramme aus Mailboxen sein[219], die von jedem berechtigten Nutzer eines Mailboxsystems ohne weiteres Zutun des Mailboxbetreibers oder seines ›System-Operators‹ vom Teilnehmer des Mailbox-Systems über ein digitales Datennetz oder das Fernmeldenetz der Deutschen Bundespost durch sogenanntes Downloading auf seinen Rechner kopiert werden. Das können weiter in einem großen Inhouse-Netz (LAN) Computerprogramme sein, die vom zentralen Programm-Server auf Anforderung eines Nutzers im eigenen Netz in den dezentralen Rechner des Nutzers kopiert werden[220]. Auch dieser Vorgang geschieht ohne Datenträger als Transportmedium.

---

[218] *Lesshaft/Ulmer*, CR 1988, S. 813(815); *H. Redeker*, Vertragsgestaltung für die Benutzer privater Telematikdienste, in: *Scherer* (Hrsg.), Telekommunikation und Wirtschaftsrecht, 1988, S. 111(125ff.); *Hall*, Computer/Law Journal 1983, S. 373 (397). Auf der amerikanischen Computermesse Comdex zeigten die Firmen Microsoft und IBM im Frühjahr 1993 erstmals Systeme für die elektronische Distribution von Software, mit dem die Computerprogramme über Datenfernübertragung bei den Kunden installiert wird; vgl. ›Hersteller in den USA planen die SW-Distribution per DFÜ‹, Computerwoche vom 11. Juni 1993, S. 4. Für die europäischen Kunden stellt die IBM ihren neuen Datenübertragungsservice IN SatConnect zur Verfügung, mit dem IBM nicht nur ›Elektronischen Datenaustausch‹ (EDI) mit Vertragspartnern vornimmt, sondern etwa auch Softwareproduzenten ihre Produkte und Updates schnell und kostengünstig europaweit per Satellit übertragen, siehe IBM L & F Information Nr. 2, Juli 1993, S. 3. Heute ist der ›File Transfer‹ und das ›Downloading‹ von Software über Datennetze wie das INTERNET problemlos möglich.

[219] Vgl. *Marly*, Softwareüberlassungserträge, 1991, S. 80ff.

[220] Siehe dazu auch *Kilian*, Haftung für Mängel der Computersoftware, 1986, S. 14.

Im professionellen Bereich des Softwarehandels und der Programmerstellung werden neuerworbene Programme oder, im Rahmen einer Wartung, Programmänderungen oder – ergänzungen auf den Kundenrechner über Datenleitungen installiert; häufig sogar ohne weiteres Zutun des Anwenders. Diese technische Möglichkeit, Programme zu übergeben, findet zunehmend Verbreitung. Bereits im Low-Cost-Sektor gibt es kaum noch ein Utility-Paket oder auf dem Betriebssystem aufliegendes Programmverwaltungssystem mit integrierter Utility-Software, das nicht auch zugleich ein Programmodul enthält, das die Übermittlung eines Programms von einem Rechner zu einem anderen über ein Modem und das Datennetz oder nur über ein Kabel, das zwei Rechner direkt miteinander verbindet, ermöglicht.

Wird in den hier beispielhaft genannten Fällen das Programm bei der Übermittlung kopiert, bleibt es bei dem Übermittelnden weiter gespeichert. Das Programm kann aber auch übermittelt und gleichzeitig bei dem Übermittelnden gelöscht werden. Durch den Vorgang wird demnach entweder ein weiteres identisches Programm beim Empfänger geschaffen oder das Programm ändert nur den Speicherort.

Die genannten Beispiele verdeutlichen, daß zwar der Grundgedanke der Architekturprogramm-Entscheidung des *Bundesgerichtshofs* richtig ist, von einer Verkörperung des Computerprogramms auf einem Datenträger auszugehen und daraus die Sacheigenschaft abzuleiten. Der *Bundesgerichtshof* knüpfte bei seinen Erwägungen aber auch nur an dem Datenträger als reinem »Transportmittel« mit der Folge an, daß er Bedenken hat, die Sacheigenschaft dann zu bejahen, wenn die Programme datenträgerlos über Netze von einer Stelle zu einer anderen kopiert oder bei einem Empfänger installiert werden. Diese Bedenken überzeugen nicht. Es kann bei dem Erwerb eines Computerprogramms rechtlich keinen Unterschied machen, ob der angestrebte rechtliche Zweck, die Verfügung über ein Computerprogramm und seine Beherrschung in der eigenen Rechtssphäre, entweder dadurch erreicht wird, daß ein Datenträger übergeben wird oder das Programm aus technischen oder ökonomischen Gründen datenträgerlos überlassen wird[221].

Nur weil die technische Entwicklung es möglich macht, auf einen Datenträger als ›Transportmedium‹ zu verzichten und mit der Installation über ein Datennetz von einem Datenträger auf einen anderen Datenträger zu dem gleichen gewünschten Ergebnis auf kostensparende Weise zu gelangen, darf in dieser Frage kein Unterschied gemacht werden, weil eine rechtliche Differenzierung nicht geboten ist, vielmehr zufällig und willkürlich erscheint[222].

Offensichtlich erkannte das auch der *Bundesgerichtshof* in den späteren Ent-

---

[221] Siehe auch *Stuurman*, Product Liability for Software in Europe, in: *Vandenberghe* (Hrsg.), Advanced Topics of Law and Information Technology, 1989, S. 127 (139); *Triaille*, The computer law and security report 1993, S. 214(219).

[222] *König*, NJW 1989, S. 2604(2605); *Hall*, Computer/Law Journal 1983, S. 373(397).

scheidungen. Seine weitere Rechtsprechung zur Vertragstypenzuordnung von Software läßt erkennen, daß er die Sacheigenschaft von Computerprogrammen »als solchen« bejaht und eine Sachübergabe auch bei einer Programmüberlassung durch Überspielen annimmt[223]. In zwei Entscheidungen im Januar und März 1990[224] hatte der *Bundesgerichtshof* zunächst nochmals[225] betont, daß es seiner ständigen Rechtsprechung entspreche, daß auf die Überlassung von Standardsoftware gegen einmaliges Entgelt Kaufrecht »zumindest entsprechend« bzw. »*jedenfalls* entsprechend« anzuwenden sei[226]. Dieser Wortlaut (›zumindest‹) signalisiert, daß der *Bundesgerichtshof* die unmittelbare Anwendung des Kaufrechts bei der dauerhaften Überlassung von Standardprogrammen und damit die Annahme der Sacheigenschaft von Computerprogrammen nicht mehr für ausgeschlossen hält.

Ganz entsprechend haben der *Bundesgerichtshof*[227] und die Instanzgerichte[228] einen Vertrag über die Erstellung von Individualprogrammen dem Werkvertragsrecht[229] zugeordnet. Das gleiche gilt nach Ansicht des *Bundesgerichtshofs*[230] und der Instanzgerichte[231] auch dann, wenn Standardanwendungsprogramme im Kundenauftrag nicht nur geringfügig[232] geändert und ergänzt werden.

Die *unmittelbare* Anwendung des Kaufrechts begründete der *Bundesgerichtshof* in einer grundlegenden Entscheidung von Oktober 1989[233], in der er sich wieder mit der Sacheigenschaft von Programmen der elektronischen Datenverarbeitung befassen mußte. In dieser Entscheidung nahm er eine wesentliche Weiterentwicklung seiner Rechtsprechung vor.

---

223 *BGHZ* 109, 97(100f.) = NJW 1990, 320(321) – (Abzahlungskauf). Dazu *König*, NJW 1990, S. 1584.

224 *BGHZ* 110, 130 = JZ 1990, 972 m. Anm. *Lieb* (Heimverwaltung); *BGH* NJW 1990, 3011 (Geräteverwaltung).

225 Siehe schon *BGHZ* 102, 135(144) (Basic-Übersetzungsprogramm); *BGHZ* 109, 97 = NJW 1990, 320(321) – (Abzahlungskauf).

226 Dieser Rechtsprechung folgten die Instanzgerichte, vgl. nur *OLG Köln* VersR 1991, 1251 (Leasingvertrag), und *OLG Köln* jur-PC 1992, 1631 (Softwareänderung).

227 Zuletzt mit *BGH* CR 1991, 467 (Planungsmängel) mit Anm. *Brandi-Dohrn*; zuvor auch *BGH* NJW 1990, 3008 = CR 1991, 86 mit Anm. *Brandi-Dohrn* (Holz-und Baustoffsystem).

228 *LG Verden* CuR 1986, 26.

229 Für einen Dienstvertrag plädiert *Etter*, CuR 1986, S. 30.

230 *BGH* NJW 1990, 3008 (Holz- und Baustoffsystem).

231 Vgl. *OLG Köln* jur-pc 1992, 1710(1712) – (Softwareerweiterung); *OLG Köln* jur-pc 1991, 1352 (Softwareanpassung); *OLG Köln* NJW 1988, 2477 (Softwaremängel); *LG Stuttgart* EWiR § 463 BGB 2/85, 655 m. Anm. *May*; *LG Karlsruhe* CR 1991, 544; *LG Nürnberg-Fürth* BB-Beilage 14/ 1992, S. 8 m. Anm. *Zahrnt*, S. 10. Das *LG Nürnberg-Fürth* wendet die Gewährleistungsansprüche aus Kauf-oder Werkvertragsrecht stets nur »analog« an. Programmänderungswünsche nach Abschluß des Kaufvertrags führen zu einem Werkvertrag und lassen den zuvor abgeschlossenen Kaufvertrag unberührt [*OLG Köln* jur-pc 1992, 1631(1632) – (Softwareänderung)].

232 Dann ist weiterhin Kaufvertragsrecht anzuwenden; *LG München I* CR 1987, 364.

233 *BGHZ* 109, 97 (Abzahlungskauf); siehe dazu *König*, NJW 1990, S. 1584.

Nach dem Sachverhalt hatte der Beklagte vom Kläger ein Programm auf seinen Rechner in der Weise überspielt bekommen, daß der Kläger mit einer Festplatte, auf der das Programm gespeichert war, bei dem Beklagten erschien und nach Herstellung einer Kabelverbindung das Programm auf den Rechner des Beklagten kopierte. Beide Seiten waren sich darüber einig gewesen, daß der Beklagte das Programm auf Dauer überlassen bekommen sollte. Die Gegenleistung, die von den Parteien als »Nutzungsgebühr« bezeichnet worden war, sollte zur Zahlungserleichterung in 36 Monatsraten gezahlt werden.

Der Beklagte zahlte nur drei Raten und nahm dann vom Vertrag Abstand. Eine Wandelung des Vertrages kam nicht in Betracht, weil die gewährleistungsrechtlichen Voraussetzungen nicht vorlagen. Von dem Vertrag konnte sich der Beklagte nur dadurch lösen, daß er sich auf das damals noch anzuwendende Abzahlungsgesetz[234] berief, das für Abzahlungsgeschäfte besondere Anforderungen an das Zustandekommen eines Vertrags stellte. Diese Formbedürftigkeit war hier unstrittig nicht beachtet worden. Voraussetzung für die Anwendung des Abzahlungsgesetzes war nach §1 AbzG aber, daß ein Kaufvertrag über eine Sache im Sinne von §90 BGB vorlag.

Bei der Entscheidung über diese Vorfrage konnte der *Bundesgerichtshof* auf die vorstehend beschriebenen Grundsätze der eigenen Rechtsprechung zurückgreifen und diese weiterentwickeln. Zutreffend und das Kernproblem der gesamten Diskussion über das Erfordernis einer Verkörperung beschreibend wies der *Bundesgerichtshof* darauf hin, daß es für die Entscheidung über die Frage, ob der Vertrag auf die Übergabe einer beweglichen Sache gerichtet war und daher nach §1 AbzG das Abzahlungsgesetz Anwendung finde, nicht auf die Übergabe des Datenträgers ankomme. Das sei, betont der *Bundesgerichtshof*, nicht Endzweck des Rechtsgeschäfts. Weiter heißt es:

> »Der Datenträger ist vielmehr zunächst ein Mittel zum Transport des erworbenen Programms vom Verkäufer zum Käufer, vor allem aber dient er dazu, das erworbene Programm anschließend durch Überspielen auf der Festplatte im Computer des Käufers zu installieren und es dadurch für diesen nutzbar zu machen. Erst hierin liegt nach den Vorstellungen der Parteien der eigentliche Endzweck des Kaufvertrages«[235].

Damit ist, wie der *Bundesgerichtshof* hervorhebt, »der Endzweck des Erwerbs von Standard-Software, nämlich die Nutzbarmachung des Programms für den Erwerber durch Einspeicherung auf die Festplatte seines Computers, ... im einen [Übergabe auf Datenträger] wie im anderen Fall [Überspielen auf

[234] Bei nach dem 31.12.1990 geschlossenen Verträgen ist das Gesetz über Verbraucherkredite vom 17.12.1990 (BGBl. I S.2840) anzuwenden.

[235] *BGHZ* 109, 97(100) – (Abzahlungskauf), unter Hinweis auf *Hoeren*, RDV 1988, S.115(116); *dens.*, CR 1988, S.908(911f.); *dens.*, GRUR 1988, S.340 (342); *Engel*, BB 1985, S.1159(1160); *König*, NJW 1989, S.2604(2605), und *Jörg Schneider*, Softwarenutzungsverträge im Spannungsfeld von Urheber- und Kartellrecht, 1988, S.66f. m.w.N.

die Festplatte] in gleicher Weise erreicht«[236]. Mit diesem Urteil hat das Gericht deutlich gemacht, daß es Computerprogramme auch dann zumindest »wie eine Sache« behandelt, wenn sie nicht auf einem Datenträger als Transportmittel repräsentiert ist, beim Überlassungsvorgang »also kein körperliches Pendant hat«[237], sondern direkt beim Kunden elektronisch ›eingespielt‹ wird, ohne daß ein Datenträger als Transportmedium genutzt wird. Die Übergabe ist damit dann vollzogen, wenn derjenige, dem das Computerprogramm mit seinem Wissen und Wollen über Datenleitungen auf seinen Rechner überspielt wurde, das Computerprogramm selbst nutzen und anwenden kann, es also in seinen Verfügungsbereich übermittelt worden ist, und sich beide Seiten darüber einig sind, daß und zu welchen Gegenleistungen der Erwerber das Computerprogramm nutzen kann.

In der Vorinstanz stellte das *OLG Stuttgart*[238] bei seiner Entscheidung über die Sacheigenschaft von Computersoftware direkt auf den Charakter des Programms als solchem ab und argumentierte, das praktische Verständnis ließe das Programm selbst als Sache erscheinen. Das Berufungsgericht betonte den technischen Charakter eines Computerprogramms als ein Steuerungsmittel für einen Computer. Es sah aufgrund der Magnetisierung des Programms auf einem beliebigen Datenträger das Programm selbst als eine Sache an. Daneben begründete das *OLG Stuttgart* die Sacheigenschaft mit der ›Verkehrsanschauung‹, die von der Sacheigenschaft eines Computerprogramms ausginge[239].

Es ist unverkennbar, daß sich der *Bundesgerichtshof* in der Revisionsentscheidung zum *OLG Stuttgart* ebenfalls mit Sympathie mit der Sachkauf- Theorie[240] befaßte, sich aber mit dem Abstellen auf den »Vertragszweck« noch einer gewissen Zurückhaltung in der Formulierung auferlegte, wenn es um die Sacheigenschaft der Computersoftware geht. In der Entscheidung heißt es nämlich:

> »Ob auch in der hier gegebenen Variante von der Übergabe einer beweglichen Sache mit der Folge der unmittelbaren Anwendbarkeit des Abzahlungsgesetzes gesprochen werden kann – immerhin verschafft auch hier der Verkäufer dem Käufer den Besitz an der in einem Datenträger, nämlich der Festplatte eines Computers, verkörperten Pro-

---

[236] *BGHZ* 109, 97(101) – (Abzahlungskauf).

[237] *Jochen Schneider*, Recht und Informations- und Kommunikationstechnik – eine Einführung, in: *Bullinger* (Hrsg.), Handbuch des Informationsmanagements im Unternehmen, Band II, 1991, S. 1271(1273).

[238] *OLG Stuttgart* NJW 1989, 2635 (Teilzahlung) m. zust. Anm. *König*, NJW 1989, S. 2604.

[239] *OLG Stuttgart* NJW 1989, 2635 (Teilzahlung). Zur Relevanz der Verkehrsanschauung Staudinger-*Dilcher*, Vorb. § 90 Rdnr. 8; Palandt-*Heinrichs*, § 90 Rn 1. Weitere instanzgerichtliche Entscheidungen: *OLG München* CR 1988, 130 (Bundling): »kaufähnlicher Austauschvertrag«, »der Wille der Parteien geht auf einen einmaligen Leisungsaustausch«; *OLG Düsseldorf* NJW 1989, 2627 (EDV-Installation).

[240] Genannt seien insbesondere *Hoeren*, CR 1988, S. 908; *ders.*, GRUR 1988, S. 340; *ders.*, RDV 1988, S. 115; *ders.*, Softwareüberlassung als Sachkauf, 1989; *König*, NJW 1989, S. 2604; *ders.*, NJW 1990, S. 1584; *ders.*, Das Computerprogramm im Recht, 1991; *Dörner/Jersch*, IuR 1988, S. 137.

grammkopie, die (...) von dort ohne Schwierigkeit wieder auf Disketten ›heruntergezogen‹ werden kann, – mag dahinstehen. Jedenfalls rechtfertigt diese nur auf den fortgeschrittenen technischen Möglichkeiten beruhende unmittelbare Installierung der gekauften Standard-Software im Computer des Käufers als Endanwender bei gleichem wirtschaftlichem Endzweck des Geschäfts die entsprechende Anwendung der Vorschriften (des Abzahlungs-)Gesetzes.«[241]

Inzwischen hat der VIII. Zivilsenat des *Bundesgerichtshofs* seine Formel von der »zumindest entsprechenden Anwendung des Sachmängelrechts« aufgegeben und klar entschieden, »daß eine Standardsoftware als bewegliche Sache anzusehen ist«[242]. In der fraglichen Entscheidung war diese Rechtsfrage für den *BGH* grundsätzlich geklärt; offen erschien ihm in dem der Entscheidung zugrundeliegenden Sachverhalt nur die Frage, ob die Anpassungen der Standardsoftware an die Kundenwünsche es gerechtfertigt erscheinen ließ, statt der kaufrechtlichen Gewährleistungsansprüche die werkvertraglichen Gewährleistungsvorschriften anzuwenden.

Das Gericht folgte damit nicht den gegensätzlichen Rechtsauffassungen und der Aufforderung von *Junker*, das Wort »zumindest« zu streichen und wegen der fehlenden Sachqualität von Computerprogrammen Kaufrecht lediglich entsprechend anzuwenden[243]. Der *Bundesgerichtshof* ging in der Entscheidung vom Juli 1993 vielmehr den richtigen nächsten Schritt und ließ sich von der jüngeren wissenschaftlichen Literatur und der maßgeblichen, pragmatisch argumentierenden Kommentarliteratur überzeugen, wonach Computerprogramme nicht nur »wie eine Sache«, sondern »als Sache« im Sinne von § 90 BGB anzusehen sind. Da der *Bundesgerichtshof* in seiner Entscheidung ausdrücklich auf sein Urteil vom Oktober 1989[244] Bezug nimmt, kann davon ausgegangen werden, daß auch nach der Auffassung des *Bundesgerichtshofs* eine elektronische Übermittlung von Computerprogrammen »bei gleichem wirtschaftlichem Endzweck des Geschäfts« die unmittelbare Anwendung der Kaufrechtsvorschriften möglich macht und bei der für die Sacheigenschaft notwendige Feststellung der Verkörperung des Computerprogramms nicht nach dem Übergabemedium gefragt, sondern feststellt wird, ob vor und nach der Übergabe die Software unterbrechungslos verkörpert war.

Es zeigt sich nun, daß die Bejahung der Sachqualität von Computerprogrammen gefestigte Rechtsprechung ist[245]. Die Gegenmeinung, nach der die Lehre

[241] *BGHZ* 109, 97(101) – (Abzahlungskauf) – Hervorhebung vom Verf.

[242] *BGH* NJW 1993, 2436(2437) – (Abrechnungssystem), unter Hinweis auf seine ständige Rechtsprechung in *BGHZ* 102, 135(144) – (Basic-Übersetzungsprogramm) und *BGHZ* 109, 97(100f.) – (Abzahlungskauf). Zustimmend zu diesem Urteil auch *König*, NJW 1993, S. 3121, und *Marly*, LM § 640 BGB Nr. 14.

[243] *Junker*, JZ 1993, S. 344 und 447(449,453).

[244] *BGHZ* 109, 97 (Abzahlungskauf).

[245] So – im Jahre 1991 etwas verfrüht – *Marly*, Softwareüberlassungsverträge, 1991, S. 36 zur Rdnr. 83. Die – richtige – ›Holzhandelsprogramm‹-Entscheidung des 1. Senats vom 20. 1. 1994 (*BGH* NJW 1994, 1216) steht dazu nicht, wie *Haberstumpf*, Anmerkung zu *BGH* NJW 1994,

von der Qualifizierung von Computerprogrammen als Sache nach § 90 BGB ›eine Theorie in Liquidation‹ sei[246], erscheint im Licht der jüngsten *BGH*-Entscheidung zumindest übereilt.

f) Zu den Auffassungen in der Literatur

Die rechtliche Einordnung von Schuldverträgen, aufgrund deren »konfektionierte« Computerprogramme zur freien Verwendung oder mit Nutzungseinschränkungen befristet, auf unbestimmte Zeit in einem Dauerschuldverhältnis oder auf Dauer überlassen werden oder aufgrund deren »maßgeschneiderte« Computerprogramme erstellt werden, wird in der Literatur noch immer lebhaft diskutiert, obgleich die Rechtsprechung bereits seit längerer Zeit zumindest insofern als gefestigt bezeichnet werden kann, als Computerprogramme ›zumindest wie eine Sache‹ behandelt werden.

In der Literatur ging die zunächst ganz überwiegende Meinung von dem ausschließlich immateriellen Charakter von Computerprogrammen aus[247]. Gab die Einordnung von Verträgen über die Erstellung eines Individualanwendungsprogramms für die Rechtsanwendung keine Probleme auf, da nach § 631 Abs. 2 BGB Gegenstand des Werkvertrags auch ein anderer, durch Arbeit oder Dienstleistung herbeizuführender Erfolg sein kann und unter den Werkvertrag, wie aus § 646 BGB folgt, auch »geistige Werke« fallen[248], so ist der Rechtscharakter der Überlassung umso umstrittener.

Auf dem bunten Markt der Meinungen wurden zahlreiche Rechtsauffassungen angeboten[249]. Entsprechend einer in der Praxis verbreiteten Übung, Überlassungsverträge als Lizenzverträge zu bezeichnen[250], sah anfangs nicht nur der *Bundesgerichtshof*, sondern auch die Wissenschaft die Verträge über die Überlassung von Computerprogrammen als Verträge über die Nutzung einer geisti-

1216, NJW-CoR 1994, S. 164(165), meint, im Widerspruch, da der 1. Senat einen anderen Sachverhalt (»Sicherungsübereignung« der Verwertungs-/Nutzungsrechte an einem Computerprogramm und nicht die Überlassung eines ›konkretisierten‹ Computerprogramms) zu entscheiden hatte. Das übersieht außer *Haberstumpf* offenbar auch *Lehmann*, Anmerkung zu *BGH* NJW 1994, 1216, CR 1994, S. 277.

[246] So *Junker*, NJW 1993, S. 824(824); siehe dazu die Replik von *König*, NJW 1993, S. 3121.

[247] Siehe nur *Kilian*, Haftung für Mängel der Computersoftware, 1986, S. 15; *dens.*, Rechtsschutz für Software, in: *Kilian/Gorny* (Hrsg.), Schutz von Computer-Software, 1987, S. 11–24(19); *dens.*, CR 1986, S. 187(195); *Heussen*, GRUR 1987, S. 779(782); *Junker*, BB 1988, S. 1334(1340), jeweils mit weiteren Nachweisen.

[248] Bei der Erstellung von (Individual-)Software wird daher unstreitig Werkvertragsrechts angewendet; vgl. die Nachweise bei *Braun*, BB 1992, S. 154, m.w.N. in FN 14. Das Einordnungsproblem wird allerdings bei Werklieferungsverträgen wieder relevant.

[249] Einen Überblick über die in Betracht gezogenen Vertragstypen auf der Grundlage von über 100 ausgewerteten Vertragsbeispielen findet sich bei *Kilian*, Haftung für Mängel der Computersoftware, 1986, S. 19; *dems.*, CR 1986, S. 187(188).

[250] *Müller-Hengstenberg*, CR 1989, S. 900ff., spricht bei Standardanwendungsprogrammen generell von »Lizenzsoftware«. Der Begriff ist abzulehnen.

gen Leistung an und ordnete sie als Lizenzverträge, Know-how-Verträge oder Verträge sui generis ein, für die die überkommene Vertragstypologie des BGB nicht passe und deshalb eine gesetzliche Regelung der schuldrechtlichen, dinglichen und immaterialgüterrechtlichen Seite anzustreben sei[251].

aa) Der Know-how-Lizenzvertrag

Kilian, der sich der neu entstehenden Rechtsfragen als einer der ersten annahm[252], plädierte unter Hinweis auf die damalige Rechtsprechung[253] dafür, Verträge zur Überlassung von urheberrechtlich nicht geschützter ›Computersoftware‹ als »Know How- Lizenzverträge« zu klassifizieren, da »gesetzlich nicht besonders geschützte Computersoftware als ›Know how‹ betrachtet werden (kann), weil die Entwicklung Kosten verursacht und der Entwickler ein wirtschaftliches Interesse an einer Vermarktung hat« und bei einem Dritten Bedarf an dieser geheimgehaltenen Software besteht, so daß er zur Gegenleistung für den Erhalt der Software bereit ist. Eine ähnliche Auffassung wird auch in der jüngeren Literatur noch von *Betten*[254], *Bömer*[255], *Habel*[256], *Heussen*[257], *Junker*[258], *Kindermann*[259], *Körner*[260], *Loewenheim*[261], *Maier*[262], *Moritz*[263], *Moritz/Tybusseck*[264],

[251] *Kilian*, Haftung für Mängel der Computersoftware, 1986, S. 15f. Siehe auch *Vandenberghe*, Partijenaansprakelijkheid bij softwarecontracten, 1984, S. 1.

[252] Rechtsschutz für Software, in: *Kilian/Gorny* (Hrsg.), Schutz von Computer-Software, 1987, S. 11(19); siehe auch *dens.*, CR 1986, S. 187(195), und zuletzt in: Datenverarbeitungsprogramme als Gegenstand des Rechtsverkehrs, in: *Weyers* (Hrsg.), Datenverarbeitungsprogramme als Gegenstand des Rechtsverkehrs, 1992, S. 77(95,97).

[253] *BGH* NJW 1981, 2684 (Programmierte Sperre).

[254] *Betten*, GRUR 1991, S. 453(454).

[255] *Bömer*, Die Pflichten im Computer-Software-Vertrag, 1988, S. 44, 51, 58.

[256] *Habel*, Nutzungsrechte an Standardanwenderprogrammen, 1988, S. 244.

[257] *Heussen*, GRUR 1987, S. 779(789); und in ComHdB-*Heussen* Kap. 21 Rdnrn. 29ff. und Kap. 44 Rdnr. 39.

[258] *Junker*, WM 1988, S. 1249(1251) stuft einen »Vertrag über die endgültige Überlassung eines Computerprogramms« ein als »Kauf eines *Immaterialgutes*«.

[259] *Kindermann*, Was ist Computersoftware?, ZUM 1985, 2(9).

[260] *Körner*, Die Behandlung der Software als Gegenstand ergänzenden Leistungsschutzes und die Auswirkung auf die Gestaltung von Software-Verträgen, in: *Bruchhausen et al.* (Hrsg.), Festschrift für *Nirk*, 1992, S. 515(526f.), der Lizenzverträge nur hinsichtlich der durch den gewerblichen Rechtsschutz und der durch den ergänzenden Leistungsschutz nach § 1 UWG geschützte Software annimmt, im übrigen die Überlassung und Erstellung von Software den im BGB geregelten Vertragstypen unmittelbar zuordnet. Mietvertrag wird angenommen, »sofern die jeweiligen *Datenträger* nur zum vorübergehenden Gebrauch überlassen werden« (S. 527). Dabei kann nach *Körner* nur für die Software kein gewerblicher Rechtsschutz in Anspruch genommen werden, der »infolge *Offenkundigkeit jede Eigentümlichkeit* fehlt«(?).

[261] *Loewenheim*, CR 1988, S. 799(805).

[262] *Maier*, NJW 1986, S. 1909(1911).

[263] *Moritz*, CR 1989, S. 1049; *ders.*, CR 1994, S. 262.

[264] *Moritz/Tybusseck*, Computersoftware, 1992, Rdn. 746ff.

Schwarz[265], *Staber*[266], *Wiebe*[267], *Zahrnt*[268] und differenzierend von *Jörg Schneider*[269] vertreten[270]. Auch *Groß*[271] stuft, allerdings ohne weitere Begründung, die Softwareüberlassung als Lizenzvertrag über Know-how ein.

Bei EDV-Verträgen, bei denen Computerprogramme für die Datenverarbeitung überlassen werden, kann Vertragsgegenstand die Überlassung von Know-how dann sein, wenn es dem Programmnutzer darauf ankommt, die Funktionsweise des Programms zu kennen oder nach einem Reverse Engineering kennenzulernen, sei es, weil die Schnittstellen offengelegt werden sollen, um die Interoperabilität mit eigener Hardware oder Software herzustellen, oder um das allgemeine Programmier-Know how zu erwerben[272]. Von einem reinen Sachkauf zu sprechen, wäre hier falsch, da die Nutzung des Programms zu dem mit der Programmierung verfolgten Zweck, nämlich der Steuerung einer Datenverarbeitungsanlage, nicht im Vordergrund steht[273].

Es ist folglich denkbar, daß die Offenbarung von unter Umständen betriebsgeheimen Kenntnissen bei gleichzeitiger Verpflichtung zur Verschwiegenheit über die anvertrauten Geheimnisse bzw. Kenntnisse vereinbart wird[274], wenn der Vertragspartner die (Programmier-)Kenntnisse nutzen will, um sie entweder selbst beim Programmieren zu berücksichtigen, um das System selbst warten zu können oder um die Hardware- und Software-Schnittstellen kennenzulernen, weil er eine Interoperabilität mit eigenen Produkten herstellen will.

---

[265] *Schwarz*, Die rechtliche Einordnung von Softwareüberlassungsverträgen im deutschen Recht, 1992, S. 90, kommt zu nicht überzeugenden Ergebnissen, wie z.B. zur Überlassung von »komplexer« Standardsoftware, bei der »die Untersuchung der eingeräumten Nutzungstiefe ... bei korrespondierenden Neben- und Kontrollpflichten den Schluß einer über einen längeren Zeitraum eingegangenen Vertragsbindung und damit eine vorsichtige Einordnung in den Bereich der Dauerschuldverhältnisse« zulasse. Letztlich scheint er sich für die Einordnung des Überlassungsvertrags als »Patent-« oder »Know-how-Lizenzvertrag« zu entscheiden; denn »die Beurteilung des Vertrages nimmt ... ihren Ausgang vom Gedanken der Nutzung einer fremden Idee« (S. 151).

[266] *Staber*, CR 1988, S. 715.

[267] *Wiebe*, Know-how-Schutz von Computersoftware, 1993, S. 241.

[268] *Zahrnt*, IuR 1986, S. 252(254).

[269] Softwarenutzungsverträge im Spannungsfeld von Urheber- und Kartellrecht, 1989, S. 75ff.

[270] Siehe ergänzend auch die Übersicht bei *von Ohlen*, Die rechtliche Einordnung des Softwareüberlassungsvertrages, 1990, S. 89ff.

[271] *Groß*, CR 1990, S. 438(442).

[272] Vgl. zu den Grenzen der Zulässigkeit des Reverse Engineering und zur Betriebs- und Geschäftsgeheimnis-Qualität von Computerprogrammen *Taeger*, CR 1991, S. 449, *Wiebe*, CR 1992, S. 134; *Raubenheimer*, CR 1994, S. 264; ComHdB-*Harte-Bavendamm* Kap 57 Rdnrn. 36ff.

[273] *König*, NJW 1992, 1731(1732); *ders.*, Das Computerprogramm im Recht, 1991, Rdnrn. 340ff. Ausführlich hierzu *Köhler/Fritzsche*, Die Herstellung und Überlassung von Software im bürgerlichen Recht, in: *Lehmann* (Hrsg.), Rechtsschutz und Verwertung von Computerprogrammen, 1993, S. 513(520, 523), XIII., Rzn. 11, 16.

[274] Vgl. zu den Betriebs- und Geschäftsgeheimnissen in Standardanwendungsprogrammen *Taeger*, CR 1991, S. 449, und *Wiebe*, Know-how-Schutz von Computersoftware, 1993, S. 223ff.

Derartige Verträge ließen sich in der Tat als (Know-how-)‹Lizenzverträge‹ bezeichnen[275]. So kann Gegenstand eines ›Know-how-Vertrages‹ die Verpflichtung zur Vermittlung von Erfahrungen, die zur Ausnutzung des Wissens erforderlich sind, und von Geheimnissen sein[276].

Die Nutzung eines Computerprogramms würde auch nicht Zweck eines Vertrages sein, bei dem ein Computerprogramm zu dem vertraglich vereinbarten Zweck überlassen wird, weitere Programme durch Kopieren herzustellen und zu vertreiben. Bei derartigen Verträgen ist zu berücksichtigen, daß wohl die überwiegende Mehrzahl aller Computerprogramme nach der Änderung des Urheberrechtsgesetzes[277] vom Juni 1993[278] aufgrund der EG-Richtlinie über den Rechtsschutz von Computerprogrammen[279] urheberrechtlich, darüber hinaus unter Umständen auch wettbewerbsrechtlich oder gar patentrechtlich geschützt ist. In diesem Fall würden bei Vertriebsverträgen mit Lizenznehmern die Regeln des Rechtskaufs nach §433 Abs.2 BGB direkt anzuwenden sein. Ein vergleichbares Beispiel wird von *Geissler* und *Pagenberg* untersucht:

»Ein Software-Verwertungsvertrag, bei dem ein Software-Entwickler als Lizenznehmer das Recht erhält, bestimmte Lizenzprogramme in seine zu entwikkelnde Software einzubauen und mit dieser zu vertreiben, wird in aller Regel zumindest auch als Know-how-Lizenzvertrag zu klassifizieren sein.«[280]

Der Vertragszweck ist auch hier ein anderer als in den Fällen, in denen ein Endanwender ein Standardanwendungsprogramm zur einfachen Nutzung erhält. Ein solches Grundgeschäft ist jedenfalls kein Know-how-Lizenzvertrag[281]. In den meisten Überlassungsfällen hat der Anwender kein Interesse

---

[275] Nach *Schricker*, Urheberrecht, 1987, RdNr.21 vor §§28ff., sollte auf den Begriff ›Lizenz‹ im Urheberrecht wegen seiner Unklarheit verzichtet werden.

[276] *Malzer*, Der Softwarevertrag, 1991, S.58.

[277] Siehe dazu auch die Begründung zum ›Diskussionsentwurf‹ zum Zweiten Gesetz zur Änderung des Urheberrechtsgesetzes vom 25.3. 1992, dokumentiert in jur-pc Beilage 4/1992 (Gesetzesentwurf) und 5/1992 (Begründung). Diesen Entwurf erörtern *Erdmann/Bornkamm*, GRUR 1992, S.877ff., was schon deshalb auf besonderes Interesse stoßen muß, weil *Erdmann* dem wegen seiner Rechtsprechung zum Urheberrechtsschutz von Software (z.B. *BGHZ* 94, 276 [Inkassoprogramm]; *BGHZ* 112, 264 [Betriebssystem]) von Teilen der Literatur heftig kritisierten I. Senat des *BGH* angehört.

[278] Zweites Gesetz zur Änderung des Urheberrechtsgesetzes vom 9. Juni 1993 (BGBl. I S.910).

[279] Richtlinie 91/250/EWG des Rates vom 14.5. 1991 über den Rechtsschutz von Computerprogrammen (ABl. EG Nr. L 122/42); dokumentiert auch bei *Moritz/Tybusseck*, Computersoftware, 1992, S.290ff., bei *Marly*, Softwareüberlassungsverträge, 1991, S.458–462, und in jurPC 1992/9, S. ix-xi.

[280] *Geissler/Pagenberg*, Der Software-Lizenzvertrag in der Praxis, in: *Lehmann* (Hrsg.), Rechtsschutz und Verwertung von Computerprogrammen, 1993, S.629 (636f.), XIV., Rz.19.

[281] Vgl. *Bartsch*, CR 1992, S.393(394). Zutreffend ist die Ansicht von *Köhler/Fritzsche*, Die Herstellung und Überlassung von Software im bürgerlichen Recht, in: *Lehmann* (Hrsg.), Rechtsschutz und Verwertung von Computerprogrammen, 1993, S.513(523), XIII., Rz.16, wonach die Bezeichnung ›Lizenzvertrag‹ oder ›Know-how-Vertrag‹ nicht weiterführt, weil damit nur zum Ausdruck gebracht wird, »daß Gegenstand des Vertrages die Gestattung der Nutzung

daran, eine ›Lizenz‹ über das in einem Computerprogramm enthaltene Know-how oder Programmiergeheimnis[282] zu erwerben oder hinter die Programmiergeheimnisse blicken zu können. Der Erwerber wird das Programm nach der Überlassung zur privaten oder gewerblichen Nutzung, zur Unterstützung bei der Lösung von Aufgaben verwenden wollen. Die Programmiertechnik, das Verfahren der Problemlösung und das Know-how der Programmierung, ist für ihn regelmäßig nicht interessant. Abgesehen davon wird der ›einfache Anwender‹ auch kaum eine Möglichkeit haben, das Programmier-Know-how zu erfahren, da Standardanwendungsprogramme nur im Objektcode ausgeliefert werden, der ohne aufwendiges Reverse Engineering keinen Zugang zum Quellcode eröffnet[283].

Von einem »Know How-Vertrag« als Grundgeschäft wird man entgegen einer zuletzt von *Habel*[284], *Wiebe*[285] und *Moritz/Tybusseck*[286] vertretenen Auffassung in den genannten Fällen der Überlassung von Standardanwendungsprogrammen an den Anwender daher nicht sprechen können[287]. Nach der vertraglichen Überlassung kann der Anwender auch von urheberrechtlich geschützten Computerprogrammen die Software im Rahmen des urheberrechtlich Zulässigen benutzen und, wenn die Erstüberlassung als Veräußerung (›Verkauf‹) gewertet, also nicht zeitlich begrenzt wird[288], auch weiterveräußern[289]. Die freie

---

eines Schutzrechtes bzw. eines Know-how ist«, wodurch die Frage der Zuordnung zu den im BGB geregelten Vertragstypen aber nicht präjudiziert wird.

282 Daß in einem im Object-Code überlassenen Computerprogramm auch Betriebs- und Geschäftsgeheimnisse enthalten sein können, scheint unbestritten zu sein. Vgl. *Harte-Bavendamm*, GRUR 1990, S. 657(662); *Habel*, CR 1991, S. 257; *Taeger*, CR 1991, S. 449; *Wiebe*, CR 1992, S. 134; *Moritz/Tybusseck*, Computersoftware, 1992, Rdnr. 392ff. m.w.N. in Fn 13.

283 Anderer Ansicht *BGHZ* NJW 1993, 2680 (Zahnarzt-Software) = jur-pc 1993, 2358(2363) mit zu Recht ablehnender Anmerkung von *Herberger*, jur-pc 1993, S. 2364.

284 *Habel*, Nutzungsrechte an Standardanwenderprogrammen, 1989, insbes. S. 183.

285 *Wiebe*, Know-how-Schutz von Computersoftware, 1993, S. 241ff.

286 *Moritz/Tybusseck*, Computersoftware, 1992, Rdn. 746.

287 Ebenso Soergel-*Huber*, Rz 267 vor § 433; *Mincke*, jur-pc 1991, S. 932(935); *von Ohlen*, Die rechtliche Einordnung des Softwareüberlassungsvertrages, 1990, S. 120f.; *König*, Das Computerprogramm im Recht, 1991, S. 178; *Ruppelt*, Die Überlassung von Computerprogrammen, 1990, S. 30f., der dann aber an anderer Stelle (S. 42) für eine Analogie zum Know-how-Vertrag eintritt; *Martinek*, Moderne Vertragstypen: Band 3, Computerverträge, Kreditkartenverträge sowie sonstige moderne Vertragstypen, 1993, S. 17; *Schaub*, Gewährleistung für Standardsoftware, 1993, S. 54.

288 In diesem Fall ist der Erschöpfungsgrundsatz nicht anwendbar, vgl. *Breidenbach*, CR 1989, S. 873(876); *Roy/Palm*, NJW 1995, S. 690(693).

289 Entgegenstehende Vertragsklauseln, die die Weiterveräußerung untersagen, sind wegen des Erschöpfungsgrundsatzes (§§ 17 Abs. 2, 69c Nr. 3 S. 2 UrhG) unzulässig; vgl. dazu schon *Bartsch*, Weitergabeverbote in AGB-Verträgen zur Überlassung von Standardsoftware, in: *Kilian/Gorny* (Hrsg.), Schutz von Computer-Software, 1987, S. 97; *Hoeren*, Softwareüberlassung als Sachkauf, 1989, S. 58ff.; *Jörg Schneider*, Softwarenutzungsverträge im Spannungsfeld von Urheber- und Kartellrecht, 1989, S. 141f., sowie nach der Klarstellung durch § 69c Nr. 3 UrhG bzgl. der Computerprogramme *Lehmann*, Die kartellrechtlichen Grenzen der Lizenzierung von Computerprogrammen, in: *Lehmann* (Hrsg.), Rechtsschutz und Verwertung

Nutzungsmöglichkeit umfaßt dann die bestimmungsgemäße Benutzung des Computerprogramms (§ 69d UrhG), wenn vertraglich nichts anderes vereinbart ist[290]. Die Erstellung einer Sicherungskopie kann vertraglich nicht abbedungen werden (§ 69d Abs. 2 UrhG). Demnach ist urheberrechtlich auch das Kopieren – das Vervielfältigen des Programms – durch den »zur Verwendung eines Vervielfältigungsstücks des Programms Berechtigten« urheberrechtlich ohne gesonderte Rechtseinräumung zulässig, soweit es für die Nutzung technisch erforderlich ist. Es darf auf die Festplatte und von dort nach Programmaufruf in den Arbeitsspeicher kopiert werden, und es darf eine Sicherungskopie hergestellt werden. Diese Kopiervorgänge sind zwar urheberrechtlich relevant, wie auch die §§ 2, 69c UrhG[291] zeigen, aber für das produkttypische Benutzen erforderlich und damit zulässig.

Letztlich ist es für die vertragliche Einordnung der Überlassung ohne Bedeutung, ob ein Programm für die elektronische Datenverarbeitung durch das Urheberrecht oder ein anderes Immaterialgüterrecht geschützt ist. Diese Frage ist allenfalls bedeutsam bei der Feststellung, ob die Übertragung von Software auch die Übertragung urheberrechtlicher Nutzungsrechte erforderlich macht. Die Pflicht zur Rechtseinräumung ist jedenfalls eine bloße Nebenpflicht des Überlassungsvertrags: »Programmerwerb ist kein Rechtserwerb«[292]. Bei Softwareüberlassungsverträgen liegt der Hauptbestandteil der einheitlichen wirtschaftlichen Gesamtleistung in der Überlassung der Software zur Benutzung; die Einräumung eines einfachen Nutzungsrechts nach § 31 Abs. 2 UrhG stellt dazu nur eine Nebenleistung dar[293].

Zusammenfassend läßt sich also folgendes festhalten: Von einem Know-how-Vertrag wird nur dann gesprochen, wenn Kenntnisse, die sowohl Betriebs- und Geschäftsgeheimnisse als auch offenkundiges, aber nicht verfügbares Wissen darstellen können, zur Nutzung zur Verfügung gestellt werden. Auf derartige

---

von Computerprogrammen, 1993, S. 775(802), Rz. 41; *Paulus*, Software in der Vollstreckung, in: *Lehmann* (Hrsg.), Rechtsschutz und Verwertung von Computerprogrammen, 1993, S. 831(841 f.) XVII. Rz. 16; *Roy/Palm*, NJW 1995, S. 690(692 f.); *Groß*, Mitt. 1993, S. 58(62); *Hontheim*, NWB 1994, S. 1399 (1400). Anderer Ansicht *Moritz*, CR 1993, S. 257(263).

290 Ob die Nutzungen untersagt oder lediglich, wie es hier vertreten wird, bestimmten Vertragskonstellationen (wie etwa die Nutzung im Netz) angepaßt werden kann, ist umstritten; vgl. dazu *Wiebe*, BB 1993, S. 1094 m.w.N. in Fn. 65.

291 Siehe zum Zweiten Gesetz zur Änderung des Urheberrechtsgesetzes vom 9. Juni 1993 (BGBl. I S. 910), das die Richtlinie des Rates über den Rechtsschutz von Computerprogrammen in nationales Recht transformiert, und den Besonderheiten der Entstehungsgeschichte *Schulte*, CR 1992, S. 588; *Erdmann/Bornkamm*, GRUR 1991, S. 877; *Hoppmann*, RDV 1992, S. 53: *Marly*, jur-pc 1992, S. 1620 und S. 1652; *Wiebe*, BB 1993, S. 1094; ComHdB-*Harte-Bavendamm* Kap. 54 Rdnrn. 66f.

292 *Junker*, WM 1988, S. 1217 und 1249(1254).

293 So sieht es auch das Bundesministerium der Finanzen: BMF-Schreiben vom 22. 12. 1993 – IV C 3 – S 7240 – 21/93 zum Steuersatz für die Überlassung von Computerprogrammen, der nach § 12 Abs. 1 UStG bei 15 v.H. liegt. Vgl. auch *Sickinger*, Vertrieb von Standardsoftware, 1993, S. 74ff., 195.

›Lizenz‹-Verträge werden die Grundsätze der Rechtspacht oder des Rechtskaufs angewandt[294], so daß bei ihnen ein anderes Mängelhaftungsrecht als bei Sachkaufverträgen zu beachten ist und in der Vergangenheit das die Käufer von *Sachen* vor wirtschaftlich unbedachten Bindungen schützende Abzahlungsgesetz, das jetzt durch das Verbraucherkreditgesetz ersetzt ist, keine Anwendung finden konnte[295].

bb) Der Sachkauf

Ist Vertragszweck allein die Nutzung des Programms zu dem mit der Programmierung verfolgten Zweck der Steuerung einer Datenverarbeitungsanlage oder einer sonstigen elektronisch gesteuerten Anlage, liegt ein Sachkauf vor[296]. Der Käufer erwirbt ein ›Geisteswerk‹, das ihm in einer vom Schöpfer vorgegebenen Formgestalt wie es ein ›Werkstück‹ überlassen wird. Er muß dieses Computerprogramm auch nicht, wie es bei lizenziertem Know-how der Fall wäre, als ›Gedankengut‹ erst in einem Produktionsvorgang umsetzen, sondern kann es unmittelbar einsetzen, in der Produktion oder bei der Verrichtung anderer Tätigkeiten verwenden.

Durch den Eigentumserwerb des Käufers an der überlassenen Programmkopie werden dem Verkäufer die Immaterialgüterrechte an der Schöpfung nicht genommen, da der urheberrechtliche Schutz gegen unzulässige Vervielfältigungen und Änderungen durch die §§ 16, 23, 53 Abs. 4 S. UrhG unabhängig von der Übereignung einer Programmkopie gewährt werden[297]. Die Hauptpflicht des

---

[294] Vgl. das Beispiel bei *Köhler*, Die Herstellung und Überlassung von Software im bürgerlichen Recht, in: *Lehmann* (Hrsg.), Rechtsschutz und Verwertung von Computerprogrammen, *1. Aufl.*, 1988, S. 340(346), und *Kilian*, Haftung für Mängel der Computersoftware, 1986, S. 17. Gegen die Annahme eines Pachtvertrags *H. Redeker*, Der EDV-Prozeß, 1992, Rn. 269f.

[295] *BGHZ* 97, 127(131) – (Getränkebezugsbindung); *BGHZ* 105, 374 (Präsentbücher); *BGHZ* 109,97 (Abzahlungskauf) = JZ 1990, 236 m. Anm. *Hoeren* = DB 1989, 2597 m. Anm. *König* = CR 1990, 24 m. Anm. *Heymann* CR 1990, S. 112; *OLG Stuttgart* NJW 1989, 2635 (Teilzahlung) mit Anm. *Bartsch*, CR 1989, 694; *König*, NJW 1992, 1731(1732). Anwendung auf nach dem 31. 12. 1990 geschlossene Verträge findet wegen § 4 Abs. 1 Satz 1 Nr. 2 das Verbraucherkreditgesetz, das nicht nur die Lieferung von Sachen erfaßt, sondern auch »die Erbringung einer bestimmten anderen Leistung«, wozu auch die Überlassung oder Lizenzierung von Know-how gehören könnte.

[296] Ebenso *Dörner/Jersch*, IuR 1988, S. 137(140), *Hoeren*, GRUR 1988, S. 340 (346); *von Ohlen*, Die rechtliche Einordnung des Softwareüberlassungsvertrages, 1990, S. 116; *König*, NJW 1989, S. 2604; *Malzer*, Der Softwarevertrag, 1991; *Marly*, BB 1991, S. 432(436); *Pötzsch*, Die rechtliche Einheit von Hardware und Software, 1991, S. 55ff.; *Loewenheim*, Zur Zulässigkeit sog. CPU-Klauseln beim Erwerb von Computersoftware, in: *Wild/Schulte-Franzheim/Lorenz-Wolf* (Hrsg.), Festschrift für *Gaedertz*, 1992, S. 359(361); *Endler/Daub*, CR 1993, S. 601(603); *Martinek*, Moderne Vertragstypen, Band 3, 1993, S. 15f.; *Knops*, JuS 1994, S. 106(107); wohl auch *Graf von Westphalen/Seidel*, Aktuelle Rechtsfragen der Software-Vertrags- und Rechtspraxis, 1992, S. 12; *zur Megede*, NJW 1992, S. 3219; *Voss*, CR 1994, S. 449(450), und *Kort*, DB 1994, S. 1505(1507), der ein Computerprogramm (»Standard-Software«) als Sache i.S. des § 433 BGB und des § 2 ProdHaftG, nicht aber i.S. des § 90 BGB ansieht.

[297] Ebenso *Endler/Daub*, CR 1993, S. 601(603).

Überlassers besteht darin, das vertragsgegenständliche Computerprogramm in geeigneter Weise zu überlassen und – bei urheberrechtlich geschützter Software - ein einfaches Nutzungsrecht i.S. der §§ 31 Abs. 2, 32 UrhG einzuräumen. Der Annahme eines Sachkaufs steht auch nicht entgegen, daß der Verkäufer selbst eine identische Version, etwa das sogenannte ›Master‹-Stück, von dem die veräußerte Software kopiert wurde, behält[298].

Mit der kaufvertraglichen Überlassung und Veräußerung des Werkstücks ist urheberrechtlich nach §§ 17 Abs. 2, 69c Nr. 3 UrhG die Erschöpfung des Verbreitungsrechts an der konkreten Programmkopie, die Gegenstand des Kaufvertrags ist, verbunden[299]. Es besteht kein Bedarf, den Schutzrechtsinhaber, der durch den Verkaufserlös befriedigt wurde und damit am Markterfolg seines Geistesgutes angemessen partizipieren konnte[300], über den Weiterverkauf der vertragsgegenständlichen Programmkopie befinden zu lassen und damit auch am Verkaufserlös des Weiterveräußerers zu beteiligen. Die Weiterveräußerung einer Software gehört damit zu den unabdingbaren Mindestrechten des Softwarekäufers mit der Folge, daß immer dann, wenn die Überlassung von Software auf der Grundlage eines Kaufvertrags erfolgte[301], ein Weiterveräußerungsverbot oder die Verknüpfung der Weiterveräußerung an von dem Verkäufer vorgegebenen Bedingungen unzulässig und unwirksam wäre. Damit sind auch die sogenannten Zweiterwerber im Sinne des § 69d Abs. 1 UrhG berechtigte Nutzer.

Diese schon vor der Abzahlungskauf-Entscheidung des *Bundesgerichtshofs*[302] verschiedentlich in ähnlicher Weise geäußerte Rechtsauffassung[303] hat im wissenschaftlichen Schrifttum Zustimmung gefunden[304]. So knüpfen etwa auch *Koch* und *Schnupp* an der Auffassung des *Bundesgerichtshofs* an und verweisen darauf, daß Computerprogramme fast durchweg auf Datenträger verkörpert sind, wobei die Datenträger eine ganz spezifische Magnetisierung erfahren, die ihnen erst ihre besondere Nutzbarkeit und damit verkehrswesentlichen Eigenschaften verleiht. Ihrer Ansicht nach sind Programmfehler *Sach*fehler, da Programme, die »einen sicherheitsgefährdender Fehler auf(weisen), ... als Fehler des Daten*trägers* im Rahmen dieser besonderen Eigenschaften« an-

---

298 *Malzer*, Der Softwarevertrag, 1991, S. 59.

299 Siehe dazu *Brandi-Dohrn*, BB 1994, S. 658(660); *Lehmann*, NJW 1993, S. 1822(1825) m.w.N.

300 *Lehmann*, NJW 1993, S. 1822(1825).

301 Bei der Überlassung von Software aufgrund eines Dauerschuldverhältnisses (Mietvertrag) ist ein Weiterveräußerungsverbot dagegen zulässig, weil der Berechtigte nur ein befristetes Nutzungsverhältnis bekommt und damit nach §§ 17 Abs. 2, 69c Nr. 3 UrhG keine Erschöpfung eintritt.

302 *BGHZ* 109, 97 (Abzahlungskauf).

303 Vgl. etwa *Bohlig*, CR 1986, S. 126(128), und bereits *Moser*, GRUR 1967, S. 639.

304 Vgl. etwa *Hoeren*, RDV 1988, S. 115; *König*, NJW 1990, S. 1584.

zusehen sind[305]. Sie kommen daher zu dem Ergebnis: »Unrichtig ist die ... oft geäußerte Auffassung, Software sei kein Produkt«[306].

Dem ist zuzustimmen. Die zu einem Computerprogramm führenden Ideen sind ein unkörperliches Gut, das den wirtschaftlichen Wert eines Computerprogramms ausmacht. Der Wert eines Computerprogramms bestimmt sich unabhängig von dem Wert des Datenträger, auf dem es aufgebracht sein *muß*, um von einem lauffähigen Computerprogramm sprechen zu können. Ein Computerprogramm bedarf nicht einmal eines Datenträgers als ›Transportmedium‹, um von einem Datenträger auf einen anderen Datenträger aufgebracht zu werden. Letztlich kann die Übertragung sogar drahtlos erfolgen, so daß keine Materialisierung erforderlich ist, um ein Computerprogramm an einem anderen Ort auf einem Datenträger (wieder) aufzuspielen. Bei der Überlassung ist von einer modifizierten Form der elektronischen Übergabe auszugehen, nach der ein Computerprogramm aufgrund eines übereinstimmenden Willens von Überlasser und Erwerber (auch) vom Erwerber genutzt werden kann. Entscheidend für die Sacheigenschaft eines Computerprogramms ist, daß die Zweckbestimmung und die Funktionalität eines überlassenen Computerprogramms darin besteht, auf einem körperlichen Gegenstand eine vom Anwender gewollten und in der Regel von ihm veranlaßten Vorgang durchzuführen.

Ein Computerprogramm ohne Datenträger, auf dem es niedergeschrieben oder gespeichert ist, ist nicht existent. Ein (elektronisches) Computerprogramm muß zu jedem Zeitpunkt elektronisch gespeichert sein. Nur mit Hilfe von Hardware ist das Computerprogramm technisch beherrschbar, sinnlich wahrnehmbar und von anderen Sachen abgrenzbar. Daß eine technische Einrichtung, ein körperlicher Gegenstand wie eine Datenverarbeitungsanlage im weitesten Sinn erforderlich ist, um ein Computerprogramm zu beherrschen und zu nutzen, steht der Sacheigenschaft nicht entgegen. Diese Notwendigkeit besteht nicht nur bei einem Computerprogramm, sondern auch bei anderen Wirtschaftsgütern, deren Sacheigenschaft allgemein anerkannt ist[307]. Ein Computerprogramm kann also nur Gegenstand des Wirtschaftsverkehrs sein, wenn es auf einem Datenträger gespeichert ist und auf einen anderen Datenträger kopiert oder auf ihm installiert werden kann. Da die Verfügbarkeit des Programms auf einem eigenen Datenträger vertragliche Hauptpflicht bei Überlassungs- und Erstellungsverträgen ist, kommt es auf die Frage, auf welchem Wege das Programm dorthin gelangt, nicht an. Die technische Methode, mit der die vertragliche Pflicht erfüllt wird, ist von nachrangiger Bedeutung. Entscheidend ist die Einigung zwischen dem Überlasser und dem Erwerber darüber, daß der Erwerber das Computerprogramm nutzen kann und daß es dem

---

[305] *F.A. Koch/Schnupp*, Software-Recht, 1991, S. 162 (Hervorhebung durch *Verf.*).

[306] *F.A. Koch/Schnupp*, Software-Recht, 1991, S. 162.

[307] Siehe dazu etwa MünchKomm-*Holch*, § 90 , RdNr. 6; Staudinger-*Dilcher*, S. 5; *Westerdijk*, Produktenaansprakelijkheid voor Software, 1995, S. 149f.

Erwerber überlassen wird – auf welche technische Weise auch immer. Die Verpflichtung, das Programm zu Sicherungszwecken bei einem Rechnerausfall oder bei einem Programmverlust auch auf einem Datenträger zu überlassen, kann vertraglich Nebenpflicht sein.

Wegen der nicht wegzudenkenden, quasi symbiotischen Beziehung zwischen Hard- und Software läßt sich auch das Computerprogramm als eine ›Sache‹ ansehen[308]. Entscheidend ist, daß das Computerprogramm ›technisch beherrschbar‹ und von anderen Sachen unterscheidbar ist.

Ein Computerprogramm ist daher juristisch als körperlicher Gegenstand anzusehen. Ein Computerprogramm soll nicht nur *wie* ein körperlicher Gegenstand mit der Folge behandelt werden, daß bei einer Softwareüberlassung Kaufvertragsrecht nur »analog« oder »entsprechend« angewendet wird; ein Computerprogramm *ist* aufgrund einer Auslegung des Sachbegriffs eine Sache, auf die die schuld- und sachenrechtlichen Vorschriften unmittelbar Anwendung finden.

Daß auf den ersten Blick der Softwaregeber durch die Überlassung wegen des beliebig häufigen und ohne Substanzverlust möglichen Kopierens, von den Datenträgern bei trägergebundener Überlassung abgesehen, keine Vermögensminderung erfährt, ist rechtlich ohne Belang[309]. Die Regelungen des Kaufvertragsrechts, die konsequenterweise bei der Betrachtung der Software als Sache bei einer dauerhaften Überlassung der Software gegen einmalige Entgeltzahlung unmittelbar Anwendung finden, knüpfen nämlich nur an dem Erwerb eines Vermögenswertes durch den Käufer, nicht aber an der Herauslösung eines Vermögenswertes auf Seiten des Verkäufers an. Dementsprechend liegt in der Erklärung des Softwaregebers gegenüber dem Erwerber, er könne die Software nutzen und das Eigentum daran erwerben, eine wirksame, zur Eigentumsübertragung des *konkretisierten* einzelnen Programmes nach § 929 BGB führende Willenserklärung. Daß sich aus dem Urheberrecht, dem Wettbewerbsrecht und den gewerblichen Schutzrechten für den neuen Eigentümer der Software Nutzungsbeschränkungen ergeben können, versteht sich von selbst; insofern ist die Software nicht anders zu behandeln wie Bücher, Schallplatten, Musik-CD oder Musik- und Textkassetten.

Das Computerprogramm stellt damit eine Sache dar, weil es zu *jedem* Zeitpunkt auf einem Datenträger verkörpert sein *muß*. Auf die Verkörperung zu Transportzwecken kommt es dabei nicht an[310]. Es erfolgt eine Sachübergabe durch eine technisch bedingte und wirtschaftlich sinnvolle Möglichkeit der Programmverschaffung, auf die die auf Sachen bezogenen Rechtsregeln nicht analog[311], sondern unmittelbar anzuwenden sind.

---

[308] Ausführlich dazu *Marly*, BB 1991, S. 432(433); *Roy/Palm*, NJW 1995, S. 690 (691).

[309] Vgl. auch *Pötzsch*, Die rechtliche Einheit von Hardware und Software, 1991, S. 59.

[310] So zutreffend auch *König*, NJW 1989, S. 2604(2605).

[311] So etwa *Bartsch*, CR 1989, S. 694. Nach Soergel-*Huber*, Rz 267 vor § 433, sind die Sach-

cc) Die vergütungsrelevanten Nutzungsbeschränkungen

Denkbar ist allerdings auch bei einem Sachkaufvertrag, daß die besonderen ökonomischen Interessen des Verkäufers und Schutzrechteinhabers dazu führen, daß die Nutzung der überlassenen Software zu einem bestimmten, in Relation zu dem vertraglich festgelegten Zweck vertraglich konkretisiert wird. Dazu kann es bei Vorliegen konkreter Sachverhalte einen Anlaß geben, sei es, daß Standardanwendungsprogramme an Bildungseinrichtungen oder Lehrende und Lernende wegen des erwarteten Multiplikatoreneffektes zu einem erheblich günstigeren Preis überlassen wird, oder sei es, daß Software netzwerkfähig ist und auf einer unbeschränkten Zahl angeschlossener Terminals genutzt werden kann. In diesen Fällen kann dem Veräußerer daran gelegen sein, durch Weiterveräußerungsverbote den Weiterverkauf an Zweiterwerber außerhalb von Bildungseinrichtungen zu verhindern oder die Nutzung auf eine näher zu bestimmenden Anzahl von Terminals zu beschränken, um eine angemessene Vergütung für die nunmehr zumeist urheberrechtlich relevante Leistung zu erzielen. Sind derartige vertragliche Vereinbarungen über die Weiterveräußerung oder über die bestimmungsgemäße Nutzung gem. § 69d UrhG sachgerecht und nicht willkürlich oder primär wettbewerbsbeschränkenden Charakters, bestehen keine Bedenken gegen die Verwendung derartiger Vertragsklauseln[312].

Derartige »vergütungsrelevante Nutzungsbeschränkungen«[313] kann man als »Lizenzvereinbarung« bezeichnen, die unter Berücksichtigung der vorstehend skizzierten einschränkenden Bedingungen zulässig sind[314]. Zu beachten ist aber, daß die vertragsergänzenden Lizenzvereinbarungen wirksam Vertragsbestandteil geworden sein müssen. Die derzeitige Praxis der Anbieter von Standardanwendungsprogrammen, den Käufern die regelmäßig als Lizenz- oder Nutzungsbedingungen bezeichneten Klauseln der Software in einem bei Übergabe verschlossenen Paket uneinsehbar beizufügen und erst nach dem Öffnen des Pakets mit dem Hinweis zu präsentieren, daß das Erbrechen des Siegels der Diskettenverpackung zur Anerkennung dieser Bedingungen führe (»shrink-wrap-Verträge«), ist unwirksam und führt bei Siegelverletzung und Programmnutzung zu keinen Nutzungsbeschränkungen[315]. Etwas anderes könnte nur

---

kauf-Vorschriften allenfalls bei der körperlosen elektronischen Übermittlung von Computerprogrammen analog, ansonsten unmittelbar anzuwenden.

[312] Siehe auch *Lehmann*, NJW 1993, S. 1822(1825f.), der Lizenzvereinbarungen aber wohl bei Kaufverträgen im Unterschied zur Überlassung im Rahmen eines Dauerschuldverhältnisses als nicht zulässig und wohl auch als Verstoß gegen das Verbot der Abdingbarkeit ansieht.

[313] *Lehmann*, NJW 1993, S. 1822(1826).

[314] Auch *Marly*, Softwareüberlassungsverträge, 1991, S. 137 zu Rdn. 326, sieht hier einen selbständigen (Zweit-)Vertrag zwischen Händler und Anwender, dem die Allgemeinen Geschäftsbedingungen des Herstellers zugrundegelegt werden. Weiterführend sind die Hinweise von *Marly* auf die üblichen ›Garantieverträge‹ bei anderen Produkten, vgl. dort die Nachweise in den Fn. 337ff.

[315] Ebenso *Salje*, Wirksamkeitsprobleme der Lizenzvereinbarung bei Standard-Anwender-

dann gelten, wenn der Anwender über das Öffnen der Datenträgerverpackung hinaus tätig wird und die ebenfalls beigefügte Registrierungskarte, deren Inhalt sich als Anerkenntniserklärung erweist, ausgefüllt und unterzeichnet an den Urheberrechtsinhaber mit einer vertragsergänzenden Anerkennung der Lizenzvereinbarung zurückschickt. In diesem Fall erklärt sich der Anwender mit der Nutzungsbeschränkung auch nachträglich einverstanden und bekommt als Gegenleistung für die nachträglich akzeptierte Beschränkung eine Gegenleistung in Form von Informationen über Produkte und Programmnutzungsmöglichkeiten (hotline) und Vergünstigungen beim Bezug von Updates. Voraussetzung für die Wirksamkeit eines derartigen Vertrags ist, daß der Anwender über Folgen der Einsendung des häufig irreführend als »Registrierungskarte« bezeichneten Vertragstextes hinreichend aufgeklärt ist und er den Erklärungsinhalt so, wie er ist, auch abgeben wollte. In dieser Hinsicht dürfte es bei den derzeit in der Praxis bei Standardanwendungsprogrammen verbreiteten Verträgen erhebliche Bedenken geben.

Sachkauf ist also auch dann anzunehmen, wenn dem Empfänger urheberrechtliche oder vertragliche Nutzungsbeschränkungen auferlegt werden oder dem Überlasser Instruktionspflichten obliegen. Allenfalls dann, wenn im Vordergrund des Vertragszwecks die Beratung in Fragen der EDV steht, und die Beschaffung von Programmen der EDV zwar wesentlicher Vertragszweck ist, aber vom Wertvolumen her deutlich unter den Kosten für Beratung, Instruktion, Implementierung von Wartung liegt, kann man von einem gemischten oder zusammengesetzten Vertrag sprechen, bei dem die werkvertraglichen Elemente dem Vertrag das wesentliche Gepräge geben[316]. Geht es dem Softwareanwender um den Einsatz der Software zu dem Zweck, zu dem die Programmierung erfolgte, wäre die Annahme eines Lizenzvertrages verfehlt. Die mit der Überlassung verbundene Einräumung eines einfachen Nutzungsrechts gibt des Überlassungsvertrag regelmäßig genausowenig das Gepräge, wie dem Vertrag über den Kauf eines sonstigen urheberrechtlich geschützten Werkes.

---

software, in: *Lessmann/Großfeld/Vollmer* (Hrsg.), Festschrift für *Lukes*, 1989, S. 183; *Loewenheim*, Allgemeine Geschäftsbedingungen bei Verträgen über die Überlassung von Standard-Anwendersoftware, in: *Leser/Isomura* (Hrsg.), Festschrift für *Kitagawa*, 1992, S. 949; *Mackaay*, Contracting for software in Canada, in: *Weyers* (Hrsg.), Datenverarbeitungsprogramme als Gegenstand des Rechtsverkehrs, 1992, S. 9(33ff.). Anderer Ansicht *Kilian*, CR 1986, S. 187 (188f.), und *ders.*, Datenverarbeitungsprogramme als Gegenstand des Rechtsverkehrs, in: *Weyers* (Hrsg.), Datenverarbeitungsprogramme als Gegenstand des Rechtsverkehrs, 1992, S. 77(97), sowie *Köhler*, Die Herstellung und Überlassung von Software im bürgerlichen Recht, in: *Lehmann* (Hrsg.), Rechtsschutz und Verwertung von Computerprogrammen, 1. Aufl., 1988, S. 340(342), XIII RdNr. 3; zutreffend jetzt aber *Köhler/Fritzsche*, in der 2. Aufl. 1993, S. 513(535ff), XIII., Rz. 37ff. Unverständlich in dieser 2. Aufl. jetzt aber *Schmidt*, S. 701(715f.), XV., Rz. 18f. Siehe jetzt auch *Smith*, Computer Law Journal 1992, S. 597.

[316] Siehe dazu die kommentierte Rechtsprechungsübersicht von *Junker*, NJW 1993, S. 824(827f.), und *Mehrings*, NJW 1986, S. 1904(1905).

dd) Der Warenkauf nach dem ›Wiener Kaufrecht‹

Auch im internationalen Warenverkehr werden Computerprogramme als ›Waren‹ angesehen, auf die das ›Wiener Kaufrechtsübereinkommen (WKR/CISG)‹[317] anzuwenden ist[318]. Zwar wird in der Kommentarliteratur als ›Ware‹ nach dem CISG, das keine Legaldefinition der Begriffe ›goods‹, ›marchandises‹ bzw. ›Ware‹ enthält, grundsätzlich nur eine ›bewegliche körperliche Sache‹ angesehen. Gleichwohl wird der Begriff weit auf alle Gegenstände ausgedehnt, die den Gegenstand von Handelskäufen bilden[319]. Das entspricht ganz der Intention des Konventionsgebers, der sich bewußt einer umgangssprachlichen Terminologie bediente und Rechtsbegriffe, die in den nationalen Rechtsordnungen einen festen Begriffsinhalt haben, vermied. Damit soll das Wiener Kaufrecht für gewandelte Wertvorstellungen und für neue technische und wirtschaftliche Entwicklungen offen sein[320].

Diese Intention kommt am besten in der französischen Übersetzung des CISG zum Ausdruck, die nicht mehr, wie in der Übersetzung der deutschen Fassung des Haager Kaufrechts[321] von beweglichen Sachen (›objets mobiliers‹), sondern in Abkehr vom nationalen, speziellen sachenrechtlichen Begriff von ›marchandises‹ spricht[322]. Es wird allgemein davon ausgegangen, daß darunter Computerprogramme (Software) auch dann fallen, wenn man sie als nichtkör-

---

[317] United Nations Convention on Contracts for the International Sale of Goods/ Übereinkommen der Vereinten Nationen über Verträge über den internationalen Warenkauf – CISG, vom 11. April 1980 (BGBl. 1989 II S.588), auch als ›Einheitliches UN-Kaufrecht‹, ›UNCITRAL-Kaufrecht‹, ›Wiener Kaufrechtsübereinkommen‹ oder ›Wiener Kaufrecht (WKR)‹ bezeichnet; in (West-)Deutschland in Kraft durch Zustimmungsgesetz vom 5. Juli 1989 (BGBl. 1989 II S.586) seit dem 1. Januar 1991.

[318] Sehr überzeugend *Diedrich*, RIW 1993, S.441(450): »Da Computersoftware in verschiedensten Übertragungsformen beweglich ist und spätestens auf dem Computer des Erwerbers als Vertragsgegenstand eindeutig abgrenzbar ist, läßt sich auch Computersoftware grundsätzlich unter den Begriff ›goods/marchandises‹ gem. Art. 1 I CISG subsumieren. Die Form der Übertragung ist sodann irrelevant, weil dies eine rein technische Frage ist, die bereits die Erfüllung des Kausalgeschäfts, des Warenkaufvertrags, betrifft. (...) Die Frage des Verbleibs des geistigen Eigentums an dem Computerprogramm wird hier in der Regel durch die von der kaufrechtlichen Ebene getrennten Lizenzvergaben geregelt.«

[319] *Schlechtriem/Herber* Art.1 CISG Rn.21. Im übrigen werden Datenverarbeitungsprogramme auch als »Ware« i.S. des (früheren) Warenzeichengesetzes angesehen: *BGH* DB 1985, 2603 (Lignamat); *Junker*, WM 1988, S.1217 und 1249; *Bothe/Kilian*, Rechtsfragen grenzüberschreitender Datenflüsse, 1992, S.369ff.

[320] *Bothe/Kilian*, Rechtsfragen grenzüberschreitender Datenflüsse, 1992, S.369. Darüber, ob im Lichte von Art.3 Abs.2 CISG nur Standardanwendungsprogramme (so *Bothe/Kilian*, aaO. S.370, und *Endler/Daub*, CR 1993, S.601[606]), oder grundsätzlich auch Individualanwendungsprogramme dem UN-Kaufrecht unterfallen (so *Diedrich*, RIW 1993, S.441[452]), bestehen divergierende Auffassungen.

[321] Einheitliches Gesetz über den internationalen Kauf beweglicher Sachen vom 17. 7.1973 (BGBl. I S.856).

[322] Anders die englische Übersetzung, die sowohl im EKG als auch im WKR von ›goods‹ spricht.

perliche Güter einordnet[323]. Teilweise wird daraus wieder auf das BGB und seine Auslegung des kaufrechtlichen Sachenbegriffs durch den *Bundesgerichtshof* zurückgeschlossen und die Ansicht vertreten, daß Computerprogramme auch nach dem deutschen Sachkauf überlassen werden können[324]. Die Anwendbarkeit des CISG ist bei körperlicher und bei elektronischer Übergabe des Programms gegeben[325]. Selbst wenn man entgegen der hier vertretenen Auffassung das CISG nur auf körperliche bewegliche Sachen anwenden will, würde das nicht dagegen sprechen, auch die Software darunter zu einzuordnen[326].

ee) Zur Anwendung von Werkvertragsrecht

Auch wenn sich noch einige Autoren entgegen der neueren Rechtsansicht des *Bundesgerichtshofs* geäußert haben und in der Überlassung von Computerprogrammen auf Dauer keinen Sachkaufvertrag sehen, so bemißt die h.M. die dauernde und gegen ein einmaliges Entgelt vollzogene Überlassung eines EDV-Programms *zumindest entsprechend* nach den Grundsätzen des Kaufvertragsrechts[327], was nicht ausschließt, daß auf Software die mitunter besser passen-

---

[323] So *Czerwenka*, Rechtsanwendungsprobleme im internationalen Kaufrecht, 1988, S. 148, die sich sogar auf die *BGH*-Rechtsprechung zur Sacheigenschaft von Computerprogrammen, genauer: auf *BGH* WM 1985, 1322(1324) beruft; *Schlechtriem/Herber*, Art. 1 CISG Rn. 21; *Fakes*, Software Law Journal 1990, S. 559; *Piltz*, AnwBl. 1991, S. 57; *Primak*, Computer/Law Journal 1991, S. 197; *H. Koch*, RDV 1991, S. 105(105); *Kilian*, Datenverarbeitungsprogramme als Gegenstand des Rechtsverkehrs, in: *Weyers* (Hrsg.), Datenverarbeitungsprogramme als Gegenstand des Rechtsverkehrs, 1992, S. 77(95ff.); *Magnus*, ZEuP 1995, S. 202(206); *H. Redeker*, Der EDV-Prozeß, 1992, Rn. 272 in Fn. 241; *Diedrich*, RIW 1993, S. 441; *Herrmann*, Anwendungsbereich des Wiener Kaufrechts – Kollisionsrechtliche Probleme, in: *Bucher* (Hrsg.), Wiener Kaufrecht, 1991, S. 83(92), der nicht daran zweifelt, daß Software unter das WKR fällt (S. 240) und in der Diskussion im Anschluß an das hier zitierte Referat aufschlußreich folgendes (S. 101) ergänzte: »Datenprogramme sind ... körperlich auf einem Datenträger fixiert, dieser stellt jedoch nicht den eigentlichen Vertragsgegenstand da. Art. 42 des Übereinkommens beinhaltet sodann eine besondere Regelung bezüglich allfälliger Urheberrechte oder sonstiger gewerblicher Schutzrechte Dritter am Kaufgegenstand. [...] Andererseits sind ja nicht die Schutzrechte an der Software als solche Vertragsgegenstand, sondern das Programm, welches der Erwerber nutzen möchte.« Es ist richtig, wenn *Sieber*, CR 1992, S. 518, in Fn. 20 darauf hinweist, daß das UN-Kaufrecht keine Anwendung auf (fehlerhafte) »Daten« aus einer online-Datenbank findet; problematisch ist aber die Begründung, in der es heißt, daß unter ›Waren‹ i.S. des WKR nur körperliche Gegenstände i.S. von § 90 BGB zu verstehen seien. Aus der Rechtsprechung *OLG Koblenz* RIW 1993, 934(936), und *OLG Köln* RIW 1994, 970(971).

[324] *Schlechtriem/Herber*, Art. 1 CISG Rn. 21 mit Fn. 37.

[325] So zutreffend *Endler/Daub*, CR 1993, S. 601; *Diedrich*, RIW 1993, S. 441 (452); *Karollus*, UN-Kaufrecht, 1991, S. 21.

[326] So im Ergebnis auch *Endler/Daub*, CR 1993, S. 601(603). A.A. dagegen *Moritz*, CR 1994, S. 257(263), der auch in dieser Frage an seiner Auffassung festhält und die Anwendung des CISG auf die Überlassung von Computerprogrammen grundsätzlich ablehnt.

[327] Ebenso *König*, NJW 1990, S. 1584 m.w.N.; *Malzer*, Der Softwarevertrag, 1991, S. 82ff.; *Hoppmann*, RDV 1992, S. 209(213); *Koutses/Lutterbach*, RDV 1989, S. 5 (8); *Lehmann*, NJW 1992, S. 1721; *Bormann/Bormann*, DB 1991, S. 2641; *Bartl*, CuR 1985, S. 13; *Moritz/Tybusseck*,

den[328] werkvertraglichen Gewährleistungsansprüche durch ergänzende Rechtsauslegung Anwendung finden[329]. Es gibt derzeit zwar ganz allgemein in der ›Dienstleistungsgesellschaft‹ eine deutliche Tendenz vom Kauf- zum Werkvertragsrecht. Dennoch kann bei der Überlassung von Software auf Dauer gegen die einmalige Zahlung eines Entgelts im Regelfall nicht von einem Werkvertrag ausgegangen werden, wenn nach der begrifflichen Abgrenzung eher Kaufrecht anzunehmen ist. Anderer Ansicht ist *Medicus*, der zunächst zutreffend feststellt, daß die Übereignung des Datenträgers allein noch keinerlei Nutzen bringt, dessen Vergleich der Software mit Intelligenz aber nicht recht überzeugt, wenn er meint, daß »gleichsam Intelligenz in Form der sog. Software mitgeliefert werden« müsse[330]. Die Auswahl des den Bedürfnissen des Anwenders entsprechenden Programms und die Anleitung des Benutzers, mit dieser ›Intelligenz‹ umzugehen, seien Tätigkeiten, die bei §433 Abs. 1 BGB nicht vorkämen, während sie sich bei §631 BGB ohne weiteres unterbringen ließen. *Medicus* schließt diesen Gedanken mit der Feststellung: »Intelligenz kann eben nicht übereignet werden; da geht es in erster Linie um die Herstellung eines Erfolgs«[331].

Der Umgang mit Software scheint bei dieser Betrachtung nur nach umfassender Auswahlberatung und mit geschulter Anleitung möglich. Der Erwerb von Computerprogrammen wird von *Medicus* in einen komplexeren Vorgang eingebunden, zu dem in erheblichem Umfang die Beratung gehört. Software-Über-

---

Computersoftware 1992, Rdn. 744, trotz der Bedenken in Rdn. 710ff.; *Mehrings*, NJW 1986, S. 1904; *Brandi-Dohrn*, Gewährleistung bei Hard- und Softwaremängeln, 1988, S. 22; *Köhler/Fritzsche*, Die Herstellung und Überlassung von Software im bürgerlichen Recht, in: *Lehmann* (Hrsg.), Rechtsschutz und Verwertung von Computerprogrammen, 1993, S. 513(530), XIII., Rz. 29; *Scholz*, MDR 1989, S. 107(107); *Hoeren*, Softwareüberlassung als Sachkauf, 1989, S. 57: »steht bei solchen Verträgen die Übertragung des Eigentums an einer Sache im Vordergrund, so daß Überlassungsvereinbarungen vertragstypologisch als Sachkauf zu bezeichnen sind«. MünchKomm-*Westermann* §433 RdNr. 20, lehnt zwar die Annahme eines Sachkaufs ab, hält aber auch die Gewährleistungsregeln des Kaufrechts für anwendbar.

[328] So gibt *Zahrnt*, iur 1986, S. 252(254), zu bedenken, ob »das Gewährleistungsrecht des Werkvertrags nicht besser als das des Kaufrechts paßt«, weil ein erhebliches Bedürfnis bestehe, »daß die Verjährungsfrist erst nach einem formellen Abschluß der Überprüfung des Programms beginnt« (S. 255). Ähnlich auch das Postulat von *Tellis*, BB 1990, S. 500(506), »diejenigen Gewährleistungsregeln des BGB (entsprechend) heranzuziehen, die einem sachgerechten Interessenausgleich der Vertragsparteien dienen«. Siehe schließlich auch *Mehrings*, NJW 1988, S. 2438.

[329] Vgl. *Zahrnt*, Anmerkung zu *LG Nürnberg-Fürth* BB-Beilage 14/ 1992, S. 10, und *Mehrings*, NJW 1986, S. 1904(1907); *dens.*, GRUR 1985, S. 189(194); *Engel*, BB 1985, S. 1159(1162); aus der Rechtsprechungspraxis *OLG Köln* CR 1993, 426. *Lauer*, BB 1982, S. 1785, und *Müller*, Einführung in das EDV-Vertragsrecht, 1985, S. 37ff., sehen in den Überlassungsverträgen Verträge sui generis mit starken werkvertraglichen Elementen. *Lars* und *Jens Eickmeier*, CR 1993, S. 73, behandeln Überlassungsverträge, mit denen weitere vertragliche Leistungspflichten verknüpft sind, als gemischte Verträge, die eine flexiblere Betrachtung der Rechtsfolgen ermöglichen.

[330] *Medicus*, JuS 1992, S. 273(277).

[331] *Medicus*, JuS 1992, S. 273(277).

lassung erscheint so als Dienstleistung, auf die eher § 631 BGB zu passen scheint. Nach dieser Vorstellung treten die werkvertraglichen Elemente der Beratung und Schulung in den Vordergrund und drängen das Überlassungselement zurück.

Die Wirklichkeit sieht heute jedenfalls bei der Überlassung von Standardanwendungsprogrammen wohl anders aus. Die Regel ist jedenfalls bei den sogenannten Umsatzgeschäften, daß nach sorgfältigem Entscheidungsprozeß, wie er beim Kauf jedes Konsumguts in ähnlicher Weise vonstatten geht, die Wahl auf ein bestimmtes Produkt fällt. Daß eine neue Software immer auch eine mehr oder weniger intensive Einarbeitung verlangt, hat sie mit anderen hightech-Gütern gemein. Die in der Gesellschaft verbreitete Vorstellung von der Fremdartigkeit der Elektronischen Datenverarbeitung ist in schnellem Wandel begriffen. Software gehört in der jüngeren Generation zum Alltag, sowohl in der Freizeit, als auch im Berufsleben.

Wenn auch nicht bestreitbar ist, daß bei komplexen gewerblichen Anwendungen von Software, die eine Auswahlberatung, die Installation und Anpassung der Programme sowie die Mitarbeiterschulung notwendig machen, die werkvertraglichen Elemente überwiegen können, so ist doch bei den Regelfällen der Überlassung isolierter Software, wie sie auch von *Medicus* diskutiert werden, Kaufvertragsrecht anzunehmen. Auch der *Bundesgerichtshof* hat eine allgemeine Beratungs-und Aufklärungspflicht, die über die allgemeinen Hinweis- und Beratungspflichten als vertragliche Nebenpflicht hinausgehen und sich zu einer selbständigen Beratungspflicht verdichten, bei EDV-Beschaffungen abgelehnt:

> »Zwar hat der (Kunde) ein besonderes Interesse daran, durch vollständige und richtige Beratung seitens des Herstellers/Lieferanten sicherzustellen, daß er sich eine für seine Zwecke geeignete EDV-Anlage aussucht. Das rechtfertigt es indes nicht, einen selbständigen Beratungsvertrag ... anzunehmen, wenn nicht besondere Umstände darauf hindeuten. Die Aufklärung und Beratung bei der Auswahl des ...Objektes ist bei lebensnaher Betrachtung stets Teil der Bemühungen des Herstellers/Lieferanten, die Ware an den Mann zu bringen.«[332]

Den Verkäufer eines Personal Computers und eines Standardanwendungsprogramms treffen daher heute regelmäßig keine Einweisungspflichten als vertragliche Nebenleistungspflicht mehr[333].

Im Ergebnis ähnlich wie *Medicus* argumentieren aber auch *Mincke*[334] und *Braun*[335]. *Braun* sieht im Installieren eines EDV-Programms auf dem Rechner

[332] *BGH* NJW 1984, 2938 – Verjährung bei fehlerhafter Beratung über Leasingobjekt (die zitierte Stelle ist in der Entscheidungsveröffentlichung nicht abgedruckt). Siehe auch *Zahrnt*, BB 1992, S. 720.

[333] So auch *Junker*, NJW 1994, S. 897(900).

[334] *Mincke*, jur-pc 1991, S. 932(938f.).

[335] *Braun*, BB 1992, S. 154.

(»Konditionierung«) eine Veränderung des Computers »in seiner physikalischen Struktur wie auch in den sich daraus ergebenden Eigenschaften« und entdeckt in dieser Veränderung das wesentliche Kriterium für die Annahme eines Werkvertrags im Sinne des § 631 BGB. Diese Vorstellung erscheint schon deswegen realitätsfremd, weil sie zur Folge hätte, daß der ›Besteller‹ gegenüber dem ›Ersteller‹ die Abnahme des Werkes zu erklären hätte, was bei den Massengeschäften mit Standardanwendungsprogrammen undenkbar ist und selbst dann, wenn im Einzelfall die vertragsgemäße Lieferung untersucht und bestätigt wird, dies nicht ausreicht, das Vorliegen eines Werkvertrags zu begründen. Vielmehr ist mit der herrschenden Meinung[336] festzustellen, daß Installations- und Schulungsmaßnahmen im Regelfall Nebenleistungspflichten sind, die dem Vertrag nicht das typenbestimmende Gepräge geben. Eine andere Frage ist es, ob etwa Veränderungen an dem Quellcode des Standardanwendungsprogramms, die zu einer individuellen Anpassung der Software an die Bedürfnisse eines Anwenders führen soll, oder die Anpassung und Installation der standardisierten Hard- und Software von einem Umfang und einer solcher wertschöpfenden Bedeutung sind, daß sie dem Vertrag das Gepräge eines Werkvertrags geben[337].

Scheidet der Werkvertrag aber als Grundtyp des Vertrags aus, mit dem Software gegen einmalige Zahlung eines Entgelts überlassen wird, so ist noch zu ergänzen, daß auf die Überlassung auf Zeit in einem Dauerschuldverhältnis nach überwiegender Meinung direkt oder nach Ansicht der Autoren, die keinen Sachkauf anerkennen, über die Rechtspacht die Regeln des Mietrechts angewendet werden[338].

g) Das Computerprogramm als Produkt aufgrund seiner Sacheigenschaft

An der Ansicht, Verträge zur dauernden Überlassung von Standardanwendungssoftware seien entweder Lizenzverträge, auf die kaufrechtliche Vorschriften allenfalls entsprechend Anwendung finden können[339], oder Werkverträge[340], wird auch in der jüngeren wissenschaftlichen nach wie vor festgehalten.

---

[336] *H. Redeker*, Der EDV-Prozeß, 1992, Rn. 271; *Köhler*, Die Herstellung und Überlassung von Software im bürgerlichen Recht, in: *Lehmann* (Hrsg.), Rechtsschutz und Verwertung von Computerprogrammen, 1993, S. 513(549f.), Rz. 67. *LG Stuttgart* EWiR § 463 BGB 2/85, 655 m. Anm. *May*.

[337] Vgl. dazu *Junker*, NJW 1994, S. 897(899f) m.w.N.

[338] Vgl. *Engel*, BB 1985, S. 1163; *Brandi-Dohrn*, Gewährleistung bei Hard-und Softwaremängeln, 1988, S. 22; *Mehrings*, NJW 1986, S. 1904.

[339] Vgl. ComHdB-*Heussen* Kap. 44 Rdnr. 39; *Moritz*, CR 1989, S. 1049; *Moritz/ Tybusseck*, Computersoftware, 1992, S. 161; *Ruppelt*, Die Überlassung von Computerprogrammen, 1990, S. 33f., 41 (Patentkauf); *Bömer*, Die Pflichten im Computer-Software-Vertrag, 1988, S. 49 (anders aber für Systemsoftware, siehe S. 37); *Bormann/Bormann*, DB 1991, S. 2641(2644f.).

[340] *Lesshaft/Ulmer*, CR 1988, S. 813; *Mincke*, jur-pc 1991, S. 932.

Die früher insbesondere von *Kilian*[341] und von *Bömer*[342] vertretene und von *Engel*[343] als überlegenswert bezeichnete Auffassung, das Grundgeschäft der dauernden Überlassung von Software an Endanwender sei ein Rechtskauf, scheint dagegen für die Regelfälle der Softwareüberlassung nicht weiter vertreten zu werden[344]. Auch nach der Urheberrechtsnovelle vom Juni 1993 kann eine Renaissance dieser Erwägungen kaum erwartet werden, weil sich die Erkenntnis durchgesetzt zu haben scheint, daß die Fixierung auf die Schutzrechtsfrage bei der Suche nach der richtigen vertragstypologischen Einordnung nicht hilfreich ist[345].

Während der wissenschaftliche Streit noch nicht als beigelegt gelten kann, haben sich die maßgeblichen BGB-Kommentare dem Thema pragmatisch genähert. Im Kommentar von *Soergel* zum BGB heißt es nur noch knapp: »Programme der elektronischen Datenverarbeitung sind, *da sie auf Trägern gespeichert sind*, Sachen«, so daß ein Vertrag über den endgültigen Erwerb von Software ein Sachkauf ist[346]. Auch *Putzo* formuliert kurz und sicher: »Werden Standard-Programme dauernd überlassen, liegt Kauf vor«[347]. Es folgt lediglich der Hinweis, daß es »zweifelhaft ist, ob Sachkauf oder Kauf eines Immaterialgutes vorliegt«, wobei die »wohl hM« Sachkauf annehme[348]. Im ›Palandt‹ wurde diese Auffassung auch von *Heinrichs* geteilt, für den Software auch dann Sache ist, wenn sie durch Überspielung übertragen wird[349]. Die realen, durch die Einfüh-

---

[341] *Kilian*, Haftung für Softwaremängel, in: *Gorny/Kilian* (Hrsg.), Computer-Software und Sachmängelhaftung, 1985, S. 19(23): »Bei Standard-Anwender-Software ist zu unterscheiden, ob Programme befristet und gegen wiederkehrende Entgeltzahlungen oder auf Dauer gegen einmalige Entgeltzahlung überlassen werden. Bei der ersten Alternative liegt die Anwendung des Pachtvertragsrechts (§ 581 BGB), bei der zweiten Alternative die Anwendung der Vorschriften über den Rechtskauf (§ 422 Abs. 1 Satz 2 BGB) am nächsten«, weil im Zentrum eines Überlassungsvertrags »die Nutzung eines Rechts, nämlich von Know-how oder eines Urheberrechts« steht.

[342] *Bömer*, Die Pflichten im Computer-Software-Vertrag, 1988, S. 58.

[343] *Engel*, BB 1985, S. 1159: Die entgeltliche Überlassung von fertig konfektionierten Standard-Programmen kann rechtlich als Kaufvertrag eingeordnet werden, sofern der Programmträger mit dem Programm dem Anwender gegen ein einmaliges Entgelt auf Dauer zur freien Verfügung überlassen wird (S. 1162); »Unklar ist jedoch die für die Mängelhaftung bedeutsame Frage, ob der Kauf von Standard-Software als Sachkauf oder als Rechtskauf einzuordnen ist« (S. 1163).

[344] Vgl. auch *Bartl*, BB 1988, S. 2122. Allerdings halten *Moritz/Tybusseck*, Computersoftware, 1992, Rdnrn. 748ff., und *Henn*, Patent- und Know-how-Lizenzvertrag, 1989, S. 51ff., an der Auffassung fest, das Grundgeschäft der Überlassung auf Zeit sei ein Dauerschuldverhältnis in der Form der Rechtspacht.

[345] *Braun*, BB 1992, S. 154.

[346] Soergel-*Huber*, Rz 27 vor § 433 (Hervorhebung vom Verf.); siehe auch Rz 28 und 267 vor § 433.

[347] Palandt-*Putzo*, § 433 Rn 5 unter Hinweis auf *BGHZ* 102, 135 = JZ 1988, 460 m. Anm. *A. Junker*; *Köhler*, CR 1987, S. 827, und *Hoeren*, CR 1988, S. 908. Auch in Rn 2 zu § 535 *schreibt Putzo*: »Sache ist auch die Software.«

[348] Unter Hinweis auf *König*, NJW 1990, S. 1584 m.w.N.

[349] Palandt-*Heinrichs*, 1992[51], § 90 Rn 2, mit Hinweis auf *OLG Stuttgart* NJW 1989, 2635,

rungen neuer Technologie notwendigen Veränderungen im Recht spiegeln sich in den meinungsbildenden Standardkommentaren zum Bürgerlichen Gesetzbuch wieder, die zentrale Rechtsbegriffe den Bedürfnissen der Vermarktung und Anwendung der Elektronischen Datenverarbeitung entsprechend pragmatisch auslegen.

Wieacker hat zu Recht darauf hingewiesen, daß es die »gewohnte und konventionelle Aufgabe des Juristen aller Zeiten (ist), vorhandene Normen auf neue soziale und technische Sachverhalte anzuwenden«[350]. Die mit der Entwicklung der EDV-Technologie verbundenen technischen, sozialen und (betriebs-)wirtschaftlichen Veränderungen provozieren eine Flut von Rechtsgestaltungs- und auf der Basis der vorhandenen Gesetzeslage zu lösenden Rechtsanwendungsprobleme, deren Lösungen die bewährte vorgegebene Dogmatik zu beachten, aber eine an der Lebenswirklichkeit und Gerechtigkeit orientierte Weiterentwicklung der Dogmatik möglich zu machen haben. So verhält es sich auch bei der Frage der Einordnung der Software in die zivilrechtliche Dogmatik. Ausgehend von den Begriffsinhalten des Bürgerlichen Rechts müssen Korrekturen bei der Rechtsauslegung vorgenommen werden.

Die hier bejahte Sacheigenschaft von Computerprogrammen hat zur Folge, daß alle gesetzlichen Regelungen anzuwenden sind, die das Vorliegen einer Sache voraussetzen. Die Feststellung, daß Computerprogramme als Sachen im Sinne von § 90 BGB anzusehen sind, hat unter dem Aspekt der Einheit der Rechtsordnung[351] im übrigen nicht nur Auswirkungen auf die Anwendbarkeit des Produkthaftungsgesetzes, auf die schuldrechtliche Vertragstypenzuordnung und die sachenrechtliche Behandlung von Computerprogrammen, sondern u.a. auch auf die Anwendung von Vorschriften zum Markenschutz[352], des

---

König, NJW 1990, S. 1584, und *Marly*, BB 1991, S. 432. Seit der 52. Auflage des ›*Palandt*‹ von 1993 schließt sich *Heinrichs* aber der von ihm (in der 54. Aufl. nicht mehr) als sehr streitig bezeichneten Auffassung von *Bormann/Bormann*, DB 1991, S. 2641, und *H. Redeker*, NJW 1992, S. 1739, an.

[350] *Wieacker*, Recht und Automation, in: *Bettermann/Zeuner* (Hrsg.), Festschrift für *Bötticher*, 1969, S. 383(389).

[351] *Junker*, JZ 1993, S. 344 und 447(449).

[352] Der ›Titel‹ einer Software ist geschützt. Vgl. zum bisherigen Warenzeichenschutz nach § 16 UWG *BGH* DB 1985, 2603 (Lignamat) = GRUR 1985, 1055 m. Anm. *Betten*; *Bohlig*, CR 1986, S. 126; *Kuhlmann*, CR 1989, S. 175(177); *Lehmann*, NJW 1988, S. 2419 (2422); *Schweyer*, Der warenzeichenrechtliche Schutz von Computerprogrammen, in: *Lehmann* (Hrsg.), Rechtsschutz und Verwertung von Computerprogrammen, 1993, S. 357ff. Siehe zum erleichterten und verstärkten Schutz des ›Werktitels‹ nach dem am 1. 1. 1995 in Kraft getretenen § 5 MarkenG *Lehmann*, CR 1995, S. 129ff. An der Einbeziehung von Software besteht nach der klaren Formulierung des neuen § 5 Abs. 3 MarkenG (»Werktitel sind die Namen oder besonderen Bezeichnungen von Druckschriften, Filmwerken, Tonwerken, Bühnenwerken oder sonstigen *vergleichbaren* Werken«) nun kein Zweifel mehr; eine Analogie zu ›Druckwerken‹ braucht nicht mehr begründet zu werden.

Steuer-[353] und Leasingrechts[354] sowie des Insolvenzrechts[355]. Außerdem wird von diesem Ergebnis die handelsrechtliche Frage beeinflußt, ob Programmentwickler und Programmverkäufer als Kaufleute ein Grundhandelsgeschäft im Sinne des § 1 Abs. 2 Nr. 1 HGB mit der Veräußerung von Waren betreiben und ob die §§ 377 f. HGB bei einem Handelskauf Anwendung finden.

Da ein Computerprogramm demnach unter den Begriff der ›Sache‹ nach § 90 BGB fällt, ist es auch eine bewegliche Sache i.S. von § 2 ProdHaftG. Das Produkthaftungsgesetz ist auch bei Computerprogrammen anwendbar[356]. Damit haften sowohl der Hersteller einer Maschine, in die das schadensursächliche fehlerhafte Programm integriert wurde, als Endhersteller, als auch ein ›Zulieferer‹ des fehlerhaften Programms als Teilehersteller[357] mit der Möglichkeit des Haftungsausschlusses nach § 1 Abs. 3 ProdHaftG als Hersteller seines Produkts. Der Zulieferer liefert eine Sache, die in das Endprodukt eingebaut wird; seine Leistung beschränkt sich nicht darauf, eine Formel mitzuteilen oder eine reine Dienstleistung zu erbringen. Schließlich haftet auch der Hersteller einer sogenannten ›isolierten‹ Software als Produkthersteller.

---

[353] *König*, CR 1990, S. 106(110f.). Daß der *Bundesfinanzhof* Computerprogramme (zumeist) als immaterielle Wirtschaftsgüter betrachtet, ist hier ohne Belang, da die steuerrechtliche Beurteilung von der zivilrechtlichen wegen unterschiedlicher Zielprogramme auch nach der *BGH*-Rechtsprechung (*BGHZ* 74, 277) abweichen kann. Im übrigen hatte der II. Senat des *Finanzgerichts Berlin* in ständiger Rechtsprechung entschieden, daß ein Computerprogramm (zumindest) dann ein materielles Wirtschaftsgut ist, »wenn es serienmäßig hergestellt und vertrieben wird« (*FG Berlin*, CR 1986, 719 m. Anm. *Kahlen*). Ähnlich auch *FG Münster* CR 1987, 174 m. Anm. *Kahlen*.

[354] Siehe dazu *Kilian*, Haftung für Mängel der Computersoftware, 1986, S. 41; *Junker*, Computerrecht, 1988, Rdnr. 355; *Feldhahn*, DStR 1985, S. 336(338).

[355] Vgl. *Paulus*, Die Software in der Vollstreckung in: *Lehmann* (Hrsg.), Rechtsschutz und Verwertung von Computerprogrammen, 1993, S. 831 ff.; *Breidenbach*, CR 1989, S. 873, 971 und 1074. Nach der Ansicht von *Roy/Palm*, NJW 1995, S. 690(691), ist die Software ein körperlicher Gegenstand i.S. von § 808 ZPO, unterliegt also den Vorschriften über die Sachpfändung.

[356] *Koutses/Lutterbach*, RDV 1989, S. 5(9); *Taschner/Frietsch*, Produkthaftung, 1990, § 3 ProdHaftG RN 60, und Art. 6 Richtl. RN 28; einschränkend auf die an einen Datenträger gebundene Software aber § 2 ProdHaftG RN 22f. Im Ergebnis auch *Holzinger*, EDV & Recht 1988, S. 10; *Hoppmann*, RDV 1992, S. 209(213); *Dörner*, Jura 1993, S. 578(580); im Hinblick auf die Produkthaftungsrichtlinie: *Dommering-van Rongen*, Computerrecht 1988, S. 227 (228), und *dies.*, Produktenaansprakelijkheid, 1991, S. 93; *Ekker*, Computerrecht 1989, S. 27; *Stuurman/Vandenberghe*, NJB 1988, S. 1667 (für Standardanwendungsprogramme); *Schwenzer*, Umsetzung der EG-Richtlinie zur Produkthaftpflicht in der BR Deutschland, 1991, S. 9; *Klaassen*, Risico-aansprakelijkheid, 1991, S. 163f.; *Westerdijk*, Computerrecht 1992, S. 145, und *ders.*, Produktenaasprakelijkheid voor software, 1995. Unklar bleibt *Heck*, Produkthaftung, 1990, S. 48, 60f. Auch in den USA, wo die Frage, ob Software eher ein Produkt oder eine Dienstleistung ist, im Vordergrund stand, ging die Tendenz sehr früh zu der Annahme, daß die Gerichte bei einem Programmfehler nach der strict liability verfahren werden, siehe dazu schon *Brannigan/Dayhoff*, American Journal of Law & Medicine 1981, S. 123.

[357] Anders wohl *Hoppmann*, RDV 1992, S. 209(213).

5. Das Computerprogramm als Produkt aufgrund Verkehrsauffassung

Historisch und teleologisch gesehen geht es bei der Produkthaftung um eine haftungsrechtliche Risikozuweisung an den Hersteller eines im Zeitalter der industriellen Massenproduktion potentiell gefährlichen Produkts. Haftungsgrund ist das Inverkehrbringen einer fehlerhaft konstruierten oder fabrizierten Ware. Nur unbewegliche Sachen und nicht hergestellte Sachen scheiden deshalb aus dem Anwendungsbereich des Produkthaftungsrechts aus[358]; eine Anknüpfung an den in diesem Sinne weitergehenden *Sachen*-Begriff des § 90 BGB war EG-rechtlich nicht intendiert[359]. Demnach ist es dogmatisch konsequent und EG-rechtlich im Hinblick auf die anzustrebende Rechtsvereinheitlichung nach Art. 100 EG-Vertrag geboten, dem Produkthaftungs-Begriff ›Produkt‹/›bewegliche Sache‹ eine gegenüber § 90 BGB eigenständige Bedeutung zuzumessen[360].

Dies gilt um so mehr, als selbst innerhalb des Bürgerlichen Gesetzbuchs keine durchgängig einheitliche Definition des Rechtsbegriffs *›Sache‹* erfolgte. Die Legaldefinition aus § 90 BGB entstammt dem Allgemeinen Teil und ist gleichwohl nicht in allen Büchern des BGB maßgeblich: Unter den Sachen-Begriff fallen außerhalb des 3. Buches unter Umständen auch nicht-körperliche Gegenstände, wie etwa in § 119 Abs. 2 BGB und § 459 BGB[361]. Auch die Zivilprozeßordnung geht in § 265 ZPO gegenüber § 90 BGB von einem anderen, nämlich alle Gegenstände des Wirtschaftsverkehrs umfassenden *Sachen*-Begriff aus und versteht darunter alle Rechtsobjekte einschließlich der Rechte. Es gibt demnach auch im deutschen Recht keinen einheitlichen *Sachen*-Begriff. Eine ausschließliche Bezugnahme auf § 90 BGB würde dem Produkthaftungsgesetz nicht gerecht[362]. Der Begriff ›Produkt‹ ist einer dem Normzweck und dem Gemeinschaftsrecht am besten entsprechenden Auslegung zugänglich.

Nach der Verkehrsauffassung werden Computerprogramme als bewegliche

---

[358] Vgl. *Taschner*, in: *Taschner/Frietsch*, Produkthaftung, 1990, Art. 2 Richtl. RN 1f.

[359] Vgl. zu dieser Diskussion insbesondere *Vandenberghe*, Software Bugs: A Matter of Life and Liability, in: *Computer/Law Institute* (Hrsg.), Produktenaansprakelijkheid voor Software en Informatie: een Bedreiging?, 1988, S. 61(66), und *Stuurman/Vandenberghe*, NJB 1988, S. 1667.

[360] Ebenso *Kort*, DB 1994, S. 1505(1507); *ders.*, CR 1990, S. 171(174); *Epple*, Der Einsatz von EDV und die ärztliche Haftung, 1994, S. 183 (für Standardsoftware). *Musulas*, Die Haftung des Softwareherstellers im Hinblick auf das ProdHaftG, 1993, S. 16, hätte es daher begrüßt, wenn in § 2 ProdHaftG statt »bewegliche Sache« der Begriff »Wirtschaftsgut« verwendet worden wäre.

[361] Palandt-*Heinrichs*, Überblick vor § 90 Rn 1.

[362] Ebenso Produkthaftungshandbuch/*Graf v. Westphalen*, § 61 Rz. 4; *Frietsch*, in: *Taschner/Frietsch*, Produkthaftung, 1990, § 2 ProdHaftG RN 8, 17 und 43; *Kort*, CR 1990, S. 171(174); wohl auch *Rolland*, Produkthaftungsrecht, 1990, § 2 Rdnr. 5, und *Bothe/Kilian*, Rechtsfragen grenzüberschreitender Datenflüsse, 1992, S. 374.

Sache eingeordnet und das Produkthaftungsgesetz deshalb als anwendbar angesehen[363]. Selbst dann, wenn man nicht bereit ist, die Sacheigenschaft von Computerprogrammen zu bejahen, ist die Software aufgrund der Verkehrsauffassung ein Produkt im Sinne des Produkthaftungsgesetzes[364].

Das entspricht auch dem Gesetzeszweck. Die Erstellung und Inverkehrgabe eines Computerprogramms eröffnet ein Gefährdungspotential, das im Fall der Verwirklichung durch einen Schadenseintritt zur verschuldensunabhängigen Haftung desjenigen führen muß, der die Gefahrenlage geschaffen hat. Die industrielle Massenproduktion nimmt zu und die Vertriebssysteme weiten sich aus, so daß ein Geschädigter keinen unmittelbaren Einblick in die Sphäre des Herstellers mehr erhält. Angesichts dieser Entwicklung verfolgt das Produkthaftungsgesetz den rechtspolitischen Zweck, einen interessengerechten Ausgleich zu schaffen. In dieses Ausgleichssystem ist auch die Herstellung und Inverkehrgabe von Software mit einzubeziehen. Der Herstellungsprozeß und die Methoden der Programmierung und des Testens von Software bleiben den durchschnittlichen Anwendern regelmäßig verborgen, so daß auch eine ausreichende Beurteilung der mit dem Softwareeinsatz verbundenen Risiken den Anwendern nicht möglich ist. Die Nutzer von Software beherrschen das Gefährdungspotential selbst dann nicht, wenn sie aufgrund eigener Mitwirkungspflichten beispielsweise bei der Formulierung des Pflichtenheftes bei der Erstellung von Individualanwendungsprogramme beteiligt werden. Ein Computerprogramm erweist sich damit als ein typisches Phänomen des Informationszeitalters, für das die an neue technische Entwicklungen angepaßten Haftungsregeln, denen die Aufgabe zukommt, Risiken und damit Kosten außerhalb vertraglicher Beziehungen haftungsrechtlich zu verteilen[365], in besonderem Maße Anwendung finden müssen.

Schließlich handelt es sich bei Software um ein ›komplexe Gebilde‹, dessen Gefahr nicht von der Substanz ihrer Gegenständlichkeit ausgeht, sondern von der in ihr enthaltenen »elektronischen Intelligenz«[366]. Diese ersetzt in vielen Fällen die Mechanik früherer Jahre, die unbestritten Produkteigenschaft hat. Sie geht aber teilweise weit über diese Mechanik hinaus. Es ist auch ökonomisch nicht vertretbar, eine technisch verbesserte, das Risiko für die Nutzer aber verstärkende Technologie aus dem gerade wegen der zunehmenden Risiken der industriellen Produktion verabschiedeten Produkthaftung auszuklam-

---

[363] *Frietsch*, in: *Taschner/Frietsch*, Produkthaftung, 1990, §2 ProdHaftG RN 23; *Lehmann*, BB 1993, S.1603(1606); *Reese*, DStR 1994, S.1121(1124f.).

[364] Ebenso *Kilian*, CR 1991, S.73(78). Siehe auch *Kilian*, Datenverarbeitungsprogramme als Gegenstand des Rechtsverkehrs, in: *Weyers* (Hrsg.), Datenverarbeitungsprogramme als Gegenstand des Rechtsverkehrs, 1992, S.77(105), und *ders.*, EEC Products Liability Directive and Medical Expert Systems, in: *Kaspersen/Oskamp* (Hrsg.), Amongst Friends in Computers and Law – A Collection of Essays in Remembrance of *Vandenberghe*, 1990, S.93.

[365] *Kilian*, CR 1991, S.73(78).

[366] *Frietsch*, in: *Taschner/Frietsch*, Produkthaftung, 1990, §2 ProdHaftG RN 22.

mern, nur weil die in ihm verwendeten Rechtsbegriffe aus einer überkommenen Rechtstradition entlehnt sind, in der an die technologischen Risiken der Gegenwart nicht zu denken war.

Aufgrund dieser grundsätzlichen Erwägungen ist Software in Übereinstimmung mit der überwiegenden Literatur selbst dann als Produkt im Sinne des Produkthaftungsrechts anzusehen, wenn entgegen der hier vertretenen Auffassung Computerprogramme nicht als Sachen im Sinne des § 90 BGB angesehen werden und auch nicht in ein anderes Produkt integriert sind[367].

Auch im internationalen Kontext wird ein Computerprogramm wie eine Sache behandelt und das Produkthaftungsrecht darauf angewandt. In den USA, wo 50% des Weltmarktumsatzes bei EDV-Produkten anfallen[368], wird Software als »good« im Sinne von § 2–105 (1) des Uniform Commercial Code (UCC) angesehen[369], so daß Haftungsansprüche aus §§ 2–314 UCC geltend gemacht werden können[370]. Auch die US-Rechtsprechung der letzten Jahre hat weitgehend davon Abstand genommen, Softwareüberlassung als ›Dienstleistung‹ (service) anzusehen. Sie betrachtet Computerprogramme trotz eines ›hybriden Charakters‹ weitgehend als ›good‹ im (weiten) Sinne des UCC[371], auf das die Regeln der Produkthaftung (strict products liability) angewendet werden[372].

---

[367] Ebenso zumindest bei Standardanwendungsprogrammen *Kilian*, Liability for Deficient Medical Expert Systems, in: *Savory* (Hrsg.), Expertensysteme: Nutzen für Ihr Unternehmen, 1989, S. 393(401): »Packaged software is placed on the market like an industrial good. ... I favour the approach of the German Federal Civil Court [BGH NJW 1988, 406; BGH DB 1985, 2603 ...], which held that by analogy the legal provisions about movables should apply to packaged software as they could be treated like ›movables‹ and constitute potential ›products‹ in the sense of the German and European product liability law.«

[368] *Müglich*, CR 1991, S. 648(649).

[369] *Müglich*, CR 1991, S. 648(651). Siehe auch *Rodau*, 35 Emory Law Journal 1986, S. 853(862); *Rice*, Rutgers Computer & Technology Law Journal 1992, S. 499; *Smith*, Willamette law review 1988, S. 743(751 ff.); *Bothe/Kilian*, Rechtsfragen grenzüberschreitender Datenflüsse, 1992, S. 370f.; *Diedrich*, RIW 1993, S. 441(450); *Endler/Daub*, CR 1993, S. 601(604).

[370] Siehe etwa Triangle Underwriters, Inc. v. Honeywell, Inc. 457 F. Supp. 765 (E.D.N.Y. 1978).

[371] Siehe nur die älteren Leitentscheidungen Clements Auto Co. v. Service Bureau Corp., 298 F.Supp. 115 (D.Minn 1969), modified, 444 F.2d 169 (8th.Cir. 1971), und Triangle Underwriters, Inc. v. Honeywell, Inc. 457 F. Supp. 765 (E.D.N.Y. 1978), sowie die jüngeren Entscheidungen Stenograph Corp. v. MicroCAT Corp., 1990 WL 146754; Systems Design & Management Information, Inc. v. Kansas City Post Office Employees Credit Union, 788 P.2d 878 (1990); Advent Systems Ltd. v. Unisys Corp., 925 F.2d 670 (1991) = CR 1993, 80; Arlington Electrical Construction v. Schindler Elevator Corp., 1992 Ohio App. LEXIS 953; Colonial Life Ins. v. Electronic Data Systems, 817 F.Supp. 235 (1993); anders dagegen aber noch Computer Servicenters v. Beacon Man. Co., vom 9. 12. 1979, 328 F.Supp. 653; Data Processing Services v. L.H. Smith Oil, vom 28. 4. 1986, 1 UCC RepServ2d 29; Micro-Managers, Inc. v. Gregory, vom 10. 11. 1988, 434 N.W.2d 97; vgl. dazu auch *Westerdijk*, Produktenaansprakelijkheid voor software, 1995, S. 126ff.

[372] Siehe etwa *Enborg/Treadway*, Journal of Urban Law 1975, S. 279; *Prince*, Oklahoma Law Review 33(1980), S. 848; *Brannigan/Dayhoff*, American Journal of Law & Medicine 1981, S. 123; *Gemignani*, Rutgers Computer and Technology Law Journal 1981/8, S. 173; *Hall*, Computer/Law Journal 1983, S. 373; *Lanoue*, San Diego Law Review 20(1983)2, S. 439; *Abbott*, Pro-

6. Die Ausnahmen von der Produkteigenschaft

Die Einbeziehung von Computerprogrammen in den Anwendungsbereich des Produkthaftungsgesetzes stößt also trotz erheblicher Unterschiede bei der dogmatischen Begründung grundsätzlich nicht (mehr) auf Widerspruch. Allerdings ist die Ansicht verbreitet, daß nicht jede Art von Software als Produkt im Sinne des Produkthaftungsgesetzes angesehen werden kann. In der rechtswissenschaftlichen Literatur wird die Auffassung vertreten, daß ein Computerprogramm nur dann ein ›Produkt‹ sein könne, wenn die Überlassung oder die Inverkehrgabe dieses Wirtschaftsguts auf einem körperlichen Gegenstand als Transportmittel erfolgt.

Andere Bedenken beziehen sich auf die Anerkennung der Individualanwendungsprogramme als Produkt im Sinne des Produkthaftungsgesetzes, weil angenommen wird, das Gesetz erfasse nur die massenhaft und industriell hergestellten Güter, nicht aber die aufgrund eines Werkvertrags hergestellten Einzelstükke. Die nachfolgenden Kapitel befassen sich näher mit diesen Bedenken.

a) Differenzierung zwischen trägergebundenen und online übertragenen Computerprogrammen

Bisher ist bei der Betrachtung der Produkteigenschaft von dem Regelfall ausgegangen worden, daß Computerprogramme auf einem Datenträger überlassen werden. Derartige Computerprogramme sind mit der Folge als ›Produkt‹ im Sinne des Produkthaftungsgesetzes anzusehen, daß das Produkthaftungsgesetz auf sie grundsätzlich Anwendung findet. Dieser Auffassung wird in der rechtswissenschaftlichen Literatur zumindest im Ergebnis überwiegend geteilt. Teilweise wird allerdings die Ansicht vertreten, daß dies nur insoweit gelten könne, als das Computerprogramm beim Vorgang des ›Überlassens‹ auf einem Träger aufgebracht und damit zu diesem Zeitpunkt und zu dem Zweck der Übergabe »als Sache« verkörpert sein muß[373]. Bei einem Inverkehrbringen der Software durch eine »unkörperlichen« Programmüberlassung könne dagegen nicht von einem ›Produkt‹ gesprochen werden[374], so daß auch das Produkthaftungsgesetz nicht angewendet werden könne[375]. Auch derjenige, der das vom Hersteller angefertigte Programm mit Hilfe einer Kabelverbindung von der Festplatte

---

duct Liability International 1986, March, S. 38; *Cannataci*, AI & Society (1989)3, S. 169; *Zumbusch*, Anm. zu Advent v. Unisys, CR 1993, S. 84.

[373] Siehe etwa *Frietsch*, in: *Taschner/Frietsch*, Produkthaftung, 1990, § 2 ProdHaftG RN 22; *Bartsch*, CR 1989, S. 692(694); *Pott/Frieling*, ProdHaftG-Komm., 1992, S. 113.

[374] Vgl. *Zahrnt*, IuR 1986, S. 252(255f.); *Heussen*, GRUR 1987, 779(782); *Junker*, WM 1988, S. 1217 und 1249(1217); *Mehrings*, NJW 1988, S. 2438 (2439); *Lesshaft/Ulmer*, CR 1988, S. 813(815); *Bauer*, PHI 1989, S. 38 und 98(99f.); *Tellis*, BB 1990, S. 500(501); *Mincke*, jur-pc 1991, S. 932(933).

[375] So *Frietsch*, in: *Taschner/Frietsch*, Produkthaftung, 1990, § 2 ProdHaftG RN 22.

seines Rechners auf die Festplatte des Anwenders überspielt, übergebe keine bewegliche Sache, weil ja der Hersteller sein Produkt (Festplatte) nicht in den Verkehr gebracht, sondern behalten und auch keine Kopie übergeben habe[376]. Wenn ergänzend noch darauf hingewiesen wird, daß »die Festplatte des Anwenders ... trotz des überspielten Programms keine vom Software-Hersteller in den Verkehr gebrachte Sache (ist), weil sich die Platte schon vor Überspielen des Programms im Besitz des Anwenders befand«, bleibt nur noch festzustellen, daß an den sachlichen und rechtlichen Problemen vorbeiargumentiert wird[377]. Weder Hersteller noch Anwender würden in der Praxis auf den Gedanken kommen, daß die Inverkehrgabe ihrer jeweilige Festplatte der Anknüpfungspunkt für die Sacheigenschaft des gelieferten Computerprogramms nach dem Produkthaftungsgesetz sein könnte. Auch schuld- und sachenrechtlich kann diese Ansicht keine Unterstützung finden.

Aus dieser Ansicht, daß nur solche Computerprogramme ein Produkt im Sinne des Produkthaftungsgesetzes seien, die auf einem Datenträger, also auf Disketten, auf Magnetbändern, auf CD-ROM oder auf Festplatten, übergeben werden, hat zur Folge, daß derjenige, der ein Computerprogramm in traditioneller Weise auf Datenträgern überläßt, mit der Haftung nach dem Produkthaftungsgesetz rechnen muß, wenn Schäden aufgrund eines Programmfehlers auftreten. Weil das Produkthaftungsgesetz nicht zur Anwendung käme, wäre demgegenüber derjenige haftungsrechtlich privilegiert, der die neuen technischen Möglichkeiten der Telekommunikation nicht nur für die Übersendung elektronischer Informationen, sondern auch für die digitale und für dieses Produkt naheliegende elektronische Überlassung von Computerprogrammen nutzt, um wirtschaftlicher agieren zu können und das gleiche Computerprogramm ›unkörperlich‹ übergibt. Die Rechtsprobleme würden weiter zunehmen, wenn ein Computerprogramm vor der erstmaligen Nutzung auf der Datenverarbeitungsanlage des Anwenders unter Zuhilfenahme von Datenträgern installiert würde, das Updating, Programmänderungen oder Fehlerbereinigungen bei Wartungsmaßnahmen aber online über Datenfernübertragungseinrichtungen vorgenommen würden.

Es ist anzunehmen, daß sich bei den zu erwartenden Haftungsfällen derartige Probleme zwar kaum ergeben werden, weil die fehlerhaften Computerprogramme, die zu einem Schaden führen, in einen körperlichen Gegenstand integriert sind und gemeinsam mit der komplexen Sache überlassen werden, oder auf einem Datenträger oder in anderer ›verkörperter Form‹ überlassen werden. Da die technische Entwicklung aber offensichtlich dahin geht, Computerprogramme auch ›unkörperlich‹ zu übermitteln und zu übergeben, dürfte diese Frage nicht nur von theoretischem akademischen Interesse sein, sondern die

[376] So *Pott/Frieling*, ProdHaftG-Komm., 1992, S. 115.
[377] *Pott/Frieling*, ProdHaftG-Komm., 1992, S. 115.

Grundfrage des Rechtscharakters von Software berühren. Daher sei auf die damit verbundene Frage näher eingegangen.

Derzeit werden nicht-integrierte Computerprogramme regelmäßig noch auf einem Datenträger überlassen. Es ist auch denkbar, daß Programme auf einer portablen Harddisk gespeichert und mit dieser Harddisk überlassen werden. Diese Harddisk braucht nur noch in den vorbereiteten Schacht eines Personalcomputers gesteckt zu werden, um das Programm sofort aufrufen oder von dort auf einen (anderen) internen Speicher installieren zu können. Bei Workstations und zunehmend auch bei Personal Computern ist es heute bereits üblich, die Betriebssystemsoftware und Anwendungsprogramme wegen des erheblichen Speicherbedarfs der jeweiligen Programme ausschließlich auf CD-ROM als Datenträger zu liefern und über ein an den Rechner angeschlossenes oder in ihn integriertes CD-ROM-Laufwerk zu installieren. Technisch betrachtet haben wir es bei dem (fehlerfreien) Kopieren eines auf einem Datenträger gelieferten Programms auf einen Datenträger im Zielrechner mit der Herstellung eines identischen Programms zu tun, das nach Abschluß des elektronischen Kopiervorgangs sowohl auf dem Quell-, als auch auf dem Zielträger existiert.

In allen genannten Fällen erfolgt die Übergabe der Software datenträgergebunden. Die Software ist stets auf einem als Sache zu qualifizierenden Träger materialisiert und verkörpert. Die Übergabe kann neben diesen für die jeweiligen Geräteklassen üblichen Verfahren aber auch mit anderen Methoden als über Datenträger vorgenommen werden. Die Kopie des überlassenen Programms auf dem eigenen Rechner bzw. die Installation eines Computerprogramms kann auf anderem Wege als durch Übergabe eines Datenträgers mit dem Programm erreicht werden[378]. So ist es möglich, ein Computerprogramm über Datenleitungen in den Rechner zu kopieren. Das kann von Rechner zu Rechner vor Ort über eine Kabelverbindung geschehen. Diese Kabelverbindung kann aber auch zwischen entfernt liegenden Orten hergestellt werden, indem Telekommunikationsnetze wie das Fernsprechnetz oder ein Datennetz genutzt werden[379]. Schließlich ist es denkbar, daß ein Nutzer als ›Client‹ eine Datenverbindung zwischen seinem Rechner und einem ›Host‹ beispielsweise eines Mailbox-Anbieters oder eines Bildschirmtextanbieters herstellt und dort gespeicherte Anwendungsprogramme auf seinen Rechner kopiert[380]. Im professionellen Bereich bauen Softwarehäuser zu ihren Kunden, mit denen sie durch einen gemischten Vertrag zur Erstellung und Wartung von Software ver-

---

[378] Vgl. auch *F.A. Koch/Schnupp*, Software-Recht, 1991, S. 162.

[379] Vgl. *Marly*, Softwareüberlassungsverträge, 1991, Rdn. 84 m.w. N.; *Hoeren*, Softwareüberlassung als Sachkauf, 1989, Rdn. 346ff.

[380] Zahlreiche juristische Anwendungsprogramme sind beispielsweise in der jur-pc-Mailbox (0611/33061 oder 0611/562047) als public domain-Software, als shareware oder freeware gespeichert und können von dort kopiert werden.

traglich verbunden sind, eine online-Verbindung auf, um jederzeit auf dem Kundenrechner Fehleranalysen und Wartungsarbeiten durchführen, aber auch neue Programmodule oder ein neues ›Release‹ installieren zu können. Neuerdings ist es möglich, Daten und Programme auch kabellos über Satelliten zu übertragen[381], so daß zwischen Quellrechner und Zielrechner weder über Datenträgeraustausch noch über Kabelnetze eine Verbindung hergestellt wird und von einer Programm›verkörperung‹ für den Transport nicht mehr gesprochen werden kann.

Diese Beispiele zeigen, daß zur Übergabe und vertraglichen Leistungserfüllung keine Verkörperung der Software auf einem Datenträger erforderlich ist. Die Computerprogramme werden elektronisch über eine Kabelverbindung unmittelbar in den Rechner des Nutzers übertragen. Sie verdeutlichen, daß es bei der Prüfung der Produktqualität von Computersoftware nicht auf die Übergabeform ankommen kann. Es ist unbeachtlich, welcher technischer Möglichkeiten sich Überlasser und Anwender bedienen, um die Nutzung eines in den Verkehr gebrachten Computerprogramms zu ermöglichen[382]. Die datenträgerlose Übertragung eines genau zu bestimmenden und abgrenzbaren Computerprogramms ist als moderne technische Übergabeform als Teil des dinglichen Erfüllungsgeschäftes anzusehen, das die grundsätzliche schuldrechtliche Einordnung des Überlassungsvertrags nicht berührt[383]. Es ist auf den Endzweck abzustellen, der immer darin liegt, ein bestimmtes lauffähiges Programm zur Verfügung zu stellen, das auf einem Rechner des Nutzer implementiert sein muß und von dort gestartet wird.

Die Entwicklung der Datenverarbeitungstechnik macht es erforderlich, bei der Eigentumsübertragung (§ 929 BGB) die strengen *Formanforderungen* an die Übergabe des konkretisierten Computerprogramms zu lockern, nach de-

---

[381] In dem der Entscheidung *BAG* NJW 1983, 2338 (Texaco) zugrundeliegenden Sachverhalt ging es um die Mitbestimmung bei der transkontinentalen Übermittlung von Arbeitnehmerdaten via Satellit. Schon zu Beginn der 80er Jahre war es demnach privatrechtlichen Stellen bereits möglich, Daten – und damit prinzipiell auch Programme – datenträgerlos und kabellos zu übermitteln. Vgl. auch *Ruppelt*, Die Überlassung von Computerprogrammen, 1990, S. 18.

[382] Ebenso *Marly*, Softwareüberlassungsverträge, 1991, Rdn. 86 unter Hinweis auf *BGH* NJW 1990, 320(321) = *BGHZ* 109, 97 (Abzahlungskauf); *Diedrich*, RIW 1993, S. 441(449); *Heymann*, CR 1990, S. 176(177), der auf »die parallele wirtschaftliche Interessenlage« hinweist. Siehe auch *Kort*, DB 1994, S. 1505(1507); *H. Koch*, RDV 1991, S. 105, und *Bothe/Kilian*, Rechtsfragen grenzüberschreitender Datenflüsse, 1992, S. 366(374), die zu Recht anmerken, »daß es künstlich anmutet, wenn man für die Haftung des Herstellers auf die Technik von Speicherung und Übermittlung abstellt«. Obwohl zu berücksichtigen ist, daß Ausgangspunkt aller Überlegungen bei *Bothe/Kilian* »grenzüberschreitende *Datenflüsse*« sind, ist es doch zumindest mißverständlich, wenn ›Information‹ und ›Computerprogramm‹ offensichtlich zumindest partiell gleichgesetzt werden (*Bothe/Kilian:* «Informationen, insbesondere Computerprogramme«, S. 372) und die Auffassung vertreten wird, »daß der *Informationsgehalt* der Software ... den Schwerpunkt des Erzeugnisses darstellt« (S. 374).

[383] Ähnlich auch *Diedrich*, RIW 1993, S. 441(449).

nen ein körperlicher Gegenstand gewissermaßen von ›einer Hand in die andere Hand‹ übergeben werden muß, wenn sich die Sache nicht bereits im Besitz des Käufers befindet[384]. Die Digitalisierung von Wirtschaftsgütern (Computerprogramme, Meßdaten, Texte, stehende und bewegte Bilder, Grafiken, Sprache und Musik) ermöglicht nun die Übergabe in elektronischer Form. Da der Gesetzeszweck darin liegt, die Eigentumsübertragung davon abhängig zu machen, daß der Käufer die vollständige Herrschaft über das erworbene Gut erlangt, kann auch bei der körperlosen ›Übergabe‹ festgestellt werden, ob der zur Nutzung berechtigte Erwerber des Programms das erworbene Programm in der vertraglich vereinbarten Weise selbst nutzen kann. Ist dies der Fall, so ist bezogen auf das vertragsgegenständliche Stück eines Computerprogrmms die Eigentumsübertragung wirksam erfolgt.

Bezogen auf Computerprogramme läßt sich festhalten: Entscheidend für eine Eigentumsübertragung i. S. von § 929 BGB ist, ob das Programm aufgrund einer schuldrechtlichen Verpflichtung entäußert worden ist und sich die Vertragspartner darüber einig sind, daß der Programmerwerber das überlassene Computerprogramm nutzen und beherrschen kann. Auch die elektronisch über Kabel, über drahtgebundene oder drahtlose Telekommunikationsnetze überlassene Software ist, zumindest im kaufrechtlichen Sinn, eine bewegliche Sache[385], an der auch Eigentum erworben werden kann[386]. Sie ist damit auch Produkt im Sinne des Produkthaftungsgesetzes.

Aber selbst dann, wenn die Sacheigenschaft insbesondere der trägerlos überlassenen Software abgelehnt wird, ist nach dem Gesetzeszweck darauf abzustellen, daß der Software-Anbieter mit der Übergabe eines unsicheren Programms eine Gefahrenquelle beim Kunden eröffnet[387]. Produkthaftungsrechtlich ist es unerheblich, ob das fehlerhafte Programm auf einem vom Hersteller übergebenen Datenträger verkörpert war und dann in dem System des Anwenders instal-

---

[384] Es sei klargestellt, daß es hier nicht um die Übertragung des Urheberrechts geht, das wegen § 29 Abs. 2 UrhG gar nicht übertragen werden kann. Überlassen wird bei Standardanwendungsprogrammen aus der Gattung einer bestimmten Software ein konkretisiertes Stück, das auch nach einer elektronischen Übertragung klar bestimmt und beherrschbar ist.

[385] Ebenso *OLG Stuttgart* NJW 1989, 2635(2636) – (Teilzahlung); *König*, NJW 1989, S. 2604; *ders.*, Computerprogramm, 1991, S. 88; *Martinek*, Moderne Vertragstypen, Bd. 3, 1993, S. 15f. Siehe auch *Roth*, Office Management 1994/1–2, S. 48(49); *Diederich*, RIW 1993, S. 442(449): »... ist im Anschluß an die Entscheidung des *BGH* die richtige Meinung am Vordringen, eine datenträgerlose Übertragung der Software lediglich als moderne technische Übertragungsform und Teil des abstrakten Erfüllungsgeschäfts zu sehen, das die grundsätzliche schuldrechtliche Einordnung des Softwareüberlassungsvertrags nicht mehr berührt.«. Ausführlich in diesem Sinne auch *Malzer*, Softwarevertrag, 1991, S. 89ff., der im einzelnen den Vorgang der dinglichen Übereignung nach § 929 BGB bei der trägerlosen Übermittlung überzeugend begründet. *Bartsch*, Anmerkung zu *OLG Stuttgart*, CR 1989, S. 694, der die Sacheigenschaft ›unkörperlich‹ überlassener Software ablehnt und damit bei der in dieser Form erfolgten dauerhaften Überlassung von Software Kaufvertragsrecht nicht unmittelbar anwenden will, kommt dennoch zu dem Ergebnis, daß in diesen Fällen wegen der letztlich vergleichbaren Ergebnisse der technisch unterschiedlichen Überlassungsformen Kaufrecht jedenfalls analog

liert wurde, oder ob entsprechend der vertraglichen Übereinkunft das Computerprogramm elektronisch direkt im Zielrechner des Anwenders installiert wurde. Es ist für die Anwendbarkeit des Produkthaftungsgesetzes nicht erforderlich, daß der Programmhersteller bereits in seinem eigenen Herstellungsbereich das Programm auf einem Datenträger aufbringt.

Im übrigen kann bei der Feststellung der Produkteigenschaft eines Gutes die Frage der gewählten Vertragsform bei der Überlassung und der Erfüllung nicht von Belang sein. Ob und in welcher Weise das Wirtschaftsgut überlassen und übergeben wird, ist für die Qualifizierung als Produkt im produkthaftungsrechtlichen Sinn ohne Bedeutung. Wie mit dem Produkt im Sinne von § 1 Abs. 1 ProdHaftG nach der Herstellung verfahren wird, ist außer bei der Frage nach der Herstellereigenschaft nur bei der Prüfung des Tatbestandsmerkmals entscheidend, ob das Produkt nach § 1 Abs. 2 ProdHaftG in den Verkehr gebracht wurde. Die Art der Inverkehrgabe eines Wirtschaftsguts ist für die Feststellung der Produkteigenschaft bedeutungslos. Das Installieren ist jedenfalls auch ohne Zuhilfenahme eines Datenträgers als Transportmedium eine Inverkehrgabe und stellt mit der entsprechenden Willensübereinstimmung, daß der Kunde an *diesem* Computerprogramm als von ihm beherrschbares konkretisiertes Wirtschaftsgut Eigentum erlangen soll, eine Übereignung dar. Jedes andere Ergebnis würde im übrigen auch dazu führen, daß den Herstellern von Computerprogrammen mit der körperlosen Übergabe eine Flucht aus der Produkthaftung möglich wäre[388].

b) Differenzierung zwischen Standard- und Individualanwendungsprogrammen

In der Literatur zur Produkthaftung wird die Frage diskutiert, ob sich die Produkthaftung nur auf industriell oder auch auf handwerklich gefertigte Sachen bezieht[389]. Es kann daher nicht verwundern, auch in der Diskussion über die

---

Anwendung finden müsse. A.A. auch *Kilian*, Datenverarbeitungsprogramme als Gegenstand des Rechtsverkehrs, in: *Weyers* (Hrsg.), Datenverarbeitungsprogramme als Gegenstand des Rechtsverkehrs, 1992, S. 77(95).

[386] Zuletzt ebenso *Kort*, DB 1994, S. 1505(1507).

[387] *F.A. Koch/Schnupp*, Software-Recht, 1991, S. 162. Im Ergebnis ebenso *Meier/Wehlau*, CR 1990, S. 95(99); *Heymann*, CR 1990, S. 176(177); *Graf von Westphalen*, NJW-CoR 6/1993, S. 22(23), und *Dörner*, Jura 1993, S. 578(580f.), der »eine analoge Anwendung des ProdHaftG« annimmt, damit das verbraucherschutzrechtliche Anliegen des Gesetzes nicht nur lückenhaft verwirklicht wird.

[388] Vgl. *Triaille*, The computer law and security report 1993, S. 214(219).

[389] Für eine Beschränkung auf industriell gefertigte Gegenstände *Taschner*, NJW 1986, S. 611(613), und wohl auch *Junker*, WM 1988, S. 1217 und 1249, sowie ComHdB-*Heussen* Kap. 48 RdNr. 8; a.A. neben anderen *Hollmann*, DB 1985, S. 2389 und 2439(2390); *Welser*, Kommentar zum Produkthaftungsgesetz, 1988, Rz 1 zu § 4; *Frietsch*, in: *Taschner/Frietsch*, Produkthaftung, 1990, § 2 ProdHaftG RN 13ff.; *Deutsch*, NJW 1992, S. 73(76).

Anwendbarkeit des Produkthaftungsgesetzes auf Computerprogramme wieder auf diesen Meinungsstreit zu stoßen. So vertreten *Engel*[390], *Hoeren*[391], *Kort*[392], *Schneider*[393] und *Kullmann*[394] die Ansicht, daß die Haftung nach dem Produkthaftungsgesetz auf Fehler bei der Standardanwendungssoftware zu beschränken und bei der Individualanwendungssoftware die Anwendbarkeit des Produkthaftungsgesetzes zu verneinen sei, weil Individualanwendungsprogramme nicht industriell gefertigt werden und daher als die Ergebnisse handwerklicher Fertigung oder als Dienstleistungen nicht unter den Produktbegriff des Produkthaftungsgesetzes fallen[395]. Diese Ansicht überzeugt nicht. Sie übersieht nämlich, daß eine ursprünglich in der EG-Produkthaftungsrichtlinie vorgesehene Beschränkung auf industriell gefertigte Serienprodukte ausdrücklich wieder fallengelassen wurde[396].

Richtig ist, daß das Produkthaftungsgesetz keine Haftung für fehlerhafte Dienstleistungen vorsieht[397]. So sind beispielsweise Pflegeleistungen von der

---

[390] *Engel*, CR 1986, S. 702(705f.).

[391] *Hoeren*, PHI 1989, S. 138(142). Anders dagegen *ders.* in seiner Urteilsanmerkung zu *BGH* CR 1992, 604 (Hochzeitsessen = *BGHZ* 116, 104 = JZ 1993, 671 m. Anm. *Giesen*, S. 675), in der er erkennt, daß aufgrund dieser Entscheidung deutlich wird, daß »die Rechtsprechung zur Produzentenhaftung auch auf kleine Softwarehäuser und einzelne Entwickler von Individualsoftware anwendbar« sein dürfte (S. 606); siehe jetzt zum ProdHaftG auch *OLG Frankfurt* (1 U 31/94) vom 16. 2. 1995.

[392] *Kort*, CR 1990, S. 171(175).

[393] *Jochen Schneider*, Recht und Informations- und Kommunikationstechnik, in: *Bullinger* (Hrsg.), Handbuch des Informationsmanagements im Unternehmen, Band II, 1991, S. 1271 (1299f.).

[394] *Kullmann*, in: *Kullmann/Pfister*, Produzentenhaftung, Stand: 1994, Kza 3603/5.

[395] Zweifelnd auch *F.A. Koch/Schnupp*, CR 1989, S. 776, 893 und 975(899). In *Bothe/Kilian*, Rechtsfragen grenzüberschreitender Datenflüsse, 1992, scheint ebenfalls diese Ansicht vertreten zu werden (S. 374): »Lediglich dann, wenn es sich um ein Programm handelt, das nur für einen Anwender entwickelt wird und von dem in der Anwendung keine sicherheitstechnischen Risiken ausgehen, fehlt es am Funktionsmerkmal produktbezogener industrieller Fertigung«. Als »Dienstleistung« und nicht als »Produkt« werden Computerprogramme von *Borking*, Informatie 1987, S. 928, angesehen; a. A. zutreffend *Dommering-van Rongen*, NJB 1990, S. 1103 (1104). *Klaauw-Koops*, Aansprakelijkheid, 1992, S. 80(92), weist darauf hin, daß in den Fällen, in denen Software nicht als Produkt angesehen wird, die EG-Richtlinie über die Dienstleistungshaftung Anwendung findet, wenn der jetzt als Vorschlag vorliegende Text von der Kommission beschlossen wird. Nach der hier vertretenen Auffassung bezieht sich die Produkthaftung auf jede Software, so daß für eine Dienstleistungshaftung kein Raum ist. Sie wäre im Zusammenhang mit neuen elektronischen Technologien beispielsweise dann heranzuziehen, wenn aufgrund falscher oder unzureichender Auskünfte aus elektronischen Informationsdiensten ein Schaden eintritt.

[396] Ebenso *Lehmann*, BB 1993, S. 1603(1606).

[397] Vgl. *Junker*, WM 1988, S. 1217 und 1249–1255(1253); *Triaille*, The computer law and security report 1993, S. 214(217); *Welser*, Kommentar Produkthaftungsgesetz, 1988, Rz 3 zu § 4, der Software-Erstellung aber als Dienstleistung einordnet und das folgende Beispiel bemüht: »Da es sich um Dienstleistungen handelt, wird nicht gehaftet: bei der Explosion eines Personalcomputers wegen falscher Eingabe durch einen Programmierer«(!). Nachdenklich stimmt auch Rz 4 zu § 4: »... Mikrochips, Disketten und sonstige Software«. Daß für Dienstleistung

Produkthaftung nicht umfaßt[398]. Auch Auskunft, Beratung und Rat sind Dienstleistungen, die dann, wenn sie fehlerhaft sind, nicht zu einem Schadensersatzanspruch nach dem Produkthaftungsgesetz führen. Deshalb haftet auch das eine Dienstleistung erbringende Unternehmen nicht nach dem Produkthaftungsgesetz für eine fehlerhafte Beratung bei einem EDV-Anwender und für die zu Programmfehlern führenden Änderungen einer Software aufgrund eines Wartungsvertrags. Die Geschädigten sind auf vertragliche Schadensersatzansprüche oder quasivertragliche Schadensersatzansprüche aus culpa in contrahendo oder positiver Forderungsverletzung oder auf die deliktische Haftung zu verweisen. Sollte ein Gesetz zur Haftung für fehlerhafte Dienstleistungen in Kraft treten, weil eine derzeit in der Beratung befindliche Richtlinie eine solche Umsetzung fordert, so wäre in diesen Fällen de lege ferenda auch die verschuldensunabhängige Haftung für Dienstleistungen aus diesem die EG-Richtlinie umsetzenden Gesetz zu prüfen[399].

Es überzeugt nicht, das Produkthaftungsgesetz als nur im Fall eines mehrstufigen Absatzes von Massenprodukten anwenden zu wollen. Daß von einem ›hierarchischen und differenzierten Vertriebsnetz vom Hersteller über den Händler bis zum Endverbraucher‹ ausgegangen werden müsse, findet weder in der Richtlinie noch im Produkthaftungsgesetz eine Stütze. Auf die Verteilerkette kommt es ebensowenig an wie auf die Anonymität des Produktions- oder

---

nicht gehaftet wird, gilt entsprechend auch für die ›product liability‹ resp. ›strict liability‹, was für *Clarke*, Legal liabilities arising from knowledge-based technology, 1987, S. 8, und *ders.*, Legal aspects of knowledge-based technology, 1987, S. 6, Anlaß für den Hinweis ist, daß damit allenfalls in die Hardware integrierte Betriebssystemsoftware unter die strikte Haftung falle, nicht aber die seiner Meinung nach als Dienstleistung zu klassifizierende Individualanwendungssoftware. Immerhin sah *Clarke* bereits 1987 voraus, daß es sich hier um eine im Fluß befindliche Rechtsfrage handele, die sich zumal in einem case law-System sehr schnell ändern könne. In den USA kreiste die frühe Diskussion über Anwendung der strict liability-Doktrin auf Softwarefehler insbesondere um die Frage, ob Software *product* oder *service* ist, vgl. nur *Hall*, Computer/Law Journal 1983, S. 373(375ff.) m.w.N. Sie ist zugunsten von ›product‹ bzw. ›good‹ entschieden, siehe dazu die Nachweise oben in Fn. 370f.

[398] *F.A. Koch/Schnupp*, Software-Recht, 1991, S. 164.

[399] Vgl. zur Haftung aufgrund fehlerhafter Dienstleistungen den Kommissionsvorschlag vom 9. 11. 1990 (ABl. EG C 12/8 vom 18. 1. 1991) der eine »Richtlinie des Rates zur Haftung bei Dienstleistungen« mit einer Haftung für vermutetes Verschulden vorschlägt: Art. 1 Abs. 1 und 2: »Der Dienstleistende haftet für den Schaden, der durch sein Verschulden bei Erbringung der Dienstleistung an Gesundheit und körperlicher Unversehrheit der Personen sowie an der Unversehrtheit beweglicher und unbeweglicher Sachen, einschließlich solcher, die Gegenstand der Dienstleistung sind, verursacht worden ist. Es obliegt dem Dienstleistenden, sein Nichtverschulden zu beweisen.« Als Dienstleistung wird in Art. 2 jede im Rahmen einer gewerblichen Tätigkeit oder eines öffentlichen Dienstes in unabhängiger Weise erbrachte entgeltliche oder unentgeltliche Leistung definiert, die *nicht unmittelbar und ausschließlich die Herstellung von Gütern oder die Übertragung dinglicher Rechte oder von Urheberrechten zum Gegenstand* hat. Siehe die Begründung für den Richtlinienvorschlag in BR-Drs. 63/91 vom 28. 1. 1991, S. 1, und BT-Drs. 12/180 vom 1. 3. 1991, S. 9ff., sowie die Entwurfserörterungen von: *Deutsch*, ZRP 1990, S. 454; *Skaupy*, BB 1991, S. 2021; *Kretschmer*, PHI 1991, S. 64; *Brüggemeier*, ZSR 1993, S. 419.

Distributionsvorgangs. Auch die Herstellungsart ist für die Qualifizierung als Produkt nicht entscheidend[400]. Das Produkthaftungsgesetz beschreibt in §2 Abs.1 ProdHaftG ein Produkt als jede bewegliche Sache, also nicht nur die industriell in größeren Mengen standardisiert und für viele und regelmäßig anfänglich unbestimmte Abnehmer. Das Produkthaftungsgesetz ist auch im Fall der Herstellung individueller und handwerklich auf Bestellung gefertigter Produkte, auf Sonderanfertigungen und Auftragsfertigungen, auf Massenprodukte und auf Einzelstücke anwendbar. So hat es auch der Rechtsausschuß des Deutschen Bundestages bei den Beratungen zum Produkthaftungsgesetz gesehen und einvernehmlich erklärt, daß alle Produkte unabhängig von ihrer jeweiligen Herstellungsart der Produkthaftung unterfallen[401]. Eine Initiative Bayerns, die Haftung nicht auf handwerksmäßig hergestellte Sachen zu erstrekken, hatte im Gesetzgebungsverfahren keinen Erfolg, da sich der Bundesrat dem bayerischen Begehren nicht anschloß[402].

Da auch individuell für die Bedürfnisse eines einzelnen Kunden gefertigte Einzelstücke als Produkt im Sinne von §2 ProdHaftG anzusehen sind, muß eine Haftung nach dem Produkthaftungsgesetz daher auch bei solchen Schäden in Betracht gezogen werden, die aufgrund einer fehlerhaften *Individual*anwendungssoftware entstehen. Die Differenzierung zwischen Individualanwendungsprogrammen und Standardanwendungsprogrammen ist aus Sicht des Produkthaftungsrechts ohne Bedeutung[403].

---

[400] So *Frietsch*, in: *Taschner/Frietsch*, Produkthaftung, 1990, §2 ProdHaftG RN 13; *Deutsch*, Produkt- und Arzneimittelhaftung im Gentechnikrecht, in: *Pfister/ Will* (Hrsg.), Festschrift für *Lorenz* 1991, S.65(69). Siehe jetzt auch *OLG Frankfurt* vom 16. 2. 1995 (1 U 31/94) –Produkthaftung für im Restaurant hergestellte, mit Hepatitisviren infizierte Speise.

[401] BT-Drs. 11/5520, S.12.

[402] Siehe zum erfolglosen Antrag Bayerns BR-Drs. 101/2/88. Auch ein erster Richtlinienentwurf hatte in Art.1 Abs.3 eine Ausnahmeregelung u.a. für handwerkliche Erzeugnisse vorgesehen; siehe dazu *Rolland*, Produkthaftungsrecht, 1990, §2 Rdnr.3f., und *Frietsch*, in: *Taschner/ Frietsch*, Produkthaftung, 1990, §2 ProdHaftG RN 11ff.

[403] Ebenso *Rolland*, Produkthaftungsrecht, 1990, §2 Rdnr.19; *Heymann*, CR 1990, S.176 (177); *Dommering-van Rongen*, NJB 1990, S. 1103(1104); *Hoppmann*, RDV 1992, S.209(213); *Pott/Frieling*, ProdHaftG-Komm., 1992, S.113; *Rothe*, CR 1993, S.310(312); *Triaille*, The computer law and security report 1993, S.214(217); *Reese*, DStR 1994, S.1121(1125); *Westerdijk*, Produktenaansprakelijkheid voor Software, 1995, S. 186ff., 276f.; *Jäschke*, Wirtschaftsrecht 1993, S.53(53), der allerdings irritierend von der »Anwendersoftware« spricht, wenn offensichtlich Individualanwendungsprogramme gemeint sind. Auch im Steuerrecht ist die Unterscheidung inzwischen aufgegeben worden; siehe dazu *Junker*, WM 1988, S.1217 und 1249 (FN 156); *Graf von Westphalen*, NJW-CoR 6/1993, S.22(23).

7. Zwischenergebnis

Ein Computerprogramm ist in jeder Form, integriert in ein elektronisches Bauteil oder isoliert, als Standardanwendungsprogramm oder als Individualanwendungsprogramm, auf einem Datenträger übergeben oder online übermittelt, ein Produkt im Sinne des Produkthaftungsgesetzes[404]. Ein Inverkehrbringen des Produkts ist bereits im Verhältnis Teilehersteller – Hersteller des Endprodukts anzunehmen[405].

[404] Ebenso *Kort*, DB 1994, S. 1505(1507); *Heymann*, CR 1990, S. 176(176); *Scheller*, in: *Kretschmer* et al., Produkthaftung in der Unternehmenspraxis, 1992, Rdnrn. 213ff.; *Roth*, Office Management 1994/1–2, S. 48(49).

[405] Vgl. *Rolland*, Produkthaftungsrecht, 1990, § 1 Rdnr. 95 ProdHaftG und § 2 Rdnr. 95 ProdHaftG.

Viertes Kapitel

Der juristische Fehlerbegriff bei Computerprogrammen

1. Der Fehlerbegriff des Produkthaftungsgesetzes

Die Haftung eines Herstellers für einen von seinem Produkt hervorgerufenen Schaden setzt nach § 1 ProdHaftG voraus, daß der Schaden »durch den Fehler eines Produkts« entstanden ist. Der Fehlerbegriff stand von Beginn der Diskussion über eine Produkthaftung im Mittelpunkt produkthaftungsrechtlicher Erörterungen[406].

Nach § 3 ProdHaftG ist ein Produkt fehlerhaft, wenn es die Sicherheitserwartungen der Allgemeinheit enttäuscht. Das ist nach der Legaldefinition der Fall, »wenn es nicht die Sicherheit bietet, die unter Berücksichtigung aller Umstände, insbesondere

a) seiner Darbietung,

b) des Gebrauchs, mit dem billigerweise gerechnet werden kann,

c) des Zeitpunkts, in dem es in den Verkehr gebracht wurde, berechtigterweise erwartet werden kann«.

Diese Definition geht auf Art. 6 Abs. 1 PHRl zurück[407]. Dort heißt es nahezu wortgleich mit § 3 des deutschen Transformationsgesetzes, daß ein Produkt dann fehlerhaft ist, »wenn es nicht die Sicherheit bietet, die *man unter Berücksichtigung aller Umstände ... zu erwarten berechtigt ist*«. Die Unterschiede in der Formulierung – einmal wird im Aktiv, einmal im Passiv formuliert – haben keine materielle Bedeutung[408]. Die Sicherheitserwartungen, die an ein Pro-

---

[406] Vgl. bereits *von Hülsen*, RIW 1977, S. 373; *dens.*, RIW 1981, S. 1; *Lukes*, Reform der Produkthaftung, 1979, S. 249ff.; *Hollmann*, DB 1985, S. 2389 und 2439 (2389); *Schmidt-Salzer*, BB 1986, S. 1103(1108ff.); *Giesen*, JZ 1989, S. 517(523); *Frietsch*, DB 1990, S. 29 m.w.N. in Anm. 62. Siehe zu Fehlern von Computerprogrammen aus gewährleistungsrechtlicher Sicht *H. Redeker*, CR 1993, S. 193(195ff.), und aus der Sicht des Informatikers *Gorny*, CR 1986, S. 673.

[407] Vgl. zu den frühen rechtspolitischen Diskussionen über den Fehlerbegriff der Produkthaftungsrichtlinie und des Produkthaftungsgesetzes *Frietsch*, in: *Taschner/Frietsch*, Produkthaftung, 1990, § 3 ProdHaftG RN 2ff., und – in Bezug auf die Sicherheitserwartungen – *Rolland*, Produkthaftungsrecht, 1990, § 3 ProdHaftG, Rdnr. 13. Zu Zweifeln an einer einheitlichen gemeinschaftskonformen Auslegung des Fehlerbegriffs der EG-Richtlinie *Lorenz*, ZHR 151(1987), S. 1(7); *Giesen*, JZ 1989, S. 517 (523); *Freyer*, EuZW 1991, S. 49(49); *Fichna*, RIW 1988, S. 887(891).

[408] Vgl. auch § 5 österreichische PHG, das sich nahezu wörtlich an die EG-Richtlinie hält

dukt sowohl nach der EG-Richtlinie als auch nach dem Produkthaftungsgesetz zu stellen sind, decken sich inhaltlich. Die Abweichung des Produkthaftungsgesetzes von der deutschen Übersetzung der EG-Richtlinie beruht allein auf einer redaktionellen Anpassung an den hier üblichen (haftungsrechtlichen) Sprachduktus[409].

Die Legaldefinition des »Fehlers« sowohl in der EG-Richtlinie als auch im deutschen Transformationsgesetz kann allerdings kaum unbestimmter formuliert sein. Das Tatbestandsmerkmal ist ein unbestimmter Rechtsbegriff, der – ähnlich wie die Merkmale »Treu und Glauben mit Rücksicht auf die Verkehrssitte« oder »die im Verkehr erforderliche Sorgfalt« einen offenen Tatbestand schafft, der eine den technischen Entwicklungen anpaßbare Auslegung ermöglicht. Dabei sind die Vorgaben des europäischen Produktsicherheitsrechts nicht bindend[410]. Wenn in Art. 2 lit. b der EG-Richtlinie über die allgemeine Produktsicherheit in Europa[411] als ›sicheres‹ Produkt jedes Produkt angesehen wird, »das bei normaler oder vernünftigerweise vorhersehbarer Verwendung, was auch die Gebrauchsdauer einschließt, keine oder nur geringe, für die Gesundheit und Sicherheit von Personen vertretbare Gefahren birgt«, so folgen aus dieser *sicherheitsrechtlichen* Erwartung an die Produktsicherheit keine Festlegungen für das *haftungsrechtliche* Sicherheitsniveau. Das haftungsrechtliche Sicherheitsniveau ist aus der EG-Produkthaftungsrichtlinie und den damit harmonisierenden Transformationsgesetzen heraus zu bestimmen.

Das Gesetz grenzt in § 3 Abs. 1 ProdHaftG den Fehlerbegriff zunächst nicht ein[412]. § 3 ProdHaftG gibt für die Auslegung des Fehlerbegriffs nur insofern

---

und ebenfalls eine Sicherheit verlangt, »die man unter Berücksichtigung aller Umstände zu erwarten berechtigt ist«.

[409] Vgl. *Schubert*, PHI 1989, S. 74.

[410] Ebenso *Joerges/Brüggemeier*, Europäisierung des Vertragsrechts und Haftungsrechts, in: *Müller-Graff* (Hrsg.), Gemeinsames Privatrecht in der Europäischen Gemeinschaft, 1993, S. 233(262).

[411] Richtlinie 92/59/EWG über die Allgemeine Produktsicherheit vom 29. Juni 1992 (ABl. EG 1992 L 228/24). Die Sicherheitsannahme eines Produkt definiert darüber hinaus Art. 4: »(1) Sind die Sicherheitsanforderungen an das Produkt nicht durch spezifische gemeinschaftliche Rechtsvorschriften geregelt, so gilt ein Produkt als sicher, wenn es mit dem Vertrag, insbesondere den Art. 30 und 36, in Einklang stehenden spezifischen Rechtsvorschriften des Mitgliedsstaates, in dessen Hoheitsgebiet sich das Produkt in Verkehr befindet, über die Gesundheits- und Sicherheitsanforderungen für das Inverkehrbringen dieses Produkts entspricht. (2) In Ermangelung einer spezifischen Vorschrift im Sinn von Absatz 1 wird die Übereinstimmung eines Produkts mit der allgemeinen Sicherheitsanforderung unter Berücksichtigung der innerstaatlichen unverbindlichen Normen, die eine europäische Norm umsetzen, etwaiger technischer Spezifikationen der Gemeinschaft oder andernfalls der Normen des Mitgliedstaates, in dem sich das Produkt im Verkehr befindet, der auf dem Gebiet der Gesundheit und der Sicherheit bestehenden Verhaltenskodizes des betreffenden Bereichs oder aber anhand des Standes der Kenntnisse und der Technik sowie der Sicherheit, welche die Verbraucher billigerweise erwarten dürfen, bewertet. (3) ...«

[412] Darauf weist der RegE des ProdHaftG in der Begründung, BT-Drs. 11/2447, S. 19, ausdrücklich hin.

eine Vorgabe, als er bei der Frage, welche Sicherheit berechtigterweise erwartet werden kann, darauf verweist, daß eine Antwort »alle Umstände berücksichtigen« müsse. § 3 Abs. 1 ProdHaftG nennt selbst einige *ergänzbare* Beispiele[413], an welche erwartungsbegründenden Umstände dabei gedacht werden müsse.

a) Die Darbietung des Produkts

Erwähnt wird zunächst die Relevanz der »Darbietung« eines Produkts. Danach ist für die Bestimmung eines Produktfehlers entscheidend, in welcher Form und mit welchem Inhalt das Produkt und seine – positiven wie möglicherweise negativen – Eigenschaften vom Hersteller (i.S. von § 4 ProdHaftG) angeboten und beschrieben wurden. Werbeaussagen einschließlich etwaiger Gütesiegel, Produktbeschreibungen – entweder auf Beipackzetteln oder auch auf dem Produkt selbst[414] – und (fehlenden) Gebrauchshinweisen sowie deutlich von den sonstigen Produktinformationen hervorzuhebenden Warnhinweisen kommt bei der Fehlerbestimmung eine mitentscheidende Bedeutung zu. Die Darbietung des Produkts trägt wesentlich dazu bei, daß sich die Nachfrager ein Urteil über die Gefährlichkeit des Produkts bilden können. Die Erwartungen an die Gründlichkeit und Aussagekraft der Produktbeschreibung hat das Erfahrungswissen der Nutzer zu berücksichtigen, das unter Umständen Warnungen auch überflüssig machen kann, wenn bei den zu erwartenden Nutzern die mit der Produktnutzung typischerweise verbundenen Risiken zum Erfahrungswissen gehören und sie ihm somit bereits bekannt sind[415].

Die Darbietung eines Computerprogramms geschieht durch Werbeaussagen, Programmbeschreibungen und durch die Gebrauchshinweise im Handbuch oder – wenn eine Datenausgabe über einen Bildschirm vorgesehen ist – durch die in das Programm integrierte Programmhilfe. Soweit zu dem Computerprogramm auch eine Programmdokumentation gehört, ist auch die in ihr enthaltene Darbietung zu berücksichtigen. Enthält die Darbietung eines Computerprogramms Aussagen darüber, wo und in welcher Weise das Computerprogramm eingesetzt werden kann, so entsteht die Erwartung, daß das Programm sicher ist, wenn der Einsatz unter den dargestellten Umständen erfolgt[416]. Wird das Programm also in einer den Gebrauchsanweisungen entsprechenden Weise eingesetzt, obwohl gerade dadurch ein Schaden eintritt, sind durch die Dar-

[413] Darauf, daß die Aufzählung nicht abschließend ist, weist das Wort »insbesondere« hin.

[414] Vgl. *OLG Karlsruhe*, VersR 1986, 46 (Motorsense); Palandt-*Thomas*, § 3 ProdHaftG Fn 5.

[415] Vgl. *BGH* NJW 1986, 1863 (Überrollbügel); *BGH* NJW 1987, 372(374) – (Verzinkungsspray); *BGHZ* 99, 167 = NJW 1987, 1009(1012) – (Honda).

[416] Allgemein dazu *Scheller*, in: *Kretschmer et al.*, Produkthaftung in der Unternehmenspraxis, 1992, Rdnrn. 231 ff.

bietungen des Computerprogramms die Sicherheitserwartungen enttäuscht. Die Software ist als fehlerhaft i.S. von § 3 Abs. 1 Nr. a ProdHaftG anzusehen[417].

Im Zusammenhang mit Computerprogrammen erhalten Sicherheitserwartungen auch eine Bedeutung, wenn der Nutzer Eingriffe in den Quellcode vornimmt und diese Veränderungen des Programms und seines Ablaufs schadensursächlich sind. Es kommt dabei entscheidend darauf an, ob dem Nutzer der Software die Möglichkeit des Eingriffs in den Quellcode rechtlich und technisch ermöglicht wird. Wird dem Anwender der Quellcode ausgeliefert, wozu der Hersteller eines Individualanwendungsprogramms stets verpflichtet ist, wenn vertraglich nicht das Gegenteil vereinbart wurde, so kann davon ausgegangen werden, daß der Anwender zur Veränderung des Quellcodes zur Programmwartung berechtigt ist[418]. Die Änderung des Quellcodes ist dann ein Gebrauch, mit dem billigerweise gerechnet werden kann. Dabei kann es auch zu Änderungen der Programmeigenschaften kommen, die zu Fehlfunktionen und dann zu Schäden führen können. Einer Haftung nach Produkthaftungsgesetz für die durch eine Programmänderung eintretenden Schäden kann der Hersteller dann entgehen, wenn er mit den Abänderungen nicht rechnen mußte oder bei Programmen, die in Risikobereichen eingesetzt werden, entsprechende Warnhinweise und in der Programmdokumentation hinreichend klare Anleitungen für die Änderung des Programms und die möglichen Auswirkungen der Programmänderung auf das Verhalten des Programms gibt.

Nicht ein vorhersehbarer Fehlgebrauch, sondern ein Mißbrauch könnte in einem Eingriff in den Quellcode dann gesehen werden, wenn bei Standardanwendungsprogrammen, die typischerweise ausschließlich im Objektcode überlas-

---

[417] Siehe auch *Triaille*, The computer law and security report 1993, S. 214(220).

[418] Der von *Marly*, Softwareüberlassungsverträge, München 1991, S. 443ff., vorgeschlagene Mustervertrag für die ›Überlassung‹ von Individualsoftware im kaufmännischen Geschäftsverkehr lautet folgendermaßen: »§ 7 Quellcodeübergabe und Weiterverwertung (1) Der Hersteller ist neben der Überlassung des ablauffähigen Programms einschließlich Benutzerdokumentation auch zur Überlassung des dem Programm entsprechenden Quellcodes in der dem Pflichtenheft zu entnehmenden höheren Programmiersprache verpflichtet. Enthält das Pflichtenheft diesbezüglich keine Bestimmung, ist eine gängige höhere Programmiersprache zu verwenden. Zum Quellcode zählt nicht nur der reine Programmcode, sondern auch eine diesen beschreibende und erläuternde Dokumentation, deren Mindestumfang so zu bemessen ist, daß nach angemessener Einarbeitungszeit ein Verständnis des Aufbaus und der Arbeitsweise des Programms ermöglicht wird. Die entsprechende Dokumentation kann teilweise im Quellcode (Kommentarzeilen) enthalten sein, darf sich jedoch nicht allein hierauf beschränken, sondern muß zumindest einen zusammenhängenden Gesamtüberblick in Schriftform umfassen. (2) Der Anwender darf die Software in jeder Form weiterentwickeln und beliebig verwerten, insbesondere an Dritte veräußern. Zu diesem Zweck überträgt der Hersteller dem Anwender für alle zur Zeit bekannten Nutzungsarten ein ausschließliches, übertragbares, unwiderrufliches und unbeschränktes Nutzungsrecht. (3) Der Hersteller ist nach vorheriger schriftlicher Zustimmung des Anwenders berechtigt, die Software oder einzelne, nicht nur unwesentliche Werkteile davon in veränderter oder unveränderter Form selbst zu benutzen oder an Dritte weiterzugeben. (...)«

sen werden, oder bei solchen Individualanwendungsprogrammen, die aufgrund entsprechender vertraglicher Vereinbarung ohne Quellcode abgeliefert werden, durch Rückübersetzung des überlassenen Programmcodes (Dekompilierung) oder durch eine andere Art der Rückerschließung der verschiedenen Herstellungsstufen des Computerprogramms (Reverse Engineering) Programmanalysen und -veränderungen vorgenommen werden, soweit sie im Lichte des Art. 6 der EG-Richtlinie über den Rechtsschutz von Computerprogrammen[419] und des daraufhin in das Urheberrechtsgesetz[420] eingefügten § 69 e UrhG unzulässig sind. Der technische Aufwand eines Reverse Engineering ist allerdings erheblich[421], so daß der Hersteller mit einem Eingriff in den Quellcode nicht von vornherein rechnen muß. Durch ein vertragliches Verbot wird der Hersteller das Reverse Engineering allerdings nicht verhindern können, da das neue Urheberrecht eine Programmanalyse ausdrücklich zuläßt, soweit dieses erforderlich ist, um Schnittstelleninformationen zu gewinnen[422]. Unabhängig von den Risiken, die dem Unternehmen bei einem Reverse Engineering und der Dekompilierung des von ihm erstellten Programms dadurch entsteht, daß Programmier-Know-how und Betriebs- und Geschäftsgeheimnisse abfließen, sollten Veränderungen am Programmcode auch aus haftungsrechtlicher Sicht vertraglich ausdrücklich ausgeschlossen werden, wenn der Vertragsinhalt nicht gerade darauf abzielt, dem Käufer oder Besteller des Programms auch eine Programmwartung und -weiterentwicklung zu ermöglichen. In diesem Fall sollte geklärt sein, daß im Innenverhältnis die Haftung für Schäden durch nachträgliche Änderungen ausgeschlossen ist.

Eine Haftung des Herstellers könnte in diesen Fällen der von den Nutzern vorgenommenen Programmänderungen allerdings schon dadurch ausgeschlossen sein, daß die Änderungen am Quellcode nicht als bestimmungsmäßiger Gebrauch oder vorhersehbarer Fehlgebrauch angesehen werden. Dann kommt man zu dem Ergebnis, daß zu dem Zeitpunkt, als das Produkt in den Verkehr gebracht wurde, kein Programmfehler im Sinne von § 3 ProdHaftG vorlag.

---

[419] ABl. EG Nr. 91/L 122/42; abgedruckt auch in GRUR Int. 1991, S. 545.

[420] Zweites Gesetz zur Änderung des Urheberrechtsgesetzes vom 9. Juni 1993 (BGBl. I S. 910).

[421] Hier irrt *Musulas*, Die Haftung des Softwareherstellers im Hinblick auf das ProdHaftG, 1993, S. 37, wenn er meint, daß »die Bearbeitung der Software ohne Mitlieferung des Quellenformats technisch unmöglich« ist. *Lesshaft/Ulmer*, CR 1993, S. 607(609), meinen gar, daß es bereits heute ohne größere Schwierigkeiten möglich sei, »ein gegebenes originelles Programm, das nur im Maschinencode vorliegt, zunächst durch ein Dekompilierungs-und anschließend durch ein Restrukturierungswerkzeug zu schicken«. Davon geht auch der *BGH* aus: BGH jur-pc 1993, 2358 (2363). Zu der hier vertretenen Ansicht näher *Taeger*, CR 1991, S. 449(456, m.w.N. in Fn. 88), und *Herberger*, Anm. zu *BGH* jur-pc 1993, 2358, jur-pc 1993, S. 2364.

[422] Zu den wettbewerbsrechtlichen Grenzen der Zulässigkeit eines Reverse Engineering einerseits *Taeger*, CR 1991, S. 449, andererseits *Wiebe*, CR 1992, S. 134. Siehe schließlich auch *Groß*, Mitt. 1993, S. 58(65, 68), und *Moritz*, CR 1993, S. 257(265 f.).

b) Der Gebrauch, mit dem billigerweise gerechnet werden kann

Außerdem kommt es nach dem Gesetz für das Maß an Sicherheit, mit dem man rechnen darf, auf denjenigen Gebrauch an, »mit dem billigerweise gerechnet werden kann«. Es soll eine Haftung für Schäden aufgrund solcher Produktnutzungen ausgeschlossen werden, die vernünftigerweise nicht gedacht werden können. Die Haftung soll bei einem bestimmungsgemäßen Gebrauch, aber auch bei einem einzukalkulierenden, bestimmungswidrigen Fehlgebrauch möglich[423], bei einem Mißbrauch aber ausgeschlossen sein[424]. Der gesetzliche Hinweis zielt darauf ab, die häufig kritisierten und mit Verabschiedung des Produkthaftungsgesetzes zu Unrecht[425] befürchteten Auswüchse des US-amerikanischen Produkthaftungsrechts in der Europäischen Union auch für die Zukunft zu verhindern.

c) Der Zeitpunkt des Inverkehrbringens

Der Zeitpunkt, zu dem das Produkt in Verkehr gebracht wurde, ist bei der Fehlerfeststellung ebenfalls zu berücksichtigen. Das heißt, daß die Sicherheitserwartungen an ein Produkt zu dem Zeitpunkt, zu dem es in Verkehr gebracht wurde, festzustellen sind und zu einem späteren Zeitpunkt, zu dem die Sicherheitserwartungen möglicherweise aufgrund von technischen Weiterentwicklungen in der Folgezeit gestiegenen sind[426]. In den Verkehr wird das Produkt dann gegeben, wenn es mit dem Ziel der Vermarktung[427] aus dem eigenen Herrschaftsbereich herausgegeben wird. Das kann die Auslieferung an den Handel[428] durch den Hersteller bzw. durch den Quasi-Hersteller sein, die Ausliefe-

---

[423] Vgl. dazu *BGH* NJW 1981, 2514 (Lösungsmittel), aber auch *BGHZ* 105, 346 (Fischfutter) und *BGHZ* 116,60 (Milupa) = EWiR § 823 BGB 2/92 m. Anm. *Cahn*; siehe dazu auch *F. Graf von Westphalen*, ZIP 1992, S. 18; MünchKomm-*Mertens/Cahn*, § 3 ProdHaftG RdNr. 18.

[424] Dazu auch die Begründung zum RegE des ProdHaftG, BT-Drs. 11/2447, S. 18 m.w.N.; *Mayer*, VersR 1990, S. 691(696); *Frietsch*, DB 1990, S. 29(33); *Landscheidt*, NWB Fach 19, S. 1605(1608f.); *Schmidt*, WzS 1990, S. 65 und 108(73). Das gern kolportierte, aber nirgends belegte Beispiel (siehe etwa *Mac Lean*, Account 1988/5, S. 47[47]; *Landscheidt*, NWB Fach 19, S. 1605(1609); *Deutsch*, VersR 1992, S. 521 [521] unter Hinweis auf den Artikel ›Die Katze in der Mikrowelle‹ in der FAZ vom 20. 1. 1992, S. 13) des zur Haftung in Höhe von 1 Mio. $ führenden Trocknens von Haustieren in der Mikrowelle würde hierunter fallen; vgl. *Sack*, JBl. 1989, S. 615 (624).

[425] Vgl. etwa *Brüning gen. Brinkmann*, PHI 1986, S. 78, und *Hettich*, Produkthaftung, 1990, S. 70.

[426] Vgl. dazu näher *Schlechtriem*, VersR 1986, S. 1033(1038); *Frietsch*, in: *Taschner/Frietsch*, Produkthaftung, 1990, § 3 ProdHaftG RN 48ff.; *Rolland*, Produkthaftungsrecht, 1990, § 3 Rdnr. 39.

[427] Dazu sind auch die (kostenlose) Herausgabe von Test-, Probe-, Ansichts-, Rezensions- oder Belegexemplaren zu zählen.

[428] Umstritten ist, ob der Hersteller dann noch haftet, wenn der Mangel auf dem Transport entsteht. *Baron van Wassenaer van Catwijk*, Produktenaansprakelijkheid in Europees verband, 1991, S. 71, vertritt zum entsprechenden niederländischen Art. 1407a BW a.F. unter Hin-

rung an den Großhändler durch den Importeur, aber auch schon die Auslieferung des Zubehörteils an den Abnehmer durch den Teilehersteller.

§3 Abs. 2 ProdHaftG stellt lediglich klar, daß ein Produkt nicht etwa schon deswegen fehlerhaft sein könne, weil später ein verbessertes Produkt in Verkehr gebracht wurde. Eine darüber hinausgehende Bedeutung hat §3 Abs. 2 ProdHaftG nicht. Gerade bei Computerprogrammen ist es üblich und u.a. wegen des starken Wettbewerbs notwendig, in relativ kurzen Zeitabständen neue Programmversionen (updates) auf den Markt zu bringen. Diese hinsichtlich der Funktionalität erweiterten und häufig an technische (hardware-)Entwicklungen angepaßte Programmversionen stellen Verbesserungen dar, die nicht dazu führen, die vorangegange Version als fehlerhaft im Sinne von §3 Abs. 2 ProdHaftG anzusehen[429].

Von der Haftung nach dem Produkthaftungsgesetz für Fehler, die erst nach der Inverkehrgabe am Produkt entstehen, ist der Produzent des Computerprogramms befreit. Er ist in diesem Fall insbesondere nicht zur Produktbeobachtung nach dem Produkthaftungsgesetz verpflichtet[430].

2. Der Ausschluß der Haftung für fehlerhafte Computerprogramme bei Entwicklungsrisiken

Im Produkthaftungsgesetz ist die Haftung für Entwicklungsrisiken durch §1 Abs. 2 Ziff. 5 ProdHaftG ausgeschlossen worden[431]. Danach haftet der Hersteller ausdrücklich nicht, wenn der Fehler nach dem ›Stand der Wissenschaft und Technik‹ beim Inverkehrbringen des Produkts nicht erkannt werden konnte. Im Gesetzentwurf wurde dies damit begründet, daß die Haftung für nicht voraussehbare Entwicklungsfehler in der Praxis sehr selten sei und daß es deshalb nicht geboten wäre, sie in das harmonisierte Recht einzubeziehen[432].

---

weis auf den Iglo-Fall, bei dem Tiefkühlprodukte während des Transports durch giftige Stoffe aus dem Kühlsystem des Transportfahrzeugs verdorben wurden, die Ansicht, daß das Produkt erst dann in Verkehr gebracht wird, wenn es in die Hände des Endabnehmers gelangt. Diese Ansicht ist dann, wenn der Hersteller auf das weitere Schicksal seines Produkts nicht unmittelbar einzuwirken vermag, zu weitgehend.

[429] Vgl. auch *Triaille*, The computer law and security report 1993, S. 214 (220).

[430] Siehe dazu *Frietsch*, in: *Taschner/Frietsch*, Produkthaftung, 1990, §3 ProdHaftG RN 47, 50. Anders dagegen das spanische Konsumentenschutzgesetz; siehe dazu *Birke*, PHI 1985, S. 8. Da der Hersteller nach dem Produkthaftungsgesetz auch nicht für die Entwicklungsrisiken haftet, bleibt dem Geschädigten nur der Weg über die deliktische Haftung nach §823 Abs. 1 BGB wegen der Verletzung der Produktbeobachtungspflichten, die in dem Maß an Bedeutung gewinnt, in dem die Haftung für ursprüngliche Fehler Lücken aufweist, siehe dazu nur *Hager*, PHI 1991, S. 2(7), und *Ulmer*, ZHR 152(1988), S. 564(570f.).

[431] Siehe zu den Folgen des Haftungsausschlusses der Entwicklungsrisiken für die Einordnung in das System des Haftungsrecht oben, S. 103ff.

[432] Siehe die Begründung zum Entwurf des ProdHaftG, BT-Drs. 11/2447, abgedruckt auch in PHI 1987, S. 85(100).

Da die Gefährdungshaftung der Preis für die Erlaubnis zur Nutzung riskanter wissenschaftlich-technischer Systeme ist, so ist es konsequent, eine Haftung für Schäden zu bejahen, die sich auch aus der erlaubten Nutzung bei der Verwirklichung eines Risikos ergeben. Umfaßt sind auch solche Risiken, die »trotz Beachtung aller Sicherheitsvorkehrungen nach dem Stand von Wissenschaft und Technik nicht vorhersehbar und insofern auch nicht abwendbar waren«[433]. Eine präzise Begründung dafür liefert *Nicklisch*[434]:

> »Die grundsätzliche Einbeziehung des Entwicklungsrisikos folgt aus ihrem Charakter als verschuldensunabhängige Kausalhaftung. Ein Entwicklungsrisiko realisiert sich, wenn Schäden eintreten, die zum Zeitpunkt der Vornahme der schädigenden Handlung, d.h. ex ante, nach dem Stand von Wissenschaft und Technik nicht vorhersehbar waren. Die Vorhersehbarkeit des Schadens ist ein typisches Verschuldensmerkmal, das sowohl bei Vorsatz als auch bei vorwerfbarer Fahrlässigkeit gegeben sein muß. Da im Rahmen einer Gefährdungshaftung unabhängig von einem Verschulden gehaftet wird, spielt die Vorhersehbarkeit des Schadens keine Rolle mehr.«

Es entspricht der konzeptionellen Ausgestaltung der Produkthaftung als Unrechtshaftung, daß der Einwand des Entwicklungsrisikos ausdrücklich zugelassen wird. Dieser Haftungsausschluß kann auch bei fehlerhaften Computerprogrammen zur Anwendung kommen; denn es ist auch bei dem Produkt ›Computerprogramm‹ beispielsweise denkbar, daß bei der Entwicklung noch nicht erkennbar war, daß es unter bestimmten Einsatzbedingungen nicht mehr stabil und fehlerfrei arbeitet, sondern aufgrund externer Einflüsse falsche Ergebnisse liefert, die unmittelbar schadensverursachend sind. So kann das Computerprogramm, das ein modernes Düsenflugzeug steuert und sogar die manuelle, mechanisch wirkende Korrektur durch Piloten technisch nicht mehr zuläßt, dann versagen, wenn ein Passagier während des Fluges (verbotenerweise) sein Funktelefon benutzt, dessen elektromagnetische Strahlung das Steuerungsprogramm so beeinflußt, daß es zum Absturz der Maschine kommt[435].

Es soll angenommen werden, daß die Beeinflussung durch elektromagnetische Wellen von Telekommunikationseinrichtungen zum Zeitpunkt der Software-Entwicklung nicht bekannt gewesen ist, so daß nach dem zum Entwicklungszeitpunkt geltenden Stand von Wissenschaft und Technik das Versagen des Programms nicht erkennbar und das von dem fehlerhaften Programm veranlaßte Flugmanöver mit der Folge des Absturzes somit unvorhersehbar war. Beruft sich der Hersteller erfolgreich darauf, daß der Fehler auf einem Entwicklungsri-

---

[433] *Nicklisch*, Das Recht im Umgang mit dem Ungewissen am Beispiel der Regelungen zur Produkt-, Gentechnik- und Umwelthaftung, in: *Lenk/Maring* (Hrsg.), Technikverantwortung, 1991, S. 161(169).

[434] *Nicklisch*, Zur Grundkonzeption der Technik- und Umweltgefährdungshaftung, in: *Huber* (Hrsg.), Festschrift für *Serick*, 1992, S. 297(306).

[435] Siehe die Meldung ›Ferngespräche vom Himmel lassen Flugzeuge taumeln‹, HAZ vom 22. Januar 1993, und *Schnatmann/Heiden*, Focus 3/1993, S. 60.

siko beruht, haftet er derzeit wegen § 1 Abs. 2 Ziff. 5 ProdHaftG nach dem Produkthaftungsgesetz nicht[436].

Ein anderes Beispiel untersucht *von Gravenreuth*, der eine Haftung des Softwareherstellers nach dem Produkthaftungsgesetz bei einem virusverseuchten Computerprogramm ablehnt, wenn das neuartige, bislang nicht analysierte und in Fachzeitschriften nicht beschriebene und durch vorhandene Antivirenprogramme nicht entdeck- und bekämpfbare Virus zum Zeitpunkt des Inverkehrbringens nicht hatte erkannt werden können[437]. Dieser Ansicht kann nicht gefolgt werden, da es sich beim Haftungsausschluß für Entwicklungsrisiken nicht um eine Fehlerkategorie handelt, sondern um ein Zurechnungsproblem[438], und der Haftungsausschlußgrund des § 1 Abs. 2 Nr. 5 ProdHaftG nur dann zum Tragen kommt, wenn das Produkt, so wie es aus Sicht des Herstellers sein soll, einen von ihm nach dem Stand von Wissenschaft und Technik nicht erkennbaren Fehler enthält.

3. Die objektiven Maßstäbe zur Feststellung der berechtigten Sicherheitserwartungen

Die in § 3 Abs. 1 und 2 ProdHaftG aufgeführten Abwägungsmerkmale können nicht darüber hinwegtäuschen, daß die Fehlerdefinition sehr abstrakt gehalten und Streit damit vorprogrammiert ist[439]. Dies räumt auch die Bundesregierung ein, der dieses Defizit sehr wohl bewußt gewesen ist, als sie den Entwurf eines Produkthaftungsgesetzes einbrachte[440]. Der Rechtsausschuß des Deutschen Bundestags hat in seiner Mehrheit die Unbestimmtheit der Regelung aber nicht nur in Kauf genommen, sondern als erforderlich angesehen, weil die Vielfalt der in der Praxis auftretenden Produktfehler eine genaue Definition nicht zulasse und zum anderen den Gerichten eine Auslegung im jeweiligen Einzelfall überlassen werden könne[441]. Die Gerichte haben bereits in der Vergangen-

---

[436] Siehe dazu auch *Kort*, VersR 1989, S. 1113; *Hager*, PHI 1991, S. 2(5).

[437] *von Gravenreuth*, Sicherheits-Berater, Supplement 4/1993, S. 2(4). Daß ein Anspruch im Ergebnis bei dem vorgegebenen Sachverhalt abzulehnen ist, weil kein Schaden an einer nicht privat genutzten Sache entstanden ist und weil der Schaden in einem reinen Vermögensschaden bestand, ist hier nicht relevant. In diesem Zusammenhang sei aber darauf hingewiesen, daß die aus einem ›Virusbefall‹ eines Computerprogramms resultierenden Schäden vom Schutzbereich des Produkthaftungsgesetzes erfaßt sind; instruktiv zum Schutzbereich *Deutsch*, JZ 1989, S. 465.

[438] Siehe auch *Ficker*, Produktenhaftung als Gefährdungshaftung?, in: *Ficker et al.* (Hrsg.), Festschrift für *von Caemmerer*, 1978, S. 343(356).

[439] Anders dagegen *Taschner*, NJW 1986, S. 611(614), der der Ansicht ist, »daß der Fehlerbegriff in der Praxis der Gerichte der ganzen Welt keinerlei Schwierigkeiten bereitete«. Dem widersprechen *Lorenz*, ZHR 151(1987), S. 1(32), und *Schubert*, PHI 1989, S. 74(77).

[440] Vgl. die Begründung zum ProdHaftG-E, BT-Drs. 11/2447, S. 18.

[441] Beschlußempfehlung und Bericht des Rechtsausschusses u.a. zum ProdHaftGE, BT-

heit einen operationalen Fehlerbegriff bei der deliktischen Produzentenhaftung gänzlich ohne gesetzliche Vorgabe herausgearbeitet.

Es ist zu erwarten, daß der unbestimmte Rechtsbegriff der »berechtigten Sicherheitserwartungen« von Herstellern und Geschädigten unterschiedlich ausgelegt werden wird, da eine Orientierungsmöglichkeit an einem klaren übergeordneten Abwägungsmaßstab fehlt[442]. Fraglich ist, ob das entscheidende Gericht die Bewertungsmaßstäbe anhand eigener, persönlicher Vorstellungen aufstellt und sich die Richter zu Repräsentanten der Allgemeinheit machen[443], ob es auf die Erwartungen des durchschnittlichen Benutzers[444] oder des »rechtlich-normativen Idealtyps«[445], ankommt, ob vielleicht doch die Bewertungsmaßstäbe des geschädigten Nutzers entscheidend sind[446] oder ob auch die Sicherheitserwartungen etwaiger Drittbetroffener berücksichtigt werden müssen[447]. Da es sich bei der Feststellung der berechtigten Sicherheitserwartungen um eine Rechtsfrage und nicht um eine Tatsachenfrage handelt, läßt sich das Vorliegen eines Fehlers jedenfalls nicht durch eine Meinungsfrage ermitteln[448]. Als gesichert kann jedenfalls schon hier angesehen werden, daß das unter Software-Herstellern verbreitete Verhalten, der Sicherheit von Computerprogrammen bei der Erforschung von Sicherheitsstandards und Qualitätssicherungsmaßnahmen nicht die gebotene Aufmerksamkeit einzuräumen, keinen Hinweis auf die *vom Markt* gehegten Sicherheitserwartungen liefert. Maßgeblich ist nämlich allein der Erwartungshorizont der gefährdeten Benutzerkreise[449].

Dabei ist zunächst zu berücksichtigen, daß der Haftungstatbestand des Pro-

---

Drs. 11/5520, S. 15. Auch nach *Taschner*, in: *Taschner/Frietsch*, Produkthaftung, 1990, Art. 6 Richtl. RN 5, kann nur der Richter als Repräsentant der Allgemeinheit entscheiden, ob eine Sicherheitserwartung zu Recht besteht. Kritisch dazu *Schubert*, PHI 1989, S. 74(75f.).

442 Vgl. auch *Finsinger/Simon*, Eine ökonomische Bewertung der EG-Produkthaftungsrichtlinie, 1989, S. 30f.

443 Siehe *Taschner*, in: *Taschner/Frietsch*, Produkthaftung, 1990, Art. 6 Richtl. RN 4 (vgl. aber auch *Taschner*, NJW 1986, S. 611[614]; *Hettich*, Produkthaftung, 1990, S. 82).

444 *Schmidt-Salzer*, Kommentar EG-Richtlinie Produkthaftung, 1988, Einl. Rdnr. 43, Art. 1 Rdnr. 8ff., und Art. 6 Rdnr. 18f.; *ders.*, DB 1987, S. 1285(1286); *Hollmann*, DB 1985, S. 2389 und 2439(2392); *Foerste*, JA 1990, S. 177(179); *Sack*, JBl. 1989, S. 615 (623), der auf »die objektivierten, generalisierend festzustellenden Sicherheitserwartungen des voraussichtlichen Benützerkreises abstellt, oder *Frietsch*, DB 1990, S. 29(33), der vom »Erwartungshorizont des objektiven idealtypischen Verbrauchers oder Benutzers« spricht. *Kullmann/Pfister*, Produzentenhaftung, Stand: 1993, Kz. 1520, S. 22; RGRK-*Steffen*, Rz. 275 und 277 zu § 823 BGB; *Graf von Westphalen*, NJW 1990, S. 83(87). Siehe auch *BGH* NJW 1986, 1863 (Überrollbügel); *BGH* NJW 1987, 372 (Verzinkungsspray).

445 *Schmidt-Salzer*, BB 1988, S. 349(351).

446 Der Ansicht von *Giesen*, JZ 1989, S. 517(523), daß es ohne Belang ist, »welche Sicherheitserwartungen der einzelne Verbraucher hegt und welche speziellen Eigenheiten der einzelne Verletzte aufweist«, wird, soweit erkennbar, nicht widersprochen.

447 Letzteres fordern neben anderen *Finsinger/Simon*, Eine ökonomische Bewertung der EG-Produkthaftungsrichtlinie, 1989, S. 33.

448 Siehe aber *Hollmann*, DB 1985, S. 2389 und 2439(2392).

449 *Kullmann*, NJW 1991, S. 675(677).

dukthaftungsgesetzes an der nach objektiven Kriterien festzustellenden Fehlerhaftigkeit des Produkts anknüpft. In der Begründung des Regierungsentwurfs heißt es zu § 3 ProdHaftG-E, daß »der Sicherheitsbegriff des ProdHaftG ... in Abgrenzung zu dem an der Gebrauchstauglichkeit orientierten subjektiven Fehlerbegriff des Vertragsrechts nicht auf einen individuellen Empfängerhorizont ab(stellt), sondern auf die berechtigten Erwartungen der Allgemeinheit und damit auf objektive Maßstäbe«. Der Gebrauchswert des Produkts bleibt außer Betracht. Der Gebrauchswert bzw. die Gebrauchstauglichkeit, die der Produkterwerber aufgrund des Vertrags erwarten kann, ist nur im Rahmen der vertragsrechtlichen Gewährleistung zum Schutz seines Nutzungs- und Äquivalenzinteresses, nicht aber für die Feststellung der Fehlerhaftigkeit nach haftungsrechtlichen Gesichtspunkten von Bedeutung[450]. Schutzzweck des Gesetzes ist nicht – wie im Kaufrecht – die Gebrauchstauglichkeit des Produkts, sondern die Erfüllung der Sicherheitserwartung des Nachfragers[451]. Es geht nicht um den Gebrauchswert einer Sache, sondern um deren Gefährlichkeit. Dementsprechend zielt das Produkthaftungsgesetz wie das deliktische Haftungsrecht auf den Ausgleich des verletzten Integritätsinteresses, während das vertragliche Haftungsrecht dem Ausgleich des gestörten Äquivalenzverhältnisses dient.

Bei der Produkthaftung ist im Hinblick auf das Integritätsinteresse des Nutzers und etwaiger geschädigter Dritter allein auf die Fehlerhaftigkeit eines Produkts abzustellen, nach § 3 ProdHaftG also darauf, ob das Produkt die Sicherheit bietet, die der Nachfrager erwarten kann. Der Nachfrager soll darauf vertrauen können, daß »die Ware so konstruiert ist, daß sie für den ihr zugedachten Zweck oder zugeschriebenen Verwendungszweck unter Sicherheitsgesichtspunkten geeignet, also gefahrlos zu benutzen ist«[452].

Damit unterscheidet sich der Haftungsgrund des Produkthaftungsgesetzes auch vom deliktischen Haftungsrecht. Ein Produkt ist nach der deliktischen Produzentenhaftung dann mit einem Fehler behaftet, wenn ein sorgfältiger Produzent das Produkt so, wie es ist, nicht in den Verkehr gebracht hätte[453]. Für die Feststellung eines Fehlers i.S. der Produzentenhaftung aus § 823 Abs. 1 BGB bilden daher die Verkehrssicherungspflichten (Unterlassenshaftung) und die Verkehrspflichten (Verletzung von normativen Verhaltensstandards) den Maßstab. Bei der Produzentenhaftung ist das in der Verletzung von Verkehrspflichten bei der Herstellung von Produkten zu sehende Handlungsunrecht haftungsbegründend[454].

---

[450] Siehe die Begr. zum RegE des ProdHaftG, BT-Drs. 11/2447, S. 17f.; *Hoppmann*, Neues Produkthaftungsgesetz und herkömmliche Produzentenhaftung, 1990, Teil I Nr. 7 a; *Sack*, JBl 1989, S. 615 (621), *Welser*, Produkthaftungsgesetz, 1988, Rz 1 zu § 5.

[451] Siehe *Hoppmann*, Produkthaftungsgesetz, 1990, Teil I Nr. 7 a.

[452] *Hoppmann*, Produkthaftungsgesetz, 1990, Teil I Nr. 7 a.

[453] *Hager*, PHI 1991, S. 2(2).

[454] Brüggemeier, Deliktsrecht, 1986, RdNrn. 531ff.; *Kötz*, Deliktsrecht, 1994, Rn. 106ff.,

Da die Rechtsprechung zur deliktischen Produzentenhaftung aber auch Maßstäbe für die Sicherheit gesetzt hat, die von einem Produkt billigerweise erwartet werden kann, und daher der *Fehlerbegriff* des Produkthaftungsgesetzes inhaltlich weitgehend identisch mit dem herkömmlichen Fehlerbegriff der traditionellen deliktischen Produzentenhaftung ist[455], wird man insoweit auch auf die bisherige zur deliktischen Produzentenhaftung ergangene Rechtsprechung zurückgreifen können[456]. Das entspräche auch den Motiven des Gesetzgebers; denn die bisher bereits geltenden Grundsätze aus dem Recht der Produzentenhaftung über die Fehlerhaftigkeit von Produkten sollen nach der amtlichen Begründung zu § 3 ProdHaftG über den hier definierten Fehlerbegriff auch weiterhin angewendet werden[457].

Danach ist Maßstab für die Fehlerhaftigkeit nicht, ob die *Sicherheit* des Produkts pauschal dem »Stand von Wissenschaft und Technik« entspricht. Eine Produktion, die sich allein nach diesem Maßstab zu richten hätte, würde in vielen Fällen wegen der erheblichen Kosten für die Berücksichtigung hieran orientierter Standards zu nicht mehr akzeptierten Warenpreisen führen. Ein treffendes Beispiel hierfür ist die Automobilproduktion. Nach dem Stand von Wissenschaft und Technik ließen sich bereits jetzt Fahrzeuge produzieren, die mit standardmäßigem ABS, Airbag, Aufprallschutz, Abstandsradar und anderen Sicherheitstechniken wesentlich sicherer für die Fahrzeuginsassen sein könnten. Die Konsumenten haben die Wahl, ob sie Fahrzeuge mit hohem Sicherheitsstandard kaufen und entsprechend höhere Preise zahlen oder ob sie weniger Sicherheit in Kauf nehmen wollen; denn auch Sicherheit fordert ihren Preis[458]. Die Nachfrager bestimmen somit ihre Sicherheitserwartungen weitgehend

---

445; *Kullmann*, in: *Kullmannn/Pfister*, Produzentenhaftung, 1993, Kz. 1520, 1ff.; Produkthaftungshandbuch/*Foerste*, § 24 Rdnrn. 1ff.; *Pfeifer*, Produktfehler oder Fehlverhalten des Produzenten, 1987, S. 79ff.; *Hager*, PHI 1991, S. 2(2). Der Unterschied zu den Verkehrssicherungspflichten wird häufig nicht gesehen, so daß auch im Zusammenhang mit der Produzentenhaftung regelmäßig die Verkehrs*sicherungs*pflicht behandelt wird; so etwa von *Huth*, Die Bedeutung technischer Normen für die Haftung des Warenherstellers nach § 823 und dem Produkthaftungsgesetz, 1992, S. 105; *Schwung*, Produkthaftungsrecht in Kanada, Mainz 1992, S. 65. Allerdings sieht auch *Medicus*, Zur deliktischen Eigenhaftung von Organpersonen, in: *Pfister/Will* (Hrsg.), Festschrift für *Lorenz*, 1991, S. 158 (Fn. 20), in Abgrenzung zu *Brüggemeier*, AcP 91 (1991), S. 33, keinen Anlaß für eine terminologische Unterscheidung.

455 Ebenso *Mayer*, VersR 1990, S. 691(695), *Frietsch*, DB 1990, S. 29(32).

456 Vgl. Staudinger-*Schäfer*, Rn. 498 zu § 823; *Schmidt-Salzer*, BB 1988, S. 349 (350); *Reinelt*, DAR 1988, S. 80(84); *Diederichsen*, Zur Dogmatik der Produkthaftung, in: *DAV* (Hrsg.), Probleme der Produzentenhaftung, 1988, S. 9(20); *Ricker/Müller-Malm*, AfP 1989, S. 505(506); *Schmidt*, WzS 1990, S. 65(72); *Mayer*, VersR 1990, S. 691 (695); *Kullmann*, NJW 1991, S. 675 (677).

457 BT-Drs. 11/2447, S. 18.

458 *Mayer*, VersR 1990, S. 691(695). Ähnlich auch die Entwurfsbegründung der Bundesregierung, BT-Drs. 11/2447, S. 18, sowie *Rolland*, Produkthaftungsrecht, 1990, § 3 Rdnr. 44; *Taschner*, in: *Taschner/Frietsch*, Produkthaftung, 1990, Art. 6 Richtl. RN 55f., *Foerste*, JA 1990, S. 177(179f.); *Diederichsen*, Zur Dogmatik der Produkthaftung, in: *DAV* (Hrsg.), Probleme der Produzentenhaftung, 1988, S. 9(22f.).

selbst. Ein Fahrzeug, das den Sicherheitsvorschriften entspricht, kann daher selbst dann fehlerfrei sein, wenn bei der Konstruktion zwar die Mindeststandards, also die anerkannten und üblichen Sicherheitsstandards bei Kraftfahrzeugen, nicht aber alle Sicherheitstechniken nach dem Stand von Wissenschaft und Technik berücksichtigt worden sind. Hinzu kommt, daß der Stand von Wissenschaft und Technik nicht allen Herstellern gleichermaßen zugänglich ist. Zu denken ist etwa daran, daß technische Neuheiten aus einem Staat aus protektionistischen Gründen nicht exportiert werden dürfen und damit ausländischen Herstellern nicht verfügbar gemacht werden.

Andererseits kann der günstige Preis eines Produkts kein Indikator dafür sein, daß die an ein Produkt zu stellenden Sicherheitserwartungen nur gering sein können. Produkte, die unter starkem Wettbewerbsdruck zu geringstmöglichen Kosten konstruiert und produziert wurden, müssen gleichwohl die *erforderlichen* Sicherheitsstandards berücksichtigen. Die Grenzen sozialer Akzeptanz dürfen bei Produkten, deren Benutzung oder Verbrauch mit Risiken verbunden ist, nicht überschritten werden[459]. Die ›Basissicherheit‹[460] muß vorhanden sein. Auch der *Bundesgerichtshof* hat in der Weinkorken- Entscheidung[461] betont, daß bei noch so billigen Produkten eine bestimmte Basissicherheit immer vorhanden sein müsse. Auch billige Korken müssen so sicher sein, daß sie die in sie gehegten Erwartungen auch erfüllen und den Wein in der verkorkten Flasche in der bekannten Weise schützen.

Insbesondere bei technischen Produkten, deren Gebrauch mit Risiken verbunden sein kann, werden diese Mindeststandards in vielen Fällen durch gesetzliche Vorschriften oder technische Sicherheitsnormen (DIN/ISO-, VDE-, VDI-, DVGW-, TÜV- und sonstige überbetriebliche Sicherheitsnormen) definiert[462]. Untergesetzliche Sicherheitsnormen liegen für Computerprogramme kaum vor[463]. Der Nachfrager kann davon ausgehen, daß der Hersteller sowohl die für das Produkt bestehenden gesetzlichen Sicherheitsvorschriften, als auch die marktüblichen und die technischen Normen oder sonstigen technischen

---

[459] *Rolland*, Zur Sonderstellung des Arzneimittelherstellers im System des Produkthaftungsrechts, in: *Pfister/Will* (Hrsg.), Festschrift für *Lorenz*, 1971, S.193(205).

[460] Begr. zum RegE des ProdHaftG, BT-Drs. 11/2447, S.18. Siehe auch *Schlechtriem*, VersR 1986, S.1033(1033); *Landscheidt*, NWB Fach 19, S.1605(1609); *Frietsch*, in: *Taschner/Frietsch*, Produkthaftung, 1990, §3 ProdHaftG RN 23. Vgl. dazu auch Art.2 lit b) der Richtlinie 92/59/EWG vom 29. Juni 1992 über die allgemeine Produktsicherheit (ABl. EG Nr. L 228/24): »Die Möglichkeit, einen höheren Sicherheitsgrad zu erreichen, oder die Verfügbarkeit anderer Produkte, die eine geringere Gefährdung aufweisen, ist kein ausreichender Grund, um ein Produkt als nicht sicher oder gefährlich anzusehen«.

[461] *BGH* NJW 1990, 908.

[462] Vgl. zur Rechtsnormqualität von technischen Regeln, die im Hinblick auf die Entlastung durch zwingende Rechtsvorschriften nach §1 Abs.2 Ziff. 3 ProdHaftG bedeutsam ist, *BGH* VersR 1984, 270 (Techn. Arbeitsmittel); *Lorenz*, ZHR 151(1987), S.1(12); *Bodenschatz/Fichna/Voth*, Produkthaftung, 1988, S.21; *Landscheidt*, NWB Fach 19, S.1605(1611).

[463] Siehe die Nachweise bei ComHdB-*Tobergte*, Kap.401. Näheres dazu S. 54ff.

Standards einhält und beachtet. Selbst wenn das technische Regelwerk nur Empfehlungscharakter hat und keine gesetzliche Verpflichtung zur Beachtung dieser außergesetzlichen Standards besteht, reflektieren sie doch gewissermaßen die Sicherheitserwartungen der Allgemeinheit. Das hat zur Folge, daß die branchenübliche Anwendung von produkttypischen technischen Normen ein Indiz dafür ist, daß die Einhaltung der von ihnen festgelegten Sicherheitsvorschriften von der Allgemeinheit regelmäßig erwartet werden[464].

Sind technische Normen nicht aufgrund von gesetzlichen Vorschriften einzuhalten, sondern nur branchenüblich, so ist bei einem Abweichen zu Lasten des Anwenders ausdrücklich darauf hinzuweisen[465]. Fehlt der Hinweis, genügt die Darbietung des Produkts nicht den Sicherheitserwartungen. Es ist fehlerhaft.

Die Einhaltung der die Sicherheitserwartungen beschreibenden sicherheitsrelevanten überbetrieblichen Regelwerke, Sicherheitsvorschriften und Qualitätsstandards ist andererseits kein Zeugnis für die Fehlerfreiheit eines Produkts. Sie begründet nur den widerlegbaren Anschein, daß das Produkt den berechtigten Sicherheitsanforderungen der Allgemeinheit entspricht[466]. Widerlegbar kann die Vermutung der Fehlerfreiheit beispielsweise dadurch sein, daß die technischen Standards selbst fehlerhaft oder veraltet und nicht mehr branchenüblich sind oder sich ein Fehler an konstruktiven Teilen zeigt, auf die das Regelwerk gar keinen Bezug nimmt. Auch der *BGH* hat in ständiger Rechtsprechung entschieden, daß es nicht genügt, (veraltete) DIN-Normen zu erfüllen, wenn die technische Entwicklung darüber hinausgegangen ist[467].

Im übrigen begründet die Berücksichtigung von technischen Normen oder untergesetzlichen Vorschriften sowie hoheitlichen Einzelakten keinen Haftungsausschluß nach § 1 Abs. 2 Nr. 4 ProdHaftG[468]. Überbetriebliche Regelwerke sind keine Rechtsvorschriften im Sinne von § 1 Abs. 2 Nr. 4 ProdHaftG. Die Beachtung des einschlägigen technischen Regelwerks sowie die Einhaltung von Genehmigungen, Auflagen, Bedingungen, Anordnungen befreit daher nicht grundsätzlich von der Haftung[469]. Umgekehrt ist aber die Nichtbeachtung ein Indiz dafür, daß Sicherheitserwartungen enttäuscht werden.

---

[464] Vgl. Begr. zum RegE des ProdHaftG, BT-Drs. 11/2447, S. 18; *Welser*, Produkthaftungsgesetz, 1988, Rz 8 zu § 5, und *Frietsch*, DB 1990, S. 29(33).

[465] Ebenso *Sack*, JBl. 1989, S. 615(623).

[466] Vgl. BT-Drs. 11/2447; *Frietsch*, DB 1990, S. 29(33); *Klein*, BB 1991, S. 917 (920).

[467] *BGH* NJW 1994, 3349 (Atemüberwachungsgerät). Siehe zu der widerlegbaren Vermutung, der sog. Identitätsvermutung, daß die betreffenden Regeln, Vorschriften oder Normen den jeweiligen Stand der Technik widergeben bzw. mit den anerkannten Regeln von Wissenschaft und Technik übereinstimmen, *Pieper*, BB 1987, S. 273 (276ff.).

[468] Vgl. *Frietsch*, in: *Taschner/Frietsch*, Produkthaftung, 1990, § 1 ProdHaftG RN 86 und 88.

[469] Auch in dem geänderten Vorschlag für eine Richtlinie des Rates über die zivilrechtliche Haftung für die durch Abfälle verursachten Schäden (ABl. EG 1991, Nr. C 192/6), dokumentiert auch bei *Versteyl/Hoyer/Taeger*, Abfall/Altlasten, Vers. 5.0, Hannover 1995) wird ausdrücklich in Art. 6 Abs. 2 klargestellt, daß das Vorliegen einer behördlichen Genehmigung den

Nach § 1 Abs. 2 Nr. 4 ProdHaftG ist die Ersatzpflicht des Herstellers nur dann ausgeschlossen, wenn »der Fehler darauf beruht, daß das Produkt in dem Zeitpunkt, in dem der Hersteller es in den Verkehr brachte, dazu zwingenden Rechtsvorschriften entsprochen hat«. Gemeint ist mit dieser wenig geglückten Formulierung, daß die Einhaltung zwingender Rechtsvorschriften zu dem Fehler geführt hat[470], es gleichsam einen »hoheitlichen Zwang zum Fehler« gab.[471] Als zwingende Rechtsvorschriften sind nur Gesetze im formellen Sinn und Rechtsverordnungen anzusehen, nicht etwa auch Verwaltungsentscheidungen oder gar private Normsetzungen im Technikbereich. Zwar erfüllen gesetzliche Sicherheitsvorschriften diese Anforderung, doch beschränken auch sie sich regelmäßig darauf, Mindeststandards vorzusehen, die nicht unterschritten werden dürfen. Sie enthalten kein positives Gebot, in einer alternativlosen, bestimmten Weise zu produzieren. Ein Hersteller wird sich daher nicht erfolgreich mit dem Ziel der Haftungsbefreiung nach § 1 Abs. 2 Nr. 4 ProdHaftG auf diese Sicherheitsvorschriften berufen können. Im Zusammenhang mit der Herstellung von Computerprogrammen ist im übrigen kein gesetzliches Gebot bekannt, das sich mit unabdingbaren Entwicklungsgeboten an Softwareentwickler wendet. Auf diesen Haftungsausschlußgrund wird sich daher kein Softwarehersteller berufen können.

Als fehlerhaft muß auch ein Produkt angesehen werden, das dem Schutz vor bestimmten Gefahren zu dienen bestimmt ist, seine gefahrabwendende Funktion aber aufgrund einer objektiven Sorgfaltspflichtverletzung nicht entfaltet, sondern sich als wirkungslos erweist, was gerade zu einer Rechtsgutverletzung führt[472].

Schließlich liegt ein Produktfehler vor, wenn ein Computerprogramm in der Entwicklungs-und Herstellungssphäre des Herstellers eines Computerprogramms – auf welchem Wege auch immer – mit einem ›Virusprogramm‹ oder mit vergleichbaren Programmen (›Trojanische Pferde‹) ›befallen‹ worden ist, die zu einem nicht bestimmungsgemäßen Ablauf des Programms und infolgedessen zu einem Fremdschaden führen.

Abfallerzeuger nicht von seiner Haftung befreit. Vgl. hierzu auch *Salje*, DB 1990, S. 2053 (2056).

[470] Vgl. dazu *Hettich*, Produkthaftung, 1990, S. 75f. Klarer ist die Regelung im französischen Code Civil, in den die Haftung für Sicherheitsmängel von Produkten integriert wurde und der die Haftung ausdrücklich auch dann vorsieht, wenn das fehlerhafte Produkt nach den entsprechenden Normen oder mit behördlicher Genehmigung hergestellt wurde. Haftungsbefreiend ist es danach lediglich, wenn der Mangel gerade auf die Befolgung zwingender öffentlich-rechtlicher Regeln bei der Herstellung des Produkts zurückzuführen ist; vgl. dazu Produkthaftungshandbuch/*Rohs*, § 123 Rz. 52.

[471] So treffend *Frietsch*, DB 1990, S. 29(32).

[472] *Sack*, JBl 1989, S. 615 und 695(706) m.w.N.; *Foerste*, JA 1990, S. 177(179); *Pott/Frieling*, ProdHaftG-Komm., 1992, § 3 Rdnrn. 99ff.; *Rolland*, JuS 1993, S. 568 (569); a.A. *Taschner*, in: *Taschner/Frietsch*, Produkthaftung, 1990, Art. 6 Richtl. RN 29.

4. Die bei Computerprogrammen bestehenden Sicherheitserwartungen

In den Schriften, die sich mit den Problemen der vertragsrechtlichen Gewährleistung für fehlerhafte Computerprogramme befassen, findet man regelmäßig den richtigen Hinweis, daß sich der juristische Fehlerbegriff von dem Fehlerbegriff der Informatik unterscheidet. In der Informatik wird als Fehler »jegliche Abweichung in Inhalt, Aufbau und Verhalten eines Objekts zwischen ermittelten, beobachteten, gemessenen Daten einerseits und den entsprechenden, in den Zielvorgaben spezifizierten oder theoretisch gültigen Daten andererseits« gesehen[473]. Nach dem im Kauf- und Werkvertragsrecht vorherrschenden Fehlerbegriff[474] liegt ein Fehler erst vor, wenn der tatsächliche Zustand der Sache von dem Zustand, wie er bei einem gewöhnlichen Gebrauch im Verkehr erwartet wird, oder von dem Zustand, wie er von den Vertragsparteien bei Abschluß des Vertrags vorausgesetzt wurde, abweicht und diese Abweichung den Wert oder die Tauglichkeit der Sache zu dem im Verkehr oder vertraglich vorausgesetzten Gebrauch herabsetzt oder beseitigt. Vereinfachend spricht die gängige juristische Umschreibung des Fehlerbegriffs davon, daß ein Fehler bei einer Abweichung der Ist-Beschaffenheit von der Soll-Beschaffenheit, wie sie im Verkehr oder vertraglich vorausgesetzt ist, vorliegt[475]. Aus der Sicht der Informatik werden Computerprogramme in der Regel demnach eher als fehlerhaft zu bezeichnen sei, als es juristisch aufgrund des Gewährleistungsrechts[476] oder aufgrund des Produkthaftungsrechts geschehen würde. Die in der Praxis häufige Vereinbarung von sogenannten Software-Pflegeverträgen, mit denen sich der Softwarehersteller zur Weiterentwicklung und zur Anpassung von Computerprogrammen, aber auch zur Beseitigung von Programmfehlern nach Ablauf der Gewährleistung verpflichtet[477], unterstreicht, daß die Software-Anwender in der Praxis mit Programmfehlern rechnen und in gewissem Umfang hinnehmen.

Eine Gegenüberstellung der beiden Fehlerbegriffe zeigt, daß ein im technischen Sinn vorliegender Fehler eines Computerprogramms nicht zwingend bereits einen Fehler im juristischen (gewährleistungsrechtlichen oder haftungsrechtlichen) Sinn darstellt. Ein solcher Vergleich vermag die Tatsache der Un-

---

473 *Bons*, Fehler und Fehlervoraussetzungen, in: *Gorny/Kilian* (Hrsg.), Computer-Software und Sachmängelhaftung, 1985, S. 35(35), unter Hinweis auf *Schmitz/Bons/van Megen*, Software-Qualitätssicherung, 1983. Siehe auch *Gorny*, CR 1986, S. 673 (674 ff.).

474 Näher dazu Palandt-*Putzo*, § 459 Fn. 3a; MünchKomm-*Westermann*, § 459 RdNr. 9.

475 Siehe auch *Kilian*, Haftung für Mängel der Computersoftware, 1986, S. 26; *Marly*, Softwareüberlassungsverträge, 1991, S. 219; *Ruppelt*, Die Überlassung von Computerprogrammen, 1990, S. 52; *Bömer*, Die Pflichten im Computer-Software-Vertrag, 1988, S. 157.

476 Siehe *LG Heidelberg* CR 1989, 197(198). Zu der Darlegungslast im Gewährleistungsprozeß *Zahrnt*, iur 1986, S. 301 ff.

477 Siehe zu den Softwarepflegeverträgen *Zahrnt*, IuR 1986, S. 155.

terschiedlichkeit der Definitionen deutlich zu machen und dazu beitragen, Mißverständnisse darüber, welcher Fehlerbegriff zugrunde gelegt wird, zu vermeiden. Methodisch nicht nur fragwürdig, sondern unzulässig wäre es, wollte man die juristische Definition eines Programmfehlers durch eine technikspezifische Sichtweise beeinflussen und die Haftungsfolgen dadurch relativieren[478]. Allerdings neigen Informatiker – und in ihrem Gefolge auch Juristen[479] – dazu, die Tatsache, daß nicht-triviale, komplexe Computerprogramme nach dem Stand der Technik nicht fehlerfrei programmiert werden können[480], als technisch unvermeidbar hinzunehmen und deshalb die Hersteller sowohl von der vertraglichen, als auch von der außervertraglichen Haftung zu befreien. Ein solcher Versuch, im Gewährleistungsrecht die Rechtsfolgen der Fehlerhaftigkeit von Computerprogrammen abzumildern oder gar eine Produkthaftung für fehlerhafte Computerprogramme zu verneinen, ist verbreitet[481]. In den von Software-Häusern und Softwarehändlern verwendeten Software-Überlassungsverträgen finden sich wegen der hohen Fehlerwahrscheinlichkeit von Computerprogrammen denn auch regelmäßig auf einen Haftungsausschluß abzielende Hinweise darauf, daß kein Programm als fehlerfrei gelten könne und deswegen Fehler des Computerprogramms nicht vollkommen ausgeschlossen werden könnten[482].

Es fragt sich, ob bei den Anwendern von Computerprogrammen, die aufgrund derartiger Hinweise – oder weil es allgemein bekannt ist – wissen, daß in den von ihnen genutzten Programmen ein unentdeckter Programmfehler vorhanden sein kann, dann überhaupt eine rechtlich relevante Erwartung in die Sicherheit von Computerprogrammen entstehen kann. Wenn das nicht der Fall ist und mit der Sicherheit eines Computerprogrammes nicht gerechnet wird, so würde ein fehlerhaft programmiertes und zu einem Schaden führendes Computerprogramm grundsätzlich nicht fehlerhaft im Sinne des Produkthaftungsgesetzes sein, da ein Fehler im Sinne von § 2 Abs. 1 ProdHaftG nur dann vorliegt, wenn die Fehlerfreiheit berechtigterweise *erwartet* werden kann.

Es ist umstritten, ob der Umstand, daß ein Computerprogramm nicht vollkommen fehlerfrei erstellt werden kann, eine rechtliche Auswirkung auf die Si-

---

[478] Ebenso *Marly*, Softwareüberlassungsverträge, 1991, S. 222.

[479] *Bömer*, Die Pflichten im Computer-Software-Vertrag, 1988, S. 165ff. spricht von der »natürlichen Fehlerhaftigkeit« von Software.

[480] Siehe dazu ComHdB-*Heussen* Kap. 12 Rdnr. 86; *Moritz/Tybusseck*, Computersoftware, 1992, S. 239.

[481] Vgl. nur *Bauer*, PHI 1989, S. 38 und 98, und *Welser*, Produkthaftungsgesetz, 1988, Rz 5 zu § 5, der sich hier wohl zu Unrecht auf *Taschner*, in: *Taschner/Frietsch*, Produkthaftung, 1990, Art. 6 Richtl. RN 28, beruft.

[482] So heißt es beispielsweise in einem als »Lizenzvertrag« bezeichneten Vertrag: »Microsoft macht darauf aufmerksam, daß es nach dem Stand der Technik nicht möglich ist, Computer-Software so zu erstellen, daß sie in allen Anwendungen und Kombinationen fehlerfrei arbeitet.« Siehe zur rechtlichen Relevanz derartiger Klauseln näher *Zahrnt*, iur 1986, S. 252.

cherheitserwartung haben kann. *Lehmann* ist der Ansicht, daß diese Tatsache immerhin zu einer gewissen Herabsetzung der allgemeinen Sicherheitserwartungen der Abnehmer führen kann[483]. Auch *Welser* weist darauf hin, daß »Computerprogramme uä teils hohe Fehlerquoten auf(weisen), so daß deshalb die berechtigten Sicherheitserwartungen der Allgemeinheit reduziert sind«[484]. Nach der Ansicht von *Musulas* soll die Allgemeinheit nicht berechtigt sein, bei der Verwendung eines Computerprogramms absolute Sicherheit zu erwarten, da die Fehlerquoten bei Computerprogrammen hoch sind[485]. Ob damit die Haftung nach dem Produkthaftungsgesetz bei Computerprogrammen ausgeschlossen sein soll, weil sich bei den durchschnittlichen Nutzern keine entsprechenden Sicherheitserwartungen herausbilden können, bleibt unklar.

Genauer ist nur *Bauer*, der allerdings die Auffassung vertritt, daß das Produkthaftungsgesetz auf Computerprogramme grundsätzlich schon deshalb keine Anwendung finden könne, weil Software anerkanntermaßen nicht fehlerfrei herstellbar sei und sich daher eine Sicherheitserwartung in einem vernünftigen Rahmen gar nicht bilden könne[486].

Dieser Meinung kann nicht gefolgt werden[487]. Sie verkennt den Unterschied, der grundsätzlich zwischen dem Fehlerbegriff der Technik und dem Fehlerbegriff bei der Produkthaftung besteht[488]. Zwar müssen solche Gefahren, die der Benutzer erkennt und in Kauf nimmt, vom Hersteller nicht abgewendet werden[489]. Dieser Grundsatz ist auf das Produkthaftungsgesetz prinzipiell übertragbar. Daraus, daß komplexe Computerprogramme nicht fehlerfrei programmiert werden können, folgt aber nicht, daß die Nutzer von Computerprogrammen eine Integritätsverletzung, eine Gefährdung von Rechtsgütern hinzunehmen bereit sind. Anwender sehen häufig darüber hinweg, wenn ein Programm zu langsam läuft, nicht kompatibel zu anderen Produkten oder zu bestimmter Hardware ist, wenn Fehleingaben oder Programmierfehler zu Programmabstürzen ohne sonstige nachteilige Folgen führen, das Programm also im gewährleistungsrechtlichen Sinn Mängel aufweist, die zwar das Äquivalenzinteresse verletzen, aber das Integritätsinteresse der Anwender nicht beeinträchtigen. Es kann daher erwartet werden, daß Computerprogramme bei einer Verwend-

[483] *Lehmann*, NJW 1992, S. 1721(1725).

[484] *Welser*, Produkthaftungsgesetz, 1988, Rz 5 zu § 5. Vgl. auch *Engel*, CR 1986, S. 702(708).

[485] *Musulas*, Die Haftung des Softwareherstellers für Produktfehler, 1993, S. 33, unter Hinweis auf *Taschner*, Produkthaftung, 1986, S. 84.

[486] *Bauer*, PHI 1989, S. 38 und 98.

[487] Ebenso *Frietsch*, in: *Taschner/Frietsch*, Produkthaftung, 1990, § 3 ProdHaftG RN 60; *Pott/Frieling*, ProdHaftG-Komm., 1992, S. 176 (Rdn. 97); *Jochen Schneider*, Zuverlässigkeit, Verträglichkeit, Verletzlichkeit, Haftung, in: *Bullinger* (Hrsg.), Handbuch des Informationsmanagements im Unternehmen, 1991, S. 1375(1400f.).

[488] Dazu grundlegend *Huth*, Die Bedeutung technischer Normen für die Haftung des Warenherstellers nach § 823 und dem Produkthaftungsgesetz, 1992, S. 122.

[489] So auch die Rechtsprechung des *Bundesgerichtshofs* zu den deliktischen Verkehrspflichten des Warenherstellers; siehe die Nachweise bei *Kullmann*, NJW 1991, S. 675(677).

barkeit für den Zweck, für den sie erstellt wurden, die Integritätsinteressen nicht verletzt und Rechtsgüter durch ihren bestimmungsgemäßen Einsatz nicht beeinträchtigt werden. In diesem Sinn bestehen die allgemeinen Sicherheitserwartungen im Hinblick auf das Produkt ›Computerprogramm‹. Diese Sicherheitserwartung haben selbst diejenigen Anwender, denen bekannt ist, daß eine absolute Fehlerfreiheit von komplexen Computerprogrammen schwer erreichbar ist.

Wird ein Computerprogramm für einen sicherheitsempfindlichen Bereich entwickelt, in dem ein fehlerhaftes Computerprogramm zu einer Verletzung von besonders geschützten Rechtsgütern führen kann, so besteht die Erwartung, daß es die an das Programm gestellten Sicherheitsanforderungen erfüllen wird. Insbesondere in besonders sicherheitsempfindlichen Bereichen wie in der Flugsicherung, bei der Steuerung von Kernkraftwerken und in der Medizintechnik werden von dem Computerprogramm wichtige Funktionen übernommen, die für das einwandfreie Funktionieren der gesamten Anlage oder des Gerätes von entscheidender Bedeutung sind. An ein Computerprogramm, das in der Medizintechnik dazu dient, die körperliche Integrität von Patienten zu schützen oder in der Therapie gesundheitsfördernd zu wirken, sind die gleichen Anforderungen wie bei sonstigen technischen Apparaturen in der Medizintechnik auch zu stellen. Die Sicherheitserwartungen der Allgemeinheit sind gerade bei solchen Computerprogrammen besonders hoch[490]. Die Erwartungen in die Sicherheit des Computerprogramms und die Gewährleistung seines einwandfreien Funktionierens steigen mit dem Grad der Gefährlichkeit des Gerätes oder der technischen Anlage, in die das Programm integriert ist. Es wird erwartet, daß das in sicherheitsempfindlichen Bereichen eingesetzte Computerprogramm durch entsprechende Qualitätssicherungsverfahren soweit geprüft ist, daß nach dem Stand von Wissenschaft und Technik ein Fehlfunktion ausgeschlossen werden kann[491]. Die Anwender derartiger riskanter Systeme sollten davon ausgehen dürfen, daß die Systeme nach dem neuesten Stand von Wissenschaft und Technik so entwickelt und ausgetestet wurden, daß der Auftritt eines Fehlers nach ›menschlichem Ermessen‹ auszuschließen ist. Dann, wenn ein Computerprogramm riskante Maßnahmen in einem selbststeuernden technischen System automatisch veranlaßt, sowie dann, wenn die Software Berechnungen durchführt, deren Ergebnisse unmittelbar schadenverursachende Aktionen des Systems veranlassen könnten, sind die Sicherheitserwartungen am größten. Es entspricht demnach den berechtigten Sicherheitserwartungen der betroffenen Kreise, daß in besonders sicherheitsrelevanten Bereichen ein fehlerhaftes Computerprogramm nicht eingesetzt wird.

Ein Computerprogramm, von dessen Fehlerfreiheit das Leben, die Gesund-

[490] Ebenso *Taschner*, in: *Taschner/Frietsch*, Produkthaftung, 1990, Art. 6 Richtl. RN 28.
[491] Ähnlich auch *Pott/Frieling*, ProdHaftG-Komm., 1992, S. 176 (Rdn. 97).

heit oder ein anderes Rechtsgut von erheblicher Bedeutung abhängt, muß so programmiert und getestet sein, daß es für den ihm zugedachten oder zugeschriebenen Verwendungszweck unter Sicherheitsgesichtspunkten uneingeschränkt und gefahrlos zu gebrauchen ist. Ein Computerprogramm, das die erforderliche Sicherheit in dem für das Programm bestimmten Einsatzbereich nicht erreicht, ist ungeeignet und damit unter Haftungsgesichtspunkten auch fehlerhaft.

Mit anderen Worten: Je mehr von dem Computerprogramm die Integrität eines geschützten Rechtsgutes unmittelbar abhängt, um so sicherer muß es sein. Hängt in einem besonders sicherheitsempfindlichen Bereich das Funktionieren des Systems und der Schutz eines Rechtsguts nicht unmittelbar von dem fehlerfreien Funktionieren des Computerprogramms ab, sei es, weil ein fehlerhafter Programmablauf nicht zum Versagen des Systems und zur Verletzung von Rechtsgütern führen kann, sei es, weil Kontrollmechanismen eine Fehlfunktion feststellen und negative Auswirkungen unterbinden können, so sind die Sicherheitserwartungen an das Computerprogramm geringer. Das Ausmaß der Qualitätssicherung ist demnach immer dem Zweck anzupassen, dem das Computerprogramm dient. Je sicherheitsrelevanter der Einsatz eines Computerprogramms ist, um so höhere Anforderung an die Programmier- und Qualitätssicherungsverfahren sind erforderlich.

Überall dort, wo von der Funktionstüchtigkeit eines Computerprogramms Menschenleben abhängen oder absolut geschützte Rechtsgüter verletzt werden können, wird von einer *uneingeschränkten* Sicherheitserwartung auszugehen sein, die eine Fehlerhaftigkeit der Software nicht hinnehmen kann. In diesen Bereichen ist bei einem von der Software verursachten Schaden stets von einem Produktfehler auszugehen, da ein einwandfreies Funktionieren und absolute Sicherheit erwartet werden.

Es bestehen also, anders als es *Bauer*[492] annimmt, sehr wohl Sicherheitserwartungen im Hinblick auf ein fehlerfreies Funktionieren von Computerprogrammen. Die Behauptung unerreichbarer Fehlerfreiheit bei Computerprogrammen führt selbst dann, wenn sie technisch richtig ist, nicht zu einer Entlastung von der Haftung nach dem Produkthaftungsgesetz[493]. Im Gegenteil: Aus dem Umstand, auf den in Softwareüberlassungsverträgen häufig hingewiesen wird, daß Computerprogramme anerkanntermaßen nicht fehlerfrei programmiert werden können, lassen sich daher haftungsrechtlich keine geringeren Erwartungshaltungen und haftungsbefreienden Umstände ableiten, sondern vielmehr sogar *erhöhte* Hinweis- und Beratungspflichten (Instruktionspflichten) gegenüber den Anwendern. Diese sind über den Hinweis auf die mögliche Fehlerfreiheit hinaus besonders sorgfältig aufzuklären, wie sich die Auswirkungen

[492] *Bauer*, PHI 1989, S. 38 und 98.
[493] Ebenso *F.A. Koch/Schnupp*, Software-Recht, 1991, S. 165.

von solchen Programmfehlern, die auch bei strengsten Qualitätssicherungsmaßnahmen nicht vermieden werden konnten, in Grenzen halten lassen[494].

Daraus ergibt sich aber die Frage, ob an die Sicherheitserwartungen von Computerprogrammen in riskanten Systemen dann geringere Anforderungen gestellt werden, wenn die Softwarehersteller die Anwender und mögliche Drittbetroffene ausdrücklich über verbleibende Risiken aufklären und detailliert darüber informieren, aus welchem Grund und in welchem Zusammenhang das Computerprogramm fehlerhaft sein könnte. Die Überlegung ist, ob die Aufklärung des Anwenders über verbleibende Risiken von der Haftung nach dem Produkthaftungsgesetz befreien kann, wenn der Hersteller eines Computerprogramms die Nutzungsrisiken einzugrenzen und die Bedingungen, unter denen ein Programm fehlerhaft arbeiten würde, zu benennen vermag. Es ließe sich argumentieren, daß in diesem Fall die Sicherheitserwartungen des Nutzers reduziert würden und damit bei Auftreten einer schadenverursachenden Fehlfunktion kein Fehler im haftungsrechtlichen Sinn vorliegt, weil ja keine Sicherheitserwartungen enttäuscht worden seien.

Eine derartige Risikobetrachtung könnte aber dazu führen, daß Softwarehäuser aus Kostengründen bestimmte Funktionen des Computerprogramms nicht austesten, sondern statt dessen dem Anwender in der Dokumentation im Detail mitteilten, unter welchen Bedingungen sich welche Risiken verwirklichen könnten. Damit wäre es dem verhältnismäßig unkundigen Nutzer überlassen, das Risiko zu bewerten, das er mit der Nutzung eines möglicherweise fehlerhaften Produkts eingeht. Soweit anzunehmen ist, daß dem typischen Anwender gleichwohl die erforderlichen Zusatzinformationen fehlen, um das Risiko vernünftig bewerten zu können, ist ihm diese Risikoverlagerung auch nicht zuzumuten. Hinweise auf einen möglicherweise enthaltenen Produktfehler können nicht dazu führen, den Hersteller des fehlerhaften Produkts aus der Haftungsverantwortung zu entlassen.

---

[494] Ebenso *Jochen Schneider*, Recht und Informations- und Kommunikationstechnik, in: *Bullinger* (Hrsg.), 1991, S. 1271 (1298).

Fünftes Kapitel

Die geschützten Rechtsgüter und die anspruchsberechtigten Personen

Das Produkthaftungsgesetz gewährt Ersatzansprüche für Schäden, die aus einer Verletzung der in § 1 Abs. 1 S. 1 ProdHaftG abschließend aufgezählten Rechtsgüter resultieren. Es begründet eine verschuldensunabhängige Haftung bei einer Tötung, bei einer Körper- oder Gesundheitsverletzung und bei einer Sachbeschädigung[495]. Primäre Vermögensinteressen werden durch das Produkthaftungsgesetz genauso wenig geschützt wie sonstige Rechte. Für immaterielle Schäden wird nach dem Produkthaftungsgesetz demnach nicht gehaftet[496]. Der Schutzbereich erweist sich damit als enger als etwa derjenige des § 823 Abs. 1 BGB, zumal die Aufzählung der geschützten Rechtsgüter abschließend und die Einbeziehung anderer absolut geschützter Rechtsgüter verwehrt ist[497].

Wenn jemand getötet oder am Körper oder an der Gesundheit geschädigt

[495] Sachbeschädigung ist weit zu verstehen und umfaßt jede absolut geschützte rechtliche Beziehung zu der Sache wie u.a. Eigentum und dingliche Rechte, die zum Besitz der Sache berechtigen; näher dazu *Rolland*, Produkthaftungsrecht, 1990, § 1 ProdHaftG Rdnrn. 35ff. Eine Beschädigung der Sache kann in der Entziehung oder Beeinträchtigung des Eigentumsrechts, in der Beschädigung der Sachsubstanz und in der Entziehung der Sache bzw. der Beeinträchtigung ihres Gebrauchs liegen. Eine Substanzverletzung wird also nicht gefordert. Es reicht eine tatsächliche oder rechtliche Einwirkung auf die Sache aus, wenn hierdurch der bestimmungsgemäße Gebrauch der Sache ausgeschlossen wird. Die Rechtsprechung des *BGH* zur Eigentumsverletzung i.S. von § 823 Abs. 1 BGB ist entsprechend übertragbar; vgl. *BGHZ* 55, 153 (159) – (Fleet); *BGHZ* 76, 216 = NJW 1980, 1518(1519) – (Archiv); *BGHZ* 105, 346 (350) – (Fischfutter); *BGH* NJW 1990, 908 (Weinkorken); *BGH* VersR 1993, 1368 (Primelerde); *BGH* NJW 1994, 517 (Gewindeschneidemittel).

[496] Kritisch dazu *Sack*, VersR 1988, S. 439(443). Es scheint, als ob das EG-Recht auf den Ersatz ausschließlich von materiellen Schäden ausgerichtet wird. Das legt ein Blick in die Produkthaftungsrichtlinie, den nucleus des Europäischen Haftungsrechts, sowie in den (geänderten) Vorschlag des Rates über die zivilrechtliche Haftung für die durch Abfälle verursachten Schäden (ABl. EG 1991, Nr. C 192/6), wiedergegeben auch bei *Versteyl/Hoyer/Taeger*, Abfall/Altlasten, Hannover 1995, nahe. Siehe zum Einfluß des EG-Richtlinienrechts auf die deutsche Verschuldens- und Gefährdungshaftung *von Bar*, Neues Haftungsrecht durch Europäisches Gemeinschaftsrecht, in: *Medicus/Mertens* (Hrsg.), Festschrift für *Lange*, 1992, S. 373(394).

[497] Siehe auch *Rolland*, Produkthaftungsrecht, 1990, § 1 Rdnr. 21f., 47; *Frietsch*, in: *Taschner/Frietsch*, Produkthaftung, 1990, § 1 ProdHaftG RN 22.

wird, so sind bei diesen Personenschäden *alle* Personen in den Schutzbereich einbezogen, ohne daß es darauf ankäme, ob sie private oder gewerbliche Verbraucher des Produkts oder Drittbetroffene sind. Eine rechtsgeschäftliche oder sonstige Beziehung des Verletzten oder Geschädigten zu dem Hersteller des Produkts ist nicht erforderlich. Die geschädigte Person muß auch nicht selbst das fehlerhafte Produkt benutzt haben, sondern kann zufällig als Unbeteiligter geschädigt worden sein. Geschützt wird vom Gesetz *jede* durch das fehlerhafte Produkt am Körper oder Gesundheit geschädigte Person[498]. Demgegenüber ist der Ersatz des *Sachschadens* nach § 1 Abs. 1 S. 2 ProdHaftG auf diejenigen Schäden beschränkt, die an einer gewöhnlich für den privaten Ge- oder Verbrauch bestimmten und hierfür hauptsächlich verwendeten Sache entstanden (§ 1 Abs. 1 S. 2 ProdHaftG)[499].

1. Personen

Als Personenschaden werden der Tod eines Menschen, sowie die Körper- oder die Gesundheitsverletzung verstanden[500]. Führt das fehlerhafte Computerprogramm zum Tod eines Menschen, hat der Ersatzpflichtige gemäß § 7 Abs. 1 ProdHaftG die Kosten der Beerdigung zu tragen sowie die Kosten, die durch die Heilungsversuche verursacht wurden. Außerdem sind mittelbare Vermögensnachteile zu ersetzen, die den Versorgungsberechtigten durch die mit dem Tod eingetretene Aufhebung der Erwerbsfähigkeit entstanden. Der Ersatzpflichtige ist nach § 7 Abs. 2 ProdHaftG demjenigen, dem die getötete Person zum Unterhalt verpflichtet war oder verpflichtet werden konnte, zum Ersatz des Schadens verpflichtet, der in der Entziehung des gesetzlichen Unterhalts liegt.

Der Begriff der Körperverletzung in § 1 Abs. 1 S. 1 ProdHaftG deckt sich mit dem in § 823 Abs. 1 BGB. Körperverletzung ist demnach jede Beeinträchtigung, jeder Eingriff in die Integrität der körperlichen Unversehrtheit[501]. Unter Gesundheitsverletzung ist die Störung der körperlichen, geistigen oder seeli-

---

[498] Produkthaftungshandbuch/*Graf von Westphalen*, § 59 Rz. 34; *Deutsch*, JZ 1989, S. 465(467); *Frietsch*, in: *Taschner/Frietsch*, Produkthaftung, 1990, § 1 ProdHaftG RN 27.

[499] Kritisch zur Ausklammerung des gewerblich genutzten Eigentums aus der Produkthaftung: *Hager*, AcP 184(1984), 413(419f.); *Brüggemeier/Reich*, WM 1986, S. 149(155); *Ulbrich*, ZRP 1988, S. 251; *Wieckhorst*, JuS 1990, S. 86(94). *Schmidt-Salzer*, BB 1987, S. 1404(1406), bezeichnet die Ausklammerung als wesentliche Entlastung.

[500] In der Vergangenheit sind durch fehlerhafte Computerprogramme bereits Personenschäden entstanden: ein Maschinenroboter tötete aufgrund eines fehlerhaften Steuerungsprogramms einen Arbeiter; Passagiere und andere Personen wurden bei einem Flugzeugabsturz, der auf ein fehlerhaftes Flugleitsystem zurückzuführen ist, getötet und verletzt; Patienten wurden von einem Bestrahlungsgerät, dessen Steuerprogramm fehlerhaft arbeitete und eine überhöhte Strahlendosis veranlaßte, getötet. Siehe auch die Beispiele oben S. 40ff.

[501] *BGHZ* 76, 249(259) – (Behandlungsfehler).

schen Lebensvorgänge eines Menschen zu verstehen. Bei Zweifeln, was im einzelnen als Gesundheitsverletzung anzusehen ist, kann auch hier der Rechtsprechung zum identischen Begriff der »Gesundheit« in §823 Abs. 1 BGB gefolgt werden.

Die Rechtsfolgen einer Körper- oder Gesundheitsverletzung ergeben sich aus §8 ProdHaftG[502] und aus §9 ProdHaftG, der eine Geldrente gewährt.

2. Sachen

a) Beschränkung des Schutzes auf privat genutzte Sachen

Der Schadensersatz ist nach §1 Abs. 1 S. 2 ProdHaftG auf die infolge der Zerstörung oder der Beschädigung durch solche Computerprogramme eingetretenen Sachschäden an einer gewöhnlich für den privaten Ge- oder Verbrauch bestimmten und hierfür hauptsächlich verwendeten Sache beschränkt.

Das Löschen oder nachteilige Verändern von Daten, die mit Hilfe des Computerprogramms auf einem Datenträger gespeichert oder bearbeitet wurden oder auf die das fehlerhafte Programm in sonstiger Weise eingewirkt hat, stellt nicht etwa einen nicht ausgleichsfähigen Vermögensschaden dar[503], sondern eine Sachbeschädigung, da auf den Datenträger, auf dem die Daten gespeichert waren, in einer Weise eingewirkt wird, daß der bestimmungsgemäße Gebrauch der Sache ausgeschaltet war[504]. In vergleichbaren Entscheidungen hat der *Bundesgerichtshof* auch bei der Störung der systematischen Ordnung eines Archivs eine Eigentumsverletzung angenommen[505].

b) Ersatzansprüche bei ›Weiterfresserschäden‹

Ersatzfähig ist ein eingetretener Schaden nach §1 Abs. 1 Satz 2 1. Alt. ProdHaftG nur dann, wenn eine *andere* Sache als das fehlerhafte Produkt beschädigt wird. Das fehlerhafte Produkt selbst ist damit dem Schutzbereich des Produkthaftungsgesetzes entzogen. Der insoweit in seinem Äquivalenzinteresse Geschädigte ist auf Gewährleistungsansprüche aus dem Vertrag zu verweisen. Die Produkthaftung ist Folgeschadenhaftung[506], die zum Ersatz aller Sachschä-

---

502 Hierzu kann auf die Rechtsprechung zu §11 StVG und §87 AMG verwiesen werden, die dem §8 ProdHaftG entsprechen.

503 So aber zu Unrecht *Mayer*, VersR 1990, S. 691(697), hier im Zusammenhang mit der Erörterung der Folge eines Spannungsabfalls.

504 *BGHZ* 55, 153(159) – (Fleet), und die Rechtsprechungshinweise in Fn. 495. Eine Sachbeschädigung (§1 ProdHaftG; §1 AHB) bejahen bei einem Schaden an Daten und Programmen auch ComHdB-*Schmidt-Salzer/Otto* Kap. 112 RdNrn. 21f. m.w.N., und MünchKomm-*Mertens*, §823 RdNr. 67.

505 *BGHZ* 76, 216 (Archiv) = NJW 1980, 1518(1519). Siehe auch BT-Drs. 10/5058, S. 34.

506 *Schmidt-Salzer*, BB 1987, S. 1404(1406).

den führt, die an einer im Verhältnis zum schadenstiftenden, aus verarbeiteten Rohmaterialien und Teilprodukten produzierten Endprodukt weiteren Sache entstanden sind. In seiner Rechtsprechung zu § 823 Abs. 1 BGB erkannte auch der *Bundesgerichtshof* keinen Schadensersatzanspruch an, wenn »der Schaden mit der im Mangel verkörperten Entwertung der Sache ›stoffgleich‹« ist[507].

Schon die zum Umfang der deliktischen Haftung im Anschluß an die *BGH*-Rechtsprechung über die sogenannten »weiterfressenden« Mängel[508] geführte Diskussion[509] hat die Schwierigkeit einer dogmatisch klaren funktionalen Abgrenzbarkeit der ›geschädigten Sache‹ von den ›anderen Sachen‹ offenbart[510], wenn nach dem Eigentumsübergang ein zunächst nur an einem Teil des Produkts vorhandener Mangel oder Fehler zu Schäden an anderen, bisher einwandfreien Teilen oder zur Zerstörung der Gesamtsache führt[511]. Der *Bundesgerichtshof* vertritt seit der in der Literatur auf Kritik gestoßenen[512], aber in ständiger Rechtsprechung[513] bestätigten Schwimmerschalter-Entscheidung[514] die Ansicht, daß die Beschädigung der Restsache durch ein schon vor der Inverkehrgabe defektes Einzelteil dann eine wegen der Verletzung der dem Integri-

---

[507] *Kullmann*, NJW 1991, S. 675(676); siehe auch *Steffen*, VersR 1988, S. 977.

[508] *BGHZ* 67, 359 = BB 1977, 162 m. Anm. *F. Graf von Westphalen*, S. 313 (Schwimmerschalter – VIII. Z.-Senat); *BGH* NJW 1978, 2241 (Hinterreifen – VIII. ZS); *BGHZ* 86, 256 (Gaszug – VI. ZS); *BGH* NJW 1983, 812 (Hebebühne – VI. ZS); *BGH* NJW 1985, 2420 (Kompressor); siehe auch *BGH* NJW 1990, 908 (Weinkorken).

[509] Siehe etwa *Foerste*, VersR 1989, S. 455ff.; *Steffen*, VersR 1988, S. 977ff.; *Merkel*, NJW 1987, S. 358ff.; *Marburger*, AcP 192 (1992), S. 1(6ff.).

[510] *Schmidt-Salzer*, BB 1987, S. 1404(1406), sprach von den »Irrungen und Wirrungen, die in der deutschen Rechtsprechung durch die sog. Schwimmerschalter-Doktrin entstanden sind«. Es handelt sich bei dem Problem der »weiterfressenden Mängel« also nicht nur, wie ComHdB-*Heussen* Kap 48 RdNr. 5 meint, um die Erstreckung des Anwendungsbereichs der Haftung »auch auf solche Schäden (...), die innerhalb einer bestehenden Vertragsbeziehung eintreten.« Ausführlich *Katzenmeier*, Vertragliche und deliktische Haftung in ihrem Zusammenspiel, 1994.

[511] Vgl. dazu *Kullmann*, NJW 1992, S. 2669(2669).

[512] Siehe dazu etwa unter ausdrücklicher Aufgabe einer früheren Auffassung (in: WM 1982, S. 1294) *Brüggemeier*, VersR 1983, S. 501, und *ders.*, Deliktsrecht, 1986, S. 207, der das Ergebnis zwar als »sozio-ökonomisch akzeptabel« bezeichnet, den Weg dahin aber als »dogmatisch-konstruktiv unhaltbar« ansieht. Ablehnend auch *Deutsch*, JZ 1984, S. 308; *Diederichsen*, VersR 1984, S. 797(799); *Harrer*, Jura 1984, S. 80; *Foerste*, VersR 1989, S. 455; *Tiedtke*, PHI 1990, S. 64; *Reinicke/Tiedtke*, NJW 1986, S. 10, die der Rechtsprechung gar »reine Willkür« (S. 13) vorwerfen; *Marburger*, AcP 192(1992), S. 1(6ff.) m.w.N. in Fn. 11; MünchKomm-*Westermann*, § 459 Rdnr. 49.

[513] *BGH* NJW 1978, 2241 (Hinterreifen); *BGHZ* 86, 256 (Gaszug); *BGH* NJW 1983, 812 (Kfz-Hebebühne); *BGH* NJW 1985, 2420 (Kompressor).

[514] *BGHZ* 67, 359(364) – (Schwimmerschalter). Die Rechtsprechung hat neben der in Anmerkung 512 genannten Kritik weitgehend Zustimmung erhalten, so von *Schlechtriem*, JA 1983, S. 255; *Mayer*, BB 1984, S. 568; *Merkel*, NJW 1987, S. 358; *F. Graf von Westphalen*, NJW 1990, S. 83(84); *Anderle*, Der Haftungsumfang des harmonisierten Produkthaftungsrechts, 1990, S. 130f. m.w.N. Zu den Rechtsprechungsmotiven und Mißverständnissen bei den Kritikern *Kullmann*, BB 1985, S. 409; *ders.*, NJW 1992, S. 2669, und der (damalige) Vorsitzende des VI. Zivilsenats *Steffen*, VersR 1988, S. 977(980).

tätsinteresse dienenden Verkehrspflicht nach § 823 Abs. 1 BGB ersatzpflichtige Eigentumsverletzung darstellt, wenn das fehlerhafte Teil funktionell begrenzbar ist und der verursachte Schaden den Mangelunwert des fehlerhaften Produkts übersteigt. In der Literatur zur Produkthaftung wird bezweifelt, ob diese Ausweitung der Haftungsgrenzen auch bei Anwendung und Auslegung des Produkthaftungsgesetzes noch entsprechend berücksichtigt werden kann[515].

In der betreffenden Rechtsprechung – zunächst des für Kaufrecht zuständigen VIII. Senats, später auch des für Deliktsrecht zuständigen VI. Senats – hatte der *Bundesgerichtshof* zwischen dem unbeschädigten Eigentum an dem Gesamtprodukt und dem funktional abgrenzbaren fehlerhaften Teilprodukt unterschieden, dessen von Beginn an vorliegende Fehlerhaftigkeit *nach* dem Gefahrübergang zu einer Substanzbeschädigung am Gesamtprodukt und damit zu einem deliktsrechtlichen Ausgleich des verletzten Integritätsinteresses führte. Entscheidendes Kriterium für die Feststellung, ob lediglich das Äquivalenzinteresse gestört ist und allein Gewährleistungsansprüche herangezogen werden können oder ob deliktsrechtliche und damit außervertragliche und nicht den kurzen Verjährungsfristen unterliegende Schadensersatzansprüche bestehen, war lange Zeit die »Stoffgleichheit«, die Deckungsgleichheit des »Mangelunwerts« des fehlerhaften Produkts mit dem durch dieses verursachten Schaden, bedeutsam[516]. Im Kompressor-Urteil präzisierte der *Bundesgerichtshof* »Stoffgleichheit« dahingehend, daß sie immer dann vorliege, wenn der später zu einem Mangel führende Schaden zunächst auf einen Teil des Produkts beschränkt und grundsätzlich auch behebbar ist[517]. Ob der Mangel auf einen Teil beschränkt und behebbar ist, ist eine Tatsachenfrage. Die Frage der Begrenzung ist dabei keine technische oder räumliche Frage, sondern eine wirtschaftliche: Die vom *Bundesgerichtshof* vorgenommene wirtschaftliche Betrachtung[518] läuft darauf hinaus, den Äquivalenzschaden als den zum Zeitpunkt des Gefahrübergangs im Mangel verkörperten und nach den Kriterien der Kaufpreisminderung gemäß § 472 BGB benennbaren Minderwert mit dem eingetretenen Schaden zu vergleichen. Der Mangel ist auf einen Teil des Produkts dann

---

[515] Dagegen *Tiedtke*, NJW 1990, S. 2961; *Taschner/Frietsch*, Produkthaftung, 1990, Art. 9 Richtl. RN 15 (allerdings mit einem das Problem nicht treffenden Beispiel) bzw. § 1 ProdHaftG RN 39. *Frietsch* erwartet aber (in § 1 ProdHaftG RN 155ff.), daß die Rechtsprechung zum ProdHaftG an seiner zum Deliktsrecht entwickelten Rechtsprechung festhalten wird. Diese Erwartung wird von *Graf von Westphalen*, Jura 1992, S. 511(514), geteilt. Dafür auch *Katzenmeier*, Vertragliche und deliktische Haftung in ihrem Zusammenspiel, 1994, S. 273, 286 m.w.N.

[516] Kritisch zum Begriff »Stoffgleichheit« *Merkel*, NJW 1987, S. 358, der ihn durch den Begriff der »Defektäquivalenz« ersetzen will, mit dem sich die *BGH*-Rechtsprechung weniger anfechtbar legitimieren ließe. Zum näheren Verständnis der *BGH*-Rechtsprechung zur »Stoffgleichheit« tragen die Erläuterungen von (Richter am BGH) *Kullmann*, BB 1985, S. 409(413f.), bei.

[517] *BGH* NJW 1985, 2420 (Kompressor).

[518] *BGH* NJW 1985, 2420(2420, rechte Spalte) – (Kompressor).

beschränkt und Stoffgleichheit liegt damit dann nicht vor, wenn der geltend gemachte Schaden höher als der Äquivalenzschaden ist[519]. Ein Unterlaufen vertragsrechtlicher Regeln durch Rückgriff auf das Deliktsrecht[520] wird durch diese wirtschaftliche Betrachtungsweise verhindert.

Es ist aber unter dem Produkthaftungsgesetz sogar schon fraglich, ob das Endprodukt auch als eine *andere* Sache im Sinne des § 1 Abs. 1 Satz 2 1. Alt. ProdHaftG qualifiziert werden kann, bei deren Beschädigung durch das eingebaute fehlerhafte Teil ein Ersatzanspruch aus dem Produkthaftungsgesetz besteht. Im Hinblick auf Computerprogramme als Teilprodukt wäre zu fragen, ob die Beschädigung oder Zerstörung der Sache, in die es integriert ist, als nach dem Produkthaftungsgesetz zu ersetzender Schaden betrachtet werden kann. Würde die zerstörte oder beschädigte Gesamtsache nicht als andere Sache gegenüber dem eingebauten fehlerhaften und zum Schadensereignis führenden Teil angesehen, könnte der Geschädigte aus dem Produkthaftungsgesetz keinen Anspruch geltend machen; er müßte auf die Gewährleistungshaftung mit den kurzen Verjährungsfristen und die deliktische Haftung verwiesen werden, bei der er wegen der insoweit für ihn günstigen Rechtsprechung mit einem Ersatzanspruch rechnen kann.

In den Materialien zum Produkthaftungsgesetz findet sich der leerformelhafte Hinweis, daß es bei der Abgrenzung der schädigenden Sache von einer anderen Sache auf die Verkehrsauffassung ankomme, nach der sich »in aller Regel das komplette Endprodukt – so wie es der Geschädigte erworben hat oder wie es aus sonstigen Gründen bei ihm vorhanden ist – als die eine Sache darstellen (wird), die eine andere Sache beschädigt hat«[521]. Die Materialien äußern sich zu der hier angesprochenen Auslegungsfrage und zu der »Weiterfresser«-Problematik nicht näher. In der zitierten Passage wird nur auf die Verkehrsauffassung bei den »Regel«-Fällen Bezug genommen. Es kann davon ausgegangen werden, daß die gefestigte Rechtsprechung zu § 823 Abs. 1 BGB auch zum Produkthaftungsgesetz trotz der erheblichen Kritik entsprechend ausfallen wird[522].

Diese konsequente Fortsetzung der Rechtsprechung würde sich auch im Einklang mit der EG-Richtlinie befinden. Auf diese ist im Sinne einer gemeinschaftseinheitlichen Auslegung des Produkthaftungsrechts bei der Frage nach einer möglichen Begrenzung des Schadensumfangs zunächst zurückzugreifen[523]. Danach umfaßt der Umfang des Schadens im Sinne von Art. 1 PHRl die

---

[519] Instruktiv hierzu die Ausführungen von *Merkel*, NJW 1987, S. 358(359).

[520] *Merkel*, NJW 1987, S. 358(359).

[521] BT-Drs. 11/2447, S. 13. Der Verweis auf die Verkehrsauffassung findet in der Literatur Zustimmung und wird als hilfreich angesehen; vgl. *Cahn*, ZIP 1990, S. 482 (484); *Tiedtke*, PHI 1990, S. 64. Kritisch dagegen zu Recht *Anderle*, Der Haftungsumfang des harmonisierten Produkthaftungsrechts, 1990, S. 142; *F. Graf von Westphalen*, Jura 1992, S. 511(513).

[522] Siehe auch *Buchner*, DB 1988, S. 32(36); anders dagegen *Cahn*, ZIP 1990, S. 482(483); *Kullmann*, in: *Kullmann/Pfister*, Handbuch Produzentenhaftung, 1993, Nr. 3600 B IV 1; *Lorenz*, ZHR 151(1987), S. 1(16).

Beschädigung oder Zerstörung einer anderen Sache als des fehlerhaften Produkts (Art. 9 S. 1 Ziff. b) PHRl). Nach Art. 2 PHRl nun kann ein Produkt ein Teil einer anderen beweglichen Sache mit der Folge sein, daß ein Produkt aus mehreren Teilprodukten zusammengesetzt sein kann, die je für sich fehlerhaft sein und einen ersatzpflichtigen Schaden an anderen Teilprodukten oder am restlichen Gesamtprodukt verursachen können[524]. Zumindest dann, wenn das fehlerhafte Produkt ein integriertes Teil ist, das von einem anderen Hersteller als dem Endhersteller, also von einem Zulieferer, bezogen wurde, wird man im Einklang mit Art. 9 S. 1 Ziff. b) PHRl und § 1 Abs. 1 Satz 2 1. Alt ProdHaftG davon ausgehen, daß der Schaden am Gesamtprodukt vom Teilehersteller *oder* vom Endhersteller auszugleichen ist, soweit der Schaden über das fehlerhafte Teilprodukt hinausgeht und sich nach der Inverkehrgabe verwirklicht[525]. Hier zeigt sich auch, daß der Rückgriff auf die ›Verkehrsanschauung‹, die feststellen soll, ob es sich bei der geschädigten Sache um eine andere Sache als die fehlerhafte schädigende Sache handelt, in weiten Bereichen untauglich ist; denn bei einer Beurteilung nach ›der Verkehrsanschauung‹ ohne nähere Information ist nicht feststellbar, ob das defekte Teil ein zugeliefertes Teil ist oder ob es vom Endhersteller selbst produziert und eingebaut wurde.

Andererseits wird deutlich, daß es auch unzureichend ist, allein darauf abzustellen, ob das fehlerhafte Teil (zufällig) von einem Zulieferer bezogen und vom Endhersteller weiterverarbeitet wurde. Entscheidend kommt es nach der hier vertretenen Auffassung, die sich im Einklang mit Art. 2 PHRl befindet, darauf an, ob das fehlerhafte Teil funktionell so weit aus dem technischen oder natürlichen Gesamtgebilde gelöst werden und für sich existieren kann, daß die außervertragliche Haftung für den Schaden an einem anderen Teil – als einer »anderen Sache« im Sinne des § 1 Abs. 1 ProdHaftG – vertretbar ist. Mehrere Teilprodukte lassen sich auch bei einem Gesamtprodukt problemlos voneinander separieren, wenn Teile von anderen Herstellern zu einem Gesamtprodukt zusammengefügt werden. Führt ein defektes Teil(-Produkt) zu einem Sachsubstanzschaden an den anderen Teilen des Gesamtprodukts oder diesem Produkt in toto, so steht die Sperrwirkung des § 1 Abs. 1 S. 2 ProdHaftG der Annahme des Schadens an einer anderen Sache nicht entgegen[526].

Bei fehlerhaften Computerprogrammen kann auf die »natürliche Betrachtungsweise« und in Zweifelsfällen ergänzend auf die in der Schwimmerschalter-

[523] Vgl. bereits oben S. 112f. Siehe dazu in diesem konkreten Zusammenhang auch *Graf von Westphalen*, NJW 1990, S. 83(84).

[524] Wie hier auch *F. Graf von Westphalen*, Jura 1992, S. 511(513).

[525] Ebenso *Sack*, VersR 1988, S. 439; *Merkel*, NJW 1987, S. 358(361); *Alleweldt*, in: *Kretschmer et al.*, Produkthaftung, 1992, Rdnr. 64; und überzeugend *F. Graf von Westphalen*, Jura 1992, S. 511(513). Selbst gegen eine Haftung des Zulieferers des in das Produkt integrierten fehlerhaften Teils, das zu einem Schaden an der Gesamtsache führt, spricht sich *Tiedtke*, NJW 1990, S. 2961, aus.

[526] Ebenso *Sack*, VersR 1988, S. 439(444f.); a.A. *Graf von Westphalen*, NJW 1990, S. 83(84).

Entscheidung angestellte Erwägung abgestellt werden, wonach ein Fehler an einem funktionell begrenzten Steuerungsgerät, der zu einem Schaden an der Gesamtanlage führt, ersatzfähig ist:

> »In einem solchen Fall kommt es aber auf den Umstand, daß nach formaler Betrachtungsweise der Erwerber von vornherein nur ein mit einem Mangel behaftetes Eigentum erworben hat, nicht an. Entscheidend ist vielmehr, daß die in der Mitlieferung des schadhaften Schalters liegende Gefahrenursache sich erst nach Eigentumsübergang zu einem über diesen Mangel hinausgehenden Schaden realisiert hat und dadurch das im übrigen mangelfreie Eigentum des Erwerbers an der Anlage insgesamt verletzt worden ist.«[527]

Im Hinblick auf Computerprogramme ist der Schluß zu ziehen, daß immer dann, wenn ein fehlerhaftes Computerprogramm als Hard- oder Software in eine (andere) Sache integriert ist, der Programmhersteller nach dem Produkthaftungsgesetz auch für die von ihm verursachten Sachschäden an der anderen Sache haftet. Defekte oder Zerstörungen an computergesteuerten Robotern, medizinischen Geräten, Fluggeräten, Fahrzeugen und technischen Anlagen, die auf das integrierte fehlerhafte Computerprogramm zurückgehen, lösen einen Ersatzanspruch gegen den Gesamthersteller oder den Software-Hersteller nach dem Produkthaftungsgesetz aus.

Entgegen der Auffassung von *Koch*[528] handelt es sich dagegen nicht um eine Verletzung einer »anderen Sache« i.S. des Produkthaftungsgesetzes, wenn das fehlerhafte Programm sich selbst in seiner Funktion beeinträchtigt oder gar vom Datenspeicher löscht. Das Interesse des Programmanwenders am »Behalten« und an der Funktionsfähigkeit des Programmes ist nicht nach dem Produkthaftungsgesetz geschützt.

[527] *BGHZ* 67, 359(364f.) – (Schwimmerschalter).
[528] *F.A. Koch*, Informatik-Spektrum 1989, S. 337(338).

Sechstes Kapitel

Der Zurechnungszusammenhang

1. Die Kausalitätstheorien

Nach § 1 Abs. 1 S. 1 ProdHaftG ist der Hersteller verpflichtet, den »*durch* den Fehler eines Produkts« verursachten Schaden auszugleichen. Der Ersatzpflichtige hat nach dem Gesetzeswortlaut »dem Geschädigten den *daraus* entstehenden Schaden« zu ersetzen. Der haftungsbegründende Tatbestand des § 1 ProdHaftG (fehlerhaftes Produkt) und die Schadensfolgen müssen durch das Band der Kausalität miteinander verbunden sein. Zwischen dem Produktfehler und der Rechtsgutverletzung sowie dem dadurch eingetretenen Schaden muß ein Ursachen- und Zurechnungszusammenhang bestehen, der gemeinhin als Kausalität bezeichnet wird.

Mit der Prüfung der Kausalität wird festgestellt, ob der bei der geschädigten Person eingetretene Schaden dem in § 4 ProdHaftG genannten Hersteller zugerechnet werden kann. Damit wird einerseits sichergestellt, daß nicht Dritte zum Ausgleich eines Schadens herangezogen werden, deren Handeln keinen haftungsrelevanten Einfluß auf den zum Schaden führenden Geschehensverlauf hatte[529]. Zudem soll erreicht werden, daß nicht jeder Schaden ausgeglichen werden muß, der nur in einem entfernten Ursachenzusammenhang mit dem Produktfehler in Verbindung gebracht werden kann oder der nach allgemeinen Wertungsgesichtspunkten nicht von dem Hersteller des fehlerhaften Produkts getragen werden soll. Mit der Kausalitätsprüfung wird der Schutzbereich der Norm konkretisiert. Auch die verschuldensunabhängige Unrechtshaftung kommt nicht ohne haftungseinschränkende Kriterien aus. Zu fragen ist daher, nach welchen Abgrenzungskriterien bestimmt werden kann, welcher Ursachen- und Zurechnungszusammenhang die angeordnete Rechtsfolge auslöst.

Woraus sich die Abgrenzungskriterien ergeben können, ist umstritten. Da weder im Produkthaftungsgesetz noch in der Produkthaftungsrichtlinie eine nähere Begrenzung der haftungsbegründenden Kausalität zu finden ist, steht zunächst wieder die bereits bei der Qualifizierung der Produkteigenschaft gestellte Frage im Raum, ob eine autonome Auslegung vorzunehmen ist oder ob eine

---

[529] *Salje*, UmweltHG, 1993, § 1, 3 Rdnr. 106.

stillschweigende Kollisionsnorm vorliegt, die zu einer Anwendung des nationalen Haftungsrechts führt. Die Beweisverteilung in Art. 4 PHRl enthält eine Regelung, nach der der Nachweis des ›ursächlichen Zusammenhangs‹ zwischen dem Fehler und dem Schaden zu erbringen ist. Art. 8 Abs. 1 PHRl stellt klar, daß die Mitverantwortlichkeit eines Dritten für den Schaden den Hersteller nicht zu entlasten und aus der Haftung zu befreien vermag. Aus diesen die Kausalitätsfragen nur berührenden Regelungen könnte geschlossen werden, daß die Kausalitätsfragen autonom, also gemeinschaftsrechtlich zu beantworten sind[530].

Über EG-einheitliche Abgrenzungskriterien äußert sich die Richtline aber nicht. Überhaupt haben sich auf der Ebene des Gemeinschaftsrechts noch keine einheitlichen Kausalitätstheorien herausgebildet, die hier herangezogen werden könnten[531]. Wegen dieser Defizite im EG-Haftungsrecht wurde vorgeschlagen, bei einer autonomen Auslegung mit der Theorie vom Schutzzweck der Norm zu arbeiten, um die logisch-naturwissenschaftliche Kausalität EG-einheitlich einzugrenzen und auf diesem Weg zu einer Haftungsbegrenzung zu gelangen[532]. Im Ergebnis werden aber doch nur vergleichbare Erwägungen angestellt, wie sie auch aus den Kausalitätstheorien nach deutschem Recht und insbesondere aus der Rechtsprechung zu § 823 Abs. 1 BGB bekannt sind. Geht man von einer stillschweigenden Kollisionsnorm aus, so zeigt sich, daß zu den bekannten nationalen Kausalitätstheorien keine grundlegenden Unterschiede bestehen[533].

Ob der Fehler eines Produkts für den eingetretenen Schaden ursächlich ist, hängt zunächst davon ab, ob eine äquivalente Kausalität im Sinne der conditio-sine-qua-non-Formel vorliegt. Danach besteht ein (natürlicher) Ursachenzusammenhang, wenn das Inverkehrbringen eines *fehlerhaften* Produkts nicht weggedacht werden kann, ohne daß auch der eingetretene Erfolg, die Rechtsgutverletzung, entfiele[534]. Die Äquivalenztheorie greift im Zivilrecht anerkanntermaßen zu weit; denn nicht jeder im natürlichen Sinn bestehende Zusammenhang zwischen einem Fehler eines Produkts und einem Schaden soll haftungsre-

---

[530] So auch Produkthaftungshandbuch/*Graf von Westphalen*, § 59 Rz. 39, 41; a.A. *Schlechtriem*, VersR 1986, S. 1033(1034); *Deutsch*, JZ 1989, S. 465 (467); *Frietsch*, in: *Taschner/Frietsch*, Produkthaftung, 1990, § 1 ProdHaftG RN 45. Siehe zur Frage der Anwendbarkeit nationaler Kausalitätstheorien bei der gemeinschaftsrechtlichen Produkthaftung auch *Sack*, VersR 1988, S. 439(451f.); *Schmidt-Salzer*, BB 1986, S. 1103(1109).

[531] *Rolland*, Produkthaftungsrecht, 1990, § 1 Rdnr. 53, sieht den Versuch, eine gemeinschaftsrechtliche Harmoniserung in dieser Frage zu erreichen, denn auch von vornherein als zum Scheitern verurteilt an.

[532] Produkthaftungshandbuch/*Graf von Westphalen*, § 59 Rz. 40ff.; *Hellmann*, Produkthaftung, 1993, S. 67ff.

[533] Das wird von Produkthaftungshandbuch/*Graf von Westphalen*, § 59 Rz. 46, eingeräumt.

[534] *BGHZ* 2, 138(141) – (Schiffskollision). *Frietsch*, in: *Taschner/Frietsch*, Produkthaftung, 1990, § 1 ProdHaftG RN 43; *Rolland*, Produkthaftungsrecht, 1990, § 1 Rdnr. 55ff.; *Larenz*, Schuldrecht-AT, 1987, § 27 III a.

levant sein. Korrekturen sind durch ergänzende wertende Zurechnungsgesichtspunkte vorzunehmen[535]. Diese wertenden Zurechnungsgesichtspunkte ergeben sich aus der Frage, ob der Schaden adäquat kausal auf der Fehlerhaftigkeit des Produkts beruht oder sein Ersatz dem Schutzzweck der Norm entspricht[536].

Nach der Adäquanztheorie[537] besteht ein Zurechnungszusammenhang dann, wenn die Ursache im allgemeinen und nicht nur unter besonders eigenartigen, ganz unwahrscheinlichen und nach dem regelmäßigen Verlauf der Dinge außer Betracht zu lassenden Umständen geeignet gewesen ist, den Erfolg herbeizuführen[538]. Die Theorie vom Schutzzweck der haftungsbegründenden Norm[539] stellt darauf ab, ob die eingetretenen Folgen im Bereich der Gefahren liegen, um derentwillen die Rechtsnorm erlassen wurde. Mit anderen Worten: Es sind nur solche Schäden zu ersetzen, die aus der Verletzung solcher Rechtsgüter entstanden sind, zu dessen Schutz die Norm erlassen worden ist.

Neben der haftungsbegründenden Kausalität muß auch die haftungsausfüllende Kausalität gegeben sein. Hierbei ist festzustellen, ob ein Schaden in zurechenbarer Weise auf die Rechtsgutverletzung zurückzuführen ist.

Wie bei unbestimmten Rechtsbegriffen, so besteht auch bei der Anwendung der Kausalitätstheorien – sowohl bei der Feststellung der Adäquanz als auch des Normzwecks – ein weiter Beurteilungsspielraum. Es muß letztlich auch hier der Einzelfallentscheidungen überlassen werden, welche Ergebnisse billigenswert sind.

---

535 *Larenz*, Schuldrecht-AT, 1987, § 27 III a (S. 435); MünchKomm-*Mertens/Cahn*, § 1 ProdHaftG RdNr. 69; *Rolland*, Produkthaftungsrecht, 1990, § 1 Rdnr. 55ff.; *Salje*, UmweltHG, §§ 1, 3 Rdnr. 109; *BGHZ* 93, 351 (Schockschaden) = NJW 1985, 1390 m. Anm. *Deubner*, S. 1392.

536 MünchKomm-*Mertens/Cahn*, § 1 ProdHaftG RdNr. 69; Produkthaftungshandbuch/*Foerste*, § 22 Rz. 16ff.; BGHZ 79, 259(261ff.). Siehe zu der umstrittenen Frage, ob die im Vertragsrecht und im Deliktsrecht entwickelte Adäquanztheorie bei der ›reinen‹ Gefährdungshaftung neben der Lehre vom Schutzzweck der Norm herangezogen werden kann oder ob sie bei der Gefährdungshaftung möglicherweise nur bei der Prüfung der haftungs*ausfüllenden* Kausalität zu erörtern ist: *Rolland*, Produkthaftungsrecht, 1990, § 1 Rdnr. 59ff.; *Larenz*, Schuldrecht-AT, 1987, § 27 III b 2. (S. 441) mit ausführlicher Behandlung weiterer Zurechnungstheorien; *Salje*, UmweltHG, § 1, 3 Rdnr. 109 unter Hinweis auf *BGHZ* 19, 114(126) – (Weihnachtsfeier).

537 Der Frage, ob die Adäquanztheorie bei einer Gefährdungshaftung als reiner Risikozurechnungshaftung herangezogen werden kann oder ob nur die Verwirklichung einer spezifischen Sach- oder Betriebsgefahr zu prüfen ist (so *BGH* NJW 1982, 1046 (Fluglärm); *Larenz*, Schuldrecht-AT, 1987, § 27 III b [S. 439] m.w.N.), braucht nicht nachgegangen zu werden, da das Produkthaftungsgesetz keinen Gefährdungshaftungstatbestand enthält.

538 *BGHZ* 3, 261(266f.) – (Schleuse ›Datteln‹); *BGHZ* 57, 137(141) – (Anfechtung); *BGH* NJW 1986, (1329) 1331 (Beratungsfehler); *BGH* NJW 1989, 767 (Arzthaftung).

539 Zur Schutzzwecklehre bei der Produkthaftung *Hellmann*, Produkthaftung und Schutzzwecklehre, 1993.

2. Die Zurechnungsprobleme bei fehlerhaften Computerprogrammen

Die aus einem fehlerhaften Computerprogramm resultierenden Rechtsgutverletzungen können in vielen Fällen auf einen einfachen natürlichen Kausalverlauf zurückgeführt werden, bei dem keine Bedenken gegen die Zurechenbarkeit der Rechtsgutverletzung und des damit unmittelbar ursächlichen Schadenseintritts bestehen. Die Körperverletzung eines Arbeitnehmers durch einen Roboter, der wegen eines Programmfehlers außer Kontrolle gerät, kann (auch) dem Hersteller des Computerprogramms zugerechnet werden. Die Zurechnung ist adäquat kausal und entspricht auch dem Normzweck des Produkthaftungsgesetzes, das vor derartigen Schadensfolgen fehlerhafter Produkte schützen soll.

Die Kausalverläufe sind beim Einsatz fehlerhafter Computerprogramme aber häufig komplizierter. Das gilt insbesondere für die Fälle, in denen die Fehlerhaftigkeit eines Computerprogramms eine abgestufte Ereigniskette in Gang setzt, an deren Ende eine Rechtsgutverletzung eintritt. So kann ein Fehler eines Computerprogramms zu einem Stromausfall führen, in dessen Folge in einem Krankenhaus lebenserhaltende medizinische Geräte ausfallen. Hier wäre zu prüfen, ob der dadurch eingetretene Tod von Patienten eine Rechtsfolge ist, die dem Hersteller des Computerprogramms haftungsrechtlich zuzurechnen ist. An der Äquivalenz des vom fehlerhaften Computerprogramm herbeigeführten Stromausfall für die Rechtsgutverletzung besteht kein Zweifel: Wäre das Programm nicht fehlerhaft gewesen, wären der Strom und damit auch die lebenserhaltenden Geräte nicht ausgefallen und der Tod nicht eingetreten. An dem Zurechnungszusammenhang würde es aber fehlen, weil ein Stromausfall zahlreiche Ursachen haben kann und es zur Lebenserfahrung gehört, daß Stromausfälle immer wieder vorkommen können. Auf dieses Risiko müssen sich Krankenhäuser entsprechend einstellen und eine autonome Stromversorgung durch eigene Notstromaggregate sicherstellen. Der Stromausfall ist ein *allgemeines* Lebensrisiko, das in diesem konkreten Fall dem Hersteller des Computerprogramms nicht mehr zugerechnet werden kann. Die Erben und Versorgungsberechtigten der Getöteten können daher keine Ansprüche aus dem Produkthaftungsgesetz gegenüber dem Hersteller des Computerprogramms geltend machen. Sie sind auf Ansprüche gegenüber dem Krankenhausträger zu verweisen.

Schwieriger wird die Zurechnung von Schadensfolgen dann, wenn die Kausalkette dadurch unterbrochen wird, daß in den Geschehensablauf Menschen eingreifen, die aufgrund von fehlerhaften ›Outputs‹ von elektronischen, von Computerprogrammen gesteuerten Rechnern schadenverursachende Aktionen ausführen, also Handlungen oder Unterlassungen vornehmen. Das Eingreifen von Dritten in den Kausalverlauf kann dazu führen, daß der Kausalverlauf als unterbrochen anzusehen ist. Hier wird es entscheidend darauf ankommen, ob die agierende Person auf die mit dem Computerprogramm ausgegebene (objektivierbare) Information vertrauen durfte oder ob es sich um Informationen handelt, denen Wertungen zugrundelagen. Außerdem wird danach zu fragen sein, ob für die agierenden Personen nach der verstandesmäßigen Aufnahme der ausgegebenen Informationen eine Entscheidungsfreiheit für Handlungsalternativen bestand.

Eine generelle Aussage über die Zurechenbarkeit bei derartigen Kausalverläufen ist schwierig. Es lassen sich aber allgemeine Erwägungen anstellen, von denen bei konkreten Einzelfallentscheidungen ausgegangen werden kann. Diese Erwägungen sollen anhand von Modellfällen entwickelt werden.

3. Die unmittelbaren und mittelbaren Effekte des Programmeinsatzes

Die von Computerprogrammen hervorgebrachten Ergebnisse, die hier Effekte genannt werden sollen, lassen sich grob nach zwei Unterscheidungsmerkmalen differenzieren, nach dem unmittelbaren und nach dem mittelbaren Effekt.

a) Der unmittelbare Effekt

Der Programmlauf des einen Typs von Computerprogrammen führt ohne zwischengeschaltete menschliche Eingriffe in den Handlungsablauf zu unmittelbaren Effekten. Dabei handelt es sich um in Maschinen, elektronische Geräte und Anlagen integrierte Programme, die die zweckbestimmte Verwendung des computergestützt arbeitenden Systems ermöglichen. Der Eingriff von Menschen wird auf das Starten des Programms und möglicherweise auf die ergänzende Eingabe einiger Parameter oder Werte beschränkt. Danach läuft das Computerprogramm selbständig ohne weitere korrigierende oder unterstützende menschliche Eingriffe ab. Effekte dieses Programmtyps treten ohne menschliche Eingriffe ein. Zweck der Programmierung ist es, die Aktion einer technischen Apparatur zu veranlassen oder zu steuern.

Hierfür sollen einige Beispiele genannt werden:

- Das Flugzeug fliegt mit der vom Computerprogramm errechneten Geschwindigkeit zu den betriebswirtschaftlich optimalen Kosten an sein Ziel.
- Das Flugabwehrsystem, das nach einem Mustererkennungsverfahren die Silhouette des anfliegenden Flugzeugs keinem aus der Zivilluftfahrt bekannten Flugzeug zuordnen kann, schießt das unbekannte Flugzeug ab.
- Der Roboter führt die programmierten Tätigkeiten aus, wobei Sensoren Veränderungen in seiner Arbeitsumgebung messen, die der Roboter bei seinen weiteren Aktionen fehlerhaft interpretiert.

- Das Raketenabwehrsystem eines Zerstörers, das die anfliegende Rakete als einen von der eigenen Marine verwendeten Raketentyp erkennt, führt keine Gegenmaßnahmen gegen den Angriff aus, weil es ihn nicht als ›gegnerisch‹ erkennt.
- Das Atomkraftwerk erzeugt unter Hochlastbedingungen Energie, wobei das programmgesteuerte Kontrollsystem etwaige Störungen registriert und anzeigt und erforderlichenfalls selbsttätig angemessen darauf reagiert.

Verursacht eine Fehlfunktion des Systems unmittelbar kausal Personenschäden oder eine Beschädigung an einer anderen, überwiegend privat genutzten Sache, liegt ein Produktfehler im Sinne von § 1 Abs. 1 ProdHaftG vor, durch den ein geschütztes Rechtsgut verletzt wird. Beruht die Fehlfunktion der Maschine auf einem Fehler des integrierten Programms, haftet neben dem Hersteller der Maschine als Endprodukthersteller auch der Hersteller des zugelieferten fehlerhaften Teilprodukts – der Ersteller des Computerprogramms. In diesen Fällen ist das als ›Produkt‹ im Sinne von § 2 ProdHaftG anzusehende Computerprogramm nicht anders als jedes defekte mechanische Teil der Maschine zu betrachten. Hat dieses Teil einen Fehler und führt dieser Fehler zu einem Fehlverhalten des Systems, das wiederum Ursache für die Rechtsgutverletzung ist, so besteht ein unmittelbar kausaler Zusammenhang zwischen dem Fehler des Computerprogramms und der Rechtsgutverletzung. Entsteht durch die Rechtsgutverletzung ein Schaden, so haben – soweit nicht Identität zwischen dem Hersteller des Teilprodukts und dem Hersteller des Endprodukts besteht – beide Hersteller gesamtschuldnerisch den eingetretenen Schaden zu ersetzen[540].

b) *Der mittelbare Effekt*

Computerprogramme in Form von Expertensystemen werden zu dem Zweck entwickelt und genutzt, den Anwendern für ihre Tätigkeiten Entscheidungshilfen zur Verfügung zu stellen. Der programmierte Ablauf des Systems liefert als ›output‹ auf einem Bildschirm oder über ein anderes Ausgabemedium[541] Informationen, die für die weiteren Handlungen der Person, für die diese Informationen ausgegeben werden, bestimmend sind. Das Computerprogramm als Bestandteil eines datenverarbeitenden Systems wirkt als Informationsquelle für den Anwender, der weitere Handlungen, Maßnahmen oder sonstige Aktionen von der Aussage dieser Informationen abhängig macht. Zweck der Program-

---

540 Mögliche gesetzliche Haftungsausschlußgründe aus §§ 1 Abs. 1 S. 2, 1 Abs. 2, 1 Abs. 3 ProdHaftG und Haftungsbeschränkungen aus §§ 6, 10 und 11 ProdHaftG sind zu berücksichtigen.

541 Z.B. Drucker, Lautsprecher, Display, Signallampe, Oszillograph oder sonstige Anzeigeinstrumente beispielsweise für Temperatur, Höhe, Geschwindigkeit, Helligkeit, Aggregatzustand, Laustärke, Druck oder Menge.

mierung ist es, einem Menschen die für dessen weiteren Aktionen erforderlichen Informationen zu ermitteln, zu berechnen und zu liefern. Die Handlungsentscheidung wird vom Menschen getroffen.

Beispiel 1 (Ortungssystem): Das programmgestützte Ortungssystem eines Flugzeugs empfängt die Signale mehrerer Satelliten und seines Bodenentfernungsradars, berechnet die Koordinaten und bestimmt aufgrund dieser Informationen kontinuierlich seine Position im Raum, die dem Piloten über Anzeigeinstrumente mitgeteilt wird. Der Pilot benötigt diese Daten, um nach einem Studium des geografischen Kartenmaterials zu entscheiden, ob Flugrichtung und -höhe zu korrigieren sind[542]. Befindet sich das Flugzeug auf Kollisionskurs auf ein Bergmassiv, *muß* die Flughöhe vom Piloten verändert werden.

Das Wesentliche an diesem Beispiel ist, daß durch Messungen und Berechnungen Daten ausgegeben werden, um Aktionen zu veranlassen, die sich *zwangsläufig* aus den gelieferten Daten ergeben. Die Angabe der Flughöhe läßt dem Piloten nach einem Blick auf die Karte, in der in Flugrichtung ein Bergmassiv verzeichnet ist, nur die Entscheidung, die Flughöhe beizubehalten, weil sie für einen sicheren Überflug über die Berge ausreicht, oder zu steigen, um nicht an dem Gebirgsmassiv zu zerschellen. Ein darüber hinausgehender Entscheidungsspielraum besteht für den Piloten aufgrund dieser Regel nicht. Die gelieferten Daten werden dabei normalerweise nicht in Frage gestellt. Einem vom elektronischen System ausgegebener Wert entspricht demzufolge immer nur eine bestimmte Aktion des Piloten.

Beispiel 2 (medizinisches Expertensystem): Ein medizinisches Expertensystem für die Therapie von diabetes mellitus liefert dem behandelnden Arzt unter Berücksichtigung der gegebenen Werte eines Patienten einen Therapievorschlag. Dem Vorschlag des Expertensystems liegen die klinischen Erfahrungen der Schulmedizin zugrunde. Der Arzt übernimmt diesen Vorschlag bei seiner Entscheidung über die dem Patienten zu verabreichenden Insulingaben. Der Arzt berücksichtigt bei seiner konkreten Therapieentscheidung aber zusätzlich auch eigene Erfahrungen und physische und soziale Patientendaten.

In diesem Beispiel können auf die vom computergestützten Expertensystem ausgegebenen Daten alternativ verschiedene Aktionen folgen. Es ist von vornherein keine Regel vorgesehen, wonach den ausgegebenen Daten genau eine bestimmte Aktion des Anwenders folgen muß. Die Entwickler des Systems gehen wie der anwendende Arzt davon aus, daß die ausgegebene Therapieempfehlung nicht zwingend diejenige ist, die allein dem Wohl des Patienten am be-

[542] Würde das Ortungssystem mit einem geografischen Informationssystem und einem Autopiloten mit dem Ziel verbunden, daß das Steuerungssystem des Flugzeugs selbständig erforderliche Richtungs- oder Höhenänderungen vornimmt, so würde dies ein Beispiel für die ›materiellen Effekte‹ von Computerprogrammen sein: Der Zweck des System ist es, das Flugzeug selbst zu steuern.

sten entspricht. Bei der Empfehlung des Expertensystems besteht wegen der Menge an verarbeitetem Erfahrungswissen und wegen der streng chronologisch erfolgenden Abarbeitung *aller* vorgegebenen Regeln die Vermutung der Fehlerfreiheit und somit der Validität des Vorschlags.

Beispiel 3 (CAD-Programm): Bei dem Entwurf einer Brückenkonstruktion wird von dem Statikbüro, das die Projektträgerschaft übernommen hat, ein speziell für Hochbauingenieure entwickeltes CAD-Programm eingesetzt, in das auch die Rechenregeln für die Berechnung der Statiken der Tragwerkskonstruktion integriert sind. Die berechneten und auf dem Bildschirm und vom Plotter ausgegebenen Daten gehen in den Entwurf der Ingenieure für die Bauausführung ein. Die Rechenregeln und die Berechnungen werden von den Statikern nicht mit konventionellen Methoden überprüft. Nach dem Stand von Wissenschaft und Technik gibt es für die Lösung der Ingenieursaufgabe – den Bau einer Brücke – Alternativen.

4. Die Folgerungen aus den Modellfällen

In den Fällen, in denen Computerprogramme im geschilderten Sinn unmittelbare Effekte auslösen, wird die Kausalkette zwischen fehlerhaftem Computerprogramm und dem eingetretenen Schaden nicht durch eine menschliche Aktion unterbunden. In diesen Fällen wird es in der Regel keine neuen, auf dem Einsatz von Computersystemen beruhenden Probleme bei der Entscheidung über die haftungsbegründende Kausalität zwischen fehlerhaftem Computerprogramm und Rechtsgutverletzung geben.

Kausalitätsprobleme ergeben sich aber in den Fällen, in denen von dem computergestützten System lediglich Daten für Entscheidungshilfen gegeben werden. Diese Computerprogramme zielen darauf ab, den handelnden Menschen die für ihre Handlungsentscheidungen erforderlichen Informationen zu geben. In die Kausalkette zwischen einem fehlerhaftem Programm und der Rechtsgutverletzung wird hier die menschliche Aktion eingebunden. Die Rechtsgutverletzung bei einem Flugzeugabsturz an einem Berg, bei der Verordnung einer zu niedrigen Insulindosis oder bei dem Einsturz einer Brücke folgt aus dem fehlerhaften Produkt ›Computerprogramm‹ insofern nur mittelbar. Die sich daraus ergebende rechtliche Frage ist, ob in den Fällen von schadenverursachenden mittelbaren Effekten von Computerprogrammen eine adäquate haftungsbegründende Kausalität mit der Folge gegeben ist, daß die Rechtsgutverletzung dem Hersteller des fehlerhaften Computerprogramms haftungsrechtlich zugeordnet werden kann.

Im ›Ortungssystem-Beispiel‹ beruht die Aktion (Handlung oder Unterlassung) des Piloten allein auf den ihm vom elektronischen, programmgesteuerten System zur Verfügung gestellten Informationen. Diese Informationen lassen nur *eine* nachfolgende Handlung des Piloten zu. Meldet das System gefährliche Bodennähe, *muß* der Pilot den Bodenabstand vergrößern. Informiert ihn das System darüber, daß ein Strömungsabriß an den Tragflächen droht, *muß* er den Schub erhöhen oder eine andere geeignete, den Absturz verhindernde Maßnahme ergreifen. In jedem Fall *muß* der Pilot den ihm vom programmgesteuerten System gegebenen Informationen vertrauen. Eine Verifizierung der Daten ist nicht vorgesehen und nicht möglich. Betrachtet man das Flugzeug mit seiner flugtechnischen Ausrüstung einschließlich des computergestützten Ortungssystems und den Piloten als eine Einheit, die für das Führen eines Flugzeugs notwendig ist, so wird klar, daß der Pilot den Angaben der Instrumente *zwingend* folgen mußte. Eine Handlungsalternative bestand für ihn nicht. Die Aktion folgte unmittelbar auf die für ihn vertrauenswürdige Angabe auf den Instrumenten.

In diesem Beispiel ist der Mensch als agierende Person prinzipiell durch ein komplexes elektronisches System ersetzbar, wenn das Ortungssystem mit einem geografischen System und dem Autopiloten verbunden wird und das Computerprogramm nur noch unmittelbare Effekte herbeiführt. Liefert das Ortungssystems aufgrund einer fehlerhaften Programmierung falsche Angaben über Position und Höhe, so ist das Computerprogramm fehlerhaft, der Absturz adäquat kausal und der Hersteller für den Schaden verantwortlich.

In diesem Zusammenhang verdient eine Entscheidung eines kalifornischen Berufungsgerichts Interesse, in der ähnliche Überlegungen eine entscheidungserhebliche Rolle spielten[543]. In der Entscheidung ging es um die fehlerhaften Angaben über Pilze in einem vom Beklagten herausgegebenen Pilz-Lexikon, auf die sich die pilzbegeisterten Kläger beim Verspeisen der giftigen Objekte verließen. Fraglich war, ob eine strikte Haftung des Verlags für die in dem Buch abgedruckten Gedanken und Überzeugungen besteht. Dabei hat das Gericht einen Vergleich des Lexikons mit Flugkarten, einem Kompaß und mit Software angestellt und erklärt, daß eine fehlerhafte Software, die nicht die Ergebnisse liefert, die sie aufgrund ihrer Bestimmung liefern sollte, mit einem defekten Kompaß und einer fehlerhaften Flugkarte vergleichbar ist. Sowohl bei dem Kompaß als auch bei der Software handele es sich um hochtechnische Werkzeuge, die einer Person die benötigten Informationen für ihre Tätigkeit liefern. Im Unterschied dazu sei das Lexikon eher ein Buch, das Informationen darüber enthalte, *wie* eine Flugkarte, ein Kompaß oder eine Software zu benutzen sei. Während es sich bei dem Lexikon, einem ›How to Use‹-book lediglich um Gedanken und Meinungen handele, seien die anderen Dinge als technische Werkzeuge physikalisch ›Produkt‹[544]. Ähnlich verhält es sich auch im Flugzeug-Bei-

---

[543] Winter v. G.P.Putnam's Sons, 938 F.2d 1033 (9th Cir. 1991).

[544] Die Bedeutung dieser Entscheidung für das hier behandelte Thema erschöpft sich in die-

spiel. Den vom ›technischen Produkt‹ gelieferten Daten konnte der Pilot vertrauen und folgen. Die Kausalkette wird nicht unterbrochen; die Rechtsgutverletzung ist mit dem Fehler im Computerprogramm kausal verbunden.

Im Beispiel 2 (medizinisches Expertensystem) ist der über die Therapie entscheidende Arzt, der das medizinische Expertensystem bei der Entscheidungsfindung konsultativ heranzieht, nicht wegzudenken. Der verantwortliche Arzt ist in seiner Entscheidung auch insofern autonom, als er sich berufsrechtlich nicht an die Expertensystemempfehlung binden darf. Das Expertensystem ist kein expertenersetzendes, sondern ein expertenunterstützendes System, das im Kontext der medizinischen Entscheidungsfindung neben den ärztlichen Erfahrungen und der wissenschaftlichen Literatur in Verbindung mit den konkreten Befunddaten eingebunden ist. Es liefert zuvor von den Experten auf der Herstellerseite ausgewählte und von den Programmierern in die Expertensystem-Shell und das Regelwerk eingebundene Informationen. Auch wenn nicht verkannt wird, daß die Aussagen des medizinischen Expertensystems auf die Entscheidungsfindung des Arztes einen nicht unwesentlichen Einfluß haben, so wird in diesem Fall die Kausalkette doch unterbrochen, weil von dem Arzt erwartet wird, daß er sein persönliches Expertenwissen kontrollierend und ergänzend berücksichtigt und dadurch eine Revision der Entscheidungs*vorschläge* des medizinischen Expertensystems erfolgen kann. Ein Expertensystem, das aufgrund eines Programmierfehlers des Regelsystems fehlerhaft arbeitet, ist nicht adäquat kausal für die Gesundheitsverletzung bei dem Patienten, der eine zu geringe Insulindosis verabreicht bekam.

Ähnlich gelagert sind die Fälle, in denen fehlerhafte Auskunfts- und Beratungsleistungen aufgrund fehlerhafter Expertensysteme erfolgen[545]. Hier kommt ein Schadensersatz für die Geschädigten aus vertraglichen Ansprüchen gegen den Arzt in Betracht. Deliktische Ansprüche werden häufig schon deswegen auszuschließen sein, weil der Schaden aus einer Vermögenseinbuße besteht.

Das CAD-Programm-Beispiel ist insofern zwischen den beiden vorangegangenen Fällen angesiedelt, als das CAD-Programm im Statik-Modul fehlerhaf-

---

sem Vergleich des Informationen liefernden Computerprogramms mit einem Kompaß. Das Gericht übersieht dabei allerdings, daß auch Computerprogramme ebenso wie ein Buch Informationen liefern können, die den How-to-use-Charakter haben. Schon insofern fehlt es in der Entscheidung an Präzision. Zu weit würde es aber gehen, wollte man diese Entscheidung als weltweit erstes Urteil zur Haftung für fehlerhafte Software bezeichnen oder in dem eher beiläufig gebildeten Beispiel, in dem der Rechtscharakter von Software sicher nicht näher hinterfragt wurde, ein obiter dictum sehen, das Aussagen über die Materialität von Computerprogrammen und über die strikte Haftung für Computerfehler enthält. So aber *Westerdijk*, Computerrecht 1992, S. 145(150); *ders.*, The computer law and security report 1992, S. 273; *Günther*, CR 1993, S. 544.

[545] Siehe das Beispiel aus der steuerrechtlichen Beratungspraxis bei *Reed*, Liability for Computer Software: Producers and Users, in: *Reed* (Hrsg.), Computer Law, 1990, S. 56(71ff.).

te, objektivierbare Rechenregeln verwendet, auf die die Hochbauingenieure aber nicht zwingend zurückgreifen mußten. Anders als im Fall des Ortungssystems im Flugzeug bestand die Möglichkeit, die elektronisch ermittelten Ergebnisse mit herkömmlichen Methoden der Statik zu überprüfen, bei der Tabellen- und Formelsammlungen herangezogen werden und die Berechnungen einzeln nachvollzogen werden. Dieser Fall wird hier so bewertet, daß sich die Anwender des Computerprogramms bei der Lösung der an sie gestellten Aufgabe zwar auf die vom CAD-gelieferten Daten oder auf die ausschließliche Berücksichtigung dieser Daten verzichten konnten, es aber nicht brauchten. Die Verkehrserwartung geht nicht dahin, von einem Ingenieurbüro den Verzicht des Einsatzes moderner, grundsätzlich beherrschter Entwicklungs- und Konstruktionsmethoden zu verlangen. Die Statiker konnten und durften sich darauf verlassen, daß das Statikprogramm richtige Berechnungen liefert. Im Ergebnis wird auch in diesem Einzelfall die adäquate Kausalität zwischen CAD-Programm mit fehlerhaftem Statik-Modul und dem Brückeneinsturz und den damit verbundenen Personen- und Sachschäden bejaht.

5. Zwischenergebnis

Bei einem Fehler eines Computerprogramms, mit dem unmittelbare Effekte erzielt werden sollen, sind die darauf zurückzuführenden Rechtsgutverletzungen in der Regel adäquat kausal herbeigeführt. Die Kausalitätsfrage unterscheidet sich jedenfalls nicht von der Situation, in der ein fehlerhaftes physisches Teil eines Produkts für einen Schaden ursächlich ist.

Werden vom Computerprogramm mittelbare Effekte in dem Sinne bezweckt, daß sie einen ›output‹ für einen Menschen liefern, der seine weiteren Aktionen, also sein Tun oder Unterlassen, an diesem ›output‹ ausrichtet, so kommt es bei der Einzelfallentscheidung wesentlich darauf an, ob die Informationen objektivierbar sind und ob der Rezipient eine eigene Verantwortung für die Entscheidung über Handlungsalternativen hat. Bestehen solche Handlungsalternativen bei Informationen, so dürfte in der Regel keine Kausalität zwischen den fehlerhaften Computerprogrammen und dem Schaden bestehen[546].

[546] Denkbar ist in diesem Fall allerdings auch, daß der Fehler auf fehlerhafte Fachinformationen zurückgeht und in diesem Zusammenhang bereits die Tatbestandsmäßigkeit abzulehnen ist, weil sich bei medizinischen Expertensystemen noch keine berechtigten Sicherheitserwartungen herausgebildet haben, die enttäuscht werden könnten und somit kein Fehler im Sinne von § 3 ProdHaftG vorliegt.

Siebentes Kapitel

Die ersatzpflichtigen Personen

1. Der ›Hersteller‹ nach dem Produkthaftungsgesetz

Nach § 1 Abs. 1 S. 1 ProdHaftG ist der Schaden vom *Hersteller* zu ersetzen. Wer ›Hersteller‹ ist, folgt aus der Legaldefinition in § 4 ProdHaftG. Nach § 4 Abs. 1 ProdHaftG ist Hersteller zunächst derjenige, der ein Endprodukt hergestellt hat. Anders als der Herstellerbegriff bei der deliktischen Produzentenhaftung gilt als Hersteller im Sinne des Produkthaftungsgesetzes aber ausdrücklich auch der Hersteller eines Grundstoffs und eines Teilprodukts. Selbst derjenige, der an einem Produkt seinen Namen oder Markenzeichen anbringt und sich damit gegenüber den Verbrauchern so verhält, als sei er selbst Hersteller, wird rechtlich als (Quasi-)Hersteller behandelt. Ferner ist der sogenannte Drittstaatenimporteur mit dem Hersteller gleichgestellt (§ 4 Abs. 2 ProdHaftG). Schließlich haftet sogar der Lieferant wie der Hersteller, wenn der Hersteller unbekannt ist und der Lieferant nicht binnen eines Monats in der Lage ist, die Identität des Herstellers zu nennen (§ 4 Abs. 3 ProdHaftG). Als Ersatzpflichtige werden folglich nicht allein die Hersteller des Endprodukts betrachtet, sondern alle Personen, die mit besonderer Verantwortung an dem Prozeß der Herstellung und Distribution eines Produkts beteiligt sind[547]. Mit dieser weiten Fassung des Herstellerbegriffs schafft der Gesetzgeber einen lückenlosen Schutz vor fehlerhaften Produkten. Mit diesem weiten Herstellerbegriff unterscheidet sich das Produkthaftungsgesetz in einem wesentlichen Aspekt von der bisherigen deliktischen Produzentenhaftung. Gerade in dieser Hinsicht bringt das Produkthaftungsgesetz tatsächlich einen erheblichen Vorteil für die Geschädigten[548].

Weil einerseits eine Legaldefinition des Begriffs ›Hersteller‹ im Produkthaftungsgesetz fehlt, andererseits eine große Zahl unterschiedlicher Akteure – Hersteller, Teilehersteller, Importeure aus EWR- und Drittländern, Händler – an der Herstellung und am Vertrieb eines Produkts beteiligt sind, kann es im

---

[547] Vgl. die Erläuterungen zum Richtlinienentwurf von 1976, BT-Drs. 7/5812, S. 7.

[548] Ausführlich dazu der grundlegende Beitrag von *Wandt*, BB 1994, S. 1436 (1437ff.). Vgl. auch *Fuchs*, JZ 1994, S. 533(536).

Einzelfall Abgrenzungsprobleme geben, insbesondere bei der Frage, ob ein Unternehmen haftungsrechtlich als Hersteller oder als Händler anzusehen ist, der nur unter den sehr engen Voraussetzungen des §4 Abs. 3 ProdHaftG einzustehen hat. Die folgenden Beispiele zeigen, wer nach dem Produkthaftungsgesetz als Ersatzpflichtiger in Betracht kommen kann.

Ein großer Teil der in Speicherbausteinen enthaltenen Computerprogramme, die in elektronische Systeme integriert werden, und von Individual- und Standardanwendungsprogrammen werden von darauf spezialisierten Unternehmen erstellt. Soweit sie Programme im Auftrag Dritter entwickeln, sind sie Teilehersteller und haften für die von ihnen gelieferten fehlerhaften Programme gesamtschuldnerisch neben dem Endhersteller. Bieten sie die Computerprogramme den Endverbrauchern selbst an, sind sie Endhersteller. In Deutschland als Standardanwendungsprogramme erstellte Software wird direkt oder über Softwarehändler an Endabnehmer unter dem Markennamen des Softwarehauses vertrieben. Andere, in der Europäischen Union oder in Drittländern entwickelte Computerprogramme werden nach Deutschland importiert und von einem Tochterunternehmen des Herstellers oder von anderen Händlern vertrieben. Teilweise wird die importierte Software von einem Unternehmen mit Sitz in Deutschland den speziellen deutschen Bedürfnissen und Normen angepaßt, bevor es hier auf den Markt gebracht wird.

Bei der Entwicklung von Computerprogrammen werden häufig nicht nur Compiler oder Assemblierer von anderen Herstellern benutzt, sondern in steigendem Umfang Hilfsprogramme zur Vereinfachung der Programmentwicklung[549]. In die Programmerstellung fließen häufig auch vorgefertigte Programm-Module ein, die für eine Vielzahl von Anwendungsfällen von einem anderen Unternehmen vorgefertigt sind und als ›Teilprodukt‹ in ein Computerprogramm ›eingebaut‹ werden.

Einige Hersteller von Medizingeräten, Robotern und anderen technischen Geräten, Anlagen und Systemen entwickeln in eigenen Unternehmensbereichen oder Fachabteilungen die Computerprogramme, die – in elektronischen Speicherbausteinen oder Datenträgern integriert – Funktionsabläufe der von ihnen gefertigten Endprodukte steuern. Die Hersteller dieser Teilprodukte sind ebenfalls Endhersteller, weil sie sowohl das Teilprodukt selbst herstellen und es in das Endprodukt integrieren. Die Hersteller von riskanten Systemen, wie Atomanlagen, Flugzeugen und anderen Verkehrsmitteln, Verkehrssteuerungssystemen oder medizinischen Geräten, erstellen die erforderlichen Computerprogramme im eigenen Haus oder in Kooperation mit einem oder mehreren anderen spezialisierten Softwareunternehmen. Andere Computerprogram-

[549] Das Computer Aided Software Engineering (CASE) verwendet mächtige Entwicklungswerkzeuge (CASE-Tools) zur rationellen, strukturierten, überschaubaren und damit sichereren Programmentwicklung.

me werden für ein bestimmtes programmgesteuertes technisches Gerät entwickelt, das von einem anderen Unternehmen als dem Softwarehaus gebaut wird und in das die Software von dem anderen Unternehmen integriert wird.

2. Der Hersteller des Computerprogramm-Endprodukts

Wer Computerprogramme entwickelt und in den Verkehr bringt, haftet nach §4 Abs. 1 S. 1 1. Altern. ProdHaftG dafür, daß die Sicherheitserwartungen, die an das Produkt gestellt werden, nicht verletzt werden. Führt ein Programmfehler zu einem Personenschaden oder zur Beschädigung einer Sache, ist das Software-Unternehmen haftungsrechtlich verantwortlich. Als Hersteller ist anzusehen, wer ein Computerprogramm in eigener Verantwortung entwickelt und produziert.

Abgrenzungsprobleme können dann auftreten, wenn ein Standardanwendungsprogramm von einem anderen Unternehmen bis zur Marktreife entwickelt wurde, dann aber einem anderen Unternehmen überlassen wurde, das nur noch die Vervielfältigung des Programms durch Kopieren auf Datenträger (Disketten) übernimmt, die Datenträger beschriftet und mit dem Begleitmaterial zusammen verpackt. Wenn sich die Tätigkeit darauf beschränkt, das Computerprogramm ohne funktionale Änderung und ohne eine sonstige Tätigkeit, die sich als Produktion bezeichnen ließe, wie Anpassungen des Computerprogramms an bestimmte Hardware oder Betriebssysteme, Drucken von Handbüchern oder Herstellen eigener Verpackungen und Begleitmaterialien, so ist das Unternehmen nur Händler, nicht aber Hersteller.

Aufgrund welcher vertraglichen Beziehung das Computerprogramm hergestellt und in welcher Weise das Produkt in den Verkehr gebracht wurde, ist bei der Feststellung, wer Hersteller ist, unbeachtlich. Auch das Unternehmen, das ein Individualanwendungsprogramm entwickelt und in Verkehr bringt, ist Hersteller i.S. des Produkthaftungsgesetzes und nicht ›Dienstleister‹[550].

Wer das Computerprogramm herstellt und in den Verkehr bringt, gilt auch dann als Hersteller, wenn der Programmfehler nicht erst bei der Programmerstellung im eigenen Unternehmen entstand, sondern bereits in einer Programmkomponente enthalten war, die in das Computerprogramm integriert wurde. Ersatzpflichtiger Hersteller i.S. von §4 Abs. 1 ProdHaftG ist das Softwarehaus auch, wenn es sich bei der Programmierung sogenannter CASE-Tools[551] bedient und der Programmfehler auf die Verwendung eines fehlerhaften Tools zurückgeht. Ebenfalls Hersteller ist der sogenannte Assembler, der mehrere Computerprogramme, die er von anderen Softwarehäusern oder Programmierern

[550] Siehe auch *Rolland*, Produkthaftungsrecht, 1990, §2 Rdnrn. 3f.
[551] CASE = Computer Aided Software Engineering.

bezogen hat, zusammenstellt und – beispielsweise – unter einer Benutzeroberfläche zusammenfügt und dann in den Verkehr bringt[552]. Der Endhersteller eines Computerprogramms haftet somit ohne Rücksicht darauf, ob der zum Schaden führende Fehler bereits dem zugelieferten Programmteil anhaftete.

Hersteller ist das Unternehmen, in dem das Programm hergestellt wurde. Da die Produkthaftung eine verschuldensunabhängige Haftung ist, haftet das Unternehmen, das die Entscheidung über die Herstellung und Vermarktung eines Produkts trifft und das mit der Inverkehrgabe des Computerprogramms verbundene Risiko zu beurteilen vermag. Hersteller sind also nicht die *Mitarbeiter*, auch nicht die angestellten Programmierer, die mit der Herstellung persönlich befaßt waren, und auch nicht die leitende Person im Unternehmen, die für die Qualität des Produkts Verantwortung übernommen hat[553].

3. Der Teilehersteller

Auch derjenige haftet als Hersteller i.S. von § 4 Abs. 1 S. 1 ProdHaftG, der nur einen Teil eines in den Verkehr gebrachten Programms programmiert hat, wenn der schadenverursachende Fehler bereits in dem von ihm gelieferten Teilprodukt enthalten ist.

Die Hersteller von technischen Geräten (Medizingeräten, Waffensystemen, Flugzeugen, Kraftfahrzeugen u.a.m.) sind häufig darauf angewiesen, Computerprogramme für die Steuerung ihrer Geräte von Dritten zu beziehen, die über das erforderliche Programmier-Know-how verfügen. Die Lieferanten der Computerprogramme, die in das herzustellende technische Gerät von einem Endhersteller integriert werden, sind Teilehersteller und haften nach § 4 Abs. 1 ProdHaftG für die Schäden, die aufgrund des fehlerhaften Computerprogramms entstehen. Hat der Hersteller eines Prozeßsteuerungssystems von einem Softwarehersteller als dem Teilehersteller Originalsoftware bezogen und in sein EDV-System integriert, so kommen sowohl der Gesamthersteller als auch der Teilehersteller als ›Hersteller‹ nach dem Produkthaftungsgesetz in Betracht und haben für Nichtvermögensschäden, die aufgrund des integrierten fehlerhaften Computerprogramms eintreten, nach § 5 ProdHaftG i.V.m. § 421 BGB als Gesamtschuldner einzustehen.

Von der Haftung befreit wird der Hersteller des Programmteils dann, wenn der Fehler nur dadurch entsteht, daß die Konstruktion des übrigen Programmteils fehlerhaft ist oder der Fehler auf Anweisungen zurückgeht, die der Empfänger und Weiterverarbeitende der Programmierung zugrundegelegt hat (§ 1

---

[552] *Rolland*, Produkthaftungsrecht, 1990, § 4 Rdnr. 13.

[553] Siehe auch *Schlechtriem*, VersR 1986, S. 1033(1040), und *Rolland*, Produkthaftungsrecht, 1990, § 4 Rdnrn. 5f., 13.

Abs. 3 ProdHaftG). Mit dieser Haftungskette wird dem nachfolgenden Produzenten der Fehler eines zuvor tätigen Herstellers so zugerechnet, als hätte er ihn selbst verursacht. Darin liegt zweifellos eine nicht zu unterschätzende Haftungsverschärfung gegenüber der deliktischen Verschuldenshaftung[554].

4. Der Quasi-Hersteller von Computerprogrammen

§ 4 Abs. 1 S. 2 ProdHaftG sieht auch die Haftung desjenigen vor, der an einem Produkt seinen Namen oder sein Markenzeichen anbringt. Diese Praxis ist aus mehreren Gründen sehr verbreitet. Hersteller von Computerprogrammen integrieren häufig Programm-Module, die sie von einem Programmhersteller lizenziert bekommen haben, und bieten dieses Modul unter einer gemeinsamen Oberfläche unter eigenem Namen an.

Da Hardwarehersteller zunehmend Schwierigkeiten haben, allein mit dem Verkauf ihrer Rechner gewinnbringend auf dem Markt zu operieren, sind auch sie – etwa als OEM-Partner[555] – an dem Vertrieb von fremdproduzierten Computerprogrammen interessiert, die sie mit eigenem Markenzeichen vertreiben. Sie verfolgen damit marketingpolitisch das Ziel, den Eindruck umfassender Kompetenz zu erwecken. Sie übernehmen die Rolle als Hersteller.

Die kleineren Softwarehäuser sind wegen ihres weithin unbekannten Markennamens oft nicht in der Lage, ihr gutes und qualitativ marktfähiges Produkt selbst gewinnbringend zu vermarkten. Sie sehen sich häufig veranlaßt, die ausschließlichen Verwertungsrechte an dem Programm Dritten zu überlassen. Häufig kaufen größere Softwarehäuser von kleineren Anbietern Computerprogramme oder Programmmodule auf, um sie in die eigenen Programme einzubinden oder um ein komplettes Softwarepaket unter eigenem Markenzeichen zu vermarkten. Unter Softwarehäusern ist es auch verbreitet, daß fremdproduzierte Computerprogramme mit dem eigenen Markenzeichen versehen wird, weil es im eigenen Haus an dem erforderlichen Know-how für die Programmierung dieses vom Markt gewünschten Computerprogramms fehlt.

Geben sich ein Hardwarehersteller oder ein Softwarehaus als Hersteller des Programms dadurch aus, daß sie ihren eigenen Namen, ein von ihnen verwendetes Markenzeichen oder ein sonst unterscheidungsfähiges Kennzeichen, mit dem sie in Verbindung gebracht werden, auf dem Produkt anbringen, werden sie als Hersteller im Sinne des Produkthaftungsgesetz betrachtet[556]. Für die deliktische Haftung hatte dies der *Bundesgerichtshof* dagegen wegen nicht erkennbarer eigener Sorgfaltspflichtverletzung abgelehnt[557]. Insofern stellt die

---

554 *Frietsch*, DB 1990, S. 29(33).
555 Vgl. *Bachofer*, CR 1988, S. 1 ff.
556 Siehe auch *F. Graf von Westphalen*, NJW 1990, S. 83(89).
557 *BGH* NJW 1980, 1219(1220) – (Klapprad); *BGH* NJW 1981, 2250(2251) – (Vertriebs-

Produkthaftung eine Haftungsverschärfung dar, weil sich der Geschädigte mit seinem Anspruch auch an den Quasi-Hersteller halten kann[558]. Dieser haftet nach der Rechtsscheinhaftung gemäß § 4 Abs. 1 S. 2 ProdHaftG gegenüber den Geschädigten für die Personen- und Sachschäden, die von dem fehlerhaften Computerprogramm verursacht wurden. Das gleiche gilt auch für sonstige Unternehmen, die fremdproduzierte Programme mit dem eigenen Markenzeichen auf den Markt bringen.

5. Der Importeur von Computerprogrammen

Das Produkthaftungsgesetz sieht bei der Einführung von fehlerhaften Produkten aus Drittstaaten außerhalb des Europäischen Wirtschaftsraums[559] die Haftung des gewerblichen[560] Importeurs neben der Haftung des Herstellers vor. Gemäß § 4 Abs. 2 ProdHaftG haftet neben dem Hersteller auch der Drittstaaten-Importeur, der ein Computerprogramm »zum Zweck des Verkaufs, der Vermietung, des Mietkaufs oder in anderer Form des Vertriebs mit wirtschaftlichem Zweck« einführt[561]. Als Programmimport ist auch die Übermittlung eines Computerprogramms über Datenleitungen oder über Satellit anzusehen. Auch derjenige, der ein Programm in einen Staat des Europäischen Wirtschaftsraums dadurch in den Verkehr bringt, daß er einen Hersteller in einem Drittstaat veranlaßt, ein Programm online auf dem Rechner eines Kunden zu installieren, ist Importeur. Der Importeur wird mit dem Hersteller haftungsrechtlich gleichgestellt.

---

händler). Hierin ist eine der Ursachen für die Gründung von mit dem Hersteller-Unternehmen im Konzern verbundenen Vertriebsgesellschaften zu sehen. In letzter Zeit gehen immer mehr Softwarehäuser dazu über, nicht mehr direkt, sondern über eigene Vertriebsgesellschaften oder unabhängige Dritte an die Endabnehmer auszuliefern.

[558] Vgl. *Wandt*, BB 1994, S. 1436(1437).

[559] Die Erweiterung des räumlichen Bereichs auf den EWR, innerhalb dessen binnenmarktähnliche Verhältnisse bestehen, erfolgte durch Art. 39 des EWR-Ausführungsgesetzes vom 27. April 1993 (BGBl. I S. 512). Das Gesetz verkürzt allerdings den Anhang III Nr. a) ii) zu Art. 23 Nr. c) des Abkommens über den Europäischen Wirtschaftsraum (BGBl. II 1993 S. 267) insofern wesentlich, als die Auswirkung des Inkrafttretens des Luganer Abkommens nicht geregelt wird. Siehe dazu den Regierungsentwurf eines Gesetzes zu dem Übereinkommen vom 16. September 1988 über die gerichtliche Zuständigkeit und die Vollstreckung gerichtlicher Entscheidungen in Zivil- und Handelssachen (Lugano-Übereinkommen), BRat-Drs. 933/93. Siehe zum EWR auch *Streit*, NJW 1994, S. 555(557); *Friedrich*, DB 1994, S. 313(314).

[560] Der Begriff ist weit auszulegen und umfaßt jede geschäftsmäßige oder berufliche Tätigkeit, die nicht lediglich privaten Zwecken dient; vgl. *Rolland*, Produkthaftungsrecht, 1990, § 4 Rdnrn. 58ff.

[561] Die Haftung des Importeurs ist dem Haftungsrecht schon vor der Verabschiedung des Produkthaftungsgesetzes nicht fremd gewesen. Auch nach § 84 AMG und § 3 Abs. 1 GeräteSicherhG wird der Importeur zur Haftung herangezogen. Die Rechtsprechung zur deliktischen Haftung hatte die Haftung ebenfalls auf den Importeur ausgedehnt: *BGH* NJW 1980, 1219 (Klapprad); *BGHZ* 99, 167 (Honda); *BGH* NJW 1994, 517 (Gewindeschneidemittel). Siehe auch *Sack*, VersR 1988, S. 439(441) m.w.N.

Der Importeur, der das schadensursächliche Computerprogramm aus einem Land außerhalb des Europäischen Wirtschaftsraums einführte, kann das Programm auch re-importiert haben. Auch in diesem Fall tritt er neben den Hersteller. Importeur im Sinne des Produkthaftungsgesetzes ist nur derjenige, der das Computerprogramm aus einem Drittland in den Europäischen Wirtschaftsraum einführt. Der Warenverkehr innerhalb des Europäischen Wirtschaftsraums gilt nicht als Überschreiten einer Grenze, weil ein Binnenmarkt besteht und die Rechtsverfolgung gegenüber dem Hersteller, der seinen Sitz innerhalb des Europäischen Wirtschaftsraums hat, aufgrund des Übereinkommens über die gerichtliche Zuständigkeit und die Vollstreckung gerichtlicher Entscheidungen in Zivil- und Handelssachen (GVÜ)[562] als gesichert angesehen wird[563].

Wer ›Hersteller‹ und wer ›Importeur‹ ist, ist bisweilen nur schwierig festzustellen. Wird ein sogenanntes ›Master‹[564] importiert, um davon entsprechend den lizenzvertraglichen[565] Vereinbarungen mit dem Hersteller oder Rechteinhaber das Programm auf Datenträger zu kopieren, diese zu etikettierenn, zu verpacken und in den Verkehr zu bringen, so haftet der Importeur des Masters nicht als originärer Hersteller des Software-Produkts[566].

Versieht der Importeur die eingeführten Computerprogramme mit seinem Namen oder Markenzeichen, haftet er nach § 4 Abs. 1 S. 2 ProdHaftG auch als Quasi-Hersteller gesamtschuldnerisch (§ 5 ProdHaftG/§ 421 BGB) neben dem Hersteller, weil er sich als Hersteller ausgibt. Zum Hersteller im Sinne von § 4 Abs. 1 ProdHaftG wird der Importeur dann, wenn er über das Kopieren des Programms auf den Träger hinaus weitere Produktionsschritte wie die Anpassung an deutsche Zeichensätze, Übersetzungen von Dialogtexten oder Handbüchern, Dateikomprimierungen oder ähnliches vornimmt.

Der Geschädigte kann die Rechtsverfolgung sowohl gegenüber dem Importeur und dem Hersteller oder wahlweise gegen einen von beiden betreiben. Will er kollisionsrechtliche Probleme oder Unwägbarkeiten der Vollstreckung vermeiden, dürfte die Inanspruchnahme des Importeurs der erfolgversprechendere Weg für den Geschädigten sein.

---

[562] GVÜ vom 27. 9. 1968, BGBl. II 1972, S. 773; für die dem Übereinkommen später beigetretenen Staten Großbritannien (BGBl. II 1988 S. 510) und Irland (BGBl. II 1986 S. 1146).

[563] *Rolland*, Produkthaftungsrecht, 1990, § 4 Rdnr. 37, mit Erläuterungen der Privilegierung des ›Importeurs‹ im Binnenmarkt.

[564] Als Master wird – ähnlich wie bei der Musikproduktion – die auf einem entsprechend gekennzeichneten Datenträger gespeicherte und geprüfte ›Originalversion‹ eines Computerprogramms bezeichnet, von dem die weiteren Programmkopien in der Regel kopiert werden.

[565] In diesem Fall ist der Begriff des Lizenzvertrags noch vertretbar, da das Recht eingeräumt wird, ein urheberrechtlich geschütztes Produkt zu kopieren und die Kopien Dritten geschäftsmäßig zu überlassen. Letztlich handelt es sich im urheberrechtlich korrekten Sinn um die Einräumung von Nutzungsrechten.

[566] Ebenso *Rolland*, Produkthaftungsrecht, 1990, § 4 Rdnrn. 11f.

6. Der Händler von Computerprogrammen

Im Sinne einer »Auffanghaftung«[567] bestimmt §4 Abs. 3 ProdHaftG, daß der Händler eines fehlerhaften Produkts dem Geschädigten den entstandenen ersatzfähigen Schaden zu ersetzen hat, wenn weder der (Quasi-)Hersteller noch der Importeur des Produkts festgestellt werden können. Der Händler vermag nach §4 Abs. 3 ProdHaftG den Ersatzanspruch dadurch abzuwehren, daß er innerhalb eines Monats nach dem Zugang der Aufforderung dem Geschädigten entweder den Vorlieferanten oder den Hersteller des Computerprogramms benennt.

Der Gesetzgeber stellt mit dieser Regelung im Interesse des Verbrauchers an einem lückenlosen haftungsrechtlichen Schutz sicher, daß den Geschädigten in jedem Fall ein Haftungsadressat gegenübersteht, auch wenn die Haftung eines Herstellers, der das Risiko eher übersieht und beeinflussen kann, sachnäher wäre. Das Motiv der Händlerhaftung liegt nicht darin, selbst ein Risiko durch eigenes produzentenähnliches Verhalten gesetzt zu haben; es soll vielmehr keine Haftungslücke eintreten, wenn die Hersteller oder Importeure fehlerhafter Computerprogramme im Dunkeln bleiben und zur Verhinderung potentieller Ersatzansprüche nur den Lieferanten agieren lassen. Mit dieser Regelung wird der im Zweifelsfall notwendige Druck auf den Lieferanten ausgeübt, den Vorlieferanten und Hersteller zu nennen und sich aus der Haftung zu befreien.

[567] So die Begründung des Gesetzentwurfs, BT-Drs. 11/1447, S. 20.

Achtes Kapitel

Der Haftungshöchstbetrag und die Selbstbeteiligung

1. Die Haftungshöchstgrenze

Der deutsche Gesetzgeber hat von den in der Richtlinie eingeräumten Optionsmöglichkeiten weitestgehenden Gebrauch gemacht und auch die in Art. 16 Abs. 1 PHRl enthaltene Umsetzungsfreiheit dahingehend genutzt, mit § 10 ProdHaftG einen Haftungshöchstbetrag bei Personenschäden festzusetzen. Die Inanspruchnahme der Optionsmöglichkeit war zu erwarten gewesen, weil Deutschland bei den Beratungen der EG-Produkthaftungsrichtlinie massiv gegen eine zwingende Freigabe des Haftungsumfangs interveniert hatte[568] und die Option der Höchstbegrenzung maßgeblich auf Betreiben von deutscher Seite in die Richtlinie aufgenommen wurde.

Haftungshöchstgrenzen haben in Deutschland zwar eine auf das Reichshaftpflichtgesetz von 1871 zurückreichende ›Tradition‹; es gibt aber zahlreiche Haftungsvorschriften, die keine Haftungsbegrenzung enthalten[569]. Die summenmäßige Beschränkung der Haftung ist im Atomrecht nach massiver Kritik an der Beschränkung als fragwürdige Unternehmerfürsorge[570] und Subventionsregelung[571] vom Gesetzgeber 1985 schließlich wieder aufgehoben worden. Bei den Vorarbeiten zum Gentechnikgesetz hielt die Enquête-Kommission Gentechnik[572] die Haftungsobergrenze wegen der sicherzustellenden »Versicherbarkeit des Risikos« trotz der bekannten Kritik der Rechtswissenschaft an den als Ideologie und als wirtschaftliche Anormalität gebrandmarkten[573] und von

---

[568] *H. Koch*, ZHR 152(1988), S. 537(541); *Hollmann*, DB 1985, S. 2389 und 2439; *Taschner*, NJW 1986, S. 611(613).

[569] Siehe etwa § 22 WHG, §§ 29ff. JagdG, § 833 BGB und nun auch wieder das Atomgesetz, in dem ursprünglich eine Haftungsbegrenzung enthalten war. Zu den kontroversen Diskussionen im Gesetzgebungsverfahren ausführlich *Taschner*, in: *Taschner/Frietsch*, Produkthaftung, 1990, Art. 16 Richtl. RN 4ff.

[570] *H. Hofmann*, Rechtsfragen der atomaren Entsorgung, 1981, S. 91.

[571] So *Pelzer*, Begrenzte und unbegrenzte Haftung im deutschen Atomrecht, 1982, S. 13.

[572] Bericht der Enquête-Kommission »Chancen und Risiken der Gentechnologie«, BT-Drs. 10/6775, S. 294.

[573] Siehe nur *Krämer*, EWG-Verbraucherrecht, 1985, Rz. 324; *Kuckuck*, ZRP 1981, S. 186(187). Vgl. auch *Schmidt-Salzer*, VersR 1991, S. 9(11f.): »Kuriositätenbereich rechtspoliti-

der Rechtswissenschaft mehrheitlich zu Recht als willkürlich[574] abgelehnten Haftungshöchstgrenzen[575] ohne nähere Begründung für erforderlich. Auch im Umwelthaftungsgesetz sind die Haftungshöchstgrenzen des § 15 UmweltHG im Gesetzesentwurf noch nicht enthalten gewesen[576], und auch § 33 GenTG ist erst im Zuge des Gesetzgebungsverfahrens eingefügt worden.

Grundsätzlich verhindern Haftungsobergrenzen das Erreichen eines optimalen Vorsorgeniveaus, weil Hersteller sich auf die Obergrenze einstellen und ihre Vorsorgemaßnahmen dementsprechend einschränken können. Wenn das Überschreiten der Haftungsobergrenzen zwar empirisch nahezu nicht stattfindet und die Versicherungsbeiträge daher von Haftungsobergrenzen nicht nennenswert beeinflußt werden, so bleibt das theoretische Modell, daß eine vollständige Internalisierung nicht erfolgt und die von der Haftungsnorm ausgehenden präventiven Einflüsse durch die Stimulation der innovatorischen Effekte begrenzt werden.

Die Haftungshöchstgrenzen erscheinen wegen ihrer Disparität derart willkürlich, daß die Differenzierungen nicht zuletzt wegen der kollisionsrechtlichen Probleme, die aus der in dieser Frage auch innerhalb der Europäischen Union eingenommenen Sonderrolle Deutschlands resultieren[577], Anlaß zu starken Bedenken geben, zumal es nach wie vor keine nachvollziehbaren und belegten Gründe für ihre Notwendigkeit gibt[578]. Neben dem leicht widerlegbaren Argument der »Rechtstradition«[579] wird die Versicherbarkeit des Haftungsrisikos ins Feld geführt[580]. Diese Erwägung überzeugt schon deswegen nicht, weil sich die Einstandsverpflichtung des Versicherers immer nur im Rahmen der regelmäßig weit unterhalb der Haftungsobergrenze liegenden Deckungsgrenze

---

scher Arabesken«; *Landmann/Rohmer/Rehbinder*, UmweltHG, § 15 Rn. 1: »Ausdruck einer politischen Dezision«.

[574] *H. Hofmann*, Rechtsfragen der atomaren Entsorgung, 1981, S. 91.

[575] Vgl. nur *Lorenz*, ZHR 151(1987), S. 1(33f.): »Die bekannten Argumente (für Haftungsobergrenzen) fanden selbst bei der Versicherungswirtschaft nur halbherzige Argumente«. Kritisch zur Haftungsobergrenze neben anderen *Will*, Quellen erhöhter Gefahr, 1980, S. 305; *Kukkuck*, ZRP 1981, S. 186; *Taschner*, Begrenzung der Gefährdungshaftung durch Höchstsummen?, in: *Schlechtriem/Leser* (Hrsg.), Zum deutschen und internationalen Schuldrecht, 1983, S. 75; *Damm*, JZ 1989, S. 561(567); *Salje*, UmweltHG, München 1993, § 15 Rdnr. 2 m.w.N.

[576] Dazu ausführlich *Salje*, UmweltHG, München 1993, § 15 Rdnr. 2. Der Gesetzentwurf der Bundesregierung zum UmweltHG sah in § 16 ausdrücklich mit der Begründung keine Haftungsobergrenze vor, weil eine sinnvolle Festlegung in diesem Bereich praktisch nicht möglich sei; vgl. BT-Drs. 11/7104.

[577] Dazu insbesondere *H. Koch*, ZHR 152(1988), S. 537(549f.).

[578] Siehe *Lüderitz*, Gefährdung und Schuld im Produkthaftpflichtrecht, in: *Eyrich/ Odersky/ Säcker* (Hrsg.), Festschrift für *Rebmann*, 1989, S. 755(757f.). Für einen Verzicht auf die Option der Haftungsbeschränkung auch *Cahn*, ZIP 1990, S. 482(488).

[579] BT-Drs. 11/2447, S. 24.

[580] Siehe etwa *Deutsch*, Haftung und Rechtsschutz im Gentechnikgesetz, in: UTR Band 14, 1991, S. 115(122).

bewegt[581], wenn nicht eine an der Haftungsobergrenze orientierte Deckungsvorsorge etwa durch eine Haftpflichtversicherung erbracht werden muß (§ 94 AMG, § 36 GenTG, § 19 UmweltHG).

Der Ersatzpflichtige haftet schließlich nach § 10 ProdHaftG bei Personenschäden, die durch ein Produkt oder durch gleiche Produkte mit demselben Fehler verursacht wurden, nur mit einem Höchstbetrag in Höhe von 160 Mio. DM. Immerhin enthält das Produkthaftungsgesetz keine Haftungsbegrenzung bei Sachschäden, wie es in anderen jüngeren Haftungsregelungen, z.B. § 15 UmweltHG, der Fall ist.

Der nationale Gesetzgeber nahm die Option der Produkthaftungsrichtlinie in der – umstrittenen[582] – Weise vor, daß die Haftung nicht nur bei einem in mehreren Produkten enthaltenen Serienfehler begrenzt ist, sondern auch bei Schäden aus einem einzelnen Produkt. In der Logik der Haftungsbegrenzung ist die Argumentation der Begründung des Regierungsentwurfs plausibel, daß eine Haftungsbeschränkung nach dem Prinzip »a minore ad minus« auch bei einem nur einmal aufgetretenen Fehler, also bei einem Nichtserienschaden eintritt[583].

Die Haftungshöchstgrenze ist bei Schäden, die aufgrund von fehlerhaften Computerprogrammen eintreten, relevant. Angesichts der eingangs geschilderten Beispiele des auf Programmfehler zurückzuführenden Versagens technischer Systeme, wie Massenverkehrsmittel und Kraftwerke, sind die Haftungshöchstgrenze von 160 Mio. DM überschreitende Personenschäden denkbar. Geschädigte Personen, die bei einem Überschreiten des Haftungshöchstbetrags nur einen anteiligen, ihren Schaden nicht voll ersetzenden Ausgleich erhalten (§ 10 Abs. 2 ProdHaftG), sind auf den unbegrenzten Schadensersatz der deliktischen Produzenhaftung angewiesen.

---

[581] Ebenso *Canaris*, JBl 1995, S. 2(7f.). Siehe auch *Schmidt-Salzer*, VersR 1991, S. 9(11).

[582] Vgl. vor Verabschiedung der Richtlinie *Micklitz*, ZRP 1978, S. 37; *Taschner*, in: *Taschner/Frietsch*, Produkthaftung, 1990, Art. 16 Richtl. RN 4; *ders.*, Begrenzung der Gefährdungshaftung durch Höchstsummen?, in: *Schlechtriem/Leser* (Hrsg.), Zum deutschen und internationalen Schuldrecht, 1983, S. 75; sowie zum verabschiedeten Produkthaftungsgesetz *Brüggemeier*, ZHR 152(1988), S. 511(532); *von Marschall*, PHI 1991, S. 166(168); *Frietsch*, in: *Taschner/Frietsch*, Produkthaftung, 1990, § 10 ProdHaftG RN 10 m.w.N.

[583] Begründung zu § 10 RegE, BT-Drs. 11/2447, S. 24; zustimmend *Anderle*, Der Haftungsumfang des harmonisierten Produkthaftungsrechts, 1990, S. 72. Kritisch zu den kollisionsrechtlichen Folgen wegen der in der EG nicht harmonisierten Transformation der Regelung *H. Koch*, ZHR 152(1988), S. 537(550f.).

2. Der Selbstbehalt

Bei Sachschäden hat der Geschädigte einen Schaden bis zu einer Höhe von 1.125 DM selbst zu tragen (§ 11 ProdHaftG)[584]. Diese Selbstbeteiligung[585] soll die Prozeßflut eindämmen. Dieses rechtspolitische Ziel dürfte nicht erreichbar sein, da der Weg zu einem vollständigen Ersatz des Schadens über die deliktische Haftung offensteht. Die angestrebte Verfahrensbeschleunigung kann durch diese Regelung konterkariert werden, wenn der Geschädigte zweispurig verfahren und den vollen Schadensbetrag aus der Verschuldenshaftung verlangen kann[586]. In den Fällen, in denen durch den Fehler eines Computerprogramms Sachschäden entstehen, die unter dem Selbstbehalt liegen, hat der Geschädigte nach dem Produkthaftungsgesetz keinen Ersatzanspruch. Bei höheren Schäden ist der Schaden zu ersetzen, der den Betrag von 1.250 DM übersteigt.

[584] Die Summe ergibt sich aus der zwingenden Vorgabe des Art. 9 Satz 1 Buchst. b PHRl, die einen Selbstbehalt in Höhe von 500 ECU vorsieht.

[585] Die Formulierung geht auf den Vorschlag des Bundesrats zurück, während es im Regierungsentwurf noch ›Selbstbehalt‹ hieß; BT-Drs. 11/2447, S. 29f. *Anderle*, Der Haftungsumfang des harmonisierten Produkthaftungsrechts, 1990, nennt den Sachverhalt auch »Abzugsfranchise«.

[586] *Anderle*, Der Haftungsumfang des harmonisierten Produkthaftungsrechts, 1990, S. 151f.

Vierter Teil

Die Produzentenhaftung für fehlerhafte Computerprogramme

Erstes Kapitel

Die Entwicklung und der heutige Stand der deliktischen Produzentenhaftung

1. Einleitung

Bei Schäden, die auf einem Fehler eines Computerprogramms beruhen, kann ein Schadensersatzanspruch aus dem Gesichtspunkt der Produzentenhaftung nach § 823 Abs. 1 BGB in Betracht gezogen werden, wenn Schäden an einem anderen Rechtsgut als am Computerprogramm selbst entstanden sind[1]. Der Zurechnungsgrund der deliktischen Haftung besteht darin, »daß der Schaden die Folge der Verletzung eines Verhaltensstandards ist, dessen Einhaltung die Rechtsordnung unter den konkreten Verhältnissen von einem sorgfältigen Menschen im Interesse eines unvernünftig großen Risikos der Schädigung anderer verlangt«[2].

Die Entwicklung der deliktischen Produzentenhaftung ist eng mit der technischen Entwicklung und den ökonomischen Veränderungen bei Herstellung und Vertrieb von Waren verbunden. Das personale Element der individuellen Warenherstellung ist der Herstellung von technisch anspruchsvollen Massenprodukten und dem Vertrieb über mehrstufige Absatzkanäle gewichen[3]. Der industrielle Hersteller tritt dem Konsumenten regelmäßig nicht mehr direkt gegenüber. Eine Bindung des Konsumenten wird nur noch über Markennamen und Handelsmarken angestrebt.

Mit dieser Entwicklung ist ein Anwachsen von Schadensereignissen durch fehlerhafte Waren einhergegangen, für die der Hersteller nicht eintreten mußte. Die Schadenstragung wurde auf die Geschädigten externalisiert, weil der Geschädigte regelmäßig nicht nur keine Ansprüche gegenüber dem Hersteller, sondern auch nicht gegenüber seinem Vertragspartner, dem Verkäufer der fehlerbehafteten Ware, hatte. Der Anspruch gegenüber dem Vertragspartner be-

---

[1] Vgl. bereits *Kilian*, Haftung, 1986, S. 46; *Astheimer*, PHI 1986, S. 56(59).

[2] *Kötz*, VersR 1982, S. 624(625).

[3] Vgl. *Diederichsen*, Die Haftung des Warenherstellers, 1967, S. 273ff.; *ders.*, NJW 1978, S. 1281.

schränkte sich innerhalb der gesetzlichen oder erweiterten vertraglichen Gewährleistungsfrist auf einen Ausgleich im gestörten Äquivalenzverhältnis. Die vertragsrechtliche Haftung des BGB und ergänzende Normen, wie das Gesetz zur Regelung des Rechts der Allgemeinen Geschäftsbeziehungen, vermochten den Käufer allein in seinem Erfüllungsinteresse, also mit seinem Anspruch auf die fehlerfreie Ware selbst, zu schützen.

Die Defizite dieser haftungsrechtlichen Schadenszuweisung an die Verbraucher und an die Drittbetroffenen sind früh erkannt worden[4]. Die Rechtsprechung hat sich bemüht, die enge Begrenzung auf das Bestandsinteresse und auf Mangelfolgeschäden auszudehnen. Außerdem wurde in Analogie zu den Vorschriften über Leistungsstörungen ein Schadensersatz bei positiver Vertragsverletzung anerkannt. Dennoch wurden damit noch nicht alle Schäden derjenigen erfaßt, die mit dem Hersteller nicht in vertraglicher Beziehung standen. Außerhalb vertraglicher Beziehung zum Hersteller stehende Konsumenten und Drittbetroffene hatten ihren Schaden selbst zu tragen.

2. Die vertragliche Garantiehaftung

Zunächst wurden verschiedene Ansätze der Rechtsfortbildung verfolgt, die weitgehend erfolglos blieben. So wurde etwa daran gedacht, aus dem Verhalten des Herstellers bei der Werbung für sein Produkt, aus dem Renommee des Markenzeichens, aus den Warenbeschreibungen und dem Aufbau eines Kundendienstes das Zustandekommen eines ›stillschweigenden‹ Garantievertrags zwischen dem Hersteller und dem Letztkäufer zu entwickeln, gegenüber dem der Hersteller die Haftung für Mangelschäden übernimmt. Ein solcher Garantievertrag kann aber allenfalls nur dadurch zustande kommen, daß der Hersteller einen Garantieschein ausstellt, der dem Käufer vom Händler übergeben wird, der gewissermaßen als ›Bote‹ tätig wird, und der Käufer seinen Annahmewillen gemäß § 151 BGB durch die Entgegennahme des Garantiescheins zum Ausdruck bringt[5]. Eine auf diese Weise konstruierte Haftungsübernahme auch für Mangel*folge*schäden scheitert schon an der Überstrapazierung zulässiger Auslegungsmethoden. Aus dem (»stillschweigenden«) Verhalten des Herstellers in der Öffentlichkeit läßt sich kein so weitgehender Rechtsbindungswillen des genannten Inhalts unterstellen. Aus der vertraglichen Garantiehaftung läßt

---

[4] Der allgemeine Verbraucherschutzgedanke war einer der wesentlichen Gründe dafür, das Problembewußtsein auch dafür zu schärfen, daß der Endverbraucher bei Schäden aufgrund fehlerhafter Produkte schutzlos war. Dazu näher *Hyung-Bae Kim*, Fehlerbegriff und Haftungsgrund in der Produkthaftung, in: *Leser/Isomura* (Hrsg.), Festschrift für *Kitagawa*, 1992, S. 423 (423f.); *von Hippel*, Verbraucherschutz, 1986, S. 46ff.

[5] Vgl. dazu *Larenz*, Schuldrecht-BT, 1986, § 41a, S. 83; *BGHZ* 78, 369 (Garantiehaftung).

sich keine ›erweiterte‹ Garantiehaftung des Herstellers auch für Mangelfolgeschäden entwickeln[6].

Auch der vertraglichen Konstruktion des »Vertrags mit Schutzwirkung zugunsten Dritter« ist der Erfolg versagt geblieben[7]. Versuche einer Ausdehnung deliktischer Ansprüche und der Erweiterung der vertraglichen und quasivertraglichen Haftung[8] blieben fruchtlos. Nur vereinzelt hatte das Reichsgericht mit den dogmatischen Lehren von der ›Verletzung der Verkehrssicherungspflicht‹[9] und von dem ›Organisationsverschulden‹[10] das Haftungsprivileg zumindest von Großbetrieben weitgehend aufgehoben.

3. Die Beweislastumkehr bei Ansprüchen aus deliktischer Haftung

Nach einer längeren »Experimentierphase«, in der die Anforderungen an die Verkehrspflichten der Hersteller wieder verringert und der Entlastungsbeweis für Großbetriebe wieder zugelassen wurde[11], hat die Rechtsprechung mit überwiegender Zustimmung der Wissenschaft[12] einen Weg über die Ausformung spezifischer, aus dem ex post festgestellten – und bisweilen überzogenen[13] –

[6] Siehe auch *Baumgärtel*, JA 1984, S. 660(661) m.w.N.

[7] *Baumgärtel*, ebenda; siehe auch *Larenz*, Schuldrecht-BT, 1986, § 41a, S. 83, unter Hinweis auf *BGHZ* 75, 75 (Spezialfensterglas).

[8] Vgl. *RGZ* 103, 77 (Saatgut). Siehe zur vertraglichen Produzentenhaftung auch *BGHZ* 64, 46 (Haartonicum).

[9] *RGZ* 78, 109. Siehe dagegen aber unter Hinweis auf *RG* JW 1905, 358 (Kalk), und *RG* JW 1908, 236 (Selterswasser), *Schmidt-Salzer*, NJW 1994, S. 1305(1307): »Die Grundstrukturen dessen, was heute bezeichnet wird als *deliktsrechtliche Produkthaftung*, waren bereits Anfang des Jahrhunderts in der Rechtsprechung des *RG* angelegt.«

[10] So hatte bereits das *Reichsgericht* in den Entscheidungen *RGZ* 163, 21 (Kfz-Bremsen), und *RGZ* 87, 1(4) – (Brunnensalz), versucht, die Haftung des Produzenten über das Deliktsrechts zu begründen, indem es die Entlastungsmöglichkeit des Geschäftsherrn für seine Verrichtungsgehilfen einschränkte. Es entwickelte aus § 831 Abs. 1 BGB eine delegierbare Aufsichtspflicht und eine als Organisationspflicht bezeichnete nicht delegierbare Pflicht, allgemeine Aufsichtseinrichtungen sicherzustellen.

[11] Siehe *BGH* VersR 1955, 765 (Insektenvertilgungsmittel); *BGH* VersR 1956, 410 (Fahrradgabel); *BGH* VersR 1959, 104; BGH VersR 1960, 855 (Kondensomat).

[12] Grundlegend hierzu die Schrift von *von Caemmerer*, Wandlungen des Deliktsrechts, in: *von Caemmerer/Friesenhahn/Lange* (Hrsg.), Festschrift zum hundertjährigen Bestehen des Deutschen Juristentages, Bd. II, 1960, S. 49 (71 ff.).

[13] So beklagt *Kreuzer*, Prinzipien des deutschen außervertraglichen Haftungsrechts, 1971, S. 123(126), daß die ex-post-Aufstellung von übermäßigen Sorgfaltsstandards, die auch von einem durchschnittlich Sorgfältigen nicht erfüllbar sind, in gravierender Weise zur Erosion des Schuldprinzips beitrage. Auch *Meder* JZ 1994, S. 485(490), beklagt die ›Erosion des Verschuldensprinzips‹. Siehe auch *von Caemmerer*, RabelsZ 1978, S. 5(5, 23 ff.); *Will*, Quellen erhöhter Gefahr, 1980, S. 62; *Voegeli*, KJ 1980, S. 135(142 ff.); *Gernhuber*, Bürgerliches Recht, 1991, S. 382; *Laufs*, Deliktische Haftung ohne Verschulden?, in: *Lange/Nörr/Westermann* (Hrsg.), Festschrift für *Gernhuber*, 1993, S. 245(252 f.), und *Schmidt-Salzer*, NJW 1994, 1305, der in der derzeitigen Phase der »‹Selbstverwirklichung‹ des Individuums« ein zu einseitiges Ausschla-

Maßstab der im Verkehr erforderlichen Sorgfalt (§ 276 Abs. 1 S. 2 BGB) entwikkelten verhaltensbezogenen Verkehrssicherungspflichten (Unterlassenshaftung) und Verkehrspflichten (Verletzung normativer Verhaltensstandards)[14], verbunden mit einer Umkehr der Beweislast für das pflichtwidrige und schuldhafte Verhalten des Herstellers und unter Umständen auch für die haftungsbegründende Kausalität[15], gefunden und auf deliktischer Grundlage die Produzentenhaftung als vermutete Verschuldenshaftung bei nachgewiesenem Fehler und nachgewiesenem Schaden entwickelt, die auch neben die vertragliche Haftung treten kann[16]. In der berühmten *Hühnerpest*-Entscheidung[17] hat der *Bundesgerichtshof* bei dem Hersteller eines unwirksamen Hühnerimpfstoffs ein Organisationsverschulden vermutet und ihm angesichts der verbreiteten Beweisnot der Geschädigten nunmehr die Beweislast dafür auferlegt, die Verschuldensvermutung zu widerlegen. Die Beweislast für den Nachweis der Pflichtwidrigkeit ist damit dem Geschädigten genommen worden. Die Beweislastumkehr hatte das überkommene, im 19. Jahrhundert zugunsten unternehmerischer Entfaltungsfreiheit überstrapazierte Verschuldensprinzip durchbrochen[18]. Die Notwendigkeit der Beweislastumkehr begründete das Gericht mit der folgenden Erwägung zur Informationsüberlegenheit des Herstellers:

»Die moderne Entwicklung der Warenproduktion, an der oft nachträglich nur schwer zu ermittelnde Personen oder Maschinen beteiligt sind, und die auf nur vom Fachmann zu durchschauenden und zu kontrollierenden Fertigungsprozessen beruht, verlangt eine

---

gen des »Pendels der gesamtrechtlichen Entwicklung« zugunsten des Verbraucherschutzes sieht (S. 1315). Vgl. jetzt auch *Littbarski*, NJW 1995, S. 217.

[14] Siehe zu der Entwicklung umfassender Verkehrspflichten neben anderen insbesondere *von Bar*, Verkehrspflichten – Richterliche Gefahrensteuerungsgebote im deutschen Deliktsrecht, 1980; *ders.*, JuS 1988, S. 169; *Mertens*, VersR 1980, S. 397; *Canaris*, Schutzgesetze – Verkehrspflichten – Schutzpflichten, in: *Canaris/Diederichsen* (Hrsg.), Festschrift für *Larenz*, 1983, S. 27; *Brüggemeier*, Deliktsrecht, 1986, Rzn 501 ff.; *ders.*, AcP 91 (1991), S. 33. Kritisch zu der von *Brüggemeier* vertieften Differenzierung zwischen Verkehrssicherungspflichten und Verkehrspflichten *Medicus*, Zur deliktischen Eigenhaftung von Organpersonen, in: *Pfister/Will* (Hrsg.), Festschrift für *Lorenz*, 1991, S. 155 (158, Fn 20).

[15] *BGH* JZ 1993, 678 m. Anm. *Foerste* (Mineralwasserflasche). Siehe dagegen noch *BGHZ* 104, 323 (329 f.) = NJW 1988, 2611 m. Anm. *Reinelt* (Limonadenflasche), wonach die Darlegungs- und Beweislast für die Möglichkeit und Zumutbarkeit einer explosionssicheren Fertigung dem Kläger obliegen. Siehe hierzu auch *Winkelmann*, MDR 1989, S. 16; *Emmerich*, JuS 1989, S. 142; *Brinkmann*, DAR 1989, S. 281; *Kellam*, VersR 1991, S. 970; *Foerste*, JZ 1993, S. 680. Grundsätzlich zur Beweislastverteilung der Produkt- und Produzentenhaftung *Arens*, ZZP 1991, S. 123.

[16] *BGHZ* 67, 359 (362 f.) – (Schwimmerschalter); *BGHZ* 116, 104 = NJW 1992, 1039 (1041) = JZ 1993, 671 m. Anm. *Dieter Giesen* = CR 1992, 604 m. Anm. *Hoeren* = JuS 1992, 608 m. Anm. *Emmerich* = ZIP 1992, 410 m. Anm. *Brüggemeier* = LM § 823 (J) BGB Nr. 41 m. Anm. *Teichmann* = BGH EWiR § 823 BGB 4/92, 345 m. Anm. *Foerste* (Salmonellen/Hochzeitsessen).

[17] *BGHZ* 51, 91. Siehe auch die Entscheidung *BGHZ* 80, 186 (196 f.) – (Derosal), und *BGHZ* 116, 104 (Salmonellen/Hochzeitsessen).

[18] *Laufs*, Deliktische Haftung ohne Verschulden?, in: *Lange/Nörr/Westermann* (Hrsg.), Festschrift für *Gernhuber*, 1993, S. 245 (253 f., 257).

Fortbildung des Beweisrechts in der Richtung, wie sie das Gesetz in § 836 BGB vorgezeichnet hat.«[19]

Hierin spiegelt sich der Leitgedanke wider, daß es weitgehend nur dem Herstellers eines Produkts möglich ist, die Schadensrisiken des Produkts vorherzusehen und dementsprechend bei der Entwicklung des Produkts, in der Produktion und bei der Qualitätskontrolle die spätere Verwirklichung des Risikos in Form eines Schadensereignisses zu vermeiden und gegebenenfalls zu versichern. Der Hersteller, so der Leitgedanke, beherrscht die Gefahrenlage eher und kann die (für ihn geringeren) Kosten einer Steigerung der Produktsicherheit oder der Versicherung der Restrisiken über den Preis auf alle Konsumenten aufteilen. Derjenige, der eine Gefahrenquelle schafft, hat auch die *erforderlichen* Sicherheitsvorkehrungen zu treffen. Die Verletzung dieser Verhaltenspflicht führt als Verkehrspflichtverletzung zur Haftung aus § 823 Abs. 1 BGB.

Ökonomisch betrachtet wird durch diese Haftungsverteilung der Schaden vom ›cheapest risk avoider‹ bzw. dessen Versicherer getragen. Die Externalisierung der Kosten auf die Konsumenten oder auf Dritte würde volkswirtschaftlich betrachtet keinen Anreiz zur Vermeidung der Schadensfälle durch Verringerung des Schadensrisikos geben. Nur die Internalisierung führt bei funktionierenden Marktmechanismen und bei Wettbewerb zu verbesserten und sicheren Produkten[20]. Die Schadensabnahme durch Risikoüberwälzung kann auch dazu führen, daß jedenfalls die nicht lebensnotwendigen unsicheren Produkte wegen der betriebswirtschaftlichen Präventionswirkung der Haftungsregelung vom Markt genommen werden müssen, wenn die Kosten für die Verbesserung des Sicherheitsstandards oder für die Versicherung so stark ansteigen, daß die Warenpreise von den Konsumenten nicht mehr akzeptiert werden[21].

Die hiermit vorgenommene Rechtsfortbildung ist von den folgenden Entscheidungen des *Bundesgerichtshofs* bestätigt worden. So hatte er in der *Kupolofen*-Entscheidung[22] entgegen der Auffassung des Berufungsgerichts dem Hersteller die Beweislast dafür auferlegt, daß er als Emittent von Oxydstaub die in der Nachbarschaft abgestellten Fahrzeuge nicht beschädigt habe. Da den Ge-

---

[19] *BGHZ* 51, 91 (Hühnerpest).

[20] Siehe auch *Kilian*, Haftung für Software-Mängel, in: *Gorny/Kilian* (Hrsg.), Computer-Software und Sachmängelhaftung, 1985, S. 19(27f.); *ders.*, CR 1986, S. 187(192); *Bömer*, CR 1989, S. 361(365); *Lehmann*, NJW 1992, S. 1721(1722); *Hall*, Computer/Law Journal 1983, S. 373(395): »The developer has far better information than the consumer about risks of software error and is in a better position to avoid the harm.«, und, in einem Vergleich mit der strikten Haftung für Elektrizität die Erwägungsgründe eines Gerichts referierend (S. 389): »The seller is in a better position to anticipate, protect against, and eliminate possible dangerous electricity overloads, and the seller can more easily absorb or spread or insure against any financial losses which result.« *Lanoue*, San Diego Law Review 1983, S. 439(450): »Strict product liability provides incentive to companies to improve testing and planning of new programs.«

[21] Siehe *Adams*, Ökonomische Analyse der Gefährdungs- und Verschuldenshaftung, 1985, S. 80ff.

[22] *BGHZ* 92, 143(146f.) – (Kupolofen).

schädigten die Einsicht in die Verhältnisse des Produzenten, unter denen er produziere, entzogen sei, habe der Emittent die Vorgänge aufzuklären und sich zu entlasten. Die Beweislastumkehr bezieht sich demnach sowohl auf die innere, wie auf die äußere Sorgfalts-bzw. Verkehrspflichtverletzung. Nach einer jüngeren Entscheidung des VI. Zivilsenats des *Bundesgerichtshofs* finden die Grundsätze zur Umkehr der Beweislast im Bereich des Verschuldens bei der Produzentenhaftung auch auf die Inhaber von Kleinbetrieben[23], was im *Hühnerpest*-Urteil noch offengelassen wurde[24], und auf die in herausgehobener Stellung mitwirkenden Angestellten von Unternehmen[25] Anwendung. Es begegnet allerdings Bedenken, nicht das Unternehmen aufgrund der aus der deliktischen Produzentenhaftung zu entwickelnden Unternehmenshaftung[26] haftungsrechtlich zur Verantwortung zu ziehen, sondern den leitenden Bediensteten eines Herstellers insofern ein unternehmerisches Risiko aufzubürden und sie für den Hersteller haften zu lassen, obwohl ihnen nicht zugleich auch die Vorteile der unternehmerischen Tätigkeit zufließen. Die lediglich an der Stellung und nicht an der Funktion – und der in dieser vorgenommenen Handlung – im Unternehmen anknüpfende Haftung auch der Organmitglieder[27] oder der Gesellschafter[28] ist daher abzulehnen[29]. Die Eigenhaftung eines im Unternehmen für einen eigenen Organisationsbereich verantwortlichen Arbeitnehmers muß darauf abstellen, ob dieser ›den Herstellungsprozeß und die Kontrolle bestimmte

---

[23] *BGHZ* 116, 104 (Salmonellen/Hochzeitsessen) = NJW 1992, 1039(1041): »Der Grundgedanke, der zur Umkehr der Beweislast bei der Produzentenhaftung Anlaß gegeben hat, nämlich die schwere Durchschaubarkeit der Herstellungsvorgänge und der Organisationssphäre im Betrieb des Produzenten für den Verbraucher, gilt ganz allgemein, gleichgültig, ob es sich um einen Groß- oder Kleinbetrieb, um industrielle Fabrikation oder handwerkliche Herstellung handelt.« Siehe auch *Foerste*, EWiR 1992, S. 345; *Emmerich*, JuS 1992, S. 608; *Baumgärtel*, JR 1992, S. 504; *Schmidt-Salzer*, NJW 1992, S. 2871(2871).

[24] *BGHZ* 51, 91(107) – (Hühnerpest).

[25] *BGH* NJW 1975, 1827 (Spannkupplung) = JZ 1976, 524 m. krit. Anm. *Lieb* = BB 1975, 1031 mit zust. Anm. *Schmidt-Salzer* und *F. Graf von Westphalen*; *BGHZ* 109, 297 (Geschäftsführer) = JZ 1990, 486 m. Anm. *Mertens/Mertens* = DB 1990, 268 m. Anm. *Kort* S. 921 und *Krebs/Dylla-Krebs* S. 1271 = EWiR § 823 BGB 1/90, 357 m. Anm. Brüggemeier; *BGHZ* 116, 104 (Salmonellen/Hochzeitsessen) = NJW 1992, 1039(1042). Siehe zur Eigenhaftung des Geschäftsführers *U. Koch*, NJW 1989, 3130(3130); *Medicus*, Zur deliktischen Eigenhaftung von Organpersonen, in: *Pfister/Will* (Hrsg.), Festschrift für *Lorenz*, 1991, S. 155; *Grunewald*, AcP 1990, S. 609; *dies.*, ZHR 157(1993), S. 451; *Lutter*, DB 1994, S. 129; *Thamm*, DB 1994, S. 1021; zu den deliktsrechtlichen Aspekten innerorganisatorischer Funktionsdifferenzierung *Brüggemeier*, AcP 91(1991), S. 33ff.

[26] Dazu näher *Pott/Frieling*, Komm. ProdHaftG, 1992, § 15 Rdnrn. 11ff.

[27] Vgl. *Medicus*, Zur deliktischen Eigenhaftung von Organpersonen, in: *Pfister/Will* (Hrsg.), Festschrift für *Lorenz*, 1991, S. 155ff.; *Grunewald*, ZHR 157(1993), S. 451; *Lutter*, ZHR 157(1993), S. 464, sowie die weiteren Nachweise oben in Fn. 25.

[28] In der Hochzeitsessen-/Salmonellen-Entscheidung (*BGHZ* 116, 104) hatte der *BGH* auf den ›Repräsentanten des Unternehmens‹ abgestellt und eine Haftung der als Gesellschafterin an dem Unternehmen beteiligten Ehefrau des Gaststätteninhabers bejaht.

[29] Vgl. *Rolland*, JuS 1993, S. 568(572); *Brüggemeier*, ZIP 1992, S. 415; *Schmidt-Salzer*, NJW 1992, S. 2871.

und organisierte‹ und der Produktfehler in seinem Organisationsgebiet entstand[30].

4. Die Beweislastverteilung bei den Instruktionspflichten

Die dem Produkt mitgegebenen oder aufgrund der Produktbeobachtung und der in ihrer Folge erkannten Fehler nachgereichten Instruktionen, sowohl Gebrauchs- als auch Warnhinweise, richten sich nicht an den durchschnittlichen, sondern an den erwartbaren Kunden und müssen so umfassend und aussagekräftig sein, daß sie gerade von diesem Kunden verstanden werden können. Damit ist nach Ansicht des *Bundesgerichtshofs* eine Verkehrspflicht angesprochen, die nicht in der dem Kunden verborgenen Sphäre des Produzenten zu beachten ist, sondern gerade von dem Geschädigten beurteilt werden kann. In diesen Fällen soll daher entgegen der im Schrifttum[31] verbreitenen Auffassung weiterhin derjenige die Beweislast für die objektive Verkehrspflichtverletzung tragen, der über die dafür erforderlichen Informationen verfügen kann. Das ist im Falle der *ursprünglichen* Instruktionspflichten auch nach der jüngeren Rechtsprechung des *Bundesgerichtshofs* der Hersteller[32].

Bei den *nachträglichen* Instruktionspflichten hat nach der Rechtsprechung des *Bundesgerichtshofs* dagegen der Geschädigte den Beweis für die Verkehrspflichtverletzung zu erbringen[33], da sich der Geschädigte bei unzulänglichen nachträglichen Instruktionen, die für den eingetretenen Schaden kausal waren, nicht in der gleichen Beweisnot wie bei Konstruktions-und Fabrikationsfehlern

---

[30] *BGH* NJW 1975, 1827 (Spannkupplung). Vgl. dazu auch *Schmidt-Salzer*, NJW 1992, S.2871. Zu berücksichtigen ist die Beschränkung der Arbeitnehmerhaftung gegenüber seinem Arbeitgeber bei fahrlässig verursachten Schäden, wobei es auf das Kriterium der Gefahrgeneigtheit der Tätigkeit nicht mehr ankommt; siehe dazu den Vorlagenbeschluß des Großen Senats des *Bundesarbeitsgerichts* vom 12.6. 1992 (DB 1993, 939) und den Beschluß des VI. Zivilsenats des *Bundesgerichtshofs* vom 23.9. 1993 (DB 1994, 428), mit dem er sich der Rechtsauffassung des Bundesarbeitsgerichts im Ergebnis anschließt; bestätigt durch *BAG* 1995, 1179 (Flugbegleiterin).

[31] Vgl. *Lorenz*, AcP 170(1970), S.367(391); *Stoll*, AcP 176(1976), S.145(170); *Baumgärtel*, JA 1984, S.660(665f.).

[32] *BGHZ* 116, 60 (Milupa).

[33] So der *BGH* erstmals in *BGHZ* 80, 186 (Derosal/Apfelschorf I) = NJW 1981, 1603(1605f.). Siehe auch *BGHZ* 80, 196(205) – (Benomyl/Apfelschorf II); *Fahrenhorst*, JuS 1994, S.288; *Emmerich*, JuS 1992, S.520. Zustimmend *F. Graf von Westphalen*, Jura 1983, S.281(281), im Anschluß an *Schmidt-Salzer*, Entscheidungssammlung Produkthaftung, Band II, Anm. zu Nr. II 68 (S.480). Nach anderer Auffassung zählen die Instruktionsfehler grundsätzlich zum Bereich der objektiven Produktfehler, in dem die Beweiserleichterungen zugunsten des Geschädigten wirksam werden; siehe *Brüggemeier*, ZHR 152(1988), S.511(519f.); *Hager*, PHI 1991, S.2 (7); *Arens*, ZZP 1991, S.123(126) in Anm. 16 m.w.N.; *Huth*, Die Bedeutung technischer Normen für die Haftung des Warenherstellers nach §823 BGB und dem Produkthaftungsgesetz, 1992, S.112ff.; *Cahn*, EWiR 1992, S.35; *Kim*, Fehlerbegriff und Haftungsgrund in der Produkthaftung, in: *Leser/Isomura* (Hrsg.), Festschrift für *Kitagawa*, 1992, S.423 (430).

befindet. Hier ist es Angelegenheit des Geschädigten, anhand von einschlägigen Veröffentlichungen und Erfahrungen den Nachweis der objektiven Pflichtverletzung zu erbringen. Es ist Aufgabe des Anspruchstellers, den Nachweis zu führen, daß der Hersteller seine (nachträgliche, aus der Produktbeobachtung abgeleitete) Instruktionspflicht deshalb verletzt hat, weil dieser nach dem jeweils maßgebenden Stand von Wissenschaft und Technik die Gefahr hat erkennen können und zumutbare Möglichkeiten der Gefahrenabwehr vorhanden gewesen sind.

In diesen Fällen ist auch nach der höchstrichterlichen Rechtsprechung kein Grund dafür ersichtlich, die Benutzer einer Ware entgegen der nach dem Gesetz grundsätzlich geltenden Beweisregel hinsichtlich des objektiven Tatbestands besser zu stellen als den Hersteller der Ware[34]. Der *Bundesgerichtshof* hat seine Entscheidung zur Beweislastverteilung hinsichtlich der Instruktionspflichten in späteren Entscheidungen bestätigt[35]. Danach umfaßt die Beweislastumkehr bei der Instruktionshaftung das Verschulden, nicht aber die objektive Pflichtwidrigkeit[36]. Ist der Nachweis erbracht, wird das Verschulden des Herstellers vermutet, so daß dieser den Entlastungsbeweis zu erbringen habe, daß er den Instruktionsfehler nicht verschuldet hat[37].

Bei den ursprünglichen Instruktionspflichten ist die Beweislage dagegen unverändert: Der Hersteller hat, wenn eine Verletzung eines Rechts oder Rechtsguts und ein Schaden sowie die Kausalität nachgewiesen ist, die Vermutung zu entkräften, daß er die fehlerhafte Herstellerinformation zu vertreten hat[38].

5. Die deliktischen Gefahrabwendungspflichten

Die Herausbildung von technischen Standards im (öffentlichen) Sicherheits- und Technikrecht erleichtert die Grenzziehung zwischen dem hinzunehmenden erlaubten Risiko und dem unerlaubten Risiko, bei dem von einer abzuwehrenden Gefahr gesprochen werden kann. Im technischen Sicherheitsrecht sind daher eine Vielzahl von technischen Standards entwickelt worden, die die Hersteller und Betreiber technischer Anlagen zu beachten haben. Abgesehen von dem aufgehobenen §6 Abs.2 BDSG a.F.[39] sind aber keine *gesetzlichen* techni-

---

[34] *BGHZ* 80, 186(197ff.) – (Derosal/Apfelschorf I).

[35] Siehe nur *BGH* NJW 1987, 372 (Verzinkungsspray); *BGHZ* 99, 167(181) – (Honda).

[36] Anders lag der Sachverhalt und damit die Beweislast in der Milupa-Entscheidung, *BGHZ* 116, 60; siehe dazu *Tiedtke*, Die Haftung des Produzenten für die Verletzung von Warnpflichten, in: *Lange/Nörr/Westermann* (Hrsg.), Festschrift für *Gernhuber*, 1993, S.471(477ff.).

[37] *Schmidt-Salzer*, BB 1981, S.1041(1043).

[38] *BGHZ* 116, 60 (Milupa).

[39] In §6 Abs.2 BDSG a.F. war eine neue technische Regel über den ›Stand der Technik und der Organisation‹ kreiert worden, der als ›Entwicklungsstand fortschrittlicher Verfahren, Einrichtungen oder Betriebsweisen definiert wurde, der die praktische Eignung als Maßnahme

schen Normen vorhanden, die sich unmittelbar auf die elektronische Datenverarbeitung, das Softwareengineering oder das Produkt ›Computerprogramm‹ beziehen[40]. Die spezifischen, mit fehlerhaften Computerprogrammen verbundenen Risiken erschienen den europäischen oder nationalen Gesetz- und Verordnungsgebern bislang noch nicht als derart gravierend, als daß sich die Risiken bereits zu einer abzuwendenden Gefahr verdichtet hätten und durch sicherheitstechnische Gesetze oder Verordnungen mit *konkreten* technischen Sicherheitsstandards oder mit einer Bezugnahme auf technische Normen abzuwehren wären. Auch die einschlägigen Normungsausschüsse in Europa oder in Deutschland haben zur Sicherheit von Computerprogrammen noch keine Sicherheitsanforderungen erarbeitet, die die erforderlichen Qualitätssicherungsmaßnahmen hinreichend klar beschreiben. Die in diesem Zusammenhang genannten »Kriterien für die Bewertung der Sicherheit von Systemen der Informationstechnik (ITSEC)« des Bundesamts für Sicherheit in der Informationstechnik (BSI)[41] enthalten lediglich Sicherheitsstandards, um die Vertraulichkeit, die Integrität und die Verfügbarkeit von *Daten* eines Systems zu gewährleisten. Im Hinblick auf diese Ziele wirken die ITSEC auch auf Programmiermethoden, die diese Sicherheitskriterien gewährleisten sollen[42].

Rechtsnormen aus dem Bereich des Sicherheitsrechts, aus denen sich konkrete Anforderungen an Computerprogramme ergeben, oder technische Standards, die über die ITSEC hinaus den Stand von Wissenschaft und Technik auf dem Gebiet des Software Engineering festlegen, gibt es weltweit noch nicht. Die mit Computersystemen verbundenen Risiken werden ohne Einschränkungen durch *technisches Sicherheitsrecht* von der Rechtsordnung geduldet. Das bestehende Risiko wird als sozialadäquat und damit hinnehmbar angesehen[43].

Es kann von der Rechtsordnung allerdings auch kaum erwartet werden, daß

---

zur Gewährleistung der Durchführung des Gesetzes gesichert erscheinen läßt. Bei der Bestimmung des ›Standes der Technik und Organisation‹ sollten insbesondere vergleichbare Verfahren, Einrichtungen oder Betriebsweisen herangezogen werden, die mit Erfolg im Betrieb erprobt worden sind. Eine diesem Absatz 2 entsprechende Regelung ist in dem § 9 BDSG n.F. vom 20.12. 1990 (BGBl. I S. 2954) nicht mehr enthalten.

[40] Damit sind auch deliktische Ansprüche aus § 823 Abs. 2 BGB i.V. mit einem Schutzgesetz, als das eine *gesetzliche* technische Sicherheitsregel anzusehen ist, weitgehend bedeutungslos. Zu beachten ist aber § 823 Abs. 2 BGB in Verbindung mit dem BDSG/LDSG bei einem Schadenseintritt der auf *unrichtiger* Verarbeitung personenbezogener Daten beruht (dazu mehr S. 267ff.) und in Verbindung mit einem Schutzgesetz wie z.B. das Gerätesicherheitsgesetz bei der Inverkehrgabe eines fehlerhaften Produkts, in das das Computerprogramm integriert ist. Siehe zu den haftungsrechtlichen Aspekten der Standardisierung auf dem Gebiet der Informationstechnologie *Stuurman*, Technische normen en recht, 1995.

[41] Abgedruckt auch bei *F.A. Koch*, Computer-Vertragsrecht, 1993, Teil 5, S. 43ff. und S. 171 (jetzt: Materialband 1 zum Loseblattwerk).

[42] Dazu noch näher unten, S. 249.

[43] Zur Abwehr von Gefahren durch technische Regeln *BVerfGE* 49, 89(135) – (Kalkar); *Marburger*, Das technische Risiko als Rechtsproblem, in: *Gesellschaft für Rechtspolitik Trier* (Hrsg.), Bitburger Gespräche, 1981, S. 39(52); *Berg*, JZ 1985, S. 401(403).

auf den Gebieten der elektronischen Datenverarbeitung und des Software Engineering *detaillierte* Beschaffenheitsangaben formuliert werden, zu deren Einhaltung die Softwareindustrie verpflichtet wird. Abgesehen davon, daß die Ausformulierung derartiger konkreter Standards angesichts der unterschiedlichen, von Computerprogrammen zu erfüllenden Aufgaben auf sehr verschiedenen Hardwareplattformen und angesichts einer Vielzahl zur Verfügung stehender Programmiersprachen, Engineeringmethoden und Qualitätssicherungsverfahren kaum möglich erscheint, wäre eine derartige Festschreibung auch nicht wünschenswert. Dem damit verbundenen kleinen Vorteil an Rechtssicherheit steht entgegen, daß eine derartige Festschreibung durch verbindliche Beschaffenheitsangaben die schnelle Entwicklung des technischen Fortschritts auf dem Gebiet der Computertechnologie behindern würde[44]. Auch aus diesem Grund haben sich – von den Kriterien für die Bewertung der Sicherheit von Systemen der Informationstechnik (ITSEC) abgesehen, die auf die Vertraulichkeit, die Integrität und die Verfügbarkeit von *Daten* abzielen, – nur für technische Arbeitsmittel[45] und für eine Reihe ausdrücklich genannter Produkte[46] konkrete technische Sicherheitsnormen herausgebildet[47], bei deren Nichtbe-

[44] Einige DIN-Vorschriften, die Standards für die Dokumentation bei Softwareprojekten aufstellen, werden heute schon nicht mehr beachtet, weil sie sich als hinderlich erweisen und keinen Vorteil für die Nutzer brächten; vgl. dazu *Lesshaft*, CR 1989, S. 146 und 246(148f.). Auch innerhalb der Europäischen Union wurde das Ziel der Rechtsangleichung der Produktsicherheitsvorschriften mit detaillierten technischen Vorgaben und Detailspezifikationen für Produktgruppen wegen der schwerfälligen Anpassungsverfahren aufgegeben; siehe dazu *Joerges/Falke/Micklitz/Brüggemeier*, Die Sicherheit von Konsumgütern und die Entwicklung der Europäischen Gemeinschaft, 1988, S. 305ff. Beschlossen wurde eine Richtlinie über die *allgemeine* Produktsicherheit; EG-Richtlinie vom 29. Juni 1992 (ABl. EG Nr. L 228/24), die bis zum Juni 1994 in nationales Recht hätte umgesetzt werden müssen.

[45] Gerätesicherheitsgesetz/GSG – Gesetz über technische Arbeitsmittel vom 24. 6. 1968 (BGBl. I S. 717).

[46] Siehe etwa die Verordnung über Dampfkesselanlagen vom 27.2. 1980 (BGBl. I S. 173) oder die auf dem GSG beruhende Verordnung über die Sicherheit medizinisch-technischer Geräte (Medizingeräteverordnung) vom 14.1. 1985 (BGBl. I S. 93).

[47] Nach dem ›Vorschlag für eine Richtlinie über die allgemeine Produktsicherheit‹ vom 27. April 1989 (Abl. EG Nr. C vom 31. 7.1989, 193/1) sollte nach Art. 5 Abs. 2 ein Produkt in Ermangelung spezifischer Vorschriften dann den allgemeinen Sicherheitsanforderungen entsprechen, wenn es dem Stand von Wissenschaft und Technik einschließlich dessen praktischer Durchführkeit genügt. In Art. 4 Abs. 2 der beschlossenen EG-Richtlinie über die allgemeine Produktsicherheit vom 29. Juni 1992 (ABl. EG Nr. L 228/24) heißt es nun: »In Ermangelung einer spezifischen Vorschrift im Sinne von Absatz 1 wird die Übereinstimmung eines Produkts mit der allgemeinen Sicherheitsanforderung unter Berücksichtigung der innerstaatlichen unverbindlichen Normen, die eine europäische Norm umsetzen, etwaiger technischer Spezifikationen der Gemeinschaft oder andernfalls der Normen des Mitgliedstaats, in dem sich das Produkt im Verkehr befindet, der auf dem Gebiet der Gesundheit und der Sicherheit bestehenden Verhaltenskodizes des betreffenden Bereichs oder aber anhand des Stands der Kenntnisse und der Technik sowie der Sicherheit, welche die Verbraucher billigerweise erwarten dürfen, bewertet.«

achtung auch das (privatrechtliche) Haftungsrecht von einen Fehler des Produkts bzw. die Verletzung von Verkehrspflichten annehmen kann.

Die deliktische Haftung kommt bekanntlich nicht erst bei einer Verletzung gesetzlicher Schutzvorschriften über §823 Abs. 2 BGB zum Tragen. Der Grund der Schadenszurechnung liegt bei der Verschuldenshaftung aus §823 Abs. 1 BGB darin, daß der Schaden auf eine schuldhafte rechtswidrige Handlung zurückzuführen ist. Die Rechtswidrigkeit beruht bei der Produzentenhaftung auf der Verletzung einer Verkehrspflicht[48]. Von den Verkehrspflichten spricht man, wenn es um den Schutz des allgemeinen Rechtsverkehrs in der Gesellschaft geht[49]. Genauer: Als Verkehrspflichten sind die Verhaltensstandards anzusehen, deren Einhaltung die Rechtsordnung im Interesse der Vermeidung eines unvernünftig großen Risikos der Schädigung anderer von einem sorgfältigen Menschen verlangt[50]. Diese deliktischen Gefahrabwendungspflichten des Warenherstellers, deren Verletzung zur Haftung des Produzenten führt, bilden kein eigenes Rechtsinstitut, wie es *Diederichsen*[51] meinte. Sie sind vielmehr Anwendungsbeispiele der allgemeinen Verkehrspflichten[52]. In den Verkehrspflichten sieht *von Bar* zutreffend »eine partielle Generalklausel zum Schutz vor und zum Ausgleich von mittelbaren Rechts- und Rechtsgutverletzungen«[53]. Mit der Verletzung dieses gebotenen Verhaltens der Beachtung der Verkehrspflichten wird auch die geforderte »äußere Sorgfalt« zusammenfallen, so daß im Rahmen der Verschuldensprüfung nur noch festzustellen ist, ob die »innere Sorgfalt« beachtet wurde[54]. Das ist der Fall, wenn der Produzent nicht erkennen konnte oder nicht erkennen mußte, daß er aufgrund der erforderlichen ›Verkehrssicherheit‹ zu bestimmten Maßnahmen verpflichtet war. Die Produzentenhaftung ist daher eine rein verhaltensbezogene Haftung.

Vom Hersteller[55] wird erwartet, daß er die Gebrauchssicherheit, die »höch-

[48] Zur Kritik an der dogmatischen Anknüpfung an §823 Abs. 1 BGB und nicht an §823 Abs. 2 BGB, wo die Verletzung von positiven Verhaltensstandards besser berücksichtigt werden könne, *Jost*, Vertragslose Auskunfts- und Beratungshaftung, 1992, S. 183ff.

[49] So *von Bar*, JuS 1988, S. 169(169).

[50] *Kötz*, VersR 1982, S. 624(625).

[51] *Diederichsen*, NJW 1978, S. 1281(1283).

[52] Siehe neben anderen *Kullmann*, WM 1978, S. 210; *Schmidt-Salzer*, BB 1979, S. 1(2). Vgl. auch *BGH* 86, 256(258) – (Gaszug).

[53] Von Bar, JuS 1988, S. 169(170).

[54] So auch *von Bar*, Verkehrspflichten – Richterliche Gefahrensteuerungsgebote im deutschen Deliktsrecht, 1980, S. 172ff.; *Fabarius*, Äußere und innere Sorgfalt, 1991, S. 109ff. *BGHZ* 116, 60 (Kindertee) = WM 1992, 105(106): »Steht in einem Produkthaftungsprozeß fest, daß ein Hersteller objektiv seine Instruktionspflichten bei der Inverkehrgabe eines seiner Produkte verletzt hat, dann ist davon auszugehen, daß die Verletzung dieser Pflichten schuldhaft erfolgt ist, sofern der Hersteller nicht den Beweis führt, daß ihn kein Verschulden trifft.«

[55] Eigene, händlerspezifische Verkehrspflichten treffen die Importeure und Händler, die ein Produkt in den Verkehr bringen. Sie haben eigene Verhaltenspflichten, die Sicherheit durch geeignete Lagerung, unter Umständen durch Produktkontrollen und Untersuchungen,

ste Betriebssicherheit«[56], seiner Produkte gewährleistet. Dabei ist es unerheblich, ob es sich um industrielle Produkte, zu denen technische Anlagen[57] und Konsumgüter[58], Nahrungsmittel[59] oder gar Industrieabfälle[60] und Altlasten[61] zahlen, oder um sonstige Erzeugnisse gewerblicher Tätigkeiten wie Trinkwasser aus Wasserwerken[62] oder Speisen in Gaststätten[63]. Ob die Betriebssicherheit vorliegt, beurteilt sich nach der *BGH*- Rechtsprechung nach dem ›Stand der Technik‹[64]. ›Stand der Technik‹ ist, was bisweilen übersehen wird, ein anderer Standard als der ›Stand von Wissenschaft und Technik‹ oder der Stand, der ›den anerkannten Regeln der Technik‹ gerecht wird[65]. Generell läßt sich aber festhalten, daß die Wahrung technischer Standards durch einen Hersteller auf der Ebene der Verkehrspflichtverletzung zu prüfen sind.

Allein auf den auch im öffentlichen Recht nicht unumstrittenen Begriff »Stand der Technik« als Kriterium für die haftungsrechtlichen Sorgfaltspflichten abzustellen, erscheint problematisch, weil der Produzent diejenigen Maßnahmen ergreifen muß, die geboten und zumutbar sind. Dazu gehören aber nicht nur die Maßnahmen, die technisch bereits eingeführt und bei der Herstellung erprobt sind (Stand der Technik), sondern auch die Maßnahmen, die bekannt sind und berücksichtigt werden können (Stand von Wissenschaft und Technik). Nicht der ›Stand der Technik‹, sondern nur der ›Stand von Wis-

---

durch Instruktion der Kunden und durch eigene Marktbeobachtung zu gewährleisten. Eine uneingeschränkte Quasi-Herstellerhaftung und damit die völlige haftungsrechtliche Gleichstellung wird abgelehnt. Vgl. *Köhler*, BB-Beilage 4/1985, S. 10(10f.); *Brüggemeier*, Deliktsrecht, 1986, Rz 603ff.; *BGH* NJW 1968, 2238 (Dieselöl); *BGH* NJW 1980, 1219 = BB 1980, 443 m. Anm. *Schmidt-Salzer* = DB 1980, 775 m. Anm. *Brinkmann* (Klapprad); *BGHZ* 99, 167 (Honda); *BGH* NJW 1994, 517(519) = DB 1994, 420(421) – (Gewindeschneidemittel).

[56] *BGH* VersR 1952, 552(553). Gefordert ist zwar keine Ausschaltung aller denkbaren Gefahren, sondern das, was den Umständen nach erforderlich und zumutbar ist, vgl. *Köhler*, BB-Beilage 4/1985, S. 10(10). Tatsächlich sind die ex post-Anforderungen des BGH an die Verhaltenspflichten der Hersteller so hoch und übersteiegn häufig die üblicherweise erwartete Sorgfalt in einer Weise, daß tatsächlich die »bestmögliche Sicherheit« erwartet und ihr Nichteintritt zur Haftung führt.

[57] *BGHZ* 67, 359 (Schwimmerschalter); *BGH* VersR 1972, 559.

[58] *BGHZ* 48, 118 (Eigenschaftszusicherung).

[59] *BGHZ* 59, 303 (Wasserversorgung).

[60] *BGH* NJW 1976, 46 = VersR 1976, 62 (Ölabfälle).

[61] Vgl. dazu *Diederichsen*, BB 1986, S. 1723(1726).

[62] *BGH* VersR 1973, 33(35).

[63] *OLG Frankfurt* VersR 1982, 151 (Zigeunersalat); *BGHZ* 116,104 (Salmonellen/Hochzeitsessen).

[64] Vgl. *BGHZ* 92, 143(146) – (Kupolofen); MünchKomm-*Mertens*, § 823, RdNr. 293ff. m.w.N.

[65] *BGH* JZ 1985, 99 (Konstruktionsfehler); *BGHZ* 48, 310 (311) – (Flachdach). Ausführlich dazu m.w.N. *Marburger*, Die Regeln der Technik im Recht, 1979; *ders.*, VersR 1983, S. 597ff.; *ders.*, BB-Beilage 4/1985, S. 16ff.; *Helmut Köhler*, BB-Beilage 4/1985, S. 10ff.; *Huth*, Die Bedeutung technischer Normen für die Haftung des Warenherstellers nach § 823 BGB und dem Produkthaftungsgesetz, 1992, S. 54ff.; *Stuurman*, Technische normen en recht, 1995; *Nicklisch*, BB 1983, S. 261ff.; *Brüggemeier*, Deliktsrecht, 1986, Rz 546ff.

senschaft und Technik‹ bedeutet die Berücksichtigung der Gesamtheit der neuesten Erkenntnisse im Rahmen dieses technischen Standards. Die Vertreter der Auffassung, die einen ›Stand der Technik‹ als ausreichend ansehen wollen, berufen sich darauf, daß eine optimale Gefahrsteuerung nur dann gewährleistet sei, wenn die praktische Eignung der Technik »durch eine erfolgreiche Erprobung unter den üblichen Betriebsbedingungen bei gleichen technologischen Verhältnissen nachgewiesen ist oder jedenfalls gesichert erscheint«[66].

Die Anforderungen an die Sorgfalt des Produzenten, der dafür einzustehen hat, daß seine auf dem Markt angebotenen Produkte sicher sind und von ihnen keine irgendwie gearteten Gefahren für die Allgemeinheit ausgehen, steigen mit dem möglichen Ausmaß der Gefahr und der Möglichkeit des Schadenseintritts. Die Sicherheitsanforderungen sind am höchsten, wenn das Leben oder die Gesundheit eines Menschen potentiell bedroht sind. Bei Risiken für andere absolut geschützte Rechtsgüter wachsen die Anforderungen an die Betriebssicherheit des Produkts und an Instruktions-und Produktbeobachtungspflichten mit der Wahrscheinlichkeit eines Schadenseintritts und der Gefährlichkeit des Produkts[67]. Die Berücksichtigung allein des ›Standes der Technik‹ reichen dann nicht aus[68]; geboten ist die Beachtung aller Informationen, die die Produktsicherheit erhöhen könnten, mithin der ›Stand von Wissenschaft und Technik‹. Da das technische Regelwerk häufig selbst hinter dem Stand der Technik zurückbleibt[69], sind über die Anforderungen aus den technischen Normen hin-

---

[66] So *Simon/Wieckhorst*, Produkthaftung – Ein Überblick über die Rechtssituation in der Bundesrepublik, 1989, S. 8, unter Bezugnahme auf *Marburger*, Die Regeln der Technik im Recht, 1984, S. 161.

[67] Näher dazu *BGHZ* 99, 167 (175) – (Honda); *OLG Düsseldorf* NJW-RR 1992, 534(535) – (Saunaaufguß). Unterschieden wird zwischen aktiver Produktbeobachtungspflicht, nach der der Hersteller zum Aufbau einer den Markt und die Bewährung des Produkts in der Praxis beobachtenden Betriebsorganisation verpflichtet ist, und einer vornehmlich Importeure und Großhändler treffenden passiven Produktbeobachtungspflicht, aufgrund der zumindest Produktbeanstandungen zu überprüfen sind; siehe dazu *Kullmann*, Aktuelle Rechtsfragen der Produkthaftpflicht, 1993, S. 67; *BGH* NJW 1994, 517 (519) = DB 1994, 420(421f.) – (Gewindeschneidemittel).

[68] Ein anderer Eindruck kann sich aus der in dieser Frage nicht einheitlichen Rechtsprechung ergeben. So haben RG und BGH in einer Anzahl von Entscheidungen darauf erkannt, daß die Einhaltung von technischen Normen (VDE- und DIN-Normen) dazu führt, daß ein Handeln nicht als rechtswidrig angesehen wird, weil keine Sorgfaltspflichtverletzung erkennbar sei (*RG* JW 1932, 745 [Stromschlag]; *OLG Celle* VersR 1977, 453[454] – [Elektrozaun]) oder daß bei der Beachtung der Normen die innere Sorgfalt gewahrt worden sei und damit keine schuldhaft-fahrlässige Handlung vorliege (*BGH* NJW 1988, 48[49] – [Spielgerätkorrosion]).

[69] Siehe etwa *Feldhaus*, Stand der Technik – Norm und Wirklichkeit, in: *Gesellschaft für Umweltrecht e.V.* (Hrsg.), Dokumentation zum Kolloquium Technik als Rechtsquelle, 1980, S. 7; *Magoulas*, Verbraucherschutz als Problem asymmetrischer Informationskosten, in: *Ott/Schäfer* (Hrsg.), Allokationseffizienz in der Rechtsordnung, 1989, S. 70(80); *Huth*, Die Bedeutung technischer Normen für die Haftung des Warenherstellers nach § 823 BGB und dem Produkthaftungsgesetz, 1992, S. 210ff.

ausgehende Umstände zu beachten[70]. Die technischen Normen können zur Konkretisierung der Verkehrspflichten herangezogen werden und stellen oft einen hilfreichen Maßstab für die zu berücksichtigenden Sorgfaltspflichten dar. Nach der Auffassung des Bundesgerichtshofs bestimmen sie aber »nicht stets das Äußerste, was im Einzelfall verlangt werden kann, sondern sind ergänzungsbedürftig«[71]. Andererseits kann eine Handlung oder Maßnahme die im Einzelfall erforderliche Sorgfalt auch dann beachten, wenn sie nicht den technischen Normen entspricht[72]. Die überbetrieblichen technischen Normen geben bei der Einzelfallprüfung damit lediglich einen ersten Anhaltspunkt, ein Indiz für die Beurteilung von objektiver Pflichtwidrigkeit und Verschulden[73]. Einen klaren Maßstab geben sie bei Haftungsfragen nicht[74].

---

[70] *RG* HRR 1932, Nr. 444 (VDE-Norm); *OLG Karlsruhe* VersR 1978, 770f. (Architekt); *OLG Zweibrücken* NJW 1977, 111 (Hochspannungsmast); *BGH* NJW 1984, 801 (Eissporthalle).

[71] *BGH* NJW 1984, 801 = VersR 1984, 164(165) – (Eissporthalle).

[72] Siehe dazu *Huth*, Die Bedeutung technischer Normen für die Haftung des Warenherstellers nach § 823 BGB und dem Produkthaftungsgesetz, 1992, S. 185–190, 224f., mit zahlreichen Nachweisen.

[73] So auch schon *Lukes*, Reform der Produkthaftung, 1979, S. 256. Anders wohl *Marburger*, Die Regeln der Technik im Recht, 1984, S. 461f. Siehe auch die weiteren Nachweise bei *Huth*, Die Bedeutung technischer Normen für die Haftung des Warenherstellers nach § 823 BGB und dem Produkthaftungsgesetz, 1992, S. 206, Fn. 52.

[74] Im Zusammenhang mit der Einhaltung der Qualitätssicherungsverfahren nach DIN/ISO 9000 bis 9004 bei Softwareentwicklungsprojekten auch *F. A. Koch*, Computer-Vertragsrecht, 1995, Teil 5, Rdn. 159, S. 335f.

Zweites Kapitel

Die Voraussetzungen der Produzentenhaftung für Schäden durch fehlerhafte Computerprogramme

1. Die Verletzung von deliktischen Sorgfaltspflichten bei der Erstellung und Vermarktung von Computerprogrammen

Haftungsvoraussetzung nach der Produzentenhaftung ist, daß der Ersatzpflichtige seine Sorgfaltspflichten schuldhaft verletzt hat und aufgrund dieser Verkehrspflichtverletzung Schäden eingetreten sind. Im Vordergrund steht die ›Organisationshaftung‹ mit der als »Oberpflicht« bezeichneten Obliegenheit des Herstellers, den Betrieb so zu organisieren, daß der gesamte Ablauf von der Konstruktion über die Produktion bis zur Endkontrolle beherrscht wird[75]. Üblicherweise wird eine Typenbildung in der Weise versucht, daß die Sorgfaltsanforderungen danach unterschieden werden, ob sie

- bei der Konstruktion und Entwicklung,
- bei der Fabrikation[76],
- bei der Instruktion der Konsumenten beim bestimmungsgemäßen Gebrauch und, darüber hinaus[77], im Rahmen der allgemeinen Zweckbestimmung des Produkts oder
- bei der Beobachtung des weiteren Produktschicksals und den sich daraus möglicherweise ergebenden weiteren Verhaltenspflichten[78]

zu beachten sind. Der Haftungsgrund ist demnach eine schuldhafte *Pflichtverletzung* und nicht das Vorliegen eines »Konstruktions-, Fabrikations- und In-

[75] *Wieckhorst*, JuS 1990, S. 86(87).

[76] Die Sorgfaltsanforderungen bei der Fabrikation sind von der Rechtsprechung im Laufe der Jahre erheblich gesteigert worden. Während früher (*BGH* VersR 1956, 410 [Fahrradgabel]) die Zurechenbarkeit eines Fehlers bei der Massenfabrikation deswegen verneint wurde, weil sie faktisch unvermeidbar seien, so machen die Anforderungen an die personelle und sachliche Organisation der Sicherheitskontrolle einen Entlastungsbeweis des Herstellers heute (*BGH* JZ 1993, 678 [Mineralwasserflasche] m. krit. Anm. *Foerste*, S. 680) nahezu unmöglich.

[77] Siehe nur *BGHZ* 59, 172 (Estil) = VersR 1972, 1075(1077); *BGH* NJW 1981, 2514 (Lösungsmittel) = VersR 1981, 957(958) *BGHZ* 105, 346 (Fischfutter); *Kullmann*, PHI 1989, S. 110(112f.).

[78] Grundlegend zu den Folgeansprüchen und ihrem Rechtsgrund *Pieper*, BB 1991, S. 985.

struktionsfehlers«[79]. Der Produzent haftet nicht wegen der Fehlerhaftigkeit des von ihm hergestellten Produkts, sondern aufgrund der zur Fehlerhaftigkeit führenden Verletzung einer ihm obliegenden Verkehrspflicht[80]. Wird im Zusammenhang mit der Produzentenhaftung von dem haftungsbegründenden ›Fehler‹ gesprochen, so hat man sich zu vergegenwärtigen, daß der Fehlerbegriff letztlich »eine Verschlüsselung von Verhaltensgeboten« darstellt[81]. Der Produzent hat sich so zu verhalten, daß Dritte aufgrund der von ihm konstruierten, produzierten und in Verkehr gebrachten Ware Rechtsgüter von Dritten nicht verletzt werden. Dabei hat er die maßgeblich von der Rechtsprechung des *Bundesgerichtshofs* entwickelten Rechtsgrundsätze zu beachten, nach denen er als ›Verkehrspflichtiger‹ Sorgfaltspflichten zu beachten hat, wenn die Gefahr der Verletzung von Rechtsgütern Dritter nicht nur theoretisch möglich ist, sondern nahe liegt. Hinsichtlich der erwarteten Verhaltenspflichten hat er auf die Verkehrserwartung abzustellen, was bedeutet, daß er die aus dem Gebrauch des Produkts resultierenden Gefahren, die der Verbraucher erkennt und in Kauf nimmt, nicht abzuwenden hat.

2. Die Besonderheiten des Konstruktions- und Fabrikationsprozesses von Computerprogrammen

Bevor auf die Sorgfaltspflichten eines Softwareherstellers bei der Konstruktion und bei der Fabrikation eines Computerprogramms eingegangen werden kann, ist ein Blick auf den Fabrikationsvorgang bei der ›Herstellung‹ von Computerprogrammen und eine Abgrenzung der ›Fabrikation‹ von der ›Konstruktion‹ erforderlich. Nicht nur das Produkt ›Computerprogramm‹ unterscheidet sich von anderen Wirtschaftsgütern erheblich, was auch zu den bekannten Schwierigkeiten der vertraglichen Einordnung der Überlassung und Erstellung von Computerprogrammen und zu Problemen bei der Herausarbeitung von Schutzrechten führt. Auch der gesamte Produktionsvorgang von der Idee bis zur Fertigstellung unterscheidet sich grundlegend von der Herstellung eines traditionellen körperlichen Gegenstandes[82]. Die besonderen Gefahren von Computerprogrammen resultieren vornehmlich aus Mängeln bei ihrem Entwurf und bei der Codierung.

---

[79] So aber *Landscheidt*, NWB 1989, Fach 19, S. 1605(1606).

[80] *Kim*, Fehlerbegriff und Haftungsgrund in der Produkthaftung, in: *Leser/Isomura* (Hrsg.), Festschrift für *Kitagawa*, 1992, S. 423(431); *Pfeifer*, Produktfehler oder Fehlverhalten des Produzenten, 1987, S. 74.

[81] *Schlechtriem*, Dogma und Sachfrage, in: *Löwisch/Schmidt-Leithoff/Schmiedel* (Hrsg.), Festschrift für *Rittner*, 1991, S. 545(552).

[82] Siehe dazu *Balzert*, Die Entwicklung von Software-Systemen, 1982, S. 3; ausführlich auch ComHdB-*Heussen* Kap. 10ff.

Der dem Stand von Wissenschaft und Technik entsprechende, aber nicht bei jeder Softwareentwicklung beachtete Entwicklungsprozeß unterscheidet mehrere Phasen: u.a. Architekturentwurf, Feinentwurf, Implementierung und Kontrollen. Man kann diese Phasen einschließlich der Testphase bis hin zu der Erprobung von BETA-Versionen[83] im engeren Anwenderkreis[84] als Konstruktionsphase bezeichnen. Die ›Konstruktion‹ eines Individualanwendungsprogramms unterscheidet sich damit nicht grundsätzlich von der eines Standardanwendungsprogramms[85]. Allenfalls fließen bei der Konstruktion eines Standardanwendungsprogramms andere Anforderungen an die Leistungsfähigkeit des Programms mit ein als bei einem Individualanwendungsprogramm, dessen spezifizierten und nicht verallgemeinerbaren Anforderungen durch das von oder mit dem Besteller erarbeitete Pflichtenheft eindeutig definiert sind. Auch lassen sich Unterscheidungen allenfalls erst auf der Rechtsfolgenseite machen, wenn bei einer Sorgfaltspflichtverletzung bei der Software-Konstruktion die Frage nach dem Haftungsumfang bei einem Mitverschulden aufgrund unterbliebener oder mangelhafter Mitwirkung des Bestellers gestellt wird.

Nach der ›Konstruktionsphase‹ folgt die ›Fabrikationsphase‹, die bei der Herstellung eines Computerprogramms aus dem Aufbringen des Programms auf einem Datenträger, in der Duplizierung des Programms vom Mutterträger auf einen anderen Träger, besteht[86]. Ob dieser Kopiervorgang einmal erfolgt oder mehrfach, spielt für die Beurteilung als Fabrikationsvorgang keine Rolle. Soweit in der deliktsrechtlichen Literatur angenommen wird, daß Fabrikationsfehler nur bei der Serienfertigung, nicht aber bei der Einzelfertigung auftreten, so gilt das jedenfalls nicht bei der Herstellung von Computerprogrammen.

---

[83] Als »Alpha-Test« wird der Test bei dem Entwickler selbst bezeichnet; beim »Beta-Test« wird bei typischen zukünftigen Nutzern die Funtionstüchtigkeit unter den Bedingungen der jeweiligen Anwender erprobt.

[84] Gemeint sind hier die BETA-Versionen, die an einen Kreis von ausgewählten, vertrauenswürdigen Personen gehen, um das geschaffene Programm unter realen Praxisbedingungen zu erproben. Hierbei steht eindeutig der Testcharakter im Vordergrund, weshalb die Programme für diesen Zweck regelmäßig kostenfrei überlassen werden. Angesprochen ist hier also nicht die um sich greifende Praxis mancher, auch großer und bekannter Softwarehäuser, sogenannte ›Quick and Dirty‹-Programme mit der betont auffälligen Bezeichnung als BETA-Version gegen die Zahlung eines nur unwesentlich reduzierten Entgelts massenhaft und unkontrolliert auf den Markt zu bringen, um noch vorhandene, auf die aus Wettbewerbsgründen überhastete Entwicklung zurückzuführende Fehler ohne Imageverlust kaschieren zu können.

[85] Da ComHdB-*Heussen* Kap 48 RdNr. 8 zu Unrecht meint, daß »bei Dienst- und Werkverträgen ein solcher Gefahrenkreis (das Auftreten von Gefahrsituation für die Allgemeinheit durch die Verletzung von Verkehrssicherungspflichten) in der Regel nicht vorstellbar« ist, sei hier darauf hingewiesen, daß die Verletzung von Sorgfaltspflichten bei der Herstellung im Rahmen eines Werkvertrags sehr wohl zur deliktischen Haftung nach § 823 Abs. 1 BGB (Produzentenhaftung) führen kann.

[86] Hierin liegt ein wesentlicher Unterschied zur industriellen Produktion sonstiger Güter; vgl. dazu *Lloyd/Simpson/Wilson*, Software and legal liability, in: *Hausen/Rae/Robert*, Software Assessment for Certification, o.O. 1992, S. 148(148).

Wenn man das Aufbringen des Programms auf einem für den Kunden bestimmten Datenträger nämlich als den Fabrikationsvorgang ansieht, so findet er sowohl bei Individual- als auch bei Standardanwendungsprogrammen statt. Ein Mangel in Form eines defekten Datenträgers oder in Form des – etwa wegen eines Geräte- oder Stromausfalls – nur teilweise kopierten ›Mutterprogramms‹ (Master) kann in jedem der Fälle eintreten. Auch ist darauf hinzuweisen, daß ein Computerprogramm, das als Individualanwendungsprogramm aufgrund eines Werkvertrags in Verkehr gebracht wurde, zu einem Standardanwendungsprogramm wird, wenn es – im Einklang mit der vertraglichen Vereinbarung mit dem Besteller – vom Softwarehersteller anderen potentiellen Interessenten angeboten wird. Bei Standardanwendungsprogrammen, die kleinere Stückzahlen aufweisen, werden die bestellten Exemplare zudem erst nach Bestelleingang in der Weise ›fabriziert‹, daß eine Programmkopie vom ›Master‹ kopiert wird.

Hierbei kann es aus verschiedenen Gründen zu einem Fabrikationsfehler kommen. Eine Ursache für einen durch den Einsatz eines Computerprogramms verursachten Schaden kann in der mangelhaften Qualität der Hardware, des Datenträgers, liegen. Wenn bei der Installation einige Sektoren des Datenträgers nicht gelesen werden können, kann es unter Umständen geschehen, daß Dateien des Programms nicht mit installiert werden. Dieser Fehler wird auch nicht zwingend nach Abschluß der Installation oder bei Aufruf des Programms bemerkt, da kaum ein Programm ein Programmodul enthält, mit dem es die Vollständigkeit der installierten Dateien überprüft. Erst dann, wenn zu einem beliebigen späteren Zeitpunkt der Programmzugriff auf diese Datei notwendig wird, kann es zu fehlerhaften Reaktionen des Programms und infolgedessen zu Schadensereignissen kommen.

Eine andere Möglichkeit des Auftretens von Fabrikationsfehlern ist dokumentiert[87]: Beim Kopieren des Computerprogramms vom Master auf die auszuliefernden Disketten waren einige der verwendeten Datenträger mit einem ›Virus‹ verseucht. Bei einer sorgfältigen Kontrolle der Datenträger vor dem Kopieren oder bei einer Endkontrolle der kopierten Datenträger mit Hilfe eines sogenannten ›Virenscanners‹ zum Auffinden von Viren oder mit Hilfe eines Prüfsummenprogramms, mit dem die Dateiengröße festgestellt und an der Sollgröße gemessen wird, hätten die Mängel entdeckt werden können. Da derartige Vorkommnisse in der Literatur dokumentiert sind, ist mit dem Auftreten dieser Mängel auch zu rechnen. Daraus ergibt sich für den Softwarehersteller auch die Pflicht, die im Verkehr erforderliche Sorgfalt zu berücksichtigen. Die Maßnahmen der Qualitätskontrolle sind dem Produzenten eines Computerprogramms auch zuzumuten. Diese auf die Fabrikationsphase bezogene Qualitätskontrolle hat nicht das Ziel, Programmierfehler zu entdecken, die – wenn sie

[87] »Intel hält Lanspool 3.01 zurück«, PC-Woche vom 9.3.1992.

vorhanden sind – immer der ganzen Serie anhaften und nie als ein »Ausreißer« bei der Fabrikation auftreten können[88]. Die Qualitätskontrolle kann sich hier nur auf die Qualität des Trägers und den fehlerfreien Kopiervorgang beziehen.

Ist also in das Computerprogramm bei der Programmierung oder bei der Fabrikation, der Vervielfältigung des Programms auf Datenträgern, ein schadenverursachender ›Virus‹ eingepflanzt worden, was nach dem Stand von Wissenschaft und Technik durch geeignete organisatorische und technische Maßnahmen verhindert werden kann, so ist die Sorgfaltspflichtverletzung des Herstellers zu vermuten. Der Hersteller eines virenverseuchten Computerprogramms kann sich nicht auf die Unerkennbarkeit eines Virus‹ berufen, da die Sorgfaltspflichtverletzung nicht darin liegt, keine sorgfältige Prüfung auf Virenbefall vorgenommen zu haben, sondern darin, die allgemeine Organisationspflicht mißachtet und dadurch das Einbinden nicht bestimmungsgemäßer Programmteile möglich gemacht zu haben[89].

Werden die Programme nicht mit Hilfe eines Datenträgers in Verkehr gebracht, sondern online übermittelt und im Rechner des Anwenders installiert, so liegt die Frage auf der Hand, ob der Übermittlungsvorgang und die Installation des Programms noch Teil der Fabrikationsphase ist und dabei auftretende Mängel damit in die Sphäre des Herstellers fallen, oder ob die Produktion spätestens mit dem Einlesen in ein Datennetz abgeschlossen ist. So wird man es wohl dann sehen müssen, wenn sich der Herstellers eines öffentlichen oder eines von Dritten zur Verfügung gestellten Netzes bedient und alle von ihm zu beachtenden Verkehrspflichten bei der Einspeisung des Programms in das Netz beachtet worden sind. Dann gilt das jeweilige Programm in dem Moment als in den Verkehr gebracht, in dem es in das Netz eingegeben wurde. War es zu diesem Zeitpunkt fehlerfrei, so hat der Hersteller danach auftretende Fehler nicht verursacht. Eine Haftung für Schäden durch danach auftretende Fehler, die nicht auf der Verletzung seiner Sorgfaltspflichten beruhen, kommt demnach aus § 823 Abs. 1 BGB nicht in Betracht.

Als Produktionsphase kommt bei der Herstellung demnach lediglich das Zusammenstellen von Programmodulen zu einem Programmpaket und das Kopieren von dem als ›Master‹ bezeichneten Datenträger auf die für die Kunden bestimmten Datenträger in Betracht. Die dabei möglicherweise auftretenden Produktionsfehler haben ihre Ursache dann aber nicht in dem aufgebrachten Computerprogramm, sondern in fehlerhaften Datenträgern.

---

[88] *Jochen Schneider*, Recht und Informations- und Kommunikationstechnik, *Bullinger* (Hrsg.), Handbuch des Informationsmanagements im Unternehmen, Band II, 1991, S. 1271 (1296).

[89] Auch die Haftpflichtversicherer gehen davon aus, daß sie im Rahmen der Betriebshaftpflichtversicherung des Softwareherstellers für die Fremdschäden einzustehen haben, die durch ein mit Viren befallenes Programm ihres Versicherungsnehmers verursacht wurden; vgl. dazu ComHdB-*Schmidt-Salzer/Otto* Kap. 112, RdNr. 16.

Das sogenannte ›Ausreißer‹-Problem tritt naturgemäß bei der Herstellung von Computerprogrammen nur im Hinblick auf defekte und bei der Qualitätskontrolle nicht entdeckte Hardware-Fehlern an den Datenträgern auf. Das Computerprogramm, das beliebig oft und ohne Qualitätsverlust auf Datenträger kopiert oder online auf dem Datenspeicher bei den Anwendern direkt installiert wird, muß immer das identische Computerprogramm sein. Es werden bei der Herstellung von Computerprogrammen immer nur identische Abbilder des Ursprungsprogramms, gewissermaßen ›Clones‹ geschaffen. Andererseits wird ein einmal auf dem Master vorhandener Programmfehler immer wieder reproduziert[90]. Es ist aus diesen Gründen aus technischer Sicht unwahrscheinlich, daß eine Klage, die sich auf die Grundsätze der Produzentenhaftung stützt, mit der Verletzung von Pflichten bei der *Fabrikation* von Computerprogrammen begründet wird[91].

3. Die Konstruktionsfehler

Schon bei der Konstruktion von Industrieerzeugnissen ist sicherzustellen, daß das Produkt gefahrlos im Rahmen des Verwendungszwecks benutzt werden kann. Bei der Konstruktion eines Produkts sind nicht nur die üblichen Verwendungen des Produkts, sondern auch naheliegende Gebrauchsmöglichkeiten selbst dann zu beachten, wenn sie sachwidrig sind[92]. Die Verletzung von Sorgfaltspflichten bei der Konstruktion eines Produkts führt zu einem Konstruktionsfehler, der allen Produkten einer Serie anhaftet.

Da die Produzentenhaftung grundsätzlich Unrechtshaftung ist, haftet der Produzent nicht für Fehler, die darauf beruhen, daß zum Zeitpunkt der Entwicklung und der Konstruktion die Fehlerhaftigkeit nach dem Stand von Wissenschaft und Technik nicht bekannt sein konnten. Hat der Softwarehersteller alle zum Entwicklungszeitraum bekannten Anforderungen an den Stand von Wissenschaft und Technik beachtet, so ist er auch seinen Gefahrabwendungspflichten nachgekommen[93]. Bei der deliktischen Produzentenhaftung gibt es

---

[90] Aus diesem Grund ist es im übrigen verfehlt, bei einem Programmfehler als kaufrechtlichen Gewährleistungsanspruch die Ersatzlieferung nach §480 BGB geltend zu machen, da der gesamten Gattung der Fehler anhaftet. Ein fehlerhaftes Standardanwendungsprogramm zeichnet sich dadurch aus, daß der Fehler als »Konstruktionsfehler« jedem Stück der Gattung innewohnt. Daher kann allenfalls daran gedacht werden, das Programm gegen ein Update, aus dem der Fehler eliminiert wurde, auszutauschen.

[91] Ebenso *Mislow*, PHI 1986, S.2(5).

[92] *BGH* VersR 1972, 149(150) – (Förderanlage); *BGHZ* 59, 172 (Estil) = NJW 1972, 2217(2221); *Kullmann*, in: *Kullmann/Pfister*, Produzentenhaftung, 1993, Kza. 1520/23.

[93] Dabei ist aber zu beachten, daß schon Gesetze und Rechtsverordnungen und die darin in Bezug genommenen technischen Regeln und damit erst recht die wenigen unzureichenden untergesetzlichen technischen Normen und Standards auf dem Gebiet der Softwareentwicklung im allgemeinen kein *abschließendes* Verhaltensprogramm gegenüber den deliktischen Schutz-

demnach auch bei der Softwareentwicklung (theoretisch) keine Haftung für Entwicklungsrisiken. Die Beweislast dafür, daß ein Entwicklungsrisiko vorliegt, der Fehler nach dem Stand von Wissenschaft und Technik zum Zeitpunkt der Inverkehrgabe nicht erkennbar war, liegt aber bei dem Hersteller des Computerprogramms. Ein solcher Entlastungsbeweis dürfte in der Praxis kaum gelingen.

Der Konstruktion eines Produkts entspricht die Programmierung von Software. Bei der Programmierung muß durch technische und organisatorische Maßnahmen in erforderlichem und zumutbarem Umfang sichergestellt werden, daß von einem Computerprogramm keine Gefahren ausgehen werden. Was objektiv erforderlich ist, bestimmt sich nach dem vom Stand der Wissenschaft und Technik definierten Sicherheitsmaßstab. Eingeschränkt wird dieses Erforderlichkeitskriterium durch den Kreis der zu erwartenden Softwareanwender, durch das von dem Computerprogramm ausgehende Gefährdungspotential und nach einer weit verbreiteten Auffassung durch die dem Softwarehersteller zumutbaren Anforderungen an technischem und finanziellem Aufwand zur Risikominimierung.

Das erstgenannte Kriterium, die Berücksichtigung des zu erwartenden Kreises der Softwareanwender bei der Festlegung von Sorgfaltspflichten bei der Programmierung, stellt darauf ab, daß bei einer Verwendung von Computerprogrammen durch Fachleute die Sorgfaltsanforderungen geringer sein können. Es wird davon ausgegangen, daß Fachleute in der Lage sind, das Gefahrenpotential vernünftig einzuschätzen und durch geeignete Maßnahmen selbst verhindern können, daß sich ein Risiko realisiert.

Wird das Computerprogramm in einem Computersystem eingesetzt, das geschützte Rechtsgüter gefährden kann, so sind die Sorgfaltsanforderungen an den Hersteller entsprechend hoch. Computerprogramme, die im medizinischen Bereich verwendet werden, die Maschinen steuern oder Anlagen überwachen, müssen höheren Sicherheitsanforderungen genügen als beispielsweise Textverarbeitungs- oder Grafikprogramme, bei denen fehlerhafte Programmabläufe kaum zu einer Gesundheitsverletzung oder Sachbeschädigung führen können. Generell kann man die Anforderung formulieren, daß die Sicherheitsanforderungen um so höher sind, je stärker von der Funktionstüchtigkeit und Fehlerfreiheit der Computerprogramme das Leben und die Gesundheit von Menschen und die Bewahrung von Gütern abhängen[94]. Zu berücksichtigen sind bei der Feststellung von Sorgfaltsanforderungen danach der verkehrsübliche Sicherheitsgrad, die Wahrscheinlichkeit einer Schadensverwirklichung und die gebotene Mindestsicherheit des Produkts.

---

gütern enthalten; allgemein dazu *Deutsch*, JZ 1990, S. 733(736); *Kullmann*, Aktuelle Rechtsfragen der Produkthaftpflicht, 1993, S. 28ff. m.w.N.; *Stuurman*, Technische normen en recht, 1995.

[94] Siehe dazu *BGHZ* 51, 91(108) – (Hühnerpest); *BGHZ* 59, 172 (Estil); *Mertens*, VersR 1980, S. 397.

Auch in diesem Zusammenhang wird häufig darauf hingewiesen, daß ein komplexes Computerprogramm nicht fehlerfrei hergestellt werden kann[95]. Der Umstand, daß die Entwicklung und Erstellung von komplexen, nicht-trivialen Computerprogrammen unter Berücksichtigung der nach dem Stand von Wissenschaft und Technik möglichen Verfahren der Software-Qualitätssicherung mit erheblichem Aufwand und damit mit sehr hohen Kosten für den Programmentwickler verbunden ist, wirkt sich aber nicht haftungsbefreiend aus. Es ist unter Allokationsgesichtspunkten festzustellen, daß der Hersteller, der den Produktionsprozeß steuert und beherrscht, die Vermeidung, Entdekkung und Beseitigung von Fehlern zu niedrigeren Kosten als der Anwender vornehmen kann, der regelmäßig nicht einmal über das erforderliche Programmier-Know-how und das Quellprogramm verfügt. Das entspricht dem ökonomischen Prinzip, die Transaktionskosten niedrig zu halten. Übersteigen die Kosten des Computerprogramms wegen des überproportional hohen Kostenanteils für Qualitätssicherung den von dem Computerprogramm erwarteten Nutzen, so wird der Softwareentwickler aus Kostengesichtspunkten von dem Inverkehrbringen des Computerprogramms Abstand nehmen. In diesem Fall führt der Markt wegen der Transaktionskosten, die mit dem Vorliegen oder Fehler von Qualitätssicherungsmaßnahmen verbunden sind, die Optimierung herbei.

In der Regel wird es dem Anwender nicht möglich sein, das Computerprogramm technisch so weit zu analysieren, daß er daraus Konsequenzen für die Nutzungsbreite und die Anwendungsrestriktionen ziehen kann. Im Zweifel wird er darauf vertrauen, daß der technisch überlegene Produzent des Computerprogramms sein Produkt beherrscht und ein Schaden bei der bestimmungsgemäßen Nutzung des Programms nicht eintreten wird[96]. Schließlich kann das Risiko auch Dritte treffen, die gar keinen Einfluß auf die Risikominderung haben. Daher hat *Larenz*[97] bereits 1963 richtigerweise dafür plädiert, daß ein eingetretener Schaden nicht demjenigen verbleiben soll, der mehr oder weniger zufällig von ihm betroffen wird, sondern von demjenigen getragen werden soll, der das Schadensrisiko wenigstens im allgemeinen beherrscht und der den wirtschaftlichen Nutzen hat. Dieser ist es, der in erster Linie in der Lage ist, das Risiko durch geeignete Maßnahmen zu mindern, und der das verbleibende Risiko auch durch eine Versicherung abzudecken vermag[98]. Aus ökonomischen Gründen ist es daher sinnvoll, dem Produzenten eines Computerprogramms als dem

[95] Siehe dazu oben S. 186ff.

[96] Ähnlich auch *Bömer*, Die Pflichten im Computer- Software-Vertrag, 1988, S. 166, zum gewährleistungsrechtlichen Fehlerbegriff.

[97] *Larenz*, VersR 1963, S. 593(597).

[98] Dazu näher auch *Esser*, Grundlagen und Entwicklung der Gefährdungshaftung, 1969, S. 92, und *von Caemmerer*, Wandlungen des Deliktsrechts, in: *von Caemmerer/Friesenhahn/Lange* (Hrsg.), Festschrift zum hundertjährigen Bestehen des DJT, Bd. II, 1960, S. 49(63).

cheapest risk avoider[99] die Risikominimierung aufzugeben und ihn bei der Verletzung der Sicherheitserwartungen haften zu lassen. Nach der Transaktionskostentheorie soll für die betriebs- und volkswirtschaftlich unsinnigen Transaktionskosten, zu denen auch die durch Rechts-oder Rechtsgutverletzungen adäquat kausal eintretenden Schäden gehören, derjenige einstehen, der diese Kosten am ehesten gering halten kann[100]. Der Versuch, eine Haftung dadurch abzuwenden, daß anstelle von Risikovermeidung durch den Hinweis auf nicht vermeidbare Fehler von Computerprogrammen nur eine – zudem unzureichende – Risiko*aufklärung* vorgenommen wird, wäre eine unzulässige Risikoverlagerung.

Im Vordergrund der auch vom Softwarehersteller zu beachtenden Sorgfaltsanforderungen stehen daher wirkungsvolle Qualitätssicherungsmaßnahmen. Über die bei der Programmierung von Computerprogrammen zu berücksichtigenden Qualitätssicherungsmaßnahmen sind bereits vor Beginn der Programmierung Entscheidungen in der Weise zu treffen, daß standardisierte Verfahren und Dokumentationsmethoden festgelegt werden, die eine Fehlerüberprüfung des Computerprogramms erleichtern. Das Problem, mit dem sich die Hersteller komplexer Computerprogramme auch bei der Anwendung moderner Methoden des Software Engineering weiterhin gegenübersehen, ist, daß den Programmierern auch bei festgelegten Programmierstandards noch technische Freiheiten für eine Programmierung nach individuellen Erfahrungen, Kenntnissen und Methoden bleiben. Klare und eindeutige Vorgaben über Inhalt und Form werden häufig nur hinsichtlich der Schnittstellen der von einzelnen Programmierern zu bearbeitenden Programmteile gemacht, um die parallel erstellten Programmteile an andere Programmteile anpassen zu können. Die Programmierung muß daher von kontinuierlichen Qualitätsprüfungen und Funktionstests begleitet werden, die für das jeweilige Projekt die höchste Sicherheit versprechen; denn im Gegensatz zu anderen Ingenieurdisziplinen können bei dem Softwareengineering[101] keine generellen Qualitätsanforderungen nach ingenieursmäßigen Vorgehensweisen garantiert werden[102].

Software, die einer ›*Qualitätsprüfung*‹ unterzogen wurde, kann mit einem

---

[99] Nach der ökonomischen Analyse des Rechts sollen die Risiken und damit die (Transaktions-)Kosten von demjenigen getragen werden, der sie am ehesten beherrscht bzw. sie gering halten kann (cheapest cost avoider). Vgl. dazu *Calabresi*, The Costs of Accidents, 1972, S. 136ff.; *Posner*, Economic Analysis of Law, 1977, S. 30; *Kilian*, Haftung für Mängel der Computersoftware, 1986, S. 32f.

[100] Siehe dazu *Calabresi*, The Costs of Accidents, 1972, S. 136ff.; *Posner*, Economic Analysis of Law, 1977, S. 30; *Kilian*, Datenverarbeitungsprogramme als Gegenstand des Rechtsverkehrs, in: *Weyers* (Hrsg.), Datenverarbeitungsprogramme als Gegenstand des Rechtsverkehrs, 1992, S. 77(100).

[101] Als der Begriff des Softwareengineering 1968 erstmals geprägt wurde, sollte damit auch das Ziel zum Ausdruck gebracht werden, Software nach ingenieursmäßigen Grundsätzen mit allgemein anerkannten Standards zu entwickeln.

[102] Ausführlich dazu *Rombach*, Informatik-Spektrum 1993, S. 267.

Gütezeichen versehen werden, das als Qualitätssiegel nach außen gegenüber den Anwendern das Vorliegen bestimmter Qualitätseigenschaften dokumentieren soll[103]. Eine zunehmende Bedeutung erhält die DIN/ISO 9000[104], die Normen festlegt, die ein zertifizierbares Qualitätssicherungssystem erfüllen muß. Die Auditierung von Qualitätssicherungssystemen, die bei der Erstellung von Computerprogrammen eingesetzt werden, wird von Zertifizierungsstellen wie dem Institut für Informationstechnik des Rheinisch-Westfälischen TÜV, der Deutschen Gesellschaft für Qualitätssicherung (DQS) oder der DEKRA übernommen. Die Prüfung erfolgt durch akkreditierte Prüfstellen. Geprüft werden anhand der Prüfbestimmungen die Betriebsstabilität und der Reifegrad, die Definition des Leistungsumfangs, die Korrektheit der Ergebnisse, die Benutzerfreundlichkeit, die Fehlbedienungstoleranz und das Niveau der Dokumentation.

Die Qualitätszertifizierung bei Software ist aber höchst problematisch, weil im allgemeinen unter Qualitätssicherung alle Maßnahmen verstanden werden, die zur Erfüllung vorgegebener Qualitätsanforderungen an Produkte oder Prozesse geeignet sind[105]. In den Ingenieursdisziplinen, zu denen die Softwareentwicklung gehört, beinhaltet dies die Festlegung eines Produktionsprozesses, der die Erfüllung definierter Qualitätsanforderungen einschließlich des Faktors ›Sicherheit‹ am ehesten gewährleistet. Der Produktionsprozeß ist bei der Softwareentwicklung jedoch nicht einheitlich. Der Software*entwicklungs*prozeß ist in der Regel ein individueller Vorgang, der jeweils nach anderen Kriterien abläuft und sich darin von der üblichen Waren*produktion* wesentlich unterscheidet[106]. Allgemein entwickelte Qualitätskriterien sind daher wenig aussage-

---

[103] Siehe neben dem Software-Qualitätssiegel des TÜV-Rheinland und einiger weiterer Einrichtungen vor allem das ›Gütezeichen Software‹ (RAL Gütezeichen 901 = DIN 66285), der Gütegemeinschaft Software (GGS), einem eingetragenen Verein, dem bekannte Softwarehäuser, EDV-Hersteller und Verbände aus der EDV-Branche angehören. Zu den satzungsmäßigen Aufgaben der GGS e.V. gehören das Zertifizieren von Software-Produkten, das Schaffen von allgemeingültigen Qualitätsstandards und die Herausgabe verbindlicher Gütebedingungen und Prüfbestimmungen. Der Bewertung von Software werden die Gütebedingungen und Prüfbestimmungen des RAL-GZ 901 und die DIN 66 258 zugrundegelegt.

[104] Siehe *Griese*, Wirtschaftsinformatik 1993, S. 575; *F.A. Koch*, Computer-Vertragsrecht, 1995, Teil 5, S. 307 ff.; *Hausen/Rae/Robert*, Software Assessment for Certification, 1992; Bedeutung für die Softwarequalität haben die Standards ISO 8402–1986, DIN 55350 Teil 11, ANSI/ASQC A3–1978 und IEEE Std 729–1983; für die Softwarequalitätssicherungspläne der IEEE-Standard 730/84.

[105] Nach dem IEEE-Standard 729 wird unter der Qualitätssicherung die Gesamtheit aller geplanten Maßnahmen und Hilfsmittel verstanden, die bewußt dazu eingesetzt werden, um die Anforderungen an den Entwicklungs- und Pflegeprozeß und an das Softwareprodukt zu erreichen. Nach DIN/ISO 9000, Nr. 3.5 bezeichnet der Begriff der ›Qualitätssicherung‹ lediglich alle geplanten Tätigkeiten, die notwendig sind, um ein angemessenes Vertrauen zu schaffen, daß ein Produkt oder eine Dienstleistung die gegebenen Qualitätsforderungen erfüllen wird.

[106] Die Versicherungswirtschaft ist daher wegen des nicht kalkulierbaren, besonders hohen Risikos kaum bereit, solchen Softwareentwicklern Policen anzubieten, die Software für unter-

kräftig, wenn sie auf ein konkretes Produkt bezogen werden, das es zu zertifizieren gilt. Ein anderes Problem besteht darin, daß kaum alle Qualitäts- einschließlich der Sicherheitsanforderungen quantitativ definiert werden können, was aber Voraussetzung für die Festlegung von Qualitätszielen ist. Daher ist auch der Nutzen der für sicherheitskritische Computerprogramme inzwischen angebotenen CASE-Tools für die Software-Qualitätssicherung[107] in Zweifel zu ziehen, wenn die Softwarequalität allein oder im wesentlichen durch sie erreicht werden soll. Einen gewissen Sicherheitsgewinn könnten dagegen in der Zukunft Standardisierungen von Verfahrenskriterien bringen.

Der Aspekt der Sicherheit der Informationstechnik ist auch ein Anliegen des Bundesamts für Sicherheit in der Informationstechnik (BSI), das umfangreiche ›IT-Sicherheitskriterien‹ erarbeitet hat. Die IT-Sicherheitskriterien und die innerhalb der Europäischen Union empfohlenen Kriterien für die Bewertung der Sicherheit von Systemen der Informationstechnik (ITSEC)[108] verstehen unter der IT-Sicherheit

- Vertraulichkeit (Schutz vor unbefugter Preisgabe von Informationen),
- Integrität (Schutz vor unbefugter Veränderung von Informationen) und
- Verfügbarkeit (Schutz vor unbefugter Vorenthaltung von Informationen oder Betriebsmittel).

Damit wird deutlich, daß die Anstrengungen des Bundesamts für die Sicherheit in der Informationstechnik dem Schutz *der* informationstechnischen Systeme gilt und damit allenfalls indirekt auch dem Rechtsgüterschutz *vor* informationstechnischen Systemen. Angestrebt wird mit den IT-Sicherheitskriterien kein Standard für Programmiermethoden und Testverfahren, mit denen die Fehlerhaftigkeit komplexer IT-Systeme eingeschränkt werden kann.

4. Die Fabrikations- oder Produktionsfehler

Von einem Fabrikationsfehler wird üblicherweise dann gesprochen, wenn aufgrund einer Sorgfaltspflichtverletzung bei der Fabrikation einzelne Teile der Serie, also nur einzelne Exemplare eines Produkts fehlerhaft sind[109].

---

schiedliche Anwendungsgebiete entwickeln, so daß sich kein einheitlicher Produktionsprozeß entwickeln kann und aus Fehlern bei den nachfolgenden Projekten gelernt werden kann; vgl. ComHdB-*Schmidt-Salzer/Otto* Kap 112 RdNr. 78.

[107] Siehe nur die Produkt-Beschreibungen in DuD 1993, S. 716.

[108] Abgedruckt auch bei *F.A. Koch*, Computer-Vertragsrecht, 1993, Teil 5, S. 43ff. und S. 171 (jetzt: Materialband 1 zum Loseblattwerk).

[109] Siehe aus der Rechtsprechung die Fälle der bei der Herstellung eingetretenen Verunreinigung von Salz durch Glassplitter: *RGZ* 87, 1; der fehlerhaften Montage von Lenkvorrichtungen einzelner Motorroller: *BGH* VersR 1956, 259; der Verunreinigung eines Impfstoffs gegen Hühnerpest: *BGHZ* 51, 91.

Sorgfaltspflichten bei der Produktion und Fabrikation von Computerprogrammen bestehen in der gewissenhaften Zusammenstellung von Softwaremodulen – hier gibt es Überschneidungen zu dem Bereich der Entwicklung – und bei dem Aufbringen von Dateien auf die Datenträger für die Kunden.

Als Verletzung der Verkehrspflichten bei der Fabrikation ist es anzusehen, wenn *einzelne* Exemplare eines Computerprogramms aufgrund mangelhafter Kontrolle des Produktionsvorgangs oder des Produktionsergebnisses mit Fehlern behaftet sind[110]. So ist ein Computerprogramm dann unter Verletzung von Sorgfaltspflichten hergestellt worden, wenn es nicht vollständig auf einem Datenträger aufgebracht wurde.

5. Die Instruktionsfehler

Dem Hersteller von Computerprogrammen obliegen Informationspflichten, mit denen die von dem Produkt angesprochenen Benutzerkreise über mögliche, aus dem bestimmungsmäßigen Gebrauch eines Produkts resultierende Gefahren aufgeklärt und über die sachgerechte, gefahrlose Verwendung instruiert werden[111]. Auch hier handelt es sich um Verkehrspflichten und nicht etwa um Verkehrssicherungspflichten[112].

Von der Wahrscheinlichkeit eines Schadensereignisses und in besonderem Maße von der Schadensart und -höhe ab hängt es ab, wie deutlich Warnhinweise plaziert werden müssen. Je größer die Gefahr für die Gesundheit und das Leben, umso deutlicher müssen Instruktionen und Warnungen den Verbraucher informieren[113]. In ständiger Rechtsprechung haben der *Bundesgerichtshof* und die *Instanzgerichte* folgende Regel aufgestellt:

---

[110] Allgemein zum Vorliegen von ›Fabrikationsfehlern‹: *BGH* VersR 1960, 855 (Kondensomat); *BGH* NJW 1968, 247 (Schubstrebe); *BGH* NJW 1975, 1827 (Spannkupplung).

[111] Siehe zu den Instruktionspflichten allgemein etwa *BGHZ* 59, 172 (Estil); *BGHZ* 64, 46 (Haartonikum); *BGH* VersR 1977, 918 (Pflanzenschutzmittel); *BGH* NJW 1981, 2514 (Lösungsmittel); *BGH* NJW 1987, 372 (Verzinkungsspray; *BGHZ* 116, 60(67) – (Milupa).

[112] Anderer Ansicht *Meyer*, Instruktionshaftung – eine Analyse aus der Sicht der Rechts-, Wirtschafts- und Verhaltenswissenschaften, 1992, S. 20ff. und 89ff., der übersieht, daß aus der zutreffend festgestellten Einheit von Produkt und Instruktion auch folgt, daß das Inverkehrbringen eines Produkts mit fehlerhafter Instruktion die erforderliche Sorgfalt außerachtläßt und somit ein *positives Tun* das haftungsbegründende tatbestandliche Handeln darstellt. Somit wird nicht eine Verkehrssicherungspflicht, die nur bei einer Unterlassenshandlung festgestellt werden kann, sondern eine Verkehrspflicht verletzt. Einzuräumen ist, daß die Abgrenzung zwischen Verkehrspflicht und Verkehrssicherungspflicht umstritten ist und in der haftungsrechtlichen Literatur bisweilen gar nicht beachtet wird, sondern beide Begriffe synonym verwendet werden oder ausnahmslos von ›Verkehrssicherungspflicht des Produzenten‹ (so etwa *Kullmann*, Aktuelle Rechtsfragen der Produkthaftpflicht, 1993, S. 15ff.) gesprochen wird. Vgl. zur Kritik an der Abgrenzung *Medicus*, Zur deliktischen Eigenhaftung von Organpersonen, in: *Pfister/Will* (Hrsg.), Festschrift für *Lorenz*, 1991, S. 155(158, Fn 20).

[113] *OLG Düsseldorf* NJW-RR 1992, 534(535 m.w.N.) – (Saunaaufguß).

»Der Hersteller hat für die Betriebssicherheit seines Produktes zu sorgen. Sind mit der Verwendung einer Sache besondere Gefahren verbunden, die von dem bestimmungsgemäßen Benutzerkreis nicht oder nicht hinreichend erkannt werden können, so muß der Hersteller in geeigneter Weise darüber informieren, wie die Sache gefahrlos benutzt werden kann, regelmäßig durch eine ausreichend detaillierte und klar gefaßte Gebrauchsanweisung. Dabei ist zu berücksichtigen, ob das Produkt von einem Fachmann oder einem Laien benutzt wird, mit der Möglichkeit eines Mißbrauchs muß aber u.U. gerechnet werden. Maßstab bleibt der bestimmungsgemäße Gebrauch durch einen vernünftigen Benutzer.«[114]

Der Hinweis darauf, daß die Instruktionen und Warnungen auch einen möglichen Mißbrauch des Produkts berücksichtigen müssen, ist vom *Bundesgerichtshof* später u.a. in der Kindertee-Entscheidung konkretisiert worden[115].

Auch bei der Nutzung von Computerprogrammen ist die Verletzung von Instruktionspflichten denkbar. Instruktionspflichten können bestehen, wenn das Computerprogramm nur auf einer bestimmten Hardware getestet ist und die Stabilität und die Validität des Programms auf anderen Plattformen nicht gesichert ist. Der Hersteller hat die Softwarenutzer in den Begleitmaterialien und, wenn mit dem Einsatz des Computerprogramms ein besonderes Risiko verbunden ist, auch nach Aufruf des Programms auf dem Monitor oder in sonstiger Weise über eine Informationsausgabe auf das mit der Nutzung auf nicht getesteten Hardwareplattformen verbundene Einsatzrisiko aufmerksam zu machen.

Der Softwareproduzent kann erwarten, daß die Anwender die Instruktion vor Ingebrauchnahme des Computerprogramms oder der softwaregesteuerten Anlage auch zur Kenntnis nehmen und sich um ein Verständnis der Instruktionen bemühen[116]. Abzustellen hat der Softwareproduzent dabei auf den Verständnishorizont des Idealtyps des durchschnittlichen Benutzers[117], den verständigen Verbraucher[118]. Damit wird keineswegs auf den »vernünftigen Jedermann« abgestellt, sondern auf den durchschnittlichen, verständigen Benutzer genau dieses Produkts. Ein Computerprogramm, das erfahrungsgemäß von Personen in Rechenzentren oder technischen Fachbetrieben genutzt wird, richtet sich an einen fachlich gut ausgebildeten Nutzerkreis mit einem entsprechend hohen Kenntnisstand. Die Sprache der Information und der Inhalt der Instruktion kann sich an diesem Benutzerkreis orientieren. Die Instruktion kann dementsprechend auch in englischer Sprache mit der bei diesem Anwenderkreis üblichen Fachterminologie abgefaßt sein und Vorkenntnisse im Hinblick auf Einsatzrisiken voraussetzen[119].

---

[114] *OLG Düsseldorf* NJW-RR 1992, 534(535) – (Saunaaufguß) mit Hinweis auf *BGH* NJW 1972, 2217 = *BGHZ* 59, 172 (Estil); *BGH* BB 1972, 13 (Förderanlage); *BGH* NJW 1975, 1827 (Spannkupplung); *OLG Hamm* VersR 1984, 243 (Reinigungsmittel).

[115] *BGHZ* 116, 60 (Milupa). Siehe danach auch *BGH* NJW 1992, 2016 (Sattelauflieger).

[116] *BGH* VersR 1985, 1093 (Silvesterfeuerwerk); *Schmidt-Salzer*, BB 1988, S.349 (352).

[117] *Schmidt-Salzer*, BB 1988, S.349(350).

[118] *Brüggemeier/Reich*, WM 1986, S.149(150).

[119] *BGH* NJW 1975, 1827 (Spannkupplungen); *BGH* NJW 1986, 1863 (Überrollbügel);

Anders ist es, wenn sich das Produkt an Nicht-Fachleute wendet. In diesem Fall sind die Instruktionen an das Niveau dieses Abnehmerkreises anzupassen. Die Warnhinweise müssen so abgefaßt sein, daß darin die bestehenden Gefahren für das Verständnis des Verbrauchers plausibel werden[120].

Soweit die Verwendung noch im Rahmen der allgemeinen Zweckbestimmung des Produkts liegt, sind die Anwender über etwaige Gefahren aufzuklären[121]. Selbst dann, wenn ein Mißbrauch des Produkts nahe liegt, sind die Anwender zu warnen[122]. Warnhinweise werden nur bei einem nicht mehr naheliegenden Mißbrauch, bei unsachgemäßem Gebrauch des Produkts nicht mehr erwartet[123].

Warnhinweise sind auf oder an dem Produkt unübersehbar und klar und verständig formuliert anzubringen[124]. Ist das geschehen, so haftet der Hersteller für die Verletzung eigener Instruktionspflichten, wenn ein Mitarbeiter des Herstellers den Anwender selbst anders berät und sich über die Warnhinweise hinwegsetzt (§ 831 BGB). Die Beratungserklärungen überdecken die Warnhinweise und sind haftungsbestimmend[125].

Die Anforderungen an die Informationspflichten, insbesondere an die Form und an den Inhalt der Warnhinweise, sind dann besonders hoch, wenn die Produktverwendung einschließlich des naheliegenden Mißbrauchs des Produkts mit erheblichen Gesundheitsgefahren verbunden sein kann[126]. Der Hersteller hat bereits bei einem ernst zu nehmenden, nicht erst bei einem dringenden Verdacht, daß von seinem Produkt Gesundheitsgefahren ausgehen, auf diese Gefahr hinzuweisen.

Dem Hersteller eines Computerprogramms obliegen Informationspflichten, mit denen die von dem Produkt angesprochenen Benutzerkreise über mögliche, aus dem Gebrauch des Computerprogramms konkret resultierende Gefahren aufgeklärt und über die sachgerechte, d.h. gefahrlose Verwendung des Programms instruiert werden.

Schmidt-Salzer, BB 1988, S. 349(352). Zu Hinweispflichten, die auch einem Fachunternehmen gegenüber bestehen, wenn nicht sichergestellt ist, daß die dortigen Mitarbeiter hinreichend erfahren sind, *BGH* DB 1993, 1133 (Schlachthofreinigung).

[120] So *BGHZ* 116, 60(68) – (Milupa). Ausführlich dazu auch *Zinkann*, Die Reduzierung der Produkthaftungsrisiken, 1989, insbes. S. 97.

[121] *BGHZ* 105, 346(351) – (Fischfutter); *BGHZ* 116, 60(67) – (Milupa). Siehe auch *Brüggemeier*, Anm. zu *OLG Frankfurt* ZIP 1991, 375 (Milupa), ZIP 1991, S. 379.

[122] *BGHZ* 106, 273(283) – (Asthma-Spray), m.w.N.

[123] Vgl. *BGH* VersR 1957, 584(585) – (Gelenkwellenschutz).

[124] *BGH* VersR 1960, 342(343) – (Klebemittel); *BGHZ* 99, 167 (Honda) = NJW 1987, 1009(1012); *BGHZ* 116, 60 (Milupa). Zum letztgenannten Urteil ausführlich *F. Graf von Westphalen*, ZIP 1992, S. 18–24(19ff.), und – mit einer kritischen Stellungnahme – *Littbarski*, NJW 1995, S 217ff.

[125] So *BGH* DB 1993, 1133 (Schlachthofreinigung).

[126] *BGHZ* 116, 60(68) – (Milupa); *BGHZ* 106, 273 (Asthma-Spray); *BGHZ* 99, 167(181) – (Honda); *BGH* VersR 1977, 819 (Antibiotikum).

In jedem Fall sind die Instruktionen so konkret abzufassen, daß jeder verantwortlich handelnde Benutzer Handlungskonsequenzen zu ziehen vermag und sich in einer Weise verhält, die einem Schadenseintritt durch angepaßten Umgang mit dem Produkt vorbeugt. Es reicht danach nicht aus, wenn lediglich darauf hingewiesen wird, daß das Produkt nicht fehlerfrei hergestellt werden kann und unter Umständen bei Vorliegen nicht vorhersehbarer Fallkostellationen von dem erwarteten Verhalten abweicht. Hierauf kann sich kein noch so verständiger, fachmännisch ausgebildeter Anwender risikomindernd einstellen. Derartige Formulierungen können auch keinen Einfluß auf die berechtigten Sicherheitserwartungen haben.

Die Form der Instruktionspflichten muß auf den jeweiligen Adressatenkreis abgestimmt werden[127]. Die Instruktionen sind in der Sprache abzufassen, von der angenommen werden kann, daß die potentiellen Nutzer diese (Fremd-) Sprache auch verstehen. Nur bei Systemadministratoren in Rechenzentren oder DV-Abteilungen und bei anderen Fachleuten kann davon ausgegangen werden, daß auch Instruktionen in englischer Sprache verstanden werden. Von dieser Pflicht ist der Hersteller bzw. Quasi-Hersteller auch nicht entbunden, wenn die Software aus dem fremdsprachigen Ausland importiert wird. Bei der Abfassung der Texte ist auch darauf zu achten, daß sie für den zu erwartenden Nutzer verständlich formuliert wird, eine Fachterminologie also nur dann verwendet, wenn mit Sicherheit davon ausgegangen werden kann, daß der Kundenkreis gerade dieses Produkts die verwendeten Fachbegriffe auch versteht.

Die Instruktionen müssen so klar und verständlich formuliert sein, daß die Nutzer wissen, unter welchen Voraussetzungen sich besondere Nutzungsrisiken für sich oder für Dritte ergeben können. Die Aussagen müssen eindeutig und präzise sein. Der häufig zur (untauglichen) Abwehr von Gewährleistungsansprüchen verwendete Hinweis, daß eine Gewähr nicht übernommen werden könne, weil Computerprogramme sich bekanntermaßen nach dem Stand der Technik nicht fehlerfrei programmieren ließe, ist keine Instruktion, mit der der Produzent seine Instruktionspflichten nachkommen und sich der deliktischen Haftung wegen Verletzung der Informationspflichten entziehen könnte. Die Nutzer müssen genau wissen, welcher Fehler unter welchen Bedingungen mit welchem Risiko auftreten kann.

Computerprogramme, die unter einem bestimmten Betriebssystem laufen, können sich auf unterschiedlichen Rechnern trotz identischer Betriebssysteme anders verhalten. So hatte das *OLG Köln* bei der Beurteilung des Umfangs vertraglicher Zusicherung die Frage verneint, ob sämtliche auf einem IBM- Rechner lauffähigen Programme auch auf einem als IBM-kompatibel bezeichneten Gerät laufen müssen[128]. Selbst Geräte gleichen Produktnamens und einer glei-

---

[127] Vgl. *BGH* NJW 1986, 1863 (Überrollbügel).
[128] *OLG Köln* VersR 1993, 54 (IBM-Kompatibilität).

chen Bauart unter gleichem Betriebssystem können sich bei Verwendung identischer Anwendungsprogramme unterschiedlich verhalten.

Es gehört daher im Softwarebereich nicht nur zu den Instruktionspflichten, vor bekannten Einsatzrisiken zu warnen und unter Umständen bestimmte Verwendungen nicht zuzulassen, wenn diese nicht bereits durch geeignete Programmiermethoden verhindert werden können. Zu den Instruktionspflichten gehört auch, den Nutzern bei gefahrgeneigten Computerprogrammen mitzuteilen, wenn der Einsatz unter bestimmten äußeren Bedingungen (Temperatur, elektromagnetische Strahlung, Netzbetrieb mit paralleler Hard- und Softwarenutzung) oder auf nicht geprüfter Hardwareumgebung mit Risiken für Nutzer oder Dritte verbunden ist.

Die Instruktionen sind dort festzuhalten, wo sie von jedem, auch dem späteren Nutzer zur Kenntnis genommen werden können: auf den Disketten, an hervorgehobener Stelle in den Begleitmaterialien oder unter Umständen auch nach dem Aufruf und vor der Ausführung des Programms auf dem Monitor oder über ein anderes geeignetes Informationsausgabesystem.

Werden die Instruktionspflichten dadurch verletzt, daß die Gebrauchs- oder Warnhinweise unterlassen oder in nicht geeigneter Form zur Kenntnis gebracht wurden, haftet der Hersteller für diese Pflichtverletzung wegen eigenen Verschuldens.

Weist der Hersteller des Computerprogramms auf Programmfehler hin, die nur bei bestimmten, dem Hersteller bekannten und daher exakt beschreibbaren Verhaltensweisen des Nutzers auftreten (›known error list‹), so entgeht der Hersteller dann der Haftung nicht, wenn das mögliche Auftreten des Fehlers durch eine andere Programmierung vermeidbar ist. In einem solchen Fall haftet der Softwarehersteller wegen einer Verletzung der Sorgfaltspflichten bei der Konstruktion oder der Fabrikation[129].

6. Die Produktbeobachtungspflichten

Im Hinblick auf die von der deliktischen Haftung umfaßten Sorgfaltspflichten wurde schon vom Reichsgericht erkannt, daß sie nicht mit dem Inverkehrbringen des Produkts enden[130]. Sie umfassen auch die Produktbeobachtungspflichten, die die Entwicklungsrisiken insofern einschließen, als die in den Verkehr gebrachten Produkte auch darauf hin beobachtet werden müssen, ob sich inzwischen nach dem Stand von Wissenschaft und Technik zum Zeitpunkt der Inverkehrgabe nicht erkennbare Risiken zeigen. Hierhin liegt eine relevante Kom-

[129] Siehe auch *F.A. Koch*, Computer-Vertragsrecht, 1995, Teil 7, S. 128.

[130] *RZG* 163, 21(23) – (Bremsen I); *RG* DR 1940, 1293 = *Schmidt-Salzer* (Hrsg.), Entscheidungssammlung Produkthaftung, Bd. I, Nr. I.17 (Bremsen II).

pensation der im Produkthaftungsgesetz nicht vorgesehenen Haftung für die Entwicklungsrisiken. Die Produktbeobachtung erstreckt sich seit der Honda-Entscheidung des *Bundesgerichtshofs*[131] auch auf das Produktverhalten, wenn es von den Anwendern gemeinsam mit Fremdprodukten genutzt wird[132]. Werden Risiken nach dem Inverkehrbringen festgestellt, ergeben sich daraus insofern nachfolgende Instruktionspflichten, als die Verbraucher, hier die Anwender von Computerprogrammen, in geeigneter Weise öffentlich oder – wo dies möglich ist – individuell auf die Gefahren und die Gefahrabwendungsmöglichkeiten hingewiesen werden.

Für Hersteller von Computerprogrammen bedeutet diese Honda-Entscheidung, das Verhalten des Programms bei gemeinsamem Einsatz mit anderen Computerprogrammen zu verfolgen und Hinweisen von Nutzern auf Fehlverhalten des Programms intensiv nachzugehen. Die Produktbeobachtungspflicht und die sich daraus ableitenden Reaktionspflichten sind um so stärker, wenn das Produkt zur Nutzung mit bestimmten anderen Programmen oder auf bestimmten Hardwareplattformen und mit bestimmter Hardwareumgebung vom Hersteller ausdrücklich vorgesehen ist und wenn erhebliche Rechtsgüter gefährdet sein können.

Der Hersteller und gegebenenfalls auch der Importeur haben demnach die Pflicht, das weitere Schicksal des auf den Markt gebrachten eigenen Produkts und die Produktentwicklung bei den Wettbewerbern, die vergleichbar konstruierte Produkte herstellen[133], genau zu beobachten[134], auftretende Fehler zur Kenntnis zu nehmen, zu analysieren und auf sie in adäquater Weise zur Abwendung eines Schadensereignisses zu reagieren, sei es in Form von Produktverbesserungen, von öffentlichen Gebrauchs- oder Warnhinweisen[135] oder, wenn der Kundenkreis aufgrund einer Registrierung der ›Lizenzen‹ bekannt ist, durch Kontaktaufnahme mit dem im jeweiligen Einzelfall aufzuklärenden Kunden, sei es in Form von ›Rückrufaktionen‹[136] oder in Form von unaufgeforderter Zu-

---

[131] *BGHZ* 99, 167 (Honda). Siehe dazu *Lorenz*, CR 1987, S. 564.

[132] Siehe dazu ausführlich *Ulmer*, ZHR 152(1988), S. 564ff.

[133] Siehe nur den Pferdeboxen-Fall *BGH* NJW 1990, 906 m. Anm. *Emmerich*, JuS 1990, S. 413.

[134] Siehe aus der Rechtsprechung nur *BGHZ* 80, 186 (Derosal/Apfelschorf I); *BGHZ* 80, 199 (Benomyl/Apfelschorf II); *BGHZ* 99, 167 (Honda). Vgl. zu den Produktbeobachtungspflichten *Diederichsen*, DAR 1976, 312(315f.); *Simitis*, Grundfragen der Produzentenhaftung, 1965, S. 65; *ders.*, Produzentenhaftung: Von der strikten Haftung zur Schadensprävention, in: *Pawlowski/Wiese/Wüst* (Hrsg.), Festschrift für *Duden*, 1977, S. 605(634f.); *Schmidt-Salzer*, BB 1981, S. 1041; *Ulmer*, ZHR 152 (1988), S. 564(570ff.); *Hauschka*, AG 1988, S. 29; *Pieper*, BB 1991, S. 985; *Kunz*, BB 1994, S. 450; *Schreiber*, Produkthaftung bei arbeitsteiliger Produktion, 1990, insbes. S. 92ff.; *Dietrich*, Produktbeobachtungspflicht und Schadenverhütungspflicht des Produzenten, 1994.

[135] Zu den Warnpflichten bereits *BGH* VersR 1955, 765 (Insektenvertilgungsmittel); *BGHZ* 64, 46(49) – (Haartonikum); *BGHZ* 80, 186 (Derosal/Apfelschorf I).

[136] Grundlegend zum Anspruch des ›Verbrauchers‹ auf Rückruf *Pieper*, BB 1991,

sendung von fehlerbereinigten Updates des Computerprogramms. Der Hersteller muß aber auch andere Wege der Anwenderinformation suchen, als nur die ihm bekannten, weil bei ihm registrierten Anwender zu informieren. Registriert werden nämlich nur diejenigen Anwender, die unmittelbar mit dem Hersteller einen neben dem Kaufvertrag weiteren, als Lizenzvertrag bezeichneten Vertrag durch Anerkennung von Nutzungsbeschränkungen mit der Gegenleistung, über neue Produkte informiert zu werden, die hotline des Herstellers in Anspruch nehmen zu können und möglicherwese auch Sonderkonditionen beim Bezug von Updates eingeräumt zu bekommen, eingehen[137]. Je nach der Situation des Einzelfalls, insbesondere nach dem Schadenspotential und der Wahrscheinlichkeit des Schadenseintritts, ist das dem Hersteller zur Gefahrabwendung Mögliche und Zumutbare zu verlangen, wobei potentielle Personenschäden eher Gefahrabwendungspflichten entstehen lassen, als mögliche Sachschäden[138].

Sind die Kunden im einzelnen bekannt, sind sie von dem Hersteller direkt über die erkannte Fehlerhaftigkeit des Computerprogramms dann zu informieren, wenn die Fehlerhaftigkeit nicht nur die Integrität des Produkts beeinträchtigt, sondern Drittschäden drohen. Das ist nach dem Festgestellten bereits dann der Fall, wenn aufgrund des nicht integrierten Computerprogramms Schäden an der Hardware oder an den auf einem Datenträger gespeicherten sonstigen Programmen oder an Daten entstehen. Bei Massenprodukten und im einzelnen nicht mehr nachvollziehbaren Vertriebswegen müssen andere Wege zur Schadensprävention von demjenigen beschritten werden, der in der Lage ist, die Risikorealisierung zu verhindern. Wird ein Fehler des massenhaft ausgelieferten Produkts erkannt, der beispielsweise zu erheblichen Datenverlusten und damit zu großen Schäden führte, so sind die Nutzer in geeigneter Weise auf die Gefahr aufmerksam zu machen.

So hatte die Firma Intel die weitere Auslieferung ihres Computerprogramms ›Lanspool 3.01‹ ausgesetzt. Intel war von Kunden darüber informiert worden, daß sich auf einigen der ausgelieferten Originaldisketten des Formats 5¼" der berüchtigte ›Michelangelo-"Virus‹ befand. Dieser Virus ›verseucht‹ die Datenbestände des Anwenders, indem er bestimmte Programmdateien ›infiziert‹ und zu bestimmten Terminen Dateien vernichtet. Die Käufer wurden von Intel zum Umtausch der Disketten oder zu Virusabwehrmaßnahmen vor dem Programmstart aufgefordert[139].

S. 985(989ff.). Siehe auch *Seeling*, Die »Rückrufpflicht« des Warenherstellers, 1993; *Schwenzer*, JZ 1987, S. 1059, und – mit kritischer Würdigung des Ansatzes von *Schwenzer* – *Brüggemeier*, ZHR 152(1988), S. 511 (525f.).

137 Zur Einordnung dieses Vertragstyps und der Zulässigkeit einzelner seiner Klauseln ausführlich *Loewenheim*, Allgemeine Geschäftsbedingungen bei Verträgen über die Überlassung von Standard-Anwendersoftware, in: *Leser/Isomura* (Hrsg.), Festschrift für *Kitagawa*, 1992, S. 949(955; 960ff.).

138 So bereits *Schmidt-Salzer*, BB 1981, S. 1041(1042) unter Hinweis auf *BGH* BB 1981, 1045(1046) = *BGHZ* 80, 186 (Derosal/Apfelschorf I).

139 Siehe zu dem Fall die PC Woche vom 9.3. 1992: »Intel hält Lanspool 3.01 zurück«.

In einem weiteren bekanntgewordenen Fall[140] stellte sich nach Auslieferung der Version 5.0 des millionenfach verbreiteten Betriebssystems MS-DOS heraus, daß der sogenannten ›Ckeckdisk /F‹-Befehl[141] auf denjenigen Rechnern, die eine Festplatte mit einer FAT-Größe von 256KB haben, dazu führt, daß auf der Festplatte Cluster verlorengehen und damit Verzeichnisse und Daten nicht mehr gelesen werden können. Es sind bereits in Einzelfällen Schäden in Höhe von über 10.000 DM bekannt geworden. Der Hersteller Microsoft hat nach Bekanntwerden des Fehlers nach eigenen Ausagen über elektronische Informationsdienste und den eigenen »technischen Informationsdienst« auf den eingeräumten Fehler aufmerksam gemacht und auf Anforderung von Kunden ein fehlerbereinigtes Update ausgeliefert.

Um der Produktbeobachtungspflicht nachzukommen, hätten nicht nur die registrierten Anwender, sondern hätte die Öffentlichkeit in geeigneter Weise über Anzeigen in Tages- oder Fachzeitschriften auf die Gefahren aufmerksam gemacht werden müssen[142]. Soweit das Unternehmen aus Sorge darüber, das auf einem umkämpften Markt wettbewerbsrelevante Image zu verlieren, auf das öffentliche Eingeständnis eines Fehlers verzichtet, so hat es die Haftungsfolgen dafür zu übernehmen und Schadenersatz wegen einer Verletzung seiner Produktbeobachtungspflichten zu leisten.

Der genannte Softwarehersteller Microsoft hatte mit der Version 3.0 seiner bekannten Benutzeroberfläche WINDOWS 1990 ähnliche Probleme, als ein auch von Microsoft als gefahrenträchtig eingeräumter Fehler im Cache-Programm SMARTDRV.SYS mit der Version 3.0 ausgeliefert wurde, obwohl der Fehler bereits einem BETA-Tester aufgefallen war. Das zur Geschwindigkeitssteigerung beim Festplattenzugriff benötigte Programm führte dann zu Datenverlusten auf der Festplatte, wenn bestimmte Hardware-Konstellationen vorlagen und Hilfsprogramme von Drittanbietern verwendet wurden[143].

Da denkbar ist, daß zum Zeitpunkt des Inverkehrbringens der schadenverursachenden Version nach dem Stand von Wissenschaft und Technik der mögliche Schadenseintritt schon deswegen nicht hätte erkannt werden können, weil andere Hardware- und Softwarekomponenten noch gar nicht auf dem Markt waren und bei der Entwicklung nicht hatten berücksichtigt werden können, bleibt eine Pflichtverletzung bei der Produktbeobachtung zu prüfen.

Anwenderinformationen und Warnfunktionen sind auch dann erforderlich, wenn der Endanwender die Möglichkeit hat, das Computerprogramm zu modifizieren. Der Anwender muß dann, wenn Risiken nicht bereits durch die Programmierung technisch ausgeschlossen werden können, instruiert werden, daß einzelne Algorithmen nicht verändert werden dürfen, um nicht fehlerhafte Re-

---

[140] Siehe dazu *Deindl*, Computerwoche 11 vom 12. März 1993, S. 13.

[141] Der DOS-Befehl »CHKDSK« prüft die Integrität der FAT (File Allocation Table). Mit dem Zusatz »/F« werden als »lost cluster« erkannte Ketten wieder in Dateien umgewandelt. Ausführlicher zu diesem Vorgang *Herberger*, jur-pc 1993, S. 1966 und 1973.

[142] Ebenso *Herberger*, jur-pc 1993, S. 1966 und 1973.

[143] Siehe zu den Fehler-Szenarien im einzelnen *Herberger*, jur-pc 1990, S. xlix-liii.

aktionen des Programms zu provozieren. Läßt sich eine Modifikation technisch nicht verhindern, führen die Warnhinweise dazu, daß der Hersteller von der Haftung nach § 823 Abs. 1 BGB befreit wird, wenn sie von dem Anwender mißachtet werden.

Drittes Kapitel

Die geschützten Rechtsgüter

Die von § 823 Abs. 1 BGB geschützten Rechte und Rechtsgüter sind das Leben, der Körper, die Gesundheit, die Freiheit, das Eigentum und sonstige absolut geschützte Rechte. Fehlerhafte Computerprogramme können Verletzungen aller aufgezählten Rechtsgüter und des allgemeinen Persönlichkeitsrechts und des Rechts am Unternehmen zur Folge haben.

1. Das Leben, der Körper und die Gesundheit

In der Vergangenheit haben Computerfehler bereits häufig den Tod von Menschen sowie Gesundheits-und Körperverletzungen zur Folge gehabt. Gut dokumentierte Fälle sind die Unfälle mit Todesfolgen durch den medizinischen Elektronenbeschleuniger »Therac-25«, der zur Bestrahlung insbesondere von krebskranken Patienten eingesetzt wurde[144]. Der Programmierfehler in dem Bestrahlungsgerät führte zum Tod einiger Patienten und in zahlreichen weiteren Fällen zu schweren Körper- und Gesundheitsverletzungen. Auch der für alle 257 Passagiere tödliche Absturz einer DC 10 der Air New Zealand, die bei einem Touristenflug zur Antarktis gegen einen Vulkan flog, ging nach den Ergebnissen des Untersuchungsberichts auf einen Fehler im Bordcomputer zurück[145]. Weitere Todesfälle sowie Körper- und Gesundheitsverletzungen gab es durch Programmierfehler in den Computerprogrammen

- der elektronischen Steuerung in einem Chip der Autoelektrik eines PKW, der die Benzinzufuhr regeln sollte[146],

---

[144] Siehe dazu *Leveson/Turner*, An Investigation of the Therac-25 Accidents, Computer 1993/7, S. 18ff.; *Massingale/Borthick*, Journal of products liability 1988, S. 181; *Peterson*, Science news 1988, S. 170ff.; *Borking*, Informatie 1987, S. 928 (930), und die weiteren Nachweise oben S. 46 Fn. 174.

[145] Allerdings ging der Fehler nicht auf falsches Programmieren, sondern auf die Eingabe falscher Flugkoordinaten in den Bordcomputer zurück; siehe dazu die Entscheidung *Supreme Court of New Zealand*, 3 W.L.R. 1984, 884–915.

[146] *GM Corporation v. Johnston*, Ala Sup Ct 19589; siehe dazu *Owles*, Product liability international 1991, S. 80.

- von Industrierobotern, die außer Kontrolle geraten waren[147],
- des Notfallmeldesystems des Londoner Ambulance Services, der zum Absturz des Systems führte, infolgedessen die Notfallpatienten nicht rechtzeitig behandelt werden konnten[148] und
- zahlreicher anderer elektronischer Systeme[149].

2. Die Freiheit

Auch die Verletzung des Rechts auf Freiheit ist durch die fehlerhafte Programmierung eines Computerprogramms denkbar. Werden Personen in ihrer körperlichen Bewegungsfreiheit im Sinne des Art. 2 Abs. 2 S. 2 GG verletzt, weil aufgrund eines Programmfehlers Fahrstühle stecken oder Räume verschlossen bleiben, liegt tatbestandlich eine Freiheitsverletzung vor. Aus den USA wurde der Fall berichtet, daß eine Sozialhilfe beziehende Mutter aufgrund eines Programmierfehlers im polizeilichen Informationssystem von der Polizei festgenommen und 18 Stunden lang festgehalten und dadurch eine rechtswidrige behördliche Freiheitsentziehung veranlaßt wurde[150].

3. Das Eigentum

Eine Eigentumsverletzung liegt insbesondere vor, wenn das Eigentumsrecht beeinträchtigt oder entzogen wird, nachteilig auf eine Sache so eingewirkt wird, daß sie zerstört oder beschädigt wird, oder es zu einer Funktionsstörung in der Weise kommt, daß die bestimmungsgemäße Nutzung der Sache ausgeschlossen wird[151]. Beschädigungen und Zerstörungen anderer Sachen aufgrund fehlerhafter Programmierung vom Software, die in elektronische Geräte oder Anlagen integriert wurde, sind keine Seltenheit[152]. Die *andere* Sache kann

---

[147] *Neumann*, Software Engineering Notes Januar 1992, S. 26; FR vom 22. 5. 1987; *Bermes*, DIE ZEIT 33/1987, S. 20.

[148] Vgl. *Simpson*, The computer law and security report 1994, S. 76, die aus dem Untersuchungsbericht zitiert: »The CAD [Computer Aided Dispatch System, d. Verf.] software was not complete, not properly tuned, and not fully tested« (S. 79).

[149] Siehe nur die dokumentierten Fälle in der regelmäßigen Kolumne ›Risks to the public in computers and related systems‹ von *Peter G. Neumann* in den ›Software Engineering Notes (SEN)‹ der ACM.

[150] Siehe *Shattuck*, Nationale Kennkartensysteme, Computerabgleich und die Persönlichkeitssphäre in den USA, in: *Taeger* (Hrsg.), Der neue Personalausweis, 1984, S. 192(195).

[151] Grundlegend zum letzteren *BGHZ* 55, 153(159f.) – (Fleet), und jüngst *BGH* NJW 1994, 517 (Gewindeschneidemittel); vgl. auch Palandt-*Thomas*, § 1 ProdHaftG Rn 5, und MünchKomm-*Mertens* § 823 RdNrn. 67ff.

[152] Siehe etwa die Unfallbeispiele oben S. 41ff.

auch die Sache sein, in die das Computerprogramm integriert wurde[153]. Nach der ständigen Rechtsprechung des *Bundesgerichtshofs* erstreckt sich der Schutz bei einem Einbau des Produkts in eine Sache, dessen wesentliches Bestandteil es wird, auch auf Schäden an dieser Sache[154]. Eine Eigentumsverletzung stellt demnach auch die Substanzbeeinträchtigung der Sache, beispielsweise des Roboters, des Flugzeugs oder der Datenverarbeitungsanlage, dar, in die das fehlerhafte Computerprogramm eingebaut wurde.

Umstritten ist, ob eine Verletzung der *Sachsubstanz* auch dann anzunehmen ist, wenn das fehlerhafte Computerprogramm zu einem Datenverlust auf der Festplatte eines Rechners oder auf einem anderen Datenträger führte[155]. Die Daten sind als elektronische Zustände auf einem Magnetspeicher aufgebracht, bei deren Veränderung, Überschreibung oder Löschung an dem Datenträger selbst kein Schaden auftreten muß. Es haben sich allein die elektronischen Zustände so verändert, daß die Daten und damit die von ihnen repräsentierten Informationen nicht mehr nutzbar sind. Damit ist aber auch die Datenverarbeitungsanlage insgesamt nicht mehr in der gewohnten Weise einsetzbar. Die Funktionstüchtigkeit der Datenbank ist in einer so grundlegenden Weise beeinträchtigt, daß ihre Nutzbarkeit aufgehoben ist. Die Störung der gegenständlichen Ordnung bei Sachgesamtheiten ist auch ohne Beschädigung einer einzelnen Sache eine Eigentumsverletzung[156]. Die Aufhebung der Nutzbarkeit steht der Sachbeschädigung oder Entziehung gleich. Führt das fehlerhafte Computerprogramm zu einem ungewollten Datenverlust, so liegt eine Sachbeschädigung vor[157].

Das gleiche gilt auch dann, wenn aufgrund eines Programmierfehlers eine Datenverarbeitungsanlage nicht genutzt werden kann, weil der Zugang zu den Programmen oder der Hardware durch das Computerprogramm ›blockiert‹ wurde. Hier liegt ebenfalls eine Dispositionsbeeinträchtigung vor, die einer Sachentziehung gleichzestellen ist.

4. Sonstige Rechte

Zu den anerkannten sonstigen Rechten der deliktischen Haftung zählen insbesondere das Recht am Unternehmen und das allgemeine Persönlichkeitsrecht.

---

[153] Siehe zu den ›Weiterfresser-Mängeln‹ oben S. 193ff.

[154] Vgl. *BGHZ* 75, 75 (Spezialfensterglas); siehe dazu auch *Sack*, DAR 1988, S. 109(112) m.w.N.

[155] Siehe dazu auch *Herberger*, jur-pc 1990, S. xlix(lii).

[156] *BGHZ* 76, 216(220) – (Archiv); dazu näher MünchKomm-*Mertens* § 823 RdNr. 90.

[157] So auch MünchKomm-*Mertens* § 823 RdNr. 67.

a) Das Recht am Unternehmen

Das Recht am Unternehmen schützt den Bestand sowie die wirtschaftliche Betätigung und Entfaltung eines Unternehmens. Jede Beeinträchtigung der gewerblichen Tätigkeit eines Unternehmens erfüllt den Tatbestand, die tatsächliche Verhinderung der Gewerbeausübung ebenso wie eine rechtliche Behinderung. Daher stellt es eine Verletzung des Rechts am Unternehmen dar, wenn aufgrund eines Programmierfehlers das Buchhaltungsprogramm einer Anwaltskanzlei derart fehlerhaft arbeitet, daß der Anwaltskanzlei wegen Unzuverlässigkeit der Mandatsabrechnung die Zulassung entzogen wird[158].

b) Das allgemeine Persönlichkeitsrecht

Eine Programmierung, die zu einer *unrichtigen* Verarbeitung personenbezogener Daten führt, kann die Persönlichkeitsrechte der betroffenen Person verletzen und zu einem Schadensersatzanspruch aus § 823 Abs. 1 BGB führen. Werden durch fehlerhafte Software einer Person falsche Daten zugeordnet und die unzutreffenden Angaben auch an Dritte übermittelt, stellt dies eine Persönlichkeitsrechtsverletzung dar[159], die zum Schadensersatz berechtigt und Unterlassungs- und Beseitigungsansprüche nach sich zieht.

Eine solche Persönlichkeitsrechtsverletzung erfüllt den Tatbestand der deliktischen Haftung nach § 823 Abs. 1 BGB. Der Schadensersatzanspruch nach § 823 Abs. 1 BGB ist auch nicht etwa dadurch ausgeschlossen, daß mit dem Bundesdatenschutzgesetz eine Spezialmaterie vorhanden ist, die den Schutz der Persönlichkeit vor den Gefährdungen der automatisierten Verarbeitung seiner personenbezogenen Daten schützen soll[160]. Ein Anspruch aus § 823 Abs. 1 BGB kann neben etwaigen Ansprüchen aus § 823 Abs. 2 BGB und – soweit die Verletzungshandlung durch eine öffentliche Stelle erfolgte – aus § 7 BDSG geltend gemacht werden.

Die Rechtsprechung gewährt auch einen Schmerzensgeldanspruch nach § 847 BGB in Verbindung mit §§ 253, 823 Abs. 1 BGB nicht nur bei einer Verletzung eines der in § 847 Abs. 1 BGB ausdrücklich genannten Rechtsguts oder Rechts, sondern auch bei der Verletzung von Persönlichkeitsrechten[161]. Trotz

---

158 Vgl. dazu den Fall *Mackenzie Patten v. British Olivetti, dokumentiert von Simpson*, The computer law and security report 1994, S. 76(80).

159 Vgl. dazu *LG Hannover* vom 13. 11. 1990 (Namensänderung), Az. 15 O 181/90 (unveröffentlicht).

160 Wie hier *Kilian/Taeger*, Datenschutzrecht, in: *Faber/Schneider* (Hrsg.), Nds. Staats- und Verwaltungsrecht, 1985, S. 167(172); MünchKomm-*Mertens* § 823 RdNr. 134; a.A. *BGHZ* 91, 233 (Wirtschaftsauskunftei), und *BGHZ* 80, 311 (Handelsauskunftei), unter Hinweis auf *BGHZ* 45, 296(307) – (Höllenfeuer), und *BGHZ* 50, 133(143) – (Mephisto).

161 Ständige Rechtsprechung seit *BGHZ* 26, 349 (Herrenreiter); bestätigt durch *BVerfGE* 34, 269 (Soraya). Vgl. auch *Kötz*, Deliktsrecht, 1994, Rn. 626ff.

der Inkommensurabilität körperlicher Schmerzen und seelischer Leiden sollen die Geschädigten aufgrund der Ausgleichs- und Genugtuungsfunktion des Haftungsrechts einen Ausgleich in Geld auch für die Nichtvermögensschäden erhalten. Damit unterstützt das Schmerzensgeld die Präventivwirkung der deliktischen Haftung. Ein Schmerzensgeldanspruch wird allerdings nur bei einer schweren Schuld des Schädigers oder bei einer erheblich ins Gewicht fallenden Persönlichkeitsrechtsverletzung gewährt[162]. Danach muß der Softwarefehler zu einer schweren Verletzung der Identität und Integrität führen. Eine solche Verletzungshandlung liegt vor, wenn aufgrund eines fehlerhaften Computerprogramms

- die persönlichen Daten mit denen einer anderen Person vertauscht werden und der betroffenen Person die Identität einer anderen Person gewissermaßen in der Öffentlichkeit ›aufgezwungen‹ wird und die Richtigstellung nur mit erheblicher Anstrengung erreicht werden kann,
- Informationen aus der Privat- oder Intimsphäre an die Öffentlichkeit gelangen und die Lebensumstände der betroffene Person dadurch zum Gegenstand einer breiten öffentlichen Anteilnahme gemacht werden, oder
- unzutreffende Informationen über die betroffene Person gegeben werden, die geeignet sind, den guten Ruf erheblich zu beschädigen.

---

[162] *BGHZ* 35, 363(368f.) – (Ginsengwurzel); *OLG Köln* NJW 1989, 720 (Videokamera); *OLG Frankfurt* CR 1989, 19 (Schufa-Klausel); *LG Deggendorf* RDV 1993, 188 (Ermittlungsdaten); *LG Hannover* unveröffentlicht; Az. 15 O 181/90 (Namensänderung).

Fünfter Teil

Die Haftung für fehlerhafte Computerprogramme nach dem Datenschutzrecht

Erstes Kapitel

Einleitung

Fehlerhafte Computerprogramme, die zur Bearbeitung personenbezogener Daten eingesetzt werden, können zur *unrichtigen* Datenverarbeitung und dadurch zu materiellen und, bei Persönlichkeitsrechtsverletzungen, auch zu immateriellen Schäden bei den von der Datenverarbeitung betroffenen Personen führen. Schwerwiegende Folgen einer unrichtigen automatisierten Verarbeitung personenbezogener Daten sind auch im immateriellen Bereich leicht vorstellbar, da »unzulässige oder unzutreffende Informationen ... ein falsches oder verzerrtes Bild von der Persönlichkeit des Betroffenen entstehen« (lassen), das sein Ansehen und seine soziale Position nachhaltig trifft«[1]. Unter unrichtiger Datenverarbeitung sollen hier nicht die Fälle verstanden werden, in denen

- aufgrund von Eingabefehlern unzutreffende Informationen gespeichert werden,
- aufgrund von fehlenden Kontextinformationen aus den gespeicherten Daten falsche Schlüsse gezogen werden[2],
- aufgrund der Mißachtung von Datenschutzvorschriften unzulässigerweise Daten gespeichert oder in anderer Weise verarbeitet werden[3], oder in denen es
- aufgrund von Personenverwechslungen zu falschen Auskünften an Dritte kommt[4].

In diesem Zusammenhang sollen nur die aus der Datenverarbeitung resultierenden Schäden betrachtet werden, die ihre Ursache in einer *fehlerhaften Programmierung* des Datenverarbeitungsprogramms haben.

In der Praxis ist es bereits zu Fällen gekommen, in denen die fehlerhafte Pro-

---

[1] *Stähler/Schmitt*, Datenschutzgesetz Nordrhein-Westfalen, 1988, § 20 Rdnr.4.

[2] Auch der Kontextverlust kann zu unrichtigen Daten führen, vgl. *Ordemann/Schomerus/Gola*, BDSG, 1992, § 7 Anm. 3.4; *Schmidt*, Wann haftet der Staat?, 1989, S. 124; *Kilian/Taeger*, Datenschutzrecht, in: *Faber/Schneider* (Hrsg.), Nds. Staats- und Verwaltungsrecht, 1985, S. 167(168).

[3] Hierzu ausführlich *Schmidt*, Wann haftet der Staat?, 1989, passim.

[4] *BGH* NJW 1978, 2151 (Schufa).

grammierung zu einer unzulässigen oder *unrichtigen* Datenverarbeitung[5] im Sinne der Datenschutzgesetze geführt hat[6].

So ist in einem bei einem Landesverwaltungsamt gespeicherten Datensatz eines Landesbediensteten, dessen Bezügedaten vom Landesamt gespeichert, verarbeitet und an Dritte übermittelt werden, der richtige Name aufgrund eines Programmfehlers automatisch entfernt und dem Datensatz ein neuer, falscher Name zugeordnet worden[7]. Personenbezogene Daten des Betroffenen wurden mit dem falschen Namen an Dritte übermittelt. Die betroffene Person wurde daraufhin mit dieser falschen Namensangabe von dritter Seite angeschrieben, die ihm die auch dort erfolgte Namensänderung mitteilte. Auf Nachfrage erfuhr der Betroffene, daß auch bei der Landesversicherungsanstalt und bei der AOK Daten zu seiner Person unter seinem richtigen Namen nicht mehr gespeichert waren. Das Landesverwaltungsamt bestritt, daß in seinem Bereich ein Datenverarbeitungsfehler aufgetreten sei. Erst die Intervention des vom Anwalt des Betroffenen eingeschalteten Landesbeauftragten für den Datenschutz beim Landesverwaltungsamt verhalf dem ehemaligen Landesbediensteten wieder zu seiner Identität. Mit seinem Anspruch auf Schadensersatz für die angefallenen Rechtsanwaltsgebühren obsiegte er; der Anspruch auf Schmerzensgeld in Höhe von 1.000 DM scheiterte allerdings vor dem Landgericht, weil die in § 847 BGB genannten Rechtsgüter nicht verletzt wurden und das Persönlichkeitsrecht des Klägers nicht erheblich beeinträchtigt worden sei[8].

Da es Schutzzweck des Bundesdatenschutzgesetzes und der Datenschutzgesetze der Länder ist, (natürliche) Personen auch vor den Unzulänglichkeiten der computergestützten Datenverarbeitung einschließlich des Risikos von Programmierfehlern zu bewahren[9], hat die Verletzung einer geschützten Rechtsposition Schadensersatzansprüche gegen die datenverarbeitende Stelle zur Folge, die ein fehlerhaft programmiertes Datenverarbeitungsprogramm einsetzt. Die folgende Kapitel behandeln daher die Schadensersatzansprüche nach dem Bundesdatenschutzgesetz, die derjenige geltend machen kann, der durch ein *fehlerhaftes* Computerprogramm und die daraus resultierende *unrichtige* Datenverarbeitung geschädigt wurde.

---

[5] Vgl. zur Bedeutung des Begriffs ›Unzulässigkeit‹ *Ordemann/Schomerus/Gola*, BDSG, 1992, § 7 Anm. 3.3.

[6] Bislang sind nur wenige Fälle aus der Rechtsprechung dokumentiert, obwohl die Versicherungswirtschaft von »einer gestiegenen Anzahl zivilrechtlicher Verfahren nach dem BDSG« – gemeint sind offensichtlich Ansprüche aus §§ 823 Abs. 2 BGB i.V.m. § 8 BDSG und § 823 Abs. 2 BGB i.V.m. dem BDSG als Schutzgesetz – berichtet; vgl. *Rininsland*, CR 1993, S. 527(530).

[7] Nach einem Pressebericht in der HAZ vom 24. 10. 1990: »Ein Mann verschwand im Computer«. Der Fall wurde entschieden durch Urteil des *LG Hannover* Az. 15 O 181/90 (unveröffentlicht).

[8] *LG Hannover*, ebenda, unveröffentlicht, mit der befremdlichen Feststellung: »Glücklicherweise hat niemand im Ernst seinen Namen bestritten«.

[9] So *Kilian/Taeger*, Datenschutzrecht, in: *Faber/Schneider* (Hrsg.), Nds. Staats- und Verwaltungsrecht, 1985, S. 167(168).

Zweites Kapitel

Prinzipien des Datenschutzrechts

Von öffentlichen und nicht-öffentlichen Stellen werden Datenverarbeitungsprogramme häufig eingesetzt, um personenbezogene Daten im Sinne von § 3 Abs. 1 BDSG[10] zu erheben, zu speichern oder in sonstiger Weise zu verarbeiten. Die Möglichkeiten der elektronischen Datenverarbeitung, Informationen in nahezu beliebigem Umfang auf Dauer zu speichern, an jedem gewünschten Ort verfügbar zu halten und abzurufen und mit anderen Informationen zu verknüpfen, können die Persönlichkeitsrechte der in Rechenanlagen teilweise ›abgebildeten‹[11] Personen gefährden. Das Bundesverfassungsgericht hat in der grundlegenden Entscheidung vom 15. Dezember 1983 zum Volkszählungsgesetz[12] das allgemeine Persönlichkeitsrecht im Hinblick auf die besonderen Gefährdungen durch die elektronische Datenverarbeitung als »informationelles Selbstbestimmungsrecht« konkretisiert und in Art. 2 Abs. 1 GG i.V.m. Art. 1 Abs. 1 GG verortet. In einem neueren Urteil bezeichnet das Bundesverfassungsgericht dieses Grundrecht auch als »Grundrecht auf Datenschutz«[13]. Dieses Grundrecht gewährleistet »die Befugnis des Einzelnen, grundsätzlich selbst über die Preisgabe und Verwendung seiner persönlichen Daten zu bestimmen«[14].

Ausdrücklich formuliert wird dieses Grundrecht im Grundgesetz nicht. Es ist Bestandteil des von Art. 2 Abs. 1 GG geschützten allgemeinen Persönlichkeitsrechts. Auch die Gemeinsame Verfassungskommission von Bundestag und Bundesrat hat nach kontroverser Diskussion anders als die Konferenz der Datenschutzbeauftragten des Bundes und der Länder[15] letztlich keine Empfeh-

---

[10] Bundesdatenschutzgesetz (BDSG) vom 20. Dezember 1990 (BGBl. I S. 2954), geändert durch Art. 6 Ziff. 23 des Gesetzes vom 27. Dezember 1993 (BGBl. S. 2378) und durch Art. 12 Nr. 16 des Gesetzes vom 14. September 1994 (BGBl. I S. 2325).

[11] Auf das Risikopotential von Informationsmodellen, die rudimentäre Abbildungen von Personen enthalten, hat *Steinmüller* mehrfach hingewiesen; siehe etwa *Steinmüller u.a.*, Grundfragen des Datenschutzes, Gutachten im Auftrage des BMI, BT-Drs. VI/3826 (1971), Anl. 1, S. 97; *Steinmüller*, Informationsrecht und Informationspolitik, in: *ders.* (Hrsg.), Informationsrecht und Informationspolitik, 1976, S. 1 ff.; *ders.*, DVR 1983, S. 205.

[12] *BVerfGE* 65, 1 (Volkszählung).

[13] *BVerfGE* 85, 386 (Fangschaltung).

[14] *BVerfGE* 65, 1 (Volkszählung).

[15] Entschließung der Sonderkonferenz – gegen die Stimme Bayerns – vom 28. April 1992

lung ausgesprochen, ein explizites Datenschutz-Grundrecht in die Verfassung aufzunehmen. Nachdem aber bereits Nordrhein-Westfalen[16], das Saarland[17] und schließlich Berlin[18] ein Grundrecht auf Datenschutz in ihren Landesverfassungen aufgenommen hatten, haben nun auch Länder des Beitrittsgebiets in ihren Verfassungen Grundrechte verankert, die ausdrücklich vor den Gefahren schützen sollen, die der Persönlichkeitsentwicklung durch eine gesellschaftlich und rechtlich unerwünschte Verarbeitung von Personendaten drohen[19].

Aus dem Recht auf informationelle Selbstbestimmung folgt, daß jede hoheitliche Verarbeitung eines personenbezogenen Datums unter dem verfassungsrechtlichen Eingriffsvorbehalt steht. Die Datenverarbeitung durch öffentliche Stellen ist verfassungsrechtlich daher nur dann zulässig, wenn die betroffene Person wirksam in die Verarbeitung ihrer Daten eingewilligt hat oder eine verfassungskonforme gesetzliche Eingriffsbefugnis den Grundrechtseingriff erlaubt oder anordnet[20]. Als »öffentliche Stellen« definiert § 2 Abs. 1 bis 3 BDSG die Behörden, die Organe der Rechtspflege und andere öffentlich-rechtlich organisierte Einrichtungen, Körperschaften, Anstalten und Stiftungen des öffentlichen Rechts sowie Vereinigungen des privaten Rechts von öffentlichen Stellen. Auch nicht-öffentliche Stellen, die hoheitliche Aufgaben der öffentlichen Verwaltung wahrnimmt, gelten nach § 2 Abs. 4 S. 2 BDSG als öffentliche Stelle.

---

zum Grundrecht auf Datenschutz, Anlage 2.2 zum Jahresbericht 1992 des Berliner Datenschutzbeauftragten, 1993.

[16] Art. 4 Verfassung Nordrhein-Westfalen vom 28.6. 1950 (NW. GBl. S. 3), geändert am 19.12. 1978 (NW. GBl. S. 632).

[17] Art. 2 Verfassung des Saarlandes vom 15.12. 1947 (ABl. S. 1077), geändert am 25.1. 1985 (ABl. S. 105).

[18] Art. 21 b Verfassung von Berlin vom 1.9. 1950 (VOBl. I S. 433), zuletzt geändert durch 26. ÄnderungsG vom 2.4. 1992 (GVBl. S. 111). Gemäß Beschluß des Berliner Abgeordnetenhauses vom 11.1. 1991 gilt die Verfassung ab diesem Tag in Gesamtberlin (GVBl. S. 35).

[19] Art. 11 Verfassung des Landes Brandenburg vom 20. August 1992 (GVBl. S. 298); Art. 33 Verfassung des Freistaates Sachsen vom 27. Mai 1992 (Sächs. GVBl. S. 243); Art. 6 Verfassung des Landes Sachsen-Anhalt vom 16. Juli 1992 (GVBl. LSA S. 600); Art. 6 Verfassung des Landes Mecklenburg-Vorpommern vom 23. Mai 1993 (GVOBl. Meckl.-Vorp. S. 372).

[20] Vgl. dazu *BayVerfGH* NJW 1986, 915 (Kriminalakten); *OLG Hamm* VersR 1984, 170 (Schufa); *VG Hannover* NVwZ 1987, 826 (Kittner); *VG Hannover* CR 1987, 250 (Kriminalakten) m. Anm. *Taeger*; *VG Frankfurt* CR 1988, 158 (ED-Unterlagen) m. Anm. *Taeger*; *VG Frankfurt* NJW 1988, 1613 (Gesundheitsakte); *VG Oldenburg* CR 1989, 731 (SPUDOK); *OLG Frankfurt* NJW 1989, 47 (Kriminalakten). Ebenso *Busch*, DVBl. 1984, S. 385(387); *Hufen*, JZ 1984, S. 1072(1076); *Simitis*, NJW 1984, S. 398; *ders.*, NJW 1989, S. 21. Bereits vor der Entscheidung des *BVerfG* vertraten einige Autoren gegen heftige Angriffe der damals noch h.M., daß die hoheitliche Datenverarbeitung unter Gesetzesvorbehalt stehe, u.a. *Schmidt*, JZ 1874, S. 241(245); *Schwan*, VerwA 1975, S. 120(128); *Heussner*, Zur Funktion des Datenschutzes und zur Notwendigkeit bereichspezifischer Regelungen, in: *Gitter/Thieme/Zacher* (Hrsg.), Festschrift für *Wannagat*, 1981, S. 173ff.; *Podlech*, Datenschutz und Verfassungsrecht, in: *Hoffmann/Tietze/Podlech* (Hrsg.), Numerierte Bürger, 1975, S. 27(30); *Simon/Taeger*, Rasterfahndung, 1981, S. 37 m.w.N.; *Taeger*, Das Volkszählungsgesetz 1983, in: *ders.* (Hrsg.), Die Volkszählung, 1983, S. 68(82ff.).

Im Fangschaltung-Beschluß hat das *Bundesverfassungsgericht* den Eingriffsvorbehalt wie folgt begründet:

»Wenn das Grundgesetz die Einschränkung von grundrechtlichen Freiheiten und den Ausgleich zwischen kollidierenden Grundrechten dem Parlament vorbehält, so will es damit sichern, daß Entscheidungen von solcher Tragweite aus einem Verfahren hervorgehen, das der Öffentlichkeit Gelegenheit bietet, ihre Auffassungen auszubilden und zu vertreten, und die Volksvertretung anhält, Notwendigkeit und Ausmaß von Grundrechtseingriffen in öffentlicher Debatte zu klären. Diese Funktion kann der Gesetzesvorbehalt aber nur erfüllen, wenn die Ermächtigung zum Freiheitseingriff im Gesetz nicht bloß unausgesprochen vorausgesetzt, sondern ausdrücklich offengelegt wird.«[21]

So, wie das grundrechtlich gewährleistete ›Recht auf informationelle Selbstbestimmung‹ den Schutz des Einzelnen vor unbegrenzter Erhebung, Speicherung, Verwendung und Weitergabe seiner Daten zunächst nur im Verhältnis des Bürgers zum Staat sicherstellt, so gilt der Grundsatz des ›Verbots der Datenverarbeitung mit Eingriffsvorbehalt‹ entsprechend nur bei der hoheitlichen Datenverarbeitung durch öffentliche Stellen. Das grundrechtlich verbürgte ›Recht auf informationelle Selbstbestimmung‹ entfaltet keine unmittelbare Drittwirkung. Das ›Recht auf informationelle Selbstbestimmung‹ wirkt aber über die unbestimmten Rechtsbegriffe und Generalklauseln des einfachen Rechts mittelbar auch im Verhältnis zwischen Privatrechtssubjekten[22]. Außerdem normiert auch das einfache Recht mit § 4 BDSG ein ›Verbot mit Erlaubnisvorbehalt‹, wenn es sich an die öffentlichen Stellen des Bundes und an die nichtöffentlichen Stellen wendet und die Verarbeitung personenbezogener Daten und ihre Nutzung als nur dann zulässig erklärt, wenn das BDSG oder eine andere Rechtsvorschrift »sie erlaubt oder anordnet oder soweit der Betroffene eingewilligt hat«. Die Landesdatenschutzvorschriften enthalten für die öffentlichen Stellen in den Ländern eine entsprechende, die Verfassungsgebote einfachgesetzlich konkretisierende Regelung.

---

[21] *BVerfGE* 85, 386 (Fangschaltung) = NJW 1992, 1875(1877).

[22] Dazu näher *Simitis*, NJW 1984, S. 398(401); *Steinmüller*, CR 1989, S. 606 (611); *Wohlgemuth*, Datenschutz für Arbeitnehmer, 1988, Rn. 31; mit Bedenken *Kort*, RdA 1992, S. 378(379); a.A. *Zöllner*, Daten- und Informationsschutz im Arbeitsverhältnis, 1982, S. 22, und *Krause*, DVR 1980, S. 229, der sich gegen ein grundrechtlich verbürgtes informationelles Selbstbestimmungsrecht ausspricht.

Drittes Kapitel

Die Gefährdungshaftung öffentlicher Stellen nach dem Datenschutzrecht

Mit § 7 Abs. 1 BDSG n.F. enthält das Bundesdatenschutzgesetz nun wie die meisten Landesdatenschutzgesetze eine besondere Gefährdungshaftung bei Schäden, die einer natürlichen Person durch unzulässige oder unrichtige automatisierte Verarbeitung ihrer personenbezogenen Daten durch die öffentlichen Stellen des Bundes entstehen. Gemäß § 7 Abs. 2 BDSG ist bei schwerwiegenden Persönlichkeitsrechtsverletzungen auch der immaterielle Schaden zu ersetzen. Die Haftung knüpft an dem besonderen Risiko an, das mit der *automatisierten* Verarbeitung personenbezogener Daten verbunden ist. Es kommt nicht mehr darauf an festzustellen, ob sich jemand pflichtwidrig verhalten hat. Vorwerfbares pflichtwidriges Verhalten wird bei einer Haftung aus § 7 Abs. 1 BDSG nicht gefordert; denn auch die Haftung für technisches Versagen einschließlich der Haftung für Softwarefehler wird von den Haftungsregelungen erfaßt[23].

Nach § 7 BDSG sind daher die öffentlichen Stellen des Bundes und, gemäß den entsprechenden Landesvorschriften, die öffentlichen Stellen auf Landesebene zum Ersatz desjenigen Schadens verpflichtet, der durch eine nach den Vorschriften des BDSG bzw. der Landesdatenschutzgesetze oder nach anderen Vorschriften über den Datenschutz unzulässige oder durch *unrichtige* automatisierte Verarbeitung seiner personenbezogenen Daten entstand. Die öffentlichen Stellen müssen nach § 7 BDSG auch als Auftraggeber Schadensersatz leisten, wenn die den Schaden verursachende Datenverarbeitung bei der Auftragsdatenverarbeitung erfolgte. Der Auftraggeber bleibt auch bei der von ihm veranlaßten Datenverarbeitung durch einen Dritten haftungsrechtlich verantwortlich.

Wie das Deliktsrecht, so soll die Haftung nach den Datenschutzgesetzen neben der Kompensation eines eingetretenen Schadens auch der Schadens*vermeidung* dienen. Der Gesetzgeber des ersten Bundesdatenschutzgesetzes hatte

---

[23] Siehe auch *Schmidt*, Wann haftet der Staat?, 1989, S. 124, 136; *Auernhammer*, Bundesdatenschutzgesetz, 1993, Rdn 6 zu § 7; *Ancôt*, Sächsisches Datenschutzgesetz, 1993, § 21 Rdnr. 1; *Ordemann/Schomerus/Gola*, BDSG, 1992, § 7 Anm. 3.4.

noch auf die Aufnahme einer Haftungsvorschrift verzichtet, weil er damals der Ansicht gewesen ist, daß die Haftung nach dem allgemeinen Schadensersatzrecht und, bei hoheitlicher Tätigkeit der öffentlichen Stellen, nach dem seinerzeit in Vorbereitung befindlichen Staatshaftungsgesetz[24] ausreichend sei[25]. Es bestand im Innen- und Rechtsausschuß des Deutschen Bundestages aber Konsens darüber, daß über die umstrittene Frage der Notwendigkeit einer Gefährdungshaftungsregelung wieder nachgedacht werden sollte, wenn entsprechende Erfahrungen im Hinblick auf dieses Problem vorlägen[26]. Der Innenausschuß, der anerkannte, daß der betroffene Bürger den Verschuldensnachweis kaum je führen könne und deshalb ein datenschutzspezifischer Schadensersatztatbestand zumindest »in der Nähe der Gefährdungshaftung angesiedelt werden« müsse, sah daher zunächst davon ab, für unrichtige und unzulässige Datenverarbeitung einen solchen Haftungstatbestand vorzuschlagen[27].

Solange es im Bundesdatenschutzgesetz keine Anspruchsgrundlage für einen Schadensersatz gab, konnten die Betroffenen etwaige Ansprüche wegen einer Rechtsverletzung allein aus Vertrag (pVV)[28] oder aus vertragsähnlichem Vertrauensverhältnis (c.i.c.)[29] geltend machen oder auf das Deliktsrecht stützen[30].

Soweit die Datenschutzgesetze die Zulässigkeit der Datenerhebung und -verarbeitung regeln, Individualrechte der Betroffenen normieren und strafrechtliche Nebenbestimmungen enthalten (§43 BDSG), sind die individualschützenden Vorschriften der Datenschutzgesetze auch Schutzgesetze im Sinne des §823 Abs. 2 BGB, deren Verletzung einen Schadensersatzanspruch auch für reine Vermögensschäden vorsieht[31]. Da die Datenschutzgesetze auf den Schutz

---

[24] Das Staatshaftungsgesetz wurde vom *Bundesverfassungsgericht* als verfassungswidrig aufgehoben: *BVerfGE* 61, 149.

[25] Vgl. dazu BR-Drs. 422/1/76; *Auernhammer*, Kommentar zum BDSG, 1971, Einführung, Rdn 41; *Ordemann/Schomerus/Gola*, BDSG, München 1992, §7 Anm. 1.1; *Gola*, DSWR 1982, S.27; *Augat*, DuD 1982, S.75.

[26] Siehe Bericht und Antrag des Innenausschusses (BT-Drs. 7/5277, S.3ff.). Zur Vorgeschichte der Regelung *Gola*, DuD 1982, S.259.

[27] Bericht und Antrag des Innenausschusses zu dem von der Bundesregierung eingebrachten Entwurf eines Gesetzes zum Schutz vor Mißbrauch personenbezogener Daten bei der Datenverarbeitung, BT-Drs. 7/5277, S.5.

[28] Siehe dazu näher *Wind*, RDV 1991, S.16(16f.).

[29] Siehe auch *Ordemann/Schomerus/Gola*, BDSG, 1992, §8 Anm. 2.1.

[30] Dazu unter der Geltung des ersten Bundesdatenschutzgesetzes *Kamlah*, in: *Kamlah/Schimmel/Schwan*, Kommentar zum Bundesdatenschutzgesetz, in: *Burhenne/Perband* (Hrsg.), EDV-Recht, §4 Rdn. 58; *Auernhammer*, BB 1977, S.205(209); *Simitis*, NJW 1977, S.729(736).

[31] Ebenso *Simitis*, NJW 1977, S.729(736); *ders.*, in: *Simitis/Dammann/Mallmann/Reh*, BDSG, 1981[3], §4 Rdnr.56 m. w.N.; *Auernhammer*, BB 1977, S.205 (209); *Hümmerich/Kniffka*, NJW 1988, S.1182(1187); *Klippel*, BB 1983, S.407(411); *Winkelmann*, MDR 1985, S.718; *Bergmann/Möhrle/Herb*, Datenschutzrecht, Stand: 1994, RdNr.3.3 zu §8; *Schaffland/Wiltfang*, Bundesdatenschutzgesetz, Stand: März 1993, §4 Rdn. 26; *Wind*, RDV 1991, S.16(18f.); Palandt-*Thomas*, §823 Rn 145; *F.-M. Koch/Krestas*, Neue Justiz 1993, S.21; *OLG Hamm*

des allgemeinen Persönlichkeitsrechts (Recht auf informationelle Selbstbestimmung) abzielen, ist eine Zuwiderhandlung gegen eine Individualrechte schützende Vorschrift darüber hinaus auch eine Verletzung des allgemeinen Persönlichkeitsrechts[32], einem von § 823 Abs. 1 BGB geschützten ›sonstigen Recht‹[33].

Der *Bundesgerichtshof* hatte es in seiner Entscheidung vom 22.5. 1984[34] offen gelassen, ob und gegebenenfalls in welchem Umfang bei unzulässiger Datenverarbeitung nach Erlaß des Bundesdatenschutzgesetzes über § 823 Abs. 1 BGB Schadensersatzansprüche wegen Verletzung des allgemeinen Persönlichkeitsrechtes gegeben sein können. In einer früheren Entscheidung[35] hatte der 6. Senat des *Bundesgerichtshofs* immerhin erkannt, daß aus dem Fehlen einer Schadensersatzregelung im Bundesdatenschutzgesetz nicht geschlossen werden könne, daß der Gesetzgeber bei rechtswidriger Datenverarbeitung Schadensersatzansprüche generell ausschließen wollte. Der Senat hatte allerdings in beiden Urteilen unter Hinweis auf seine ständige Rechtsprechung[36] deutlich gemacht, daß § 823 Abs. 1 BGB als Anspruchsgrundlage für einen Schadensersatz deshalb ausscheide, weil die Verletzung des Persönlichkeitsrechts nur ein sogenannter ›Auffangtatbestand‹ sei, der grundsätzlich gegenüber einer Spezialregelung des Persönlichkeitsrechts, wie sie das Bundesdatenschutzgesetz darstelle, zurücktritt. Diese Entscheidung des *Bundesgerichtshofs* ist zu Recht kritisiert worden, weil sie den Subsidiaritätscharakter des Bundesdatenschutzgesetzes verkannte[37]. Die Auffassung des *Bundesgerichtshofs* ist nun dadurch hinfällig, daß der Gesetzgeber in § 7 Abs. 7 BDSG den ausdrücklichen Hinweis auf weitergehende Haftungsvorschriften aufgenommen hat, die durch den Schadensersatzanspruch aus § 7 BDSG unberührt bleiben.

Ein Anspruch aus § 823 BGB setzt aber stets auch ein Verschulden voraus, wobei die Beweislast in der Regel dem Geschädigten aufgebürdet wird, der das Vorliegen aller Anspruchsvoraussetzungen beweisen muß. Gerade bei der elektronischen Datenverarbeitung ist der Betroffene aber häufig nicht in der Lage, einen Beweis dafür anzutreten, daß der Schaden, der auch Nichtvermögens-

---

VersR 1984, 170 (Schufa-Mitteilung); *BGHZ* 80, 311 (Handelsauskunftei) = NJW 1981, 1738 (1740).

[32] So auch *Simitis*, NJW 1977, S. 729(736); *Auernhammer*, BB 1977, S. 205 (209); *Wind*, RDV 1991, S. 16(17); *Geis*, CR 1993, S. 269(270).

[33] So zuerst *BGHZ* 13, 334; siehe dazu näher *Meister*, BB 1976, S. 1584(1588).

[34] *BGHZ* 91, 233 (Wirtschaftsauskunftei).

[35] *BGHZ* 80, 311 (Handelsauskunftei).

[36] *BGHZ* 45, 296(307) – (Höllenfeuer); *BGHZ* 50, 133(143) – (Mephisto).

[37] Vgl. *Kilian/Taeger*, Datenschutzrecht, in: *Faber/Schneider* (Hrsg.), Nds. Staats- und Verwaltungsrecht, 1985, S. 167(172).

schaden sein kann[38], auf einer unrichtigen oder unzulässigen Datenverarbeitung einer datenverarbeitenden Stelle beruht[39].

Der Bundesgesetzgeber ist daher nun den Forderungen[40] nach Aufnahme eines verschuldensunabhängigen Schadensersatzanspruchs teilweise nachgekommen, wie er zuvor bereits in ähnlicher Form in den Landesdatenschutzgesetzen von Hamburg[41], Hessen[42], Niedersachsen[43], Nordrhein-Westfalen[44] und Rheinland-Pfalz[45] enthalten war und später auch in den Landesdatenschutzgesetzen von Baden- Württemberg[46], Berlin[47], Brandenburg[48], Mecklenburg-Vor-

---

[38] *BGHZ* 26, 349 (Herrenreiter); *BGHZ* 35, 363 (Ginsengwurzel).

[39] Vgl. auch *Auernhammer*, BB 1977, S. 205(210); *Sendler*, DuD 1977, S. 59(62).

[40] Vgl. nur *Podlech*, Datenschutz im Bereich der öffentlichen Verwaltung, Berlin 1973, S. 25f. und 78f.; *Steinmüller u.a.*, Grundfragen des Datenschutzes, BT-Drs. VI/3826 (1971), Anl. 1, S. 96 und passim; *Simitis*, NJW 1977, S. 729(736); *Kilian*, Gefährdungshaftung, in: *Görlitz* (Hrsg.), Handlexikon zur Rechtswissenschaft, 1972, S. 110; *Kilian/Taeger*, Datenschutzrecht, in: *Faber/Schneider* (Hrsg.), Nds. Staats- und Verwaltungsrecht, 1985, S. 167(172); *Schmidt*, Wann haftet der Staat?, 1989, S. 2. Siehe bereits die Datenschutzkommission des DJT, Grundsätze für eine gesetzliche Regelung des Datenschutzes, Bericht der Datenschutzkommission, 1974, S. 44. Schon in der 8. Wahlperiode wurde ein Versuch unternommen, eine Schadenersatzregelung in das Gesetz einzufügen. Im ersten Anlauf zur Novellierung des gerade in Kraft getretenen Bundesdatenschutzgesetzes, dem in den nächsten Legislaturperioden noch weitere Novellierungsbemühungen folgen sollten, war vorgesehen, die Rechte der Betroffenen nach § 4 Abs. 1 BDSG a.F. um einen Schadenersatzanspruch zu erweitern. Der Anspruch sollte dann gegeben sein, wenn durch eine öffentliche Stelle infolge unzulässiger oder unrichtiger Datenverarbeitung ein Schaden eintritt.

[41] § 20 Hamburgisches Datenschutzgesetz (HmbDSG) vom 5. Juli 1990 (Hamb. GVBl. S. 133).

[42] § 20 Hessisches Datenschutzgesetz (HDSG) vom 11. November 1986 (GVBl. S. 309), geändert durch Gesetz vom 21. Dezember 1988 (GVBl. S. 424) und vom 21. Dezember 1994 (GVBl. I S. 817).

[43] § 4 Abs. 2 Niedersächsisches Datenschutzgesetz (NDSG) vom 26. Mai 1978 (GVBl. S. 421), zuletzt geändert am 28. Mai 1991 (GVBl. S. 195), aufgehoben durch § 31 NDSG vom 17. Juni 1993 (GVBl. S. 141).

[44] § 20 Gesetz zum Schutz personenbezogener Daten (Datenschutzgesetz Nordrhein-Westfalen – DSG NW) vom 15. März 1988 (GV. NW. S. 160) und vom 22. November 1994 (GV. NW. S. 1064).

[45] Landesdatenschutzgesetz vom 5. Juli 1994 (GVBl. S. 293).

[46] Allerdings enthält § 22 LDSG BW keinen *verschuldensunabhängigen* Schadensersatzanspruch; siehe dazu auch *Bergmann/Möhrle/Herb*, Datenschutzrecht, Stand: 1994, Anm. 1 zu § 22 LDSG BW. Im LDSG BW vom 4. Dezember 1979 (GBl. S. 534) war eine Schadensersatzregelungen noch nicht enthalten, obwohl mehrere Anträge auf Einführung einer (verschuldensunabhängigen) Gefährdungshaftung gestellt worden waren; siehe LT-Drs. 7/6493. Die Gefährdungshaftung war seinerzeit weniger wegen der nach Ansicht der Landesregierung schwer abschätzbaren finanziellen Auswirkungen, sondern eher wegen der auf Bundesebene eingeleiteten Neuordnung der allgemeinen Staatshaftung abgelehnt worden; siehe Protokoll der 85. Sitzung des Landtags am 25. 10. 1979, S. 5885.

[47] § 18 Gesetz zum Schutz personenbezogener Daten in der Berliner Verwaltung – BlnDSG, in der Fassung vom 17. Dezember 1990 (GVBl. 1991 S. 16), zuletzt geändert am 26. Januar 1993 (GVBl. S. 40).

[48] § 20 Gesetz zum Schutz personenbezogener Daten im Land Brandenburg (Brandenburgisches Datenschutzgesetz – BbgDSG) vom 20. Januar 1992 (GVBl. S. 2).

pommern[49], Sachsen[50], Sachsen-Anhalt[51], Thüringen[52] und nun auch des Saarlands[53] berücksichtigt wurde[54]. Das Landesdatenschutzgesetz von Bayern[55] enthält keine verschuldensunabhängige Haftung, sondern abgestufte Entlastungsmöglichkeiten. Allein in dem Landesdatenschutzgesetz Bremens ist keine Haftungsregelung enthalten. Obwohl die Aufnahme von Gefährdungshaftungstatbeständen in die Datenschutzgesetze im Bundestag und in den Landtagen breit diskutiert und in der Kommentarliteratur erörtert wurde, hat das *haftungsrechtliche* Schrifttum von der datenschutzrechtlichen Gefährdungshaftung kaum Notiz genommen[56].

Einen dem §7 BDSG entsprechenden Gefährdungshaftungstatbestand bei Schäden, die durch die unrichtige oder unzulässige Datenverarbeitung der *nicht-öffentlichen* Stellen entstehen, kennt das Bundesdatenschutzgesetz nicht. §8 BDSG enthält lediglich eine Beweislastumkehr zugunsten des Geschädigten, der einen Schadensersatz etwa aufgrund von §823 Abs. 1 BGB oder §823 Abs. 2 BGB i.V.m. einer Individualinteressen schützenden Norm des BDSG geltend macht. §8 BDSG begründet demnach entgegen dem Wortlaut seiner Überschrift keinen eigenen Schadensersatzanspruch[57]. Diese Rechtslage, die die Verarbeitung personenbezogener Daten durch nicht-öffentliche Stellen haf-

---

49 §23 Gesetz zum Schutz des Bürgers beim Umgang mit seinen Daten (Landesdatenschutzgesetz – DSG MV) vom 24. Juli 1992 (GVOBl. M-V S. 487).

50 §21 Gesetz zum Schutz der informationellen Selbstbestimmung im Freistaat Sachsen vom 11. Dezember 1991 (GVBl. S. 401).

51 §18 Gesetz zum Schutz personenbezogener Daten der Bürger (DSG-LSA) vom 12. März 1992 (GVBl. S. 152).

52 §18 Thüringer Datenschutzgesetz (ThürDSG) vom 29. Oktober 1991 (GVBl. S. 516).

53 §20 Saarländisches Gesetz zum Schutz personenbezogener Daten (Saarländisches Datenschutzgesetz – SDSG) vom 24. März 1993 (Amtsbl. S. 286).

54 Die Übertragung der Bedenken gegen die zu einer gewerblichen Erscheinungsform des Allgemeinen Persönlichkeitsrechts (vgl. dazu *Simon*, Das Allgemeine Persönlichkeitsrecht und seine gewerblichen Erscheinungsformen, 1981) führende Rechtsfortbildung zu §253 BGB auf die von der Haftung nach dem BDSG erfaßten Fälle ist unangemessen und wenig hilfreich. Überzogen ist es insbesondere, wenn *Ehmann* beklagt, daß nun »das pekuniäre Interesse selbst die Ehre zur Handelsware machen« würde und durch eine Haftungsregelung, wie sie u.a. im Entwurf der Regierungskoalition vom 28. 1. 1986 (BT-Drs. 10/4737) für das BDSG vorgesehen war, »jedes personenbezogene Datum ... auf diese Weise zur Handelsware werden« kann und es zukünftig sein könne, »daß in vielen Fällen das Interesse an unzulässiger Datenverarbeitung das Interesse an deren Unterbleiben überwiegt, und daher Fälle ›gestellt‹ werden, die das Gesetz verhindern will« (Ehmann, AcP 188(1988), S. 230[239]).

55 Art. 13 Bayerisches Gesetz zum Schutz vor Mißbrauch personenbezogener Daten bei der Datenverarbeitung (BayDSG) vom 28.4. 1978 (GVBl. S. 165), geändert durch Gesetz am 24.3. 1983 (GVBl. S. 90).

56 Auch die Habilitationsschrift von *Blaschczok*, Gefährdungshaftung und Risikozuweisung, 1993, S. 1, geht nicht auf die datenschutzrechtliche Haftung ein. Das gilt auch für *Cosack*, VersR 1992, S. 1439, und *Deutsch*, VersR 1992, S. 521. Eine Ausnahme bietet insofern *Kretschmer*, in: *Friedrich Kretschmer et al.*, Produkthaftung in der Unternehmenspraxis, 1992, S. 4.

57 *Taeger*, EWS 1995, S. 69(72); *ders.*, Grenzüberschreitender Datenverkehr, 1995, S. 38; *Bergmann/Möhrle/Herb*, Datenschutzrecht, Stand: März 1994, §8 RdNr. 14.

tungsrechtlich privilegiert, könnte sich nach der Transformation der für Ende 1994 angekündigten[58] und für 1995 erwarteten[59] Rechtsvereinheitlichung innerhalb der Europäischen Union auf dem Gebiet des Datenschutzes durch eine EG-Richtlinie zum Schutz natürlicher Personen bei der Verarbeitung personenbezogener Daten und zum freien Datenverkehr (DSRl)[60] ändern. Nach dem derzeitigen Stand der Diskussion sieht der Art. 23 DSRl-E keine Gefährdungshaftung vor; er beschränkt sich vielmehr auf eine deliktische Handlungshaftung mit einer Verschuldensvermutung, die entkräftet werden kann[61]. Sollte der derzeitige Entwurf einer EG-Datenschutzrichtlinie beschlossen werden, wird die Umsetzung der Datenschutzrichtlinie in nationales Recht wohl nicht zu einer verschuldensunabhängigen Haftung, sondern lediglich zu einer Haftung wegen vermuteten Verschuldens führen[62].

1. Gefährdungshaftung der öffentlichen Stellen nach § 7 BDSG

a) Die Staatshaftung nach § 7 BDSG

Nach der Spezialnorm des § 7 BDSG n.F., der sich nahezu wörtlich an den älteren Haftungsregelungen Hessens[63] und Nordrhein- Westfalens[64] orientiert, haften die öffentlichen Stellen des Bundes für den durch unrichtige oder unzulässige automatisierte Verarbeitung der zur Erfüllung öffentlicher (hoheitlicher

---

[58] Den Termin nannte *Kopp* auf einer Tagung im November 1992, siehe DSB 1992, Heft 12, S. 6; siehe auch *Wind/Siegert*, CR 1993, S. 46(55), und *Taeger*, EWS 1995, S. 69(79).

[59] CR 1995, S. 192.

[60] Dok. Kom (92) 422 endg. -SYN 287 vom 27.11. 1992; dokumentiert auch in DuD 1992, S. 648ff., und in RDV 1993, S. 37ff. Der Rat der Europäischen Kommission hat am 20. Februar 1995 einen ›Gemeinsamen Standpunkt‹ der EG-Datenschutzrichtlinie beschlossen und damit die ›Erste Lesung‹ beendet. Siehe zur Kontroverse um den Richtlinienentwurf *Wuermeling*, DSB 1992/4, S. 13ff., und *Wind/Siegert*, RDV 1992, S. 118ff., und zur Auswirkung auf das BDSG *Geis*, CR 1995, S. 171ff.; *Wuermeling*, NJW-CoR 1995, S. 111ff.

[61] Als offen sowohl für Gefährdungshaftung als auch für vermutete Verschuldenshaftung wird die Haftungsregelung in Art. 23 DSRl-E dagegen von *Schneider*, CR 1993, S. 35(39), und wohl auch von *Wind/Siegert*, CR 1993, S. 46(53), bezeichnet. Letztere wünschen sich wegen des Fehlens einer expliziten Regelung eine Klarstellung des Wortlauts zugunsten einer Gefährdungshaftung. Art. 23 DSRl-E lautet: (1) Die Mitgliedstaaten sehen vor, daß jede Person, die wegen einer rechtswidrigen Verarbeitung oder jeder anderen mit den einzelstaatlichen Vorschriften zur Umsetzung dieser Richtlinie nicht zu vereinbarenden *Handlung* einen Schaden erleidet, das Recht hat, von dem Verantwortlichen der Verarbeitung Schadenersatz zu verlangen. (2) Der Verantwortliche der Verarbeitung kann teilweise oder vollständig von der Haftung befreit werden, wenn er *nachweist, daß der Umstand, durch den der Schaden eingetreten ist, ihm nicht zur Last gelegt werden kann.*

[62] Insofern ging der Änderungsantrag des Europäischen Parlaments (EG-ABl. Nr. C 94/173 vom 1. März 1992) weiter, der die Gefährdungshaftung der speichernden Stelle anregte.

[63] § 20 Abs. 1 S. 1 HessDSG.

[64] § 20 Abs. 1 S. 1 DSG NW.

oder fiskalischer)[65] Aufgaben erhobener und gespeicherter personenbezogener Daten eingetretenen Schaden. Das gilt auch dann, wenn die speichernde Stelle ein öffentlich-rechtliches Wettbewerbsunternehmen ist, für das im übrigen auf die Anwendung der für nichtöffentliche Stellen einschlägigen Vorschriften verwiesen wird (§ 12 Abs. 1 BDSG), und für die Personaldatenverarbeitung öffentlicher Stellen, da § 12 Abs. 4 BDSG die Anwendung von § 7 BDSG in diesem Fall ebenfalls nicht ausschließt[66]. Ein Verschulden wird nicht vorausgesetzt; es handelt sich um einen echten Gefährdungshaftungstatbestand.

Die Aufnahme einer verschuldensunabhängigen Haftung in das neue Bundesdatenschutzgesetz begründete die Bundesregierung folgendermaßen: »Angesichts der von der automatisierten Datenverarbeitung ausgehenden Gefahren für das Persönlichkeitsrecht ... erscheint es angebracht, eine den Besonderheiten der modernen Datenverarbeitung angepaßte Haftung vorzusehen. Die normale Verschuldenshaftung mit der uneingeschränkten Beweispflicht des Geschädigten wird diesen Besonderheiten nicht gerecht. Deshalb wird für bestimmte Tatbestände eine Gefährdungshaftung eingeführt. Diese trägt der vom BVerfG aufgezeigten besonderen Gefährdung des Persönlichkeitsrechts durch die automatisierte Datenverarbeitung u.a. dadurch Rechnung, daß sie das Risiko beim Einsatz dieser Technik, nämlich die technisch unbegrenzte Möglichkeit, auch falsche Daten dauerhaft speichern und in Sekundenschnelle ohne Rücksicht auf Entfernungen abrufen zu können, dem Betreiber auferlegt. In Anbetracht der komplexen, für außenstehende Dritte kaum nachvollziehbaren Vorgänge bei der automatisierten Datenverarbeitung kann es dem Betroffenen nicht zugemutet werden, dem Betreiber der Anlage ein Verschulden nachweisen zu müssen.«[67]

Weiter heißt es in der Begründung zum Regierungsentwurf: »Mit dieser Vorschrift soll u.a. der Schaden erfaßt werden, der dadurch entsteht, daß durch die automatisierte Verarbeitung personenbezogener Daten unrichtig oder Unbefugten unter bestimmten Voraussetzungen zugänglich werden. Dabei wird die Unrichtigkeit allein durch die Automatisation verursacht, indem beispielsweise Ziffern vertauscht oder bestimmte Kriterien nicht richtig zugeordnet werden. Derartige Fehler werden nicht sofort erkannt, weil beispielsweise die falsche Zuordnung einer Berufsangabe oder ein sog. Zahlendreher bei einem Geburtsdatum ... sowohl für die speichernde Stelle als auch für Außenstehende durchaus plausibel sein kann.«[68]

---

[65] Die aus dem Sachzusammenhang resultierende Gesetzgebungszuständigkeit des Bundes auch für fiskalische Tätigkeiten wird von *Schmidt*, Wann haftet der Staat ?, Frankfurt/M. 1989, Rdn. 43ff., bestritten. Anders zutreffend *Simitis*, in: *Simitis/Dammann/Mallmann/Reh*, BDSG, 1981³, Rdn. 78 zu § 4.

[66] Vgl. *Ordemann/Schomerus/Gola*, BDSG, 1992, § 7 Anm. 1.3; *Bergmann/Möhrle/Herb*, Datenschutzrecht, Stand: 1994, RdNr. 7 zu § 7.

[67] Begründung zum Novellierungsentwurf, BT-Drs. 11/4306, S. 35.

[68] Begründung zum Novellierungsentwurf, BT-Drs. 11/4306, S. 35.

Mit der Verabschiedung des Gefährdungshaftungstatbestands im Bundesdatenschutzgesetz hat der Bundesgesetzgeber, wie die meisten Landesgesetzgeber vor ihm, das in der Elektronischen Datenverarbeitung in besonderem Maße für das Persönlichkeitsrecht steckende Gefährdungspotential anerkannt. Elektronische Datenverarbeitung wird mit anderen risikobehafteten Techniken, die ebenfalls nicht verboten, sondern im gesetzlichen Rahmen zugelassen sind, gleichgesetzt[69]. Das steht mit der Auffassung im Einklang, wonach eine Gefährdungshaftung dort greift, »wo jemand eine Maschine, eine sonstige technische Anlage, gefährliche Substanzen oder andere gegenständlich verkörperte Gefahrenquellen unter seiner Kontrolle hat, von denen ein besonderes, nicht immer voll beherrschbares Risiko der Schädigung Dritter ausgeht«[70].

Die datenschutzrechtliche Haftungsregelung in § 7 BDSG ist eine Sonderhaftungsnorm des öffentlichen Rechts, bei der der Rechtsweg zu den ordentlichen Gerichten eröffnet ist. Wegen der Inkommensurabilität des Nichtvermögensschadens, der etwa bei einer Minderung des sozialen Ansehens oder bei sonstigen Verletzungen der Persönlichkeitsrechte eintritt, ist die Entschädigung für Nichtvermögensschäden ausdrücklich in den Haftungsnormen der Datenschutzgesetze aufgenommen worden[71]. § 7 Abs. 2 BDSG sieht vor, daß bei einer schweren Verletzung des Persönlichkeitsrechts der Schaden, der nicht Vermögensschaden ist, in Geld angemessen zu ersetzen ist. Der im Anschluß an das Bundesverfassungsgericht[72] von der Rechtsprechung[73] analog zu § 847 BGB gewährte Ausgleichsanspruch bei schweren Persönlichkeitsverletzungen in den Fällen, in denen eine Genugtuung durch Unterlassung, Gegendarstellung oder Widerruf nicht erreichbar ist, wird daher in dieser Spezialvorschrift gesetzlich vorgeschrieben. Das Bundesdatenschutzgesetz hält daran fest, daß die Geldentschädigung bei Persönlichkeitsrechtsverletzungen die nur für schwere Fälle reservierte ›ultima ratio‹ ist. Anderslautende Befürchtungen[74] erweisen sich damit als unbegründet, zumal die Rechtsprechung dahin tendiert, die Anforderungen an die Schwere der Verletzung sehr hoch zu setzen[75].

---

[69] Vgl. auch *Müller/Wächter*, DuD 1989, S. 240.

[70] *Kötz*, Gefährdungshaftung, in: *Bundesminister der Justiz* (Hrsg.), Gutachten und Vorschläge zur Überarbeitung des Schuldrechts, 1981, S. 1779(1784).

[71] Vgl. zur Rechtsprechung zum Anspruch auf Ausgleich des Nichtvermögensschadens *Schmidt*, Wann haftet der Staat?, 1989, S. 194ff.

[72] *BVerfG* NJW 1973, 1221(1224) – (Soraya).

[73] *BGHZ* 35, 363(368) – (Ginsengwurzel); *BGHZ* NJW 1971, 698 (Liebestropfen); *BGH* NJW 1985, 1617 (Nacktfoto); *BGH* VersR 1988, 405 (Ehrverletzung).

[74] *Ehmann*, AcP 188 (1988), S. 230(240).

[75] Siehe etwa *BGH* NJW-RR 1988, 732 (Priester); *OLG Köln* NJW 1989, 720 (Videokamera); *OLG Frankfurt* CR 1989, 19 (Schufa-Klausel); *LG Deggendorf* RDV 1993, 188 (Ermittlungsdaten); *LG Hannover* unveröffentlicht, Az. 15 O 181/90 (Namensänderung).

b) Die Voraussetzungen des Anspruchs

Anspruchsvoraussetzung ist, daß die Schadensursache auf die »typische Automationsgefährdung«[76] zurückgeht, nicht etwa auf fehlerhaftes Ausfüllen eines Erhebungsbogens[77]. Die Datenverarbeitung muß außerdem »unzulässig oder unrichtig« sein. Die Unzulässigkeit ist dann zu bejahen, wenn ein Verstoß gegen materielle Datenschutzvorschriften vorliegt. ›Unrichtig‹ kann die Datenverarbeitung sein, wenn ›unrichtige Daten‹ verarbeitet werden oder wenn die ›Datenverarbeitung unrichtig‹ ist und zu falschen Ergebnissen oder Ausgaben führt. Nur der letzte Aspekt ist hier von Interesse; denn auch ein Programmfehler kann dazu führen, daß richtige Daten durch Änderung, Vertauschen, Hinzufügen oder Löschen verfälscht und damit unrichtig werden. Die Verarbeitung von ›unrichtigen Daten‹ wäre dann im folgenden auch ›unzulässig‹[78].

Ein Programmfehler kann allerdings auch dazu führen, daß richtige Daten genutzt oder an Dritte übermittelt werden, obwohl Erlaubnistatbestände dafür nach §14 BDSG bzw. §§15f. BDSG nicht vorliegen. Dann würde der Programmfehler eine unzulässige Datenverarbeitung verursachen, die die datenverarbeitende Stelle nach dem Datenschutzgesetz haftungsrechtlich zu vertreten hätte. In jedem Fall wäre das Tatbestandsmerkmal der »unzulässigen oder unrichtigen automatisierten Datenverarbeitung« auf Grund des fehlerhaften Computerprogramms erfüllt[79].

c) Die Haftungshöchstgrenze nach §7 BDSG

Die Schadensersatzansprüche sind nach §7 Abs.3 S.1 BDSG auf 250.000 DM begrenzt. Sind bei einem einzigen Schadensereignis mehrere Personen geschädigt, so ist der Höchstbetrag gem. §7 Abs.3 S.1 BDSG auf die Geschädigten in

[76] *Ordemann/Schomerus/Gola*, BDSG, 19925, §7 Anm. 3.2. Die Automatisierung der Informationsverarbeitung allein kann noch nicht haftungsbegründend sein. Voraussetzung muß desweiteren sein, daß die zur Automatisierung eingesetzte technische Einrichtung dazu bestimmt ist, Daten zu verarbeiten. Ein Telefax fällt entgegen den Auffassungen von *Ordemann/Schomerus/Gola*, aaO., Anm. 3.4, und *Nungesser*, Hessisches Datenschutzgesetz, 1988, §20 Rdn. 3, nicht darunter. Die Übermittlung von auf einem Papierblatt geschriebenen personenbezogenen Daten mittels eines fehlerhaft arbeitenden Telefaxgerätes kann keine Haftung nach §7 BDSG auslösen, wenn die Daten verstümmelt oder unvollständig beim Empfänger ankommen. Anders wäre der Sachverhalt nur zu entscheiden, wenn das Faxgerät in eine Datenverarbeitungsanlage integriert wäre und die Daten als Zeichenkette oder als Grafikdatei unmittelbar aus dem Speicher über das eingebaute Modem in das Telekommunikationsnetz gingen und ein Ausdruck zur Wahrnehmung des übermittelten *Telefax* nicht erforderlich ist.

[77] Die fehlerhafte Dateneingabe direkt an einem Dateneingabegerät (Tastatur) wird man aber dem technischen Gefahrenbereich bereits zurechnen müssen.

[78] *Ordemann/Schomerus/Gola*, BDSG, 1992, §7 Anm. 3.4.

[79] Siehe dazu auch *Stähler*, Datenschutzgesetz Nordrhein-Westfalen, 1988, §20 Rdn. 3; *Hunsche*, in: *Ruckriegel/von der Groeben/Hunsche*, Datenschutz und Datenverarbeitung in Nordrhein-Westfalen, 1979, Erl. zu §4, Anm. 13.

dem Verhältnis ihres Schadens zu dem Höchstbetrag aufzuteilen. Dieser Haftungshöchstbetrag, der nunmehr, nachdem auch Hamburg und Rheinland-Pfalz einen Haftungshöchstbetrag eingeführt haben, auch in allen Landesdatenschutzgesetzen als Haftungsbeschränkung vorgesehen ist, stößt zu Recht auf Kritik[80]. Da die öffentliche Hand die Risiken in der Regel nicht durch eine Versicherung absichern will[81], kann auch die bessere Versicherbarkeit des Risikos kein Argument für die Begrenzung der Haftungssumme sein. Der Verzicht auf die Haftungshöchstgrenzen, die von *Schmidt-Salzer* als eine »schlichtweg kontraproduktive gesetzgeberische Lösung« bezeichnet werden[82], würde sich dagegen positiv auswirken, weil sie zu einer höheren Sorgfalt bei den Behörden führte[83].

2. Gefährdungshaftung der öffentlichen Stellen nach den Landesdatenschutzgesetzen

a) Baden-Württemberg

Nach § 21 Abs. 1 S. 1 LDSG BW[84] haftet die speichernde Stelle für den beim Betrieb einer automatisierten Datenverarbeitungsanlage entstandenen Schaden, wenn personenbezogene Daten unrichtig verarbeitet oder Daten Unbefugten nach Überwindung automatisierter Sicherungseinrichtungen zugänglich wurden. Die Haftung nach § 21 Abs. 1 S. 1 LDSG BW ist als vermutete Anlagenhaf-

---

80 Vgl. etwa *Kilian/Taeger*, Datenschutzrecht, in: *Faber/Schneider* (Hrsg.), Nds. Staats- und Verwaltungsrecht, 1985, S. 167(172); *Simitis*, VersR 1981, S. 197(199). Zur grundsätzlichen Kritik an den Haftungshöchstgrenzen aus Sicht der Versicherungswirtschaft *Schmidt-Salzer*, VersR 1991, S. 9(11ff.).

81 Die kommunalen Gebietskörperschaften, die bei kommunalen Versicherungsträgern versichert sind, erhalten Deckungsschutz im Rahmen der allgemeinen kommunalen Haftpflichtversicherung. Die Versicherung erstreckt sich auch auf die Gefährdungshaftung; vgl. dazu bereits das Rundschreiben für die Mitglieder des Versicherungsverbandes für Gemeinden und Gemeindeverbände 5/77 vom 12. November 1977. Siehe auch *Hunsche*, in: *Ruckriegel/von der Groeben/Hunsche*, Datenschutz und Datenverarbeitung in Nordrhein-Westfalen, 1979, Erl. zu § 4, Anm. 20.

82 *Schmidt-Salzer*, VersR 1991, S. 9(11).

83 *Kilian/Taeger*, Datenschutzrecht, in: *Faber/Schneider* (Hrsg.), Nds. Staats- und Verwaltungsrecht, 1985, S. 167(172). In diesem Sinne beklagen auch *Ehrich/Kirchherr*, DuD 1979, S. 84, daß die nordrhein-westfälischen Sparkassen gegenüber den privatrechtlichen Mitbewerbern erheblich beeinträchtigt würden, weil die verschuldensunabhängige Haftung nach § 4 Abs. 2 DSG NW die Sparkassen zwinge, insbesondere vor einer Datenübermittlung im Rahmen der Interessenabwägung »die Zulässigkeit der Datenverarbeitung besonders sorgfältig zu prüfen«. Auch *Bergmann/Möhrle/Herb*, Datenschutzrecht, Stand: 1994, § 8 RdNr. 4, meinen, daß die öffentlich-rechtlichen Wettbewerbsunternehmen »in wettbewerbsverzerrender Weise einem verschuldensunabhängigen Schadensersatzanspruch ausgesetzt« würden.

84 Gesetz zum Schutz personenbezogener Daten (Landesdatenschutzgesetz – LDSG) Baden-Württemberg vom 27. Mai 1991 (GBl. S. 277).

tung ausgestaltet, weil sie der speichernden Stelle die Möglichkeit einräumt, die Vermutung, der Schaden sei beim Betrieb der automatisierten Datenverarbeitungsanlage aufgrund technischer Mängel eingetreten, zu entkräften, indem der Nachweis gelingt, daß der Schaden auf ein Verschulden des Personals zurückzuführen ist, für das die speichernde Stelle jedenfalls nicht nach §21 LDSG BW haftet.

Während das BDSG einen umfassenden verschuldensunabhängigen Schadensersatzanspruch für den öffentlichen Bereich des Bundes auch bei unzulässigen oder unrichtigen Handlungen des Personals enthält, beschränkt §21 LDSG BW die Haftung auf zwei Tatbestände, nämlich entweder auf den Fall, daß Daten durch die Verarbeitung *unrichtig* werden oder darauf, daß Unbefugten nach der Überwindung automatisierter Sicherheitseinrichtungen Daten zugänglich werden. ›Unrichtig‹ im Sinne von §21 Abs. 1 LDSG BW können Daten nur durch eine fehlerhafte Hardware oder durch Fehler in der Systemsoftware, der Anwendungssoftware oder der Sicherheitssoftware werden[85]. Der 11. Tätigkeitsbericht der Landesbeauftragten für den Datenschutz in Baden-Württemberg[86] schildert einen Fall, in dem personenbezogene Daten aufgrund eines Programmfehlers falsch wurden bzw. falsch eingegebene, aber berichtigte Daten falsch gespeichert wurden.

In dem im Tätigkeitsbericht geschilderten Sachverhalt hatten Bußgeldbehörden nach festgestellten Verkehrsverstößen zunächst das Autokennzeichen eines Fahrzeuges, mit dem eine Ordnungswidrigkeit begangen wurde, falsch eingegeben. Bei einem Autokennzeichen, das einem bestimmten Halter zugeordnet ist, handelt es sich um ein personenbezogenes Datum im Sinne von §3 Abs. 1 LDSG BW, wenn der Halter eine natürliche Person ist. Die falsche manuelle Eingabe eines personenbezogenen Datums würde noch keine Haftungsfolge nach sich ziehen können, da §21 LDSG fordert, daß die Unrichtigkeit auf einem automatisierten Vorgang beruht. Nach dem geschilderten Sachverhalt wurden die fehlerhaften manuellen Eingaben festgestellt. Zu ihrer Berichtigung wurden das entsprechende Datenfeld aufgerufen und die fehlerhaften Stellen berichtigt. Der Bildschirm zeigte die berichtigten Datenfelder korrekt an; im Programm wurde dann aufgrund des Programmierfehlers der ursprüngliche Inhalt des Datenfeldes gelöscht und nur durch die neu eingegebenen, häufig *unvollständigen* Angaben ersetzt. In diesem Fall waren die personenbezogenen Daten durch eine fehlerhafte Anwendungssoftware unrichtig geworden. Soweit den Betroffenen dadurch ein Schaden entstanden ist, wäre er nach §21 LDSG zu ersetzen.

Als ›unrichtig‹ im Sinne der Haftungsregelung des §21 LDSG BW müssen auch solche personenbezogenen Daten angesehen werden, die zwar in die Datenverarbeitungsanlage eingegeben, aber aufgrund eines Programmierfehlers nicht gespeichert wurden. Ein solcher Fall wird ebenfalls im 11. Tätigkeitsbericht der Landesbeauftragten dokumentiert.

---

[85] Ebenso *Bergmann/Möhrle/Herb*, Datenschutzrecht, Stand: 1994, Anm. 3.1 zu §21 LDSG BW.

[86] Datenschutz für unsere Bürger – 11. TB der LfD 1990, S. 125.

Danach hat die Führerscheinstelle eines Landratsamts personenbezogene Daten in eine Führerscheindatei eingegeben. Sobald die Sachbearbeitung eines Falls abgeschlossen und der Datensatz im Zwischenspeicher abgespeichert war, war der Bildschirm wieder frei für eine Dateneingabe eines anderen Datensatzes. Die physische Speicherung im Plattenspeicher erfolgte allerdings erst, wenn mit der Änderung oder Neueingabe eines weiteren Datensatzes begonnen wurde. Bei Störungen der EDV- Anlage oder bei einem Ausschalten der Anlage vor einem ordnungsgemäßen Beenden der Anwendungssoftware wurde der bearbeitete Datensatz aufgrund des Programmierfehlers nicht vom Zwischenspeicher in den Plattenspeicher übernommen, so daß diese personenbezogenen Daten verloren gingen[87].

Tritt aufgrund der beim Landratsamt eingesetzten fehlerhaften Software beim Führerscheininhaber oder -bewerber ein Schaden ein, so haftet das Landratsamt nach §21 LDSG. Es entspricht der ratio legis, die aufgrund eines Programmfehlers *nicht* erfolgte Datenverarbeitung als ›unrichtig‹ anzusehen. Nach der Norm soll die öffentliche Stelle dann haften, wenn der Schaden aufgrund eines Fehlers der Datenverarbeitungsanlage eingetreten ist. Nicht der rechtswidrige Gebrauch der Datenverarbeitungsanlage durch einen Bediensteten soll der Haftungsgrund sein; vielmehr soll die Haftung dann eintreten, wenn sich das Risiko, das in der Verwendung der technisch unzulänglichen und somit riskanten Datenverarbeitungsanlage liegt, verwirklicht. Das aber war bei dem gegebenen Sachverhalt der Fall.

b) Bayern

Gegenüber einer personenbezogene Daten speichernden öffentlichen Stelle des Freistaats Bayern im Sinne von Art. 2 Abs. 1 BayDSG gewährt Art. 13 BayDSG[88] einen »Anspruch auf Schadensausgleich«, wenn in Ausübung öffentlicher Gewalt[89] Daten entgegen den Vorschriften des Landesdatenschutzgesetzes oder einer besonderen Vorschrift über den Datenschutz in einer anderen Rechtsvorschrift verarbeitet werden. Die Haftungsnorm enthält keine verschuldensunabhängige Haftung[90], sondern eine vermutete Verschuldenshaftung.

---

[87] 11. TB der LfD 1990, S. 77.

[88] Bayerisches Gesetz zum Schutz vor Mißbrauch personenbezogener Daten bei der Datenverarbeitung (Bayerisches Datenschutzgesetz – BayDSG) vom 28. April 1978 (GVBl. S. 165), geändert durch Art. 45 Bayerisches Gesetz über das Meldewesen vom 24. März 1983 (GVBl. S. 90).

[89] Allein der bayerische Gesetzgeber hat die Haftung wegen der umstrittenen Gesetzgebungskompetenz ausdrücklich auf die hoheitliche Datenverarbeitung begrenzt; näher dazu *Ordemann/Schomerus/Gola*, 1992, BDSG, §7 Anm. 5.1.

[90] Unzutreffend daher *Bergmann/Möhrle/Herb*, Datenschutzrecht, Stand: 1994, Anm. 2. und 3. zu Art. 13 BayDSG, und *Gola*, NJW 1983, S. 915(916).

c) Berlin

Das Berliner Datenschutzgesetz[91] sieht in § 18 Abs. 1 S. 1 einen Schadensersatzanspruch gegen eine öffentliche Stelle des Landes Berlin im Sinne von § 3 BlnDSG vor, wenn die von der Datenverarbeitung betroffene Person durch eine nach dem Datenschutzgesetz oder durch eine nach anderen Rechtsvorschriften über den Datenschutz rechtswidrige Datenverarbeitung in ihren schutzwürdigen Belangen beeinträchtigt wurde und dadurch einen Vermögensschaden erlitten hat.

Die Vorschrift entspricht im wesentlichen der Haftungsnorm des jüngeren § 7 BDSG. Der Anspruch nach § 18 Abs. 1 S. 1 BlnDSG setzt allerdings eine »*rechtswidrige*« und nicht eine »*unzulässige oder unrichtige automatisierte*« Datenverarbeitung wie in § 7 BDSG voraus. Da Datenverarbeitung nach § 4 Abs. 2 S. 1 und S. 2 Nr. 7 BlnDSG auch das Nutzen, also jede sonstige und damit auch manuelle Datenverarbeitung umfaßt, sind die haftungsbegründenden Umstände der Berliner Regelung weiter als im Bundesdatenschutzgesetz gefaßt. Die »rechtswidrige Datenverarbeitung« umfaßt auch die unrichtige oder fehlerhafte Datenverarbeitung aufgrund eines Programmierfehlers der verwendeten Software. Da die unrichtige Datenverarbeitung unzulässig und damit rechtswidrig ist[92], führt auch der durch ein fehlerhaftes Programm bei einem von der Datenverarbeitung Betroffenen verursachten Schaden zu einem Ersatzanspruch nach § 18 BlnDSG.

d) Brandenburg

Nach § 20 BbgDSG[93], das weitgehend dem nordrhein-westfälischen Datenschutzgesetz folgt, haftet der Träger der datenverarbeitenden Stelle (§ 2 BbgDSG) auch ohne Verschulden für den Schaden, der einem Betroffenen durch eine nach den Vorschriften des Landesdatenschutzgesetzes oder nach anderen Vorschriften über den Datenschutz unzulässige oder durch *unrichtige* automatisierte Verarbeitung entstanden ist. Die Regelung entspricht dem § 7 BDSG.

---

[91] Gesetz zum Schutz personenbezogener Daten in der Berliner Verwaltung (Berliner Datenschutzgesetz – BlnDSG) in der Fassung vom 17. Dezember 1990 (GVBl. 1991 S. 16), zuletzt geändert am 26. Januar 1993 (GVBl. S. 40).

[92] *Ordemann/Schomerus/Gola*, BDSG, 1992, § 7 Anm. 3.4.

[93] Gesetz zum Schutz personenbezogener Daten im Land Brandenburg (Brandenburgisches Datenschutzgesetz – BbgDSG) vom 20. Januar 1992 (GVBl. S. 2).

e) Bremen

Das zuletzt 1987 geänderte Bremische Datenschutzgesetz[94] enthält keine Schadensersatzregelung.

f) Hamburg

Nach § 20 Abs. 1 S. 1 HmbDSG[95] hat der Träger der öffentlichen Stelle dem Betroffenen den aus der Beeinträchtigung seiner schutzwürdigen Belange durch unzulässige oder *unrichtige* Datenverarbeitung entstehenden Schaden zu ersetzen[96]. Die Tatbestandsvoraussetzung deckt sich insofern mit dem des § 7 BDSG.

g) Hessen

Das Hessische Datenschutzgesetz enthält in § 8 Nr. 3 i.V.m. § 20 einen verschuldensunabhängigen[97] Schadensersatzanspruch wegen eines Schadens, der aus der auf unzulässige oder *unrichtige* automatisierte Verarbeitung personenbezogener Daten beruhenden Verletzung des in § 1 Ziff. 1 HDSG gewährleisteten informationellen Selbstbestimmungsrechts resultiert. Jede unzulässige und *unrichtige* Datenverarbeitung ist zunächst auch eine Verletzung des informationellen Selbstbestimmungsrechts, die nach § 20 HDSG einen Ersatz sowohl des materiellen als auch immateriellen Schaden zur Folge hat[98].

---

[94] Gesetz zum Schutz vor Mißbrauch personenbezogener Daten bei der Datenverarbeitung (BrDSG) vom 19. Dezember 1977 (Brem. GBl. S. 393), zuletzt geändert durch Gesetz vom 14. Oktober 1987 (Brem. GVBl. S. 263).

[95] Hamburgisches Datenschutzgesetz (HmbDSG) vom 5. Juli 1990 (Hamb. GVBl. S. 133).

[96] Die erste Fassung des Hamburgischen Datenschutz hatte noch folgenden Wortlaut: »§ 17 Schadensersatz Wird der Betroffene durch eine nach diesem Gesetz oder anderen Vorschriften über den Datenschutz rechtswidrige, automatische Datenverarbeitung in seinen schutzwürdigen Belangen beeinträchtigt, so hat ihm derjenige, der die Datenverarbeitung betreibt, den daraus entstehenden Schaden zu ersetzen. Der Ersatzpflichtige haftet jedem Betroffenen für jedes schädigende Ereignis. ...«.

[97] So zutreffend *Nungesser*, Hessisches Datenschutzgesetz, 1988, § 20 Rdnr. 1, und *Bergmann/Möhrle/Herb*, Datenschutzrecht, Stand: 1994, Anm. 1. zu § 20 HDSG; in Widerspruch hierzu steht daher die Kommentierung in Anm. 3.: »Ob Fahrlässigkeit oder Vorsatz vorliegt, spielt bei der Entscheidung über den Schadensersatz keine Rolle, die Beweislast wird zu Lasten der datenverarbeitenden Stelle umgekehrt: Der Anspruch entfällt erst dann, wenn die Stelle die Schuldlosigkeit ihrer Mitarbeiter nachweist.«

[98] Ebenso *Bergmann/Möhrle/Herb*, Datenschutzrecht, Stand: 1994, Anm. 3. zu § 20 HDSG.

h) Mecklenburg-Vorpommern

Nach § 23 Abs. 1 DSG MV[99] hat ein Betroffener, der durch eine unzulässige oder *unrichtige* automatisierte Verarbeitung seiner Daten einen Schaden erlitt, einen Schadensersatzanspruch. Das Gesetz erwähnt im Wortlaut der Anspruchsgrundlage ausdrücklich, daß der Anspruch unabhängig von einem Verschulden besteht.

i) Niedersachsen

Das niedersächsische Landesdatenschutzgesetz[100] enthält in § 18 NDSG eine verschuldensunabhängige[101] Haftung der datenverarbeitenden Stelle, wenn dem Betroffenen durch eine nach datenschutzrechtlichen Vorschriften unzulässige automatische Verarbeitung seiner personenbezogenen Daten ein Schaden zugefügt wird. Die *unrichtige* Datenverarbeitung ist in aller Regel auch eine unzulässige Datenverarbeitung. Daher ist dann, wenn in einem Datenschutzgesetz wie dem von Niedersachsen ein Schadensersatzanspruch dem Wortlaut nach lediglich eine rechtswidrige oder unzulässige Datenverarbeitung voraussetzt und die *unrichtige* Datenverarbeitung im Wortlaut nicht ausdrücklich genannt wird, die durch fehlerhafte Software veranlaßte fehlerhafte Datenverarbeitung tatbestandlich mit erfaßt[102].

k) Nordrhein-Westfalen

Das Landesdatenschutzgesetz von Nordrhein-Westfalen[103] gewährt mit § 5 Nr. 3 i.V.m. § 20 DSG NW einen verschuldensunabhängigen Schadensersatzanspruch bei Schäden durch unzulässige oder *unrichtige* Verarbeitung der Daten des Betroffenen. Nach der Entwurfsbegründung war für diese Regelung die Erwägung maßgeblich, »daß es dem einzelnen bei der Kompliziertheit der Technik und angesichts der Schwierigkeiten, die Vorgänge der Datenverarbeitung zu rekonstruieren, in der Regel nicht gelingen dürfte, den im Schadensersatzrecht erforderlichen Nachweis eines Verschuldens der datenverarbeitenden Stelle zu führen«. Daher hat sich der Gesetzgeber für die Normierung eines Gefährdungshaftungstatbestands entschieden.

---

[99] Gesetz zum Schutz des Bürgers beim Umgang mit seinen Daten (Landesdatenschutzgesetz – DSG MV) vom 24. Juli 1992 (GVOBl. M-V S. 487).

[100] Niedersächsisches Datenschutzgesetz (NDSG) vom 17. Juni 1993 (GVBl. S. 141).

[101] Vgl. zur verschuldensunabhängigen Haftung des NDSG von 1978 *Kilian/Taeger*, Datenschutzrecht, in: *Faber/Schneider* (Hrsg.), Nds. Staats- und Verwaltungsrecht, 1985, S. 167(172).

[102] *Ordemann/Schomerus/Gola*, BDSG, 1992, § 7 Anm. 3.4.

[103] Gesetz zum Schutz personenbezogener Daten (Datenschutzgesetz Nordrhein-Westfalen – DSG NW) vom 15. März 1988 (GV. NW. S. 160), geändert durch Gesetz vom 22. November 1994 (GV. NW. S. 1064).

Als ›unrichtig‹ im Sinne der Vorschrift ist sowohl die Verarbeitung unrichtiger Daten sowie die unrichtige Verarbeitung richtiger Daten zu verstehen. Diese Formulierung stellt klar, daß auch eine fehlerhafte maschinelle Datenverarbeitung zu einem Ersatzanspruch führen kann. Das Löschen oder, wenn es rechtlich erforderlich wäre und die speichernde Stelle die Löschung beabsichtigt, das Nicht-Löschen von Daten sowie das Verändern und Nutzen von personenbezogenen Daten aufgrund eines Softwarefehlers wäre im Sinne von § 20 DSG NW eine unrichtige Datenverarbeitung[104].

l) Rheinland-Pfalz

Nach § 21 LDatG[105] besteht ein Schadensersatzanspruch, wenn einem Betroffenen durch eine unzulässige oder unrichtige automatisierte Verarbeitung seiner personenbezogenen Daten ein Schaden zugefügt wird. Ein Verschulden ist nicht erforderlich[106]. Der Schadensersatzanspruch setzt allein eine *widerrechtliche* Datenverarbeitung voraus. Die Widerrechtlichkeit liegt in der unzulässigen oder unrichtigen Datenverarbeitung.

m) Saarland

Das neue Saarländische Datenschutzgesetz[107] enthält nun in § 20 SDSG ebenfalls einen verschuldensunabhängigen Schadensersatzanspruch, wenn dem Betroffenen durch eine nach den Vorschriften über dne Datenschutz unzulässige oder *unrichtige* automatisierte Verarbeitung seiner personenbezogenen Daten ein Schaden zugefügt wird.

n) Sachsen

Auch im Sächsischen Landesdatenschutzgesetz, das in seiner Grundstruktur dem novellierten Baden-Württembergischen Datenschutzgesetz nachgebildet wurde, ist in § 21 SächsDSG[108] ein mit § 7 BDSG nahezu wortgleicher Schadensersatzanspruch normiert. Danach haftet jede öffentliche Stelle im Lande Sachsen, wenn ein Betroffener aufgrund einer unzulässigen oder *unrichtigen* automatisierten Datenverarbeitung einen Schaden davongetragen hat[109].

---

[104] Ebenso *Stähler*, Datenschutzgesetz Nordrhein-Westfalen, 1988, § 20 Rdnr. 3.

[105] Landesgesetz zum Schutze des Bürgers bei der Verarbeitung personenbezogener Daten (Landesdatenschutzgesetz – LDatG) vom 21. Dezember 1978, zuletzt geändert am 13. Februar 1991 (GVBl. S. 46).

[106] Näher dazu *Kutzmann*, Landesdatenschutzgesetz Rheinland-Pfalz, 1982, § 16 Rdnr. 3f.

[107] Saarländisches Gesetz zum Schutz personenbezogener Daten (Saarländisches Datenschutzgesetz – SDSG) vom 24. März 1993 (Amtsbl. S. 286).

[108] Gesetz zum Schutz der informationellen Selbstbestimmung im Freistaat Sachsen vom 11. Dezember 1991 (GVBl. S. 401).

[109] Näher dazu *Ancôt*, Sächs. Datenschutzgesetz, 1993, § 21 Rdnr. 1ff.

o) Sachsen-Anhalt, Schleswig-Holstein und Thüringen

Die Regelung des Schadensersatzanspruchs in § 18 DSG LSA[110], § 21 SH LDSG[111] und § 18 ThürDSG[112] entsprechen § 21 SächsDSG.

[110] Gesetz zum Schutz personenbezogener Daten der Bürger (DSG-LSA) vom 12. März 1992 (GVBl. S. 152).

[111] Schleswig-Holsteinisches Gesetz zum Schutz personenbezogener Informationen (LDSG) vom 30. Oktober 1991 (GVOBl. S. 555).

[112] Thüringer Datenschutzgesetz (ThürDSG) vom 29. Oktober 1991 (GVBl. S. 516).

Sechster Teil

Rechtsdurchsetzung sowie Versicherbarkeit des Haftungsrisikos

Erstes Kapitel

Die Anspruchskonkurrenzen

1. Die Anspruchskonkurrenz zwischen vertraglicher und außervertraglicher Haftung

Gewährleistungsansprüche oder vertragliche Schadensersatzansprüche schließen deliktische Schadensersatzansprüche nicht aus. Zwischen ihnen besteht echte Anspruchskonkurrenz mit der Folge, daß sich jeder Anspruch hinsichtlich der Entstehung und der Rechtsfolgen nach der ihm eigenen gesetzlichen Regelung richtet und daß es daher dem Geschädigten grundsätzlich freisteht, auf welche Anspruchsgrundlage er seine Forderung stützen will[1]. Die Rechtslage ist damit anders als etwa in den USA, wo die Rechtsprechung zumindest bei Sachschäden zu der Auffassung tendiert, daß der Verkäufer über seine vertraglichen Beziehungen hinaus keine weiteren Verpflichtungen gegenüber dem Vertragspartner hat[2].

2. Die Anspruchskonkurrenz zwischen Produkt- und Produzentenhaftung

Das Produkthaftungsgesetz regelt in § 15 ProdHaftG das Verhältnis zu anderen Anspruchsnormen des besonderen und allgemeinen Haftungsrechts. § 15 Abs. 1 ProdHaftG enthält eine (eingeschränkte)[3] Exklusivität der Haftung nach § 84 Arzneimittelgesetz[4]. Neben der Haftung nach § 84 AMG wird für Arz-

---

[1] *Kullmann*, BB 1985, S. 409(410) unter Hinweis auf *BGHZ* 55, 392(395) – (Achsaggregat). Siehe auch *BGHZ* 80, 186(189) – (Apfelschorf I); *BGH* NJW 1994, 517(518) – (Gewindeschneidemittel).

[2] Siehe etwa Chesapeake Petroleum and Supply Co. v. Burroughs Corp., 6 Computer L.Serv.Rep. (Callaghan) 768 (Md.Cir.Ct. 1977). Dazu auch *Mislow*, PHI 1986, S. 2(3).

[3] Siehe zu dem Teilbereich der Arzneimittelhaftung, der weiterhin dem Produkthaftungsgesetz unterliegt, *Frietsch*, in: *Taschner/Frietsch*, Produkthaftung, § 15 ProdHaftG RN 36ff.

[4] Gesetz über den Verkehr mit Arzneimitteln (Arzneimittelgesetz – AMG), vom 24. August 1976 (BGBl. I S. 2445), zuletzt geändert am 27. April 1993 (BGBl. I S. 717). Näher zu der Exklusivität der Haftung nach dem AMG Produkthaftungshandbuch/*Graf von Westphalen*, § 70 Rz. 3. Zu terminologischen Ungereimtheiten zwischen PHRl (nach Art. 13 werden die

neimittel im Sinne des Arzneimittelgesetzes keine Haftung nach dem Produkthaftungsgesetz zugelassen. Von der Exklusivität der Arzneimittelhaftung abgesehen, besteht, was § 15 Abs. 2 ProdHaftG klarstellt, zu allen in Betracht kommenden Haftungsnormen Anspruchskonkurrenz.

Danach bleibt auch die Anwendbarkeit der aus § 823 Abs. 1 BGB entwickelten deliktsrechtlichen Produzentenhaftung durch das Produkthaftungsgesetz unberührt, das nur einen in der Europäischen Union einheitlichen Mindestschutz mit mehreren Optionen und erheblichen Schutzlücken[5] vorsieht und ergänzenden oder konkurrierenden Schutz durch die nationalen Regelungen nicht ausschließt[6]. Aufgrund des insofern eindeutigen Wortlauts von Art. 13 PHRl[7], auf den § 15 Abs. 2 ProdHaftG zurückgeht, kann nicht von einer abschließenden Neukodifizierung der Produkthaftung ausgegangen werden[8]; vielmehr ist die Produzentenhaftung, wie sie vom *Bundesgerichtshof* mit der Hühnerpest-Entscheidung[9] vor dem Inkrafttreten des Produkthaftungsgesetzes entwickelt wurde, neben der Produkthaftung anwendbar. Schadensersatzansprüche kann der durch fehlerhafte Computerprogramme Geschädigte daher so-

---

dort genannten Vorschriften »nicht berührt«, was die Anwendbarkeit des Produkthaftungsrechts nicht ausschließt) und Produkthaftungsgesetz (§ 15 Abs. 1 ProdHaftG ist neben dem AMG das ProdHaftG »nicht anzuwenden«) *von Marschall*, PHI 1991, S. 166(167). Kritisch auch *Rolland*, Zur Sonderstellung des Arzneimittelherstellers im System des Produkthaftungsrechts, in: *Pfister/Will* (Hrsg.), Festschrift für *Lorenz*, 1971, S. 193(194ff.).

[5] Siehe dazu nur *Hommelhoff*, Teilkodifikationen im Privatrecht – Bemerkungen zum Produkthaftungsgesetz, in: *Löwisch/Schmidt-Leithoff/Schmiedel* (Hrsg.), Festschrift für *Rittner*, 1991, S. 165(182); *Brüggemeier*, ZHR 152(1988), S. 511(533). *Freyer*, EuZW 1991, S. 49, bezweifelt, ob die »Rechtsangleichung angesichts der in dieser Richtlinie selbst enthaltenen auslegungsbedürftigen Regelungen, Optionen und Weiterverweisungen auf das jeweils nationale Recht überhaupt im angestrebten Umfang erreicht werden kann.« Nach *Giesen*, JZ 1989, S. 517(523), und *Lorenz*, ZHR 151 (1987), S. 1(32), besteht hinreichender Anlaß, an einer einheitlichen, gemeinschaftskonformen Auslegung des Fehlerbegriffs zu zweifeln.

[6] *Sack*, VersR 1988, S. 439(442); *Schmidt-Salzer*, PHI 1988, S. 2. Die Bundesregierung nannte in ihrer Gesetzesbegründung zu § 15 Abs. 2 ProdHaftG (BT-Drs. 11/2447, S. 26) das Regelungsziel, »daß neben der Gefährdungshaftung nach dem ProdHaftG auch Ansprüche aus Vertrag, außervertragliche, z.B. aus anderer Gefährdungs- oder Verschuldenshaftung im deliktsrechtlichen Bereich, sowie sonstige Ersatzansprüche geltend gemacht werden können«.

[7] Art. 13 PHRl: Die Ansprüche, die ein Geschädigter aufgrund der Vorschriften über die vertragliche und außervertragliche Haftung oder aufgrund einer zum Zeitpunkt der Bekanntgabe dieser Richtlinie bestehenden besonderen Haftungsregelung geltend machen kann, werden durch diese Richtlinie nicht berührt.

[8] Vgl. nur *Buchner*, DB 1988, S. 32(36); *Sack*, VersR 1988, S. 439(442); *Schmidt-Salzer*, PHI 1988, S. 2; *Lüderitz*, Gefährdung und Schuld im Produkthaftpflichtrecht, in: *Eyrich/Odersky/Säcker* (Hrsg.), Festschrift für *Rebmann*, 1989, S. 755 (755ff.); *Rolland*, Produkthaftungsrecht, 1990, § 15 Rdnr. 71; *Frietsch*, in: *Taschner/Frietsch*, Produkthaftung, § 15 ProdHaftG RN 62, und Einführung RN 30ff. (insbes. 39, 44); *Hommelhoff*, Teilkodifikationen im Privatrecht – Bemerkungen zum Produkthaftungsgesetz, in: *Löwisch/Schmidt-Leithoff/Schmiedel* (Hrsg.), Festschrift für *Rittner*, 1991, S. 165(165f.); *Marburger*, AcP 192(1992), S. 1(5).

[9] *BGHZ* 51, 91 (Hühnerpest).

wohl auf die Verschuldenshaftung als auch auf die verschuldensunabhängige Haftung stützen[10]. Es besteht Anspruchskonkurrenz[11].

Die Auffassung von der Kontinuität der Produzentenhaftung und ihrer zukünftigen Offenheit für die Konkretisierung durch Richterrecht wird allerdings nicht uneingeschränkt geteilt. Insbesondere *von Marschall* hat sich gegen eine Anspruchskonkurrenz von Schadensersatzansprüchen aus dem Produkthaftungsgesetz und der Produzentenhaftung in der Form, wie sie zur deliktischen Unrechtshaftung aus § 823 Abs. 1 BGB bis zum Inkrafttreten des Produkthaftungsgesetzes entwickelt wurde, ausgesprochen[12]. *Von Marschall* erkennt zwar die Anwendbarkeit auch der deliktischen Haftung nach §§ 823ff. BGB neben der Produkthaftung an. Der Zulassung der von der Rechtsprechung entwickelten Beweislastumkehr tritt er aber mit der Begründung entgegen, daß es sich bei der von der Rechtsprechung entwickelten Beweislastumkehr »um eine Sonderregelung für die bisherige Produkthaftung handelt, nicht aber um eine Vorschrift für allgemeine außervertragliche Ansprüche«[13]. Schließlich, so argumentiert *von Marschall*, beruhe die Beweislastumkehr auf einer Verschuldensvermutung, was dazu führe, daß auch derjenige haften müsse, den objektiv kein Verschulden treffe, der aber den Nachweis des fehlenden Verschuldens nicht zu führen vermag. Daraus zieht *von Marschall* den Schluß, daß »das bloß vermutete Verschulden nicht einer ›normalen‹ Verschuldenshaftung gleichgesetzt werden« und nach den Grundsätzen der Anspruchskonkurrenz nicht neben der Produkthaftung angewendet werden könne[14].

Von Marschall spricht sich im Ergebnis dafür aus, daß neben dem Produkthaftungsgesetz für Personenschäden und privat genutzte Sachen nur die Gefährdungshaftung nach § 84 AMG und andere Gefährdungshaftungsansprüche z.B. nach dem Atomgesetz sowie die herkömmliche Vertragshaftung nach dem BGB und die deliktische Haftung für *nachgewiesenes* Verschulden nach

---

[10] *Esser* bezeichnete die parallele Anwendbarkeit von Anspruchsnormen, die verschiedene Zurechnungsprinzipien enthalten, als »Zweispurigkeit des Rechts«, siehe *Esser*, JZ 1953, S. 129, aufbauend auf der Arbeit über die »Grundlagen und Entwicklung der Gefährdungshaftung«, 1941, in der zuerst zwischen den Zurechnungsprinzipien der deliktischen Verschuldenshaftung und einer Gefährdungshaftung unterschieden wurde. Der Begriff wird aufgenommen zur Erklärung des Verhältnisses der einer verschuldensunabhängigen Haftung durch die richterrechtliche Beweislastverteilung angenäherten deliktischen Haftung und der verschuldensunabhängigen Produkthaftung von *Schmidt-Salzer*, PHI 1988, S. 2(5).

[11] *Larenz* präferiert den Begriff ›Anspruchs*normen*konkurrenz, wenn das gleiche Verlangen nach mehreren Vorschriften begründet ist, also von einem einzigen Anspruch, der mehrfach begründet ist, gesprochen werden kann. Vgl. *Larenz*, Allgemeiner Teil des deutschen Bürgerlichen Rechts, 1988, § 14 IV, m.w.N. in Anm. 65. Da sich die Produkthaftung weder hinsichtlich der Anspruchsvoraussetzungen noch hinsichtlich der Folgen mit der deliktischen Haftung deckt, ist hier die Anspruchskonkurrenz zu prüfen.

[12] Von Marschall, PHI 1991, S. 166ff.

[13] *Von Marschall*, PHI 1991, S. 166(171).

[14] *Von Marschall*, PHI 1991, S. 166(171).

§§ 823ff. BGB Anwendung finden können. Das zielt darauf ab, die deliktische Haftung wieder auf den Stand vor der *Hühnerpest*-Entscheidung zurückzuversetzen und die Produzentenhaftung, so wie sie durch die Rechtsprechung des *Bundesgerichtshofs* ausgeformt wurde, zumindest bei Schäden im gewerblichen Bereich neben der Produkthaftung nicht mehr anzuwenden. Schäden an gewerblich oder sonst beruflich genutzten Sachen sollen danach künftig nur nach den allgemeinen Grundsätzen des Vertragsrechts und des Deliktsrechts im Sinn einer herkömmlichen Verschuldenshaftung gewährt werden.

Diese Vorgehensweise rechtfertigt *von Marschall* mit der Möglichkeit des Personenkreises, der Produkte gewerblich oder beruflich nutzt, die Risiken besser als Privatpersonen abschätzen zu können. Im übrigen hätten diese Personen die Möglichkeit, eine angemessene vertragliche Risikoverteilung vorzunehmen oder Versicherungsschutz zu beanspruchen. Dabei übersieht *von Marschall*, daß die von ihm als privilegiert geschilderten Personenkreise gleichermaßen wie Privatpersonen Schwierigkeiten haben, die aus der Produktnutzung resultierenden Risiken zu beurteilen und entsprechend schadenverhütend darauf zu reagieren. Dieses Problem kam schon in der *Hühnerpest*-Entscheidung zum Ausdruck, verstärkt sich bei komplexen modernen Technologien und gilt insbesondere bei der gewerblich eingesetzten Software, deren Gefährdungspotential nicht einmal von ihren Programmierern ausreichend beurteilt werden kann.

Insgesamt gesehen widerspricht diese Auffassung dem insoweit klaren Wortlaut des Produkthaftungsgesetzes (§ 15 Abs. 2 ProdHaftG), dem Willen des Gesetzgebers und dem einem verbesserten Verbraucherschutz dienenden Zweck des Gesetzes, der nicht zu einem Weniger gegenüber der bisherigen deliktischen Haftung nach § 823 Abs. 1 BGB führen soll; denn das Produkthaftungsgesetz enthält gegenüber der Produzentenhaftung zahlreiche Haftungsausschlüsse und -beschränkungen:

- Ausschluß der Haftung für landwirtschaftliche Naturprodukte und Jagderzeugnisse (§ 2 S. 2 ProdHaftG),
- Einschränkung der geschützten Rechtsgüter gegenüber § 823 Abs. 1 BGB, der auch ›sonstige Rechte‹ schützt,
- Haftungshöchstbetrag für Personenschäden (§ 10 ProdHaftG),
- keine Erwähnung des Ersatzes für immaterielle Schäden und damit wegen § 253 BGB kein Ausgleich von Nichtvermögensschäden,
- Ausschluß des Schadensersatzes bei Fehlern an gewerblich oder beruflich genutzten Sachen (§ 1 Abs. 1 S. 2 ProdHaftG),
- Selbstbehalt bei Sachschäden (§ 11 ProdHaftG),
- absolute Ausschlußfrist von 10 Jahren für die Geltendmachung der Ansprüche (§ 13 ProdHaftG),
- Ausschluß von Entwicklungsrisiken (§ 1 Abs. 2 Nr. 5 ProdHaftG) und
- Begrenzung auf in den Verkehr gebrachte Sachen (§ 1 Abs. 2 Nr. 1 ProdHaftG).

Das Bedürfnis nach der konkurrierenden Geltung der bisherigen deliktsrechtlichen Produkthaftung ist angesichts dieser Haftungsausschlüsse und -beschränkungen evident[15].

Damit ist der Weg für die Geschädigten frei, über die Produzentenhaftung zu einem Ersatz ihres Schadens zu kommen, der ihnen möglicherweise aufgrund der engeren Regelung des Produkthaftungsgesetzes verwehrt bleibt. Das betrifft den Anspruch

- auf Ersatz des Personenschadens, der über die Haftungshöchstsumme von 160 Mio. DM hinausgeht,
- auf vollen Ersatz des Schadens, der an nicht privat genutzten Sachen entstand,
- auf Schmerzensgeld,
- auf Ersatz von Schäden bei der Verletzung sonstiger Rechte wie der Persönlichkeitsrechte,
- auf Ersatz desjenigen Schadens, der auf einer Verletzung von Produktbeobachtungspflichten einschließlich der damit verbundenen Hinweis-, Warn- und Rückrufpflichten beruht.

Das Produkthaftungsgesetz läßt die Herstellerhaftung nach anderen Vorschriften unberührt (§ 15 Abs. 2 ProdHaftG). Daher werden auch die Haftungsgrundsätze, die von der Rechtsprechung zur deliktischen Produzentenhaftung entwickelt wurden und die die Verschuldenshaftung zu einer an die Gefährdungshaftung angenäherten Unrechtshaftung formten, nicht zur Makulatur. Sie gelten unverändert fort und bleiben auch künftig einer richterlichen Konkretisierung anhand von Einzelfällen zugänglich.

3. Die Anspruchskonkurrenz zwischen Produkt- oder Produzentenhaftung und Haftung nach dem Datenschutzrecht

Soweit die Datenschutzgesetze nicht wie § 8 BDSG lediglich eine Beweislastumkehr enthalten, die bei deliktischen Ansprüchen nach § 823 Abs. 1 BGB (Verletzung des allgemeinen Persönlichkeitsrechts) oder nach § 823 Abs. 2 BGB (Verletzung eines Datenschutzgesetzes als Schutzgesetz) zur Anwendung kommt, enthält § 7 BDSG eine eigenständige Anspruchsgrundlage gegenüber öffentlichen Stellen. Da die öffentliche Stelle in der Regel nicht Hersteller des eingesetzten Computerprogramms ist, das zu einer unrichtigen Datenverarbeitung geführt hat, kann sowohl die datenverarbeitende Stelle nach § 7 BDSG als auch der Hersteller nach § 823 Abs. 1 BGB und § 823 Abs. 2 BGB in Verbin-

---

[15] *Kim*, Fehlerbegriff und Haftungsgrund in der Produkthaftung, in: *Leser/Isomura* (Hrsg.), Produkthaftung, Festschrift für *Kitagawa*, 1992, S. 423(444); *Fuchs*, JZ 1994, S. 533(533); *Medicus*, Bürgerliches Recht, 1993, Rn. 650; Siehe auch *Arens*, ZZP 1991, S. 123 (123f.).

dung mit dem Datenschutzgesetz in Anspruch genommen werden. Das Produkthaftungsgesetz kommt als Anspruchsgrundlage neben § 7 BDSG nur in Betracht, wenn die auf den Programmierfehler zurückzuführende unrichtige Verarbeitung personenbezogener Daten auch zur Verletzung der vom Produkthaftungsgesetz geschützten Rechtsgüter führt, beispielsweise bei der unrichtigen Verarbeitung von Patientendaten, die einen Personenschaden zur Folge hat.

Durch den neuen § 7 BDSG werden andere Anspruchsgrundlagen also nicht verdrängt; sie geht allerdings allgemeinen Amtshaftungsvorschriften aufgrund der Subsidiaritätsklausel in § 839 Abs. 1 BGB vor[16].

[16] Siehe dazu auch *Schmidt*, Wann haftet der Staat?, 1989, S. 57.

Zweites Kapitel

Die Beweislast

Die Effizienz von Haftungsregelungen hängt entscheidend auch von den Regeln über die Verteilung der Beweislast ab. Es ist bezeichnend, daß bei der Weiterentwicklung der deliktischen Produzentenhaftung die Änderung der Beweislastgrundsätze der Weg war, auf dem die bei der materiellrechtlichen Konstruktion der deliktischen Verschuldenshaftung vorhandenen Probleme der Durchsetzung von Schadenersatzansprüchen überwunden werden konnten. Die Schwierigkeiten resultierten insbesondere daraus, daß der einzelne Verbraucher bzw. Anwender des Produkts den Produktions- und Distributionsprozeß nicht kontrollieren und schon gar nicht im Hinblick auf etwaige Organisationsfehler des Herstellers beurteilen kann. Er vertraut vielleicht nicht auf die höchstmögliche, so aber doch auf die Basissicherheit des Produkts, die ihm bei richtigem Gebrauch einen gefahrlosen Konsum ermöglicht. Die Risikominimierungspflicht liegt bei dem Hersteller, der im übrigen das Risiko des Schadenseintritts versichern kann. Das Haftungsrecht muß dem entsprechen und darf nicht dem Anwender oder Konsumenten des Produkts eine Beweislast aufbürden, die er nicht tragen kann. Die Beweisregeln des modernen Haftungsrechts sind vor allen Dingen eine Reaktion auf die industrielle Massenproduktion und den risikobehafteten Konsum von Gütern.

1. Die Beweislast bei der Produzentenhaftung

Wurde zunächst mit dem Anscheinsbeweis die Beweissituation des Geschädigten in Haftungsprozessen bereits nachhaltig verbessert, so kam mit der Hühnerpest-Entscheidung[17] die Umkehr der Beweislast und damit der Durchbruch für eine wirkungsvolle Anspruchsverfolgung bei unerlaubter Handlung. Im Ergebnis hat diese in der Rechtsprechung durchgängig verfolgte und von der Wissenschaft weitgehend akzeptierte Beweislastumkehr die Wirkung einer Änderung des materiellen Deliktsrechts. Sie führt in der Praxis zu einer Haftungsver-

---

[17] *BGHZ* 51, 91 (Hühnerpest). Zu diesem Urteil speziell unter dem Gesichtspunkt der Beweislastregelung *Lorenz*, AcP 170(1970), S.367.

lagerung durch beweisrechtliche Mittel[18]. Der *Bundesgerichtshof* griff zu diesem dogmatischen Kunstgriff, weil eine strenge deliktische, verschuldensunabhängige Haftung zwar gewollt, die Einführung einer allgemeinen Gefährdungshaftung durch eine gerichtliche Rechtsfortbildung aber als zu weitgehende Änderung des gesetzlichen Haftungsgrundsatzes angesehen wurde, die dem Gesetzgeber vorbehalten bleiben mußte. Die Beweislastregeln der Rechtsprechung wurden daher zutreffend als prozessual formulierte Verlegenheitslösung eines materiellrechtlichen Problems mit praktisch und dogmatisch im Grunde materiellrechtlicher Funktion bezeichnet[19]. Beweislastregeln haben im Haftungsrecht unbestreitbar eine materiellrechtliche Wirkung; sie sind Bestandteil des materiellen Haftungsrechts[20].

Das schließt ein, daß dem Hersteller bei einer Rechtsgutverletzung die Beweislast dafür auferlegt bleibt, nicht gegen eine Verkehrspflicht verstoßen, mithin nicht widerrechtlich gehandelt zu haben, und daß er die Verschuldensvermutung zu widerlegen hat. Die Grundsätze der Beweislastumkehr bei Ansprüchen aus §823 Abs. 1 BGB bleiben auch nach Inkrafttreten des Produkthaftungsgesetzes beibehalten. Die Begründung für ihre Notwendigkeit ist durch das Produkthaftungsgesetz nicht entfallen[21].

Die Beweislast für das fehlende Verschulden trägt der Hersteller des Computerprogramms; denn wenn die Beweislast dem Geschädigten insbesondere dann abgenommen werden muß, wenn es dem Geschädigten wegen der von ihm nicht nachvollziehbaren technischen, chemischen oder biologischen Vorgänge unmöglich ist, das Verschulden des Herstellers nachzuweisen, so treffen diese Voraussetzungen einer Beweislastumkehr in besonderem Maße bei Computerprogrammen zu. Der Hersteller eines Computerprogramms muß demnach dann, wenn das Produkt zu einer Rechts- oder Rechtsgutverletzung führte, u.a. den Beweis dafür antreten,

- daß das Produkt nach der Inverkehrgabe geändert wurde und diese Änderung für den Schadenseintritt ursächlich ist,
- daß die Software-Erstellung nach einem solchen, dem Stand von Wissenschaft und Technik entsprechenden Verfahren entwickelt wurde, das die zu erwartende Produktsicherheit bietet oder
- daß die zu dem Schadenseintritt führende Ursache nach dem Stand von Wissenschaft und Technik von ihnen nicht hatte erkannt oder vermieden werden können,
- daß die ursprüngliche oder, aufgrund der Produktbeobachtung nachträglich

[18] Siehe auch *Stoll*, AcP 176(1976), S.145(168).

[19] *Reimann*, Die Rolle des Verfahrens in der Produkthaftung im deutsch-amerikanischen Vergleich, in: *Kroeschel* (Hrsg.), Recht und Verfahren, 1993, S.109(111ff., 115).

[20] Zutreffend *Salje*, UmweltHG, München 1993, §6 Rdnr.13.

[21] Zweifelnd *Marburger*, AcP 192(1992), S.1(14); a.A. *von Marschall*, PHI 1991, S.166(171).

erfolgte Instruktion ausreichend war bzw. auch eine ausreichende Produktinformation zum Schaden geführt hätte.

Gegen die Produzentenhaftung wird gelegentlich eingewendet, daß der Vorteil der Produkthaftung gegenüber der traditionellen Produzentenhaftung insbesondere darin liege, daß der Hersteller zu beweisen habe, daß der Produktfehler zum Zeitpunkt des Inverkehrbringens noch nicht vorgelegen habe, während es bei der Produzentenhaftung dem Geschädigten obliege, den Beweis dafür anzutreten, daß ein auf Sorgfaltspflichtverletzung zurückzuführender Fehler bereits in der Herstellersphäre vorhanden gewesen sei[22]. Aber auch hier hat der *Bundesgerichtshof* jetzt eine Weiterentwicklung und in dieser Hinsicht insofern eine Angleichung der Produzentenhaftung an die Produkthaftung vorgenommen, als er unter Bezugnahme auf die Rechtsprechung zur Arzthaftung eine sich von den bekannten Kontrollpflichten unterscheidende Befund- oder Statussicherungspflicht des Herstellers anerkannte[23]. Zwar hat der *Bundesgerichtshof* den Schritt zu einer offenen Beweislastumkehr beim Fehlerbereichsnachweis ausdrücklich noch nicht vollzogen; aber immer dann, »wenn die Pflicht des Herstellers zur Gefahrenabwehr gezielt auf Erhebungen zur Aufhellung eines unklaren Zustands oder einer ungeklärten Beschaffenheit des Produkts gerichtet ist, die dem Hersteller zum Schutz der Verwender gerade deshalb aufgegeben ist, um durch eine genaue Ermittlung und Sicherung des Status sich rechtzeitig über das Freisein von Produktgefahren zu vergewissern, die typischerweise das Produkt belasten und die nach Inverkehrgabe des Produkts durch den Hersteller nicht nicht mehr aufzudecken sind«[24], seien hohe Anforderungen an die Befundsicherung zu stellen. Diese Situation kann leicht auf jede Situation ausgedehnt werden, in denen der Geschädigte Schwierigkeiten mit dem Kausalitätsnachweis und dem Fehlerbereichsnachweis hat, gerade auch bei Computerprogrammen, die *nach* dem Inverkehrbringen geändert oder mit einem ›Virus‹ verseucht worden sein können. Auch hier ist der Vorteil des Produkthaftungsgesetzes gegenüber der Produzentenhaftung also nicht mehr erkennbar[25]. Für die Hersteller von Computerprogrammen folgt auch daraus die Empfehlung, die Qualitätssicherungsmaßnahmen bei der Softwareentwicklung und der Qualitätskontrolle bei der Fabrikation (Viren-Test beim Kopieren auf Datenträger) ausreichend zu dokumentieren[26].

---

[22] Siehe etwa *Arens*, ZZP 104(1991), S. 123(134f.).

[23] *BGHZ* 104, 323 (Limonadenflasche) = m. Anm. *Reinelt* NJW 1988, S. 2614, *Emmerich*, JuS 1989, S. 142, und *Giesen*, JZ 1988, S. 966; vgl. dazu *Arens*, ZZP 104(1991), S. 123(131ff.); *Brinkmann*, DAR 1989, S. 281; *Winkelmann*, MDR 1989, S. 16; *Kellam*, VersR 1991, S. 970; *Foerste*, JZ 1993, 680; *Muthig*, Die Haftung des Herstellers für Produktfehler, 1993, S. 45f.

[24] *BGHZ* 104, 323(335) – (Limonadenflasche).

[25] *Brinkmann*, DAR 1989, S. 281(284): »Die im ProdHaftG vorgesehene Verbesserung der Rechtsstellung des Verbrauchers beim Fehlernachweis ist durch diese Entscheidung schon weitgehend vorweggenommen.«

[26] Das Problem der Lückenlosigkeit des Kontrollnachweises in der Befundsicherungsdoku-

2. Die Beweislast bei der Produkthaftung

a) Die allgemeinen Beweisanforderungen

Vollends in das materielle Recht wurde das Beweisrecht durch das Produkthaftungsgesetz inkorporiert. Das Produkthaftungsgesetz enthält in § 1 Abs. 2 und 3 ProdHaftG einige Haftungsausschlußgründe. So haftet der Hersteller eines fehlerhaften Produkts nicht, wenn das Produkt nicht zum Verkauf oder Vertrieb bestimmt war, es nicht in Verkehr gebracht wurde, zum Zeitpunkt des Inverkehrbringens (noch) keinen Fehler aufwies, das Produkt den Fehler nur hatte, weil es zwingenden hoheitlichen Normen entsprach oder weil der Fehler nach dem Stand von Wissenschaft und Technik nicht hatte erkannt werden können. Bereits an dieser Stelle wird materiellrechtlich klargestellt, daß »die Ersatzpflicht des Herstellers ausgeschlossen« ist, wenn einer der Ausschlußgründe vorliegt. Die prozessuale Vorschrift, daß das Vorliegen dieser Haftungsausschlußgründe der Hersteller des Produkts zu beweisen hat, wird mit dem Abs. 4 Satz 2 gewissermaßen erst nachgetragen[27].

Der Geschädigte muß beweisen, daß der in Anspruch Genommene der Hersteller des Produkts ist[28], und er muß den Nachweis erbringen, daß dieses Produkt einen Fehler aufweist, daß eine Rechtsgutverletzung eingetreten ist, aus der Schaden resultiert und daß der Produktfehler für diesen Schadenseintritt kausal war. Außerdem muß der Geschädigte bei einem Sachschaden den Beweis dafür antreten, daß der Schaden an einer »anderen Sache« verursacht worden ist, und daß diese Sache, wie es § 1 Abs. 1 S. 2 ProdHaftG voraussetzt, gewöhnlich für den privaten Ge- oder Verbrauch bestimmt und hierzu von dem Geschädigten hauptsächlich verwendet worden ist.

Ein Verschulden des Herstellers braucht zwar nicht nachgewiesen zu werden; auch die Anforderungen an den ebenfalls vom Geschädigten zu erbringen-

---

mente zeigt folgender Sachverhalt: Ein Softwarehaus testet vor der Auslieferung einzeln jedes Standardanwendungsprogramm auf Viren und dokumentierte das Ergebnis. Ein Programmanwender sandte seine Disketten an das Softwarehaus mit dem Hinweis zurück, das Programm ließe sich nicht installieren. Er erhielt umgehend Ersatz. Nachdem festgestellt wurde, daß die Installation problemlos möglich war, wurde dieses Exemplar – undokumentiert – an den nächsten Kunden ausgeliefert, dessen vernetzte Computeranlage daraufhin mit ›Viren‹ verseucht wurde, was erhebliche Schäden anrichtete. Die Viren waren offensichtlich über den ersten Kunden ›eingeschleppt‹. Dieses Beispiel zeigt, daß auch bei einer scheinbar lückenlosen Dokumentation der Kontrolle aller ausgelieferten Programme Kausalverläufe denkbar sind, die weder dem Geschädigten bekannt sind, noch von dem Hersteller in die Dokumentation eingehen.

[27] Hier wird ein Unterschied zur EG-Produkthaftungsrichtlinie sichtbar, in der materiellrechtliche und prozessuale Regelung stärker zusammenfallen. Nach Art. 7 PHRl heißt es nämlich, daß ›der Hersteller aufgrund dieser Vorschrift nicht haftet, wenn er beweist, daß ...‹.

[28] Diese haftungsbegründende Voraussetzung nachweisen zu müssen, folgt nicht aus der Beweisregel des § 1 Abs. 4 S. 1 ProdHaftG; der Nachweis der Identität des Herstellers ergibt sich aus allgemeinen Beweisregeln.

den Beweis, daß ein Produktfehler vorliegt, dieses also nicht den berechtigterweise zu erwartenden Sicherheitsanforderungen genügt, und an den Zurechnungszusammenhang zwischen Fehler und Schadensereignis dürfen nicht zu hoch gestellt werden. Dennoch kann für den Geschädigten häufig schon der Nachweis eines Fehlers schwierig sein. Der *Limonadenflaschen*-Fall hat gezeigt, daß der Nachweis, daß nicht eine unsachgemäße Handhabung, sondern ein Produktfehler zu dem Schaden geführt hat, kaum erbracht werden kann und das Gericht daher nach Beweiserleichterungen greifen muß[29]. Problembehaftet sind auch viele Kausalverläufe, bei denen nicht einmal die Äquivalenz ohne weiteres nachzuweisen ist. Ein Beispiel dafür sind toxische Stoffe, die erst nach längerer Zeit summiert und angereichert einen Schaden verursachen, dessen Ursache mit den vorhandenen wissenschaftlichen Methoden kaum nachweisbar ist. Es ist daher nicht angemessen, daß die Rechtsprechung in Einzelfällen, wenn auch keine Beweislastumkehr, so doch weitere Beweiserleichterungen in den Produkthaftungsfällen an der Grenze dessen vornimmt, was nach dem Gesetzeswortlaut noch zulässig ist[30]. Im Hinblick auf den Produktfehler und den Zurechnungszusammenhang sollte der Beweis des ersten Anscheins ausreichend sein.

Anders als bei der deliktischen Produzentenhaftung entlastet fehlendes Verschulden den Hersteller nach dem Produkthaftungsgesetz nicht mehr. Auch besteht keine Möglichkeit der Entlastung für das Fehlverhalten von Verrichtungsgehilfen. Das Gesetz sieht in § 1 Abs. 4 Satz 2 ProdHaftG aber einige Entlastungsbeweise vor, die sich auf das Vorliegen der in § 1 Abs. 2 und 3 geregelten Haftungsausschlußgründe beziehen. Vom Hersteller wird der Vollbeweis erwartet; eine Erleichterung bietet lediglich die Formulierung in § 1 Abs. 2 Nr. 2 ProdHaftG, wonach eine Haftung ausgeschlossen ist, wenn »nach dem Umständen davon ausgegangen« werden kann, daß das Produkt noch keinen Fehler hatte, als es in Verkehr gebracht wurde.

Ungeklärt und umstritten ist, welchen Anforderungen an den Entlastungsnachweis gestellt werden, wenn sich der Hersteller haftungsbefreiend darauf beruft, daß nach dem Stand von Wissenschaft und Technik der Fehler des Pro-

---

[29] *BGHZ* 104, 323(335) – (Limonadenflasche). Hier erreichte das Gericht eine für den Geschädigten günstige Beweissituation, indem es eine Verletzung von Dokumentationspflichten annahm. Siehe jetzt auch *BGH* JZ 1993, 678 (Mineralwasserflasche).

[30] Vgl. zur Kritik selbst am Umwelthaftungsgesetz, das in § 6 eine Ursachenvermutung bei Anlagen enthält, die geeignet sind, einen Schaden zu verursachen, *Diederichsen*, PHI 1990, S. 78(86), der befürchtet, daß der Geschädigte häufig doch den Vollbeweis erbringen müsse, weil die von ihm nachzuweisenden Gegebenheiten bereits alle schadensursächlichen Kriterien enthielten. Die Verbraucherverbände, die die Beweislast für den Kausalzusammenhang dem Hersteller auferlegen wollten, konnten sich mit dieser Forderung nicht durchsetzen. Die jetzige Formulierung bringt dies zum Ausdruck; vgl. dazu auch *Rolland*, Produkthaftungsrecht, 1990, § 1 Rdnr. 172. Zur Möglichkeit der Beweiserleichterung im Rahmen des vom Gesetzgeber Festgeschriebenen: BT-Drs. 11/5520; *Graf von Westphalen*, NJW 1990, S. 83(86); MünchKomm-*Mertens/Cahn*, § 1 RdNr. 65.

dukts zum Zeitpunkt des Inverkehrbringens nicht erkennbar war. Von der einen Seite wird die Auffassung vertreten, daß das natürliche Interesse des Herstellers dahin gehen wird, in dieser Sache wenig vorzubringen, weil gerade daraus der Schluß gezogen werden kann, daß Wissenschaft und Technik zum fraglichen Zeitpunkt keine fehlervermeidenden Erkenntnismöglichkeiten boten. Daraus wird geschlossen, daß hier deshalb eine Beweislastumkehr eintreten müsse, weil angesichts dieser Umstände nur der Geschädigte versuchen könne, diesen Vortrag zu erschüttern und Erkenntnisse über die Erkennbarkeit des Fehlers vorzubringen[31].

Diese Auffassung ist in mehrfacher Hinsicht bedenklich. Zum einen widerspricht sie der gesetzlichen Anforderung an die volle Beweisführung (§ 286 ZPO), nach der der Hersteller alle Tatsachen vorbringen muß, die zu der Überzeugung des Gerichts führen, daß nach dem Stand von Wissenschaft und Technik der Fehler nicht zu vermeiden war, also ein nicht zur Haftung führendes Entwicklungsrisiko vorliegt. Dementsprechend ist es an dem Hersteller, durch sachverständige Gutachter und ausführliche Darlegung des verfügbaren Standes von Wissenschaft und Technik die Erkenntnismöglichkeit zum entscheidenden Zeitpunkt nachzuweisen. Es ist einzuräumen, daß damit für den Hersteller eine hohe Hürde errichtet wird[32] und diesem der Negativ-Nachweis in der Praxis schwerlich gelingen dürfte[33]. Ausnahmefälle, in denen ein derartiger Nachweis erfolgreich erbracht werden kann, sind jedoch, wie die Praxis zeigt, nicht ausgeschlossen[34]. Es entspricht aber durchaus der ratio legis, daß eine hohe Hürde errichtet ist. Schließlich handelt es sich bei dem Haftungsausschlußgrund des Entwicklungsrisikos um einen sehr umstrittenen Ausschlußgrund, der nach der hier vertretenen Ansicht entfallen sollte. Selbst in den Gesetzesmaterialien wurde eingeräumt, daß sich hier eine Haftungslücke auftut[35], die nicht durch eine Beweiserleichterung zugunsten des Herstellers vergrößert

---

[31] So wird wohl *Rolland*, Produkthaftungsrecht, 1990, § 1 Rdnr. 186, mit folgendem Zitat verstanden werden können: »Nun wird sich der Hersteller nicht bemühen, eine besonders fundierte und umfassende Darstellung zu liefern, da er damit auf eine Erkennbarkeit des Fehlers hinarbeiten würde. Der Geschädigte wird sich insoweit auf die Beweislastverteilung nicht verlassen können. Das belastet ihn allerdings nicht unangemessen, da ihm die Beweislast für den Fehler des Produkts obliegt und er in diesem Zusammenhang sich mit dem Stand der Wissenschaft und Technik befassen muß, um die berechtigten Sicherheitserwartungen zu beweisen.«

[32] Siehe auch *Frietsch*, in: *Taschner/Frietsch*, Produkthaftung, § 1 ProdHaftG RN 105.

[33] Vgl. dazu *Lorenz*, ZHR 151(1987), 1(14), Fn. 36.

[34] Vgl. die von *Hager*, PHI 1991, S. 2(3), zitierten Fallkonstellationen, nach denen den Herstellern von Blutkonserven die Feststellung von im Blut vorhandenen Hepatitis-Viren (hierzu *Pfeifer*, Produktfehler oder Fehlverhalten des Produzenten, 1987, S. 79ff.) oder von HIV-Erregern (dazu *BGHZ* 114, 284 [AIDS]; Miles Laboratories, Inc. v. Doe [Md.Ct.App 1989] 556 A.2d 1107; Howell v. Spokane & Inland Empire Blood Bank [1990] 114 Wash.2d. 442=[CCH] Products Liability Reports, 1990, 12.417; *Deutsch*, VersR 1988, S. 533[538f.]; *ders.*, NJW 1991, S. 1937) wegen fehlender Testmethoden nicht möglich war.

[35] BT-Drs. 11/5520, S. 13.

werden darf. Die in Art. 21 PHRl verordnete regelmäßige Überprüfung der Produkthaftung unter dem Gesichtspunkt, ob sich die Regelungen bewährt haben, zielt vor allen Dingen auf diesen Haftungsauschlußgrund.

Zum anderen würde eine Beweiserleichterung an dieser Stelle dazu führen, daß für den Hersteller der – wegen des Haftungsrisikos ökonomische – Anreiz zumindest geringer würde, sich kontinuierlich um den jeweils aktuellen Stand von Wissenschaft und Technik zu bemühen und dadurch Fehler auszuschließen. Aus diesen Gründen können dem Hersteller im Hinblick auf den in § 1 Abs. 2 Nr. 5 ProdHaftG geregelten Haftungsausschlußgrund keine Beweiserleichterungen eingeräumt werden.

Neben dem Hersteller des Endprodukts hat der Teilehersteller für die Schäden einzustehen, die auf das von ihm gelieferte Teilprodukt zurückgehen. Der Teilehersteller kann den Entlastungsbeweis antreten, daß sein Teilprodukt keinen zum Schaden führenden Fehler hatte, als er es dem Hersteller des Endprodukts auslieferte oder es in anderer Weise in Verkehr gebracht wurde.

b) Die Beweisanforderungen bei Schäden durch Computerprogramme

Im Vergleich zu anderen Produkthaftungsfällen ergeben sich bei Ansprüchen auf Ersatz des Schadens, der auf ein fehlerhaftes Computerprogramm zurückgeführt wird, keine wesentlichen Besonderheiten. Zu denken ist allenfalls an die Schwierigkeiten, die sich aus der leichten Veränderbarkeit und Manipulierbarkeit des Produkts ergeben können, wenn der Hersteller oder der Teilehersteller den Entlastungsbeweis erbringen muß, daß das Produkt zum Zeitpunkt des Inverkehrbringens ohne Fehler gewesen ist. Sollten zum Schadensereignis führende Veränderungen an dem Quellcode nach diesem Zeitpunkt vorgenommen worden sein, liegt die Beweislast dafür nach § 1 Abs. 4 i.V.m. § 1 Abs. 2 Nr. 2 ProdHaftG bei dem Hersteller. Da die Anforderungen an den Entlastungsbeweis im Hinblick auf das Vorliegen der Haftungsfreistellung nach Nr. 2 geringer sind, wird es ausreichen, wenn der Hersteller eine andere Kopie der gleichen Serie oder die sog. Masterversion vergleichend heranziehen kann; denn bei der Fabrikation von Computerprogrammen werden beim elektronischen Kopiervorgang stets mit dem ›Master‹ identische Kopien hergestellt. Ausreißer sind nur denkbar, wenn eine Störung im Kopiervorgang eintrat oder ein Hardwarefehler des Datenträgers vorlag[36].

Auch bei der Erstellung von Individualanwendungsprogrammen wird der Auftragnehmer stets ein Master des angefertigten Programms nach Ablieferung für sich behalten, schon um bei Gewährleistungs- oder Schadensersatzansprüchen des Auftraggebers oder – bei Schadensersatzansprüchen von Dritten –

---

[36] Vgl. *Lloyd/Simpson/Wilson*, Software and legal liability, in: *Hausen/Rae/Robert* (Hrsg.), Software Assessment for Certification, 1992, S. 148(148).

einen Entlastungsbeweis antreten zu können. Ein vertragliches Verbot der Aufbewahrung eines Quellcodes und anderer Dokumente wäre nur zulässig, wenn diese beweiserheblichen Materialien bei einem Treuhänder zur Aufbewahrung hinterlegt würden. Ist bei einem Vergleich mit dem Quellcode beispielsweise der Masterdateien erkennbar, daß der ursprüngliche Quellcode den zum Schaden führenden Fehler nicht enthalten hatte, dann wird nach den Umständen davon ausgegangen werden können, daß auch die schadenstiftende Kopie fehlerfrei in den Verkehr gebracht wurde und der Fehler erst durch eine nachträgliche Veränderung oder durch das Hinzufügen von Programmteilen, wie z.B. ›Computer-Viren‹ oder ›Trojanischen Pferden‹, fehlerhaft wurde. In diesem Fall ist es Sache des Anspruchstellers, durch Sachverständigenbeweis den Entlastungsbeweis zu entkräften.

Für die Hersteller von Computerprogrammen empfiehlt es sich angesichts dieser Beweislastverteilung, wenn sie die Masterdateien und die notwendigen Dokumentationen über die Entwicklung und Produktion der Computerprogramme sorgfältig archivieren. Bei Computerprogrammen, die durch Programm-Updates aktualisiert werden, gilt das für jede neue Programmversion. Zu den aufzubewahrenden Unterlagen gehören auch die Nachweise über alle Verfahrensschritte im Verlauf der Produktion. Da häufig zahlreiche Produktionsschritte von Auftragnehmer außer Haus durchgeführt werden (Vorbereiten und Formatieren der Datenträger, Kopieren der Programme auf Datenträger, Etikettieren und Versand, Installation und Wartung) empfiehlt sich auch die Dokumentation der jeweiligen Aufträge.

3. Die Beweislast nach dem Datenschutzrecht

Wer durch eine unrichtige Datenverarbeitung einer öffentlichen Stelle geschädigt wurde und einen Schadensersatzanspruch aus § 7 BDSG geltend macht, hat die Verletzungshandlung, den Schaden und die Kausalität der Handlung für den Schaden zu beweisen. Da die Ersatzpflicht verschuldensunabhängig ist, braucht ein Verschulden nicht nachgewiesen zu werden.

Der Bundesgesetzgeber ist dem Beispiel vieler Bundesländer gefolgt und hat bei der Datenverarbeitung nicht-öffentlicher Stellen mit § 8 BDSG die Beweislast umgekehrt. Soweit das Gesetz den neuen § 8 BDSG mit »Schadensersatz durch nicht-öffentliche Stellen« überschreibt, ist die Formulierung insofern mißverständlich, als § 8 BDSG keine Anspruchsgrundlage für eine Schadensersatzforderung gegenüber einer nicht-öffentlichen Stelle beinhaltet. § 8 BDSG ordnet lediglich an, daß die speichernde Stelle die Beweislast darüber trifft, ob der durch die nach dem BDSG oder nach anderen Gesetzen unzulässige oder unrichtige automatisierte Datenverarbeitung eingetretene Schaden die Folge eines von ihr zu vertretenden Umstands ist[37]. Sie hat zu beweisen, daß die Datenverarbeitung nicht ursächlich für den eingetretenen Schaden war oder daß sie hinsichtlich der Verletzungshandlung kein Verschulden trifft. Der Geschädigte hat nach wie vor die Verletzungshandlung, d.h. die Verarbeitung personenbezogener Daten des Geschädigten, und den Schaden zu beweisen.

Von der in einem früheren Novellierungsentwurf zum BDSG noch enthaltenen und im parlamentarischen Raum[38] sowie von zahlreichen Autoren[39] geforderten Kodifizierung einer Gefährdungshaftung auch für den Bereich der Datenverarbeitung nicht-öffentlicher Stellen hat der Bundesgesetzgeber letztlich aufgrund von Einwendungen[40] abgesehen. Damit bleibt es bei der verschuldensabhängigen Haftung und dem zutreffend als »großes Defizit«[41] bezeichneten Fehlen einer effizienten Gefährdungshaftung im Datenschutzgesetz des Bundes für die Datenverarbeitung nicht-öffentlicher Stellen, von denen für die Betroffenen ein eher größeres Risiko ausgeht.

---

[37] Das übersehen offenbar auch *Schaar/Schläger*, CR 1992, S.513(517).

[38] Siehe nur SPD-Fraktion, BT-Drs. 10/1180.

[39] Vgl. etwa *Bull*, Ziele und Mittel des Datenschutzes, 1981, S.46; *Kroll*, Datenschutz im Arbeitsverhältnis, 1981, S.237; *Sendler*, DuD 1977, S.62.

[40] Vgl. etwa *Greve*, Haftung für Datenverarbeitung, 1988, S.335; *Brand*, CR 1988, S.360 (362f.).

[41] *Jochen Schneider*, CR 1993, S.35 (39). *Geis*, CR 1993, S.269(272), bezeichnet die Verschuldenshaftung mit Beweislastumkehr daher als den ›kümmerlichen Rest‹ der ursprünglichen Reformvorstellungen.

Drittes Kapitel

Die Haftungsfreizeichnung

Durch Allgemeine Geschäftsbedingungen sind deliktsrechtliche Ansprüche grundsätzlich ausschließbar, wenn und soweit sie mit Schadensersatzansprüchen aus dem Gewährleistungsrecht konkurrieren[42]. Die Freizeichnung für leichte Fahrlässigkeit hat sich aber an den Beschränkungen von § 9 AGBG[43] zu orientieren. Daraus folgt, daß der Verwender der AGB den Vertragspartner nicht entgegen den Geboten von Treu und Glauben unangemessen benachteiligen darf. Ein Verstoß gegen diese Beschränkung führt zur Unwirksamkeit der Klausel. Eine solche Benachteiligung ist nach § 9 Abs. 2 Nr. 1 AGBG etwa dann anzunehmen, wenn eine Bestimmung mit wesentlichen Grundgedanken der gesetzlichen Regelung, von der abgewichen werden soll, unvereinbar ist oder wenn die Klausel sich aus dem Vertrag ergebende wesentliche Rechte oder Pflichten in einer Weise einschränken, daß das Erreichen des Vertragszwecks gefährdet ist (§ 9 Abs. 2 Nr. 2 AGBG). Als ›wesentliche Rechte‹ sind dabei nicht nur die vertraglichen Hauptleistungspflichten anzusehen, sondern auch die als Nebenpflichten aus dem Vertrag folgenden Schutzpflichten. Wird durch eine Haftungsfreizeichnung die Haftung für eine Verletzung von Nebenpflichten ausgeschlossen, so ist dieser Ausschluß dann unwirksam, wenn dadurch die angemessene Risikoverteilung empfindlich gestört wird[44]. Daraus folgt, daß Haftungsfreizeichnungen im Fall von Tatbeständen der Produzentenhaftung regelmäßig unwirksam sind[45].

§ 14 ProdHaftG sieht im Interesse eines wirksamen Verbraucherschutzes[46] vor, daß die Ersatzpflicht des Herstellers »nach diesem Gesetz« im voraus

---

[42] *BGH* NJW 1979, 2148(2149) = BB 1979, 698 m. Anm. *Schmidt-Salzer* (Kartonmaschine); *BGH* NJW 1992, 2016 (Sattelauflieger).

[43] Die Rechtsprechung wendet die Freizeichnungsvorbehalte des AGBG über die Vertragshaftung hinaus auch auf Ansprüche aus dem Deliktsrecht an; vgl. *BGH* VersR 1985, 595; *BGHZ* 100, 157(185).

[44] Siehe *BGH* NJW 1988, 1785(1786) m.w.N. (MS Brüssel); *BGH* NJW 1992, 2016(2017) – (Sattelauflieger).

[45] Vgl. Produkthaftungshandbuch/*Graf von Westphalen*, § 12 Rz. 12.

[46] So schon die Erwägungsgründe zur PHRl: ABl. EG Nr. L 210 vom 7. 8. 1985, S. 30. Siehe aber auch die amtl. Begründung zum ProdHaftG, BT-Drs. 11/2447, S. 25. Vgl. dazu *Anderle*, Der Haftungsumfang des harmonisierten Produkthaftungsrechts, 1990, S. 94ff.

weder ausgeschlossen noch beschränkt werden darf. Anderslautende Vereinbarungen sind nichtig. Daraus folgt die Unzulässigkeit von individualvertraglichen Abreden oder Allgemeinen Geschäftsbedingungen, die die Produkthaftung nach dem Produkthaftungsgesetz ausschließen oder begrenzen. Dementsprechend finden sich nunmehr in Allgemeinen Geschäftsbedingungen entsprechende Hinweise darauf, daß »die Bestimmungen über die Haftung nach dem Produkthaftungsgesetz unberührt bleiben«[47]. Die Ausgestaltung von Haftungsvereinbarungen nach anderen Haftungsregeln und ihre Wirksamkeit werden von § 14 ProdHaftG nicht berührt.

Das Freizeichnungsverbot gilt nur im Verhältnis zwischen dem Hersteller und dem Verbraucher. Die in Anspruch genommenen ›Hersteller‹ im Sinne des § 4 ProdHaftG können untereinander die Verteilung einer aus dem Produkthaftungsgesetz resultierende Haftung vertraglich regeln und im Falle der Ersatzpflicht einen internen Ausgleich vereinbaren. Darüber hinaus stehen die zwingenden Haftungsregeln nicht zur vertraglichen Disposition. Sie können weder durch Allgemeine Geschäftsbedingungen noch durch Individualabreden ausgeschlossen oder in der Höhe begrenzt werden.

[47] Vgl. für den Bereich der DBP Telekom § 17 Abs. 4 Telekommunikationsverordnung (TKV) vom 5.10. 1992 (BGBl. I S. 1722) und die Allgemeinen Geschäftsbedingungen der Deutschen Bundespost wie z.B. die Kaufbedingungen für Telekommunikationsendgeräte (Amtsbl. der DBP Telekomm Nr. 57 vom 28.6. 1990, S. 1058), Nr. 13.4 der Miet- und Installationsbedingungen für Telekommunikationsanlagen (Amtsbl. der DBP Telekom Nr. 13 vom 24.4. 1991, S. 345). Siehe im übrigen zur Produkthaftung der privatrechtlich organisierten und handelnden Telekom *Zilz*, Produkthaftung im Lichte der Poststrukturreform, Taschenbuch der Post- und Fernmeldeverwaltung 1990, S. 9(11); *Büchner*, Archiv für Post und Telekommunikation 1992, S. 103; *Klein*, BB 1991, S. 917 (924). In den allgemeinen Lieferbedingungen für Erzeugnisse und Leistungen der Elektroindustrie (»Grüne Lieferbedingungen«) heißt es daher jetzt in der entsprechend geänderten Klausel: Der Haftungsausschluß »gilt nicht, soweit z.B. bei Personenschäden oder Schäden an privat genutzten Sachen nach dem Produkthaftungsgesetz oder in Fällen des Vorsatzes, der groben Fahrlässigkeit oder des Fehlens zugesicherter Eigenschaften zwingend gehaftet wird«.

Viertes Kapitel

Die Versicherbarkeit des Haftungsrisikos

Die Drittschäden, für die der Hersteller fehlerhafter Produkte nach der Produzentenhaftung und nach der Produkthaftung einzustehen hat, können dem Haftpflichtigen durch Versicherungen grundsätzlich abgenommen werden[48]. Dafür ist seitens der Versicherungswirtschaft und der beteiligten Industrie ein spezielles Produkthaftpflichtversicherungs-Modell entwickelt worden[49]. Die Versicherung gewährt auf der Grundlage dieser Haftpflichtversicherung, der die Allgemeinen Bedingungen für die Haftpflichtversicherung (AHB) subsidiär zugrundeliegen, Deckung, wenn ein Hersteller auf Ersatz von Sach- und Personenschäden sowie von daraus entstehenden Vermögensfolgeschäden in Anspruch genommen wird. Bei unmittelbaren Vermögensschäden[50] wird, wenn nicht eine entsprechende Zusatzversicherung abgeschlossen wird, kein Versicherungsschutz gewährt[51]. Der Leistungsumfang der Versicherung umfaßt die Rechtsverteidigung des versicherten Herstellers gegen die geltend gemachten Ansprüche und die Übernahme des Schadensersatzes, den der Versicherungsnehmer aufgrund von Haftpflichtansprüchen zu leisten hat (§ 1 Nr. 1 AHB).

Da die aus fehlerhaften Computerprogrammen resultierenden Schäden häufig keine Personen- oder Sachschäden oder daraus resultierende Vermögensfolgeschäden darstellen, sondern unmittelbare Vermögensschäden sind[52], ist für

---

[48] Die Eigenschäden des Software*anwenders*, der aufgrund eines fehlerhaften Programms einen Sach- oder Personenschaden erleidet oder sonstige finanzielle Einbußen, beispielsweise durch einen Betriebsstillstand, hat, werden durch eine Sachversicherung wie die Elektronik-Sachversicherung, die Datenträgerversicherung oder die Elektronik-Betriebsunterbrechungsversicherung getragen, vgl. ComHdB-*Schmidt-Salzer/Otto* Kap. 110 RdNr. 6 und Kap. 111 RdNrn. 1ff., und *Rettig/Otto*, Insurance Coverage and EDI, in: *Kilian/Wiebe* (Hrsg.), Data security in Computer Networks and Legal Problems, 1992, S. 173. Einen umfassenden Schutz, der auch die Kosten umfaßt, die im Zusammenhang mit der Abwehr von Ansprüchen aus dem BDSG entstehen, bietet nach eigenen Angaben die Gerling Versicherung: *Rininsland*, CR 1993, S. 527.

[49] Vgl. Produkthaftungshandbuch/*Littbarski*, § 48 Rz. 5; Prölls/Martin-*Voit*, 1992, S. 1226.

[50] Siehe die Beispiele für reine Vermögensschäden, die durch fehlerhafte Computerprogramme herbeigeführt wurden, ComHdB-*Schmidt-Salzer/Otto* Kap. 110 RdNr. 4 und Kap. 112 RdNr. 11.

[51] Produkthaftungshandbuch/*Littbarski*, § 54 Rz. 11.

[52] Ein unmittelbarer Vermögensschaden liegt beispielsweise vor, wenn es aufgrund eines

Hersteller von Computerprogrammen die Frage des Versicherungsschutzes für unmittelbare Vermögensschäden von großer praktischer Relevanz. Die Haftpflichtversicherer bieten seit einiger Zeit Industriepolicen an, mit denen die als ›Produktvermögensschäden‹ bezeichneten unmittelbaren Vermögensschäden auch dann mitversichert sind, wenn sie von fehlerhaften Computerprogrammen verursacht wurden, die *separat* – also nicht als integriertes Produkt – in den Verkehr gebracht wurden. Die Versicherungswirtschaft ist derzeit aber offenbar nur in Einzelfällen bereit, diese ›Produkthaftpflichtversicherung‹ nach dem Produkthaftpflicht-Modell den Herstellern von isolierten Programmen tatsächlich anzubieten[53]. Kommt es zum Abschluß einer solchen Versicherung, decken die Policen die »Schadensersatzansprüche, die aus der Herstellung oder Lieferung mangelhafter Erzeugnisse oder Leistungen« resultieren.

Diese Police wird derzeit nur den »Produktionsbetrieben« angeboten, die entweder im tatsächlichen Sinn Hersteller von *Standard*anwendungsprogrammen sind oder die diese Produkte vertreiben, also nach dem Produkthaftungsgesetz als Hersteller angesehen und zur Haftung herangezogen werden können[54]. Die Versicherer üben sich wegen der extrem hohen Risikoexponierung[55] in großer Zurückhaltung, diese Police auch den Herstellern von *Individual*anwendungsprogrammen anzubieten. Unterbreiten sie diesen nach einer Risikoanalyse ein Angebot, sind die Konditionen für den Computerprogrammhersteller mit der Folge wirtschaftlich kaum tragbar, daß es nicht zu einem Vertragsschluß kommt[56]. In der Praxis führt diese Situation dazu, daß der durch fehlerhafte Computerprogramme geschädigte Dritte mit dem Insolvenzrisiko des nicht versicherten Softwarehauses belastet wird.

Wegen der Besonderheiten des ›Softwarerisikos‹ kann davon ausgegangen werden, daß insbesondere die Hersteller von isolierter Software und in besonderem Maße die Hersteller von Individualanwendungsprogrammen bei Schadensersatzansprüchen keinen Deckungsschutz durch eine Haftpflichtversicherung haben[57]. Trotz der Entwicklung von Policen, die das besondere Softwarerisiko umfassen, räumt die Versicherungswirtschaft ein, daß »versicherungstechnisch noch kein praxisgerechter Versicherungsschutz gefunden werden konnte«[58].

---

fehlerhaften Lohnabrechnungsprogramms zu einer Überzahlung kommt, die aufgrund eines Tarifvertrags (z. B. § 70 BAT) nach sechs Monaten nicht mehr vom Arbeitnehmer zurückgefordert werden kann.

[53] So ComHdB-*Schmidt-Salzer/Otto* Kap. 112 RdNr. 73 und 85.

[54] Siehe zu dem durch das Produkthaftungsgesetz erweiterten Kreis der Haftungsverpflichteten und der Einbeziehung des neuen Risikos aus dem Warenvertrieb in die allgemeine Betriebshaftpflicht-Versicherung *Buyten*, Die Versicherbarkeit des Produktrisikos, in: *Kretschmer et al.*, Produkthaftung in der Unternehmenspraxis, 1992, Rz. 490.

[55] Vgl. ComHdB-*Schmidt-Salzer/Otto* Kap. 112 RdNrn. 75ff.

[56] Siehe dazu die Hinweise bei ComHdB-*Schmidt-Salzer/Otto* Kap. 112 RdNr. 57f.

[57] Siehe zum Versicherungsschutz des Importeurs *Heymann*, CR 1990, S. 176 (179).

[58] ComHdB-*Schmidt-Salzer/Otto* Kap. 112 RdNr. 89. Vgl. zum besonderen Versicherungsschutz bei Eigenschäden im EDV-Bereich *Rininsland*, CR 1993, S. 527.

Ergebnisse

1. Produkthaftung

a) Produkteigenschaft des Computerprogramms

Die unter anderem im Vertragsrecht und bei der Zuweisung von Verfügungsrechten (property rights) noch immer anhaltende Kontroverse über den Rechtscharakter von Computerprogrammen, denen wegen ihrer materiellen und immateriellen Komponenten ein ›hybrider‹ Charakter zugesprochen wird, setzt sich im Haftungsrecht mit der Frage fort, ob ein Computerprogramm überhaupt ein ›Produkt‹ im Sinne von §2 ProdHaftG ist und das Produkthaftungsgesetz zur Anwendung kommt. Die Untersuchung hat gezeigt, daß Computerprogramme in *allen* ihren Verkehrsformen (als Bestandteil eines Halbleiterspeichers, als in eine andere Sache integriertes Computerprogramm und als isoliertes Standard- oder Individualanwendungsprogramm) ein Produkt im Sinne von §2 S.1 ProdHaftG darstellt. Auf die Form der Überlassung kommt es bei der Qualifizierung als ›Produkt‹ nach dem Produkthaftungsgesetz nicht an, so daß auch elektronisch übertragene Computerprogramme, die nicht zusammen mit einem körperlichen Datenträger in den Verkehr gebracht werden, Produkteigenschaft haben.

Die vom Anwender genutzten Computerprogramme sind schon deshalb ein ›Produkt‹, weil darunter nach §2 S.1 ProdHaftG jede bewegliche Sache verstanden wird, also auch die nach dem Bürgerlichen Gesetzbuch als ›Sache‹ (§90 BGB) anzusehenden Computerprogramme[1]. Selbst dann, wenn die Ansicht über die Sachqualität von Computerprogrammen nicht geteilt wird, sind sie haftungsrechtlich doch als Produkt anzusehen, da der – autonom auszulegende – Produktbegriff des auf die EG-Produkthaftungsrichtlinie zurückgehenden Produkthaftungsgesetzes alle körperlichen Gegenstände[2] sowie alle sonsti-

[1] Der Überlassung von konkretisierten, in der Regel urheberrechtlich geschützten Standardanwendungsprogrammen zum Zweck der Programmanwendung (Vervielfältigungsstück) liegt nach hier vertretener Ansicht ein Kaufvertrag über eine Sache (§433 BGB) zugrunde. Die Urheberrechte an diesem Vervielfältigungsstück sind durch den Verkauf erschöpft (§17 Abs.2; 69 c Nr.3 UrhG). Dagegen erfolgt die Überlassung der Nutzungsrechte zum Zwecke der Vermarktung durch Dritte (§§34, 31 UrhG) aufgrund eines Lizenzvertrags; vgl. neben vielen nur Soergel-*Huber*, Rz.267 vor §433.

[2] Ausgenommen sind nach §2 S.2 ProdHaftG die landwirtschaftlichen Naturprodukte vor ihrer ersten Bearbeitung.

gen verkehrsfähigen Güter umfaßt, von denen Gefahren für Personen und Sachen ausgehen können. Dazu zählen auch Computerprogramme.

b) Haftungsgrund, Haftungsvoraussetzung und geschützte Rechtsgüter

Der Softwarehersteller (§ 4 ProdHaftG) haftet für Personen- und Sachschäden an überwiegend privat genutzten Sachen, die durch einen Produktfehler des Computerprogramms im Sinne von § 3 ProdHaftG entstanden sind. Die Produkthaftung ist eine verschuldensunabhängige Unrechtshaftung, nach der der Hersteller auch ohne Verschulden für das objektiv rechtswidrige Inverkehrbringen eines fehlerhaften Computerprogramms und für die daraus resultierenden Schäden einzustehen hat. Haftungsgrund ist das Vorliegen eines schadenverursachenden Fehlers seines Produkts. Ein Computerprogramm weist gemäß § 3 ProdHaftG dann einen Fehler auf, wenn die berechtigten Sicherheitserwartungen des Anwenders enttäuscht werden. Die Erfahrung, daß komplexe Computerprogramme nicht fehlerfrei programmiert werden *können*, führt nicht etwa dazu, daß sich im Hinblick auf die Nutzung von Computerprogrammen keine Sicherheitserwartungen herausbilden können. Vielmehr ist mit jedem in den Verkehr gebrachten Computerprogramm die Erwartung verbunden, daß ihr bestimmungsgemäßer Gebrauch nicht zu einer Verletzung einer durch das Produkthaftungsgesetz geschützten Rechtsposition führt. Wird diese Erwartung enttäuscht, hat das Computerprogramm einen Fehler.

Die Produkthaftung für fehlerhafte Computerprogramme erfolgt nur bei einer Körper- oder Gesundheitsverletzung und bei einer Sachbeschädigung. Bei unrichtiger Datenverarbeitung oder sonstiger fehlerhafter Funktion eines Computerprogramms, die zu reinen Vermögensschäden oder zur Verletzung des Persönlichkeitsrechts führen, bestehen wegen der enumerativen Aufzählung der geschützten Rechtspositionen demnach keine Ansprüche aus dem Produkthaftungsgesetz. Bei Sachschäden besteht die Verpflichtung zum Schadensersatz nur, wenn die geschädigte Sache überwiegend *privat* genutzt wurde. Der gewerblichen Wirtschaft, den Dienstleistungsbetrieben und den Angehörigen der Freien Berufe, die, wie beispielsweise Ingenieure und Ärzte, in großem Umfang Computerprogramme und programmgesteuerte Anlagen einsetzen, deren Fehlverhalten zu erheblichen Schäden an Sachen führen können, werden Sachschäden von dem Programmhersteller nicht nach dem Produkthaftungsgesetz ersetzt.

c) Haftungsausschlußgründe

aa) Entwicklungsrisiko

Die Haftung ist ausgeschlossen, wenn der Programmfehler zum Zeitpunkt des Inverkehrbringens des Computerprogramms nach dem Stand von Wissenschaft und Technik nicht hatte erkannt werden können (§ 1 Abs. 2 Nr. 5 ProdHaftG). Dieser Haftungsausschlußgrund wird in der Praxis zu Anwendungsproblemen führen, weil sich der Stand von Wissenschaft und Technik auf dem Gebiet der elektronischen Datenverarbeitung und der Computerprogrammentwicklung derart schnell weiterentwickelt, daß die Feststellung des Standes von Wissenschaft und Technik zu dem Zeitpunkt, zu dem das Programm in Verkehr gebracht wurde, schwierig ist. Außerdem kommt es bei der Frage, welche Programmiermethoden und welche Testverfahren die weitestgehende Fehlerfreiheit und größtmögliche Sicherheit bieten, aufgrund der technischen Fortschritte beim Software Engineering in kurzen Abständen immer wieder zu neuen Erkenntnissen.

Weltweit hat sich noch kein Standard herausgebildet, der zumindest Hinweise auf den bereits erreichten Stand von Wissenschaft und Technik geben könnte. Die DIN/ISO 9000ff. beschreiben lediglich *allgemein* die einzuhaltenden Qualitätssicherungsverfahren. Die Besonderen Vertragsbedingungen (BVB) der öffentlichen Hand für das Erstellen von DV-Programmen[3] legen das Phasenkonzept bei der Erstellung eines Computerprogramms fest, nehmen aber in § 3 Abs. 1 S. 1 selbst Bezug auf den bei der Erstellung des Feinkonzepts zu beachtenden Stand von Wissenschaft und Technik. Die Sicherheitsstandards in den »Kriterien für die Bewertung der Sicherheit von Systemen der Informationstechnik (ITSEC)« des Bundesamts für Sicherheit in der Informationstechnik (BSI)[4] zielen auf die Vertraulichkeit, die Integrität und die Verfügbarkeit von *Daten* und können ebenfalls nicht die allgemeine Produktsicherheit nach dem Stand von Wissenschaft und Technik definieren und gewährleisten[5].

Standardisierungsbestrebungen bemühen sich erst in Teilbereichen um einheitliche Programmiermethoden und -qualitätsverfahren, um die Sicherheit von Computerprogrammen zu steigern. Sowohl die amerikanische IEEE[6] als auch die deutsche Gütegemeinschaft Software[7] und auf europäischer Ebene

---

[3] BVB-Erstellung, Anlage 1 zum BAnz. vom 21. Januar 1986; dokumentiert im ComHdB, Stand: 1994, Kap. 412.

[4] Abgedruckt u.a. bei *F.A. Koch*, Computer-Vertragsrecht, Stand: 1995, Materialband 1 zum Loseblattwerk.

[5] Nur in wenigen, insbesondere militärischen Bereichen sind Ansätze für Standardisierungen von Qualitätssicherungskriterien bei der Programmentwicklung zu beobachten; vgl. die Übersicht bei ComHdB-*Tobergte* Kap. 401. Siehe dazu auch oben, S. 247ff.

[6] Vgl. *Branstadt/Powell*, IEEE Trans. on Software Engineering, 10(1984)1, S. 73.

[7] DIN 66285: Anwendersoftware – Gütebedingungen und Prüfbestimmungen, 1990.

die Europäische Union im Rahmen des ESPRIT-Programms[8] arbeiten an Standards für die Qualitätssicherung von Software[9]. Insgesamt betrachtet können aus den bisherigen Ergebnissen allerdings kaum allgemeine, praktisch verwertbare Aussagen über den erreichten Stand von Wissenschaft und Technik bei der Programmierung von Computerprogrammen, deren Fehlerfreiheit angestrebt wird, abgeleitet werden.

bb) Vorgabengerechtes Teilprodukt

Der Hersteller eines Computerprogramms, das als Teil in ein komplexes Computerprogramm oder zur Steuerung in ein technisches Gerät eingebaut wird, haftet als Hersteller dann *nicht* neben dem Gesamthersteller als Gesamtschuldner, wenn der zu dem Schaden führende Fehler des Computerprogramms gerade auf den verbindlichen Angaben des Gesamtherstellers oder der Konstruktion des Gesamtprodukts, in das das Computerprogramm eingebaut wird, (§ 1 Abs. 3 ProdHaftG). Anderenfalls gilt auch der Teilehersteller als Hersteller im Sinne des Produkthaftungsgesetzes.

cc) Zwingende gesetzliche Anforderungen

Der vom Gesetzgeber in § 1 Abs. 2 Nr. 4 ProdHaftG aufgenommene Haftungsausschluß in den Fällen, in denen der Fehler darauf beruht, daß das Produkt zwingenden Rechtsvorschriften entspricht, ist, wie auf andere Produkte[10], so auch auf Computerprogramme in der Regel nicht anwendbar. Es sind keine Rechtsvorschriften ersichtlich, aus denen sich für isolierte Computerprogramme zwingende Vorgaben hinsichtlich der Programmierung, der Funktionalitäten oder der Qualität ergeben. Soweit sich ISO- oder DIN-Vorschriften und Gütekriterien von Standardisierungsorganisationen auf Computerprogramme beziehen, handelt es sich um technische Standards, die indirekt die Verkehrspflichten festlegen.

---

[8] Vgl. ESPRIT: Request Coquamo, Request Report Nr. 1, EG-Kommission, 1986; *Hausen*, GMD-Spiegel 1990/3, S. 48; *Hausen/Rae/Robert* (Hrsg.), Software Assessment for Certification, 1992.

[9] Siehe zu den erheblichen Problemen bei der ingenieursmäßigen Softwareentwicklung mit der Qualitätssicherung *Rombach*, Informatik-Spektrum 1993, S. 267, und ComHdb-*Heussen* Kap. 12 RdNrn. 31 ff.

[10] Siehe dazu *Marburger*, Herstellung nach zwingenden Rechtsvorschriften als Haftungsausschlußgrund im neuen Produkthaftungsrecht, in: *Lessmann/Großfeld/Vollmer* (Hrsg.), Festschrift für *Lukes*, 1989, S. 97.

d) Ersatzpflichtige

Wer ein Individual- oder ein Standardanwendungsprogramm erstellt und in den Verkehr bringt, ist ebenso Hersteller wie derjenige, der als Teilehersteller ein Computerprogramm entwickelt, das in eine andere Sache integriert wird, mit der es zusammen in den Verkehr gebracht wird (§ 4 ProdHaftG). Als Quasihersteller verhält sich derjenige, der ein nicht von ihm erstelltes Programm mit seinem Markenzeichen versieht. Er trägt auch die haftungsrechtliche Verantwortung für Programmfehler.

Damit bei der Rechtsdurchsetzung keine Schutzlücken entstehen, haftet nach § 4 Abs. 2 ProdHaftG auch derjenige, der ein Computerprogramm in den Geltungsbereich des Abkommens über den Europäischen Wirtschaftsraum einführt oder einbringt. Als Hersteller gilt nach § 4 Abs. 3 ProdHaftG auch der Lieferant eines Computerprogramms, wenn dem Geschädigten der Hersteller bzw. der Importeur im Sinne von § 4 Abs. 2 ProdHaftG nicht bekannt ist und ihm vom Lieferanten nicht innerhalb eines Monats genannt werden kann.

e) Haftungsbeschränkung

Der Ersatz des Personenschadens, dessen Umfang sich aus den §§ 7 bis 9 ProdHaftG ergibt und der bei gesamtschuldnerischer Haftung im Verhältnis der Ersatzpflichtigen zueinander anteilig (§ 5 ProdHaftG)[11] unter Berücksichtigung der Haftungsminderungsgründe aus § 6 ProdHaftG zu ersetzen ist, ist auf einen Höchstbetrag von 160 Millionen DM begrenzt. Bei Sachschäden hat sich der Geschädigte eine Selbstbeteiligung in Höhe von 1125 DM anrechnen zu lassen. Damit werden die zahlreich zu erwartenden kleineren Schäden, die durch Programmfehler entstehen, nicht nach dem Produkthaftungsgesetz ersetzt.

2. Produzentenhaftung

Anknüpfungspunkt für die Produzentenhaftung ist die Sorgfaltspflichtverletzung des Softwareherstellers. Auch der Hersteller von Computerprogrammen hat die spezifischen Gefahrabwendungspflichten gegenüber den Verbrauchern und gegenüber Dritten zu beachten. Dabei wird nicht zwischen Standardanwendungsprogrammen und Individualanwendungsprogrammen unterschieden. Verkehrspflichten bestehen bei der Herstellung beider Softwaretypen gleichermaßen, weil die Beachtung der Verkehrspflicht grundsätzlich unabhängig

[11] Die Gesamtschuldner haften im Verhältnis zueinander quotenmäßig nach dem jeweiligen Verursachungsgrad, wenn vertraglich nichts anderes über den Innenregreß geregelt ist; vgl. dazu *Wagener*, in: *Kretschmer et al.*, Produkthaftung in der Unternehmenspraxis, 1992, Rdnrn. 148ff.

davon ist, ob die Software für einen Auftraggeber aufgrund spezifischer Anforderungen produziert wird oder für einen typischen Anwender mit nicht-speziellen Anforderungen[12].

Wird bei der bestimmungsgemäßen Verwendung eines Computerprogramms eines der durch § 823 Abs. 1 BGB geschützten Rechtsgüter oder Rechte durch ein fehlerhaftes Computerprogramm geschädigt, so haftet auch der Hersteller von Computerprogrammen nach den Grundsätzen der Produzentenhaftung aus den §§ 823ff. BGB.

Der Hersteller kann sich nicht darauf berufen, daß Computerprogramme nicht fehlerfrei programmiert werden können und es keinen allgemein anerkannten Standard für Programmiertechniken und für Qualitätssicherungsverfahren für Computerprogrammerstellung gibt. Die Unmöglichkeit fehlerfreier Programmierung wirkt sich nicht haftungsbefreiend aus. Juristisch ist allein die Frage von Bedeutung, ob und wieweit Gefahrabwendungspflichten bestehen und ein Verhaltensvorwurf gemacht werden kann. Das ist dann der Fall, wenn im Hinblick auf das Herstellerverhalten Verkehrspflichten bestehen, deren Beachtung erwartet werden kann. Die derzeitige Situation, daß keine hinreichenden, allgemein anerkannten technischen Normen für die möglichst fehlerfreie Computerprogrammherstellung vorliegen, spricht nicht für das Fehlen von Verkehrspflichten. Im Gegenteil: Die Hersteller von Computerprogrammen haben sich in besonders sorgfältiger Weise nach Verfahren der Entwicklung, der Codierung und des Testens von Computerprogrammen umzusehen, sie gegebenenfalls selbst weiter zu entwickeln und anzuwenden. Die Softwarezertifizierung, die bei einem getesteten Programm von verschiedenen Organisationen vorgenommen wird, kann nur ein erstes Indiz für die Einhaltung von Verkehrspflichten sein. Die Qualitätsanforderungen bei der Zertifizierung berücksichtigen die *Sicherheit* des Computerprogramms nur zu einem Teil[13] und können die Fehlerfreiheit eines Programms nicht zu belegen.

3. Datenschutzrechtliche Haftung

Die mit der Verarbeitung personenbezogener Daten verbundenen Risiken können auch darin liegen, daß Daten aufgrund von fehlerhaften Computerprogrammen *unrichtig* verarbeitet werden und den Betroffenen daraus materielle oder immaterielle Schäden erwachsen. Es ist daher konsequent, wenn in den Datenschutzgesetzen, die die materiellen und formellen Voraussetzungen und die Folgen einer unzulässigen oder unrichtigen Verarbeitung personenbezoge-

[12] Ebenso *Geis*, online 1990, S. 60.
[13] Vgl. *Hausen*, GMD-Spiegel 1990/3, S. 48.

ner Daten regeln, auch spezielle Haftungsregeln aufgenommen werden, die neben Ansprüche aus anderen Haftungsvorschriften treten.

Nach wie vor fehlt in den Datenschutzgesetzen ein Schadensersatzanspruch gegenüber *nicht-öffentlichen* Stellen. Die Einführung von § 8 BDSG mit der Beweislastumkehr vornehmlich für die deliktische Haftung aus § 823 BGB ist angesichts der auch von den Datenverarbeitungsanlagen *nicht-öffentlicher* Stellen ausgehenden Gefährdungen nur ein erster Schritt hin zu der wünschenswerten weitergehenden Gefährdungshaftung auch im nicht-öffentlichen Bereich.

Die meisten Landesdatenschutzgesetze und nun mit § 7 BDSG n.F. auch das Bundesdatenschutzgesetz enthalten eine Gefährdungshaftung für die Schäden, die durch unrichtige oder unzulässige Datenverarbeitung der *öffentlichen* Stellen entstehen. Die Haftung öffentlicher Stellen nach § 7 BDSG und den entsprechenden Vorschriften der Landesdatenschutzgesetze bleibt allerdings insofern defizitär, als bei Persönlichkeitsrechtsverletzungen Schäden nur ersetzt werden, wenn ›schwere‹ Persönlichkeitsrechtsverletzungen festgestellt werden[14]. Was eine schwere Persönlichkeitsverletzung ist, wird gesetzlich nicht definiert. Die Gerichte haben bislang eine enge Auslegung vorgenommen und die Anforderungen an die Schwere einer Persönlichkeitsrechtsverletzung zu hoch gesetzt. Bei Persönlichkeitsverletzungen sind die Anforderungen an die Schwere der Rechtsverletzung zu senken. Die Bewertung des Schadens als ›leicht‹ kann bei der Bemessung des Ausgleichs in Geld berücksichtigt werden. Neben der Ausgleichsfunktion würde dadurch auch die Präventivwirkung der Haftungsvorschrift stärker zum Tragen kommen.

In jedem Fall ist mit der Einführung der Gefährdungshaftung das Risiko der datenverarbeitenden öffentlichen Stelle gestiegen, bei unzulässiger und unrichtiger Datenverarbeitung in Regreß genommen zu werden. Für die nicht-öffentlichen Stellen ist das Haftungsrisiko insofern geringfügig geringer, als die Verschuldensvermutung mit der Beweislastumkehr die eher theoretische Möglichkeit des Nachweises eröffnet, daß der Schaden trotz der gebotenen und erforderlichen Sorgfalt eingetreten ist, der Schadenseintritt also nicht vorwerfbar ist und damit die deliktische Haftung nicht zum Zuge kommt.

4. Abschließende Bemerkungen

Der zunehmende Einsatz von Computerprogrammen in nahezu allen Bereichen der Produktion, der Telekommunikation, der Versorgung, des Verkehrs, der Medizin und in der Freizeit ist wegen der Fehleranfälligkeit dieses Produkts mit Risiken für Anwender und Drittbetroffene verbunden. Angesichts der er-

[14] Ebenso *Jochen Schneider*, CR 1993, S. 35(39). Siehe auch schon *Simitis*, VersR 1981, S. 197(199).

heblichen individuellen und volkswirtschaftlichen Schäden, die aus fehlerhaften Computerprogrammen resultieren, stellt sich zwangsläufig die bislang sehr unterschiedlich beantwortete Frage, wer diese Schäden aufgrund welcher Haftungsgrundsätze nach geltendem Recht zu tragen hat. Damit ist die im Haftungsrecht nach wie vor im Vordergrund stehende Verteilungsgerechtigkeit angesprochen. Aber auch Präventions- oder, in der ökonomischen Terminologie, Allokationsgesichtspunkte sind bei der Betrachtung der Haftungssituation von Bedeutung. Das gilt umso mehr, als die Entwicklung einer neuen Technologie wie die der Computerprogramme hohe Kosten auf einem hart umkämpften Markt verursacht und damit die Gefahr verbunden ist, daß Qualitätskriterien und insbesondere Sicherheitsaspekte vom Hersteller aus Kostengründen vernachlässigt werden.

Die Anerkennung eines Computerprogramms als Produkt im Sinne des Produkthaftungsgesetzes führt zwar zur Anwendung des Produkthaftungsgesetzes. Angesichts des Risikopotentials von Software reicht das Produkthaftungsgesetz als Verteilungsregelung wegen seiner zu weit gehenden, allenfalls für die Produktion von Waren für den privaten täglichen Bedarf noch hinnehmbaren Haftungsbeschränkungen und -ausschlüsse zur Risikoabsicherung nicht aus. Wahrscheinlich wird die Zukunft zeigen, daß die auf die EG- Produkthaftungsrichtlinie zurückgehende Produkthaftung im gewerblichen Bereich, aber auch für Verbraucher und für Drittbetroffene kaum Haftungserleichterung bringen wird.

Ein Vorteil kann sich für Geschädigte im nicht-gewerblichen Bereich ergeben, wenn durch fehlerhafte Computerprogramme Personenschäden und größere, den Selbstbehalt übersteigende Schäden an überwiegend privat genutzten Sachen eintreten. Der – allerdings auch bislang kaum zu führende – Entlastungsbeweis des fehlenden Verschuldens ist dem Hersteller bei einem Schadensersatzanspruch nach dem Produkthaftungsgesetz abgeschnitten; er hat den Beweis anzutreten, daß zum Zeitpunkt des Inverkehrbringens noch kein Produktfehler vorhanden war.

Unternehmen, die Computerprogramme gewerblich oder beruflich nutzen, werden durch das neue Produkthaftungsgesetz haftungsrechtlich kaum in eine vorteilhaftere Lage kommen, schon weil das Produkthaftungsgesetz im gewerblichen Bereich bei Sachschäden keine Anwendung findet[15]. Das Produkthaftungsgesetz wird insgesamt wenig neue Akzente setzen, zumal es sich wegen des sehr begrenzten Anwendungsbereichs und des Haftungsausschlusses bei

[15] Ob das Produkthaftungsrecht damit schon als »Totgeburt« bezeichnet werden kann, wie es *Hoeren*, Rezension, CR 1993, S. 659, drastisch formuliert, muß sich allerdings noch erweisen; Zweifel sind angebracht. Kritisch wegen des zu engen Anwendungsbereichs der Produkthaftung aber zu Recht *Joerges/Brüggemeier*, Europäisierung des Vertragsrechts und Haftungsrechts, in: *Müller-Graff* (Hrsg.), Gemeinsames Privatrecht in der Europäischen Gemeinschaft, 1993, S. 233(266).

Entwicklungsrisiken nicht von der Produzentenhaftung abhebt, die als ›Verschuldenshaftung‹ das Einstehen für nicht vorhersehbare Schadensereignisse konzeptionell nicht erfaßt.

Die Produzentenhaftung mit der Verschuldensvermutung bei Verkehrspflichtverletzungen und der Beweislastumkehr zum Vorteil des Geschädigten hat daher nach wie vor die dominante haftungsrechtliche Bedeutung, nicht zuletzt auch wegen der fehlenden Haftungsobergrenzen und wegen des Anspruches auf Schmerzensgeld aus §§ 847, 823 Abs. 1 BGB. Wird die vom *Bundesgerichtshof* eingeschlagene Linie, der das auf einheitlichem europäischem Recht beruhende Produkthaftungsgesetz nicht entgegensteht[16], konsequent weiterverfolgt, so werden auch künftig an die Softwarehersteller hohe Anforderungen hinsichtlich ihrer Sorgfaltspflichten bei der Entwicklung, bei der Fabrikation und bei dem Inverkehrbringen ihrer Produkte gestellt werden. Verhält sich ein technisches System wegen eines Computerprogramms nicht bestimmungsgemäß und wird dadurch eine geschützte Rechtsposition verletzt, so kann eine schuldhafte Verkehrspflichtverletzung des Softwareherstellers vermutet werden.

Personenschäden, Schäden aus einer Eigentumsverletzung und die mittelbaren Vermögensschäden, die auf von Dritten eingesetzten Computerprogramme zurückzuführen sind, werden demnach auf der Grundlage der zur Unrechtshaftung[17] weiterentwickelten Verschuldenshaftung nach § 823 Abs. 1 BGB ersetzt. Bei fehlerhaften Programmen, die zu einer unrichtigen Verarbeitung personenbezogener Daten führen, haftet aus § 7 BDSG oder aus der entsprechenden Vorschrift des Landesdatenschutzgesetzes zwar nicht der Hersteller, aber die datenverarbeitende öffentliche Stelle für den daraus entstehenden Schaden.

Sind einem Hersteller von sicherheitsrelevanten Computerprogrammen die betrieblichen Entwicklungskosten eines im Höchstmaß sicheren Programms und das Haftungsrisiko sowie die Prämien für die auf dem Versicherungsmarkt nur sehr eingeschränkt angebotene Versicherung dieses speziellen Risikos so hoch, daß die Produktkosten auf dem Markt nicht mehr gezahlt werden, verschwindet das Produkt vom Markt. Das Haftungsrecht hat also auf das Innovationsverhalten von Unternehmen einen mitentscheidenden Einfluß[18]. Erst

---

[16] Im Gegenteil liegt die Vermutung nahe, daß der *Bundesgerichtshof* von der für den Geschädigten günstigen Beweislastregelung in Art. 7 lit. b PHRl, nach der der Hersteller den haftungsbefreienden Nachweis erbringen muß, daß der Produktfehler nicht vorlag, als das Produkt in den Verkehr gebracht wurde bzw. daß der Fehler später entstanden ist, beeinflußt war, als er in der Limonadenflaschenentscheidung bei einem Schadensersatzanspruchs aus § 823 Abs. 1 BGB dem Hersteller nun auch Befundsicherungspflichten auferlegte, also die deliktische Haftung nach dem Inkrafttreten des Produkthaftungsgesetzes weiter verschärfte.

[17] *Esser/Schmidt*, Schuldrecht, Band 1, 1984, S. 474f.

[18] Siehe hierzu *Becher/Böttcher/Funck/Hartje/Sprenger/Weibert*, Regulierung und Innovation, 1990; *Eckard Rehbinder*, Haftpflichtrecht und Verhütung von Umweltschäden aus juristischer Sicht, in: *Endres/Rehbinder/Schwarze*, Haftung und Versicherung für Umweltschäden

dann, wenn die Entwickler von Computerprogrammen mit den Schäden Dritter belastet werden können, hat diese Kosteninternalisierung auch Auswirkung auf das Verhalten. Die Haftungsnorm, die dem Softwarehaus den Ersatz des durch fehlerhafte Software eingetretenen Schadens aufbürdet, leistet einen finanziellen Anreiz, bei der Produktion eines Computerprogramms Vorsorgemaßnahmen zu treffen und damit die Produktion betriebswirtschaftlich zu optimieren, weil die Kosten für die Maximierung der Sicherheit geringer als die zu erwartende Schadensersatzzahlung ist. Dieses Ergebnis harmoniert auch mit dem volkswirtschaftlichen Wohlfahrtsoptimum (Pareto-Optimum), weil derjenige, der an der Risikoquelle ›näher dran‹ ist und sie unmittelbar beeinflussen kann, die Fehlersicherungskosten übernimmt und als ›cheapest cost avoider‹ in den Preis überwälzt.

Verzeichnis der zitierten Gerichtsentscheidungen (BVerfG, BGH, OLG)

1. BVerfG-Entscheidungen

Nr.	Datum	Az	Bezeichnung	BVerfG	NJW	DVBl
1	14.02.73	1 BvR 112/65	Soraya	34, 269	1973, 1221	1973, 784
2	08.08.78	2 BvL 8/77	Kalkar	49, 89	1979, 359	1979, 45
3	11.10.78	1 BvR 84/74	Gutachten	49, 304	1979, 305	1979, 667
4	20.12.79	1 BvR 385/77	Atomkraft	53, 30	1980, 759	1980, 356
5	14.01.81	1 BvR 612/72	Fluglärm	56, 54	1981, 1655	
6	19.10.82	2 BvF 1/81	Staatshaftung	61, 149	1983, 25	1982, 1135
7	15.12.83	1 BvR 209/83	Volkszählung	65, 1	1984, 419	1984, 128
8	25.03.92	1 BvR 1430/88	Fangschaltung	85, 386	1992, 1875	1992, 823

2. BGH-Entscheidungen

Nr.	Datum	AZ	Bezeichnung	BGHZ	NJW	VersR
1	23.10.51	I ZR 31/51	Schleuse ›Datteln‹	3, 261		
2	05.11.55	VI ZR 199/54	Insektenvertil-gungsmittel			1955, 765
3	23.11.55	VI ZR 193/54	Weihnachtsfeier	19, 114	1956, 217	
4	15.03.56	II ZR 284/54	Motorrollerlenker			1956, 259
5	21.04.56	VI ZR 36/55	Fahrradgabel			1956, 410
6	11.02.57	VII ZR 256/56	B.-Zentrale	23, 288		
7	17.05.57	VI ZR 120/56	Gelenkwellen-schutz			1957, 584
8	14.02.58	I ZR 151/56	Herrenreiter	26, 349		
9	20.10.59	VI ZR 152/58	Klebemittel			1960, 342
10	05.07.60	VI ZR 130/59	Kondensomat			1960, 855
11	19.09.61	VI ZR 259/60	Ginsengwurzel	35, 363	1961, 2059	
12	05.03.63	VI ZR 55/62	Fersehansagerin	39, 124	1963, 902	1963, 465
13	21.06.66	VI ZR 261/64	Höllenfeuer	45, 296	1966, 1617	
14	21.06.67	VIII ZR 26/65	Eigenschaftszusi-cherung	48, 118		
15	12.10.67	VII ZR 8/65	Flachdach	48, 310		
16	17.10.67	VI ZR 70/66	Schubstrebe		1968, 247	1967, 1199
17	20.03.68	I ZR 44/66	Mephisto	50, 133	1968, 1773	
18	25.09.68	VIII ZR 108/66	Dieselöl		1968, 2238	1969, 310
19	26.11.68	VI ZR 212/66	Hühnerpest	51, 91	1969, 269	1969, 155
20	07.07.70	VI ZR 223/68	Druckfehler		1970, 1963	1970, 841

DÖV	NVwZ	JZ	DB	Sonstige
1973, 456		1973, 662		MDR 1973, 737; JuS 1973, 718; VersR 1973, 1132
1979, 49		1979, 178	1979, 201	JuS 1979, 362
		1979, 60		BB 1979, 130; MDR 1979, 201; JuS 1981, 290
1980, 299		1980, 307	1980, 488	WM 1980, 239; JuS 1980, 602
			1981, 1180	
1982, 982	1983, 90	1983, 137	1982, 2341	MDR 1983, 106; WM 1982, 1194; JuS 1983, 141
1984, 156	1984, 167		1984, 36	WM 1984, 98
1992, 704	1992, 765	1992, 1015		CR 1992, 431; JuS 1992, 960; RDV 1992, 170; DuD 1993, 47

DB	BB	WM	MDR	JZ	Sonstige
	1956, 320				LM Nr. 2 zu § 276 (Hb) BGB
					LM Nr. 24 zu § 286 (C) ZPO
	1963, 410		1963, 491	1964, 291	LM Nr. 23 zu § 847 BGB
	1966, 874		1966, 831	1967, 174	LM Nr. 24 zu Art. 5 GG
	1967, 1357		1968, 139		LM Nr. 10 zu § 831 (Fc) BGB
				1968, 697	
	1968, 1216		1969, 41	1968, 742	LM Nr. 13 zu § 276 BGB
			1969, 209	1969, 397	
1970, 1682				1971, 63	GRUR 1971, 328

2. BGH-Entscheidungen *(Fortsetzung)*

Nr.	Datum	AZ	Bezeichnung	BGHZ	NJW	VersR
21	21.12.70	II ZR 133/68	Fleet	55, 153	1971, 886	1971, 418
22	25.01.71	III ZR 208/68	Rohrbruch	55, 229	1971, 607	1971, 452
23	26.01.71	VI ZR 95/70	Liebestropfen		1971, 698	1971, 465
24	04.03.71	VII ZR 40/70	Achsaggregat	55, 392		
25	15.06.71	VI ZR 262/69	Laufsteg	56, 269		
26	14.10.71	VII ZR 313/69	Autokauf	57, 137	1972, 36	1972, 64
27	09.11.71	VI ZR 58/70	Förderanlage			1972, 149
28	11.07.72	VI ZR 194/70	Estil	59, 172	1972, 2217	1972, 1075
29	04.10.72	VIII ZR 117/71	Wasserversorgung	59, 303	1972, 2300	1973, 33
30	14.03.73	VIII ZR 137/71	Nottestament		1973, 843	1973, 523
31	19.06.73	VI ZR 178/71	Feuerwerkskörper		1973, 1602	1973, 862
32	19.09.73	VIII ZR 175/72	Propangas	61, 227	1973, 2059	1074, 58
33	13.11.73	VI ZR 152/72	Turnierreiter		1974, 234	1974, 356
34	14.05.74	VI ZR 48/73	DVGW-Prüfzeichen		1974, 1503	1974, 977
35	19.02.75	VIII ZR 144/73	Haartonikum	64, 46	1975, 824	1975, 538
36	03.06.75	VI ZR 192/73	Spannkupplung		1975, 1827	1975, 922
37	07.10.75	VI ZR 43/74	Ölabfälle		1976, 46	1976, 62
38	28.01.76	VIII ZR 246/74	Gemüseblatt	66, 51	1976, 712	
39	24.11.76	VIII ZR 137/75	Schwimmerschalter	67, 359	1977, 379	1977, 358
40	07.06.77	VI ZR 77/76	Antibiotikum			1977, 819
41	14.06.77	VI ZR 247/75	Autokran			1977, 893
42	29.06.77	VIII ZR 309/75	Pflanzenschutzmittel			1977, 918
43	08.02.78	VIII ZR 20/77	Börsendienst	70, 356	1978, 997	1978, 516
44	20.06.78	VI ZR 66/77	Schufa		1978, 2151	1978, 1018
45	05.07.78	VIII ZR 172/77	Hinterreifen		1978, 2241	
46	07.02.79	VIII ZR 305/77	Kartonmaschine		1979, 2148	
47	28.06.79	VII ZR 248/78	Spezialfensterglas	75, 75	1979, 2036	
48	11.12.79	VI ZR 141/78	Klapprad		1980, 1219	1980, 380
49	26.02.80	VI ZR 53/79	Archiv	76, 216	1980, 1518	1980, 660
50	13.08.80	VI ZR 105/78	Behandlungsfehler	76, 249	1980, 1450	1980, 555

DB	BB	WM	MDR	JZ	Sonstige
			1971, 647		
			1971, 463		
			1971, 382		LM Nr. 41 zu § 847 BGB
	1971, 936				
					LM Nr. 10 zu § 618 BGB; JuS 1972, 50
			1972, 133		
	1972, 13		1972, 226		LM NR. 16 zu § 823 (Db) BGB
	1972, 1161		1972, 941		LM Nr. 24 zu § 823 (Eh) BGB
	1972, 1428		1973, 213		LM Nr. 12 § 480 BGB
1973, 815	1973, 494		1973, 576		LM Nr. 32 zu § 459 BGB
	1973, 1372		1973, 840		LM Nr. 3 zu § 831 (Fb) BGB
	1973, 1414		1974, 36		LM Nr. 17 zu § 558 BGB
			1974, 301	1974, 184	LM Nr. 7 zu § 833 BGB
			1974, 920		LM Nr. 14 zu § 249 (D) BGB
	1975, 806		1975, 483		LM Nr. 24 zu § 282 BGB
	1975, 1031	1975, 758	1975, 833	1976, 524	LM Nr. 19 zu § 823 BGB
	1975, 1503		1976, 132	1975, 733	LM Nr. 19 zu § 823 BGB
	1976, 482		1976, 570		LM Nr. 45 zu § 276 BGB
1977, 299	1977, 162		1977, 392	1977, 342	LM Nr. 20 zu § 823 BGB; JuS 1977, 471 Nr. 2; JR 1977, 456
1977, 1117					
1978, 1170	1978, 980		1978, 748	1978, 398	LM Nr. 46 zu § 459 BGB; GRUR 1978, 380; JuS 1978, 417
1978, 1926	1978, 1587		1979, 129	1979, 102	LM Nr. 62 zu § 823 BGB; JuS 1979, 142
1978, 1878	1978, 1491		1979, 133		LM Nr. 33 zu § 463 BGB; JR 1979, 199; JuS 1979, 214
1979, 1078	1979, 698				
1979, 1932	1979, 1257		1979, 1013	1979, 685	LM Nr. 37 zu § 638 BGB; JR 1980, 64
1980, 775	1980, 443	1980, 336	1980, 480		LM Nr. 128 zu § 823 BGB
					LM Nr. 28 zu § 823 (Ac) BGB
1980, 2184			1980, 366	1980, 406	LM Nr. 24 zu § 276 BGB; JR 1980, 366; JuS 1980, 757

2. BGH-Entscheidungen *(Fortsetzung)*

Nr.	Datum	AZ	Bezeichnung	BGHZ	NJW	VersR
51	12.11.80	VIII ZR 293/79	Garantiehaftung	78, 369	1981, 275	
52	27.01.81	VI ZR 204/79	Gebäudeschaden	79, 259	1981, 983	1981, 676
53	17.03.81	VI ZR 191/79	Derosal/Apfelschorf I	80, 186	1981, 1603	1981, 639
54	17.03.81	VI ZR 286/78	Benomyl/Apfelschorf II	80, 199	1981, 1606	1981, 636
55	05.05.81	VI ZR 280/79	Vertriebshändler		1981, 2250	1981, 779
56	19.05.81	VI ZR 273/79	Handelsauskunftei	80, 311	1981, 1738	1981, 835
57	03.06.81	VIII ZR 153/80	Programmierte Sperre		1981, 2684	
58	07.07.81	VI ZR 62/80	Lösungsmittel		1981, 2514	1981, 957
59	05.10.81	VIII ZR 259/80	Arzt-Computer		1982, 696	
60	01.12.81	VI ZR 111/80	Fluglärm		1982, 1046	1982, 243
61	18.01.83	VI ZR 270/80	Kfz-Hebebühne		1983, 812	1983, 346
62	18.01.83	VI ZR 310/79	Gaszug	86, 256	1983, 810	1983, 344
63	02.11.83	IVa ZR 20/82	Sachverständiger		1984, 355	1984, 85
64	29.11.83	VI ZR 137/82	Eissporthalle		1984, 801	1984, 164
65	17.01.84	VI ZR 35/83	Techn. Arbeitsmittel			1984, 270
66	22.05.84	VI ZR 105/82	Wirtschaftsauskunftei	91, 233	1984, 1886	1984, 742
67	06.06.84	VIII ZR 83/83	EDV-Leasing		1984, 2938	
68	18.09.84	VI ZR 223/82	Kupolofen	92, 143	1985, 47	1984, 1072
69	03.10.84	IVa ZR 170/82	Konstruktionsfehler			
70	22.01.85	VI ZR 28/83	Nacktfoto		1985, 1617	1985, 391
71	05.02.85	VI ZR 198/83	Schockschaden	93, 351	1985, 1390	1985, 499
72	12.03.85	VI ZR 182/83	Freizeichnung			1985, 595

DB	BB	WM	MDR	JZ	Sonstige
1981, 256	1981, 14	1981, 37	1981, 310	1981, 96	LM Nr. 56 zu § 459 BGB; JR 1981, 146
			1981, 483	1981, 314	LM Nr. 18 zu § 836 BGB
1981, 1225	1981, 1045	1981, 544	1981, 743	1981, 480	LM Nr. 130 zu § 823 BGB; JR 1981, 377; JuS 1981, 685
1981, 1277	1981, 1048	1981, 548	1981, 744		
1981, 1563	1981, 1239	1981, 765	1981, 1003	1981, 589	LM Nr. 132 zu § 823 (Dc) BGB
1981, 1391	1981, 1240	1981, 650	1981, 745	1981, 786	LM Nr. 1 zu BDSG; ZIP 1981, 616
1981, 1977	1981, 1856	1981, 954	1982, 222		LM Nr. 8 zu § 542 BGB; ZIP 1981, 868
	1981, 1966	1981, 1106	1982, 46	1981, 668	LM Nr. 133 zu § 823 (Dc) BGB
1982, 538	1981, 2030	1981, 1358	1982, 400	1982, 67	LM Nr. 28 zu § 537 BGB; ZIP 1981, 1341
			1982, 480		LM Nr. 20 zu LuftVG
1983, 650	1983, 464	1983, 265	1983, 389	1983, 497	LM Nr. 35 zu § 823 (Ac) BGB
1983, 649	1983, 462	1983, 178	1983, 389	1983, 499	LM Nr. 36 zu § 823 (Ac) BGB; JR 1983, 324; JuS 1983, 466
1984, 662		1984, 34	1984, 296	1984, 246	LM Nr. 75 zu § 328 BGB
			1984, 478		LM Nr. 139 zu § 823 (Dc) BGB; JuS 1984, 558
1984, 1876	1984, 2085	1984, 867	1984, 747		LM Nr. 8 zu BDSG; GRUR 1984, 688; ZIP 1984, 816
1984, 2132	1984, 1895	1984, 1092	1985, 316	1984, 1045	LM Nr. 54 zu § 638 BGB; ZIP 1984, 962; JuS 1985, 145; CR 1986, 79
1985, 381	1984, 1970		1985, 39	1984, 1106 1985, 99	LM Nr. 37 zu § 823 (J) BGB; JuS 1985, 312
			1985, 921		LM Nr. 53 zu Art. 2 GG; ZUM 1985, 321; GRUR 1985, 398
			1985, 563	1985, 538	LM Nr. 75 zu § 823 (Aa) BGB; JuS 1985, 727 ZIP 1985, 687

2. BGH-Entscheidungen *(Fortsetzung)*

Nr.	Datum	AZ	Bezeichnung	BGHZ	NJW	VersR
73	14.03.85	IX ZR 26/84	Beratungsfehler		1986, 1329	
74	02.05.85	I ZB 8/84	Lignamat			
75	09.05.85	I ZR 52/83	Inkasso-Programm	94, 276	1986, 192	
76	14.05.85	VI ZR 168/83	Kompressor		1985, 2420	1985, 837
77	09.07.85	VI ZR 71/84	Silvesterfeuerwerk			1985, 1093
78	04.02.86	VI ZR 179/84	Überrollbügel		1986, 1863	1986, 653
79	19.02.86	VIII ZR 113/85	Getränkebezugs-bindung	97, 127	1986, 1679	
80	07.10.86	VI ZR 187/85	Verzinkungsspray		1987, 372	1987, 102
81	09.12.86	VI ZR 65/86	Honda	99, 167	1987, 1009	1987, 312
82	12.03.87	VII ZR 37/86	Reisebedingungen	100, 157	1987, 1931	1987, 712
83	25.03.87	VIII ZR 43/86	Architekturpro-gramm		1987, 2004	
84	28.04.87	VI ZR 127/86	Spielgerätkorro-sion		1988, 48	1987, 891
85	16.09.87	VIII ZR 334/86	Flaschenkorken	101, 337	1988, 52	1988, 52
86	04.11.87	VIII ZR 314/86	Basic-Überset-zungsprogramm	102, 135	1988, 406	

DB	BB	WM	MDR	JZ	Sonstige
1985, 1939		1985, 666	1985, 577		LM Nr. 42 zu § 249 (Bb) BGB; ZIP 1985, 1143; EWiR 1985, 293
1985, 2603		1985, 1322	1986, 289		LM Nr. 3 zu § 2 WZG; NJW-RR 1986, 219; GRUR 1985, 1055; CR 1986, 130
1985, 2397	1985, 1747	1985, 1235	1986, 121		CR 1985, 22; GRUR 1985, 1041; EWiR 1985, 907; ZUM 1986, 39; RDV 1985, 36; IuR 1986, 18
1985, 1833	1985, 1290	1985, 919	1985, 922		LM Nr. 40 zu § 823 (Ac) BGB; JuS 1985, 812; EWiR 1985, 871
1986, 37					
1986, 1113	1986, 963		1986, 744		LM NR. 151 zu § 823 (Dc) BGB
1986, 1214	1986, 1116	1986, 555	1986, 579	1986, 761	LM Nr. 1 zu § 1b AbzG; ZIP 1986, 510; EWiR 1986, 313
1987, 268	1986, 2368	1986, 1563	1987, 222		LM Nr. 22 zu § 823 (C) BGB; EWiR 1986, 1195; JuS 1987, 320; CR 1986, 812
1987, 982	1987, 717	1987, 176	1987, 396		JR 1988, 241; EWiR 1987, 235
1987, 1414	1987, 1131	1987, 653	1987, 661	1987, 767	LM Nr. 4ff. zu § 9 (Bi) AGBG; ZIP 1987, 640; EWiR 1987, 419
1987, 1290	1987, 1277	1987, 818	1987, 926		LM Nr. 24 zu § 325 BGB; ZIP 1987, 788; EWiR 1987, 653; JA 1987, 512; ZUM 1987, 629; RDV 1987, 243
			1987, 1015		LM Nr. 160 zu § 823 (Dc) BGB
1987, 2351	1987, 2326	1987, 1299	1988, 138		LM Nr. 31 zu § 377 HGB; JR 1988, 411; EWiR 1987, 1113; JA 1988, 101; JuS 1988, 232
1988, 105	1988, 20	1987, 1492	1988, 223	1988, 460	EWiR 1987, 1171; JR 1988, 499; ZIP 1987, 1567; CR 1988, 124; IuR 1988, 16, JA 1988, 220; RDV 1988, 80

2. BGH-Entscheidungen *(Fortsetzung)*

Nr.	Datum	AZ	Bezeichnung	BGHZ	NJW	VersR
87	15.12.87	VI ZR 35/87	Ehrverletzung			1988, 405
88	03.03.88	X ZR 54/86	MS Brüssel		1988, 1785	
89	07.06.88	VI ZR 91/87	Limonadenflasche	104, 323	1988, 2611	1988, 958
90	22.09.88	VI ZR 37/88	Arzthaftung		1989, 767	1988, 1273
91	11.10.88	XI ZR 1/88	Fugendichtmasse		1989, 1029	
92	25.10.88	VI ZR 344/87	Fischfutter	105, 346	1989, 707	1989, 91
93	03.11.88	I ZR 242/86	Präsentbücher	105, 374	1989, 456	
94	24.01.89	VI ZR 112/88	Asthma-Spray	106, 273	1989, 1542	1989, 399
95	05.07.89	VIII ZR 334/88	Benutzerhandbuch		1989, 3222	
96	17.10.89	VI ZR 258/88	Pferdebox		1990, 906	1989, 1307
97	18.10.89	VIII ZR 325/88	Abzahlungskauf	109, 97	1990, 320	
98	21.11.89	VI ZR 350/88	Weinkorken		1990, 908	1990, 204
99	05.12.89	VI ZR 335/88	Geschäftsführer	109, 297	1990, 976	
100	09.01.90	VI ZR 103/89	Expander			1990, 532

DB	BB	WM	MDR	JZ	Sonstige
			1988, 486		LM Nr. 98 zu § 823 (Ah) BGB; NJW-RR 1988, 733; EWiR 1988, 453; AfP 1988, 34
1988, 1155					
1988, 1988	1988, 1624	1988, 1376	1988, 947	1988, 966	LM Nr. 16 zu § 823 (E) BGB; ZIP 1988, 1129; EWiR 1988, 891; JA 1988, 612; JuS 1988, 142
			1989, 150		LM Nr. 47 zu § 249 (Bb) BGB; MedR 1989, 78; JuS 1989, 575
1989, 101	1989, 20	1988, 1828	1989, 255		LM Nr. 36 zu § 676 BGB; EWiR 1989, 37; JA 1989, 142; ZIP 1989, 317
		1989, 110	1989, 244	1989, 639	JA 1989, 310; JuS 1989, 494; EWiR 1989, 145
1989, 621	1989, 177	1989, 146	1989, 231		LM Nr. 22 zu § 1 AbzG; GRUR 1989, 68; EWiR 1989, 105; ZUM 1989, 241; CR 1990, 49
			1989, 534	1989, 853	LM Nr. 6 zu AMG
1989, 2163	1990, B. 10 S. 2	1989, 1574	1990, 146		LM Nr. 30 zu § 320 BGB; EWiR 1989, 977; ZIP 1989, 1333; jur-pc 1989, 299; CR 1990, 189
1990, 627	1989, 2429	1990, 272	1990, 425		LM Nr. 170 zu § 823 (Dc) BGB; ZIP 1990, 516; EWiR 1989, 1191; JuS 1990, 413
1989, 2596	1990, B. 24 S. 3	1989, 1890	1990, 236	1990, 236	LM Nr. 16 zu § 1b AbzG; CR 1990, 24; EWiR 1990, 105; RDV 1990, 84; ZIP 1990, 1138; jur-pc 1990, 406; JR 1991, 17
	1990, 445	1990, 564	1990, 531	1990, 199	LM Nr. 47 zu § 823 (Ac) BGB; JuS 1990, 579 Nr. 4
1990, 268	1990, 162	1990, 108		1990, 486	LM Nr. 49 zu § 823 (Ac) BGB; ZIP 1990, 35; EWiR 1990, 357
1990, 577	1990, 306		1990, 612		LM Nr. 173 zu § 823 (Dc) BGB; NJW-RR 1990, 406; EWiR 1990, 461; ZIP 1990, 514; CR 1990, 402

2. BGH-Entscheidungen *(Fortsetzung)*

Nr.	Datum	AZ	Bezeichnung	BGHZ	NJW	VersR
101	24.01.90	VIII ZR 22/89	Heimverwaltung	110, 130	1990, 1290	
102	07.03.90	VIII ZR 56/89	Geräteverwaltung		1990, 3011	
103	15.05.90	X ZR 128/88	Baustoffsystem		1990, 3008	
104	04.10.90	I ZR 139/89	Nixdorf-Betriebs-system	112, 264	1991, 1231	
105	11.10.90	VI ZR 228/89	Planungsmängel			
106	30.04.91	VI ZR 178/90	AIDS	114, 284	1991, 1948	1991, 816
107	12.11.91	VI ZR 7/91	Milupa-Kindertee	116, 60	1992, 560	1992, 96
108	19.11.91	VI ZR 171/91	Hochzeitsessen	116, 104	1992, 1039	1992, 501
109	05.05.92	VI ZR 188/91	Sattelauflieger		1992, 2016	1992, 1010
110	04.11.92	VIII ZR 165/91	EDV-Handbücher		1993, 461	
111	08.12.92	VI ZR 24/92	Mineralwasserfla-sche		1993, 528	1993, 367
112	15.12.92	VI ZR 115/92	Handbremse		1993, 655	1993, 239
113	16.03.93	VI ZR 84/92	Schlachthofreini-gung			1993, 764

DB	BB	WM	MDR	JZ	Sonstige
1990, 625	1990, 510	1990, 510	1990, 537	1990, 972	LM Nr. 33 zu § 377 HGB; CR 1990, 384; EWiR 1990, 487; ZIP 1990, 650; JuS 1990, 580; JA 1990, 311, 314; JR 1990, 420
1990, 1123	1991, B. 18 S. 11	1990, 987	1990, 1103		LM Nr. 1 zu § 326 (F) BGB; CR 1990, 707; RDV 1990, 178
	1991, B. 18 S. 9	1990, 1628			CR 1991, 86
1991, 587	1991, B. 18 S. 2		1991, 503		LM Nr. 31 zu § 2 UrhG; CR 1991, 80; GRUR 1991, 449; ZUM 1991, 246; EWiR 1991, 295; ZIP 1991, 191; jur-pc 1991, 888; RDV 1991, 135
1991, 1376	1991, 24	1991, 204	1991, 429		LM Nr. 29 zu § 254 (F) BGB; NJW-RR 1991, 276; CR 1991, 467
			1991, 728	1991, 785	LM Nr. 132 zu § 823 (Aa) BGB; JuS 1991, 959
1992, 316	1992, 93	1992, 105	1992, 130	1992, 633	LM Nr. 181 zu § 823 (Dc) BGB; ZIP 1992, 38; EWiR 1992, 35; JuS 1992, 520
1992, 777	1992, 517		1992, 456	1993, 671	LM Nr. 41 zu § 823 (J) BGB; CR 1992, 604; EWiR 1992, 345; ZIP 1992, 410; JR 1992, 501; JuS 1992, 608
1992, 1516	1992, 1377	1992, 1413	1992, 850		LM Nr. 55 zu § 823 (Ac) BGB; EWiR 1992, 777; JA 1993, 58; JuS 1992, 1062
1993, 424	1993, B. 13 S. 2	1993, 111	1993, 121		LM Nr. 57 zu § 477 BGB; CR 1993, 203; jur-pc 1993, 1909; RDV 1993, 121; JA 1993, 213
1993, 427	1993, 248	1993, 461	1993, 319	1993, 678	LM Nr. 186 zu § 823 (Dc) BGB; ZIP 1993, 440
1993, 1184	1993, 464		1993, 321		LM Nr. 57 zu § 823 (Ac) BGB; EWiR 1993, 249
1993, 1133			1993, 1066		LM Nr. 58 zu § 823 (Ac) BGB; NJW-RR 1993, 792

2. BGH-Entscheidungen *(Fortsetzung)*

Nr.	Datum	AZ	Bezeichnung	BGHZ	NJW	VersR
114	08.07.93	I ZR 174/91	Zahnarzt-Software	123, 157	1993, 2680	
115	14.07.93	VIII ZR 147/92	Abrechnungssystem		1993, 2436	
116	07.12.93	VI ZR 74/93	Gewindeschneidemittel		1994, 517	1994, 319
117	11.01.94	VI ZR 41/93	Kindertee II		1994, 932	1994, 439
118	20.01.94	I ZR 267/91	Holzhandelsprogramm		1994, 1216	
119	27.09.94	VI ZR 150/93	Atemüberwachungsgerät		1994, 3349	1994, 1481
120	09.05.95	VI ZR 158/94	Mehrwegflasche		1995, 2162	1995, 924

DB	BB	WM	MDR	JZ	Sonstige
1993, 1919			1994, 48		LM Nr. 634 zu § 1 UWG; CR 1994, 34; GRUR 1993, 917; EWiR 1993, 1119; ZIP 1993, 1336; jur-pc 1993, 2358; RDV 1994, 86; JuS 1994, 81
1993, 1871	1993, 1755	1993, 1639	1993, 950		LM Nr. 73 zu § 631 BGB; CR 1993, 681; EWiR 1994, 35; ZIP 1993, 1394; jur-pc 1993, 2231
1994, 420	1994, 242	1994, 462	1994, 254	1994, 574	LM Nr. 59 zu § 823 (Ac) BGB; EWiR 1994, 135; CR 1994, 205; JuS 1994, 527
1994, 526	1994, 597	1994, 466	1994, 351		LM Nr. 191 zu § 823 (Dc) BGB; ZIP 1994, 374; JuS 1994, 609
1994, 1180	1994, B. 7 S. 2	1994, 1170	1994, 462		LM Nr. 10 zu § 16 UrhG; CR 1994, 363; GRUR 1994, 1180; jur-pc 1994, 2476
1994, 2441	1994, 2307	1994, 2288	1995, 46		LM Nr. 196 zu § 823 (DC) BGB; ZIP 1994, 1960; EWiR 1995, 126; JuS 1995, 354
1995, 1504	1995, 1431	1995, 1317			ZIP 1995, 1094; LM Prod-HaftG § 1 Nr. 1

3. OLG-Entscheidungen

Nr.	Ort	Datum	Az	Bezeichnung	NJW
1	Celle	26.08.76	5 U 25/76	Elektrozaun	
2	Celle	28.11.77	9 U 83/77	Klappstuhl	
3	Celle	14.11.79	3 U 92/79	Schufa	1980, 347
4	Düsseldorf	09.06.89	16 U 209/88	EDV-Installation	1989, 2627
5	Düsseldorf	10.01.91	18 U 143/90	Saunaaufguß	
6	Frankfurt	06.01.88	17 U 35/78	Schufa-Klausel	
7	Frankfurt	14.07.88	3 VAs 4/88	Kriminalakten	1989, 47
8	Frankfurt	26.04.89	13 U 54/88	Systemsoftware	
9	Frankfurt	16.02.95	1 U 31/94	Schmandkuchen	1995, 2498
10	Hamburg	09.08.85	11 U 209/84	Softwareabnahme	
11	Hamm	29.07.82	13 U 208/80	Reinigungsmittel	
12	Hamm	25.03.83	11 U 200/82	Schufa-Mitteilung	
13	Karlsruhe	28.10.77	10 U 89/77	Kirchenvorplatz	
14	Karlsruhe	08.11.78	6 U 276/76	Doppelparker	
15	Karlsruhe	22.12.83	9 U 14/82	Motorsense	
16	Koblenz	17.09.93	2 U 1230/93	Alleinvertrieb	
17	Köln	22.06.88	13 U 113/87	Softwaremängel	1988, 2477
18	Köln	12.07.91	19 U 49/91	Leasingvertrag	
19	Köln	11.10.91	19 U 87/91	Softwareanpassung	
20	Köln	07.02.92	19 U 227/91	Softwareänderung	
21	Köln	26.06.92	19 U 261/91	Softwareerweiterung	
22	Köln	16.10.92	19 U 92/91	IBM-Kompatibilität	
23	Köln	26.08.94	19 U 282/93	Expressdienst	
24	München	30.09.87	7 U 2373/87	Bundling	
25	München	22.12.88	1 U 5606/87	Softwareerstellung	
26	Oldenburg	16.11.87	9 U 59/87	Original-PC	
27	Stuttgart	08.11.88	6 U 135/87	Teilzahlung	1989, 2635
28	Zweibrücken	20.09.76	2 U 217/75	Hochspannungsmast	1977, 111

VersR	CR	MDR	DuD	Sonstige
1977, 453				
1978, 258				
				BB 1980, 1772
	1990, 122		1990, 41	
				NJW-RR 1992, 534
1988, 720	1989, 19	1983, 319		DB 1988, 749; BB 1988, 652; ZIP 1989, 89; EWiR 1988, 457; RDV 1988, 148; WM 1988, 154
				BB-Beilage 24/1990, S. 8
	1986, 83			iur 1986, 264
1984, 243				
1984, 170		1983, 667		ZIP 1983, 552; WM 1983, 852
1978, 770				
				GRUR 1979, 267
1986, 46				
				RIW/AWD 1993, 934
1989, 161		1988, 965	1991, 421	CR 1989, 391
1991, 1251	1991, 667			
1992, 632	1992, 153			jur-pc 1991, 1352
				jur-pc 1992, 1631
1993, 452	1992, 544	1992, 1126		jur-pc 1992, 1710
1993, 54	1993, 208			RDV 1993, 28; jur-pc 1992, 1831
				NJW-RR 1995, 245; WiB 1995, 35; RIW-AWD 1994, 970
	1988, 130		1990, 521	BB 1988, 1693; iur 1988, 247
	1989, 803			
	1989, 107			
	1989, 692		1990, 159	
1977, 674				

Literaturverzeichnis

Abbott, Howard: Software Reliability and Safety, Product Liability International 1986, March, S. 38–40

Abel, Ralf Bernd: Fehlerhafte Software – Rechtslage und Konsequenzen für die Vertragspraxis, RDV 1987, S. 212–219

Adams, Michael: Ökonomische Analyse der Gefährdungs- und Verschuldenshaftung, Heidelberg 1985

Altenkrüger, Doris Elke: Wissensdarstellung für Expertensysteme, Mannheim/Wien/Zürich 1987

Amann, Esther; Atzmüller, Hugo: IT-Sicherheit – was ist das?, DuD 1992, S. 286–292

Ancôt, Jürgen: Sächsisches Datenschutzgesetz, Stuttgart et al. 1993

Anderle, Christoph: Der Haftungsumfang des harmonisierten Produkthaftungsrechts, Heidelberg 1990

Andréewitch, Markus: Zur Anwendbarkeit des Produkthaftungsgesetzes für Softwarefehler, EDV & Recht 1990, S. 50

Ann, Christoph: Die Produkthaftung des Lizenzgebers, Köln 1991

Arbeitskreis ›Software-Schutz‹ der Gesellschaft für Informatik e.V.: Der rechtliche Schutz von Software: Aktuelle Fragen und Probleme, Informatik-Spektrum 1992, S. 89–100

Arens, Peter: Zur Beweislastproblematik im heutigen deutschen Produkthaftungsprozeß, ZZP 1991, S. 123–135

Asam, Robert; Drenkard, Norbert; Maier, Hans-Heinz: Qualitätsprüfung von Software-Produkten, München 1986

Asbeck-Schröder, Cornelia: Der »Stand der Technik« als Rechtsbegriff im Umweltschutzrecht, DÖV 1992, S. 252–257

Assmann, Heinz Dieter: Grundfälle zum Vertrag mit Schutzwirkung für Dritte, JuS 1986, S. 885–891

– Rechtsfragen des Kausalitätsnachweises für Umweltschäden, in: *Fritz Nicklisch* (Hrsg.), Prävention im Umweltrecht, Heidelberg 1988, S. 155–178

– Rechtsfragen des prognostischen und nachträglichen Kausalitätsnachweises bei Prävention und Geltendmachung gen- und biotechnologisch verursachter Schäden, in: *Fritz Nicklisch; Gotthard Schettler* (Hrsg.), Regelungsprobleme der Gen- und Biotechnologie sowie der Humangenetik, Heidelberg 1990, S. 49–78

– Der Inhalt des Schadensersatzanspruchs fehlerhaft informierter Kapitalanleger, in: *Dieter Medicus; Hans-Joachim Mertens* (Hrsg.), Festschrift für *Hermann Lange*, Stuttgart 1992, S. 345–372

Astheimer, Sabine: Haftung für Software-Fehler, PHI 1986, S. 56–59

Augat, Arnim: Staatliche Verstöße gegen das Bundesdatenschutzgesetz (BDSG) und Ansprüche des Betroffenen aus dem neuen Staatshaftungsgesetz (StHG), DuD 1982, S. 75–77

Auernhammer, Herbert: Das Bundesdatenschutzgesetz, BB 1977, S. 205–211

– Bundesdatenschutzgesetz, Kommentar, 3.Aufl., Köln et al. 1993 (1.Aufl. Köln et al. 1977)
Bachofer, Thomas: Der OEM-Vertrag, CR 1988, S.1–10
Badura, Bernhard: Soziale Risiken und Techniken ihrer Absicherung, in: *Deutscher Sozialrechtsverband* (Hrsg.), Übergreifende soziale Risiken – übergreifender sozialer Schutz, Wiesbaden 1990, S. S.11–26
Balzert, Helmut: Die Entwicklung von Software-Systemen – Prinzipien, Methoden, Sprachen, Werkzeuge, Mannheim/Wien/Zürich 1982
Bar, Christian von: Verkehrspflichten – Richterliche Gefahrensteuerungsgebote im deutschen Deliktsrecht, Köln/Berlin/Bonn/München 1980
– Entwicklungen und Entwicklungstendenzen im Recht der Verkehrs(sicherungs)pflichten, JuS 1988, S.169–174
– Neues Haftungsrecht durch Europäisches Gemeinschaftsrecht, in: *Dieter Medicus; Hans-Joachim Mertens* (Hrsg.), Festschrift für *Hermann Lange*, Stuttgart 1992, S.373–395
Barth, Gerhard: Allgemeinwissen als zentrale Herausforderung, Computer Magazin 17(1988)9, S.44
Barth, Gerhard u.a.: Künstliche Intelligenz – Perspektive einer wissenschaftlichen Disziplin und Realisierungsmöglichkeiten, Informatik-Spektrum 14(1991)4, S.201–206
Bartl, Harald: Hardware, Software und Allgemeine Geschäftsbedingungen, CuR 1985, S.13–22
– Rechtliche Problematik der Softwareverträge, BB 1988, S.2122–2126
– Produkthaftung nach neuem EG-Recht, Landsberg/Lech 1989
Bartsch, Michael: Weitergabeverbote in AGB-Verträgen zur Überlassung von Standardsoftware, in: *Wolfgang Kilian; Peter Gorny* (Hrsg.), Schutz von Computer-Software, Darmstadt 1987, S.97–108
– Weitergabeverbote in AGB-Verträgen zur Überlassung von Standard-Software, CR 1987, S.8–13
– Anmerkung zu *OLG Stuttgart* CR 1989, 692, CR 1989, S.694
– Softwareüberlassung – was ist das?, CR 1992, S.393–397
– Anmerkung zu *BGH* CR 1993, 203, CR 1993, S.422–424
Bauer, Axel: Produkthaftung für Software nach geltendem und künftigem deutschen Recht, PHI 1989, S.38–48 und 98–108
Bauer, Axel; Lichtner, Rolf: Computertechnologie im Anwaltsbüro, München 1988
Baumgärtel, Gottfried: Die Beweislastverteilung bei der Produzentenhaftung, JA 1984, S.660–669
– Zur Frage der Beweislastumkehr hinsichtlich des Verschuldens des Produzenten bei der Herstellung von Speisen in einem Kleinbetrieb, JR 1992, S.504
– Die beweisrechtlichen Auswirkungen der vorgeschlagenen EG-Richtlinie auf die Arzthaftung und das Baurecht, JZ 1992, S.321–325
Baums, Theodor: Die Einführung der Gefährdungshaftung durch F.C. von Savigny, SavZ/Germ. Abt. 104(1987), S.277–282
Becher, G.; Böttcher, H.; Funck, R.; Hartje, V.; Sprenger, R. U.; Weibert, W.: Regulierung und Innovation. Der Einfluß wirtschafts- und gesellschaftspolitischer Rahmenbedingungen auf das Innovationsverhalten von Unternehmen, München 1990
Bechmann, Gotthard: Risiko als Schlüsselkategorie der Gesellschaftstheorie, KritV 1991, S.212- 240
Beck, Ulrich: Risikogesellschaft – Auf dem Weg in eine andere Moderne, Frankfurt/M. 1986
Belli, Fevzi: Modellierung von Software-Fehlern zur Bestimmung und Optimierung der

Zuverlässigkeit, in: *Peter Gorny; Wolfgang Kilian* (Hrsg.), Computer-Software und Sachmängelhaftung, Stuttgart 1985, S. 68–87

Belli, Fevzi; Bonin, Hinrich: Qualitätsvorgaben im Hinblick auf Softwarefehler, in: *Michael Bartsch; Dietmar J. Hildebrand* (Hrsg.), Der EDV-Sachverständige, Stuttgart 1987, S. 172–198

Belli, Fevzi; Bonin, Hinrich E.G.: Qualitätsvorgaben im Hinblick auf Softwarefehler, CR 1987, S. 46–57

Berg, Wilfried: Zum Wettlauf zwischen Recht und Technik, JZ 1985, S. 401–407

Berger-Delhey, Ulf: Presse und Produkthaftung, BB 1990, S. 1501–1504

Bergmann, Lutz; Möhrle, Roland; Herb, Armin: Datenschutzrecht, Loseblattsammlung, Stuttgart et al., Stand: März 1994

Betten, Jürgen: Zum Rechtsschutz von Computerprogrammen, Mitt. 1983, S. 62–70

– Anmerkung zu *BGH* GRUR 1985, 1055, GRUR 1985, S. 1057–1058

– Anmerkung zu *BGH* GRUR 1991, 449, GRUR 1991, S. 453–455

Birke, Albrecht: Das neue spanische Konsumenten-Schutzgesetz, PHI 1985, S. 8–14

Birnbaum, L.N.: Strict products liability and computer software, Computer/Law Journal 1988, S. 135–156

Birkmann, Andreas: Kausalitätsnachweis und Beweislastumkehr – das »Limonadenflaschen-Urteil« des Bundesgerichtshofes, mit Blick auf die Haftung von Kfz-Herstellern und Kfz-Reparaturbetrieben, DAR 1989, S. 281–284

Bläsius, K.H.; Siekmann, J.H.: Computergestützte Frühwarn- und Entscheidungssysteme, Informatik-Spektrum 1987/10, S. 24–39

Blaschczok, Andreas: Gefährdungshaftung und Risikozuweisung, Köln et al. 1993

Bleckmann, Albert: Europarecht, 5. Aufl., Köln et al. 1990

Beutler, Bengt; Bieber, Roland; Pipkorn, Jörn; Streil, Jochen: Die Europäische Union – Rechtsordnung und Politik, 4. Aufl., Baden-Baden 1993

Bleimann, Udo; Dippel, Dieter; Turetschek, Günter; Wente, Klaus W.: Betriebsinformatik, München/Wien 1989

Bodenschatz, Werner; Fichna, Gudrun; Voth, Dietrich: Produkthaftung, 3. Aufl., Frankfurt/M. 1988

Boehm et al.: Characteristics of Software Quality, Amsterdam 1978

Böhmeke-Tillmann, Jan: Konstruktions- und Instruktionsfehler – Haftung für Entwicklungsrisiken?, Diss. Marburg 1992

Bömer, Roland: Risikozuweisung für unvermeidbare Softwarefehler, CR 1989, S. 361–367

– Die Pflichten im Computer-Software-Vertrag: Darstellung der Besonderheiten im Verhältnis zu den Vertragstypen des allgemeinen Zivilrechts, München 1988

Bohlig, Manfred: Warenzeichen – Eine alternative Schutzmöglichkeit für Computerprogramme?, CR 1986, S. 126–130

Bons, Heinz: Fehler und Fehlervoraussetzungen, in: *Peter Gorny; Wolfgang Kilian* (Hrsg.), Computer-Software und Sachmängelhaftung, Stuttgart 1985, S. 35–45

Borking, John J.: Risico's voortvloeiend uit produktaansprakelijkheid voor programmatuurmakers, Informatie 1987, S. 928–935

Borking, John J.: Produktaansprakelijkheid voor Software, in: *Computer/Law Institute* (Hrsg.), Produktenaansprakelijkheid voor Software en Informatie: een Bedreiging?, Amsterdam 1988, S. 9–27

Bormann, Friedrich W.; Bormann, Michael: Rechtsnatur und Rechtsschutz der Software, DB 1991, S. 2641–2649

Bornmüller, Gerd: Rechtsschutz für DV-Programme, Hamburg 1986

Bothe, Michael; Kilian, Wolfgang: Rechtsfragen grenzüberschreitender Datenflüsse, Köln 1992

Bown, Christopher M.: Liability for defective software in the United Kingdom, Software Protection, Juni 1986, S. 12

Brand, Gerhard; Woltz, Jürgen: Konsequenzen der Produkthaftung, Wirtschaftsrecht 4/1989, S. I–IV

Brand, Peter-Andreas: Die Novellierung des Bundesdatenschutzgesetzes, CR 1988, S. 360–363

Brandi-Dohrn, Matthias: Gewährleistung bei Hard- und Softwaremängeln, München 1988

– Gewährleistung beim EDV-Einsatz, DStWR 1990, S. 156–160

– Anmerkung zu *BGH* CR 1991, 86, CR 1991, S. 89–90

– Anmerkung zu *BGH* CR 1991, 467, CR 1991, S. 468–469

– Softwareschutz nach dem neuen deutschen Urheberrechtsgesetz, BB 1994, S. 658–662

Brannigan, Vincent M.; Dayhoff, Ruth E.: Liability for personal injuries caused by defective medical computer programs, American Journal of Law & Medicine 1981, S. 123–144

Branstadt, Martha; Powell, Patricia: Software Engineering Project Standards, IEEE Trans. on Software Engineering, 10(1984)1, S. 73–78

Braun, Bernd: Überlassung von Computerprogrammen an den Anwender als Werkvertrag, BB 1992, S. 154–158

Brechmann, Winfried: Die richtlinienkonforme Auslegung, München 1994

Breidenbach, Stephan: Computersoftware in der Zwangsvollstreckung, CR 1989, S. 873–880, 971–975, 1074–1077

Breuer, Rüdiger: Gefahrenabwehr und Risikovorsorge im Atomrecht, DVBl. 1978, S. 829–839

Brinkmann, Werner: Anmerkung zu *BGH* DB 1980, 775, DB 1980, S. 777–778

Brüggemeier, Gert: Produzentenhaftung nach § 823 Abs. 1 BGB: Bestandsaufnahme und Perspektiven weiterer judizieller Rechtsentwicklung, WM 1982, 1294–1309

– Die vertragsrechtliche Haftung für fehlerhafte Produkte und der deliktsrechtliche Eigentumsschutz nach § 823 Abs. 1 BGB, VersR 1983, S. 501–511

– Deliktsrecht, Baden-Baden 1986

– Produkthaftung und Produktsicherheit, ZHR 152 (1988), S. 511–536

– Anmerkung zu *BGH* EWiR § 823 BGB 1/90, 357

– Organisationshaftung, AcP 91(1991), S. 33–68

– Anmerkung zu *OLG Frankfurt* ZIP 1991, 375 (Milupa), ZIP 1991, S. 379–380

– Zur Beweislastumkehr, zum Verschuldensnachweis und zur Arbeitnehmeraußenhaftung bei der Produkthaftung, ZIP 1992, S. 415–417

– Anmerkung zu *BGH* ZIP 1992, 410, ZIP 1992, S. 415–417

– Der Vorschlag einer EG-Richtlinie über die Haftung bei Dienstleistungen im Lichte des deutschen und schweizerischen Schuldrechts, ZSR 1993, S. 419–435

– Anmerkung zu *BGH* JZ 1994, 574, JZ 1994, S. 578–560

Brüggemeier, Gert; Reich, Norbert: Die EG-Produkthaftungsrichtlinie 1985 und ihr Verhältnis zur Produzentenhaftung nach § 823 Abs. 1 BGB, WM 1986, S. 149–155

Brüning gen. Brinkmann, Töns: Die EG-Produkthaftpflichtrichtlinie –Neue Risiken für den Hersteller?, PHI 1986, S. 78–81

Brunnstein, Klaus: Computerviren und andere bösartige Software – Tschernobyl der Informationstechnik?, CR 1993, S. 456–462

Bucher, Eugen (Hrsg.): Wiener Kaufrecht, Bern 1991

Buchmüller, Hans-Jürgen: Urheberrecht und Computersoftware, Münster 1986

Buchner, Herbert: Neuorientierung des Produkthaftungsrechtes?, Auswirkungen der EG-Richtlinie auf das deutsche Recht, DB 1988, S. 32–37

Büchner, Lutz Michael: Die Produkt-(Produzenten-)Haftung im europäischen Ver-

gleich unter Berücksichtigung der Haftung der Deutschen Bundespost Telekom, Archiv für Post und Telekommunikation 1992, S. 103–112
Büllesbach, Alfred: Informationsverarbeitungssicherheit, Datenschutz und Qualitätsmanagement, RDV 1995, S. 1–6
Bull, Hans Peter: Ziele und Mittel des Datenschutzes, Königstein/Ts. 1981
Bullinger, Martin: Verfassungsrechtliche Aspekte der Haftung, in: *Hans Claudius Ficker; Detlef König; Karl F. Kreuzer; Hans G. Leser; Wolfgang Frhr. Marschall von Bieberstein; Peter Schlechtriem* (Hrsg.), Festschrift für Ernst von Caemmerer zum 70. Geburtstag, Tübingen 1978, S. 297–312
Bund, Elmar: Einführung in die Rechtsinformatik, Berlin et al. 1991
Burkert, Herbert: Ethik der Informationsverarbeitung, in: *A. Schulz* (Hrsg.), Die Zukunft der Informationssysteme – Lehren der 80er Jahre, Berlin 1986, S. 654–669
Busch, Jost-Dietrich: Anmerkung zu *BVerfGE* 65, 1, DVBl. 1984, S. 385–389
Caemmerer, Ernst von: Wandlungen des Deliktsrechts, in: *Ernst von Caemmerer; Ernst Friesenhahn; Richard Lange* (Hrsg.), Hundert Jahre deutsches Rechtsleben, Festschrift zum hundertjährigen Bestehen des Deutschen Juristentages, Bd. II, Karlsruhe 1960, S. 49–136
– Das Problem des Drittschadensersatzes, ZHR 127 (1964/65), S. 241-279
– Reform der Gefährdungshaftung, Berlin 1971
– Das Verschuldensprinzip in rechtsvergleichender Sicht, RabelsZ 1978, S. 5
Caemmerer, Ernst von; Schlechtriem, Peter: Kommentar zum Einheitlichen UN-Kaufrecht, hrsg. von *Peter Schlechtriem*, München 1990 (zitiert: *Schlechtriem/Herber* Art. 1 CISG Rn. *)
Cahn, Andreas:, Das neue Produkthaftungsgesetz – ein Fortschritt?, ZIP 1990, S. 482–488
– Herstellerhaftung – Warnpflicht bei naheliegendem Fehlgebrauch, Beweislast bei Instruktionsfehlern, EWiR 1992, S. 35–36
Calabresi, Guido: The Costs of Accidents, 2. Auflage, New Haven/London 1972
Canaris, Claus-Wilhelm: Die Produzentenhaftung in dogmatischer und rechtspolitischer Sicht, JZ 1968, S. 494–507
– Schutzgesetze – Verkehrspflichten – Schutzpflichten, in: *Claus-Wilhelm Canaris; Uwe Diederichsen* (Hrsg.), Festschrift für *Karl Larenz*, München 1983, S. 27–110
– Die Gefährdungshaftung im Lichte der neueren Rechtsentwicklung, JBl 1995, S. 2–17
Cannataci, Joseph A.: Law, Liability and Expert Systems, AI & Society (1989)3, S. 169–183
Cansier, Dieter: Gefahrenabwehr und Risikovorsorge im Umweltschutz und der Spielraum für ökonomische Instrumente, NVwZ 1994, S. 642–647
Capurro, Rafael: Ethik und Informatik – Die Herausforderung der Informatik für die praktische Philosophie, Informatik-Spektrum 1990, S. 311–320
– Zur Computerethik: ethische Fragen der Informationsgesellschaft, in: *Hans Lenk; Günter Ropohl* (Hrsg.), Technik und Ethik, Stuttgart 1987, S. 259–273
Ceruzzi, P.: Beyond the Limits – Flight Enters the Computer Age, Cambridge (Mass.) 1989
Chow: Software Quality Assurance, Silver Spring 1985
Clarke, Roger: Legal Aspects of Knowledge-Based Technology, MS., Bern 1987
– Legal Liabilities Arising from Knowledge-Based Technology, MS., Bern 1987
– Who is liable for software errors?, The computer law and security report 1989/90(5/6), S. 28–32
Clemens, Rudolf: Die elektronische Willenserklärung – Chancen und Gefahren, NJW 1985, S. 1998–2005
Cole, George S.: Tort Liability for Artificial Intelligence and Expert Systems, Computer/Law Journal 1990, S. 127–231

Collins, John; Knight, Peter: Computer contracts – recent developments in the legal liability of vendors, Computer law & practice (1991)1/2, S. 121–133
Cosack, Tilman: Die Gefährdungshaftung im Vordringen – Hintergründe und Entwicklungslinien der aktuellen Tendenz im deliktischen Haftungsrecht, VersR 1992, S. 1439–1444
Coy, Wolfgang; Bonsiepen, Lena: Erfahrung und Berechnung – Kritik der Expertensystemtechnik, Berlin et al. 1989
Curth, Michael A.: Dokumentation, in: *Peter Mertens* (Hrsg.), Lexikon der Wirtschaftsinformatik, Berlin et al. 1987, S. 131–133
Czerwenka, G. Beate: Rechtsanwendungsprobleme im internationalen Kaufrecht, Berlin 1988
Dänzer-Vanotti, Wolfgang: Methodenstreit um die den EG-Richtlinien konforme Auslegung, DB 1994, S. 1052–1055
Damm, Reinhard: Gentechnologie und Haftungsrecht, JZ 1989, S. 561–568
– Gentechnikhaftungsrecht, ZRP 1989, S. 463–470
– Entwicklungstendenzen der Expertenhaftung, JZ 1991, S. 373–385
– Gentechnikhaftungsrecht – Das Haftungskonzept des Gentechnikgesetzes, in: *Jürgen Simon* (Hrsg.), Recht der Biotechnologie, Baden-Baden 1992, Loseblatt – A2-Haftung
Damm, Reinhard; Hart, Dieter: Rechtliche Regulierung riskanter Technologien, KritV 1987, S. 183–216
Däubler, Wolfgang: Haftung für gefährliche Technologien. Das Beispiel Atomrecht, Heidelberg 1988
Dauses, Manfred A.: Das Vorabentscheidungsverfahren nach Artikel 177 EG-Vertrag, 2. Aufl., München 1995
Dauses, Manfred A. (Hrsg.): Handbuch des EG-Wirtschaftsrechts, Loseblattwerk, München, Stand: 1995 (zitiert: *Verf.*-Hdb. EG-WirtschaftsR)
Davies, Clive: An introduction to product liability in the computer industry, Computer Law & Practice 1993, S. 99–103
Deindl, Alexander: DOS-Aufruf verursacht erste Schäden – Checkdisk /F-Befehl von MS-DOS kann die Festplatte kaputtmachen, Computerwoche 11 vom 12. März 1993, S. 13
Desilets, R.B.: Software vendors' exposure to products liability for computer viruses, Computer/law journal 1989, S. 509–526
Deubner, Karl G.: Anmerkung zu *BGH* NJW 1985, 1390, NJW 1985, S. 1392
Deutsch, Erwin: Anmerkung zu *BGH* JZ 1969, 387, JZ 1969, S. 391–393
– Zurechnung und Haftung im zivilen Deliktsrecht, in: Festschrift für *Richard M. Honig*, Göttingen 1970, S. 33–52
– Haftungsrecht, Erster Band: Allgemeine Lehren, Köln/Berlin/Bonn/München 1976 (zitiert: Haftungsrecht I)
– Die neuere Entwicklung der Rechtsprechung zum Haftungsrecht, JZ 1984, S. 308–316
– Rechtsprobleme von AIDS: HIV-Test – Infektion – Behandlung –Versicherung, VersR 1988, S. 533–540
– Der Zurechnungsgrund der Produzentenhaftung, VersR 1988, S. 1197–1201
– Der Schutzbereich der Produzentenhaftung nach dem BGB und dem PHG, JZ 1989, S. 465–470
– Einheitliche Dienstleistungshaftung in Europa, ZRP 1990, S. 454-455
– Haftung und Rechtsschutz im Gentechnikrecht, VersR 1990, S. 1041–1048
– Die neuere Entwicklung der Rechtsprechung zum Haftungsrecht, JZ 1990, S. 733–741
– Deutschland: Produzentenhaftung im Gentechnikrecht, PHI 1991, S. 75–83
– Die neue Entscheidung des BGH zur AIDS-Haftung, NJW 1991, S. 1937–1938

– Produkt- und Arzneimittelhaftung im Gentechnikrecht, in: *Bernhard Pfister; Michael R. Will* (Hrsg.), Festschrift für *Werner Lorenz* zum siebzigsten Geburtstag, Tübingen 1991, S. 65–79
– Haftung und Rechtsschutz im Gentechnikgesetz, in: *Rüdiger Breuer; Michael Kloepfer; Peter Marburger; Meinhard Schröder* (Hrsg.), Umwelt- und Technikrecht, Bd. 14, Düsseldorf 1991, S. 115–135
– Fallgruppen der Produkthaftung: gelöste und ungelöste Probleme, VersR 1992, S. 521–527
– Das neue System der Gefährdungshaftung: Gefährdungshaftung, erweiterte Gefährdungshaftung und Kausal-Vermutungshaftung, NJW 1992, S. 73–77
Deutsch, M.: Software Verification and Validation, Englewood Cliffs 1984
Deutsche Gesellschaft für Qualitätssicherung: Software-Qualitätssicherung, Frankfurt 1986
Di Fabio, Udo: Entscheidungsprobleme der Risikoverwaltung, NuR 1991, S. 353–359
– Risikoentscheidungen im Rechtsstaat, Tübingen 1994
Diederichsen, Uwe: Die Haftung des Warenherstellers, München 1967
– Anmerkung zu *BGH* NJW 1969, 269, NJW 1969, S. 269–271
– Produzentenhaftung bei Mängeln am Kraftfahrzeug, DAR 1976, S. 312–319
– Wohin treibt die Produzentenhaftung?, NJW 1978, S. 1281–1291
– Die Entwicklung der Produzentenhaftung, VersR 1984, S. 797–799
– Die Verantwortlichkeit für Altlasten im Zivilrecht, BB 1986, S. 1723–1731
– Zur Dogmatik der Produkthaftung, in: *Arbeitsgemeinschaft der Verkehrsrechtsanwälte des DAV* (Hrsg.), Probleme der Produzentenhaftung unter besonderer Berücksichtigung des Straßenverkehrs, Essen 1988, S. 9–32
– Verhandlungen des 56. DJT, Band II 1986, S. L 50–51
– BR Deutschland: Industriegefährdung durch Umweltgefährdungshaftung, PHI 1990, S. 78–95
Diedrich, Frank: Anwendbarkeit des Wiener Kaufrechts auf Softwareüberlassungsverträge, RIW 1993, S. 441–452
Dietrich, Martin: Produktbeobachtungspflicht und Schadenverhütungspflicht des Produzenten, Frankfurt/M. et al. 1994
DIN Deutsches Institut für Normung e.V. (Hrsg): DIN ISO 9000 Teil 3: Leitfaden für die Anwendung von ISO 9001 auf die Entwicklung, Lieferung und Wartung von Software, Berlin 1992
Dörner, Heinrich: Gewährleistung für Softwaremängel, Jura 1993, S. 578–582
Dörner, Heinrich; Jersch, Ralf: Die Rechtsnatur der Software-Überlassungsverträge, IuR 1988, S. 137–147
Dommering-van Rongen, Loes: Produktenaansprakelijkheid en software, Computerrecht 1988, S. 227–232
– Aansprakelijkheid voor gevaar opleverende informatieprodukten, NJB 1990, S. 1103–1108
– Produktenaansprakelijkheid – Een nieuwe Europese privaatrechtelijke regeling vergeleken met de produktenaansprakelijkheid in de Verenigde Staten, Deventer 1991
Dreher, Meinrad: Die Versicherung als Rechtsprodukt, Tübingen 1991
Dressler, Klaus: Fataler Ausgang programmiert, highTech 12/1990, S. 96–97
Dürr, Hermann; Schubert, Reinhard: Schmerzensgeld bei Gefährdungshaftung, ZRP 1975, S. 225–231
Dworatschek, Sebastian: Grundlagen der Datenverarbeitung, 9. Aufl., Berlin 1989
Eberstein, Hans-Hermann; Braunewell, Markus: Einführung in die Grundlagen der Produkthaftung, Heidelberg 1991

Egloff, Willi: Information und Grundrechte, DVR 1978, S. 115–150

Ehmann, Horst: Informationsschutz und Informationsverkehr im Zivilrecht, AcP 188(1988), S. 230–380

Ehrich, Hermann; Kirchner, Roland: Bundesdatenschutzgesetz und Landesdatenschutzgesetze, DuD 1979, S. 84–89

Ehricke, Ulrich: Gewährleistung und Haftung für fehlerhafte Computerprogramme im englischen Recht, CR 1990, S. 451–456

Eickmeier, Lars; Eickmeier, Jens: Verkauf von Standardsoftware mit Installationspflichten, CR 1993, S. 73–80

Ekker, Eric: Stellungnahme, *Computer/Law Institute* (Hrsg.), Produktenaansprakelijkheid voor Software en Informatie: een Bedreiging?, Amsterdam 1988, S. 31–55, auch in: Computerrecht 1989, S. 27–32

Ellenberger, Martin H.: Anmerkung zu *BGH* ZIP 1981, 868, ZIP 1981, S. 870–872

Ellenberger, Martin H.; Müller, Claus-Dieter: Zweckmäßige Gestaltung von Hardware-, Software- und Projektverträgen, 2. Aufl., Köln 1984

Emmerich, Torsten: Rechtsschutz für Standardsoftware, Ammersbek 1991

– Anmerkung zu *BGH* NJW 1988, 2611, JuS 1989, S. 142–143

– Anmerkung zu *BGH* NJW 1990, 906, JuS 1990, S. 413–414

– Anmerkung zu *BGH* NJW 1992, 1039, JuS 1992, S. 608–609

– Anmerkung zu *BGH* NJW 1992, 560, JuS 1992, S. 520–521

Endler, Maximilian; Daub, Jan: Internationale Softwareüberlassung und UN-Kaufrecht, CR 1993, S. 601–606

Endres, Alfred: Allokationswirkungen des Haftungsrechts, Jahrbuch für Sozialwissenschaften 40(1989), S. 115–129

Enborg, Kenneth D.; Treadway, Anne E.: Liability for Defects in Computer Software, Journal of Urban Law 1975, S. 279–303

Engel, Friedrich-Wilhelm: Mängelansprüche bei Software-Verträgen, BB 1985, S. 1159–1165

– Produzentenhaftung für Software, CuR 1986, S. 702–708

Enquête-Kommission »Einschätzung und Bewertung von Technikfolgen; Gestaltung von Rahmenbedingungen der technischen Entwicklung«: ›Chancen und Risiken des Einsatzes von Expertensystemen in Produktion und Medizin‹, BT-Drs. 11/7990

Epple, Gerald: Der Einsatz von EDV und die ärztliche Haftung, Frankfurt/M. et al. 1994

Erdmann, Willi; Bornkamm, Joachim: Schutz von Computerprogrammen, GRUR 1991, S. 877–880

Esser, Josef: Grundlagen und Entwicklung der Gefährdungshaftung, München 1941 (2. Aufl. 1969)

– Die Zweispurigkeit unseres Haftpflichtrechts, JZ 1953, S. 129–134

Esser, Josef; Schmidt, Eike: Schuldrecht, Band 1, 6. Aufl., Heidelberg 1984 (7. Aufl., Heidelberg 1992)

Etter, Eberhard: Anmerkung zu *LG Verden* CuR 1986, 29, CuR 1986, S. 30

Evers, Adalbert; Nowatny, Helga: Über den Umgang mit Unsicherheit, Frankfurt/M. 1987

Fabarius, Maria-Elisabeth: Äußere und innere Sorgfalt, Köln/Berlin/Bonn/München 1991

Fagnart, Jean-Luc: La directive du 25 juillet 1985 sur la responsabilité du fait des produits, Cahiers de droit Europeen 1987, S. 1–68

Fahrenhorst, Irene: Beweislast im Arzthaftungsprozeß, ZRP 1992, S. 60–63

– Instruktionspflicht des Herstellers eines Kindertees – BGHZ 116, 60, JuS 1994, S. 288–294

Fakes, Arthur: The Application of the United Nations Convention on Contracts for the International Sale of Goods to Computer, Software and Database Transactions, Software Law Journal 1990, S. 559–614

Feldhahn, Michael: Die Anwendung des Leasing-Erlasses bei der Überlassung von Software, DStR 1985, S. 336–338

Feldhaus, Gerhard: Stand der Technik – Norm und Wirklichkeit, in: *Gesellschaft für Umweltrecht e.V.* (Hrsg.), Dokumentation zum Kolloquium Technik als Rechtsquelle, Berlin 1980, S. 7

Fellmann, Walter; von Büren-von Moos, Gabrielle: Grundriss der Produktehaftpflicht, Bern 1993

Fichna, Gudrun: EG-Kommission und Ministerrat als Gesetzgeber?, RIW 1988, S. 887–892

Fichna, Gudrun; Voth, Dietrich; Bodenschatz, Werner: Produkthaftung, 3. Aufl., Frankfurt/M. 1988

Ficker, Hans Claudius: Die Schadenersatzpflicht des Verkäufers und seiner Vormänner bei Sachmängeln in der französischen Rechtsprechung, Frankfurt/M. 1962

– Produktenhaftung als Gefährdungshaftung?, in: *Hans Claudius Ficker; Detlef König; Karl F. Kreuzer; Hans G. Leser; Wolfgang Frhr. Marschall von Bieberstein; Peter Schlechtriem* (Hrsg.), Festschrift für *Ernst von Caemmerer* zum 70. Geburtstag, Tübingen 1978, S. 343–358

Fiedler, Herbert; Haft, Fritjof; Traunmüller, Roland (Hrsg.): Expert-Systems in Law – Impacts on Legal Theory and Computer Law, Tübingen 1988

Finsinger, Jörg; Simon, Jürgen: Eine ökonomische Bewertung der EG-Produkthaftungsrichtlinie, des Produkthaftungsgesetzes und der Umwelthaftung, Arbeitsbericht 44 der Universität Lüneburg, 3. revidierte Fassung, Januar 1989

Fischer, Rainer: Falscher Rat kann teuer werden, Börsenblatt für den deutschen Buchhandel 1988, S. 3219–3220

Fischer, Ralph: PC-Expertensysteme, Haar 1989

Fitz, Hanns; Purscheller, Meinhard; Reindl, Peter: Produkthaftung, Wien 1988

Floyd, Christiane: Wo sind die Grenzen des verantwortbaren Computereinsatzes?, Informatik-Spektrum 1985/8, S. 3–6

Foerste, Ulrich: Zur juristischen Akzeptanz und Abgrenzung der »Weiterfresserschäden«, VersR 1989, S. 455–457

– Deliktische Haftung, in: *Friedrich Graf von Westphalen* (Hrsg.), Produkthaftungshandbuch, Bd. 1, 2. Teil, München 1989, S. 263–595 (zitiert: Produkthaftungshandbuch/*Foerste*)

– Das neue Produkthaftungsrecht, JA 1990, S. 177- 183

– Die Produkthaftung für Druckwerke, NJW 1991, S. 1433–1439

– Zur Beweislast bei deliktischer Haftung aufgrund eines von einem Kleinbetrieb hergestellten fehlerhaften Produktes, EWiR 1992, S. 345–346

– Zur Beweisbelastung des Herstellers risikobehafteter Produkte bei Versäumung der Vornahme besonderer Befunderhebungen zur Warensicherheit, JZ 1993, S. 680–682

– Anmerkung zu *BGH* BGH EWiR § 823 BGB 4/92, 345

Fraunhofer-Institut für Arbeitswissenschaft und Organisation (IAO), in: *IAO* (Hrsg.), Abschätzung möglicher Anwendungen und Auswirkungen von Expertensystemen im Produktionsbereich, MS, Stuttgart 1987

Freed, Roy N.: Legal aspects of computer use in medicine, Law & Contemporary Problems 32(1967), 674–706

– Products liability in the computer age, Jurimetrics Journal 1977, S. 270–285

– Legal questions in a computer society, in: *Roy Freed* (Hrsg.), Computers and Law – A reference work, 5. Aufl., Boston 1976, S. 32–35
Freed, Roy N. (Hrsg.): Computers and Law – A reference work, 5. Aufl., Boston 1976
Frey, Norbert; Ebert, Joachim: Entwicklung eines Expertensystems für Umweltrecht, in: *Margret Hälker; Andreas Jaeschke* (Hrsg.), Informatik für den Umweltschutz, Berlin et al. 1991, S. 606–617
Freyer, Helge: Richtlinienspezifische Probleme am Beispiel der Produkthaftung, EuZW 1991, S. 49–54
Friedrich, Klaus: Das Abkommen über den Europäischen Wirtschaftsraum, DB 1994, S. 313–315
Frießem, Paul: Gesicherte Datenverarbeitung – Eigeninteresse oder BDSG-Auflage?, in: *Wolfgang Heimann; Günter Reusch* (Hrsg.), Datensicherheit und Datenschutz, Wiesbaden 1984, S. 85–104
Frietsch, Edwin A.: EG-Richtlinie über Produkthaftung und deren Umsetzung in das deutsche Recht, DIN-Mitteilungen 1987, S. 135–138
– Das Gesetz über die Haftung für fehlerhafte Produkte und seine Konsequenzen für den Hersteller, DB 1990, S. 29–34
– Der europäische Vorschlag einer Haftung für Dienstleistungen, DB 1992, S. 929–936
Fuchs, Maximilian: Arbeitsteilung und Haftung, JZ 1994, S. 533–540
Gaul, Dieter: Rechtliche Zuordnung und Haftung bei Software-Entwicklungen durch Arbeitnehmer, RDV 1991, S. 213–226
Geigel, Reinhart: Der Haftpflichtprozeß – mit Einschluß des materiellen Haftpflichtrechts, hrsg. von *Günter Schlegelmilch*, 21. Aufl., München 1993
Geis, Ivo: Haftungsrisiko bei Software, online 1990, S. 60
– Haftungsrisiken im Datenschutzrecht für Unternehmen, CR 1993, S. 269–273
– Individualrechte in der sich verändernden europäischen Datenschutzlandschaft, CR 1995, S. 171–178
Geisendörfer, Ulrich: Offene Fragen des Richtlinienvorschlages der EG-Kommission zur Haftung bei Dienstleistungen, VersR 1991, S. 1317–1318
Geissler, Bernhard; Pagenberg, Jochen: Der Software-Lizenzvertrag in der Praxis, in: *Michael Lehmann* (Hrsg.), Rechtsschutz und Verwertung von Computerprogrammen, 2. Aufl., Köln 1993, S. 629–699
Gemignani, Michael C.: Product liability and software, Rutgers Computer and Technology Law Journal 1981/8, S. 173–204
Gernhuber, Joachim: Bürgerliches Recht, 3. Aufl., München 1991
Gesellschaft für Rechts- und Verwaltungsinformatik (Hrsg.): Riskante Systeme – Bewertung, Verifikation und Beherrschung der Informationstechnik, Darmstadt 1991
Gesper, Uwe H.: Software als Teil der Konkursmasse, CR 1989, S. 8–13
Gewald, Klaus; Haake, Gisela; Pfadler, Werner: Software-Engineering, 4. Aufl., München 1985
GI-Arbeitskreis Software-Schutz: Der rechtliche Schutz von Software: Aktuelle Fragen und Probleme, Informatik-Spektrum 1992, S. 89–100
Giesen, Dieter: Warenherstellerhaftung ohne Verschulden?, NJW 1968, S. 1401–1408
– Anmerkung zu *BGHZ* 104, 323, JZ 1988, S. 969–971
– Produkthaftung im Umbruch, JZ 1989, S. 517–525
– Zur Annäherung von Arzthaftung und Dienstleistungshaftung in Deutschland und Europa, JR 1991, S. 485–492
– Anmerkung zu *BGH* JZ 1993, 671, JZ 1993, S. 675
Gilb, Tom: Software Metrics, Stockholm/Lund 1976
Gola, Peter: Staatshaftung und Datenverarbeitung, DSWR 1982, S. 27–30

– Neue Entwicklungen bei der Haftung für Datenschutzverletzungen, DuD 1982, S. 259–263

– Zur Entwicklung des Datenschutzrechts im Jahre 1982, NJW 1983, S. 915–923

Gorny, Peter: Fehlerbehaftete Software, in: *Peter Gorny; Wolfgang Kilian* (Hrsg.), Computer-Software und Sachmängelhaftung, Stuttgart 1985, S. 7–18

– Kategorien von Software-Fehlern, CR 1986, S. 673–677

– Schutz von Software – Aspekte der Informatik, in: *Wolfgang Kilian; Peter Gorny* (Hrsg.), Schutz von Computer-Software, Darmstadt 1987, S. 25–3

– Anwendungssysteme und Risiken von Expertensystemen, in: *GRVI* (Hrsg.): Riskante Systeme – Bewertung, Verifikation und Beherrschung der Informationstechnik, Darmstadt 1991, S. 73–84

Gravenreuth, Günter Freiherr von: Computerviren und Haftung des Arbeitnehmers, Sicherheits-Berater, Supplement zu 4/1993, S. 2–8

Gregg, R.E.; Folk, T.R.: Liability for substantive errors in computer software, Computer law reporter 1986, S. 18–26

Greipl, Christian: Schadensvorsorge und »Restrisiko« im Atomrecht, DVBl. 1992, S. 598-601

Greve, Kai: Haftung für Datenverarbeitung: Ansprüche des Betroffenen, Frankfurt/M. 1988

Griese, Joachim: Der Beitrag von ISO 9000 zur Software-Qualitätssicherung, Wirtschaftsinformatik 1993, S. 575–585

Grimm, Dieter: Verfassungsrechtliche Anmerkungen zum Thema Prävention, KritV 1986, S. 38–54

Groß, Michael: Der Lizenzgeber im System der Produzenten- und Produkthaftung, CR 1990, S. 438–444

– Die EG-Richtlinie über den Rechtsschutz von Computerprogrammen und ihre Umsetzung in das deutsche Urheberrechtsgesetz, Mitt. 1993, S. 58–71

Großfeld, Bernhard: Computer und Recht, JZ 1984, S. 696–699

Grunewald, Barbara: Aufklärungspflichten ohne Grenzen?, AcP 1990, S. 609–623

– Die Haftung von Organmitgliedern nach Deliktsrecht, ZHR 157 (1993), S. 451–463

Günther, Andreas: Produkthaftung für Software, CR 1993, S. 544–546

Habel, Oliver: Nutzungsrechte an Standardanwenderprogrammen, München 1989

– Know-how in Computerprogrammen, CR 1991, S. 257- 261

Haberstumpf, Helmut: Zur urheberrechtlichen Beurteilung von Programmen für Datenverarbeitungsanlagen, GRUR 1982, S. 142–151

– Grundsätzliches zum Urheberrechtsschutz von Computerprogrammen nach dem Urteil des Bundesgerichtshofes vom 9. Mai 1985, GRUR 1986, S. 222–235

– Anmerkung zu *BGH* NJW 1994, 1216, NJW-CoR 1994, S. 164–165 (= LM § 16 UrhG Nr. 10)

Hackemann, Martin: Die Produzentenhaftung des Software-Herstellers, in: *Peter Gorny; Wolfgang Kilian* (Hrsg.), Computer-Software und Sachmängelhaftung, Stuttgart 1985, S. 191–206

– Fragen des Austauschverhältnisses beim OnlineVertrag, CR 1987, S. 660–671

– Haftung von Recherche- und Informationsvermittlungsdiensten für fehlerhafte Auskünfte, NfD 1988, S. 297–301

Hälker, Margret; Jaeschke, Andreas (Hrsg.): Informatik für den Umweltschutz, Berlin et al. 1991, S. 618–627

Häsemeyer, Ludwig: Das Produkthaftungsgesetz im System des Haftungsrechts, in: *Erik Jayme; Adolf Laufs; Karlheinz Misera; Gert Reinhart; Rolf Serick* (Hrsg.), Festschrift für *Hubert Niederländer* zum 70. Geburtstag, Heidelberg 1991, S. 251-265

Hager, Günter: Zum Schutzbereich der Produzentenhaftung, AcP 184 (1984), 413–438
– Umwelthaftpflicht und Umweltpflichtversicherung III: das Umwelthaftungsgesetz 1991, VersR 1990, S. 9–18
– Umwelthaftung und Produkthaftung, JZ 1990, S. 397–409
– Deutschland: Fehlerbegriff, Entwicklungsrisiko und Produktbeobachtungspflicht bei der Produkthaftung, PHI 1991, S. 2–12
– Das neue Umwelthaftungsgesetz, NJW 1991, S. 134–143
Hall, David A.: Strict liability and computer software: caveat vendor, Computer/Law Journal 1983, S. 373–400
Hansen, Hans-Robert: Wirtschaftsinformatik I, 5., bericht. Aufl., Stuttgart 1987
Harmon, Paul; King, David: Expertensysteme in der Praxis, München/Wien 1986
Harrer, Friedrich: Deliktische Haftung für Schäden an der Sache bei *«weiterfressenden«* Mängeln, Jura 1984, S. 80–88
Hart, Dieter: Sozialschutzbezogene Normbildungsprozesse bei Risikoentscheidungen im Vertragsrecht, KritV 1991, S. 363–377
Harte-Bavendamm, Henning: Wettbewerbsrechtliche Aspekte des Reverse Engineering von Computerprogrammen, GRUR 1990, S. 657–664
Hauschka, Christoph E.: Die vorbeugende Organisations- und Produktbeobachtungspflichten des Herstellers in rechtlicher und unternehmerischer Sicht, AG 1988, S. 29–40
Hausen, Hans-Ludwig: SCOPE – Analyse und Zertifizierung von Software in Europa, GMD-Spiegel 1990/3, S. 48–51
Hausen, Hans-Ludwig; Rae, Andrew K.; Robert, Philippe: Software Assessment for Certification, o.O. 1992
Hauter, Erich: Anmerkung zu *BFH* CR 1987, 576, CR 1987, S. 580–581
Havemann: The EC Directive on product liability: its background, aims and system, in: *Hulsebek/Campbell* (Hrsg.), Product liability: prevention, practice and process in Europe and the United States, Deventer 1989, S. 18
Heck, Hans-Joachim: Produkthaftung, Stuttgart/München/Hannover 1990
Heesch, Peter Cornelis: Privatrechtliche Haftung für fehlerhafte Information, Münster 1982
Heinemann, Klaus: Auf dem Weg zur europäischen Dienstleistungshaftung, ZIP 1991, S. 1193–1204
Heinrich, Lutz J.; Lehner, Franz; Roithmayr, Friedrich: Informations-und Kommunikationstechnik, München/Wien 1988
Heisel, Maritta; Weber-Wulff, Debora: Informatik – Forschung und Entwicklung 1994, S. 192–200
Hellmann, Kathrin: Produkthaftung und Schutzzwecklehre, Diss. Kiel 1993
Henn, Günter: Patent- und Know-how-Lizenzvertrag, 2. Aufl., Heidelberg 1989
Herber, Rolf: Möglichkeiten der Vertragsgestaltung nach dem VN-Kaufübereinkommen, in: *Eugen Bucher* (Hrsg.), Wiener Kaufrecht, Bern 1991, S. 215–237
Herberger, Maximilian: WINDOWS 3.0 – Eine Gefahr für Festplatten?, jur-pc 1990, S. xlix-liii
– CHKDSK-Gefahren, jur-pc 1993, S. 1966, 1973
– Anmerkung zu *BGH* jur-pc 1993, 2358, jur-pc 1993, S. 2364
Herbig, Jost: Die Gen-Ingenieure – Der Weg in die künstliche Natur, München/Wien 1978
Herrmann, Gerold: Anwendungsbereich des Wiener Kaufrechts – Kollisionsrechtliche Probleme, in: *Eugen Bucher (Hrsg.)*, Wiener Kaufrecht, Bern 1991, S. 83–99
Hertzberg, Christine von: Die Haftung von Börseninformationsdiensten, Heidelberg 1987

Hettich, Richard: Produkthaftung – Haftungsumfang und Risikobegrenzung, 2. Aufl., München 1990

Heussen, Benno: Urheber- und lizenzrechtliche Aspekte bei der Gewährleistung für Computersoftware, GRUR 1987, S. 779–792

– Technische und rechtliche Besonderheiten von Mängeln bei Computerleistungen, CR 1988, S. 894–900 und S. 986–993

– Technischer und wirtschaftlicher Hintergrund bei Verträgen über Computersysteme, in: *Wolfgang Kilian; Benno Heussen* (Hrsg.), Computerrechts-Handbuch, München, Stand: September 1993, Kapitel 10ff. (zitiert: ComHdB-*Heussen*)

– Produkthaftung, in: *Wolfgang Kilian; Benno Heussen* (Hrsg.), Computerrechts-Handbuch, München, Stand: September 1993, Kap. 48 (zitiert: ComHdB-*Heussen*)

Heussner, Hermann: Zur Funktion des Datenschutzes und zur Notwendigkeit bereichsspezifischer Regelungen, in: *Wolfgang Gitter; Werner Thieme; Hans F. Zacher* (Hrsg.), Festschrift für *Georg Wannagat*, Köln et al. 1981, S. 173–200

Heymann, Thomas: Anmerkung zu *BGH* CR 1990, 24, CR 1990, S. 112–113

– Haftung des Softwareimporteurs, CR 1990, S. 176- 179

Hildebrand, Erny: Blindes Vertrauen in »Fly-by-wire« als Unglücksursache?, Computerzeitung (CZ) vom 22. 10. 1992, S. 29

Hippel, Eike von: Verbraucherschutz, 3. Aufl., Tübingen 1986

Hirsch, Günter; Schmidt-Didczuhn, Andrea: Die Haftung für das gentechnische Restrisiko, VersR 1990, S. 1193–1204

Hönig, Hans-Christoph: Die Betriebshaftpflichtversicherung und die Deckung der Produkte-Haftpflichtschäden, VersR 1970, S. 975- 984

Hoeren, Thomas: Der Software-Überlassungsvertrag als Sachkauf – Ansätze zu einer neuen Vertragstypologie im Bereich der Standardsoftware, CR 1988, S. 908–917

– Softwareüberlassung als Sachkauf – Konsequenzen aus dem Urteil des BGH vom November 1987, RDV 1988, S. 115–120

– Softwareüberlassungsvertrag an der Schnittstelle von Urheber- und Vertragsrecht, GRUR 1988, S. 340–349

– Softwareüberlassung als Sachkauf – Ausgewählte Rechtsprobleme des Erwerbs von Standardsoftware, München 1989

– Produkthaftung für Software – Zugleich eine kritische Erwiderung auf Bauer, PHI 89, 38ff und 98ff, PHI 1989, S. 138–144

– Anmerkung zu *BGH* JZ 1990, 236, JZ 1990, S. 239–241

– Anmerkung zu *BGH* NJW 1992, 1039, CR 1992, S. 606

– Buchbesprechung (*Pfaff/Nagel*, Internationale Rechtsgrundlagen für Lizenzverträge im gewerblichen Rechtsschutz, München 1993), CR 1993, S. 659

– Anmerkung zu *BGH* NJW 1994, 1216, CR 1994, S. 279–280

Hofstadter, Douglas Richard: Gödel, Escher, Bach – ein Endloses Geflochtenes Band, Stuttgart 1985

Hofmann, Hasso: Rechtsfragen der atomaren Entsorgung, Stuttgart 1981

Hollmann, Hermann H.: Die EG-Produkthaftungsrichtlinie, DB 1985, S. 2389–2396, 2439–2443

– Zum Stand der Umsetzung der EG-Produkthaftungsrichtlinie, RIW 1988, S. 81–86

– Qualitätssicherungsvereinbarungen, CR 1992, S. 13–18

Holzinger, Ernst: Produkthaftpflicht und Software, EDV & Recht 1988, S. 10

Hommelhoff, Peter: Teilkodifikationen im Privatrecht – Bemerkungen zum Produkthaftungsgesetz –, in: *Manfred Löwisch, Christian Schmidt-Leithoff, Burkhard Schmiedel* (Hrsg.), Beiträge zum Handels- und Wirtschaftsrecht, Festschrift für *Fritz Rittner* zum 70. Geburtstag, München 1991, S. 165–185

Honsell, Heinrich: Produkthaftungsgesetz und allgemeine Deliktsaftung, JuS 1995, S. 211–215
Hontheim, Gangolf: Der Software-Vertrag, NWB 1994, S. 1399–1406
Hoppmann, Hans-Dieter: Neues Produkthaftungsgesetz und herkömmliche Produzentenhaftung, Wiesbaden 1990
– Neues Produkthaftungsgesetz und herkömmliche Produzentenhaftung, in: Rechts- und Wirtschaftspraxis SG 33.1., Stuttgart 1990, S. 427–454
– Urheberrechtsschutz für Computerprogramme – Eine Rechtsprechungsübersicht, RDV 1992, S. 53–62
– Rechtsprechung zur Haftung für Softwaremängel, RDV 1992, S. 209–215
Horkheimer, Max: Zur Kritik der instrumentellen Vernunft (1947), Frankfurt/M. 1985
Hübner, Ulrich: Haftungsprobleme der technischen Kontrolle, NJW 1988, S. 441–452
– Vertrag mit Schutzwirkung für Dritte und Ersatz von Vermögensschäden, VersR 1991, S. 497–500
Hülsen, Hans-Viggo von: Ist die von der EG-Kommission vorgeschlagene Form der strikten Produzentenhaftung eine gute Lösung?, RIW 1977, S. 373–383
– Neue Entwicklung zur Produzentenhaftung in den USA, RIW 1981, S. 1–10
Hümmerich, Klaus; Kniffka, Rolf: Die Entwicklung des Datenschutzrechts im Jahre 1978, NJW 1988, S. 1182–1189
Hufen, Friedhelm: Das Volkszählungsurteil des Bundesverfassungsgerichts und das Grundrecht auf informationelle Selbstbestimmung – eine juristische Antwort auf »1984«?, JZ 1984, S. 1072–1078
Huning, Alois: Der Mensch ist seine Technik – Technik ist menschlich, in: *Alois Huning; Carl Mitcham* (Hrsg.), Technikphilosophie im Zeitalter der Informationstechnik, Braunschweig, Wiesbaden 1986, S. 35–45
Huth, Rainer: Die Bedeutung technischer Normen für die Haftung des Warenherstellers nach § 823 BGB und dem Produkthaftungsgesetz, Frankfurt/M. et al. 1992
Ilzhöfer, Volker: Die Inkassoprogrammentscheidung des Bundesgerichtshofes aus informatik- technischer Sicht, CR 1988, S. 332–339, 423–426
INTEL (Hrsg.): Statistical Analysis Floating Point Flaw in the Pentium Processor, 1994
Jäschke, Hans-Joachim: Die Begriffe Produkt, Fehler und Hersteller im Gefüge der Produkthaftung, Wirtschaftsrecht 1993, S. 53–55
Jandach, Thomas: Juristische Expertensysteme, Berlin et al. 1993
Joerges, Christian; Brüggemeier, Gert: Europäisierung des Vertragsrechts und Haftungsrechts, in: *Peter-Christian Müller-Graff* (Hrsg.), Gemeinsames Privatrecht in der Europäischen Gemeinschaft, Baden-Baden 1993, S. 233–286
Joerges, Christian; Falke, Josef; Micklitz, Hans-Wolfgang; Brüggemeier, Gert: Die Sicherheit von Konsumgütern und die Entwicklung der Europäischen Gemeinschaft, Baden-Baden 1988
Jonas, Hans: Das Prinzip Verantwortung, Frankfurt/M. 1979
Jost, Fritz: Vertragslose Auskunfts- und Beratungshaftung, Baden-Baden 1992
Joyce, Ed: Software Bugs: A Matter of Life and Liability, Datamation 15 May 1987, S. 88–92
Junker, Abbo: Computerrecht, Baden-Baden 1988
– Wettbewerbsrechtlicher Schutz für Computerprogramme, BB 1988, S. 1334–1342
– Ist Software Ware? Die Behandlung von Computerprogrammen im Steuer- und im Bilanzrecht, beim Leasing, im Warenzeichenrecht, im Schuldvertragsrecht und in der Produkthaftung, WM 1988, S. 1217–1221, 1249–1255
– Anmerkung zu *BGH* JZ 1988, 460, JZ 1988, S. 464–466
– Computerrecht: Gewerblicher Rechtsschutz, Mängelhaftung, Arbeitsrecht, JZ 1989, S. 316–324

– Die Entwicklung des Computervertragsrechts in den Jahren 1988 und 1989, NJW 1990, S. 1575–1583
– Die Entwicklung des Computerrechts im Jahre 1990, NJW 1992, S. 1733–1739
– Die Entwicklung des Computerrechts in den Jahren 1991 und 1992, NJW 1993, S. 824–832
– Die Praxis des Bundesgerichtshofs zum Computerrecht 1989–1992, JZ 1993, S. 344–350, 447–453
– Die Entwicklung des Computerrechts in den Jahren 1992 und 1993, NJW 1994, S. 897–905

Kahlen, Herrmann: Anmerkung zu *FG Berlin*, CR 1986, 719, CR 1986, S. 722
– Anmerkung zu *FG Münster*, CR 1987, 174, CR 1987, S. 175

Kamlah, Ruprecht; Schimmel, Wolfgang; Schwan, Egbert: Kommentar zum Bundesdatenschutzgesetz, in: *Wolfgang E. Burhenne; Klaus Perband* (Hrsg.), EDV-Recht, Loseblattsammlung, Berlin 1970ff.

Karollus, Martin: UN-Kaufrecht, Wien/New York 1991

Kaspersen, Henrik: How to advance Computer Security by legal instruments?, in: *Wolfgang Kilian; Andreas Wiebe* (Hrsg.), Data Security in Computer Networks and Legal Problems, Darmstadt 1992, S. 85–93

Katzenmeier, Christian: Vertragliche und deliktische Haftung in ihrem Zusammenspiel – dargestellt am Problem der »weiterfressenden Mängel«, Berlin 1994

Kellam, Jocelyn: Explodierende Glasflaschen – Eine rechtsvergleichende Untersuchung im Rahmen der Produkthaftung – VersR 1991, S. 970–977

Kersten, Heinrich: Neue Aufgabenstellungen des Bundesamtes für Sicherheit in der Informationstechnik, DuD 1992, S. 293–297

Kienzle, Oscar: Die Patentierbarkeit von Computerprogrammen, Berlin 1975

Kilian, Wolfgang: Stichwort: »Gefährdungshaftung«, in: *Axel Görlitz* (Hrsg.), Handlexikon zur Rechtswissenschaft, München 1972, S. 110–114
– Haftung für Softwaremängel, in: *Peter Gorny; Wolfgang Kilian* (Hrsg.), Computer-Software und Sachmängelhaftung, Stuttgart 1985, S. 19–34
– Haftung für Mängel der Computersoftware, Heidelberg 1986
– Vertragsgestaltung und Mängelhaftung bei Computer-Software, CR 1986, S. 187–196
– Rechtsschutz für Software, in: *Wolfgang Kilian; Peter Gorny* (Hrsg.), Schutz von Computer-Software, Darmstadt 1987, S. 11–24
– Liability for Deficient Medical Expert Systems, in: *Stuart E. Savory* (Hrsg.), Expertensysteme: Nutzen für Ihr Unternehmen, 2. Aufl., München/Wien 1989, S. 393–407
– EEC Products Liability Directive and Medical Expert Systems, in: *Henrik Kaspersen; Anja Oskamp* (Hrsg.), Amongst Friends in Computers and Law – A Collection of Essays in Remembrance of *Guy Vandenberghe*, Deventer/Boston 1990, S. 93–103
– Datensicherheit in Computernetzen, CR 1991, S. 73–80
– Rechtsprobleme des grenzüberschreitenden Datenverkehrs, in: *Hans G. Leser; Tamotsu Isomura* (Hrsg.), Wege zum japanischen Recht, Festschrift für *Zentaro Kitagawa*, Berlin 1992, S. 925–947
– Datenverarbeitungsprogramme als Gegenstand des Rechtsverkehrs, in: *Hans-Leo Weyers* (Hrsg.), Datenverarbeitungsprogramme als Gegenstand des Rechtsverkehrs, Baden-Baden 1992, S. 77–107
– Das Unternehmen und die Herausforderungen des Rechts der Informationstechnologie, in: *Helmut Coing u.a.* (Hrsg.), Staat und Unternehmen aus der Sicht des Rechts, Tübingen 1994, S. 349–371
– Juristische Expertensysteme mit Entscheidungshilfecharakter und die Evolution des Rechts, in: *Egbert Nickel; Alexander Roßnagel; Bernhard Schlink* (Hrsg.), Die Freiheit

und die Macht: Wissenschaft im Ernstfall, Festschrift für *Adalbert Podlech*, Baden-Baden 1994, S. 201–211

Kilian, Wolfgang; Heussen, Benno (Hrsg.): Computerrechtshandbuch, München, Stand: 1994 (zitiert: ComHdB-*Bearb.*)

Kilian, Wolfgang; Taeger, Jurgen: Niedersächsisches Datenschutzrecht, in: *Heiko Faber; Hans-Peter Schneider* (Hrsg.), Niedersächsisches Staats- und Verwaltungsrecht, Frankfurt/M. 1985, S. 167–197

Kilian, Wolfgang; Wiebe, Andreas (Hrsg.): Data Security in Computer Networks and Legal Problems, Darmstadt 1992

Kim, Hyung-Bae: Fehlerbegriff und Haftungsgrund in der Produkthaftung, in: *Hans G. Leser; Tamotsu Isomura* (Hrsg.), Wege zum japanischen Recht – Festschrift für *Zentaro Kitagawa* zum 60. Geburtstag, Berlin 1992, S. 423–453

Kindermann, Manfred: Vertrieb und Nutzung von Computersoftware aus urheberrechtlicher Sicht, GRUR 1983, S. 150–161

– Was ist Computersoftware?, ZUM 1985, S. 2–10

– Technik und Urheberrecht – Wechselwirkungen und gegenseitige Abhängigkeiten, ZUM 1987, S. 219–228

Klaassen, Carla J.M.: Risico-aasprakelijkheid, Zwolle 1991

Klaauw-Koops, Franke A.M. van der: Aansprakelijkheid en verzekering, in: *H. Franken; H.W.K. Kaspersen; A.H. de Wild* (Hrsg.), Recht en Computer, 2. Aufl., Deventer 1992, S. 80–95

Klaeren, Herbert: Probleme des Software-Engineering, Informatik-Spektrum 1994, S. 21–28

Klein, Wolfgang: Die Haftung von Versorgungsunternehmen nach dem Produkthaftungsgesetz, BB 1991, S. 917–924

Kleve, P.; de Mulder, R.V.: De juridische status van software, NJB 1989, S. 1342–1345

Klinkhammer, Georg: Das neue deutsche Produkthaftungsgesetz, Die Versicherungspraxis 1990, S. 6–9

Klippel, Diethelm: Deliktsrechtliche Probleme des Datenschutzes, BB 1983, S. 407–414

Knepper, Karl Heinz: Software in der Handels- und Steuerbilanz, in: *Brigitte Knobbe-Keuk; Franz Klein; Adolf Moxter* (Hrsg.), Handelsrecht und Steuerrecht, Festschrift für *Georg Döllerer*, Düsseldorf 1988, S. 299–313

Knops, Kai Oliver: Rügepflicht beim Handelskauf und Leasingvertrag – BGHZ 110, 130, JuS 1994, S. 106–112

Koch, Frank A.: Tagungsbericht »Produkthaftung«, CR 1989, S. 955–957

– Produkthaftung für Software, Informatik-Spektrum 1989, S. 337–339

– Computer-Vertragsrecht, Loseblattwerk, Freiburg i.Br., Stand: 1995

Koch, Frank A.; Schnupp, Peter: Expertensysteme als Gegenstand von Entwicklungsverträgen und Schutzrechten, CR 1989, S. 776–784, 893–899, 975–980

Koch, Frank A.; Schnupp, Peter: Software-Recht, Band 1, Berlin/Heidelberg 1991

Koch, Franz-Michael; Krestas, Petra-Margareta: Wie umfassend ist der Datenschutz?, Neue Justiz 1993, S. 21–24

Koch, Harald: Internationale Produkthaftung und Grenzen der Rechtsangleichung durch die EG-Richtlinie, ZHR 152(1988), S. 537–563

– Rechtsvereinheitlichung und Kollisionsrecht im Recht des grenzüberschreitenden Datenverkehrs – Europäische Initiativen, RDV 1991, S. 105–112

Koch, Ulrich: Die Entwicklung des Gesellschaftsrechts in den Jahren 1987/88, NJW 1989, S. 3130–3143

Köck, Wolfgang: Finanzierungsprobleme eines staatlichen Umweltschadenshaftungssystems, in: *Hartwig Donner; Georgios Magoulas; Jürgen Simon; Rainer Wolf* (Hrsg.), Umweltschutz zwischen Staat und Markt, Baden-Baden 1989, S. 337–358

– Die rechtliche Bewältigung technischer Risiken, KJ 1993, S. 125–145
Köck, Wolfgang; Meier, Klaus: Vertragsrechtliche Sicherheitsgewährleistung und »Neue Risiken«, JZ 1992, S. 548–557
Köhler, Helmut: Die haftungsrechtliche Bedeutung technischer Regeln, BB-Beilage 4/1985, S. 10–15
– Rechtsfragen zum Software-Vertrag, CR 1987, S. 827–835
– Die Herstellung und Überlassung von Software im bürgerlichen Recht, in: *Michael Lehmann* (Hrsg.), Rechtsschutz und Verwertung von Computerprogrammen, 1. Aufl., Köln 1988, S. 340–392
Köhler, Helmut; Fritzsche, Jörg: Die Herstellung und Überlassung von Software im bürgerlichen Recht, in: *Michael Lehmann* (Hrsg.), Rechtsschutz und Verwertung von Computerprogrammen, 2. Aufl., Köln 1993, S. 513–627
Köndgen, Johannes: Die Haftung von Börseninformationsdiensten: Lücke im Anlegerschutz?, JZ 1978, S. 389–394
– Selbstbindung ohne Vertrag, Tübingen 1981
König, M. Michael: Die Qualifizierung von Computerprogrammen als Sachen i.S. des § 90 BGB, NJW 1989, S. 2604–2605
– Anmerkung zu *BGH* DB 1989, 2596, DB 1989, S. 2597
– Zur Sacheigenschaft von Computerprogrammen und deren Überlassung, NJW 1990, S. 1584–1586
– Computerprogramme und Datensammlungen in der neueren Finanzrechtsprechung, CR 1990, S. 106–111
– Das Computerprogramm im Recht, Köln 1991
– Zur rechtlichen Bewertung der Überlassung von Quellprogrammen, -codes, NJW 1992, S. 1731–1733
– Software (Computerprogramme) als Sache und deren Erwerb als Sachkauf, NJW 1993, S. 3121–3124
Körner, Eberhard: Die Behandlung der Software als Gegenstand ergänzenden Leistungsschutzes und die Auswirkung auf die Gestaltung von Software-Verträgen, in: *Karl Bruchhausen; Wolfgang Hefermehl; Peter Hommelhoff; Herbert Messer* (Hrsg.), Festschrift für *Rudolf Nirk* zum 70. Geburtstag, München 1992, S. 515–530
Kötz, Hein: Haftung für besondere Gefahr, Generalklausel für die Gefährdungshaftung, AcP 170(1970), S. 1–41
– Gefährdungshaftung, in: *Bundesminister der Justiz* (Hrsg.), Gutachten und Vorschläge zur Überarbeitung des Schuldrechts, Bd. II, Köln 1981, S. 1779–1834
– Schmerzensgeld bei Gefährdungshaftung?, VersR 1982, S. 624–628
– Ziele des Haftungsrechts, in: *Jürgen F. Baur; Klaus J. Hopt; Peter Mailänder* (Hrsg.), Festschrift für *Ernst Steindorff* zum 70. Geburtstag, Berlin/New York 1990, S. 643–666
– Deliktsrecht, 6. Aufl., Neuwied/Kriftel/Berlin 1994
– Ist die Produkthaftung eine vom Verschulden unabhängige Haftung?, in: *Bernhard Pfister; Michael R. Will* (Hrsg.), Festschrift für *Werner Lorenz* zum sechzigsten Geburtstag, Tübingen 1991, S. 109–121
Kötz, Hein; Schäfer, Hans-Bernd: Schadensverhütung durch ökonomische Anreize, AcP 189(1989), S. 501–524
Koitz, Rainer; Kemper, Manfred: Rechtsinformatik, Berlin 1989
Kolle, Gert: Technik, Datenverarbeitung und Patentrecht, GRUR 1977, S. 58–74
– Der Rechtsschutz der Computersoftware in der Bundesrepublik Deutschland, GRUR 1982, S. 443- 461
– Schutz der Computerprogramme, GRUR Int. 1985, S. 29–33

Kopp, Ferdinand: Datenschutz im Sozialraum Europa – Das Vorhaben einer Richtlinie des Rates zum Schutz natürlicher Personen bei der Verarbeitung personenbezogener Daten und zum freien Datenverkehr, ZfSH/SGB 1992, S. 576–583
– Der EG-Richtlinienvorschlag zum Datenschutz in Europa, DuD 1993, S. 11–17
– Das EG-Richtlinienvorhaben zum Datenschutz, RDV 1993, S. 1–10
Kornwachs, K. u.a.: Abschätzung möglicher Anwendungen und Auswirkungen von Expertensystemen in Produktionsbetrieben, München 1989
Kort, Michael: »Stand der Wissenschaft und Technik« im neuen deutschen und »state of the art« im amerikanischen Produkthaftungsrecht, VersR 1989, S. 1113–1121
– Anmerkung zu *BGH* DB 1990, 268, DB 1990, S. 921–923
– Produkteigenschaft medizinischer Software, Einordnung im deutschen und US-amerikanischen Produkthaftungsrecht, CR 1990, S. 171–176
– Fehlerbegriff und Produkthaftung für medizinische Software – Einordnung im deutschen und US-amerikanischen Recht, CR 1990, S. 251–256
– Die Auswirkungen des neuen Bundesdatenschutzgesetzes auf die Mitbestimmung im Arbeitsrecht, RdA 1992, S. 378–386
– Software – eine Sache?, DB 1994, S. 1505–1509
Koutses, Inge; Lutterbach, Sabine: Auswirkungen des Produkthaftungsgesetzes auf Informations- und Steuerungstechnologien, RDV 1989, S. 5–11
Kowalski, Christian: Lösungsansätze für juristische Expertensysteme, Tübingen 1987
Krämer, Ludwig: EWG-Verbraucherrecht, Baden-Baden 1985
– Verbraucherschutz, in: *Manfred A. Dauses* (Hrsg.), Handbuch des EG-Wirtschaftsrechts, München, Stand: 1994, H. V (zitiert: *Krämer*, in: Hdb. EG-WirtschaftsR)
Krause, Peter: Datenschutz und Grundgesetz, DVR 1980, S. 229–269
Krebs, Peter; Dylla-Krebs, Corinna: Anmerkung zu *BGH* DB 1990, 268, DB 1990, S. 1271–1274
Krems, Josef (Hrsg.): Expertensysteme im Einsatz – Erfahrungsberichte der 1. Generation, München/Wien 1989
Kretschmer, Friedrich: Bemerkungen zum EG-Richtlinienvorschlag über die Haftung für Dienstleistungen, PHI 1991, S. 64–69
Kretschmer, Friedrich; Alleweldt, Helmuth; Buyten, Rüdiger; Scheller, Eva; Wagener, Martin: Produkthaftung in der Unternehmenspraxis, Stuttgart, Berlin, Köln 1992
Kreuzer, Karl: Prinzipien des deutschen außervertraglichen Haftungsrechts, in: *Bernhard Pfister; Michael R. Will* (Hrsg.), Festschrift für *Werner Lorenz* zum siebzigsten Geburtstag, Tübingen 1991, S. 123–141
Kroll, Joachim: Datenschutz im Arbeitsverhältnis, Königstein/Ts. 1981
Krückeberg, Fritz: Prüfung von Software, CR 1985, S. 47–51, 113–117, 175–179
Kuckuck, Bernd: Für eine Normalisierung der atomrechtlichen Haftung, ZRP 1981, S. 186–189
Kuhlmann, Jan: Kein Rechtsschutz für Kopierschutz? CR 1989, S. 177–185
Kuhn, Matthias: Rechtshandlungen mittels EDV und Telekommunikation, München 1991
Kullmann, Hans Josef: Die Entwicklung der höchstrichterlichen Rechtsprechung zur deliktischen Warenherstellerhaftung, WM 1978, 210–214
– Die Rechtsprechung des BGH zur deliktischen Haftung des Herstellers für Schäden an der von ihm hergestellten Sache, BB 1985, S. 409–414
– Das Risiko der Produzentenhaftung, VersR 1988, S. 655–660
– BR Deutschland: Die neuere Rechtsprechung des BGH zur Produkthaftpflicht – Konsolidierung und Rechtsfortbildung, PHI 1989, S. 110–124
– Produkthaftungsgesetz – Gesetz über die Haftung fehlerhafter Produkte, Berlin 1990

– Die Rechtsprechung des BGH zum Produkthaftpflichtrecht in den Jahren 1989/90, NJW 1991, S. 675–683
– Die Rechtsprechung des BGH zum Produkthaftpflichtrecht in den Jahren 1991/92, NJW 1992, S. 2669–2678
– Aktuelle Rechtsfragen der Produkthaftpflicht, 4. Aufl., Köln 1993
Kullmann, Hans Josef; Pfister, Bernhard: Handbuch Produzentenhaftung, 1. Band, Loseblattausgabe, Berlin, Stand: Juli 1993
Kunz, Jürgen: Die Produktbeobachtungs- und Befundsicherungspflicht als Verkehrssicherungspflichten des Warenherstellers, BB 1994, S. 450–454
Kurbel, Karl: Entwicklung und Einsatz von Expertensystemen, 2. Aufl., Berlin et al. 1992
Kurbel, Karl; Pietsch, Wolfram: Expertensystem-Projekte: Entwicklungsmethodik, Organisation und Management, Informatik-Spektrum 1989/3, S. 133–146
Kutzmann, Thomas: Landesdatenschutzgesetz Rheinland-Pfalz, Köln et al. 1982
Ladeur, Karl-Heinz: Die rechtliche Steuerung von Entwicklungsrisiken zwischen zivilrechtlicher Produkthaftung und administrativer Sicherheitskontrolle, BB 1993, S. 1303–1312
Lammerich, Christian: Die Rechtsnatur der neuen Produkthaftung und ihr Verhältnis zur richterrechtlichen Exkulpationshaftung nach § 823 Abs. 1 BGB, Diss. Trier 1994
Landesbeauftragte für den Datenschutz Niedersachsen, Der: XI. Tätigkeitsbericht des Landesbeauftragten für den Datenschutz Niedersachsen – 1. Januar 1991 bis 31. Dezember 1992, Hannover 1993, LT-Drs. 12/4400
Landmann/Rohmer: Umweltrecht, Loseblattwerk, Band 2, München Stand: 1993 (zitiert: *Landmann/Rohmer/Bearbeiter*, UmweltHG)
Landscheidt, Christoph: Das neue Produkthaftungsrecht, NWB 1989, Fach 19, S. 1605–1612 = S. 4001–4008
– Das neue Produkthaftungsrecht, Herne/Berlin 1990
Landsberg, Gerd; Lülling, Wilhelm: Das neue Umwelthaftungsgesetz, DB 1990, S. 2205–2211
Lang, Elisabeth: Die Haftung für Fehler in Druckwerken, München 1982
Lange-Hellwig, Peter: Versicherungen im EDV-Bereich, BB 1980, Beilage 19
Lange, Herrmann: Schadensersatz, Handbuch des Schuldrechts, Band 1, Tübingen 1979
Lange, Hermann; Hagen, Horst: Wandlungen des Schadensersatzrechts, Heidelberg 1987
Langer, Stefan F. J.: Stellungnahme zu *H. Lenk*: Können Informationssysteme moralisch verantwortlich sein?, Informatik-Spektrum 1990, S. 341–343
Lanoue, Susan: Computer software and strict products liability, San Diego Law Review 20(1983)2, S. 439–456
Larenz, Karl: Hegels Zurechnungslehre und der Begriff der objektiven Zurechnung, Leipzig 1927
– Die Schadenshaftung nach dem Wasserhaushaltsgesetz im System der zivilrechtlichen Haftungsgründe, VersR 1963, S. 593–605
– Allgemeiner Teil des deutschen Bürgerlichen Rechts, München 1988
– Lehrbuch des Schuldrechts, Band I, Allgemeiner Teil, 14. Aufl., München 1987 (Schuldrecht-AT)
– Lehrbuch des Schuldrechts, Band II, Halbband 1, Besonderer Teil, 13. Aufl., München 1986 (Schuldrecht-BT)
Lauer, Jörg: Verträge über Software-Leistungen in der Praxis, BB 1982, S. 1785–1763
Laufs, Adolf: Deliktische Haftung ohne Verschulden? – eine Skizze, in: *Hermann Lange; Knut Wolfgang Nörr; Harm Peter Westermann* (Hrsg.), Festschrift für *Joachim Gernhuber* zum 70. Geburtstag, Tübingen 1993, S. 245–258

Lehmann, Michael: Der Rechtsschutz von Computerprogrammen in Deutschland, NJW 1988, S. 2419–2423
– Produkt- und Produzentenhaftung für Software, NJW 1992, S. 1721–1725
– Das neue deutsche Softwarerecht, CR 1992, S. 324–328
– Produzentenhaftung bei integrierter Produktion – computer integrated manufactoring (CIM), BB 1993, S. 1603–1607
– Das neue Software-Vertragsrecht – Verkauf und Lizenzierung von Computerprogrammen, NJW 1993, S. 1822–1826
– Die kartellrechtlichen Grenzen der Lizenzierung von Computerprogrammen, in: *ders.* (Hrsg.), Rechtsschutz und Verwertung von Computerprogrammen, 2. Aufl., Köln 1993, S. 775–830
– Produzenten- und Produkthaftung für Soft- und Hardware, in: *ders.* (Hrsg.), Rechtsschutz und Verwertung von Computerprogrammen, 2. Aufl., Köln 1993, S. 999–1013
– Anmerkung zu *BGH* NJW 1994, 1216, CR 1994, S. 277–279
– Neuer Titelschutz von Software im Markengesetz, CR 1995, S. 129–133
Lehmann, Michael (Hrsg.): Rechtsschutz und Verwertung von Computerprogrammen, 2., überarb. Aufl., Köln 1993
Leicht, Armin: Computerspionage: Die »besondere Sicherung gegen unberechtigten Zugang« (§ 202a StGB), IuR 1987, S. 45–53
Lenckner, Theodor; Winkelbauer, Wolfgang: Computerkriminalität – Möglichkeiten und Grenzen des 2. WiKG, CR 1986, S. 483–488, 654–661, 824–831
Lenk, Hans: Können Informationssysteme moralisch verantwortlich sein?, Informatik-Spektrum 1989, S. 248–255
Lenk, Hans; Maring, Matthias (Hrsg.): Technikverantwortung – Güterabwägung-Risikobewertung-Verhaltenskodizes, Frankfurt a.M./New York 1991
Lesshaft, Karl: Anforderungen an Spezifikation und Dokumentation, CR 1989, S. 146–151 und 246- 249
Lesshaft, Karl; Ulmer, Detlef: Softwarefehler und Gewährleistung, CR 1988, S. 813–818
– Urheberrechtliche Schutzwürdigkeit und tatsächliche Schutzfähigkeit von Software, CR 1993, S. 607–615
Leveson, Nancy G.; Turner, Clark S.: An Investigation of the Therac-25 Accidents, Computer Juli 1993, S. 18–41
Lieb, Manfred: Anmerkung zu *BGH* JZ 1976, 523, JZ 1976, S. 526–528
– Anmerkung zu *BGH* JZ 1990, 972, JZ 1990, S. 976–978
Limberger, Gerhard: Der Versicherungsfall in der Gewässerschadenhaftpflichtversicherung, VersR 1991, S. 134–146
Lindermeier, Robert: TÜV Bayern Approach, in: *Hans-Ludwig Hausen; Andrew K. Rae; Philippe Robert,* Software Assessment for Certification, o.O. 1992, S. 111–114
Lindsay, David T.; Price, Wyn L. (Hrsg.): Information Security, Amsterdam et al. 1991
Littbarski, Sigurd: Der Folgeschaden in der Betriebshaftpflichtversicherung, VersR 1982, S. 915–922
– Produkt-Haftpflichtversicherung, in: *Friedrich Graf von Westphalen* (Hrsg.), Produkthaftungshandbuch, Bd. 1, 2. Teil, München 1989, S. 263–595 (zitiert: Produkthaftungshandbuch/*Littbarski*)
– Herstellerhaftung ohne Ende – ein Segen für den Verbraucher?, NJW 1995, S. 217–222
Lloyd, Ian J.; Simpson, Moira J.; Wilson, Rosie I.: Software and legal liability, in: *Hans-Ludwig Hausen; Andrew K. Rae; Philippe Robert,* Software Assessment for Certification, o.O. 1992, S. 148–174
Loewenheim, Ulrich: Möglichkeiten des Rechtsschutzes für Computerprogramme, CR 1988, S. 799–806

– Zur Zulässigkeit sog. CPU-Klauseln beim Erwerb von Computersoftware, in: *Gisela Wild; Ine Marie Schulte-Franzheim; Monika Lorenz-Wolf (Hrsg.)*, Festschrift für *Alfred-Carl Gaedertz* zum 70. Geburtstag, München 1992, S. 359–368
– Allgemeine Geschäftsbedingungen bei Verträgen über die Überlassung von Standard-Anwendersoftware, in: *Hans G. Leser; Tamotsu Isomura* (Hrsg.), Wege zum japanischen Recht – Festschrift für *Zentaro Kitagawa* zum 60. Geburtstag, Berlin 1992, S. 949–969
Longbottom, Ray: Computer system reliability, Chichester/N.Y. et al. 1980
Lorenz, Werner: Einige rechtsvergleichende Bemerkungen zum gegenwärtigen Stand der Produktenhaftpflicht im deutschen Recht, RabelsZ 34 (1970), S. 14–55
– Beweisprobleme bei der Produzentenhaftung, AcP 170(1970), S. 367–391
– Europäische Rechtsangleichung auf dem Gebiet der Produzentenhaftung: Zur Richtlinie des Rates der Europäischen Gemeinschaften vom 25. 7. 1985, ZHR 151(1987), S. 1–39
– Nachwirkende Produzentenpflichten: Produktbeobachtung, CR 1987, S. 564–570
Lüderitz, Alexander: Gefährdung und Schuld im Produkthaftpflichtrecht -Versuch einer Synthese, in: *Heinz Eyrich; Walter Odersky; Franz Jürgen Säcker* (Hrsg.), Festschrift für *Kurt Rebmann* zum 65. Geburtstag, München 1989, S. 755–769
Luhmann, Niklas: Soziologie des Risikos, Berlin/New York 1991
Lukes, Rudolf: Reform der Produkthaftung, Köln/Berlin/Bonn/München 1979
Lutter, Marcus: Die Haftung von Organmitgliedern nach Deliktsrecht, ZHR 157(1993), S. 464–482
– Gefahren persönlicher Haftung für Gesellschafter und Geschäftsführer, DB 1994, S. 129–135
Lutz, Helmuth: Lizenzierung von Computerprogrammen, GRUR 1976, S. 331–337
Mackaay, Ejan: Contracting for software in Canada, in: *Hans-Leo Weyers* (Hrsg.), Datenverarbeitungsprogramme als Gegenstand des Rechtsverkehrs, Baden-Baden 1992, S. 9–39
Mac Lean, Marius M.: Ruimere aansprakelijkheid voor producent, Account 1988/5, S. 47–53
Magnus, Ulrich: Stand und Entwicklung des UN-Kaufrechts, ZEuP 1995, S. 202–215
Magoulas, Georgios: Verbraucherschutz als Problem asymmetrischer Informationskosten, in: *Claus Ott; Hans-Bernd Schäfer* (Hrsg.), Allokationseffizienz in der Rechtsordnung, Berlin et al. 1989, S. 70–80
Maier, Adolf: Zur Kaufmannseigenschaft von Software-Entwicklern, NJW 1986, S. 1909–1913
Mallmann, Otto: Zielfunktionen des Datenschutzes, Frankfurt/M. 1977
Malzer, Hans Michael: Der Softwarevertrag, Köln 1991
Marburger, Peter: Die Regeln der Technik im Recht, Köln/Berlin/Bonn/ München 1979
– Das technische Risiko als Rechtsproblem, in: *Gesellschaft für Rechtspolitik Trier* (Hrsg.), Bitburger Gespräche, Jahrbuch 1981, München 1981, S. 39
– Die haftungs- und versicherungsrechtliche Bedeutung technischer Regeln, VersR 1983, S. 597–608
– Herstellung nach zwingenden Rechtsvorschriften als Haftungsausschlußgrund im neuen Produkthaftungsrecht, in: *Herbert Lessmann; Bernhard Großfeld; Lothar Vollmer* (Hrsg.), Festschrift für *Rudolf Lukes* zum 65. Geburtstag, Köln/Berlin/Bonn/München 1989, S. 97–119
– Grundsatzfragen des Haftungsrechts unter dem Einfluß der gesetzlichen Regelungen zur Produzenten- und zur Umwelthaftung, AcP 192(1992), S. 1–34
Marly, Jochen: Softwareüberlassungsverträge, München 1991

– Die Qualifizierung der Computerprogramme als Sache nach § 90 BGB, BB 1991, S. 432–436
– Stellungnahme zum Diskussionsentwurf des Bundesjustizministeriums zum Änderung des Urheberrechtsgegsetzes, jur-pc 1992, S. 1620–1626, 1652–1675
– Anmerkung zu *BGH* NJW 1993, 2436, LM § 640 BGB Nr. 14
Marschall, Wolfgang Freiherr von: Deutschland: Bedenken zum Produkthaftungsgesetz, PHI 1991, S. 166–172
Martinek, Michael: Moderne Vertragstypen: Band 3, Computerverträge, Kreditkartenverträge sowie sonstige moderne Vertragstypen, München 1993
Massingale, C. S.; Borthick, A. F.: Risk allocation for injury due to defective medical software, Journal of products liability 1988, S. 181–198
May, Peter: Anmerkung zu *LG Stuttgart* EWiR § 463 BGB 2/85, S. 655–656
Mayer, Kurt: Produkthaftung und Gewährleistung, BB 1984, S. 568–573
– Das neue Produkthaftungsrecht, VersR 1990, S. 691–702
– Das neue Umwelthaftungsrecht, MDR 1991, S. 813–818
Meder, Stephan: Schuld – Zufall – Risiko – Untersuchungen struktureller privatrechtlicher Zuordnung, Frankfurt/M. 1993
– Risiko als Kriterium der Schadensverteilung, JZ 1993, S. 539–545
– Höhere Gewalt als Entlastungsgrund – ein Beispiel für Konvergenz zweier Haftungsprinzipien, JZ 1994, S. 485–492
Medicus, Dieter: Umweltschutz als Aufgabe des Zivilrechts – aus zivilrechtlicher Sicht, NuR 1990, S. 145–155
– Zur deliktischen Eigenhaftung von Organpersonen, in: *Bernhard Pfister; Michael R. Will* (Hrsg.), Festschrift für *Werner Lorenz* zum siebzigsten Geburtstag, Tübingen 1991, S. 155–169
– Kaufvertrag und Werkvertrag, JuS 1992, S. 273–278
– Bürgerliches Recht, 16. Aufl., Köln et al. 1993
Megede, Ekkehard zur: Rechtsschutz von Software, Urheber- und Vertragsrecht, 2. Aufl., Berlin 1989
– Bemerkungen zu Rechtsfragen im Bereich der EDV, NJW 1989, S. 2580–2587
– Buchbesprechung von: *Hans Michael Malzer*, Der Softwarevertrag, NJW 1992, S. 3219–3220
Mehrings, Josef: Computersoftware und Mängelhaftung, GRUR 1985, S. 189–197
– Computersoftware und Gewährleistungsrecht, NJW 1986, S. 1904–1909
– Zum Wandlungsrecht beim Erwerb von Standardsoftware, NJW 1988, S. 2438–2441
Meier, Klaus; Wehlau, Andreas: Produzentenhaftung des Softwareherstellers, CR 1990, S. 95–100
Meijboom, Alfred P.; Westerdijk, Reinoud J.J.: The consequences of failing to implement the EC Directive on copyright software protection, The International Computer Lawyer 1993, S. 2–9
Meister, Herbert: Datenschutz und Privatrechtsordnung, BB 1976, S. 1584–1588
Menth, Burkard: Testen großer Software-Systeme: Systematisches Testen, in: *Raimund Kölsch; Werner Schmid; Franz Schweiggert* (Hrsg.), Wirtschaftsgut Software – Qualitätssicherung und Qualitätsprüfung als Grundlage für die Auswahl und Beurteilung, Stuttgart 1985, S. 141–153
Merkel, Karlheinz: »Weiterfressende Mängel« ohne Ende?, NJW 1987, S. 358–361
Mertens, Hans-Joachim: Verkehrspflichten und Deliktsrecht – Gedanken einer Dogmatik der Verkehrspflichtverletzung, , VersR 1980, S. 397–408
Mertens, Hans-Joachim; Mertens, Georg: Anmerkung zu *BGH* JZ 1990, 486, JZ 1990, S. 488–490

Meyer, Justus: Produkthaftung für Verlagserzeugnisse, ZIP 1991, S. 1402–1405
– Instruktionshaftung – eine Analyse aus der Sicht der Rechts-, Wirtschafts- und Verhaltenswissenschaften, Bielefeld 1992
Meyer, Renate: KI-Zentrum, Computer Magazin (1988)9, S. 37–39
Michalski, Lutz; Bösert, Bernd: Vertrags- und schutzrechtliche Behandlung von Computerprogrammen, Stuttgart 1992
Micklitz, Hans-Wolfgang: Einheitliche Neuregelung der Produzentenhaftung, ZRP 1978, S. 37–42
Mills, Harlan D.: The management of software engineering, Part I: Principles of software engineering, IBM System Journal, Vol. 19, 1980/4, S. 415–420
Mincke, Wolfgang: Die rechtliche Einordnung des Softwareerwerbs – Bedenken gegen die Sachkauftheorie, jur-pc 1991, S. 932–939
Mislow, Christopher: USA: Computer – ein neuer Bereich für die Produzentenhaftung, PHI 1986, S. 2–7
Möhrenschlager, Manfred: Das neue Computerstrafrecht, Wistra 1986, S. 128–142
Moritz, Hans-Werner: Überlassung von Computersoftware, CR 1989, S. 1049–1056
– Softwarelizenzverträge (I), CR 1993, S. 257–268
– Überlassung von Programmkopien – Sachkauf oder Realakt in Vertrag sui generis?, CR 1994, S. 257–263
Moritz, Hans-Werner; Tybussek, Barbara: Computersoftware, 2. Aufl., München 1992
Moser, H.: Vergleichende Literaturuntersuchung hinsichtlich der Schutzfähigkeit von Rechenprogrammen für Datenverarbeitungsmaschinen, GRUR 1967, S. 639–643
Müglich, Andreas: Softwareüberlassung nach US-amerikanischem Vorbild, CR 1991, S. 648–653
Müller, Claus-Dieter: Einführung in das EDV-Vertragsrecht, Sindelfingen 1985
Müller, Gerhard F.; Wächter, Michael: Zur Aufnahme einer verschuldensunabhängigen Schadensersatzregelung in das BDSG, DuD 1989, S. 239–244
– Der Datenschutzbeauftragte, 2. Aufl., München 1991
Müller, Wolfgang: Haftpflichtrisiken in Unternehmen, Wiesbaden 1989
Müller-Graff, Peter-Christian: Haftungsrecht und Gesellschaftsrecht: Der Maßstab der »diligentia quam in suis« für Geschäftsführer in Personengesellschaften, AcP 191(1991), S. 475–494
Müller-Hengstenberg, Claus-Dieter: Bemerkungen zum Software-Gewährleistungsrecht, CR 1986, S. 441–443
– Zuordnung von Softwarefehlern in Risikobereiche, CR 1989, S. 900–901
Müller-Scholz, Wolfgang; Schönbeck, Knut: Software – das weit unterschätzte Risiko, Capital 6/1990, S. 207–210
Münchener Kommentar zum Bürgerlichen Gesetzbuch, hrsg. von *Kurt Rebmann und Franz Jürgen Säcker*, München 1986 (zitiert: MünchKomm-*Bearbeiter*)
Murswiek, Dietrich: Die staatliche Verantwortung für die Risiken der Technik, Berlin 1985
– Technische Risiken als verfassungsrechtliches Problem, in: *Raban Graf von Westphalen* (Hrsg.), Technikfolgenabschätzung – als politische Aufgabe, München/Wien 1988, S. 309–341
Müssig, Peter: Falsche Auskunftserteilung und Haftung, NJW 1989, S. 1697–1704
Muthig, Andrea: Die Haftung des Herstellers für Produktfehler, München 1993
Musulas, Giorgos: Die Haftung des Softwareherstellers im Hinblick auf das ProdHaftG, Frankfurt/M. et al. 1993
Nadler, Andreas; Müsgen, Thomas K.: Lücken der Produkthaftungsgesetze – Lücken der Produkthaftung? – Die Rechtslage in Österreich und der BRD im Vergleich, WBl. 1989, S. 232–234

Nater, Hans: Zur Entwicklung der Produktehaftpflicht in der Schweiz, SJZ 1989, S. 389–393

Nauroth, Dieter: Computerrecht für die Praxis, München 1990

Neugebauer, Ursula: Der wirkliche Europäer stammt aus den USA, online 1992/7, S. 46–50

Neumann, Peter G.: Risks to the public in computer systems, ACM Software Engineering Notes – SEN 17(1986)11, S. 5

– Risks to the public in computers and related systems, Software Engineering Notes – SEN (1992)1, S. 26

Neumann, Steffen: Haftungsprobleme infolge unzutreffender Inhalte entgeltlich erworbener Druckwerke, Bochum 1984

Nickel, Friedhelm G.; Saenger, Ingo: Die warranty-Haftung des englischen Rechts, JZ 1991, S. 1050–1057

Nicklisch, Fritz: Funktion und Bedeutung technischer Standards in der Rechtsordnung, BB 1983, S. 261–269

– Rechtsfragen der modernen Bio- und Gentechnologie, BB 1989, S. 1–10

– Haftpflichtprobleme der Bio- und Gentechnologie, in: *Heinrich Honsell/Heinz Rey* (Hrsg.), Neuere Entwicklungen im Haftpflichtrecht, Symposium *Stark*, Zürich 1991, S. 117–133

– Umweltschutz und Haftungsrisiken, VersR 1991, S. 1093–1098

– Die Haftung für Risiken des Ungewissen in der jüngsten Gesetzgebung zur Produkt-, Gentechnik- und Umwelthaftung, in: *Erik Jayme; Adolf Laufs; Karlheinz Misera; Gert Reinhart; Rolf Serick* (Hrsg.), Festschrift für *Hubert Niederländer* zum 70. Geburtstag, Heidelberg 1991, S. 341–352

– Das Recht im Umgang mit dem Ungewissen am Beispiel der Regelungen zur Produkt-, Gentechnik- und Umwelthaftung, in: *Hans Lenk; Matthias Maring* (Hrsg.), Technikverantwortung, Frankfurt a.M./New York 1991, S. 161–177

– Umweltschutz durch privatrechtliche Haftung – Umwelthaftung, Gentechnikhaftung, Abfallhaftung, in: *Martin Lendi* (Hrsg.), Umweltpolitik – Strukturelemente in einem dynamischen Prozeß, Zürich 1991, S. 105–114

– Zur Grundkonzeption der Technik- und Umweltgefährdungshaftung, in: *Ulrich Huber* (Hrsg.), Festschrift für *Rolf Serick*, Heidelberg 1992, S. 297–311

Nicklisch, Fritz (Hrsg.): Verträge über Computertechnik in Forschung, Verwaltung, Wirtschaft und Technik, Heidelberg 1990

Nolte, Rüdiger: Rechtliche Anforderungen an die technische Sicherheit von Kernanlagen, Berlin 1984

Nordemann, Wilhelm: Der urheberrechtliche Schutz der Computer-Software – Grundsätzliche Aspekte, ZUM 1985, S. 10–15

Nungesser, Jochen: Hessisches Datenschutzgesetz, Mainz 1988

Nycum, Susan H.: Liability for malfunction of a computer program, Rutgers Computer and Technology Law Journal 1979, S. 1ff.

Oehler, Wolfgang: Produzentenhaftung im Konzern – Deliktsrecht und Haftungsbeschränkung, ZIP 1990, S. 1445–1455

Ogorek, Regina: Untersuchungen zur Entwicklung der Gefährdungshaftung im 19. Jahrhundert, Köln/Wien 1975

Ohlen, Jürgen von: Die rechtliche Einordnung des Softwareüberlassungsvertrages, Göttingen 1990

Ohnesorge, J.-L. von: Versicherungsschutz bei den riskanten Systemen EDV-/Elektronik- und Datenträgeranlagen, in: *GRVI* (Hrsg.), Riskante Systeme – Bewertung, Verifikation und Beherrschung der Informationstechnik, Darmstadt 1991, S. 49–72

Ordemann, Hans-Joachim; Schomerus, Rudolf; Gola, Peter: BDSG – Bundesdatenschutzgesetz mit Erläuterungen, 5. Aufl., München 1992

Owles, Derrick: As the law develops – The computer memory chip, Product liability international 1991, S. 80

Palandt: BGB, 54. Aufl., München 1995 (zitiert: Palandt-*Bearb.*)

Paquay, Ger B.A.: Software een produkt?, NJB 1989, S. 608–609

Parnas, David Lorge: Software Aspects of Strategic Defense Systems, American Scientist 1985, S. 432–440

– Die Grenzen von Software Engineering-Methoden, FIFF-Rundbrief 4/1985, S. 8–11

Pauli, Andreas: Das zukünftige deutsche Produkthaftungs-Gesetz, PHI 1987, S. 138–150

Paulus, Christoph: Die Software in der Vollstreckung, in: *Michael Lehmann* (Hrsg.), Rechtsschutz und Verwertung von Computerprogrammen, 2. Aufl., Köln 1993, S. 831–868

Pelzer, Norbert: Begrenzte und unbegrenzte Haftung im deutschen Atomrecht, Baden-Baden 1982

Peterson, I.: A digital matter of life and death, Science news 1988, S. 170–171

Petras, Dorothy Donahue; Scarpelli, Susan: Computers, Medical Malpractice, and the Ghost of the T.J. Hooper, Journal of Computers and Law 5(1975), S. 16–49

Piel, Burkhard: Ein Fehler im GEMDOS – Technische und juristische Aspekte, iur 1988, S. 347–349

Pieper, Helmut: Die Regeln der Technik im Zivilprozeß, BB 1987, S. 273–282

– Verbraucherschutz durch Pflicht zum »Rückruf« fehlerhafter Produkte?, BB 1991, S. 985–992

Pierson, Matthias: Der Schutz der Programme für die Datenverarbeitung im System des Immaterialgüterrechts, Pfaffenweiler 1991

Piltz, Burghard: Der Anwendungsbereich des UN-Kaufrechts, AnwBl. 1991, S. 57–62

Pfaff, Thomas: Einsatzmöglichkeiten und Grenzen intelligenter, wissensbasierter Simulationsmodelle im Grundwasserschutz, in: *Margret Hälker; Andreas Jaeschke* (Hrsg.), Informatik für den Umweltschutz, Berlin et al. 1991, S. 618–627

Pfeifer, Axel: Produktfehler oder Fehlverhalten des Produzenten, Berlin 1987

Pfretzschmer, Herbert: Gefährdungshaftung, in: *Konrad Duden; Helmut R. Külz; Thilo Ramm; Reinhold Scharnberg; Wolfgang Zeidler* (Hrsg.), Gerechtigkeit in der Industriegesellschaft, Karlsruhe 1972, S. 107–115

Podlech, Adalbert: Datenschutz und Verfassungsrecht, in: *Gert E. Hoffmann; Barbara Tietze; Adalbert Podlech* (Hrsg.), Numerierte Bürger, Wuppertal 1975, S. 27–33

– Datenschutz im Bereich der öffentlichen Verwaltung, Berlin 1973

Pötzsch, Thorsten: Die rechtliche Einheit von Hardware und Software, Berlin 1991

Posch, Willibald: Comparative aspects of products liability in Europe and the United States, in: *Rudolp Hulsenbek; Dennis Campbell* (Hrsg.), Product liability: prevention, practice and process in Europe and the United States, Deventer/Boston 1989, S. 123–141

Posner, Richard A.: Economic Analysis of Law, 2. Aufl., Boston/Toronto 1977

Pott, Werner; Frieling, Günter: Gesetz über die Haftung für fehlerhafte Produkte, Kommentar, Essen 1992 (zitiert: ProdHaftG-Komm.)

Praetorius, Eike; Siegel, Karl-Eugen: Softwarebewertung, CR 1991, S. 496–500

Preiskel, Danny: Software engineering – what are the legal pitfalls?, The computer law and security report 1993, S. 183–186

Preuß, Inge Nora: Der Rechtsschutz von Computerprogrammen nach dem Urteil des BGH vom 9. Mai 1985, Erlangen 1987

Primak, Scott L.: Computer Software: Should the U.N. Convention on Contracts for the

International Sale of Goods apply? A contextual approach to the question, Computer/ Law Journal 1991, S. 197–231

Prince, Jim: Negligence: liability for defective software, Oklahoma Law Review 33(1980), S. 848–855

Prölls, Erich R.; Martin, Anton: Versicherungsvertragsgesetz, Kommentar zum VVG und EGVVG sowie Kommentierung wichtiger Versicherungsbedingungen, 25. Aufl., München 1992

Puppe, Frank: Einführung in Expertensysteme, Berlin et al. 1988

Rapp, Friedrich: Die moderne Technik im Konflikt zwischen Entfaltung und Beschränkung, in: *Hans Lenk; Matthias Maring* (Hrsg). Technikverantwortung – Güterabwägung – Risikobewertung – Verhaltenskodizes, Frankfurt a.M./New York 1991, S. 22–32

Raubenheimer, Andreas: Softwareschutz nach den Vorschriften des UWG, CR 1994, S. 264–270

Rebmann, Kurt; Säcker, Franz Jürgen (Hrsg.): Münchener Kommentar zum Bürgerlichen Gesetzbuch, Band 3, Schuldrecht – Besonderer Teil, 2. Aufl., München 1986 (zitiert: MünchKomm-*Bearbeiter*)

– Münchener Kommentar zum Bürgerlichen Gesetzbuch, Ergänzungsband zur 2. Aufl., Produkthaftungsgesetz, bearbeitet von *Hans-Joachim Mertens, Andreas Cahn*, München 1992 (zitiert: MünchKomm-*Mertens/Cahn*)

Redeker, Helmut: Anmerkung zu *Juristische Beschwerdekammer des EPA*, CR 1987, 169, CR 1987, S. 171–172

– Vertragsgestaltung für die Benutzer privater Telematikdienste, in: *Joachim Scherer* (Hrsg.), Telekommunikation und Wirtschaftsrecht, Köln 1988, S. 111

– Wer ist Eigentümer von Goethes Werther?, NJW 1992, S. 1739–1740

– Der EDV-Prozeß, München 1992

– Der Rechtsbegriff des Mangels beim Erwerb von Software, CR 1993, S. 193–198

Reed, Chris: Liability for Computer Software: Producers and Users, in: *Chris Reed* (Hrsg.), Computer Law, London 1990, S. 56–76

Reese, Jürgen: Produkthaftung und Produzentenhaftung für Hard- und Software, DStR 1994, S. 1121–1127

Rehbinder, Eckard: Zur Haftung des Warenherstellers gegenüber dem Verbraucher ohne Verschulden, BB 1965, S. 439–443

– Haftpflichtrecht und Verhütung von Umweltschäden aus juristischer Sicht, in: *Alfred Endres; Eckard Rehbinder; Reimund Schwarze*, Haftung und Versicherung für Umweltschäden aus ökonomischer und juristischer Sicht, Berlin 1992, S. 34–57

Reich, Norbert: Förderung und Schutz diffuser Interessen durch die Europäischen Gemeinschaften, 2. Aufl., Baden-Baden 1992

Reichardt, Klaus Albrecht; Claus Peter Kiehl: Produzentenhaftung in der Praxis des Unternehmens, AnwBl. 1991, S. 637–638

Reimann, Mathias: Die Rolle des Verfahrens in der Produkthaftung im deutsch-amerikanischen Vergleich, in: *Karl Kroeschel* (Hrsg.), Recht und Verfahren, Heidelberg 1993, S. 109–139

Reinelt, Ekkehart: Gefährdungshaftung statt Verschuldenshaftung im Produkthaftrecht, DAR 1988, S. 80–89

– Anmerkung zu NJW 1988, 2611, NJW 1988, S. 2614–2615

Reinicke, Dietrich; Tiedtke, Klaus: Stoffgleichheit zwischen Mangelunwert und Schäden im Rahmen der Produzentenhaftung, NJW 1986, S. 10–15

Renn, Ortwin; Kals, Johannes: Technische Risikoanalyse und unternehmerisches Handeln, in: *Mathias Schüz* (Hrsg.), Risiko und Wagnis. Die Herausforderung der industriellen Welt, Pfullingen 1990, S. 60–80

Rettig, Wolfgang; Otto, Gerhard: Insurance Coverage and EDI, in: *Wolfgang Kilian; Andreas Wiebe* (Hrsg.), Data security in Computer Networks and Legal Problems, Darmstadt 1992, S. 173–179

RGRK: Das Bürgerliche Gesetzbuch, Kommentar, hrsg. von Mitgliedern des Bundesgerichtshofs, 12. Aufl., Berlin/New York ab 1974 (zitiert: *RGRK*-Bearbeiter)

Rice, David A.: Lessons about the realities of contract for U.C.C. article 2 revision and a future software contract, Rutgers Computer & Technology Law Journal 1992, S. 499–520

Ricker, Reinhart; Müller-Malm, Friedrich: Auswirkungen des zukünftigen Produkthaftungsgesetzes für Presseverlage, AfP 1988/89, S. 505–510

Ring, Stephan: Computergestützte Rechtsfindungssysteme, Köln et al. 1994

Rininsland, Bernd: »IT-Global-Schutz« – Versicherungsschutz auch gegen Hacker und Viren, CR 1993, S. 527–530

Rodau, Andrew: Computer-Software: Does Article 2 of the Uniform Commercial Code apply?, 35 Emory Law Journal 1986, S. 853–920

Röhl, Klaus F.: Fehler in Druckwerken, JZ 1979, S. 369–378

Roesner, Hannelore: Expertensysteme für den kommerziellen Einsatz, in: *Stuart E. Savory* (Hrsg.), Künstliche Intelligenz und Expertensysteme, München/Wien 1985, S. 35–55

Rohs, Ulrich; unter Mitarbeit von Weber, Michael: Frankreich, in: *Friedrich Graf von Westphalen* (Hrsg.), Produkthaftungshandbuch, Band 2: Das deutsche Produkthaftungsgesetz, Internationales Privat- und Prozeßrecht, Länderberichte zum Produkthaftungsrecht, München 1991, § 123 (zitiert: Produkthaftungshandbuch/*Rohs*)

Rolland, Walter: Produkthaftungsrecht, München 1990

– Zur Sonderstellung des Arzneimittelherstellers im System des Produkthaftungsrechts, in: *Bernhard Pfister; Michael R. Will* (Hrsg.), Festschrift für *Werner Lorenz* zum siebzigsten Geburtstag, Tübingen 1991, S. 193–212

– Der praktische Fall – Bürgerliches Recht: Der »nichtlöschende« Feuerlöscher, JuS 1993, S. 568–572

Rombach, H. Dieter: Software-Qualität und -Qualitätssicherung, Informatik-Spektrum 1993, S. 267–272

Roßnagel, Alexander: Grundrechte und Kernkraftwerke, Heidelberg 1979

– Bedroht die Kernenergie unsere Freiheit?, München 1983

Roßnagel, Alexander; Wedde, Peter; Hammer, Volker; Pordesch, Ulrich: Die Verletzlichkeit der ›Informationsgesellschaft‹, Opladen 1989

Roth, Birgit: Qualitätssicherungsmaßnahmen bei der Softwareerstellung, Office Management 1994/1–2, S. 48–49

Rothe, Lothar: Produkthaftung, CR 1993, S. 310–313

Roy, Rudolf; Palm, Franz: Zur Problematik der Zwangsvollstreckung in Computer, NJW 1995, S. 690–697

Ruckriegel, Werner; von der Groeben, Wolfgang; Hunsche, Burkhard: Datenschutz und Datenverarbeitung in Nordrhein-Westfalen, Köln 1979

Rühle, H.; Rühle, M.: SDI – Chance, Wunschtraum, Gefahr?, 1990

Ruppelt, Martin: Anmerkung zu OLG Oldenburg CR 1989, 107, CR 1989, S. 109

– Die Überlassung von Computerprogrammen, Baden-Baden 1990

Sack, Rolf: Produzentenhaftung und Produktbeobachtungspflicht, BB 1985, S. 813–819

– Das Verhältnis der Produkthaftungsrichtlinie der EG zum nationalen Produkthaftungsrecht, DAR 1988, S. 109–114

– Das Verhältnis der Produkthaftungsrichtlinie der EG zum nationalen Produkthaftungsrecht, VersR 1988, S. 439–452

– Probleme des Produkthaftungsgesetzes unter Berücksichtigung der Produkthaftungsrichtlinie der EG, JBl. 1989, S. 615–626, 695–706
Salje, Peter: Buchbesprechung von: *Wolfgang Kilian*, Haftung für Mängel der Computer-Software, Heidelberg 1986, JZ 1987, S. 342–343
– Wirksamkeitsprobleme der Lizenzvereinbarung bei Standard-Anwendersoftware, in: *Herbert Lessmann; Bernhard Großfeld; Lothar Vollmer* (Hrsg.), Festschrift für *Rudolf Lukes* zum 65. Geburtstag, Köln/Berlin/Bonn/München 1989, S. 183–202
– Deutsche Umwelthaftung versus europäische Abfallhaftung, DB 1990, S. 2053–2057
– Verschärfung der Haftung für Umweltschäden?, UPR 1990, S. 1–6
– Risikovorsorge durch Einrichtung eines Umwelthaftungsfonds am Beispiel des »Hamburger Entwurfs«, KritV 1991, S. 324–343
– Transport und Umwelthaftung, in: *H.-Chr. Pfohl* (Hrsg.), Ökologische Herausforderungen an die Logistik in den 90er Jahren, Berlin 1993, S. 57–102
Salje, Peter, unter Mitarbeit von *Jörg Peter:* Umwelthaftungsgesetz – Kommentar, München 1993
Savory, Stuart: Zuverlässigkeit von EDV-Systemen, in: *Hans Gliss; Bernd Hentschel; Georg Wronka* (Hrsg.), Datenschutzrecht und -praxis im Zeichen der BDSG-Novellierung, Köln 1983, S. 257–266
Savory, Stuart E. (Hrsg.): Künstliche Intelligenz und Expertensysteme, München/Wien 1985
Schaar, Peter; Schläger, Uwe: Datenschutz bei »electronic-cash« und bei Lastschriftverfahren, CR 1992, S. 513–517
Schack, Haimo: Buchbesprechung von: *Wolfgang Kilian*, Haftung für Mängel der Computer-Software, Heidelberg 1986, UFITA 105 (1987), S. 282–284
Schaffland, Hans-Jürgen; Wiltfang, Noeme: Bundesdatenschutzgesetz, Berlin, Loseblattsammlung, Stand: März 1993
Schaub, Beate: Gewährleistung für Standardsoftware, Diss. Bielefeld 1993
– Der Rechtsschutz im Arbeitsrecht vor dem Gerichtshof der Europäischen Gemeinschaft, NJW 1994, S. 81–84
Schefe, Peter: Künstliche Intelligenz – Überblick und Grundlagen, Mannheim/Wien/Zürich 1986
Scherff, Jürgen: Systemsicherheit – eine einführende Übersicht, HMD 125, September 1985, S. 3–8
Schermers, Harry G.; Waelbroeck, Denis F.: Judicial Protection in the European Communities, 5. Aufl., Deventer/Boston 1992
Scherzberg, Arno: Risiko als Rechtsproblem, VerwA 1993, S. 484–513
Schlechtriem, Peter: Haftung bei »weiterfressendem« Mangel, JA 1983, S. 255–258
– Angleichung der Produktehaftung der EG, VersR 1986, S. 1033–1043
– Dogma und Sachfrage – Überlegungen zum Fehlerbegriff des Produkthaftungsgesetzes, in: *Manfred Löwisch; Christian Schmidt-Leithoff; Burkhard Schmiedel* (Hrsg.), Beiträge zum Handels- und Wirtschaftsrecht, Festschrift für *Fritz Rittner* zum 70. Geburtstag, München 1991, S. 545–559
Schlechtriem/Herber: siehe: *Caemmerer, Ernst von; Schlechtriem, Peter:* Kommentar zum Einheitlichen UN-Kaufrecht, hrsg. von *Peter Schlechtriem*, München 1990
Schlegelmilch, Günter: siehe: *Geigel*, Haftpflichtprozeß, München 1993
Schlutz, Joachim: Haftungstatbestände des Produkthaftungsrechts, DStR 1994, S. 791–794
Schmidt, Dieter: Die Haftung für fehlerhafte Produkte, WzS 1990, S. 65–74 und 108–114
Schmidt, Günter: Wann haftet der Staat?, Frankfurt/M. 1989
Schmidt, Guido: Haftung für Umweltschäden, DÖV 1991, S. 878–88

Schmidt, Harry: Die Kontrolle Allgemeiner Geschäftsbedingungen in Programmüberlassungsverträgen, in: *Michael Lehmann* (Hrsg.), Rechtsschutz und Verwertung von Computerprogrammen, 2. Aufl., Köln 1993, S. 701–774
Schmidt, Jürgen: Prävention als Zielbestimmung im Zivilrecht, KritV 1986, S. 83–103
– Steuerung »neuer Risiken« mit Hilfe des zivil rechtlichen Vertragsrechts, KritV 1991, S. 344–362
Schmidt, Walter: Die bedrohte Entscheidungsfreiheit, JZ 1974, S. 241–250
Schmidt-Räntsch, Jürgen: Die Umsetzung der Produkthaftungsrichtlinie des Rats der EG vom 25. 7. 1985, ZRP 1987, S. 437–442
Schmidt-Salzer, Joachim: Produkthaftung, Heidelberg 1973 (2. Aufl. Heidelberg 1990)
– Anmerkung zu *BGH* BB 1975, 1031, BB 1975, S. 1032–1033
– Die Bedeutung der Entsorgungs- und der Schwimmerschalter-Entscheidung des Bundesgerichtshofs für das Produkthaftungsrecht, BB 1979, S. 1–11
– Anmerkung zu *BGH* BB 1979, 698, BB 1979, S. 700–701
– Anmerkung zu *BGH* BB 1980, 443, BB 1980, S. 445–446
– Rechtliche und tatsächliche Aspekte der Produktbeobachtungshaftung, BB 1981, S. 1041–1045
– Die neuen Dimensionen des Produktrisikos, BB 1983, S. 1251–1256
– Die EG-Richtlinie Produkthaftung, BB 1986, S. 1103–1111
– Kommentar EG-Richtlinie Produkthaftung, Band 1: Deutschland, 2. Aufl., Heidelberg 1988
– Dokumentation, Produkt-Verschuldenshaftung und verschuldensabhängige Haftung nach der EG-Richtlinie, DB 1987, S. 1285–1289
– EG-Richtlinie Produkthaftung: Der Entwurf für das deutsche Transformationsgesetz (ProdHaftG), BB 1987, S. 1404–1411
– BR Deutschland: Neue Aspekte der Produktverantwortung, PHI 1988, S. 2–10
– Der Fehler-Begriff der EG-Richtlinie Produkthaftung, BB 1988, S. 349–356
– Umwelthaftpflicht und Umwelthaftpflichtversicherung (III): das Umwelthaftungsgesetz 1991, VersR 1991, S. 9–18
– Entscheidungssammlung Produkthaftung, Band II, Frankfurt/M. 1988
– Personeller Anwendungsbereich der Beweislastumkehr nach Gefahrenbereichen in der deliktsrechtlichen Produkthaftung, NJW 1992, S. 2871–2872
– Verbraucherschutz, Produkthaftung, Umwelthaftung, Unternehmensverantwortung, NJW 1994, S. 1305–1315
Schmidt-Salzer, Joachim; Otto, Gerhard: Versicherungsrecht, in: *Wolfgang Kilian; Benno Heussen* (Hrsg.), Computerrechts-Handbuch, Loseblattwerk, München, Stand: September 1993, Kapitel 110ff. (zitiert: ComHdB-*Schmidt-Salzer/Otto*)
Schmitz, Paul: Softwarequalität, in: *Peter Mertens* (Hrsg.), Lexikon der Wirtschaftsinformatik, Berlin et al. 1987, S. 309–311
Schmitz, Paul; Bons, Heinz; van Megen, Rudolf: Software-Qualitätssicherung – Testen im Software-Lebenszyklus, 2. Aufl., Braunschweig/Wiesbaden 1983
Schnatmann, Gunther; Heiden, Alfred: Funktelefone – Mobil bis zum Absturz, Focus 3/1993, S. 60
Schneider, Hans-Jochen (Hrsg.): Lexikon der Informatik und Datenverarbeitung, 2. Aufl., München/Wien 1986
Schneider, Jochen: Praxis des EDV-Rechts, Köln 1990
– Recht und Informations- und Kommunikationstechnik – eine Einführung, in: *Hans-Jörg Bullinger* (Hrsg.), Handbuch des Informationsmanagements im Unternehmen, Band II, München 1991, S. 1271–1314
– Projektverantwortung und Systemgestaltung, in: *Hans-Jörg Bullinger* (Hrsg.), Hand-

buch des Informationsmanagements im Unternehmen, Bd. II, München 1991, S. 1315–1374
– Zulässigkeit, Verträglichkeit, Verletzlichkeit, Haftung, in: *Hans-Jörg Bullinger* (Hrsg.), Handbuch des Informationsmanagements im Unternehmen, Band II, München 1991, S. 1375–1412
– Schutz der Rechte an Software und Know how, in: *Hans-Jörg Bullinger*, (Hrsg.) Handbuch des Informationsmanagements im Unternehmen, Bd. II, München 1991, S. 1413–1443
– Die EG-Richtlinie zum Datenschutz, Verbotsprinzip, betrieblicher Datenschutz, Haftung, CR 1993, S. 35–39
Schneider, Jörg: Softwarenutzungsverträge im Spannungsfeld von Urheber- und Kartellrecht, München 1989
Schneider, Roland: Expertensysteme zwischen Kommerzialisierung und Demokratisierung von Wissen, CR 1991, S. 238–244
Schnupp, Peter; Leibrandt, Ute: Expertensysteme, 2. Aufl., Berlin et al. 1988
Scholz, Peter: Gewährleistungsansprüche bei Mängeln im Hard- und Softwarebereich, MDR 1989, S. 107–109
Schreck, Helmut: Risk-Management mit Versicherungen, CR 1991, S. 500–505
Schreiber, Friedrich: Produkthaftung bei arbeitsteiliger Produktion, Karlsruhe 1990
Schricker, Gerhard (Hrsg.): Urheberrecht – Kommentar, München 1987
Schubert, Mathias: BR Deutschland/EG: Verschuldenselemente im Fehlerbegriff des neuen Produkthaftungsrechts, PHI 1989, S. 74–87
Schulte, Dieter: Der Referentenentwurf eines Zweiten Gesetzes zur Änderung des Urheberrechtsgesetzes, CR 1992, S. 588–596
Schulze, Hans Herbert: Das rororo Computer Lexikon, Reinbek 1987
Schwabe, Jürgen: Probleme der Grundrechtsdogmatik, Darmstadt 1977
Schwan, Eggert: Datenschutz, Vorbehalt des Gesetzes und Freiheitsgrundrechte, VerwA 1975, S. 120–150
Schwarz, Benno: Die rechtliche Einordnung von Softwareüberlassungsverträgen im deutschen Recht, Regensburg 1992
Schwenzer, Ingeborg: Rückruf- und Warnpflichten des Warenherstellers, JZ 1987, S. 1059–1065
Schweyer, Stefan: Der warenzeichenrechtliche Schutz von Computerprogrammen, in: *Michael Lehmann (Hrsg.),* Rechtsschutz und Verwertung von Computerprogrammen, 2. Aufl., Köln 1993, S. 357–382
Schwung, Verena: Produkthaftungsrecht in Kanada, Mainz 1992
Seeling, Rolf Otto: Die »Rückrufpflicht« des Warenherstellers, Diss. Würzburg 1993
Sendler, Hans: Rechtsprobleme personenbezogener Datenverarbeitung im öffentlichen und privaten Bereich, DuD 1977, S. 59–65
Shattuck, John: Im Schatten von 1984: Nationale Kennkartensysteme, Computerabgleich und die Persönlichkeitssphäre in den USA, in: *Jürgen Taeger* (Hrsg.), Der neue Personalausweis, Reinbek 1984, S. 192–209
Sickinger, Mirko: Vertrieb von Standardsoftware, Köln 1993
Sieber, Ulrich: Haftung für online-Datenbanken, CR 1992, S. 518–526
Siewertsen, Elke M.: Betriebswirtschaftliche und rechtliche Aspekte beim Vertrieb von EDV-Systemen im Europäischen Binnenmarkt, Diplom-Arbeit an der Universität Lüneburg, 1992
Simitis, Spiros: Grundfragen der Produzentenhaftung, Tübingen 1965
– Soll die Haftung des Produzenten gegenüber dem Verbraucher durch Gesetz, kann sie durch richterliche Fortbildung geordnet werden? In welchem Sinne?, Gutachten C zum 47. Deutschen Juristentag, München 1968

– Produzentenhaftung: Von der strikten Haftung zur Schadensprävention, in: *Hans-Martin Pawlowski; Günther Wiese; Günther Wüst* (Hrsg.), Festschrift für *Konrad Duden* zum 70. Geburtstag, München 1977, S. 605–639
– Bundesdatenschutzgesetz – Ende der Diskussion oder Neubeginn?, NJW 1977, S. 729–737
– Datenschutz: Erfahrungen und Perspektiven, VersR 1981, S. 197–207
– Die informationelle Selbstbestimmung – Grundbedingung einer verfassungskonformen Informationsordnung, NJW 1984, S. 398–405
– Reicht unser Datenschutzrecht angesichts der technischen Revolution?, in: Informationsgesellschaft oder Überwachungsstaat – Strategien zur Wahrung der Freiheitsrechte im Computerzeitalter, Symposium der Hessischen Landesregierung, Band I, Wiesbaden 1984, S. 27–48
– Konsequenzen des Volkszählungsurteils: Ende der Übergangsfrist, NJW 1989, S. 21–22
Simitis, Spiros; Dammann, Ulrich; Mallmann, Otto; Reh, Hans-Joachim: Bundesdatenschutzgesetz – Kommentar, 3. Aufl., Baden-Baden 1981
Simon, H.: Verhandlungen des 47. DJT 1968, Bd. II, Teil: M, S. 11–34
Simon, Jürgen: Das Allgemeine Persönlichkeitsrecht und seine gewerblichen Erscheinungsformen, Berlin 1981
– Wirtschaftsverträge und Geschäftsgrundlage, unveröffentlichte Hannoveraner Habilitationsschrift 1988
Simon, Jürgen; Taeger, Jürgen: Rasterfahndung, Baden-Baden 1981
– Grenzen kriminalpolizeilicher Rasterfahndung, JZ 1982, S. 140–145
Simon, Jürgen; Wieckhorst, Thomas: Produkthaftung – Ein Überblick über die Rechtssituation in der Bundesrepublik, MS., Lüneburg/ Hannover 1989
Simpson, Moira: 999!: My computer's stopped breathing!, The computer law and security report 1994, S. 76–81
Skaupy, Walther: Der Vorschlag einer EG-Richtlinie für die Haftung bei Dienstleistungen, BB 1991, S. 2021–2025
Smith, Graham P.: Shrink-wrap licences in Europe after the EC software directive, Computer Law Journal 1992, S. 597–606
Smith, Graham P.; Hamill, Robert M.: Neuregelung der Produkthaftpflicht im Vereinigten Königreich: Der Consumer Protection Act 1987, PHI 1988, S. 82–88
Smith, Kerry M.L.: Suing the provider of computer software: how courts are applying U.C.C. Article Two, strict tort liability, and professional malpractice, Willamette Law Review 1988, S. 743–765
Sneed, Harry M.: Systematisches Testen von Programmen, ÖVD/Online 1984/5, S. 28
– Software Qualitätssicherung, Köln 1988
– Software-Testen: Stand der Technik, Informatik-Spektrum 1988/6, S. 303–311
Sobirey, Michael: Subversive Software – ein klassifikatives Kompendium, DuD 1992, S. 338–345
Soergel: Bürgerliches Gesetzbuch, Kommentar, Band 3, 12. Aufl., Stuttgart/Berlin/Köln 1991 (zitiert: Soergel-*Bearbeiter* [Ulrich Huber])
Sommerville, Jan: Software Engineering, Bonn 1987
Sprague, Lee: Testverfahren für Software, IuR 1986, S. 248–251
Staber, Wolfgang: Gesetzliche Verjährung des Vergütungsanspruchs. Erstellen, Pflege und Überlassen von Computersoftware, CR 1988, S. 715–720
Stähler, Franz-Gerd: Datenschutzgesetz Nordrhein-Westfalen, Kommentar, unter Mitarbeit von *Karl Schmitt*, 2. Aufl., Köln 1988
Stapleton, Jane: Products Liability Reform – Real or Illusiory?, Oxford Journal of Legal Studies 1986, S. 392

Staudinger, Julius von (Begr.): Kommentar zum Bürgerlichen Gesetzbuch, 12. Aufl., Berlin ab 1973 (zitiert: Staudinger-*Bearbeiter*)

Steffen, Erich: Die Bedeutung der »Stoffgleichheit« mit dem »Mangelunwert« für die Herstellerhaftung aus Weiterfresserschäden, VersR 1988, S. 977–980

– Verschuldenshaftung und Gefährdungshaftung für Umweltschäden, NJW 1990, 1817–1822

Steinbuch, Karl: Die Informatik an der Schwelle zum Dritten Jahrtausend, DSWR 1986, S. 23–27

Steinmüller, Wilhelm: Informationsrecht und Informationspolitik, in: *Wilhelm Steinmüller* (Hrsg.), Informationsrecht und Informationspolitik, München/Wien 1976, S. 1–20

– Die Zweite industrielle Revolution hat eben begonnen, Kursbuch 66 (1981), S. 152–188

– Personenkennzeichen, Versichertennummer und Personalausweis, DVR 1983, S. 205–318

– Datenschutz und Mitbestimmung, CR 1989, S. 606–615

– Informationswissenschaftliche und technische Voraussetzungen einer neuen Informationsordnung, NfD 1993, S. 215–226

Steinmüller, W.; Lutterbeck, B.; Mallmann, Chr.; Harbort, U.; Kolb, G.; Schneider, J.: Grundfragen des Datenschutzes, Gutachten im Auftrage des BMI, BT-Drs. VI/3826 (1971), Anlage 1

Steinweg, Reiner (Hrsg.): Medienmacht im Nord-Süd-Konflikt: Die Neue Internationale Informationsordnung, Frankfurt/M. 1984

Stiller, Andreas: Prozessorgeflüster – Der Bug von Intels Flaggschiff, c't 1995/1, S. 20–21

– Schadensbegrenzung – Leben mit dem Pentium-Bug, c't 1995/2, S. 172–176

Stoll, Hans: Haftungsverlagerung durch beweisrechtliche Mittel, AcP 176 (1976), S. 145–196

Strauch, Dieter: Rechtsgrundlagen der Haftung für Rat, Auskunft und Gutachten, JuS 1992, S. 897–902

Streit, Arnold: Das Abkommen über den Europäischen Wirtschaftsraum, NJW 1994, S. 555–558

Stürmer, Ulrich: Aspekte der Versicherung von Produkthaftpflicht für Software, CuR 1986, S. 754–756

Stuurman, Cornelius: Product Liability for Software in Europe. A Discussion of the Directive of 25 July 1985, in: *Guy P.V. Vandenberghe* (Hrsg.), Advanced Topics of Law and Information Technology, Deventer/Boston 1989, S. 127–147

– Informatica en aansprakelijkheid, in: *Frits de Graaf; Jan M.A. Berkvens* (Hrsg.), Hoofdstukken informaticarecht, 3. Aufl., Alphen aan den Rijn 1991, S. 83–107

– The EC Directive on Product Liability and its Application to Information Technologie, in: *Alfred P. Meijboom; Corien Prins* (Hrsg.), The law of information technology in Europe 1992 – A comparison with the USA, Deventer 1991, S. 191–205

– Technische Normen en recht. Enkele aspecten van het recht rond technische normen, in het bijzonder op het terrein van informatie-technologie en telecommunicatie, Deventer 1995

Stuurman, Cornelius; Vandenberghe, Guy P.V.: Softwarefouten: een »Zaak« van Leven of Dood?, NJB 1988, S. 1667–1672

– Naschrift, NJB 1989, S. 608–609

Taeger, Jürgen: Das Volkszählungsgesetz 1983, in: *Jürgen Taeger* (Hrsg.), Die Volkszählung, 3. Aufl., Reinbek 1983, S. 68–106

– Anmerkung zu *VG Hannover* CR 1987, 250, CR 1987, S. 252–253

– Anmerkung zu *VG Frankfurt* NJW 1987, 2248, CR 1988, S. 160–163

– Softwareschutz durch Geheimnisschutz, CR 1991, S. 449–457

– Grenzüberschreitender Datenverkehr und Datenschutz in Europa, Clausthal-Zellerfeld 1995

– Datenschutzrecht in Europa, EWS 1995, S. 69–80
Taschner, Hans Claudius: Begrenzung der Gefährdungshaftung durch Höchstsummen?, in: *Peter Schlechtriem/Hans G. Leser* (Hrsg.), Zum deutschen und internationalen Schuldrecht, Tübingen 1983, S. 75–88
– Die künftige Produzentenhaftung in Deutschland, NJW 1986, S. 611–616
– Die EG-Richtlinie »Produkthaftung«, NJW 1988, S. 1432–1433
– Produkthaftung, 1. Aufl., München 1986
Taschner, Hans Claudius; Frietsch, Edwin: Produkthaftungsgesetz und EG-Produkthaftungsrichtlinie, 2. Aufl., München 1990 (zitiert: Produkthaftung)
Teichmann, Arndt: Anmerkung zu *BGH* LM § 823 (J) BGB Nr. 41
Tellis, Nikolaos: Gewährleistungsansprüche bei Sachmängeln von Anwendersoftware, BB 1990, S. 500–506
– Haftet juris für fehlerhafte Online-Informationen?, CR 1990, S. 290–295
Thaller, Georg Erwin: Software-Qualität, Düsseldorf 1990
Thamm, Manfred: Die persönliche Haftung von Führungskräften und Mitarbeitern in Unternehmen, DB 1994, S. 1021–1023
Tiedtke, Klaus: Produkthaftung des Herstellers und des Zulieferers für Schäden an dem Endprodukt seit dem 1. Januar 1990, NJW 1990, S. 2961–2965
– BR Deutschland: Die Produkthaftung für Schäden an der hergestellten Sache, PHI 1990, S. 64–73
– Die Haftung des Produzenten für die Verletzung von Warnpflichten, in: *Hermann Lange; Knut Wolfgang Nörr; Harm Peter Westermann* (Hrsg.), Festschrift für *Joachim Gernhuber* zum 70. Geburtstag, Tübingen 1993, S. 471–487
Tiling, Johann: Software-Güteprüfung und Rechtsproblematik, CR 1987, S. 80–85
Tobergte, Jürgen: Standards und Normen als Vorgaben für die Qualitätsprüfung, CR 1987, S. 638–641
Trauboth: Software-Qualitätssicherung, 1993
Triaille, Jean-Paul: The EEC Directive of July 25, 1985 on liability for defective products and its application to computer programs, The computer law and security report 1993, S. 214–226
Turley, T.M.: Expert software systems: The legal implications, Computer/Law Journal 1988, S. 455–477
Ulbrich, Klaus: Die Abgrenzung des privaten Gebrauchs im Verhältnis zum gewerblichen oder sonstigen Gebrauch nach dem Entwurf des Produkthaftungsgesetzes, ZRP 1988, S. 251–252
Ulmer, Peter: Produktbeobachtungs-, Prüfungs- und Warnpflichten eines Herstellers in bezug auf Fremdprodukte?, ZHR 152(1988), S. 564–599
Valk, Rüdiger: Der Computer als Herausforderung an die menschliche Rationalität, Informatik-Spektrum 1987/10, S. 57–66
Vandenberghe, Guy P.V.: Partijenaansprakelijkheid bij softwarecontracten, Deventer 1984
– Software Bugs: A Matter of Life and Liability – Computer Software and the European Directive on Product Liability: The first Generation Question, in: *Computer/Law Institute* (Hrsg.), Produktenaansprakelijkheid voor Software en Informatie: een Bedreiging?, Amsterdam 1988, S. 61–74
– Software bugs: a matter of life and liability, *Computer Law Association* (ed.), Proceedings, Amsterdam 1988, S. 103–139
Versteyl, Ludger-Anselm; Hoyer, Hans-Peter; Taeger, Jürgen: Abfall/Altlasten, Elektronisches Informationssystem zum Umweltrecht, Vers. 5.0, Hannover 1995
Vetter, Erwin: Erweiterung des Umwelthaftungsrechts, in: *Fritz Nicklisch* (Hrsg.), Präven-

tion im Umweltrecht. Risikovorsorge, Grenzwerte, Haftung, Heidelberg 1988, S. 133–140

Voegeli, Wolfgang: Funktionswandel des Delikts- und Schadensrechts, KJ 1980, S. 135–155

Voss, Eileen: Rechtsmängelhaftung bei der Überlassung von Software, CR 1994, S. 449–454

Vranken, J.B.M.: Einführung in das neue Niederländische Schuldrecht -Teil II: Das Recht der unerlaubten Handlung, Schadensersatz- und Bereicherungsrecht, AcP 191(1991), S. 411–432

Wandt, Manfred: Produkthaftung mehrer und Regreß, BB 1994, S. 1436–1442

– Internationale Produkthaftung, Heidelberg 1995

Wagner, Gerhard: Die Aufgaben des Haftungsrechts – eine Untersuchung am Beispiel der Umwelthaftungsrechts- Reform, JZ 1991, S. 175–183

– Umwelthaftung und Versicherung, VersR 1991, S. 249–260

Walden, Rainer; Reiter, Michael: Fast getroffen ist auch daneben –Auswirkungen von Rechen- und Rundungsfehlern, c't 1995/2, S. 166–170

Wallmüller, Ernest: Software-Qualitätssicherung, München/Wien 1990

Wassenaer van Catwijck, Arent Jacob Otto Baron van: Produktenaansprakelijkheid in Europees verband, 2. Aufl., Zwolle 1991

Weber, Max: Soziologie – Weltgeschichtliche Analysen – Politik, Stuttgart 1964

Weimar, Robert: Untersuchungen zum Problem der Produktenhaftung, Basel 1967

Welser, Rudolf: Kommentar zum Produkthaftungsgesetz – PHG, Wien 1988

Westerdijk, Reinoud J.J.: Software als produkt, Computerrecht 1992, S. 145–152

– Product liability and information products – Winter v G.P. Putnam's Sons 938 F.2d 1033 (9th Cir. 1991), The computer law and security report 1992, S. 273–274

– Produktenaansprakelijkheid voor Software, Deventer 1995

Westphalen, Friedrich Graf von: Anmerkung zu *BGH* BB 1977, 162, BB 1977, S. 313–314

– Deliktische Produzentenhaftung und Beweislast, Jura 1983, S. 281–285

– Das neue Produkthaftungsgesetz, NJW 1990, S. 83–93

– »Weiterfressende« Schäden und kein Ende?, Jura 1992, S. 511–514

– Das Milupa-Urteil – eine beträchtliche Verschärfung der Produkthaftung, ZIP 1992, S. 18–24

– Software und Produzentenhaftung, NJW-CoR 6/1993, S. 22–24

Westphalen, Friedrich Graf von (Hrsg.): Produkthaftungshandbuch, Band 1: Vertragliche und deliktische Haftung, Strafrecht und Produkt-Haftpflichtversicherung, München 1989 (zitiert: Produkthaftungshandbuch/*Bearbeiter*)

– Produkthaftungshandbuch, Band 2: Das deutsche Produkthaftungsgesetz, Internationales Privat- und Prozeßrecht, Länderberichte zum Produkthaftungsrecht, München 1991 (zitiert: Produkthaftungshandbuch/*Bearbeiter*)

Westphalen, Friedrich Graf von; Seidel, Ulrich: Aktuelle Rechtsfragen der Software-Vertrags- und Rechtspraxis, 3. Aufl., Köln 1992

Widmer, Ursula: Risikofolgeverteilung bei Informatikprojekten: Haftung für Softwaremängel bei Planung und Realisierung von Informationssystemen, Zürich 1990

Wieacker, Franz: Recht und Automation, in: *Karl August Bettermann; Albrecht Zeuner* (Hrsg.), Festschrift für *Eduard Bötticher* zum 70. Geburtstag am 29. Dezember 1969, Berlin 1969, S. 383–404

Wiebe, Andreas: Reverse Engineering und Geheimnisschutz von Computerprogrammen, CR 1992, S. 134–141

– Know-how-Schutz von Computersoftware, München 1993

– Rechtsschutz für Software in den neunziger Jahren, BB 1993, S. 1094–1103

– Information als Naturkraft – Immaterialgüterrecht in der Informationsgesellschaft, GRUR 1994, S. 233–246
Wieckhorst, Thomas: Bisherige Produzentenhaftung, EG-Produkthaftungsrichtlinie und das neue Produkthaftungsgesetz, JuS 1990, S. 86–94
Will, Michael R.: Quellen erhöhter Gefahr, München 1980
Wilson, Richard; Crouch, Edmond A.C.: Risiko-Abschätzung und -Vergleiche, in: *Mathias Schüz* (Hrsg.), Risiko und Wagnis – Die Herausforderung der industriellen Welt, Pfullingen 1990, S. 42–59
Wind, Irene: Haftung bei der Verarbeitung personenbezogener Daten, RDV 1991, S. 16–23
Wind, Irene; Siegert, Michael: Datenschutzrichtlinie der EG – mögliche Auswirkungen auf das BDSG, RDV 1992, S. 118–121
– Entwurf für eine EG-Richtlinie zum Datenschutz, CR 1993, S. 46–55
Winkelmann, Thomas: Falschauskünfte von Auskunfteien: zum Verhältnis von § 824 BGB zu § 32 Abs. 2 BDSG, MDR 1985, S. 718–720
– Die Befundsicherungspflicht des Herstellers – Ein erster Schritt zur Beweislastumkehr beim Kausalitätsnachweis im Produzentenhaftungsrecht?, MDR 1989, S. 16–19
Winkler, Frank: Sicherstellen der Systemverfügbarkeit mit Ausweich-Rechenzentren, Versicherungsbetriebe, 1985/6, S. 16–23
Winograd, Terry; Flores, Fernando: Erkenntnis Maschinen Verstehen, Berlin 1989
Winter, Stephan: Fondslösungen im Umweltrecht, Heidelberg 1993
Wittmann, Waldemar: Unternehmung und unvollkommene Information, Köln 1959
Wittmer, Hans-Rudolf: Der Schutz der Computersoftware – Urheberrecht oder Sonderrecht?, Bern 1981
Wohlgemuth, Hans H.: Datenschutz für Arbeitnehmer, 2. Aufl., Neuwied/Darmstadt 1988
– Datenschutzrecht, Neuwied/Kriftel/Berlin 1992
Wuermeling, Ulrich: EG-Datenschutz, Europäisches Parlament beschließt Änderungsvorschläge zur EG-Datenschutz-Initiative, DSB 1992/4, S. 13–15
– Datenschutz für die Europäische Informationsgesellschaft, NJW-CoR 1995, S. 111–113
Yourdon, Edward: Managing the system life cycle. A software development methodology overview, New York 1982 (2. Aufl., 1988)
Zahrnt, Christoph: DV-Rechtsprechung, Bd. 1, München 1983
Zahrnt, Christoph: Rechtsfragen zur Pflege von Standardprogrammen, IuR 1986, S. 155–159
– Gewährleistung bei der Überlassung von Standardprogrammen, IuR 1986, S. 252–256
– Beweislast bei Fehlern, insbesondere bei Softwarefehlern, IuR 1986, S. 301–303
– DV-Verträge: Rechtsfragen und Rechtsprechung, Hallbergmoos 1987
– Anmerkung zu *OLG Frankfurt* BB-Beilage 24/1990, 8, BB-Beilage 24/1990, S. 10
– Anmerkung zu *BGH* BB-Beilage 18/1991, 2, S. 6–9
– Anmerkung zu *LG Nürnberg-Fürth* BB-Beilage 14/1992, 8, S. 10
– Die Rechtsprechung zu Aufklärungs- und Beratungspflichten bei der Beschaffung von DV-Leistungen, BB 1992, S. 720–723
– Überlassung von Softwareprodukten nach neuem Urheberrecht, CR 1994, S. 455–459
Zekoll, Joachim: The German Products Liability Act, The American Journal of Comperative Law 1989, S. 809–818
Zielinski, Diethart: Der strafrechtliche Schutz von Software, in: *Wolfgang Kilian; Peter Gorny* (Hrsg.), Schutz von Computer-Software, Darmstadt 1987, S. 115–123
Zilz: Produkthaftung im Lichte der Poststrukturreform, Taschenbuch der Post- und Fernmeldeverwaltung 1990, S. 9

Zinkann, Reinhard Christian: Die Reduzierung der Produkthaftungsrisiken – eine technisch-betriebswirtschaftliche Gestaltungsaufgabe, Berlin 1989

Zöllner, Wolfgang: Daten- und Informationsschutz im Arbeitsverhältnis, Köln/Berlin/Bonn/München 1982

Zumbusch, Ludwig von: Anmerkung zu Advent Systems Ltd. v. Unisys Corp., CR 1993, S. 84–85

Sachverzeichnis